PP. 220-231
Guia de Ruas 19-20

PP. 166-181
Guia de Ruas 12, 13-14

PP. 150-165
Guia de Ruas 9, 12, 13

PP. 210-219
Guia de Ruas 11-12, 15-16

PP. 122-129
Guia de Ruas 8, 9

PP. 182-203
Guia de Ruas 12-13, 16-17

PP. 204-209
Guia de Ruas 12, 16

PP. 116-121
Guia de Ruas 4, 5

GUIA VISUAL - FOLHA DE S.PAULO

NOVA YORK

GUIA VISUAL - FOLHA DE S.PAULO

NOVA YORK

Colaboradora principal: ELEANOR BERMAN

DK

PUBLIFOLHA

UM LIVRO DORLING KINDERSLEY

www.dk.com

14ª edição brasileira: 2013

ISBN 978-85-7914-269-7

O Guia Visual Nova York inclui um mapa da cidade de Nova York que não pode ser vendido separadamente.

PUBLIFOLHA
Divisão de Publicações do Grupo Folha
Al. Barão de Limeira, 401, 6º andar
CEP 01202-900, São Paulo, SP
Tel.: (11) 3224-2186/2187/2197
www.publifolha.com.br

COORDENAÇÃO DO PROJETO
PUBLIFOLHA
EDITORAS ASSISTENTES: Cláudia Ribeiro Mesquita, Cláudia Carolina Komesu
PRODUTORA GRÁFICA: Soraia Pauli Scarpa

PRODUÇÃO EDITORIAL
PUBLIFOLHA
TRADUÇÃO: Lizia Bydlowski
REVISÃO: Federico Mengozzi

PRODUÇÃO GRÁFICA
ADESIGN
DIREÇÃO DE ARTE: Carin Ades

Atualização da 14ª edição: Página Viva

DORLING KINDERSLEY
EDITORA DO PROJETO: Fay Franklin
EDITOR DE ARTE: Tony Foo
EDITORES: Donna Dailey, Ellen Dupont
ASSISTENTE DE EDIÇÃO: Fiona Morgan
DIAGRAMADORES: Steve Bere, Louise Parsons, Mark Stevens
COLABORADORES: Lester Brooks, Patricia Brooks, Susan Farewell
FOTOGRAFIAS: Max Alexander, Dave King, Michael Moran
ILUSTRAÇÕES: Richard Draper, Robbie Polley, Hamish Simpson
EDIÇÃO EM NOVA YORK: Mary Sutherland

A edição original em inglês foi produzida com o apoio da Websters International Publishers.

Impresso na L. Rex Printing Company Limited, China.

Este livro segue as regras do Acordo Ortográfico da Língua Portuguesa (1990), em vigor desde 1º de janeiro de 2009.

Foi feito o possível para garantir que as informações deste livro fossem as mais atualizadas disponíveis até o momento da impressão. No entanto, alguns dados como telefones, preços, horários de funcionamento e informações de viagem estão sujeitos a mudanças. Os editores não podem se responsabilizar por qualquer consequência do uso deste guia, nem garantir a validade das informações contidas nos sites indicados.

Os leitores interessados em fazer sugestões ou comunicar eventuais correções podem escrever para a Publifolha, Al. Barão de Limeira, 401, 6º andar, CEP 01202-900, São Paulo, SP, ou enviar um e-mail para: atendimento@publifolha.com.br

Imagem principal da capa: Empire State Building

◁ **Arranha-céus no centro de Nova York**

SUMÁRIO

O craque do beisebol Babe Ruth (1895-1948)

INTRODUÇÃO A NOVA YORK

Paisagem do sul de Manhattan

ÁREA POR ÁREA

Chinatown, Lower East Side

Trump Tower, Upper Midtown

The New York City Ballet

Calçada em frente ao rio no Brooklyn

INDICAÇÕES AO TURISTA

Bagel de uma deli de Nova York

MANUAL DE SOBREVIVÊNCIA

Solomon R. Guggenheim Museum, Upper East Side

COMO USAR ESTE GUIA

Este guia de viagem vai ajudá-lo a usufruir ao máximo sua visita a Nova York, com o mínimo de dificuldade. O capítulo de abertura, *Introdução a Nova York*, localiza a cidade geograficamente, situa a Nova York moderna no contexto histórico e explica seus eventos ao longo do ano. *Nova York em Destaque* dá um resumo das especialidades. O capítulo central é *Área por Área*. Ele descreve os pontos turísticos principais com mapas, fotos e ilustrações. Também sugere sete passeios a pé por locais imperdíveis. *Indicações ao Turista*, baseado em ampla pesquisa, destaca hotéis, lojas, bares, restaurantes e diversões. *Nova York para Crianças* aponta o melhor para os pequenos. O *Manual de Sobrevivência* ensina tudo, desde pôr cartas no correio até pegar o metrô. Os nomes dos lugares foram mantidos na maior parte em inglês para facilitar sua localização nos mapas e placas de rua.

ÁREA POR ÁREA

Manhattan foi dividida em 15 áreas, cada uma descrita separadamente. Cada seção abre com um retrato da área, que resume sua história e características, e uma lista de seus pontos turísticos, devidamente numerado. Estas atrações são facilmente localizadas por seus números no *Mapa da Área* e também no *Mapa Rua a Rua*, que amplia e detalha a parte mais interessante de cada região. Os números dos pontos turísticos são dados pela ordem em que aparecem e se repetem por toda a seção, facilitando a sua localização.

1 Mapa da Área
Para facilitar, os pontos turísticos em cada área são numerados e identificados em um mapa da área. Este mapa inclui estações de metrô, heliportos e pontos de embarque em balsas.

2 Mapa Rua a Rua
Este mapa dá uma visão ampliada do coração de cada área. Os prédios mais importantes aparecem em ilustração, para facilitar sua localização durante o passeio.

Fotos de fachadas e detalhes característicos ajudam a localizar o ponto turístico.

Localize-se mostra onde está um ponto turístico em relação às áreas vizinhas. A área do *Rua a Rua* é destacada em vermelho.

A Trump Tower ❷ também aparece no mapa.

Um código de cores facilita a localização da área no livro.

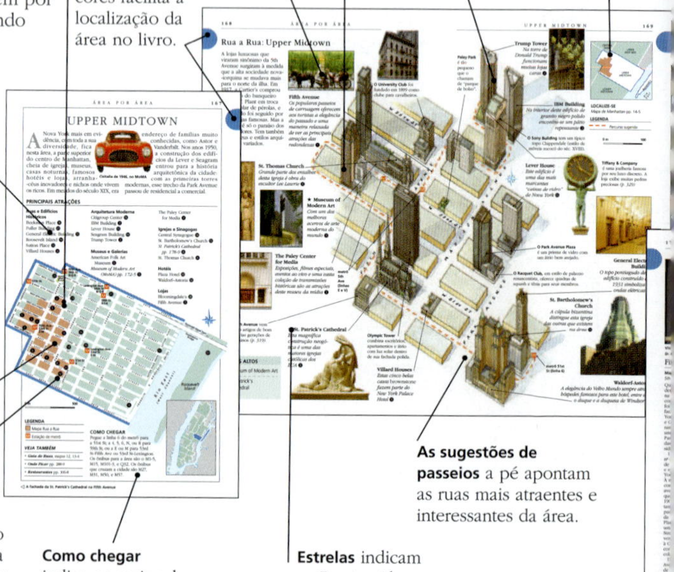

Passeios em Destaque lista os pontos turísticos em cada área por categoria: ruas e prédios históricos, arquitetura moderna, museus e galerias, igrejas, monumentos, parques e jardins.

A área ampliada no mapa *Rua a Rua* é destacada em vermelho.

Um número dentro de um círculo destaca o ponto turístico no mapa da área. A Trump Tower, por exemplo, é ❷

Como chegar indica os meios de transporte até a área.

Estrelas indicam os Pontos Altos de cada local.

As sugestões de passeios a pé apontam as ruas mais atraentes e interessantes da área.

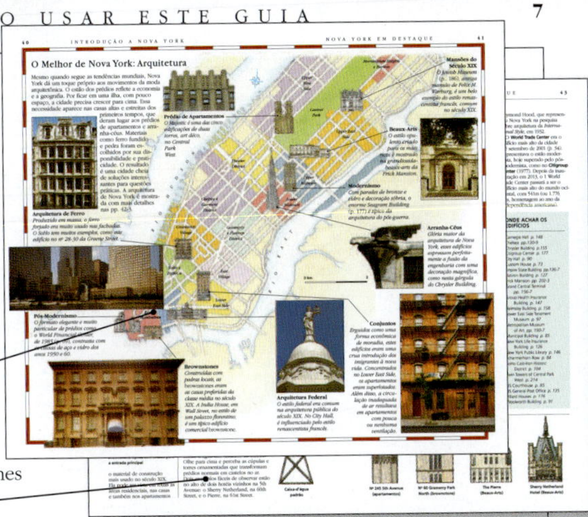

NOVA YORK EM DESTAQUE
Cada mapa desta seção se concentra em um tema: *museus, arquitetura, Nova York multicultural e nova-iorquinos famosos.* As atrações principais são mostradas no mapa; as demais são descritas nas duas páginas seguintes, com remissão para o ponto do guia em que são mostradas com mais detalhes.

Cada área segue um código de cores.

O tema é explorado com mais detalhes nas páginas seguintes ao mapa.

3 Detalhes sobre cada ponto
Todos os pontos importantes de cada área são descritos em detalhes nesta seção. Eles aparecem na ordem de sua numeração no Mapa da Área. *Também são dadas informações práticas.*

INFORMAÇÕES PRÁTICAS
Cada item traz todas as informações necessárias para se planejar um passeio. A legenda dos símbolos usados está na orelha da contracapa.

Remissão para o Guia de Ruas no final do livro

Endereço

Número no mapa

Trump Tower ❷

725 5th Ave. **Map** 12 F3.
Tel *832-2000.* Ⓜ *5th Ave-53rd St.*
Jardim, lojas Abertos *10h-18h seg-sáb.*
Edifício Aberto *8h-22h diariam.*
Entrada grátis Compras *p. 311.*
Concertos.

Horários

Serviços e instalações disponíveis

Telefone

Metrô mais próximo

4 Principais atrações de Nova York
Estes pontos turísticos são tema de duas ou mais páginas na seção que cobre suas respectivas áreas. Os edifícios são vistos em corte, para explicar seu interior. Museus têm plantas com código de cores, o que ajuda a encontrar as principais seções.

O quadro Prepare-se dá as informações práticas necessárias para planejar a visita.

A fachada dos principais pontos ajuda em sua localização.

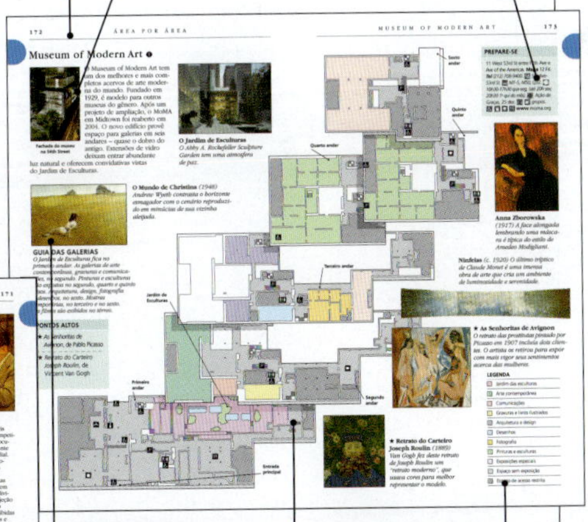

Estrelas indicam os Pontos Altos – detalhes arquitetônicos mais interessantes nos prédios e obras de arte mais importantes em exibição dentro deles.

O código de cores ajuda a localizar os pontos de interesse nos museus.

Os andares seguem a denominação americana, ou seja, "primeiro andar" é o andar térreo.

INTRODUÇÃO A NOVA YORK

QUATRO DIAS EM NOVA YORK

Nova York talvez pareça opressiva, mas estes quatro dias foram planejados para se sentir o sabor da Big Apple (Grande Maçã), com o melhor que a cidade tem para oferecer em termos de arquitetura, compras, museus e diversões. Cada dia é uma mistura de coisas para ver e fazer sem horários rígidos – com muito tempo para explorar pontos muito interessantes. Os lugares mencionados trazem indicações para você obter mais informações. Veja o que há por perto e programe o dia. Os preços são para dois adultos ou família de dois adultos e dois filhos, com almoço.

Torre da Chrysler

DESTAQUES DA CIDADE

- **Visita à ONU**
- **Edifícios modernos, art déco e beaux-arts**
- **As luzes de Times Square**
- **Empire State Building**

DOIS ADULTOS média de US$ 140

Manhã

Comece pelo East River com uma visita guiada pela **sede das Nações Unidas** *(pp. 160-3)*, com sua notável arquitetura moderna. Depois, siga até a 42nd Street, desviando até o conjunto residencial de **Tudor City** *(p. 158)*, e dando um pulo no **Chrysler Building** *(p. 155)* para admirar o interior art déco. Ao lado fica o **Grand Central Terminal**, um excelente marco beaux-arts *(pp. 156-7)*. Admire o Great Hall e explore a galeria de compras, o colorido mercado de alimentos e um pátio de alimentação com tudo, de sushis e churrascos do sul até a torta de queijo de Nova York. Outra opção para o almoço é o creme de mariscos ou a travessa de ostras de Long Island, no **Grand Central Oyster Bar** *(p. 306)*.

Tarde

De volta à 42nd Street há outra criação beaux-arts, a **New York Public Library** *(p. 146*; visitas grátis de uma hora, às 11h e às 14h terqui). Os destaques são os salões de mármore, a escadaria, o Main Reading Room e o Periodicals Room. Procure as exposições do momento. Atrás da biblioteca fica o **Bryant Park** *(p. 145)*, um oásis verde bem no centro. Na frente fica o cruzamento mais famoso de Nova York, **Times Square** *(p. 147)*, com os luminosos da Broadway. Logo adiante, a 42nd Street agora é uma luminosa avenida de teatros reformados, de cinemas gigantescos e do Madame Tussaud's Wax Museum, com várias esculturas de celebridades em tamanho real. Tome um táxi até o **Empire State Building** *(pp. 136-7)* e termine o dia com uma vista do anoitecer da cidade a partir do observatório no 86º andar.

Luminosos de Times Square, o cruzamento mais famoso da cidade

Estátua dourada de Prometeu na Lower Plaza do Rockefeller Center

ARTE E COMPRAS

- **Manhã de arte moderna**
- **Almoço no Rockefeller Center**
- **Compras na Fifth Avenue**
- **Chá no Hotel Pierre**

DOIS ADULTOS média de US$ 135

Manhã

O espetacular **Museum of Modern Art** (MoMA) *(pp. 172-5)* preencherá sua manhã com sua arte maravilhosa. Reserve aproximadamente duas horas para admirar obras de mestres, como *A noite estrelada*, de Van Gogh, *Lírios d'água*, de Claude Monet, e *Les Demoiselles d'Avignon*, de Picasso, para citar alguns. Não perca as exposições de design no terceiro andar, um dos destaques do MoMA.

Ao sair do museu caminhe até o **Rockefeller Center** *(p. 144)* e almoce no Rock Center Café, de onde podem observar os esquiadores no

◁ **O porto de Nova York e a 42nd Street em 1946**

gelo, no inverno. No verão, o rinque se transforma num rico jardim, onde se pode jantar no Rink.

Tarde

Depois do almoço, vá até a **St. Patrick's Cathedral** *(pp. 178-9)*, a maior catedral católica dos EUA e um dos melhores locais de oração da cidade. Depois, percorra a **Fifth Avenue** ara fazer uma tarde de compras caras. A loja Saks Fifth Avenue fica na frente da St. Patrick, na 50th Street. No sentido do centro, as tentações incluem uma estonteante variedade de lojas deslumbrantes como Cartier (52nd St), Henri Bendel (55-56th Sts), Prada, Tiffany (57th St), e Bergdorf Goodman (57-58th Sts).

Estátua da Liberdade

Termine o dia na 61st Street para uma extravagância final: tomar um coquetel no **The Pierre** *(p. 289)*.

NOVA YORK HISTÓRICA

- **Passeio de barco à Ellis Island e à Estátua da Liberdade**
- **Almoço na Fraunces Tavern**
- **Visita à Old New York**

DOIS ADULTOS média de US$ 120

Manhã

Em Battery Park, tome o ferryboat para a **Estátua da Liberdade** *(pp. 74-5)* e para **Ellis Island** *(pp. 78-9)*, ponto de chegada de muitos imigrantes (viagens de ida e volta incluem as duas paradas). Na volta, saia do parque pelo **Bowling Green**, o parque mais antigo da cidade *(p. 73)*. Caminhe até **Fraunces Tavern Block Historic District** *(p. 76)*, último prédio comercial do século XVIII em Nova York. A Tavern recriada inclui um museu do período revolucionário e um restaurante – escolha perfeita para um almoço especial.

Central Park, ampla área para passear, brincar e ver animais

Tarde

A um quarteirão fica Stone Street Historic District, reconstruído após o incêndio de 1835. Localize a **India House** *(p. 56)*, ex-New York Cotton Exchange, agora **Harry's Cafe**. Pegue a William Street até Wall Street e o **Federal Hall** *(p. 68)*, com exposições sobre a Constituição dos EUA. Ali perto fica a **New York Stock Exchange** *(pp. 70-1)* e a **Trinity Church** *(p. 68)*, de 1839. Suba a Broadway até a **St. Paul's Chapel**, *(p. 91)*, que escapou ilesa da queda do World Trade Center. Mais à frente fica **City Hall** *(p. 90)*. Siga até **South Street Seaport Historic District**, coração do porto do século XIX *(pp. 82-3)* com vista para a **Brooklyn Bridge** *(pp. 86-9)*.

DIVERSÃO FAMILIAR

- **Manhã no Central Park**
- **Almoço na Boathouse**
- **Dinossauros do American Museum of Natural History**

FAMÍLIA DE 4 média de US$ 225

Manhã

O **Central Park** *(pp. 205-9)* tem diversão para a família. Brinque no carrossel antigo, observe os barcos miniaturizados em ação no Conservatory Pond, visite o Zoo, depois assista ao desfile de animais no Delacorte Clock nas meias horas. Há parquinhos temáticos para todas as idades: Safari na West 91st Street (2 a 5 anos); Adventure na West 67th Street (6 a 12 anos). O Swedish Cottage Marionette Theater na West 79th, apresenta contos de fadas clássicos às 10h30 e meio-dia ter-sex (qua também às 14h30) e sáb 13h; marcar hora. Alugue bicicletas ou um barco no lago. Depois, almoce na Boat House, com vista para o lago. No inverno, pode-se esquiar no gelo do rinque Wollman.

Tarde

Dependendo das idades e dos interesses, opte pelo **Children's Museum** *(p. 219)*, interativo, ou pelos famosos dinossauros e dioramas do **American Museum of Natural History** *(pp. 216-7)*. Termine na West 73rd Street com um chazinho na Alice's Tea Cup.

Ellis Island, onde Nova York recebeu os primeiros imigrantes

Nova York Dentro do Mapa

Nova York é uma cidade de oito milhões de habitantes espalhada em uma área de 780km^2. A cidade deu nome e é a mais importante do Estado de Nova York, cuja capital, Albany, fica 251km ao norte. A cidade de Nova York é também um bom ponto de partida para visitar as históricas Boston e Filadélfia, além da capital da nação, Washington, DC.

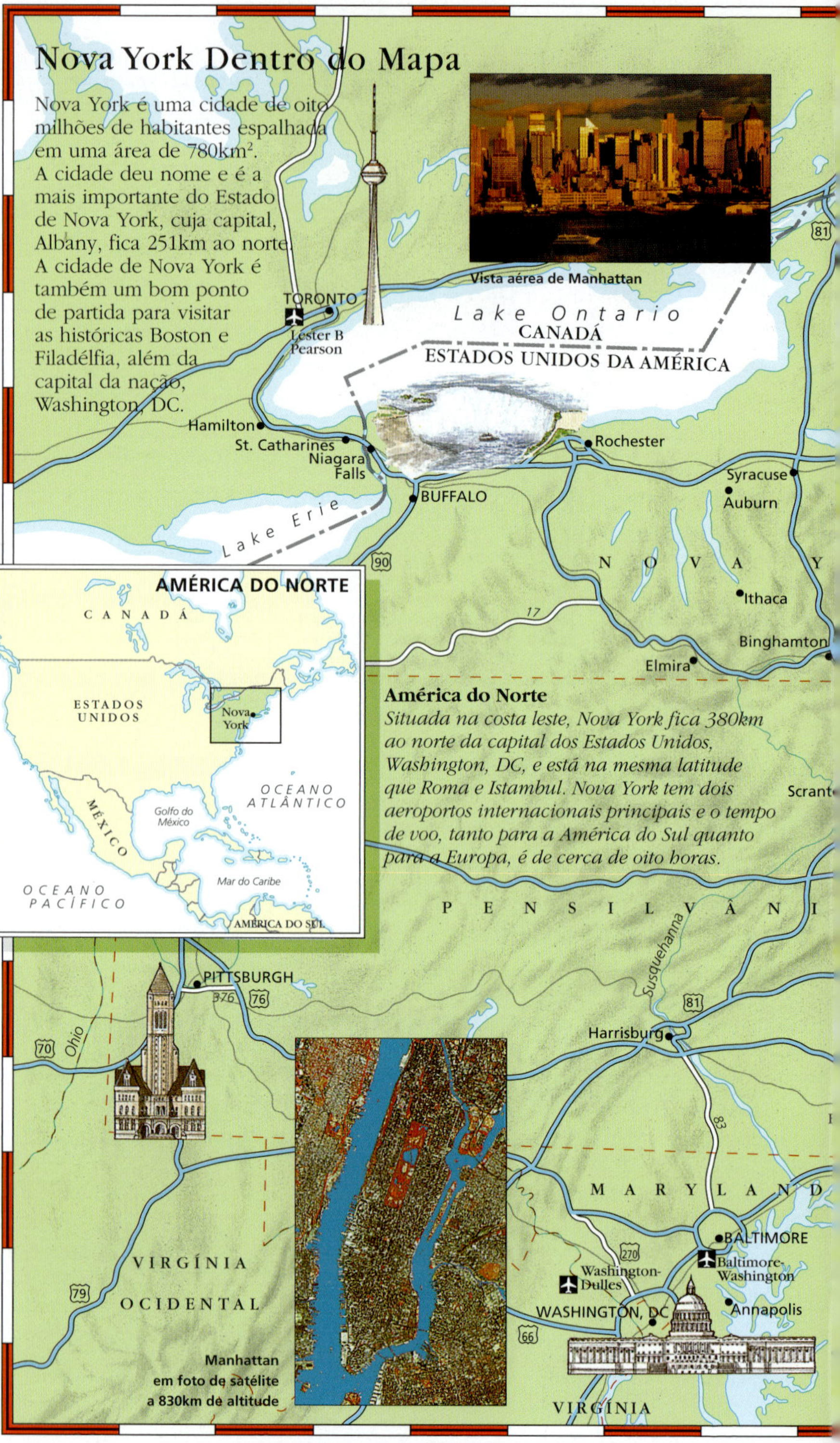

Vista aérea de Manhattan

América do Norte
Situada na costa leste, Nova York fica 380km ao norte da capital dos Estados Unidos, Washington, DC, e está na mesma latitude que Roma e Istambul. Nova York tem dois aeroportos internacionais principais e o tempo de voo, tanto para a América do Sul quanto para a Europa, é de cerca de oito horas.

Manhattan em foto de satélite a 830km de altitude

Grande Nova York

A cidade de Nova York é dividida em cinco regiões distintas: Manhattan (onde se localiza a imensa maioria das atrações turísticas), Bronx, Queens, Brooklyn e Staten Island. Detalhes de pontos importantes fora do centro de Nova York, mas dentro dos limites da cidade, estão nas pp. 233-55. *Visitas de um dia a outros locais são sugeridas na* p. 393.

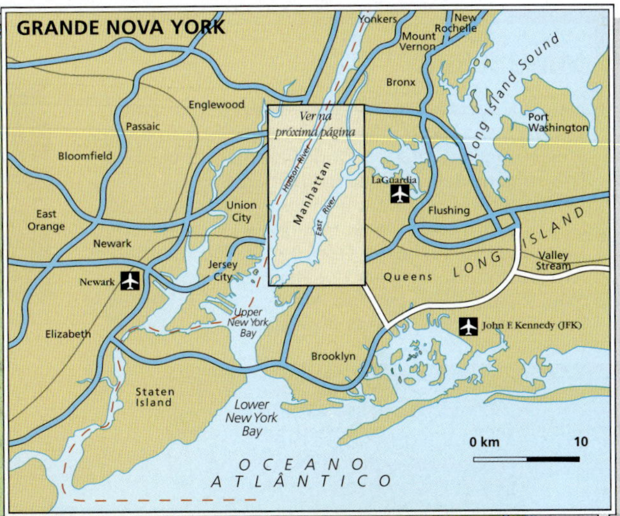

Manhattan

Este guia divide Manhattan em quinze áreas, cada uma em uma seção. Muitos dos edifícios mais antigos e mais recentes de Nova York ficam lado a lado em Lower Manhattan. É de lá também que se toma a balsa de Staten Island, para uma visão maravilhosa do famoso perfil da ilha e da Estátua da Liberdade. Midtown engloba o Theater District e as lojas reluzentes da Fifth Avenue. A "Museum Mile", no Upper East Side, é um paraíso cultural. Ao norte está o Harlem, bairro negro mais famoso dos Estados Unidos.

Grand Central Terminal
Esta estação foi construída em 1913 e se tornou portão de entrada da cidade. Seu ponto alto é o salão principal, com enorme pé-direito (pp. 156-7).

Morgan Library & Museum
Uma das melhores coleções do mundo de manuscritos, livros, e exemplares raros está neste magnífico prédio (pp. 164-5).

Estátua da Liberdade
Presente da França para o povo americano em 1886, esta estátua tornou-se símbolo da liberdade no mundo inteiro (pp. 74-5).

Catedral de St. John the Divine
Iniciada em 1892 e até hoje em obras, esta catedral, quando estiver concluída, será a maior do mundo. Aqui também acontecem espetáculos (pp. 226-7).

Nações Unidas
Nova York é a sede da organização criada para preservar a paz mundial (pp. 160-3).

Empire State Building
Um dos mais altos edifícios da América, este é um símbolo de Nova York. Construído na década de 1930, já atraiu mais de 110 milhões de visitantes (pp. 136-7).

Metropolitan Museum of Art
Com uma incrível coleção de artefatos desde a pré-história até os dias atuais, este é um dos maiores museus do mundo (pp. 190-7).

Ponte do Brooklyn
Esta ponte atravessa o rio East ligando Manhattan ao Brooklyn. Construída em 1883, era a maior ponte suspensa e a primeira com cabos de aço (pp. 86-9).

Solomon R. Guggenheim Museum
Uma obra-prima arquitetônica de Frank Lloyd Wright, esta construção contém um dos melhores acervos de arte moderna do mundo (pp. 188-9).

RTH, OR HUDSON'S RIVER
EAST RIVER
Delancey's Square
Ship Yards
Brookland Ferry
The WALLABOUT BAY
The Governour's or Nutten Island
Red Hook
Brookland Parish

A HISTÓRIA DE NOVA YORK

Desde que foi avistada pela primeira vez, por Giovanni da Verrazano, há quase 500 anos, a baía de Nova York tornou-se uma presa que toda a Europa queria capturar. Os holandeses mandaram comerciantes de peles para a área em 1621, mas eles perderam a colônia, a que deram o nome de Nova Amsterdã, para os ingleses em 1664. O assentamento foi rebatizado de Nova York e o nome permaneceu mesmo depois que eles deixaram a colônia, em 1783, no fim da Guerra da Independência.

Capa enfeitada de concha usada por chefe índio

O DESENVOLVIMENTO DA CIDADE

No século XIX, Nova York cresceu rapidamente e tornou-se um porto importante. As facilidades portuárias estimularam a indústria, o comércio imperava e fizeram-se grandes fortunas. Em 1898, Manhattan uniu-se a outros quatro *boroughs* (bairros) para formar a segunda maior cidade do mundo. De 1800 a 1900, a população cresceu de 79.216 para 3 milhões de pessoas. Além de centro dos negócios, a cidade tornou-se a meca da cultura e entretenimento nos Estados Unidos.

O CALDEIRÃO DE CULTURAS

Enquanto Nova York continuava a crescer, milhares de imigrantes mudavam-se para lá em busca de uma vida melhor, e os cortiços proliferaram. A mistura de culturas tornou-se uma característica da cidade. Hoje em dia, os 8 milhões de habitantes falam cem línguas.

A paisagem de Manhattan formou-se à medida que a cidade crescia para cima, para alojar a população cada vez maior. Nova York passou por altos e baixos, mas tanto nos bons quanto nos maus tempos permaneceu uma das cidades mais vitais do mundo. As páginas seguintes mostram épocas significativas de sua história.

Cessão de terras assinada pelo último governador de Nova Amsterdã, Peter Stuyvesant, em 1664

◁ Metade sul de Manhattan e parte do Brooklyn em mapa da época

Nova York no Começo

Máscara indígena

Manhattan era uma ilha coberta de florestas e habitada pelos nativos algonquianos quando a Companhia das Índias, da Holanda, instalou o entreposto de peles Nova Amsterdã, em 1625. Os colonizadores ergueram casas sem planejamento, e até hoje as ruas de Lower Manhattan são sinuosas. A Broadway, que os holandeses chamaram de *Breede Wegh*, era a trilha indígena de Weekquaesgeek. O Harlem também preservou o nome holandês. A cidade só passou a ter ordem com o governador Peter Stuyvesant. Mas a colônia não rendeu o esperado. Em 1664, a Holanda deixou que os ingleses a tomassem, chamando-a de Nova York.

CRESCIMENTO DA METRÓPOLE

1664	Atual

Sinete da Nova Holanda
Pele de castor e wampum (colar de conchas) mostrados no sinete eram a moeda corrente na Nova Holanda.

Primeiros Nova-Iorquinos
Os nativos algonquianos foram os primeiros habitantes da ilha de Manhattan.

PRIMEIRA VISTA DE MANHATTAN (1626)
O sul de Manhattan parecia uma cidade holandesa e tinha até moinho. O forte indicado ainda não tinha sido construído.

Pote Iroquês
Nativos iroqueses visitavam a ilha com frequência nessa época.

Aldeia Indígena
Os nativos algonquianos moravam em cabanas comunitárias.

CRONOLOGIA

1524 Giovanni da Verrazano navega pela baía de Nova York

1609 Henry Hudson veleja o rio Hudson acima em busca da Passagem Noroeste

1625 Os holandeses estabelecem o primeiro entreposto permanente

1626 Peter Minuit compra Manhattan dos nativos

1625 Chegam os primeiros escravos da África

1643-45 Tratado de paz temporário encerra lutas com os índios

1647 Peter Stuyvesant torna-se governador da colônia

1653 Construção de paliçada contra índios; a rua ao lado é chamada Wall Street

1654 Primeiros colonos judeus

1600 | 1620 | 1640

Louça Holandesa
Os colonizadores trouxeram esse tipo de louça esmaltada, com detalhe de estanho.

Perfil de Manhattan
Na Strand, atual Whitehall Street, foi construída a primeira casa de tijolos.

Restos do *Tiger*

ONDE VER A NOVA YORK HOLANDESA

Resgatados em 1916, os restos do navio holandês *Tiger*, que pegou fogo em 1613, são as peças mais antigas do período e estão em exibição no Museum of the City of New York *(p. 199)*. Esse museu, a Morris-Jumel Mansion *(p. 235)* e o Van Cortland House Museum *(p. 240)* exibem louças, azulejos e móveis holandeses.

Compra de Manhattan
Peter Minuit comprou a ilha dos nativos em 1626, pelo equivalente a U$ 24 em quinquilharias.

Peter Stuyvesant
O último governador holandês era um tirano que impôs leis severas, como a que mandava as tavernas fecharem às 21h.

1660 Inaugurado primeiro hospital

1664 Ingleses expulsam os holandeses e mudam o nome para Nova York

1676 Erguida a Great Dock no rio East

1698 Consagração da Trinity Church

1660 | 1680 | 1700

Nova Amsterdã rende-se aos ingleses

Década de 1680 "Leis da Farinha" dão à cidade o direito exclusivo de processar e transportar cereais

1683 Promulgada a primeira carta de leis

1689 Comerciante Jacob Leisler lidera revolta contra impostos e toma a cidade por dois anos

1693 Instalação de 92 canhões para proteção; a área ganha o nome de Battery

1691 Leisler condenado à morte por traição

Nova York Colonial

Cavalheiro colonial

Sob o domínio inglês, Nova York prosperou e a população cresceu rapidamente. A moagem de cereais era a principal atividade comercial. A construção de navios também se expandiu. À medida que a cidade enriquecia, surgia uma elite e, com ela, os primeiros fabricantes de móveis finos e objetos de prata para suas casas. No período em que governou Nova York, a Inglaterra mostrou-se mais interessada no lucro que no bem-estar da colônia. A Coroa impôs muitos tributos odiados pela população e o espírito de revolta cresceu, embora as lealdades fossem divididas. Nas vésperas da revolução, Nova York era a segunda maior cidade das treze colônias, com 20 mil habitantes.

Dinheiro colonial

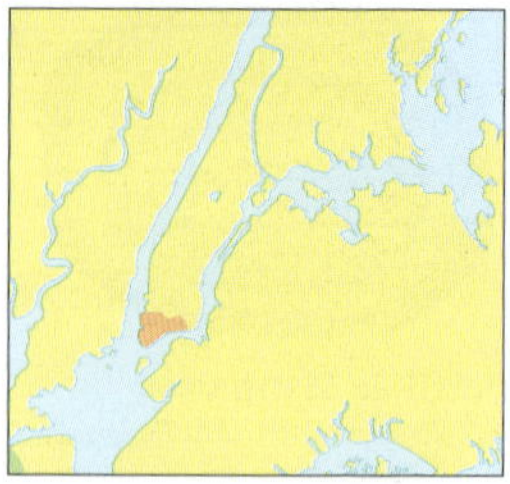

CRESCIMENTO DA METRÓPOLE

1760 | Atual

Rua Colonial
Porcos e cães corriam livres pelas ruas da Nova York colonial.

Kas
Armário de pinho no estilo holandês feito no vale do rio Hudson, em Nova York, cerca de 1720.

Navegação
O comércio com as Índias Ocidentais e a Inglaterra fez Nova York prosperar. Em poucos anos, 200 navios visitaram seu porto.

CRONOLOGIA

1700

1702 Lorde Cornbury é nomeado governador; ele gostava de vestir roupas femininas

1710

1710 O chefe iroquês Hendrick visita a Inglaterra

1711 Mercado de escravos é construído no fim da Wall Street

1720

1720 Inauguração do primeiro estaleiro

1725 Lançado o *New York Gazette*, primeiro jornal da cidade

1730

1732 Inaugurado o primeiro teatro

Capitão Kidd
O pirata escocês William Kidd era um cidadão respeitável, que emprestou ferramentas para erguer a Trinity Church (p. 68).

CASA DE VAN CORTLANDT

Frederick Van Cortlandt construiu esta casa em estilo georgiano em 1748, em uma plantação de trigo onde é hoje o Bronx. Transformada em museu (p. 240), *mostra como vivia uma família anglo-holandesa abastada.*

ONDE VER A NOVA YORK COLONIAL

Edifícios coloniais estão abertos ao público na Historic Richmond Town, em Staten Island *(p. 254)*. Belos exemplares de móveis e prataria coloniais estão expostos no Museum of the City of New York *(p. 199)*.

Loja em Richmond Town

Cozinha Colonial
Queijo branco puro, chamado de "carne branca", era muito usado no lugar da carne. Os waffles, típicos da Holanda, se popularizaram. Fruta fresca era rara, mas comiam-se frutas em conserva.

Mamadeira de estanho

Fôrma de queijo

Fôrma de waffle

Esculturas Decorativas
Cabeças de animal de pedra adornam as janelas da frente.

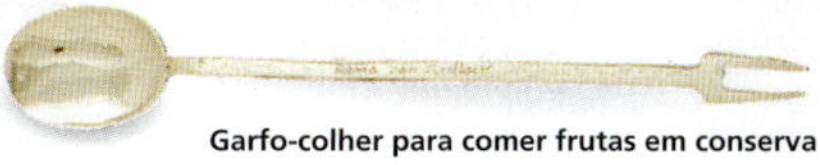

Garfo-colher para comer frutas em conserva

1734 Julgamento de John P. Zenger, por calúnia, garante liberdade da imprensa

1741 Revolta de escravos provoca histeria; 31 são executados e 150 presos

1754 Começa guerra entre franceses e índios; fundação do King's College (hoje Columbia University)

1759 Primeira cadeia

1740 | 1750 | 1760

1733 Inaugurado o Bowling Green, primeiro parque da cidade; começa o serviço de balsas para o Brooklyn

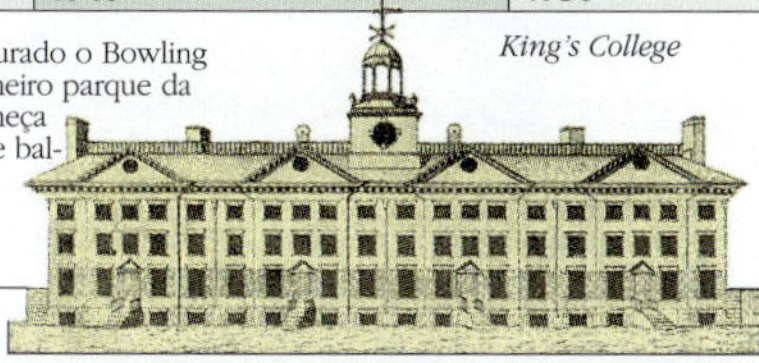

King's College

1762 Primeira força policial

1763 Fim da guerra; ingleses controlam a América do Norte.

Soldado inglês

Nova York Revolucionária

George Washington, general revolucionário

Entrincheirada, bombardeada pela artilharia inglesa e marcada por constantes incêndios, Nova York sofreu na Guerra da Independência americana. Apesar das dificuldades, os cidadãos não abandonaram os jogos de críquete, corridas de cavalo, bailes e lutas de boxe. A cidade tinha fama de reduto legalista e depois que os ingleses a retomaram, em 1776, pró-britânicos de outros Estados ali se refugiaram. As tropas americanas só voltaram a Manhattan depois da assinatura do tratado de paz, em 1783.

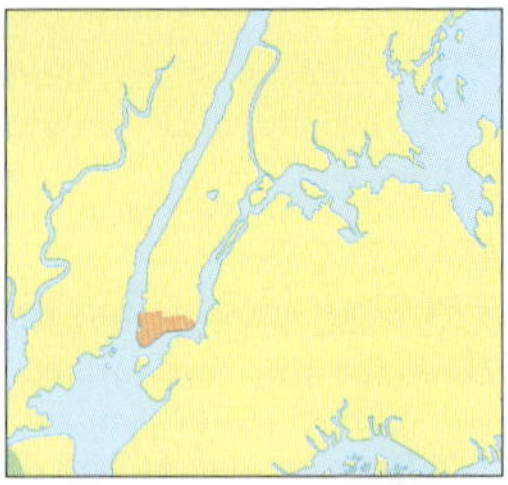

CRESCIMENTO DA METRÓPOLE

1776 · Atual

Soldado americano

Uniformes
O exército americano usava uniforme azul e o inglês, vermelho.

Soldado inglês

Mochila de Soldado
Os soldados britânicos na Guerra da Independência carregavam suas provisões em mochilas.

QUEDA DO REI
Os nova-iorquinos derrubaram a estátua do rei George III em Bowling Green e a derreteram para fazer munição.

Batalha he Harlem Heights
Washington venceu a luta em 16 de setembro de 1776. Mas, como não tinha tropas para manter a posição, recuou e devolveu a cidade aos ingleses.

Morte de um Patriota
Nathan Hale foi capturado e enforcado sem julgamento, por espionagem, ao agir por trás das linhas inglesas, em 1776.

CRONOLOGIA

1765 Ingleses aprovam Lei do Selo, nova-iorquinos protestam; formação do Sons of Liberty

1767 Lei Townshend impõe novas taxas; após protestos, lei é revogada

1770 Sons of Liberty lutam com ingleses na "Battle of Golden Hill"

1774 Rebeldes jogam chá na baía em protesto contra impostos

1760 · 1770 · 1780

St. Paul's Chapel

1766 Conclusão da St. Paul's Chapel; Lei do Selo é revogada; estátua de George III inaugurada em Bowling Green

General William Howe, comandante das tropas britânicas

1776 Começa a guerra; o general Howe, à frente de 500 navios, ocupa a baía de Nova York

Balde de couro

Brigadas de Incêndio

Os incêndios sempre ameaçaram a cidade, mas durante a guerra uma série deles quase a destruiu. Na retirada dos patriotas, em 21 de setembro de 1776, um terrível incêndio arrasou a Trinity Church e mil casas.

Bandeiras da Revolução

O exército de Washington levava as cores continentais, com uma listra para cada uma das treze colônias e a Union Jack. A bandeira de estrelas e listras tornou-se oficial em 1777.

Primeira bandeira

Cores continentais

Retorno do General Washington

Washington teve recepção de herói ao voltar a Nova York em 25 de novembro de 1783, após a retirada inglesa.

Estátua de George III

Patriotas exultantes

ONDE VER A CIDADE REVOLUCIONÁRIA

Em 1776, George Washington usou a mansão Morris-Jumel, em Upper Manhattan, como quartel-general *(p. 233)*. Ele também dormiu na Van Cortlandt House *(pp. 19 e 238)*. Depois da guerra, despediu-se de seus oficiais na Fraunces Tavern *(p. 76)*.

Mansão Morris-Jumel

1783 Assinado o tratado de Paris, EUA independentes; ingleses abandonam Nova York

1784 Criado o Banco de Nova York

1785 Nova York torna-se capital

1789 Posse de Washington, o primeiro presidente, no Federal Hall

Posse de Washington

1790

1790 Capital muda-se para Filadélfia

1791 New York Hospital, o mais antigo, é inaugurado

1792 Construção da Tontine Coffee House, primeira sede da Bolsa

1794 Inaugurado o Bellevue Hospital

1800

1801 Alexander Hamilton funda o New York Post

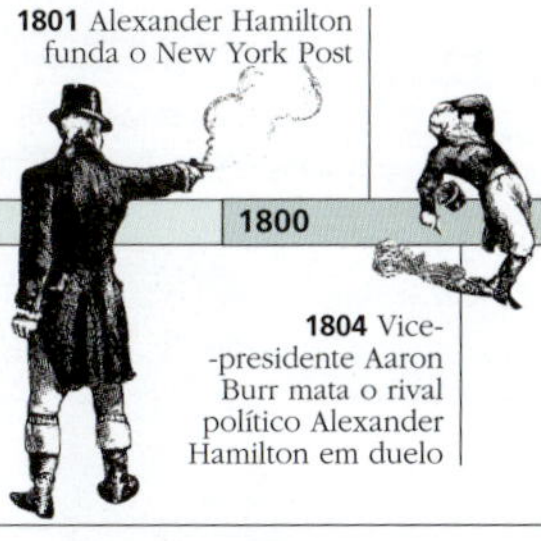

1804 Vice-presidente Aaron Burr mata o rival político Alexander Hamilton em duelo

Nova York no Século XIX

Governor De Witt Clinton

Estabelecida como maior cidade do país e importante porto, Nova York enriqueceu. A indústria cresceu, pela facilidade de navegação, e magnatas como John Jacob Astor ganharam milhões. Os ricos mudaram-se para o norte *(uptown)*, e os transportes públicos foram atrás. Mas os problemas de uma cidade grande acompanharam este desenvolvimento: incêndios, epidemias e pânico financeiro. Com as grandes levas de imigrantes, veio a superpopulação e os cortiços se expandiram. Em 1846, um em cada sete nova-iorquinos era pobre.

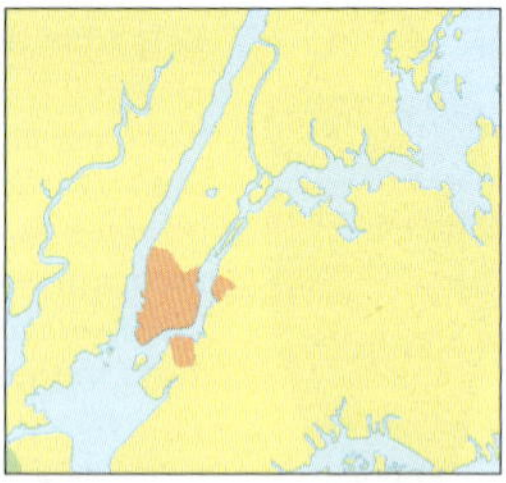

CRESCIMENTO DA METRÓPOLE

1840 — Atual

Partitura
O nova-iorquino Stephen Foster compôs baladas populares, como Jeanie with the Light Brown Hair.

O Croton Distributing Reservoir foi construído em 1842. Até então, os nova-iorquinos dependiam das entregas de água engarrafada.

Mantendo a forma
Ginásios como o Dr. Rich's Institute for Physical Education estabeleceram-se em Nova York na primeira metade do século XIX.

Ônibus
O ônibus puxado a cavalo foi introduzido no transporte público em 1832 e permaneceu nas ruas de Nova York até a Primeira Guerra Mundial.

CRONOLOGIA

1805 Abertas as primeiras escolas públicas gratuitas em Nova York

1811 Implantado padrão quadriculado de ruas acima da 14th Street

1812-14 Guerra; bloqueio inglês da baía de Nova York

Constitution, *o mais famoso navio da guerra de 1812*

1835 Cidade velha destruída no pior incêndio até então

1810 — 1820 — 1830

1807 Robert Fulton lança o primeiro barco a vapor no rio Hudson

1822 Febre amarela; população é transferida para Greenwich Village

1823 Nova York ultrapassa Boston e Filadélfia e se torna a maior cidade do país

1827 Nova York abole a escravidão

1837 Samuel Morse manda a primeira mensagem por telégrafo

Casas Brownstone
Casas de pedra escura (brownstone) foram construídas no início do século. A porta da frente elevada separava a entrada pelo saguão da dos criados, no térreo.

O Crystal Palace era um pavilhão de ferro e vidro erguido para a Feira Mundial de 1853.

NOVA YORK EM 1855

Olhando para o sul, a partir da 42nd Street, o Crystal Palace e o Croton Distributing Reservoir ficavam no lugar onde estão hoje a principal biblioteca pública e o Briant Park.

PORTO DE NOVA YORK

A importância de Nova York como cidade portuária cresceu rapidamente no começo do século XIX. Robert Fulton lançou seu primeiro barco a vapor, o *Clermont*, em 1807. Esses barcos tornaram as viagens muito mais rápidas – levava-se 72 horas para chegar a Albany, a capital e portão para o Oeste. Muitos nova-iorquinos enriqueceram no comércio com o Oeste, em barcos comuns e vapores, e com o resto do mundo, por meio de clíperes.

Barco a vapor Clermont

Crystal Palace em Chamas
Em 5 de outubro de 1858, este pavilhão de exposições foi destruído por um incêndio, da mesma forma que seu predecessor, em Londres.

Comemoração no Grand Canal
Barcos alinharam-se na baía de Nova York para comemorar a abertura do canal no lago Erie, em 1825. Ao ligar os Grandes Lagos a Albany, capital do Estado de Nova York, localizada às margens do rio Hudson, o canal abriu uma conexão entre o Meio-Oeste e o porto de Nova York.

1840

1842 Croton Reservoir é inaugurado

1845 Criação do Knickerbockers, primeiro time organizado de beisebol

Jogador de beisebol

1849 Rebeliões de Astor Place; navios para a corrida do ouro

1850

1851 Lançamento do *New York Times*

1853 Nova York sedia a primeira Feira Mundial

Cartão de um clíper

1857 Pânico financeiro e depressão

1858 Olmsted e Vaux projetam o Central Park; fundação da Macy's

Pessoas no Central Park

1860

1861 Começa a Guerra Civil

1863 Protestos contra alistamento militar

1865 Velório de Abraham Lincoln no City Hall

A Era da Extravagância

O industrial Andrew Carnegie

À medida que os magnatas enriqueciam ainda mais, Nova York entrava em uma era dourada, quando foram erguidos muitos de seus prédios mais opulentos. Milhões de dólares fluíram para as artes, com a fundação do Metropolitan Museum, Public Library e Carnegie Hall. Hotéis de luxo, como o Plaza e o Waldorf-Astoria, e lojas de departamentos foram inaugurados para atender os ricos. Foi a época de figuras marcantes como William "Boss" Tweed, político truculento e "rei da corrupção", e Phineas T. Barnun, "rei do circo".

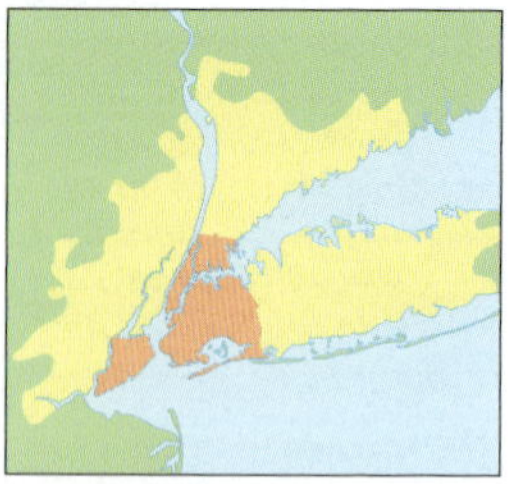

CRESCIMENTO DA METRÓPOLE

1890 *Atual*

Vista para o Parque
O Dakota (1880) foi o primeiro prédio de apartamentos de alto luxo no Upper West Side (p. 218).

Vida em Palácio
Mansões enfileiravam-se na 5th Avenue. O palácio em estilo italiano de W. K. Vanderbilt, construído em 1882 no nº 660, ficava bem ao norte da avenida.

Cidade da Moda
A loja Lord & Taylor ficava na 6th Avenue, entre 14th e 23rd Streets, trecho chamado de "Fashion Row" (Quadra da Moda).

FERROVIA ELEVADA
Na segunda metade do século XIX, as ferrovias elevadas ("Els") percorriam a 2nd, 3rd, 6th e 9th Avenues. Eram rápidas, mas produziam muito barulho e sujeira.

CRONOLOGIA

1865

1867 Conclusão do Prospect Park, no Brooklyn

1868 Primeira ferrovia elevada, na Greenwich Street

1869 Primeiro prédio de apartamentos, na 18th St; crise financeira da Sexta-Feira Negra

Interior da Bolsa de Valores

1870

1870 J. D. Rockefeller funda a Standard

1871 Inaugurado o Grand Central Depot, primeiro terminal ferroviário; "Boss" Tweed é preso

1872 Inauguração da Bloomingdale's

1873 Bancos quebram; pânico na Bolsa de Valores

1875

1877 Graham Bell apresenta o telefone em Nova York

1879 Conclusão da St. Patrick's Cathedral

Aniversário de Mark Twain
Mark Twain, cujo romance A Idade de Ouro *(1873) criticava o estilo de vida nova-iorquino, comemorou seu aniversário no Delmonico's.*

ONDE VER A ERA DA EXTRAVAGÂNCIA

O Salão Dourado de Henry Villard Houses *(p. 176)* é um bom lugar para se apreciar o passado. Antes sala de música, é hoje um bar sofisticado chamado Gilts. O Museum of the City of New York tem duas salas reconstituídas *(p. 199)*.

O Esquema Tweed
"Boss" Tweed era o líder do Tammany Hall, que dominava o governo municipal. Ele roubou milhões em dinheiro público.

Caricatura de "Boss" Tweed, de Nast

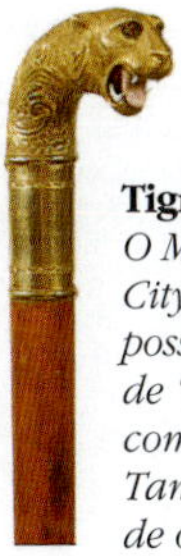

Tigre do Tammany
O Museum of the City of New York possui a bengala de "Boss" Tweed, com o tigre do Tammany Hall de ouro.

5th Avenue Rural
Este quadro de Ralph Blakelock mostra casebres na 86th Street, hoje um dos endereços mais exclusivos de Nova York.

1880 Frutas e carnes enlatadas chegam às lojas; inauguração do Metropolitan Museum; ruas são iluminadas por eletricidade

1883 Inauguração do Metropolitan Opera; conclusão da ponte do Brooklyn

1886 Inauguração da Estátua da Liberdade

1891 Abertura do Carnegie Hall

1880 | **1885** | **1890**

1888 A Grande Nevasca produz 56cm de neve

1890 Primeiro filme animado é mostrado em Nova York

Queima de fogos de artifício na ponte do Brooklyn, 1883

1892 Começa a obra de St. John the Divine; abertura de Ellis Island

Nova York na Virada do Século

Carruagem puxada a cavalo

Por volta de 1900, Nova York era o centro da indústria americana: 70% das empresas do país tinham sede lá e por seu porto circulavam dois terços de todos os bens importados. Os ricos ficaram mais ricos, mas a situação piorou para os pobres. Doenças se espalhavam nos cortiços lotados, onde imigrantes mantinham vivas suas tradições. Em 1900, o sindicato International Ladies' Garment Workers' Union foi fundado para buscar melhores condições para mulheres e crianças. Mas só com o incêndio na Triangle Shirtwaist Factory, em 1911, houve reformas.

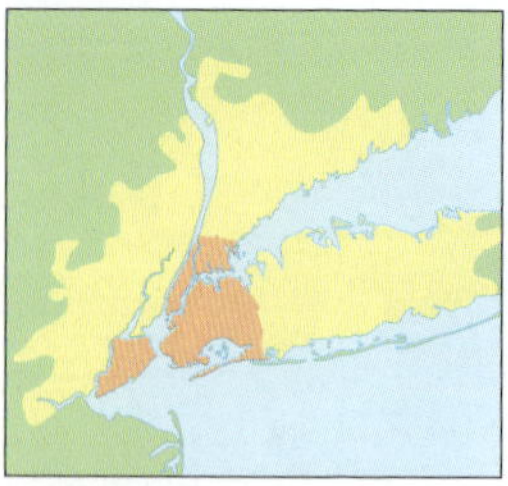

CRESCIMENTO DA METRÓPOLE

1914 | Atual

Retrato da Pobreza
Quase cinco vezes mais populoso que o resto de Nova York, o Lower East Side era o lugar mais densamente povoado do mundo.

Vida Difícil
Os prédios eram insalubres e lotados. Muitas vezes não tinham janelas, dutos de ar nem instalações sanitárias.

ONDE VER A NOVA YORK DA VIRADA DO SÉCULO

O Lower East Side Tenement Museum *(p. 97)* mostra a vida nos prédios.

Banheira de assento

Tesoura de alfaiate

Interior de uma Oficina
Os operários trabalhavam muitas horas e ganhavam pouco nas abafadas oficinas do "bairro das roupas". Esta foto da oficina de Moe Levy foi tirada em 1912.

Bondes na Broadway

CRONOLOGIA

1895 Olympia Theater é o primeiro teatro a abrir na área da Broadway

1896 Padaria da Clinton Street faz o primeiro *bagel*

1897 Inauguração do Waldorf-Astoria Hotel, o maior do mundo

1898 Cinco *boroughs* criam segunda maior cidade do mundo

1900 O prefeito Robert Van Wyck inaugura as obras do primeiro metrô com uma pá de prata

1901 Macy's abre loja de departamentos na Broadway

1903 Inauguração do Lyceum Theater, o mais antigo teatro em atividade

1895 — 1900

FLATIRON BUILDING

De frente para a Madison Square, na esquina da 5th Avenue com a 2nd Street, esta torre de 21 andares foi um dos primeiros arranha-céus (1902). Em formato triangular, chamava-se originalmente Fuller Building (p. 127).

Jantar a Cavalo

Festas escandalosas estavam na moda, mas o jantar a cavalo de C.K.G. Billing no restaurante Sherry's, em 1903, foi muito comentado.

Plaza Promenade

O trecho da 5th Avenue em frente ao Plaza Hotel era considerado o mais elegante da cidade.

Alta Moda

Em 1900, a moda era rígida, com armações de metal sob vestidos enfeitados. Depois as roupas ficaram mais macias e práticas.

Peruca ventilada

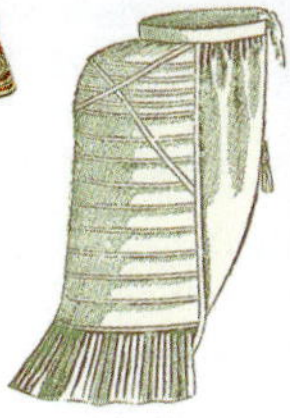

Anquinha longa

Armação de metal

1906 Stanford White é morto a tiros no Madison Square Garden, que ele projetou em 1890

1909 Wilbur Wright faz o primeiro voo sobre Nova York

1910 Inaugurada a Penn Station

1913 Woolworth Building, o mais alto do mundo; novo Grand Central Terminal; Apollo Theater aberto no Harlem

1905 | **1910**

1905 Primeira viagem do Staten Island Ferry

1907 Primeiros táxis com taxímetro; *Ziegfeld Follies*

1911 Incêndio na Triangle Shirtwaist Factory mata 146 operários; conclusão da New York Public Library

Woolworth Building

Nova York entre as Guerras

Cartão de entrada de cabaré

Os anos 1920 foram uma festa para os nova-iorquinos. O prefeito Jimmy Walker dava o exemplo, saindo com garotas de cabaré, bebendo nos bares, assistindo aos Yankees. Mas os bons tempos terminaram com a quebra da Bolsa de Valores, em 1929. Em 1932, Walker renunciou, acusado de corrupção, e um quarto dos nova-iorquinos estava sem emprego. Após a eleição do prefeito Fiorello LaGuardia, em 1933, a cidade voltou a crescer.

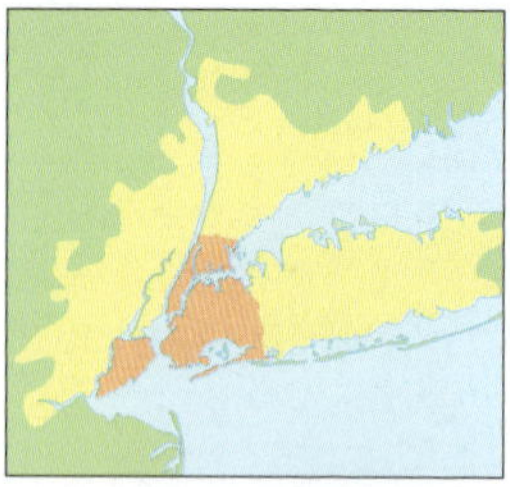

CRESCIMENTO DA METRÓPOLE

1933 | Atual

Trajes Exóticos
Dançarinas eram a atração principal do Cotton Club.

COTTON CLUB
Esta casa noturna no Harlem tinha o melhor jazz da cidade, com uma banda famosa liderada primeiro por Duke Ellington, depois por Cab Calloway.

Desafio à Proibição
A venda de álcool era proibida, mas os speakeasies, *bares semiclandestinos, serviam bebidas.*

Batedor Recordista
Em 1927, o jogador de beisebol Babe Ruth bateu um recorde de 60 home runs. *O Yankee Stadium* (p. 241) *tornou-se a "casa que Ruth construiu".*

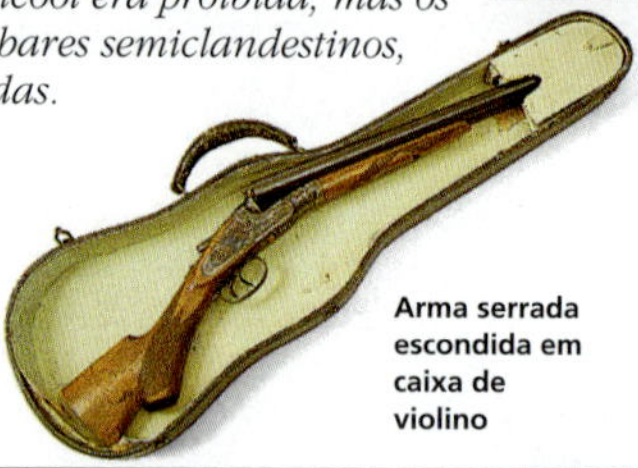

Arma serrada escondida em caixa de violino

Gângsteres
Dutch Schultz chefiava uma gangue que fornecia bebidas.

CRONOLOGIA

1918 Fim da Primeira Guerra

1919 A 18ª emenda veta o álcool e inicia o período da Lei Seca

1920 Americanas conquistam voto

1920

1924 Nasce no Harlem o autor James Baldwin

1925 Lançamento da revista *New Yorker*

1925

1926 Jimmy Walker torna-se prefeito

O Holland Tunnel é aberto

1927 Lindbergh cruza o Atlântico de avião; primeiro filme falado; abertura do Holland Tunnel

1929 Quebra da Bolsa; começa a Grande Depressão

1930

1930 Conclusão do Chrysler Building

1931 Empire State, o mais alto prédio do mundo

Sucesso no Harlem
Banidos dos clubes do centro, artistas negros como Cab Calloway se apresentavam no Cotton Club.

Melodias da Broadway
Os anos 1920 foram o auge dos musicais da Broadway, com recorde de estreias de peças.

A GRANDE DEPRESSÃO

Os anos 1920 terminaram com o crash da Bolsa em 29 de outubro de 1929, que lançou o país na Grande Depressão. Nova York sentiu o choque: os sem-teto montaram barracos no Central Park e milhares de pessoas ficaram desempregadas. Mas as artes floresceram, com artistas aderindo ao programa da Works Projects Administration (WPA) e criando obras pela cidade.

Fila para receber benefícios em 1931

Cardápio do café

O avião de Lindbergh, *Spirit of St. Louis*

O Voo de Lindbergh
Nova York celebrou de várias formas, entre elas um café da manhã, o voo em 1927 de Lindbergh, o primeiro sem escalas e solitário a cruzar o Atlântico.

Rockefeller Center
John D. Rockefeller aplica o último rebite para comemorar a inauguração do Rockefeller Center em 1º de maio de 1939.

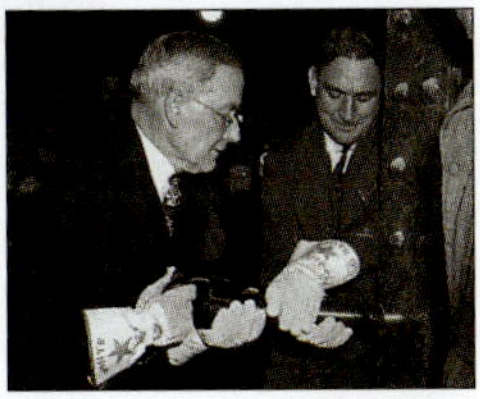

Grande Evento
Quase 50 milhões de pessoas visitaram a Feira Mundial de 1939, em Nova York.

1933 Fim da Lei Seca; LaGuardia começa o terceiro mandato

1935

1936 Robert Moses chefia setor de parques e abre áreas verdes

1939 Concluído o Rockefeller Center

1940 Abertura do Queens--Midtown Tunnel

1940

1941 EUA na Segunda Guerra

1942 Luzes apagadas na Times Square durante a Segunda Guerra; inauguração do Idlewild International Airport (hoje JFK)

1944 O líder negro Adam Clayton Powell é eleito para o Congresso

1945

Nova York no Pós-Guerra

Desde o fim da Segunda Guerra, Nova York tem passado por fases ótimas e péssimas. Embora reconhecida como capital financeira do mundo, a cidade quase foi à falência na década de 1970. Em 2008 o colapso do banco Lehman Brothers deflagrou a pior crise financeira desde 1929. A partir da década de 1990 houve acentuada queda nos níveis de criminalidade e a cidade se empenhou na recuperação de marcos como a Grand Central Station e a "nova" Times Square. A constante renovação é um símbolo da posição de Nova York como centro cultural e financeiro dos Estados Unidos.

1945 Fim da Segunda Guerra

1946 Abertura da sede das Nações Unidas

1947 Jackie Robinson, primeiro jogador negro de beisebol profissional, assina com o Brooklyn Dodgers

1953 Merce Cunningham funda sua companhia de balé

1954 Ellis Island é fechada

1959 Guggenheim Museum abre

1963 Incêndio na Pennsylvania Station

1964 Feira Mundial; conflitos raciais no Harlem e Bedford-Stuyvesant; a Verrazano Narrows Bridge liga o Brooklyn a Staten Island; os Beatles tocam no Shea Stadium

1966 Greves nos jornais e no trânsito

1967 O musical *Hair* estreia off-Broadway e depois muda-se para o Biltmore Theater

1968 Vinte mil hippies reúnem-se no Central Park; *sit-in* e estudantes ocupam a Columbia University

1971 Retrospectiva do artista pop Andy Warhol no Whitney Museum

1973 Conclusão do World Trade Center

1975 Empréstimo federal salva Nova York da falência

1981 Nova York sai da concordata

1945	1950	1955	1960	1965	1970	1975	198
PREFEITOS:	IMPELLITERI	WAGNER		LINDSAY		BEAME	KOCH
1945	1950	1955	1960	1965	1970	1975	198

Lenço suvenir

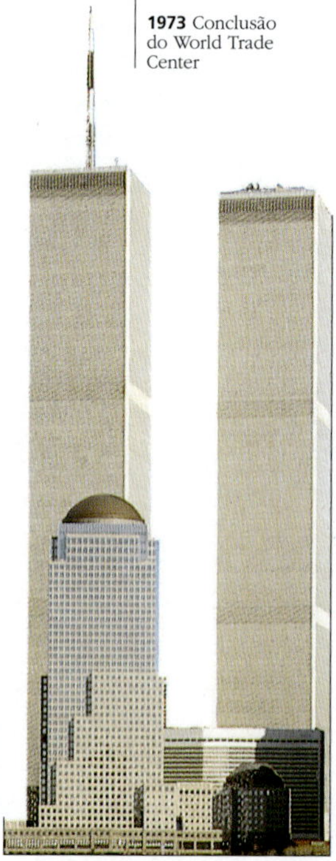

Andy Warhol com as atrizes Candy Darling e Ultra Violet

1983 Expansão econômica: preços dos imóveis disparam; Trump Tower é inaugurada por Donald Trump, símbolo da riqueza "yuppie" dos anos 1980

1987 Crash da Bolsa de Valores

1988 Cerca de 25% dos nova-iorquinos vivem abaixo da linha de pobreza

1990 David Dinkins, o primeiro prefeito negro, toma posse; reabertura de Ellis Island como museu da imigração

1994 Rudolph Giuliani toma posse como prefeito

2001 Ataque terrorista ao World Trade Center; o prefeito Giuliani é um grande apoio para o povo de Nova York. O presidente George Bush declara guerra ao terrorismo

2003 Em 14 de agosto, um colapso da rede elétrica provoca um *black-out* que afeta 50 milhões de pessoas no Nordeste (incluindo Nova York), no Meio-Oeste e em portos do Canadá

1985	1990	1995	2000	2005	2010	2015
	DINKINS	GIULIANI		BLOOMBERG		
1985	1990	1995	2000	2005	2010	2015

1986 Escândalos de corrupção abalam a administração Koch; centenário da Estátua da Liberdade

1995 Os esquecidos Chelsea Piers são reformados e reabertos, como um complexo de esportes e diversão *(p. 138)*

2000 População ultrapassa os 8 milhões

2002 Luzes acesas na renovada 42nd Street, que cruza a Broadway na Times Square. Junto com a vizinha Chelsea e suas galerias da moda, a área compete com o SoHo como ponto mais chique da cidade

2009 Voo 1549 da US Airways faz pouso de emergência no rio Hudson. Todos os 155 passageiros sobrevivem

2013 Inauguração do 1 World Trade Center (ex-Freedom Tower)

ONE WAY

NOVA YORK EM DESTAQUE

Há quase 300 pontos de interesse descritos no capítulo *Área por Área* deste guia. Eles vão da frenética Bolsa de Valores *(pp. 70-1)* à paz de Strawberry Fields *(p. 208)*, no Central Park, das sinagogas históricas aos deslumbrantes arranha-céus. As páginas seguintes passam rapidamente pelos locais mais interessantes de Nova York. Há uma seção para museus, outra para a arquitetura e também uma amostra das pessoas e culturas que deram à cidade seu caráter único. Cada ponto turístico tem uma remissão para a página em que é descrito com mais detalhes. Abaixo, uma lista das atrações imperdíveis.

AS DEZ PRINCIPAIS ATRAÇÕES TURÍSTICAS DE NOVA YORK

Ellis Island
pp. 78-9

Empire State Building
pp. 136-7

South Street Seaport
pp. 82-4

Rockefeller Center
p. 144

Museum of Modern Art
pp. 172-5

Central Park
pp. 204-9

Estátua da Liberdade
pp. 174-5

Metropolitan Museum of Art
pp. 190-7

Ponte do Brooklyn
pp. 86-9

Chinatown
pp. 96-7

◁ **O trânsito ininterrupto da Park Avenue**

O Melhor de Nova York: Museus

Os museus de Nova York abrangem do amplo e variado acervo do Metropolitan Museum aos tesouros da coleção do financista J. Pierpont Morgan. Vários museus são dedicados às origens de Nova York e dão aos visitantes uma visão dos povos e fatos que fizeram a cidade. O mapa abaixo contém alguns marcos, que serão mais detalhados nas pp. 38-9.

Museum of Modern Art
Cabra *(1950), de Picasso, é uma das obras do esplêndido acervo deste museu, remodelado.*

Intrepid Sea-Air-Space Museum
Este museu naval também mostra o progresso da aviação. O porta-aviões que abriga o museu voltou ao Pier 86 em 2008.

Morgan Library & Museum
Uma das melhores coleções do mundo de manuscritos, impressos e livros inclui esta Bíblia francesa de 1230.

Merchant's House
Esta casa de 1832, perfeitamente preservada, era de um rico comerciante.

Ellis Island
Este museu recria com realismo as experiências de milhões de famílias de imigrantes.

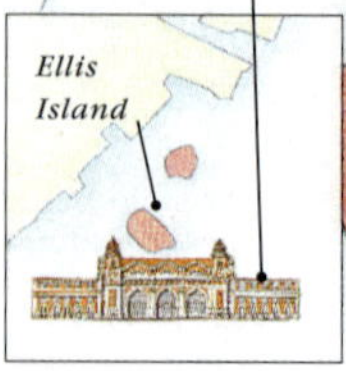

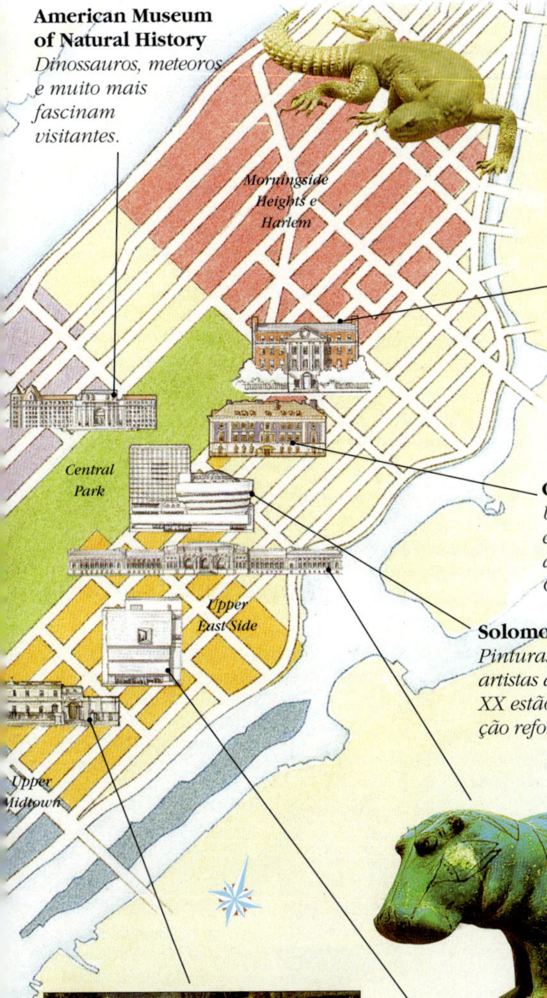

American Museum of Natural History
Dinossauros, meteoros e muito mais fascinam visitantes.

Museum of the City of New York
Roupas, obras de arte e objetos domésticos (como este prato de prata de 1725) retratam em detalhes o passado de Nova York.

Cooper-Hewitt Museum
Um tesouro em arte decorativa está exposto no belo cenário da mansão de Andrew Carnegie em Upper East Side.

Solomon R. Guggenheim Museum
Pinturas e esculturas da maioria dos artistas do final do século XIX e do século XX estão expostos nesta incrível construção reformada de Frank Lloyd Wright.

Metropolitan Museum of Art
Entre os milhões de obras de seu acervo, este hipopótamo de louça da 12ª dinastia egípcia é a mascote do museu.

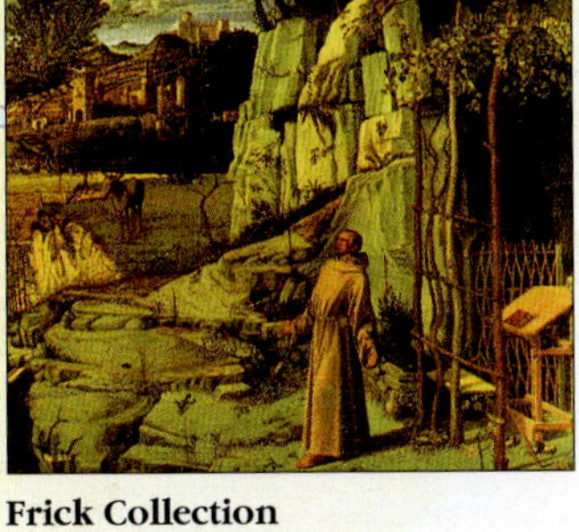

Frick Collection
A coleção do magnata das ferrovias do século XIX Henry Clay Frick está exposta na casa em que morava. Entre as obras-primas, São Francisco no deserto *(c. 1480), de Giovanni Bellini.*

Whitney Museum of American Art
Esta excepcional coleção inclui muitas vistas de Nova York. Uma das melhores é Ponte do Brooklyn: Variação sobre um velho tema *(1939), de Joseph Stella.*

Como Explorar os Museus de Nova York

Lata de tabaco em Richmond Town

É possível reservar um mês inteiro para os museus de Nova York e ainda assim não conseguir ver tudo. Há mais de 60 museus em Manhattan e outros 30 nos arredores. A importância das obras e a variedade de temas é igual a de outras grandes cidades do mundo, de velhos mestres a antigos carros de bombeiro, de dinossauros a bonecas, de tapeçarias tibetanas a máscaras africanas. Alguns museus fecham às segundas ou em outros dias. Muitos ficam abertos até mais tarde uma ou duas vezes por semana e alguns oferecem uma noite de entrada grátis. A maioria dos museus cobra entrada, alguns sugerem uma doação.

PINTURAS E ESCULTURAS

Nova York é mais conhecida por seus museus de arte. O **Metropolitan Museum of Art** tem uma vasta coleção de arte americana, além de obras-primas de outros países. **The Cloisters**, um braço do "Met" em Upper Manhattan, exibe maravilhas da arte e arquitetura medievais. A **Frick Collection** expõe obras esplêndidas dos grandes mestres. Por sua vez, o **Museum of Modern Art (MoMA)** tem alguns dos mais famosos quadros impressionistas e modernos.

O **Whitney Museum of American Art** e o **Solomon R. Guggenheim Museum** também se especializam em arte moderna – a exposição bienal do Whitney é uma das principais mostras de arte contemporânea de artistas vivos. O mais importante da arte atual está no **New Museum of Contemporary Art** e o trabalho de artistas de artesanato, no **American Folk Art Museum**. O **National Academy Museum** exibe vasta coleção de arte dos séculos XIX e XX, quase toda doada pelos membros da academia. No Harlem, o **Studio Museum** mostra os trabalhos de artistas negros.

ARTESANATO E DESIGN

Quem se interessa por tecidos, porcelana, vidro, bordados, rendas, papel de parede e gravuras deve visitar o **Cooper-Hewitt Museum**, a vitrine de artes decorativas do Smithsonian Institute, de Washington. A coleção de design do **MoMA** é tão famosa quanto a de quadros, acompanhando a evolução de todo tipo de design, de relógios a sofás. O **Museum of Arts and Design** oferece o melhor dos artesãos contemporâneos em móveis, cerâmica etc., enquanto o **American Folk Art Museum** exibe peças típicas, de bengalas a *quilts*. Objetos de prata destacam-se no **Museum of the City of New York**. A bela exposição de arte nativa do **National Museum of the American Indian** inclui joias, tapetes e cerâmicas.

O reino pacífico (c. 1840-45), de Edward Hicks, no Brooklyn Museum

GRAVURAS E FOTOGRAFIAS

O pequeno, mas excelente, **International Center of Photography** é o único museu totalmente dedicado a essa arte em Nova York. Outras coleções podem ser vistas no **Metropolitan Museum of Art** e **MoMA**. Há exemplares do começo da fotografia no **Museum of the City of New York** e **Ellis Island**.

Gravuras e desenhos de grandes ilustradores de livros, como Kate Greenaway e Sir John Tenniel, são mostrados na **Morgan Library & Museum**. O **Cooper-Hewitt Museum** tem exemplos do uso de gravuras nas artes decorativas.

MÓVEIS E TRAJES

A exposição anual do Costume Institute no **Metropolitan Museum of Art** sempre vale uma visita. Também é marcante a American Wing, com 24 salas de mobiliário original retratando estilos de vida de 1640 ao século XX. Salas com Nova York em várias situações, começando pelos holandeses do século XVII, estão à mostra no **Museum of the City of New York.** Há ainda algumas casas preservadas que traçam um retrato realista da vida na velha Nova York. O **Merchant's House Museum**, uma residência preservada de 1832, foi ocupado pela mesma família por 98 anos. A **Gracie Mansion** foi a residência do prefeito Archibald Gracie, que a comprou em 1798 de um mercador. Ela abre periodicamente para visitação pública. O **Theodore Roosevelt Birthplace** é a *brownstone* na qual o 26º presidente dos Estados Unidos passou a infância e o **Mount Vernon Hotel Museum** era um resort do início do século XIX.

Boneca de palha, American Museum of Natural History

HISTÓRIA

Pistola de palma da mão, New York City Police Museum

A história americana se desdobra no Federal Hall, primeira sede do governo americano – foi lá que George Washington prestou juramento como primeiro presidente dos Estados Unidos, em abril de 1789. O **Fraunces Tavern Museum** apresenta a Nova York colonial. A **Ellis Island** e o **Lower East Side Tenement Museum** lembram as dificuldades dos imigrantes. O **Museum of Jewish Heritage** em Battery City é um memorial ao holocausto. O **New York City Fire Museum** e o **New York City Police Museum** registram heroísmo e drama, e o **South Street Seaport Museum** recria a história marítima, com veleiros originais.

TECNOLOGIA E HISTÓRIA NATURAL

Animais na floresta, American Museum of Natural History

Os museus de ciências apresentam acervos que cobrem da natureza à tecnologia espacial. O **American Museum of Natural History** tem uma ampla coleção da flora, fauna e cultura de todo o mundo. Lá, o Rose Center/ Hayden Planetarium oferece visões únicas do espaço. O **Intrepid Sea-Air-Space Museum** registra o progresso da tecnologia militar. Fica dentro de um porta-aviões de verdade. Quem perdeu algum filme de Lucille Ball ou a chegada do homem à Lua pode assistir a esses e outros clássicos do rádio e TV no **The Paley Center for Media**.

ARTE DE OUTRAS CULTURAS

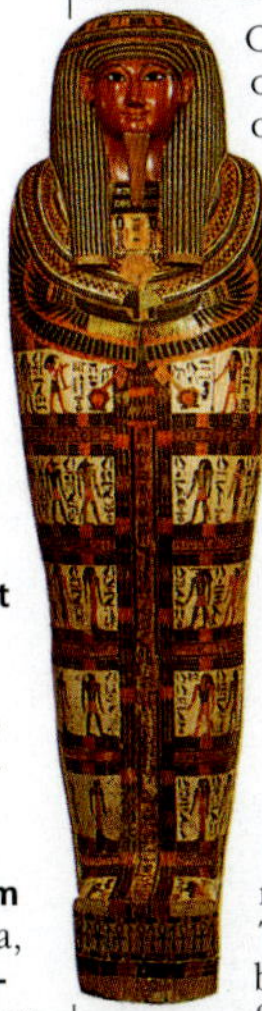

Múmia egípcia, Brooklyn Museum

Obras de arte de outros povos são o foco de várias coleções especiais. Arte oriental é a especialidade da **Asia Society** e da **Japan Society**. O **Jewish Museum** tem um grande acervo de peças e apresenta exposições temporárias sobre a vida judaica. **El Museo del Barrio** é dedicado às artes de Porto Rico e apresenta muitos artefatos Taino pré-colombianos. Para uma fascinante passagem pela arte e história afro-americana, visite o **Schomburg Center for Research in Black Culture**. Por fim, o **Metropolitan Museum of Art** destaca-se pelas seções multiculturais, do antigo Egito à África atual.

BIBLIOTECAS

As ótimas bibliotecas de Nova York, como a **Pierpoint Morgan Library & Museum**, oferecem magníficas coleções de arte, bem como a oportunidade de se ver páginas de manuscritos antigos e livros raros. O acervo da **New York Public Library** inclui manuscritos de muitos livros famosos.

FORA DE MANHATTAN

Outro museu que vale a visita é o **Brooklyn Museum of Art**, com uma enorme coleção de artefatos de todo o mundo e mais de 1 milhão de quadros. Já o **Museum of the Moving Image**, no Queens, tem uma coleção sem igual sobre a história do cinema. O **Jacques Marchais Museum of Tibetan Art** é um achado em Staten Island, onde também há uma bem preservada vila do século XVII, **Historic Richmond Town**.

COMO ACHAR OS MUSEUS

O Melhor de Nova York: Arquitetura

Mesmo quando segue as tendências mundiais, Nova York dá um toque próprio aos movimentos da moda arquitetônica. O estilo dos prédios reflete a economia e a geografia. Por ficar em uma ilha, com pouco espaço, a cidade precisa crescer para cima. Essa necessidade aparece nas casas altas e estreitas dos primeiros tempos, que deram lugar aos prédios de apartamentos e arranha-céus. Materiais como ferro fundido e pedra foram escolhidos por sua disponibilidade e praticidade. O resultado é uma cidade cheia de soluções interessantes para questões práticas. A arquitetura de Nova York é mostrada com mais detalhes nas pp. 42-3.

Prédio de Apartamentos
O Majestic é uma das cinco edificações de duas torres, art déco, no Central Park West.

Arquitetura de Ferro
Produzido em massa, o ferro forjado era muito usado nas fachadas. O SoHo tem muitos exemplos, como este edifício no nº 28-30 da Greene Street.

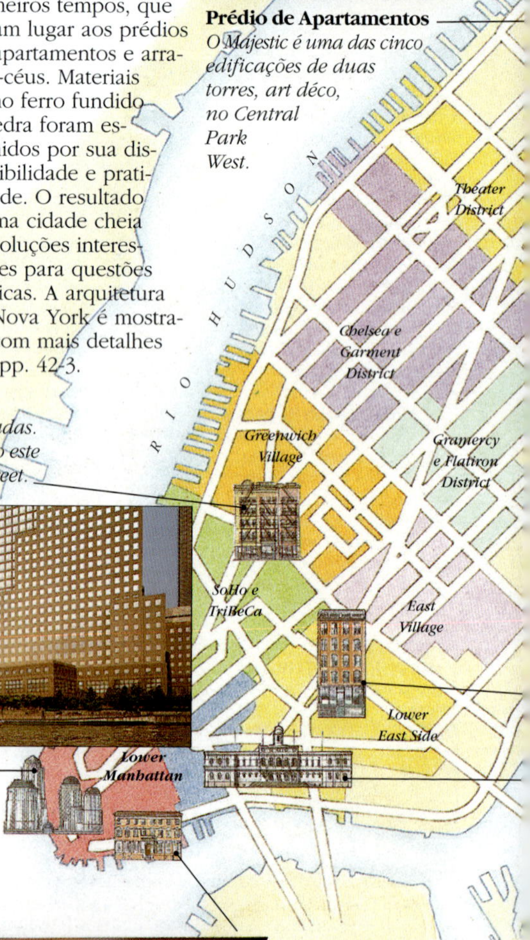

Pós-Modernismo
O formato elegante e muito particular de prédios como o World Financial Center, de 1985 (p. 69)*, contrasta com as caixas de aço e vidro dos anos 1950 e 60.*

Brownstones
Construídas com pedras locais, as brownstones *eram as casas preferidas da classe média no século XIX. A India House, em Wall Street, no estilo de um palazzo florentino, é um típico edifício comercial* brownstone.

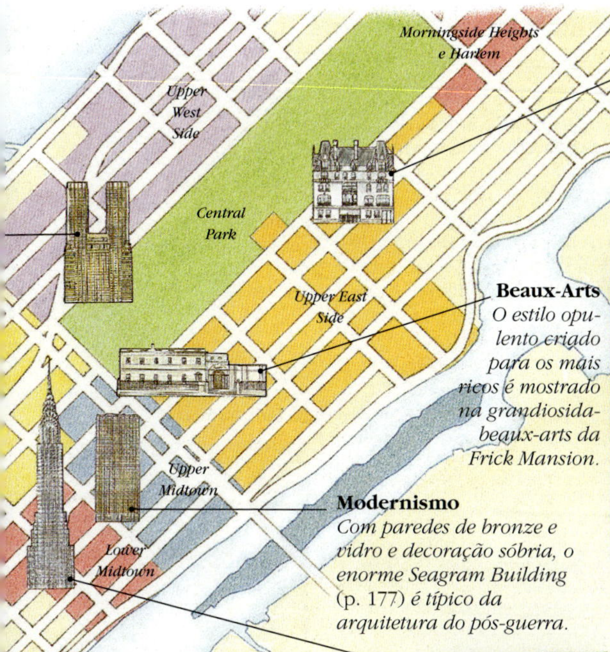

Mansões do Século XIX
O Jewish Museum (p.. 186), antiga mansão de Felix M. Warburg, é um belo exemplo do estilo renascentista francês, comum no século XIX.

Beaux-Arts
O estilo opulento criado para os mais ricos é mostrado na grandiosidade beaux-arts da Frick Mansion.

Modernismo
Com paredes de bronze e vidro e decoração sóbria, o enorme Seagram Building (p. 177) é típico da arquitetura do pós-guerra.

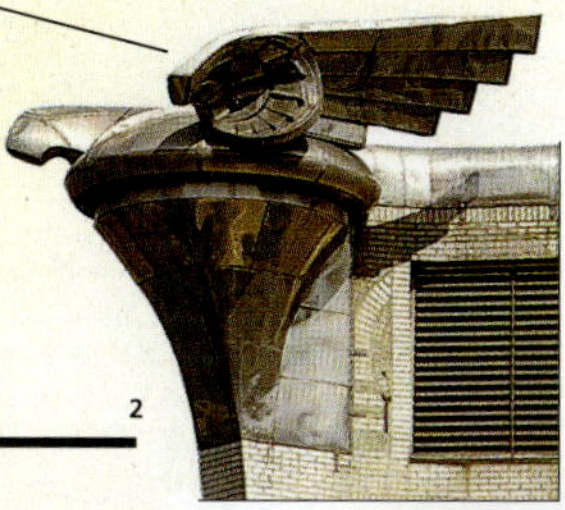

Arranha-Céus
Glória maior da arquitetura de Nova York, esses edifícios expressam perfeitamente a fusão da engenharia com uma decoração magnífica, como nesta gárgula do Chrysler Building.

Arquitetura Federal
O estilo federal era comum na arquitetura pública do século XIX. No City Hall, é influenciado pelo estilo renascentista francês.

Conjuntos
Erguidos como uma forma econômica de moradia, estes edifícios eram uma crua introdução dos imigrantes à nova vida. Concentrados no Lower East Side, os apartamentos eram superlotados. Além disso, a circulação inadequada de ar resultava em apartamentos com pouca ou nenhuma ventilação.

Como Explorar a Arquitetura de Nova York

Entrada no estilo federal

Em seus primeiros 200 anos, Nova York, como toda a América, buscou na Europa sua inspiração arquitetônica. Nenhum prédio da época da colonização holandesa permanece de pé em Manhattan – a maioria se perdeu no grande incêndio de 1776 ou foi posta abaixo para abrir espaço a novos projetos no início do século XIX. Com a introdução do ferro fundido na arquitetura, em meados do século XIX, o surgimento da Art Déco e os arranha-céus cada vez mais altos, a arquitetura de Nova York ganhou vida própria.

ARQUITETURA FEDERAL

A adaptação americana do estilo neoclássico de Adam floresceu nos primeiros anos do novo país, com prédios quadrados de dois ou três andares, teto baixo, balcões e elementos decorativos bem equilibrados. O **City Hall** (1811, John McComb, Jr. e Joseph François Mangin) é uma mistura dos estilos federal e renascentista francês. Os depósitos restaurados de **Schermerhorn Row** (c. 1812), em Seaport, também seguem o estilo federal.

BROWNSTONES

Abundante e barata, a pedra amarronzada encontrada no vale do rio Connecticut e às margens do rio Hackensack, em Nova Jersey, era

***Brownstone* típica, com escada para a entrada principal**

o material de construção mais usado no século XIX. Ela pode ser vista em todas as áreas residenciais, nas casas e também nos apartamentos pequenos. Alguns dos mais interessantes exemplares de *brownstones* podem ser vistos em **Chelsea**. Como o espaço de frente para a rua era limitado, essas casas são em geral estreitas e compridas. A entrada da *brownstone* típica tem um lance de escada que leva aos aposentos da família e outro que dá no porão, para uso dos empregados.

CONJUNTOS/TENEMENTS

Conjuntos habitacionais alojavam o enorme número de imigrantes que chegou a Nova York entre 1840 e a Primeira Guerra. Os blocos de seis andares, 30m de extensão e 8m de largura recebiam sua pouca luz e ar por pequenas entradas laterais e janelas nos dois extremos, deixando o meio na escuridão. Por lembrarem vagões, eram chamados de "apartamentos-ferrovia". Um novo projeto pôs entradas de ar entre os prédios, mas elas espalhavam incêndio. O **Lower East Side Tenement Museum** tem maquetes dos velhos conjuntos.

ARQUITETURA DO FERRO FUNDIDO

Uma inovação arquitetônica do século XIX, o ferro fundido era mais barato que pedra e tijolo e permitia que os enfeites fossem feitos a partir de molde nas fundições e em seguida aplicados às fachadas. Hoje em dia, Nova York tem a maior concentração do mundo de fachadas de ferro fundido. As melhores, do fim do século XIX, estão no **SoHo Cast-Iron Historic District**.

Fachada original de ferro fundido no nº 72-76 da Greene Street, SoHo

BEAUX-ARTS

Esta escola francesa de arquitetura dominou o design dos edifícios públicos e as casas dos mais ricos na época dourada de Nova York. Esse período (de 1880 até cerca de 1920) produziu muitos dos mais famosos arquitetos da cidade, entre eles Richard Morris Hunt (**Carnegie Hall**, 1891; **Metropolitan Museum**, 1895), que foi o primeiro americano a estudar arquitetura em Paris, em 1845; Cass Gilbert (**Custom House**, 1907; **New York Life Insurance**

DISFARCES ARQUITETÔNICOS

Algumas das formas mais interessantes na paisagem de Nova York foram imaginadas por arquitetos criativos para disfarçar as essenciais – mas pouco atraentes – caixas-d'água nos telhados da cidade. Olhe para cima e perceba as cúpulas e torres ornamentadas que transformam prédios normais em castelos no ar. Dois exemplos fáceis de observar estão no alto de dois hotéis vizinhos na 5th Avenue: o Sherry Netherland, na 60th Street, e o Pierre, na 61st Street.

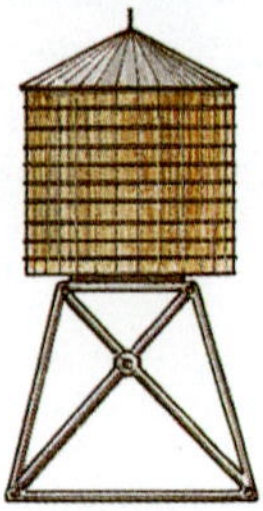

Caixa-d'água padrão

Os Dakota Apartments, construídos em 1884, no Upper West Side, em frente ao Central Park

Building, 1928; e U.S. Courthouse, 1936); as duplas Warren & Wetmore (**Grand Central Terminal**, 1913; **Helmsley Building**, 1929); Carrère & Hastings (**New York Public Library**, 1911; **Frick Mansion**, 1914); e McKim, Mead & White, o mais famoso escritório de arquitetura da cidade (**Villard Houses**, 1884; **United States General Post Office**, 1913; **Municipal Building**, 1914).

PRÉDIOS DE APARTAMENTOS

À medida que a população da cidade crescia e o espaço se tornava ainda mais precioso, ter casa em Manhattan ficou caro demais para a maioria dos nova-iorquinos e mesmo os mais ricos aderiram à vida comunitária. Em 1884, a inauguração do Dakota *(p. 218)*, de Henry Hardenbergh, um dos primeiros prédios de apartamentos de luxo, deu início a uma série de construções em Upper East Side. Vários deles se pareciam com castelos e palácios, erguidos em volta de pátios não visíveis da rua. Entre os marcos mais notáveis estão as cinco **Twin Towers** erguidas em Central Park West no auge da Art Déco (1929-31): San Remo, Eldorado, Century, Beresford e Majestic. Juntas, formam a paisagem característica vista do parque.

ARRANHA-CÉUS

Em 1902, um arquiteto de Chicago, Daniel Burnham, desenhou o **Flatiron Building**, de 91m – tão alto que os céticos garantiam que iria cair. Em 1913, o **Woolworth Building** já atingia 241m. Então, passou-se a exigir que os edifícios fossem construídos de modo a permitir que a luz chegasse ao nível da rua. Isso combinava com a Art Déco. O **Chrysler Building** (1930) era o mais alto do mundo até a chegada do **Empire State Building** (1931), com 381m. Ambos são clássicos art déco, mas foi o **Group Health Insurance Building**, de Raymond Hood, que representou Nova York na pesquisa sobre arquitetura da *International Style*, em 1932.

Detalhe art déco da torre do Chrysler Building

O **World Trade Center** era o edifício mais alto da cidade até setembro de 2001 *(p. 54)*. Representava o estilo modernista, hoje superado pelo pós-modernista, como no **Citigroup Center** (1977). Depois da inauguração em 2013, o 1 World Trade Center passará a ser o edifício mais alto do mundo ocidental, com 541m (ou 1.776 pés, homenagem ao ano da independência americana).

ONDE ACHAR OS EDIFÍCIOS

Carnegie Hall *p. 148*
Chelsea *pp.130-9*
Chrysler Building *p.155*
Citigroup Center *p. 177*
City Hall *p. 90*
Custom House *p. 73*
Empire State Building *pp.136-7*
Flatiron Building *p. 127*
Frick Mansion *pp. 202-3*
Grand Central Terminal *pp. 156-7*
Group Health Insurance Building *p. 147*
Helmsley Building *p. 158*
Lower East Side Tenement Museum *p. 97*
Metropolitan Museum of Art *pp. 190-7*
Municipal Building *p. 85*
New York Life Insurance Building *p. 126*
New York Public Library *p. 146*
Schermerhorn Row *p. 84*
SoHo Cast-Iron Historic District *p. 104*
Twin Towers of Central Park West *p. 214*
US Courthouse *p. 85*
US General Post Office *p. 135*
Villard Houses *p. 176*
Woolworth Building *p. 91*

Nº 245 5th Avenue (apartamentos)

Nº 60 Gramercy Park North *(brownstone)*

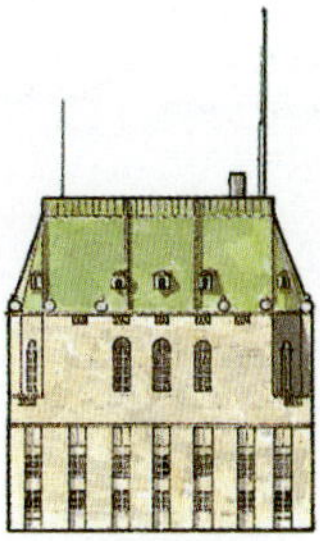

The Pierre (Beaux-Arts)

Sherry Netherland Hotel (Beaux-Arts)

Nova York Multicultural

Onde quer que se vá em Nova York, mesmo nos cantos mais escondidos do caótico centro da cidade, é evidente a mistura étnica local. Em minutos, um simples passeio de ônibus vai de Madras a Moscou, de Hong Kong ao Haiti. Imigrantes continuam a buscar Nova York, embora os números sejam bem inferiores ao período áureo, entre 1880 e 1910, quando 17 milhões de pessoas chegaram à cidade. Nos anos 1980, 1 milhão de imigrantes, sobretudo de países do Caribe e da Ásia, chegaram e criaram seus redutos. Cada mês do ano tem um grupo celebrando algo. Para saber mais sobre desfiles e festas nacionais, veja as pp. 50-3.

Hell's Kitchen
Agora chamada de "Clinton", para representar uma nova vizinhança, este foi o primeiro lar dos imigrantes irlandeses.

Little Ukraine
Uma missa é rezada no T. Sevchenko Place na festa de 17 de maio, que celebra a conversão dos ucranianos ao cristianismo.

Little Korea
Este pequeno enclave de coreanos com vários restaurantes fica perto de Herald Square.

Little Italy
Em setembro, durante dez dias, a comunidade italiana se reúne na área em volta da Mulberry Street para comemorar a Festa di San Gennaro.

Chinatown
Todo ano, no fim de janeiro, a Mott Street fica lotada quando os chineses celebram seu Ano-Novo.

Lower East Side
As sinagogas em volta da Rivington e da Eldridge refletem a tradição religiosa desta antiga área judaica.

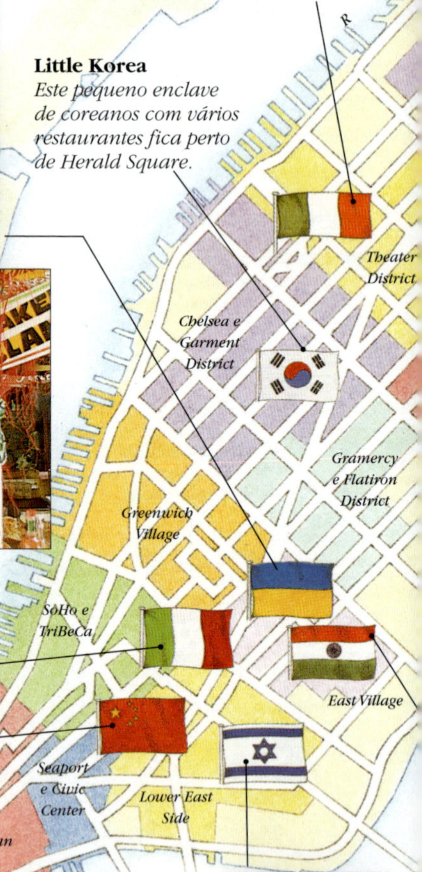

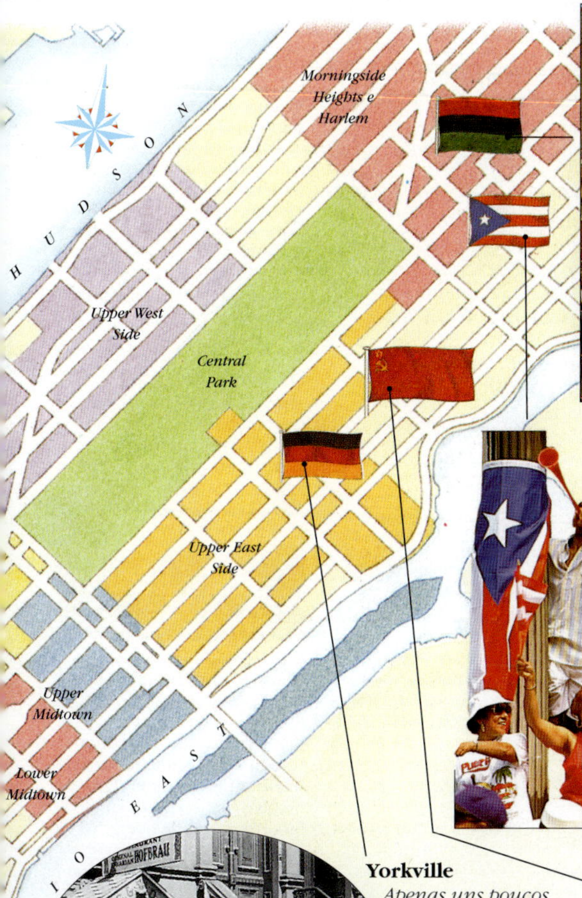

Harlem
O serviço religioso gospel das manhãs de domingo na Abyssinian Baptist Church é um dos mais belos do Harlem.

El Barrio
A vibrante comunidade hispânica da área de El Barrio, no Harlem, fica em volta do mercado de rua La Marquetta.

Yorkville
Apenas uns poucos cafés e bierkellers *preservam o sabor desse antigo reduto alemão. A parada do Steuben Day ainda é realizada aqui, todo mês de setembro.*

Little India
Restaurantes na East 6th Street oferecem atmosfera oriental a preços acessíveis.

Upper East Side
A magnífica catedral ortodoxa russa de St. Nicholas, na East 97th Street, recorda a dispersa comunidade de russos-brancos. Há missa em russo todo domingo.

Como Explorar as Culturas de Nova York

Vidro pintado do Cotton Club

Mesmo os nova-iorquinos "nativos" têm suas raízes em outros países. Por todo o século XVII, holandeses e ingleses lá se instalaram, estabelecendo entrepostos no Novo Mundo. Logo a América se tornou um símbolo de esperança para os menos favorecidos de toda a Europa. Muitos cruzaram o oceano sem dinheiro e com pequeno conhecimento da língua. A fome de 1840 levou à primeira onda de imigração irlandesa, seguida pelos alemães e outros europeus sem trabalho devido à Revolução Industrial. Muitos imigrantes mudaram-se de seus redutos originais em Nova York, espalhando por volta de 100 idiomas pela cidade.

Imigrantes turcos chegam ao Idlewild Airport em 1963

OS JUDEUS

A comunidade judaica existe em Nova York desde 1654. A primeira sinagoga, Shearith Israel, foi instalada pelos refugiados da colônia holandesa no Brasil e está ativa até hoje. Os primeiros colonos, judeus sefarditas de ascendência espanhola, incluíam famílias influentes, como os Baruchs. A eles se seguiram os judeus alemães, que estabeleceram lojas bem-sucedidas, como os irmãos Straus. A perseguição russa levou à imigração em massa no fim do século XIX. No início da Primeira Guerra, havia 600 mil judeus no Lower East Side. Atualmente, a área é predominantemente hispânica e asiática, mas mantém sua antiga tradição de lugar de refúgio e recomeço.

OS ALEMÃES

Os alemães começaram a se estabelecer em Nova York no século XVIII. Desde John Peter Zenger *(p. 21)* que a comunidade sempre defendeu a liberdade de expressão de ideias e opiniões. Também produziu gigantes da indústria, como John Jacob Astor, primeiro milionário da cidade.

OS ITALIANOS

Os italianos chegaram a Nova York na primeira metade do século XIX. Muitos eram do norte da Itália e fugiam da fracassada revolução em seu país. Mais para o fim do século, a pobreza no sul também levou muitos italianos a cruzar o oceano. Ganharam força política, simbolizada em Fiorello LaGuardia, um dos melhores prefeitos da cidade.

OS CHINESES

Os chineses demoraram a chegar. Em 1880, não passavam de 700 na área de Mott Street. Mas na década de 1940 já eram o grupo étnico que mais crescia e ascendia socialmente, ultrapassando os limites da velha Chinatown e estabelecendo-se em áreas vizinhas ao Brooklyn e ao Queens. A comunidade, que já foi muito fechada, recebe atualmente grande número de turistas dispostos a explorar suas ruas e mercados e provar sua criativa culinária.

Templo budista de Eastern States, em Chinatown *(pp. 96-7)*

OS HISPANO-AMERICANOS

Entalhes religiosos hispânicos no Museo del Barrio *(p. 231)*

Os porto-riquenhos começaram a chegar em 1838, mas só depois da Segunda Guerra passaram a imigrar em grande número, em busca de trabalho. A maioria mora em El Barrio, o antigo Spanish Harlem. Profissionais que fugiram da Cuba de Fidel Castro moram agora nos subúrbios, mas continuam muito influentes no comércio e cultura hispânicos. Washington Heights aloja as comunidades dominicana e colombiana.

OS IRLANDESES

Os irlandeses começaram a ir para Nova York na metade do século XIX e tiveram de superar dificuldades. Maltratados pela fome, sem dinheiro, trabalharam muito para escapar dos cortiços de Five Points e Hell's Kitchen, contribuindo para a modernização da cidade. Muitos se tornaram policiais e bombeiros e atingiram altas patentes por dedicação ao trabalho. Outros montaram negócios bem-sucedidos, como os bares que hoje congregam a dispersa comunidade irlandesa.

OS AFRO-AMERICANOS

Provavelmente o bairro negro mais famoso do mundo, hoje o Harlem atrai milhares de turistas com a música das igrejas e a comida inigualável. Os ancestrais da maior parte dos afro-americanos foram escravos que trabalhavam nas plantações. A mudança do sul para as grandes cidades do norte começou com a emancipação, por volta de 1860. Mas só ganhou maior impulso na década de 1920, quando a população negra passou de 83 mil para 204 mil e o Harlem tornou-se o grande centro de uma recuperação das raízes negras *(pp. 30-1).*

Mulher em traje típico no desfile do dia da independência da Grécia

CALDEIRÃO DE CULTURAS

Outras culturas nova-iorquinas não são tão claramente definidas, mas podem ser encontradas com facilidade. Os ucranianos reúnem-se em East Village, em volta da igreja católica de St. George, na East 7th Street. A Little India pode ser notada pelos restaurantes da East 6th. Os coreanos têm várias mercearias em Manhattan, mas moram na região de Flushing. A diversidade religiosa da população de Nova York pode ser notada no Islamic Center, em Riverside Drive; no Islamic Cultural Center, na 96th Street, primeira grande mesquita de Manhattan; e na Russian Orthodox Cathedral, na East 97th Street *(p. 199).*

OUTROS BAIRROS

O Brooklyn é de longe o bairro mais internacional. Imigrantes vindos do Caribe, sobretudo da Jamaica e Haiti, formam a comunidade que mais cresce. Os imigrantes provenientes das Índias Ocidentais tendem a se concentrar ao longo do Eastern Parkway, entre Grand Army Plaza e Utica Avenue, trajeto da luxuosa e exótica West Indian Day Parade, em setembro. Os imigrantes judeus russos chegados recentemente transformaram Brighton Beach na "Pequena Odessa no Mar"; escandinavos e libaneses estabeleceram-se em Bay Ridge e finlandeses em Sunset Park. Williamsburg e Borough Park alojam judeus ortodoxos e Midwood tem sotaque de Israel e Oriente Médio. Em Bensonhurst vivem os italianos. Greenpoint é dos poloneses e na Atlantic Avenue fica a maior comunidade árabe do país.

Os irlandeses foram um dos primeiros grupos a cruzar o rio Harlem, em direção ao Bronx. Executivos japoneses preferem a área mais exclusiva de Riverdale. Uma das áreas étnicas mais definidas é Astoria, no Queens, que abriga a maior população de gregos fora da Grécia. Jackson Heights tem grande concentração de latino-americanos, entre eles 300 mil colombianos. Os indianos também se reúnem nessa área e na vizinha Flushing. Mas foram os orientais que mudaram o cenário de Flushing, a ponto de o trem local ser chamado de "Orient Express".

Polícia de Nova York, abrigo de irlandeses-americanos

IMIGRANTES QUE DEIXARAM SUA MARCA *Ver também pp. 48-9*

As datas se referem ao ano em que entraram nos EUA via Nova York

1890 | 1895 | 1900 | 1905 | 1910 | 1915 | 1920 | 1925 | 1930 | 1935 | 1940

- **1893** Irving Berlin (Rússia), músico
- **1894** Al Jolson (Lituânia), cantor
- **1896** Samuel Goldwyn (Polônia), magnata do cinema
- **1902** Joe Hill (Suécia), sindicalista
- **1903** Frank Capra (Itália), cineasta
- **1904** Hyman Rickover (Rússia), "pai" do submarino nuclear
- **1906** "Lucky" Luciano (Itália), gângster (deportado em 1946)
- **1908** Bob Hope (Inglaterra), comediante
- **1909** Lee Strasberg (Áustria), diretor de teatro
- **1912** Claudette Colbert (França), atriz de cinema
- **1913** Rodolfo Valentino (Itália), ator de cinema
- **1921** Bela Lugosi (Hungria), estrela de *Drácula*
- **1923** Isaac Asimov (Rússia), cientista e escritor
- **1932** George Balanchine (Rússia), coreógrafo
- **1933** Albert Einstein (Alemanha), cientista
- **1938** Família von Trapp (Áustria), cantores

Nova-Iorquinos Famosos

Nova York produziu alguns dos maiores talentos criativos do século XX. Foi lá que nasceu a Pop Art, e ainda hoje Manhattan destaca-se como centro mundial da arte moderna. Os escritores alternativos dos anos 1950 e 60 – conhecidos como geração Beat – inspiraram-se nos clubes de jazz da cidade. Importante capital financeira, Nova York atraiu muitos capitalistas famosos.

O artista pop Andy Warhol

ESCRITORES

O romancista James Baldwin

A literatura norte-americana nasceu em Nova York. O livro *Charlotte Temple, uma história verdadeira*, publicado em 1791 por Susanna Rowson (c. 1762-1824), contava um caso de sedução e permaneceu 50 anos na lista de mais vendidos.

O primeiro autor americano profissional foi Charles Brockden Brown (1771-1810), que se mudou para Nova York em 1791. Os livros de Edgar Allan Poe (1809-49), "pai" das modernas histórias de detetive, expandiram o gênero horror. Henry James (1843-1916) publicou sua obra *Os bostonianos* (1886) e destacou-se nos romances psicológicos, enquanto Edith Wharton (1861-1937) ficou famosa por suas sátiras à sociedade norte-americana.

A literatura americana só veio a ganhar reconhecimento internacional com *Uma história de Nova York* (1809), sátira de Washington Irving (1783-1859). O livro lhe rendeu US$ 2 mil. Irving cunhou os nomes "Gothan" para Nova York e "Knickerbockers" para seus habitantes. Ele e James Fenimore Cooper (1789-1851), cujos livros deram origem às histórias do Oeste, formaram o grupo Knickerbocker de autores americanos. Greenwich Village sempre atraiu escritores, entre eles Herman Melville (1819-91), cuja obra-prima, *Moby Dick*, inicialmente foi mal recebida pela crítica.

Jack Kerouac (1922-69), Allen Ginsberg e William Burroughs frequentaram a Columbia University e o San Remo Café, em Greenwich Village. No Chelsea Hotel *(p. 139)*, morreu Dylan Thomas (1914-53).

Nathanael West (1902-40) vivia no Gramercy Park Hotel e seu amigo Dashiell Hammett (1894-1961) morava lá quando escreveu *O falcão maltês*. James Baldwin (1924-87), nascido no Harlem, escreveu *Numa terra estranha* (1963) ao voltar da Europa.

ARTISTAS

A escola de expressionistas abstratos de Nova York deu início ao primeiro movimento importante da arte americana. Foi lançada por Hans Hofmann (1880-1966), com Franz Kline e Willem de Kooning, cujo primeiro emprego nos Estados Unidos foi o de pintor de paredes. Adolph Gottlieb, Mark Rothko (1903-70) e Jackson Pollock (1912-56) divulgaram o estilo. Pollock, Kline e de Kooning tinham estúdios no Lower East Side.

A Pop Art começou em Nova York na década de 1960, com Roy Lichtenstein e Andy Warhol (1926-87), que realizou alguns de seus filmes cult no nº 33 de Union Square. Keith Haring (1958-90) foi um prolífico pintor de grafites que ganhou fama por seus murais e esculturas pop.

Robert Mapplethorpe (1946-89) ficou famoso por suas fotos eróticas masculinas. Jeff Koons fez parte do movimento neo pop dos anos 1980.

Os murais ilusionistas de Richard Haas enfeitam muitas paredes pela cidade.

ATORES

Em 1849, o ator inglês Charles Macready deu início a uma rebelião ao afirmar que os americanos eram vulgares. Uma multidão invadiu o Astor Place Opera House, onde Macready encenava *Macbeth*, a polícia atirou e 22 pessoas morreram.

Em 1927, Mae West (1893-1980) passou dez dias na prisão em Roosevelt Island e foi multada em U$ 500 pelas cenas picantes de seu show *Sex*, na Broadway.

A ópera radical pró-sindicalista de Marc Blitzstein *The Cradle Will Rock*, produzida por John Houseman (1902-88) e Orson Welles (1915-85), foi proibida e

A artiz de vaudeville Mae West

o espetáculo mudou para outro teatro. Os atores driblaram a proibição comprando ingressos e dizendo os textos da plateia.

O musical foi a contribuição especial de Nova York ao teatro. As *Follies* de Florenz Ziegfeld (1869-1932) ficaram em cartaz de 1907 a 1931. A estreia de *Oklahoma* na Broadway, em 1943, deu início à era dos musicais de Richard Rodgers (1902-79) e Oscar Hammerstein, Jr. (1895-1960).

Dos teatros off-Broadway, foi no Provincetown Players, no nº 33 da MacDougal Street, que estreou *Além do horizonte* (1920), de Eugene O'Neill (1888-1953). Seu sucessor como inovador do teatro americano foi Edward Albee, autor de *Quem tem medo de Virginia Woolf?* (1962).

MÚSICOS E BAILARINOS

Leonard Bernstein (1918-90) seguiu uma linhagem de grandes maestros à frente da New York Philarmonic, entre eles Bruno Walter (1876-1962), Arturo Toscanini (1867-1957) e Leopold Stokowski (1882-1977). Maria Callas (1923-77) nasceu em Nova York e mudou-se para a Europa.

O Carnegie Hall *(p. 148)* apresentou Enrico Caruso (1873-1921), Bob Dylan e os Beatles. O recorde de público na cidade foi marcado em 1991, quando Paul Simon atraiu mais de 1 milhão de pessoas para um concerto grátis no Central Park.

Os lendários clubes de jazz dos anos 1930 e 40 não mais existem na 52nd Street. Placas no "Jazz Walk", em frente ao prédio da CBS, homenageiam

Florenz Ziegfeld, produtor de musicais

Josephine Baker

artistas famosos, como Charlie Parker (1920-55) e Josephine Baker (1906-75).

Entre 1940 e 1965, Nova York tornou-se a capital mundial da dança, com a fundação do New York City Ballet, por George Balanchine (1904-83), e do American Ballet Theater. Em 1958, o coreógrafo Alvin Ailey (1931-89) fundou o American Dance Theater, e Bob Fosse (1927-87) alterou o rumo dos musicais.

INDUSTRIAIS E EMPREENDEDORES

O magnata Cornelius Vanderbilt

A história do pobre que fica rico é o próprio sonho americano. Andrew Carnegie (1835-1919), o "barão do aço com coração de ouro", começou do nada e ao morrer havia doado U$ 350 milhões. As doações foram para bibliotecas públicas e universidades em todo o país. Muitas outras fundações são legados de filantropos milionários. Alguns, como Cornelius Vanderbilt (1794-1877), buscaram superar sua origem rude patrocinando as artes.

Nos negócios, os "barões do roubo" de Nova York faziam o que queriam, com aparente impunidade. Os financistas Jay Gould (1836-92) e James Fisk (1834-72) venceram Vanderbilt na guerra pela ferrovia do Erie ao manipular ações. Em setembro de 1869, provocaram a primeira "Sexta-Feira Negra" de Wall Street manipulando o mercado de ouro. Descobertos, os dois fugiram. Gould morreu bilionário e Fisk em uma briga.

Donald Trump *(p. 33)*, dono da Trump Tower, e os falecidos Leona e Harry Helmsley incluem-se entre os empreendedores modernos. Depois da morte de Leona, em agosto de 2007, o patrimônio gigante dos Helmsley, estimado em US$ 4 bilhões, foi deixado para um fundo de caridade.

ARQUITETOS

Cass Gilbert (1858-1934), que projetou arranha-céus neogóticos como o Woolworth Building *(p. 91)*, foi um dos homens que, literalmente, deram forma à cidade. Sua caricatura está exposta no saguão, segurando a maquete de sua obra-prima. Stanford White (1853-1906) ficou famoso tanto por sua vida escandalosa quanto por seus belos edifícios beaux-arts, como o Players Club *(p. 128)*. Frank Lloyd Wright passou boa parte da vida (1867-1959) criticando a arquitetura da cidade. Quando afinal decidiu deixar sua marca em Nova York, foi na forma do Guggenheim Museum *(pp. 188-9)*. O alemão Ludwig Mies van der Rohe (1886-1969), que projetou o Seagram Building *(p. 177)*, rejeitava a ideia de "inventar uma nova arquitetura toda segunda-feira de manhã", embora se diga que é isso o que Nova York sabe fazer.

NOVA YORK MÊS A MÊS

A primavera em Nova York cobre a Park Avenue de flores e a 5th Avenue se tinge de verde no St. Patrick's Day, a primeira das várias grandes paradas do ano. O verão é quente e úmido, mas vale a pena trocar o ar-condicionado por um passeio nos parques e praças, onde se realizam espetáculos gratuitos de música e teatro. A primeira segunda-feira de setembro é o Labor Day e com ela chegam os tons laranja-avermelhados do outono. Depois, com a proximidade do Natal, as lojas e ruas começam a brilhar com cenas magníficas expostas nas vitrines.

As datas dos eventos nas próximas páginas podem variar. Para mais detalhes, consulte revistas especializadas em listas de programações *(p. 377)*. A NYC & Co., parte do New York Convention and Visitors Bureau *(p. 371)*, publica um calendário trimestral de eventos.

PRIMAVERA

Cada estação em Nova York tem seu próprio ritmo e tentações. Na primavera (mar-mai), a cidade exibe tulipas e cerejeiras em flor nos parques e desfiles de moda nas lojas. Todos saem para ver as vitrines das lojas e galerias. A St. Patrick's Day Parade, muito popular, atrai multidões. Milhares se fantasiam para a Easter Parade, na Páscoa, pela 5th Avenue.

MARÇO

St. Patrick's Day Parade *(17 mar)*, 5th Ave, da 44th à 86th Sts. Roupas verdes, flores verdes e até cerveja verde, além de gaitas de foles.
Greek Independence Day Parade *(25 mar)*, 5th Ave, da 49th à 59th Sts. Festa grega. **New York City Opera Spring Season** *(mar-abr)*, Lincoln Center *(p. 350)*.
Ringling Bros e Barnum & Bailey Circus *(mar-abr)*, Madison Square Garden *(p. 135)*.

Tulipas e táxis amarelos brilham na Park Ave

Chapéus extravagantes na Easter Parade em Nova York

PÁSCOA

Easter Flower Show *(semana antes da Páscoa)*, loja Macy's *(pp. 134-5)*.
Easter Parade *(dom de Páscoa)*, 5th Ave, da 44th à 59th Sts. Pessoas com fantasias e chapéus exóticos desfilam em volta da St. Patrick's Cathedral.

ABRIL

Cherry Blossom Festival *(fim mar-abr)*, Brooklyn Botanic Garden. Famoso pelas cerejeiras e belos jardins japoneses.
Earth Day Festival Activities *(datas variadas)*.
Beisebol *(abr-fim set/ início out)*, começa o campeonato profissional de Yankees e Mets *(p. 360)*.
New York City Ballet Spring Season *(abr-jun)*, New York State Theater e Metropolitan Opera House, no Lincoln Center *(p. 214)*.

MAIO

Five Boro Bike Tour *(1º dom)*, passeio de bicicleta (68km), que termina com um festival com música, comida e exposições.
Cuban Day Parade *(1º dom)*, carnaval na Sixth Ave, entre a 44th e Central Park South.

Parada em costumes típicos no Greek Independence Day

International Food Festival and Street Fair *(meados mai)*, da West 37th à West 57th Sts. Comidas étnicas, música e dança.
Washington Square Outdoor Art Exhibit *(último fim de semana mai e 1º fim de semana jun)*. **Memorial Day** *(últ semana)*, parada na 5th Ave, comemorações em South Street Seaport.

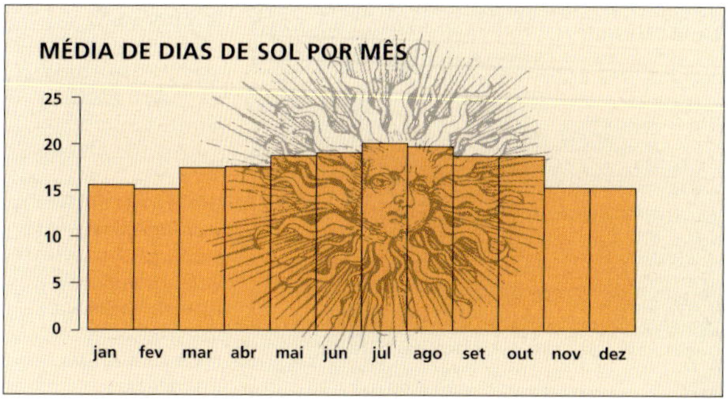

Dias de sol
Os nova-iorquinos têm dias longos e claros no verão, de junho a agosto – julho é o mais ensolarado. Os dias de inverno, mais curtos, podem ser claros e brilhantes. O outono tem mais sol que a primavera, mas ambos são bastante ensolarados.

VERÃO

Sempre que podem, os nova--iorquinos fogem do calor em piqueniques, barcos e praias. Os fogos de artifício da Macy's iluminam os céus no Fourth of July e a animação cresce quando os Yankees e Mets jogam beisebol na cidade. No verão há ópera, concertos ao ar livre e Shakespeare grátis no Central Park.

Policial dança na Puerto Rican Day Parade

JUNHO

Puerto Rican Day Parade *(início jun)*, 5th Ave, da 44th à 86th Sts. Bandas e carros alegóricos celebram os descendentes de porto-riquenhos que vivem nos EUA.
Museum Mile Festival *(2ª ter)*, 5th Ave, da 82nd à 105th Sts. Entrada grátis (em geral, 18h-21h) em vários museus localizados neste trecho da avenida.
Central Park Summerstage *(jun-ago)*, Central Park. Grande variedade de música e dança quase todos os dias, com sol ou com chuva.
Metropolitan Opera Parks Concerts. Concertos grátis à noite nos parques da cidade *(pp. 350-1)*.
Shakespeare in the Park *(jun-set)*. Atores famosos encenam o bardo inglês no Central Park *(p. 347)*.
NYC Pride March *(fim jun)*, na 5th Ave, a partir da 36th, rumo à Christopher St, passando por Stonewall Inn *(p. 355)*.

JULHO

Macy's Firework Display *(4 jul)*, geralmente o East River. Este é, sem dúvida, o ponto alto da celebração do Independence Day, com os melhores fogos de artifício da cidade.
American Crafts Festival *(meados jun-início jul)*, Lincoln Center *(p. 214)*. Mostras de artesanato de alta qualidade.
Mostly Mozart Festival *(fim jul-fim ago)*, Avery Fisher Hall, Lincoln Center *(pp. 350-1)*.
NY Philarmonic Parks Concerts *(fim jul-início ago)*. Concertos grátis ocorrem em diferentes parques da cidade *(p. 339)*.
Lincoln Center Festival *(jul)*, Dança, ópera e outras artes performáticas internacionais.

Animação em uma feira de verão em Greenwich Villlage

AGOSTO

Harlem Week *(meados ago)*. Filmes, arte, música, dança, moda, esportes e excursões.
Out-of-Doors Festival *(ago)*, Lincoln Center. Dança e teatro grátis *(p. 346)*.
US Open Tennis Championships *(fim ago-início set)*, Flushing Meadows *(p. 360)*.

Espectadores lotam a quadra central de Flushing Meadows no US Open

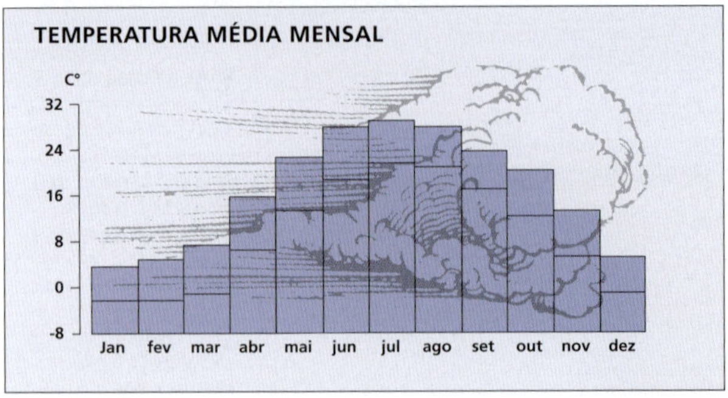

Temperatura
O gráfico mostra as temperaturas médias mínima e máxima para cada mês em Nova York. No auge do verão, com 29° C (84° F) em média, a cidade fica quente e úmida. Por outro lado, os meses de inverno são muito frios, mas não neva com muita frequência.

OUTONO

O Labor Day marca o fim do verão. Giants e Jets dão início ao campeonato de futebol americano, começa a temporada na Broadway e a Festa di San Gennaro, em Little Italy, é o ponto alto de uma série de alegres feiras de bairro. A Thanksgivings Day Parade promovida pela Macy's é o aviso de que as festas de fim de ano começaram.

SETEMBRO

Richmond County Fair *(fim de semana Labor Day)*, Historic Richmond Town, Staten Island *(p. 254)*. A única feira de interior autêntica em Nova York.
West Indian Carnival *(fim de semana Labor Day)*, Brooklyn. Parada, carros alegóricos, música, dança e comidas típicas.
Brazilian Festival *(início set)*, E 46th St, entre Times Square e Madison Ave. Arte, comida e música brasileira.
New York is Book Country *(meados set)*, 5th Ave, da 48th à 59th Sts. Feira de livros.
Festa di San Gennaro *(3ª semana)*, Little Italy *(p. 96)*. Dez dias de festas e procissões.
New York Film Festival *(meados set-início out)*, Lincoln Center *(p. 214)*. Filmes americanos e de arte internacionais.
Von Steuben Day Parade *(3ª semana)*, Upper 5th Ave. Celebração germano--americana.
Futebol Americano *(começa a temporada)*, Metlife Stadium, dos Giants e Jets *(pp. 360-1)*.

Exótica fantasia de carnaval do Caribe nas ruas do Brooklyn

OUTUBRO

Columbus Day Parade *(12 out)*, 5th Ave, da 44th à 86th Sts. Parada e música comemoram a descoberta da América por Colombo.
Pulaski Day Parade *(dom mais próximo a 5 out,)*, 5th Ave, da 26th à 52nd Sts. Homenagem ao herói polonês-americano Casimir Pulaski.
Rockfeller Center Ice Skating Rink *(out-mar)*, você pode patinar à sombra da famosa árvore de Natal.
Halloween Parade *(31 out)*, 6th Ave. Greenwich Village. Evento com fantasias fantásticas.
Big Apple Circus *(out-jan)*, Damrosch Park, Lincoln Center. Um tema a cada ano *(p. 365)*.
Basquete *(começa o campeonato)*, Madison Square Garden. O time local é o Knicks *(pp. 360-1)*.

Balão de Super-Homem sobrevoa a Thanksgiving Day Parade da Macy's

NOVEMBRO

New York City Marathon *(1º dom nov)*. De Staten Island, por todos os cinco bairros.
Macy's Thanksgiving Day Parade *(4ª qui)*, de Central Park West e West 79th St. a Broadway e West 34th St. Alegria para crianças, este famoso desfile com carros alegóricos, grandes balões e até uma aparição do Papai Noel.
Christmas Spectacular *(nov-dez)*, Radio City Music Hall. Shows com as Rockettes.

Integrantes da Halloween Parade em Greenwich Village

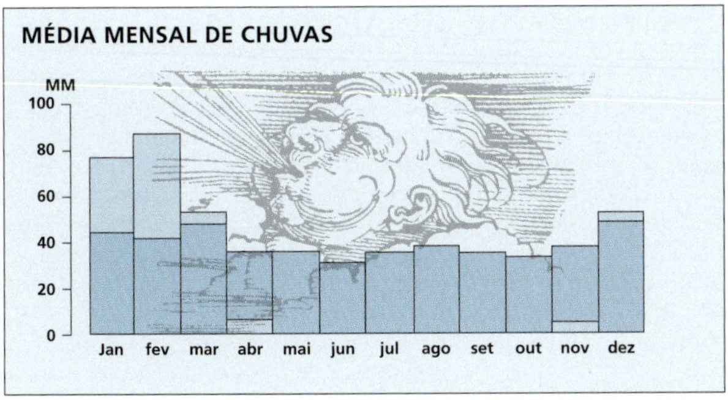

Chuvas
Março e agosto são os meses mais chuvosos em Nova York. As chuvas de primavera são imprevisíveis, portanto, esteja preparado. No inverno, grandes e súbitas nevascas trazem o caos.

Chuva

Neve

INVERNO

Nova York é mágica no Natal – até os leões de pedra da Public Library exibem guirlandas festivas e as lojas se tornam obras de arte. De Times Square a Chinatown, as festas se espalham pela cidade e o Central Park vira um ginásio para esportes de inverno.

Estátua de Alice no País das Maravilhas no Central Park

DEZEMBRO

Tree-Lighting Ceremony *(início dez)*, Rockefeller Center *(p. 144)*. Iluminação da árvore de Natal gigante em frente ao RCA Building.
Messiah Sing-In *(meados dez)*, Lincoln Center *(p. 214)*. Plateia ensaia e canta, regida por vários maestros.
Hanukkah Menorah *(meados-fim dez)*, Grand Army Plaza, Brooklyn. Iluminação do enorme *menorah* (candelabro) todas as noites, durante os oito dias do Festival das Luzes.
Réveillon. Fogos de artifício no Central Park *(pp. 206-7)*; festa em Times Square *(p. 147)*; corrida de 8km no Central Park; poemas na St. Mark's Church.

JANEIRO

National Boat Show *(jan)*, Jacob K. Javits Convention Center *(p. 138)*.
Ano-Novo Chinês *(fim jan/fev)*, Chinatown *(pp. 96-7)*. Dragões, fogos e comida típica.
Winter Antiques Show *(jan)*, Seventh Regiment Armory *(p. 187)*. Maior feira de antiguidades da cidade.

Ano-Novo Chinês em Chinatown

FEVEREIRO

Black History Month. Eventos afro-americanos em vários pontos da cidade.
Empire State Building Run-Up *(começo fev)*. Corrida até o 102º andar *(pp. 136-7)*.
Lincoln e Washington Birthday Sales *(12-22 fev)*. Liquidações nas grandes lojas de departamento.
Westminster Kennel Club Dog Show *(meados fev)*, Madison Square Garden *(p. 135)*. Exposição de cães.

FERIADOS

Ano-Novo (1º jan)
Martin Luther King Jr Day (3ª seg jan)
President's Day (3ª seg, fev)
Memorial Day (últ seg, mai)
Independence Day (4 jul)
Labor Day (1ª seg set)
Columbus Day (2ª seg out)
Eleição (1ª ter nov)
Veterans Day (11 nov)
Thanksgiving Day (4ª qui nov)
Natal (25 dez)

Árvore gigante e decoração de Natal no Rockefeller Center

LOCALIZE-SE

Extremo sul

O Extremo Sul de Manhattan

Vista do rio Hudson, Lower Manhattan abrange alguns dos pontos mais modernos e marcantes do perfil da cidade, como o distinto quarteirão do World Financial Center, com sua cobertura singular. Também se podem apreciar vestígios da Manhattan mais antiga: o Castle Clinton, na moldura do verdejante Battery Park, e, atrás dele, a Custom House. De 1973 a 2001 a área também podia se orgulhar do World Trade Center, destruído por um ataque terrorista. O edifício 1 World Trade Center (antes conhecido como Freedom Tower), no lado noroeste do terreno do National September 11 Memorial, deve ficar pronto em 2013.

NATIONAL SEPTEMBER 11 MEMORIAL

Em 11 de setembro de 2001, dois aviões com destino a Los Angeles foram sequestrados e obrigados a se chocar contra as duas torres do World Trade Center, que desabaram matando milhares de pessoas. A ação terrorista também envolveu o sequestro de outros dois aviões, e o número total de vítimas – 2.977 – foi maior que o das baixas de soldados na Guerra da Independência *(pp. 22-3)*. Construído no local do antigo World Trade Center, o National September 11 Memorial é um tributo a todos os mortos nos atentados. Dois grandes lagos nos quais se destacam as maiores quedas-d'água artificiais da América do Norte situam-se no espaço antes ocupado pelas torres. Os nomes das 2.977 vítimas estão inscritos em placas de bronze nas margens dos lagos. Um museu dedicado ao 11 de setembro deve ser inaugurado no local em 2013.

World Financial Center
No coração deste complexo fica o Winter Garden, um local para fazer compras, comer, se divertir ou simplesmente aproveitar a vista do rio Hudson (p. 69).

1 World Trade Center
Esta e várias outras torres ocuparão o lugar do National September 11 Memorial.

Detalhe da Sala Superior

Sala Superior
Esta escultura de Ned Smith, por onde se pode passear, é uma das muitas obras de arte do Battery Park City (p. 72).

Vista Antiga
Esta fotografia de 1898 mostra uma paisagem agora totalmente mudada.

Skyscraper Museum
Localizado no extremo sul do Battery Park City, o Skyscraper Museum celebra e explora o rico patrimônio arquitetônico de Nova York.

US Custom House
Este magnífico edifício beaux--arts de 1907 é atualmente o Museum of the American Indian (p. 73).

East Coast War Memorial
No Battery Park, uma enorme águia de bronze de Albino Manca homenageia os mortos da Segunda Guerra.

Nº 26 de Broadway
A torre do antigo Standard Oil Building parece uma lamparina. O interior é decorado com símbolos da empresa.

American Merchant Mariners' Memorial
(1991) *Esta escultura de Marisol fica no Píer A, último remanescente dos píeres de Manhattan. A torre de relógio marca as horas com sirenes de navios.*

Santuário de Madre Seton
A primeira santa dos EUA morou aqui (p. 76).

Lower Manhattan Vista do Rio East

À primeira vista, este trecho da margem do rio East que sobe a partir da ponta da ilha de Manhattan mostra um grupo inexpressivo de prédios de escritório do século XX. Mas, do nível do mar, veem-se lampejos da velha Nova York e do Financial District, a oeste. No fundo da paisagem, alguns arranha-céus antigos conseguem fazer com que suas coroas ornamentadas se destaquem entre seus vizinhos mais modernos e anônimos.

LOCALIZE-SE

Vista do rio East

India House
Esta bela brownstone *no nº 1 de Hanover Square é uma das melhores do gênero.*

Vietnam Veterans' Plaza
Um memorial de vidro verde domina o antigo Coenties Slip, um cais aterrado no fim do século XIX para a construção de um parque (p. 76).

Hanover Square
A estátua do prefeito Abraham De Peyster, fica perto da casa onde ele nasceu, em 1657.

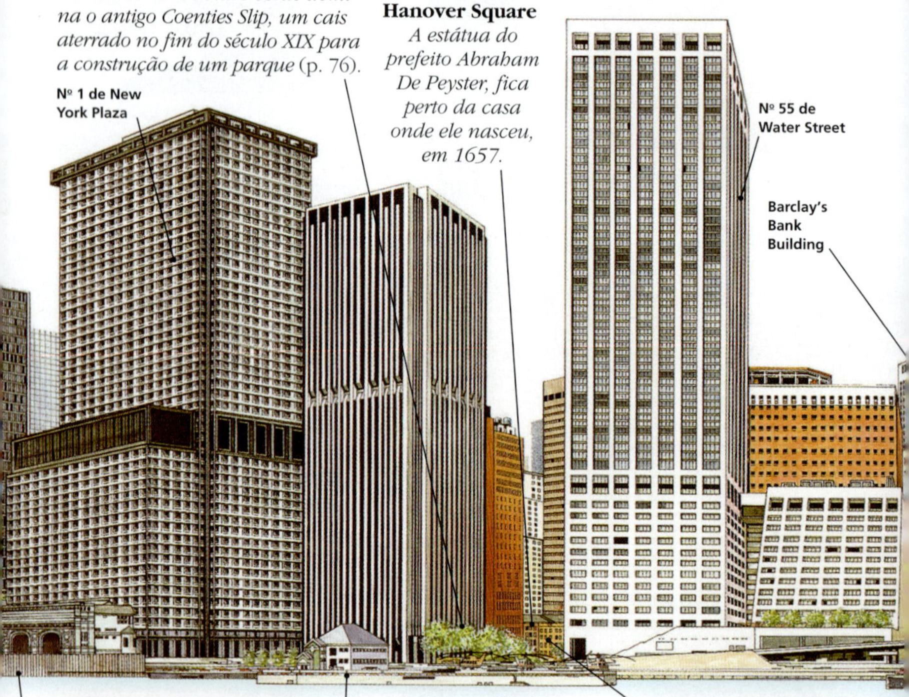

Heliporto
Voos de resgate e turismo partem deste ponto.

Battery Maritime Building
O histórico porto de balsas serve hoje Governors Island (p. 77).

Delmonico's
Esta steakhouse *chique atrai muitos carnívoros.*

New York Stock Exchange
Escondida atrás de edifícios mais modernos, a Bolsa de Valores ainda é o centro do frenético Financial District (pp. 70-1).

Nº 40 de Wall Street
Nos anos 1940, a torre em forma de pirâmide do antigo Bank of Manhattan foi atingida por um pequeno avião.

Nº 70 de Pine Street
Réplicas desta elegante torre no estilo gótico podem ser vistas nas entradas de Pine Street e Cedar Street.

Bank of New York
Neste ambiente de 1928 fica o banco fundado por Alexander Hamilton em 1784 (p. 23).

Morgan Bank
Colunas que vão do saguão ao último andar marcam este belo prédio moderno.

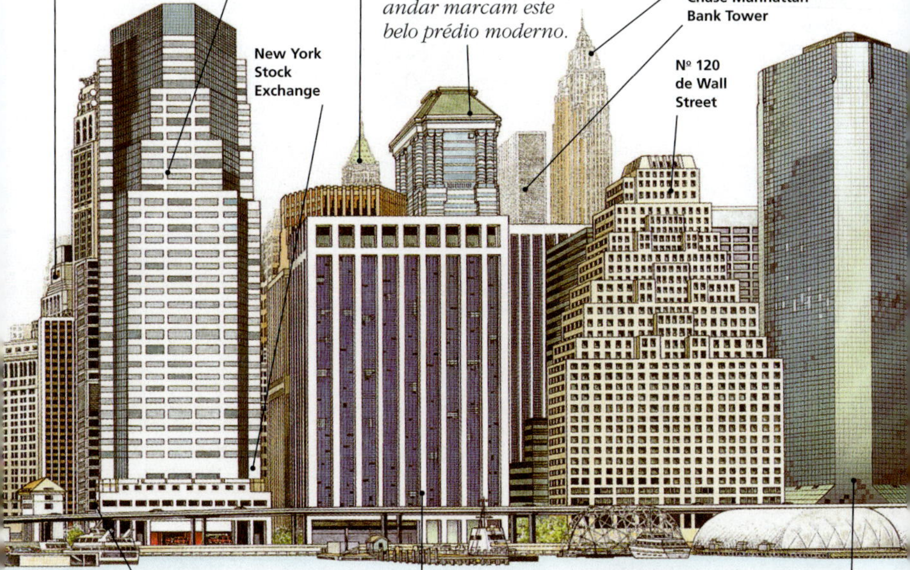

Nº 100 Old Slip
À sombra do nº 1 de Financial Square, a Primeira Delegacia de Polícia, no estilo palazzo, era a mais moderna da cidade quando foi erguida, em 1911.

Entalhe de medalhão no nº 100 de Old Slip

Queen Elizabeth Monument
O transatlântico que afundou em 1972 é lembrado aqui.

LOCALIZE-SE

Área de South Street

South Street Seaport

No fim do distrito financeiro, a paisagem de Nova York, vista do rio East ou do Brooklyn, muda radicalmente. As sedes das grandes corporações são substituídas pelos píeres, ruas planas e depósitos da velha área do porto, restaurada e rebatizada de South Street Seaport *(pp. 82-3)*. O Civic Center fica perto do rio e é possível ver alguns de seus edifícios. A ponte do Brooklyn indica o fim deste trecho. Entre esta parte e o meio da ilha, prédios de apartamentos dominam as margens do rio.

Entalhe de pedra do Woolworth Building

Píer 17
Um marco do Seaport, este píer tradicional tem um grande número de lojas e restaurantes.

Woolworth Building
Belas torres decoradas marcam a sede do império de F. W. Woolworth. É até hoje a mais bonita "catedral do comércio" já construída (p. 91).

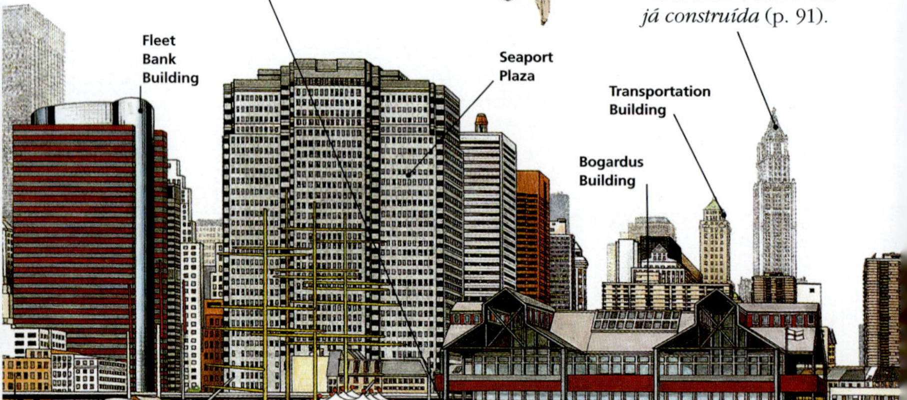

Maritime Crafts Center
No Píer 15, artesãos mostram habilidades típicas dos marinheiros, como entalhe de madeira e miniatura.

Titantic Memorial
O farol na Fulton Street relembra o naufrágio do Titanic, *o maior navio a vapor jamais construído.*

Police Plaza
Cinco em um *(1971-4), na Police Plaza, é uma escultura Bernard Rosenthal. Representa os cinco* boroughs *de Nova York.*

United States Courthouse
O Civic Center destaca-se pela pirâmide dourada do tribunal de Justiça, projeto do arquiteto Cass Gilbert (p. 85).

Municipal Building
Entre as salas deste vasto edifício está a Capela de Casamentos, onde são realizadas as uniões no civil. A estátua de bronze no alto é a Fama cívica, *de Adolph Weinnman* (p. 85).

Surrogate's Court e Hall of Records
Arquivos que recuam a 1664 são guardados e exibidos aqui (p. 85).

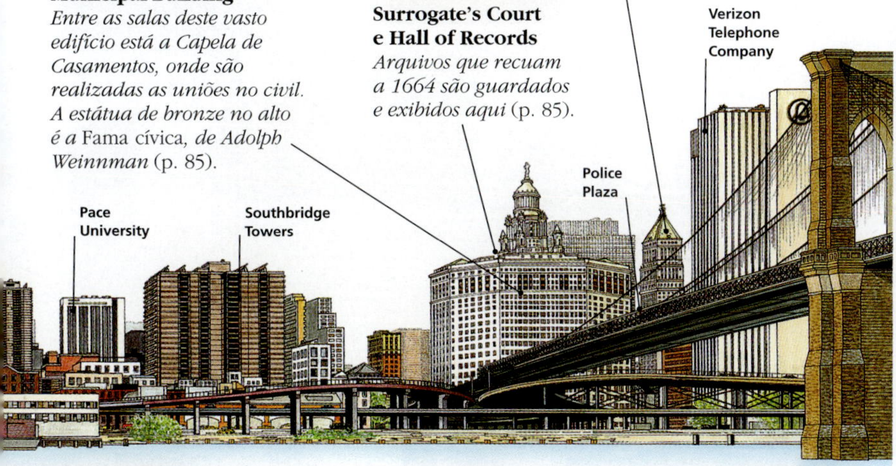

Mural da Con Edison
Em 1975, o artista Richard Haas retratou a ponte do Brooklyn na parede lateral desta antiga subestação de eletricidade.

Ponte do Brooklyn
Vistas da ponte, e a partir dela, tornaram-na um dos mais apreciados marcos de Nova York (pp. 86-9).

LOCALIZE-SE

Midtown

Midtown Manhattan

A paisagem do meio da ilha de Manhattan é enfeitada por algumas das torres mais espetaculares da cidade e apresenta do belo e familiar pináculo art déco do Empire State Building ao marcante topo em forma de cunha da moderna sede do Citigroup. À medida que se avança para o norte, a área vai ficando mais exclusiva. O complexo das Nações Unidas domina um longo trecho, e em Beekman Place começa uma faixa de enclaves residenciais que oferecem aos ricos e famosos um pouco de privacidade nesta parte movimentada de Nova York.

Chrysler Building
Brilhando ao sol de dia ou iluminada à noite, esta torre de aço inoxidável é, para muitos, o edifício mais belo de Nova York (p. 155).

Empire State Building
Com 381m de altura, foi o prédio mais alto do mundo por muitos anos (pp. 136-7).

Grand Central Terminal
Escondida pelos enormes vizinhos, esta estação de trem é um marco da cidade, repleto de detalhes como o relógio da fachada (pp. 156-7).

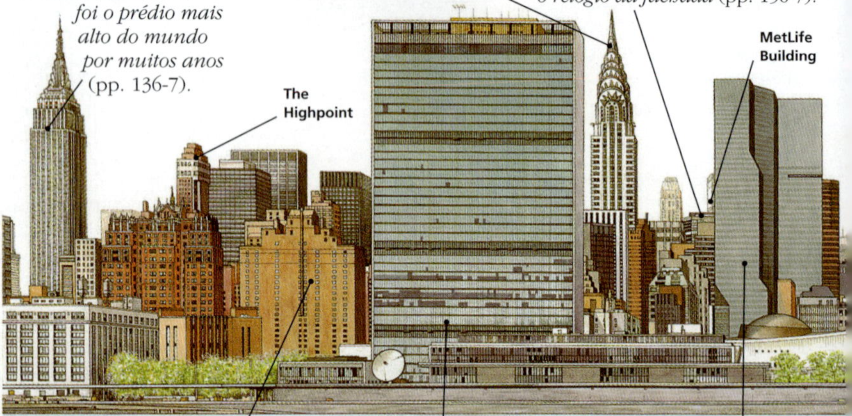

Tudor City
Construído na década de 1920, este complexo imita o estilo Tudor e tem mais de 3 mil apartamentos (p. 158).

Nações Unidas
Obras de arte dos países membros incluem esta escultura de Barbara Hepworth, da Grã-Bretanha (pp. 160-3).

Nºs 1 e 2 do UN Plaza
Torres de vidro angulares alojam escritórios e o UN Millennium Plaza Hotel (p. 158).

General Electric Building
Construído de tijolos em 1931, este prédio art déco tem uma coroa alta e espinhosa que lembra as ondas de rádio (p. 176).

Waldorf-Astoria
O interior magnífico de um dos melhores hotéis da cidade fica abaixo das torres gêmeas revestidas de cobre (p. 177).

Citigroup Center
A St. Peter's Church, com sua torre inclinada, fica no Citigroup Center (p. 177).

Rockefeller Center
O rinque de patinação ao ar livre e os pátios deste complexo de prédios de escritório, lojas e restaurantes, são ótimos para observar pessoas (p. 144).

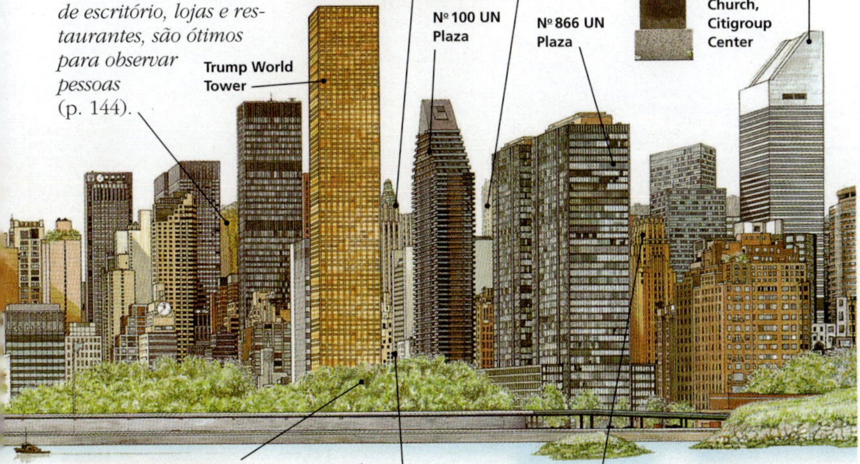

St. Mary's Garden
O jardim na igreja da Sagrada Família é um recanto de paz.

Japan Society
A cultura japonesa, de peças de vanguarda à arte antiga, pode ser vista aqui (pp. 158-9).

Beekman Tower
Hoje hotel, esta torre art déco foi erguida em 1928 para hospedar moças das associações de elite das universidades americanas.

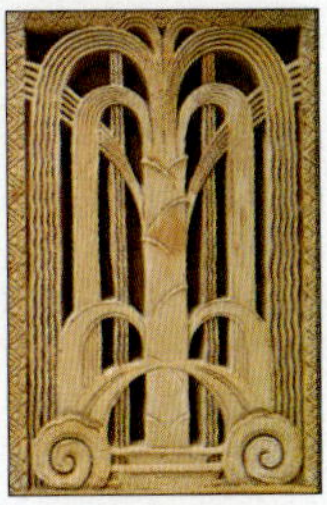

Silhueta de Manhattan ao anoitecer ▷

ÁREA POR ÁREA

LOWER MANHATTAN

O novo e o velho se encontram em Lower Manhattan, onde igrejas coloniais e monumentos dos primórdios da cidade se mantêm em meio a arranha-céus. Aqui nasceu Nova York e se instalou o primeiro governo do país. O comércio é vital desde 1626, quando o holandês Peter Minuit comprou a ilha de Man-a-hatt-ta dos índios algonquianos pagando com quinquilharias no valor de US$ 24 *(p. 19)*. Vários edifícios estão em construção nos arredores do National September 11 Memorial *(p. 54)*, incluindo o 1 World Trade Center, que, quando estiver concluído, em 2013, será o terceiro mais alto do mundo, com 541m. É aconselhável sempre ligar antes para confirmar horários de funcionamento.

Monumento a Minuit em Bowling Green

Trinity Church, no começo da Wall Street

PRINCIPAIS ATRAÇÕES

Ruas e Edifícios Históricos
Battery Maritime Building ⓰
Federal Hall ❷
Federal Reserve Bank ❶
Fraunces Tavern Museum ⓭
National September 11 Memorial ❻
New York Stock Exchange pp. 70-1 ❸

Museus e Galerias
Castle Clinton National Monument ⓴
Ellis Island pp. 78-9 ⓲
Museum of Jewish Heritage ㉑
Skyscraper Museum ❽
US Custom House ⓫

Monumentos e Estátuas
Charging Bull ❾
Estátua da Liberdade pp. 74-5 ⓱

Parques e Praças
Battery Park ⓳
Bowling Green ❿
Vietnam Veterans' Plaza ⓮

Passeios de Barco
Staten Island Ferry ⓯

Igrejas
Saint Elizabeth Ann Seton Shrine ⓬
Trinity Church ❹

Arquitetura Moderna
Battery Park City ❼
World Financial Center ❺

COMO CHEGAR

As melhores linhas de metrô são a 4 e a 5, da Lexington Avenue para Bowling Green; R para Whitehall St; ou o trem 1 da 7th Avenue para South Ferry. Para Wall St, tome as linhas 2, 3, 4, ou 5 para Wall St, ou 1 ou R para Rector St. Os ônibus para a área são o M5, M15, M20 e o M22 que cruza a cidade.

LEGENDA

- Mapa Rua a Rua
- Ⓜ Estação de metrô
- Embarque de balsa
- Heliporto

VEJA TAMBÉM

- ***Guia de Ruas,*** mapas 1, 2
- ***Onde Ficar*** p. 280
- ***Restaurantes*** p. 296

Rua a Rua: Wall Street

Nenhuma esquina representa tanto para a cidade, no passado ou presente, quanto a intersecção da Wall com a Broad Street, local de três pontos importantes. O Federal Hall National Monument marca o lugar onde, em 1789, George Washington foi empossado presidente. A Trinity Church é uma das mais antigas paróquias anglicanas do país. E a Bolsa de Valores (New York Stock Exchange), fundada em 1817, continua a ser o centro nervoso das finanças mundiais, com altas e baixas que fazem o mundo tremer. Os prédios em volta formam o coração do distrito financeiro de Nova York.

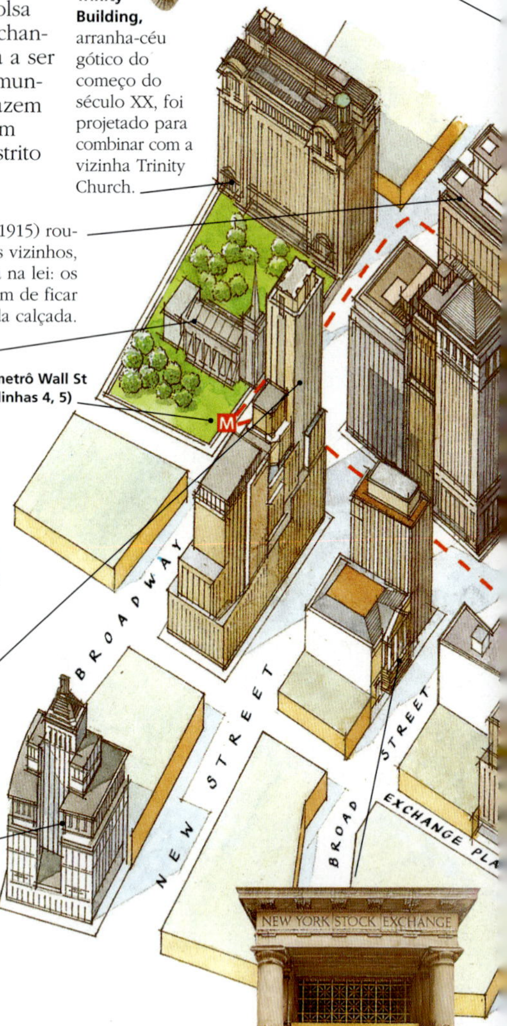

O Marine Midland Bank tem 55 andares. Esta escura torre de vidro ocupa só 40% da área do terreno. O restante é preenchido por uma praça com uma grande escultura vermelha de Isamu Noguchi, *Cubo*, em um dos cantos.

Trinity Building, arranha-céu gótico do começo do século XX, foi projetado para combinar com a vizinha Trinity Church.

O Equitable Building (1915) roubou a luz de seus vizinhos, levando à mudança na lei: os arranha-céus tinham de ficar afastados da calçada.

★ Trinity Church
Construída em 1846, no estilo gótico, é a terceira igreja erguida no mesmo local. Seu campanário, que já foi a mais alta estrutura da cidade, está encoberto pelos arranha-céus em volta. Em seu cemitério estão nova-iorquinos famosos dos primeiros tempos da cidade ❹

metrô Wall St (linhas 4, 5)

A Irving Trust Company, de 1932, tem fachada com aparência de tecido. No saguão há um mosaico art déco em tons avermelhados e dourados.

No nº 26 da Broadway foi erguida a sede do Standard Oil Trust. No topo há uma lamparina a óleo.

Nova York Stock Exchange ★
O centro dos mercados financeiros do mundo fica neste prédio de dezessete andares construído em 1903. ❸

A Liberty Tower exibe detalhes de terracota branca, no estilo gótico. Atualmente é um prédio de apartamentos.

PONTOS ALTOS

★ Federal Hall

★ Federal Reserve Bank

★ New York Stock Exchange

★ Trinity Church

LOCALIZE-SE

Mapa de Manhattan *pp. 14 -5*

LEGENDA

Percurso sugerido

0 m 100

A Chamber of Commerce fica em um belo edifício beaux--arts de 1901.

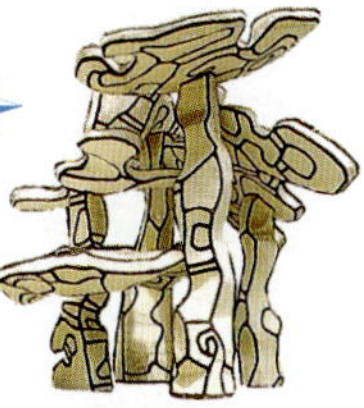

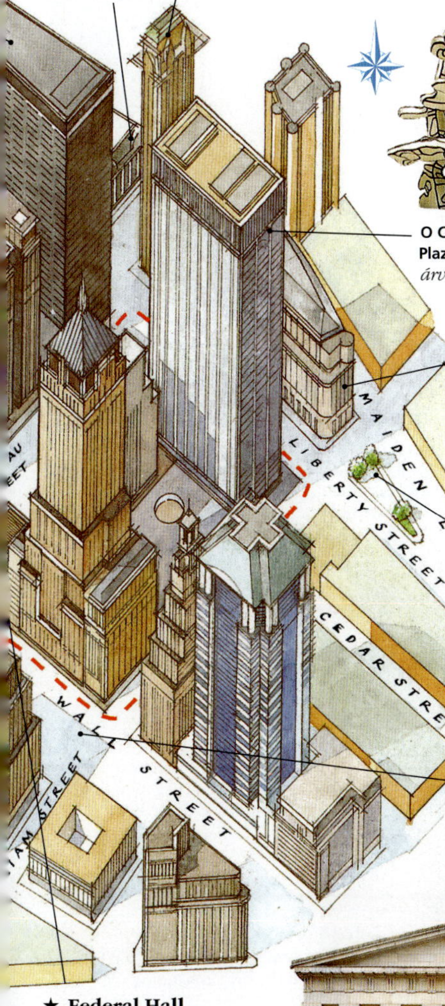

O Chase Manhattan Bank and Plaza exibe a escultura *Quatro árvores*, de Jean Dubuffet, na área de circulação.

★ Federal Reserve Bank
No estilo de um palácio renascentista, é o banco dos bancos, emissor dos dólares americanos ❶

Louise Nevelson Plaza é o parque que exibe *Sombras e bandeiras,* de Nevelson.

Wall Street tem esse nome por causa do muro que protegia Manhattan dos índios algonquianos. A rua é hoje o coração dos negócios da cidade.

Wall Street nos anos 1920

★ Federal Hall
Construído como a sede da Alfândega dos EUA em 1842, este prédio clássico tem uma fascinante exposição sobre a Constituição ❷

Federal Reserve Bank ❶

33 Liberty St. **Mapa** 1 C2. ***Tel*** *(212) 720-6130.* Ⓜ *Fulton St-Broadway Nassau.* *9h30-15h30 de meia em meia hora. Grátis (registre-se antes).* *feriados.* **www**.newyorkfed.org

Entrado do Federal Reserve Bank

É um banco para bancos, uma das doze agências do Federal Reserve Bank autorizadas a emitir o dinheiro americano. Podem-se identificar as cédulas provenientes desta agência pela letra B no selo do Federal Reserve estampado na nota.

Cinco andares abaixo do solo está um dos maiores depósitos de barras de ouro pertencentes a outros países. Cada país tem seu espaço no cofre subterrâneo. No passado, os pagamentos entre nações eram feitos com transferências físicas de ouro, mas isso mudou. A exposição "The History of Money", com 800 objetos, funciona das 10h às 16h. Projetado por York & Sawyer, o prédio ficou pronto em 1924. Ocupa todo o quarteirão, a decoração tem detalhes de ferro batido e foi inspirada nos palácios renascentistas italianos.

Federal Hall ❷

26 Wall St. **Mapa** 1 C3. ***Tel*** *(212) 825-6888.* Ⓜ *Wall St.* *9h-17h seg-sex; sáb e dom em jul e ago.* *feriados.* *10h, 13h, 15h* **www**.nps.gov/feha

Uma estátua de bronze de George Washington, nos degraus do Federal Hall, marca o lugar da posse do primeiro presidente do país, em 1789. Milhares de nova-iorquinos se apertaram em Wall e Broad Streets para assistir à posse e aplaudiram quando o então chanceler do Estado de Nova York gritou: "Viva George Washington, presidente dos Estados Unidos".

A estrutura, reformada em 2006, foi erguida entre 1834 e 1842 para abrigar a Alfândega dos EUA e é uma das mais belas edificações clássicas da cidade. As salas que dão para a rotunda exibem a Bill of Rights (a carta dos direitos dos cidadãos americanos) e uma mostra sobre a Constituição.

Rotunda de mármore e colunas no interior do Federal Hall

New York Stock Exchange ❸

pp. 70-1.

Cemitério de Trinity

Trinity Church ❹

Broadway at Wall St. **Mapa** 1 C3. ***Tel*** *(212) 602-0800.* Ⓜ *Wall St, Rector St.* *7h-18h seg-sex, 8h-16h sáb, 7h-16h dom (igreja); 7h-16h seg-sex, 8h-15h sáb e feriados, 7h-15h dom (adro).* *12h05 seg-sex, 9h e 11h15 dom.* *menos durante serviços.* *2h diariam; também dom após serviço das 11h15.* **Concertos** *ver detalhes on-line.* **www**.trinitywallstreet.org

Esta igreja episcopal de torres quadradas, no fim da Wall Street, é a terceira a ser erguida no local. Projetada em 1846 por Richard Upjohn, era uma das maiores da época e inaugurou a melhor fase do neogótico nos EUA. O desenho nas portas de bronze, de Richard Morris Hunt, inspira-se no *Portas do Paraíso,* de Ghiberti, em Florença.

As restaurações recuperaram a pedra rosada original escondida sob camadas de sujeira. A torre de 86m, a mais alta estrutura da cidade até meados do século XIX, ainda inspira respeito, apesar dos arranha-céus que a cercam.

Muitas figuras importantes dos primeiros tempos de Nova York eram membros da paróquia de Trinity. O estadista Alexander Hamilton, o inventor do barco a vapor, Robert Fulton, e o fundador do primeiro jornal (1725), William Bradford, são algumas das pessoas enterradas no cemitério ao lado da igreja.

World Financial Center ❺

West St. **Mapa** 1 A2. ***Tel*** *(212) 945-2600.* Ⓜ *Fulton St, WTC Station, Cortlandt St, Rector St .*
www.worldfinancialcenter.com

Modelo da arquitetura urbana de Cesar Pelli & Associates, é um centro vital para a recuperação de Lower Manhattan, e os danos que sofreu no ataque ao World Trade Center foram sanados em regime de urgência. Quatro torres de escritórios alojam algumas das mais importantes empresas financeiras do mundo, incluindo Dow Jones e American Express. Entre as quatro torres fica o belíssimo Winter Garden, vasto espaço público de aço e vidro (2 mil painéis de vidro tiveram de ser repostos), ladeado por 45 lojas e restaurantes, que dá para uma animada praça e marina à beira do rio Hudson. A escadaria de mármore que leva ao Winter Garden serve de arquibancada para espetáculos gratuitos de música, dança e teatro. Palmeiras de 15m de altura do deserto de Mojave criam uma versão moderna dos *palm courts* antigos.

Inaugurado em 1988, ainda em expansão, é um lugar de lazer, elogiado até pelos mais severos críticos de arquitetura, que nele veem o Rockefeller Center do século XXI.

O Centro foi afetado pelo ataque ao World Trade Center *(p. 54)*. A área atingida está sendo reconstruída.

Andar principal do Winter Garden

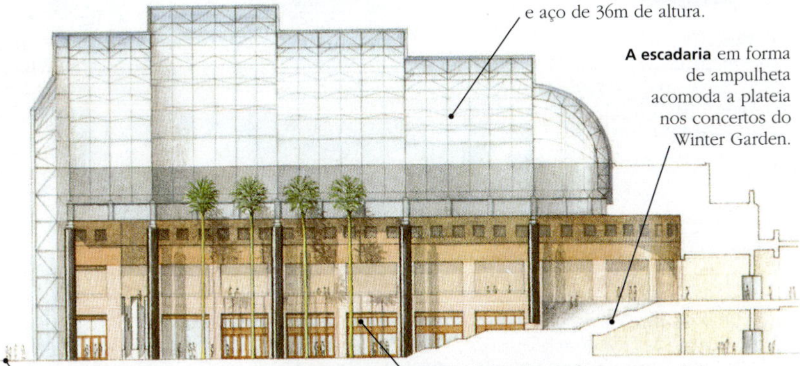

O átrio tem uma abóbada de vidro e aço de 36m de altura.

A escadaria em forma de ampulheta acomoda a plateia nos concertos do Winter Garden.

Uma esplanada beira o Hudson.

Cafés e lojas dão de frente para o átrio.

World Financial Center visto do rio Hudson

New York Stock Exchange ❸

Em 1790, o comércio de ações e títulos na área de Wall Street já era agitado, mas totalmente desorganizado. Em 1792, um grupo de 24 corretores que trabalhavam no nº 68 assinaram um acordo obrigando-se a só negociar uns com os outros, e assim surgiu a New York Stock Exchange, a Bolsa de Valores. A NYSE passou por uma sucessão de altas e baixas, e deixou de ser um mercado local para se tornar um centro financeiro de importância global. Sua participação é restrita. Em 1817, um lugar custava US$ 25. Nos anos de alta do fim da década de 1990, este preço chegou a US$ 4 milhões. Em 2006, a NYSE se tornou uma empresa pública com fins lucrativos e todas suas vagas foram trocadas por dinheiro e ações. Hoje os negociantes podem comprar licenças de um ano.

Teletipos
Inventadas no fim do século XIX, estas máquinas imprimiam minuto a minuto, em fitas de papel, os preços de compra de ações.

A cotação eletrônica é tão rápida quanto a capacidade humana para ler a lista de preços que brilha na tela.

COMO FUNCIONA UM POSTO

Cada um dos dezessete postos da Bolsa é composto de 22 grupos ou "seções" de operadores e máquinas, cada um negociando papéis de até dez companhias listadas. Operadores comissionados trabalham para corretoras e correm entre cabine telefônica e posto comprando e vendendo ações para o público. Um especialista lida com uma só ação, informando cotações aos operadores enquanto operadores independentes atuam no pregão sob ordens das corretoras. Funcionários processam as transações nos postos via computador e inserem os resultados no Sistema de Dados da Bolsa de Valores. Auxiliares levam pedidos das cabines de telefones até os operadores e especialistas. Os terminais do posto mostram os preços das ações e telas planas exibem preços e vendas para especialistas. A partir de 2007, as ações passaram a ser negociadas também através de um pregão eletrônico híbrido.

Posto de negociação

O Dia de 48 Horas
No crash de 1929, os corretores da Bolsa de Valores trabalharam 48 horas seguidas. Seu ânimo era bom, apesar do pânico do lado de fora.

PREPARE-SE

20 Broad St. **Mapa** 1 C3. ***Tel*** *(212) 656-3000.* Ⓜ *2, 3, 4, 5 para Wall St, R para Rector St.* 🚌 *M5, M15, M20.* ***Galeria*** ⬤ *fechada ao público por motivos de segurança.* 🅲 *Restrito. Apenas para fins educacionais.*
www.nyse.com

Pregão
Em um dia comum, quase 3,5 bilhões de ações são negociados por mais de 2 mil empresas. O sistema eletrônico de apoio ao computador SuperDOT circula acima da confusão do piso, em um encanamento dourado.

Grande Crash de 1929
Na terça-feira, 29 de outubro de 1929, mais de 16 milhões de ações mudaram de mãos enquanto a Bolsa de Valores desabava. Atônitos investidores tomaram Wall Street, mas, ao contrário da lenda, não houve corretores se atirando das janelas.

CRONOLOGIA

1792 Acordo Buttonwood assinado em 17 de maio

1817 Criada a New York Stock & Exchange Board

1844 Invenção do telégrafo dá alcance nacional ao pregão

1865 Inaugurado o novo prédio da Bolsa em Wall e Broad Streets

1867 Introdução dos teletipos

1869 Sexta-Feira Negra, em 24 de setembro

1903 Aberto o atual prédio da Bolsa

1929 Crash da Bolsa em Wall Street

1987 Segunda-Feira Negra, em 19 de outubro. O índice Dow Jones cai 508 pontos

2001 Após oito anos de euforia, a economia é balançada pelos ataques de 11 de setembro

2006 A NYSE funde-se com a Archipelago Holdings e se transforma em uma empresa pública que visa lucro.

2007 O índice Dow Jones atinge 14.169 pontos, sua maior marca

2009 O índice Dow Jones desaba para 6.547 pontos, pior resultado em doze anos

1750 | 1800 | 1850 | 1900 | 1950 | 2000 | 2050

National September 11 Memorial ❻

Mapa 1 B2. *Chambers St, Rector St.* **Tribute WTC Visitor Center** 120 Liberty St. ***Tel*** *1-866-737-1184.* 10h-18h seg-sáb, 10h-17h dom. **www**.911memorial.org

As torres gêmeas do World Trade Center dominaram o skyline de Lower Manhattan por 27 anos, até serem destruídas em um ataque terrorista *(p. 54)*. Na inauguração, em 1973, eram os edifícios mais altos do mundo e logo se transformaram em um ícone na história de Nova York. Um incidente especialmente memorável ocorreu em 7 de agosto de 1974, quando o equilibrista francês Philippe Petit driblou a segurança e, para espanto dos empregados de escritórios, caminhou por quase uma hora sobre um cabo estendido de uma torre à outra.

Atualmente, o local do antigo WTC consiste de um memorial àqueles que perderam a vida nos atentados terroristas de 26 de fevereiro de 1993 e de 11 de setembro de 2001. O espaço foi aberto ao público em 2011, logo após o décimo aniversário do último ataque. No início de 2013 será inaugurado um museu situado 21m abaixo do solo, com mostras de estruturas que permaneceram intactas após o atentado.

Assinado pelo arquiteto israelense-americano Michael Arad, da Handel Architects, e pela firma de arquitetura paisagística Peter Walker and Partners, o projeto tem em seu centro dois lagos quadrados, exatamente onde ficavam as torres gêmeas. As maiores quedas-d'água artificiais dos EUA fluem pelas laterais dos lagos, simbolizando a perda da vida e a lacuna física deixada após os ataques terroristas. Os nomes das 2.977 pessoas mortas no 11 de setembro – em Nova York, Arlington e Shanksville – e das seis que faleceram no atentado a bomba de 1993 estão inscritos em placas de bronze nas bordas dos lagos. O som das quedas-d'água sobrepuja o barulho da cidade, fazendo do local um santuário para contemplação. Um bosque com cerca de 400 árvores preenche o restante da Memorial Plaza, intensificando a natureza reflexiva do monumento.

Philippe Petit prepara-se para iniciar a travessia entre as torres, em 1974

Battery Park City ❼

Mapa 1 A3. *Rector St.* **www**.batteryparkcity.org

O governador Mario Cuomo definiu o objetivo deste projeto em 1983, quando pediu aos construtores: "Deem a ele um propósito social – uma alma". A ambiciosa área pública da cidade fica em um aterro de 37ha às margens do rio Hudson. Os prédios de escritórios, restaurantes, apartamentos, esculturas e jardins dão ênfase à qualidade de vida.

Esplanada em Battery Park City

Battery Park City aloja 25 mil pessoas. Sua parte mais visível é o World Financial Center *(p. 69)*. O custo total do projeto foi calculado em US$ 4 bilhões.

A esplanada de quase 2km ao longo do rio é um bom lugar para apreciar a Estátua da Liberdade.

Skyscraper Museum ❽

39 Battery Pl. **Mapa** 1 A3. ***Tel*** *(212) 968-1961. Bowling Green, Rector St. 12h-18h qua-dom.* **www**.skyscraper.org

Este museu celebra o patrimônio arquitetônico de Nova York e examina as forças históricas e indivíduos que deram forma à cidade. Há uma exposição permanente sobre o World Trade Center e uma reconstrução digital das mudanças sofridas por Manhattan através do tempo, além de exposições temporárias que analizam edifícios altos como objetos de design, produtos da tecnologia, investimentos imobiliários, locais de construção, trabalho e moradia.

O arejado Skyscraper Museum

A estátua de Arturo Di Modica no extremo sul da Broadway

Charging Bull 9

Broadway at Bowling Green. **Mapa** 1 C4. Ⓜ *Bowling Green.*

No dia 15 de dezembro de 1989, à 1 da manhã, o escultor Arturo Di Modica e 30 amigos descarregaram este touro de bronze de 3.200kg na frente da Bolsa de Valores. O grupo tinha oito minutos entre uma patrulha policial e outra para posicionar a escultura, mas eles conseguiram fazer em apenas cinco. Mais tarde o touro foi retirado por obstruir o tráfego e não ter permissão para permanecer ali. Devido a protestos, o departamento de parques deu a ele um lar "temporário" na Broadway, ao norte do Bowling Green, onde ele permanece até hoje como mascote não oficial de Wall Street.

Di Modica criou a escultura após a queda da bolsa de 1987, para simbolizar a "força, poder, e esperança do povo americano para o futuro." A estátua demorou dois anos para ser concluída e custou ao escultor 350 mil dólares.

Bowling Green 10

Mapa 1 C4. Ⓜ *Bowling Green.*

Este terreno triangular ao norte de Battery Park foi o primeiro parque da cidade, criado inicialmente para ser mercado de gado e depois adaptado para a disputa de jogos. Abrigou uma estátua do rei George III até a Guerra da Independência, quando, por ser um símbolo do poder britânico, foi derrubada e derretida para fazer munição *(pp. 22-3)*. Consta que a mulher do governador de Connecticut derreteu metal suficiente para moldar 42 mil balas.

A cerca erguida em 1771 ainda está de pé, mas sem as coroas reais que a adornavam. Elas tiveram o mesmo destino da estátua. O Green já foi cercado de casas elegantes. Aí começa a Broadway, que corta toda Manhattan e, com o nome de Highway Nine, segue em direção ao norte até a capital, Albany.

Topo de coluna da US Custom House

Fonte em Bowling Green

US Custom House 11

1 Bowling Green. **Mapa** 1 C4. Ⓜ *Bowling Green.* ***National Museum of the American Indian. Tel*** *(212) 514-3700.* *10h-17h diariam (10h-20h qui)* *25 dez.* *grátis qui.* **www**.nmai.si.edu

Um dos mais belos edifícios beaux-arts da cidade, este palácio de granito desenhado por Cass Gilbert em 1907 e decorado pelos melhores escultores e artistas da época é um monumento adequado à importância da cidade como porto internacional. Há 44 colunas jônicas enfeitadas de frisos espalhadas pelo prédio. Estátuas de Daniel Chester French retratam os quatro continentes como mulheres sentadas: Ásia (contemplativa), América (olhando para a frente), Europa (cercada de símbolos de glórias passadas) e África (ainda adormecida). No interior, murais de Reginald Marsh decoram a rotunda de mármore. Eles mostram o avanço dos navios na baía. Em frente à entrada há um retrato da atriz Greta Garbo dando entrevista coletiva em um navio. Em 1973, o US Customs Service (alfândega) mudou-se e só restou no prédio um tribunal de falências.

A casa reorganizou-se em 1994, para alojar em três de seus andares o George Gustav Heye Center, uma divisão do **Smithsonian National Museum of the American Indian** *(p. 232)*. A esplêndida coleção de cerca de 1 milhão de objetos do museu, junto com seu arquivo de milhares de fotos, contém amostras de todas as culturas nativas das Américas do Norte, Central e do Sul.

Outra coleção que contém uma amostra representativa da diversidade do material foi selecionada por representantes de norte-americanos nativos.

Estátua da Liberdade ⓱

Presente da França para o povo americano, a estátua foi idealizada pelo escultor Frédéric-Auguste Bartholdi e tornou-se símbolo da liberdade no mundo todo. No poema de Emma Lazarus gravado em sua base, "lady Liberty", como é chamada, diz: "Venham a mim os exaustos, os pobres, as massas confusas ansiando por respirar liberdade". Foi inaugurada pelo presidente Grover Cleveland em 28 de outubro de 1886 e totalmente restaurada para o centenário. O acesso ao pedestal e à coroa foram restaurados novamente em 2012.

★ Tocha Dourada
Em 1986, a tocha original, corroída pelo tempo, foi trocada. A nova chama é folheada a ouro.

Da Ponta dos Pés à Tocha
No total, 300 folhas de cobre moldadas e unidas por rebites formam "lady Liberty".

★ Statue of Liberty Museum
Entre os objetos do museu há pôsteres da estátua.

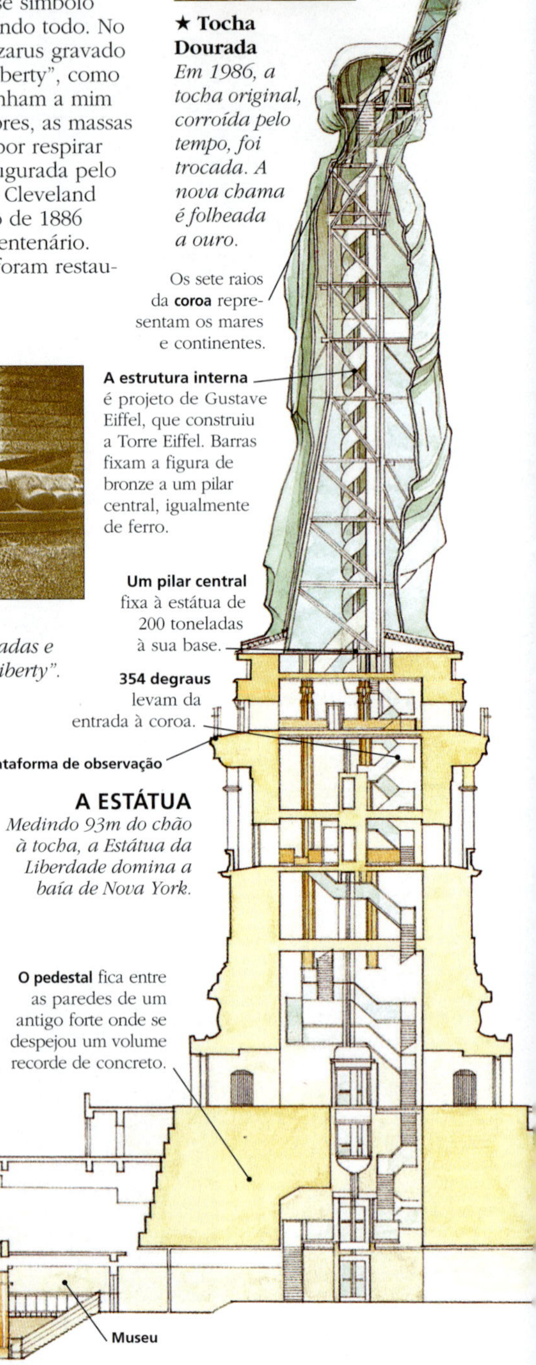

A ESTÁTUA
Medindo 93m do chão à tocha, a Estátua da Liberdade domina a baía de Nova York.

★ **Balsas para Liberty Island**
Balsas ligam New York Harbor a Liberty Island, onde a estátua oferece algumas das melhores vistas da cidade.

PREPARE-SE

Liberty Island. **Mapa** 1 A5. ***Tel*** *(212) 363-3200.* M *1 para South Ferry, 4, 5 para Bowling Green; R, W para Whitehall.* *M5, M15, M20 para South Ferry, depois Statue Cruises Ferry de Battery a cada 20-30min, 8h30-16h no verão (horário varia no inverno).* ***Tel*** *(877) 523-9849.* *jun-ago: 9h-18h diariam; set-mai: 9h30-17h diariam.* *25 dez.* *Bilhete da balsa dá acesso às ilhas Ellis e Liberty.* **www**.nps.gov/stli

Retrato da Liberdade
A mãe de Bartholdi foi modelo do rosto da estátua. Os raios que saem da coroa são os sete mares e continentes.

Feitura da Mão
A mão foi feita de gesso e depois de madeira, antes de ser moldada em cobre.

Modelo
Modelos em escala ajudaram Bartholdi a dar forma à maior estrutura de metal jamais construída.

FRÉDÉRIC-AUGUSTE BARTHOLDI

O escultor francês que desenhou a estátua pretendia que fosse um monumento à liberdade que achava que faltava em seu próprio país. Ele dedicou 21 anos ao projeto, chegando até a viajar aos Estados Unidos em 1871 para convencer o presidente Ulysses S. Grant e outros dirigentes a financiar e instalar a estátua na baía de Nova York. Na França, ele dizia: "Quero glorificar a república e a liberdade lá, na esperança de reencontrá-las um dia aqui".

PONTOS ALTOS

- ★ Balsas para Liberty Island
- ★ Statue of Liberty Museum
- ★ Tocha Dourada

Festa da Restauração
Em 3 de julho de 1986, após restauração de US$ 100 milhões, a estátua foi reinaugurada com a maior queima de fogos de artifícios já vista nos EUA.

Saint Elizabeth Ann Seton Shrine ⓬

7 State St. **Mapa** 1 C4. ***Tel*** *(212) 269-6865.* *Whitehall, South Ferry.* *10h-16h30 diariam.* *8h05, 12h15, 13h05 seg-sex; 11h dom.*

Elizabeth Ann Seton

Primeira americana a ser canonizada pela igreja católica, Elizabeth Ann Seton morou nesta casa de 1801 a 1803. Madre Seton fundou a ordem das Irmãs Americanas de Caridade, a primeira dos Estados Unidos.

Após a guerra civil, a Missão de Nossa Senhora do Rosário transformou a casa em abrigo para imigrantes irlandesas sem teto – 170 mil passaram por lá ao iniciar uma vida nova no país. A Igreja vizinha foi construída em 1883. A Missão também organizou e mantém o santuário *(shrine)* em honra de madre Seton.

Fraunces Tavern Museum ⓭

54 Pearl St. **Mapa** 1 C4. ***Tel*** *(212) 425-1778.* *Wall St., Broad St., Bowling Green.* *12h-17h diariam.* *feriados.* *somente grupos.* ***Palestras, filmes.*** **www**.frauncestavernmuseum.org
NYC Police Museum 100 Old Slip, South St. **Mapa** 1 D3. ***Tel*** *(212) 480-3100.* *10h-17h seg-sáb, 12h-17h dom.* ***Doações.*** *apenas grupos.* **www**.nycpm.org

O único quarteirão comercial completo do século XVIII ainda de pé em Nova York tem uma réplica exata da Fraunces Tavern, de 1719, na qual George Washington despediu-se de seus oficiais em 1783. A taverna original foi uma das primeiras vítimas da revolução americana – uma bala de canhão disparada do navio inglês *Asia* atingiu seu telhado em agosto de 1775. O prédio foi comprado em 1904 pela organização Sons of the Revolution. Sua restauração, três anos depois, foi um dos primeiros gestos para preservar a memória do país.

O restaurante no térreo tem muito charme. No andar superior há um museu com exposições temporárias de obras que retratam a história e a cultura dos primórdios dos EUA.

O **New York City Police Museum** fica na South Street *(p. 84)*. As exposições incluem artefatos da polícia local, mostras interativas, seminários e eventos especiais. Visite o *Hall of Heroes* e teste sua pontaria no simulador de armas de fogo.

Fraunces Tavern Museum e restaurante, do século XVIII

Vietnam Veterans' Plaza ⓮

Between Water St. e South St. **Mapa** 2 D4. *Whitehall, South Ferry.*

Esta praça de tijolos em vários níveis tem em seu centro uma enorme parede de vidro esverdeado com trechos de discursos, artigos e cartas de soldados e mulheres que morreram na guerra do Vietnã, que aconteceu entre entre 1959 e 1975.

O Staten Island Ferry oferece uma das melhores pechinchas da cidade

Staten Island Ferry ⓯

Whitehall St. **Mapa** 2 D5. ***Tel*** *311.* *South Ferry.* *24h.* ***Grátis.*** **www**.siferry.com

O primeiro empreendimento do promissor rapaz Cornelius Vanderbilt (que se tornou o magnata das ferrovias), o serviço de balsas transporta passageiros entre aquela ilha e Manhatam desde 1810, oferecendo aos turistas vistas incomparáveis da baía, da Estátua da Liberdade, de Ellis Island e dos arranha-céus da cidade. A passagem custava uma ninharia na época, e agora é de graça.

Battery Maritime Building ⑯

11 South St. **Mapa** 2 D4.
Ⓜ *South Ferry.* ● *ao público.*

Entre 1909 e 1938, o terminal municipal de balsas para o Brooklyn funcionava neste local, no pequeno ancoradouro de Schreijers Hoek, de onde, nos velhos tempos, os navios coloniais holandeses partiam para seu país. No auge da era das balsas, dezessete linhas regulares operavam a partir dos píeres movimentados, que hoje em dia só são usados pela Guarda Costeira Americana.

O prédio foi projetado em 1907 e os passageiros dos barcos que chegam podem apreciar a imponente fachada com arco de 91m sustentado por altas colunas e ornamentada com gradis, frisos e rosetas típicos do estilo beaux-arts. Na verdade, trata-se de uma fachada falsa de metal e aço, pintada de verde para parecer cobre.

Grade de ferro batido no Battery Maritime Building

Estátua da Liberdade ⑰

pp. 74-5.

Ellis Island ⑱

pp. 78-9.

Castle Clinton National Monument, com a Liberty Island ao fundo

Battery Park ⑲

Mapa 1 B4. Ⓜ *South Ferry, Bowling Green.*

O parque, cujo nome vem dos tempos em que uma bateria de canhões foi instalada aqui para proteger a baía, é um dos melhores pontos para se relaxar olhando o mar. Os aterros estenderam a área do parque além do limite original, que era em State Street.

Há o Netherlands Memorial Monument e outros monumentos e estátuas em homenagem aos primeiros imigrantes judeus e à Guarda Costeira. A escultura *The Sphere*, de Fritz Koenig, que ficava no World Trade Center Plaza, agora está aqui como memorial a todos os mortos pelo ataque de 11 de setembro de 2001.

Entrada beaux-arts de metrô na esquina do Battery Park

Castle Clinton National Monument ⑳

Battery Park. **Mapa** 1 B4. ***Tel*** *(212) 344-7220.* Ⓜ *Bowling Green, South Ferry.* ◯ *8h30-17h diariam.* ● *25 dez.* 📷 ♿ ***Concertos.*** 🛍 **www**.nps.gov/cacl

Castle Clinton foi construído em 1811 para ser um posto de defesa e artilharia. Ficava a 91m da praia e uma ponte o ligava ao Battery Park, mas uma série de aterros acabou conectando o terreno ao continente.

Em 1824, o antigo forte transformou-se em teatro da moda, onde Phineas T. Barnum introduziu Jenny Lind, o "rouxinol sueco", em 1850. Em 1855 antecedeu Ellis Island como centro de recepção de imigrantes, tendo registrado a chegada de mais de 8 milhões de pessoas. Em 1896 tornou-se o New York Aquarium, que se mudou para Coney Island em 1941 *(p. 249)*.

Atualmente é um monumento e escritório turístico central do National Park Service para Manhattan, exibindo cenas da história de Nova York. De lá também partem as balsas que fazem a linha Estátua da Liberdade *(p. 386)*.

Museum of Jewish Heritage ㉑

36 Battery Place. **Mapa** 1 B4. ***Tel*** *(646) 437-4200.* Ⓜ *Bowling Green, South Ferry.* 🚌 *M5, M15, M20.* ◯ *10h-17h45 dom-qui (18h qua); 10h-15h sex e vésperas de feriados judeus.* ● *sáb, feriados judeus, Dia de Ação de Graças.* 🎟 ♿ 🎧 🛍 ☕ ***Leituras.*** **www**.mjhnyc.org

O museu tem uma mostra principal de mais de 2 mil fotografias, 800 artefatos e 25 documentários sobre a vida dos judeus antes, durante e depois do Holocausto. Ele também abriga um teatro para filmes, palestras e performances; um jardim memorial, salas de aula, biblioteca; centro de história familiar; uma galeria ampliada para exposições temporárias; escritórios, bar e hall de eventos.

Ellis Island ⓲

Metade da população dos Estados Unidos tem alguma ligação com Ellis Island, a ilha que funcionou como centro de recepção dos imigrantes de 1892 até 1954. Cerca de 12 milhões de pessoas passaram por seus portões e de lá espalharam-se pelo país, na maior onda migratória já registrada. Centrado no Great Hall ou Sala de Registro, o local abriga hoje os três andares do Ellis Island Immigration Museum. Boa parte dessa história é contada por meio de fotos e vozes de imigrantes reais, e um banco de dados eletrônico rastreia ancestrais. Fora, o American Immigrant Wall of Honor é o maior muro com nomes inscritos do mundo. Nenhum outro local retrata melhor o "caldeirão de culturas" que formou o perfil da nação. Visite cedo para evitar as multidões.

Prédio principal

O escritório da ferrovia vendia bilhete até o destino final dos imigrantes.

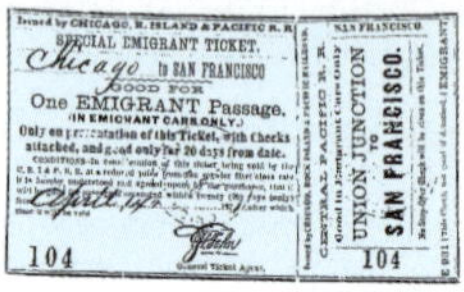

Bilhete de Trem
Descontos levaram muitos imigrantes para a Califórnia.

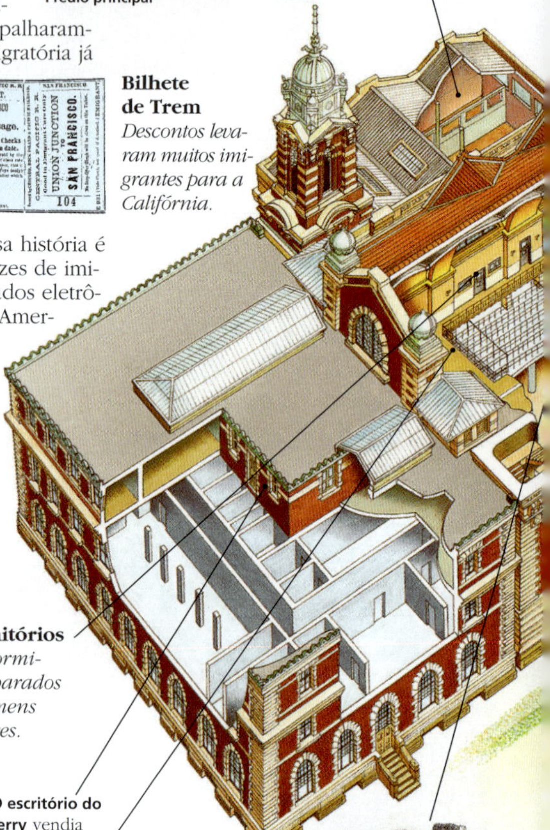

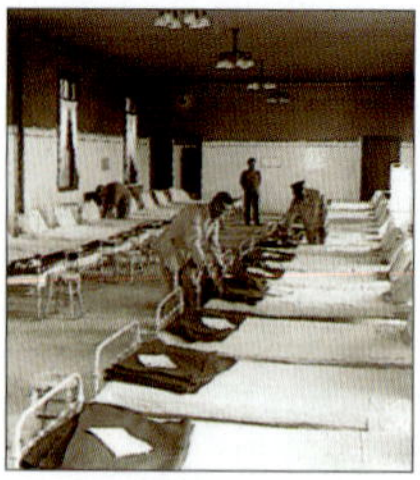

★ Dormitórios
Havia dormitórios separados para homens e mulheres.

O escritório do ferry vendia bilhetes para Nova Jersey.

★ Sala de Bagagem
As poucas malas e pacotes dos imigrantes eram revistados neste local.

A RESTAURAÇÃO

Ellis Island estava em ruínas em 1990. Um projeto de recuperação de US$ 156 milhões restaurou os prédios, trocou as cúpulas de cobre e restaurou o interior aproveitando algumas das peças originais.

Grande Saguão ★
As famílias de imigrantes tinham que esperar pelas formalidades oficiais na Registry Room. As velhas vigas de metal foram substituídas por bancos de madeira em 1911.

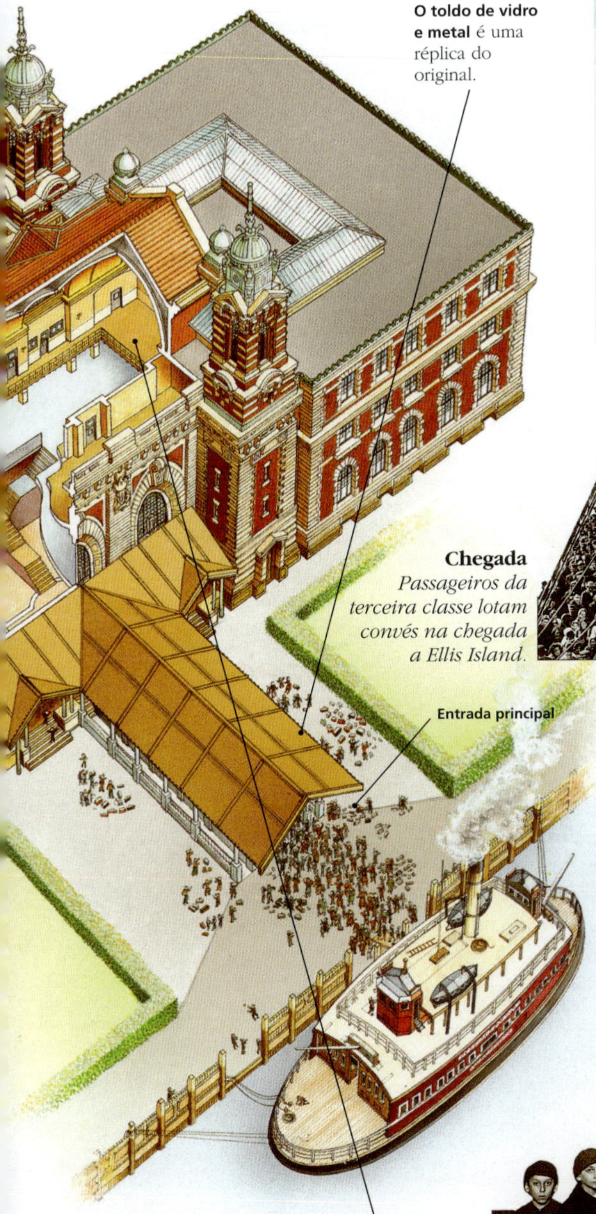

O toldo de vidro e metal é uma réplica do original.

Entrada principal

PREPARE-SE

Mapa 1 A5. ***Tel*** *(212) 363-3200.* *M 4, 5 para Bowling Green; 1 para South Ferry; R, W para Whitehall depois Statue Cruises Ferry de Battery Park.* ***Partidas*** *a cada 20-30min 8h30-16h verão (horário varia no inverno).* ***Tel*** *(877) 523-9849.* *9h30-17h15 diariam.* *25 dez.* *Bilhete da balsa dá acesso às ilhas Ellis e Liberty.*
www.nps.gov/elis
www.statuecruises.com

Chegada
Passageiros da terceira classe lotam convés na chegada a Ellis Island.

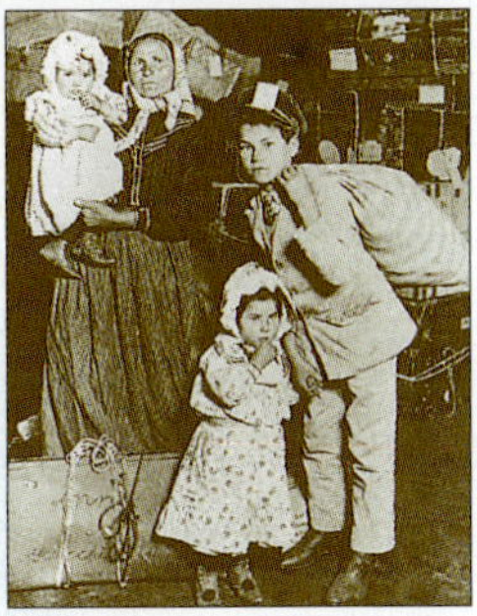

Família Imigrante
Mãe e filhos italianos recém-chegados em 1905.

Salas de Exame Médico
Imigrantes com doenças contagiosas eram recusados e mandados de volta a seu país.

PONTOS ALTOS

★ Dormitório

★ Grande Saguão

★ Sala de Bagagens

PEKING

SEAPORT E THE CIVIC CENTER

No chamado Civic Center de Manhattan concentram-se os tribunais dos sistemas judiciários federal, estadual e municipal e a central de polícia de Nova York. No fim do século XIX, lá se encontravam também todos os grandes jornais e editoras. Ainda é uma área bonita, de prédios imponentes e marcos importantes de cada período – o Woolworth Building, erguido no início do século XX, o City Hall (prefeitura), do século XIX, e St. Paul's Chapel, do XVIII, a mais antiga edificação em uso contínuo na cidade. O South Street Seaport fica perto. Chamado de "ruas das velas" no século XIX, tantos eram os navios ancorados, o porto de Nova York passou por uma fase de declínio quando a navegação deixou de ser lucrativa. A área foi restaurada e tem um museu e muitas lojas e restaurantes. Mais ao norte fica a ponte do Brooklyn, que já foi a maior ponte suspensa do mundo.

Figura de proa, South Street Seaport

PRINCIPAIS ATRAÇÕES

Ruas e Edifícios Históricos

AT&T Building 14
South Street City Hall 10
Criminal Courts Building 4
Municipal Building 7
New York County Courthouse 5
Old New York County Courthouse 9
Ponte do Brooklyn pp. 86-9 3
Schermerhorn Row 2
South Street Seaport 1
Surrogate's Court, Hall of Records 8
United States Courthouse 6
Woolworth Building 12

Igrejas

St. Paul's Chapel 13

Parques e Praças

City Hall Park e Park Row 11

LEGENDA

- Mapa Rua a Rua
- Estação de metrô
- Embarque em barco de passeio

GETTING THERE

Muitas linhas de metrô servem a área: na 7th Ave/Broadway, tome os trens 2 e 3 para Park Place ou Fulton St; na Lexington Ave, o 4, 5 e 6 para Brooklyn Bridge; na 8th Ave, as linhas A e C para Chambers St ou a R para City Hall. De ônibus, tome o M9, M15, M103 ou o M22, que cruza a cidade.

VEJA TAMBÉM

- ***Guia de Ruas**, mapa 1-2, 4*
- ***Restaurantes** p. 296*

Rua a Rua: South Street Seaport

A recuperação comercial e histórica transformou o South Street Seaport, que era o centro das atividades do porto de Nova York no século XIX e depois entrou em franca decadência, em uma região animada e agradável. Há muitas lojas, restaurantes e cafés, e os navios voltaram ao porto. O South Street Seaport Museum conta a história do passado marítimo da cidade por meio de artesanato, passeios de barco e cruzeiros pelo rio.

★ South Street Seaport
O porto, antigamente repleto de marinheiros e veleiros, é hoje um animado conjunto de lojas, restaurantes e museus ❶

Cannon's Walk tem um grupo de prédios dos séculos XIX e XX com café de mesas ao ar livre, lojas e um movimentado mercado.

O Titanic Memorial é um farol construído em 1913 em memória dos mortos no naufrágio do *Titanic*. Fica agora na Fulton Street.

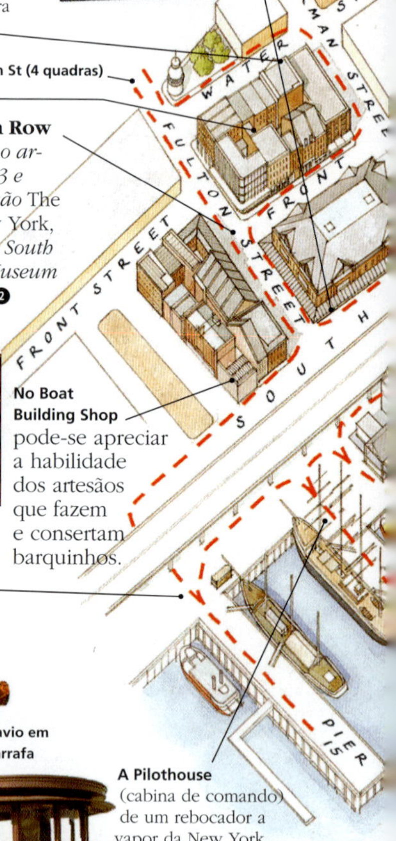

metrô Fulton St (4 quadras)

Schermerhorn Row
Construído como armazém em 1813 e local da exposição The World Port New York, *o Row contém o South Street Seaport Museum e o Brookstone* ❷

No Boat Building Shop pode-se apreciar a habilidade dos artesãos que fazem e consertam barquinhos.

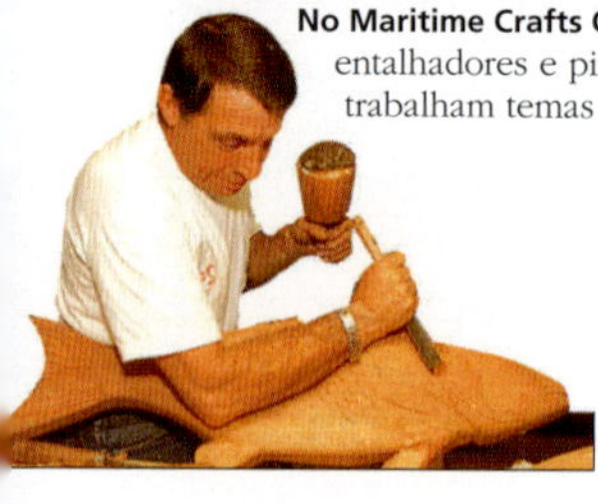

No Maritime Crafts Center entalhadores e pintores trabalham temas náuticos.

Navio em garrafa

A Pilothouse (cabina de comando) de um rebocador a vapor da New York Central em 1923 é atualmente a bilheteria e o centro de informações do Seaport.

PONTOS ALTOS

★ Ponte do Brooklyn

★ South Street Seaport

A Consolidated Edison, companhia elétrica de Nova York, pintou na parede desta subestação construída em 1975 um mural de Richard Haas que dá a impressão de se poder ver a ponte do Brooklyn ao fundo.

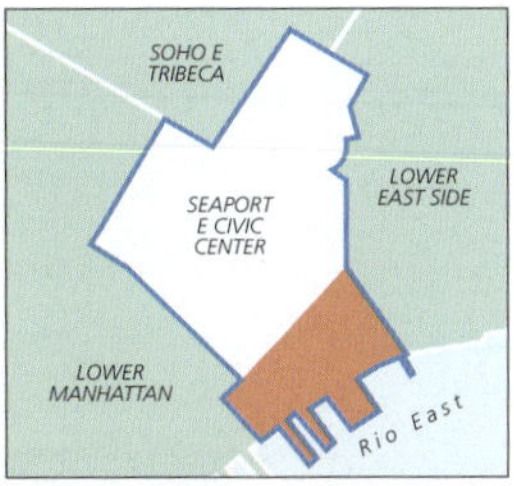

LOCALIZE-SE
Mapa de Manhattan pp. 14-5

LEGENDA

Percurso sugerido

0 m 100

O Meyer's Hotel, aberto em 1881,tornou-se um bar, mas mantém a atmosfera dos tempos em que a pistoleira Annie Oakley se hospedava lá.

★ Ponte do Brooklyn

Um fenômeno de engenharia quando foi construída, em 1883, a ponte ainda é notável. Da faixa para pedestres tem-se uma ótima vista da cidade e da própria ponte ❸

O Píer 17 tem três andares de lojas, restaurantes e barracas de comida e, do topo, uma bela vista da ponte do Brooklyn e dos navios históricos.

A escuna
Pioner é usada para passeios no rio. O *Ambrose*, de 1908, que guiava navios até o porto, também está ancorado aqui.

O barco-farol Ambrose no porto do rio East, em South Street Seaport

South Street Seaport ❶

Fulton St. **Mapa** 2 E2. ***Tel*** *(212) SEA-PORT.* M *Fulton St.* *abr-out: 10h-21h seg-sex, 11h-20h dom; nov-mar: 10h-19h seg-sáb, 11h-18h dom.* ***Concertos.***
South Street Seaport Museum
12 Fulton St. *(212) 748-8600*
10h-18h qua-dom
Palestras, mostras, filmes.
www.seany.org

O coração do porto de Nova York no século XIX foi inteiramente renovado. Além de diversas lojas e restaurantes, os visitantes encontrarão artesanato náutico, edifícios históricos e museus, juntamente com uma vista espetacular da ponte do Brooklyn e do rio East.

Os navios históricos ancorados aqui vão desde o pequeno rebocador *W.O. Decker* até o grande veleiro *Peking*. Os passeios na escuna *Pioneer* são uma ótima maneira de ver o rio.

O **Museum** cobre doze quadras do que já foi o principal porto do país. É não apenas sede da maior frota de embarcações históricas mantida pela iniciativa privada, como também possui artefatos, ilustrações e documentos marítimos do século XIX e do início do XX.

O New York City Police Museum *(p. 76)* conta a história da imposição da lei. Entre as mostras, destacam-se uma coleção de armas, a arte das impressões digitais e das ciências forenses e os registros de prisão de criminosos famosos.

O Fulton Street Fish Market, atração popular no Seaport por mais de 150 anos, mudou-se em 2006 para o Bronx.

Schermerhorn Row ❷

Fulton and South Sts. **Mapa** 2 D3.
M *Fulton St.*

Este conjunto de prédios é a vitrine arquitetônica do porto. Foram erguidos pelo armador e comerciante Peter Schermerhorn sobre um aterro, em 1811, para servir de armazéns e casa de conferência de produtos. A inauguração do Brooklyn Ferry, em 1814, e do Fulton Market, em 1822, valorizou a área. O North Star Pub se abastece no mercado e é famoso pela *bouillabaisse* (sopa de frutos do mar).

Depois de passar por uma restauração, o Row passou a abrigar 24 galerias de museu, além de lojas e restaurantes.

Edifícios restaurados no Schermerhorn Row

Ponte do Brooklyn ❸

pp. 86-9.

Criminal Courts Building ❹

100 Centre St. **Mapa** 4 F5.
M *Canal St.* *9h-17h seg-sex.*
feriados.

Este edifício de 1939, com torres que lembram um templo babilônico, abriga os tribunais de ações criminais da cidade. A entrada de três andares fica recuada em relação à escada, atrás de duas enomes colunas de granito – uma visão intimidadora para os acusados que entram no prédio. Aqui também fica o centro de detenção masculino de Manhattan, antigamente instalado do outro lado da rua, em um prédio conhecido como "Os Túmulos", por sua arquitetura no estilo egípcio. O prédio original não existe mais, mas o apelido permanece. Uma "ponte dos suspiros" liga os dois prédios. No Criminal Courts Building encontram-se também os tribunais que geralmente julgam causas à noite (de segunda a sexta, das 17h à 1h).

Entrada do Criminal Courts Building

New York County Courthouse ❺

60 Centre St. **Mapa** 2 D1.
M *Brooklyn Br-City Hall.* *9h-17h seg-sex.* *feriados.*

Este tribunal erguido em 1926 serve toda a região de Nova York e tomou o lugar da Tweed Courthouse *(p. 90)*.

O pórtico coríntio no alto da vasta escadaria é a principal característica exterior do edifício, em formato hexagonal. O exterior austero é contrabalançado por uma rotunda interna cercada de colunas e enfeitada com luminárias Tiffany, mármores e murais de Attilio Pusterla no teto, sobre temas da lei e justiça. Da rotunda partem seis alas, cada uma com um tribunal e demais dependências.

O clássico drama *Doze homens e uma sentença*, com Henry Fonda, foi rodado lá.

New York County Courthouse

United States Courthouse ❻

40 Centre St. **Mapa** 2 D1. *Brooklyn Br-City Hall.* *9h-17h seg-sex.* *feriados.*

O prédio que sedia o tribunal da justiça federal foi o último projeto do arquiteto Cass Gilbert, que projetou o Woolworth Building *(p. 91)*. Iniciado em 1933, um ano antes de sua morte, foi terminado por seu filho. A estrutura de 31 andares tem uma pirâmide no topo e base que lembra um templo. Os relevos nas portas de bronze são bonitos, mas faz falta a decoração que Gilbert chegou a esboçar. Passarelas suspensas ligam o prédio a um anexo, o Police Plaza.

United States Courthouse

Municipal Building ❼

1 Centre St. **Mapa** 1 C1. *Brooklyn Br-City Hall.*

O Municipal Building, erguido em 1914, domina o Civic Center e a Chambers Street. Foi o primeiro arranha-céu do escritório de arquitetura McKim, Mead & White e nele funcionam órgãos do governo e uma capela para casamentos. O exterior, que combina com o City Hall (a Prefeitura), é cheio de detalhes. O mais notável é o topo, um festival de torres encimadas pela estátua *Fama Cívica*, de Adolph Wienman. Para se adaptar aos meios de transporte modernos, o prédio foi projetado com uma estação de trem (hoje desativada) na base e um calçadão que o liga à estação de metrô. O edifício influenciou arquiteturas distantes – consta que o prédio principal da Universidade de Moscou foi inspirado nele.

Municipal Building

Surrogate's Court, Hall of Records ❽

31 Chambers St. **Mapa** 1 C1. *City Hall.* *9h-17h seg-sex.* *feriados.*

Exemplo típico do estilo Beaux Arts, o Hall of Records original foi iniciado em 1899 e concluído em 1911. A ornamentada fachada em colunas é de granito branco, com teto alto de mansarda. As estátuas no teto são de Henry K. Bush-Brown e representam os estágios da vida, da infância à velhice. Há outras estátuas sobre a colunata, de nova-iorquinos célebres como Peter Stuyvesant, feitas por Philip Martiny. São dele também as figuras na entrada da Chambers Street, que representam Nova York nos primeiros tempos e na época da revolução.

A inspiração para a escadaria dupla de mármore e o teto pintado do deslumbrante saguão central vieram da Ópera de Paris. Os mosaicos no teto, de William de Leftwich Dodge, mostram os signos do zodíaco e símbolos de arquivos.

Os registros guardados no Hall of Records remontam a 1664. Uma exposição permanente, *Windows on the Archives*, mostra documentos históricos, desenhos, cartas e fotos de Nova York, de 1626 até o presente.

Surrogate's Court

Ponte do Brooklyn ❸

Concluída em 1883, a ponte do Brooklyn era a maior ponte suspensa do mundo e a primeira de aço. Seu engenheiro, John A. Roebling, teve a ideia de uma ponte cruzando o rio East ao ficar preso no gelo, na balsa em que ia para o Brooklyn. A ponte levou dezesseis anos para ficar pronta. Nela trabalharam 600 homens e vinte morreram, entre eles Roebling. A maioria das mortes foi em consequência do "mal de mergulhador", causado pela diferença de pressão na volta à superfície, depois de escavar sob a água. A ponte ligou Manhattan ao Brooklyn, na época duas cidades separadas.

Medalha comemorativa de abertura da ponte

PONTE DO BROOKLYN

Da confecção dos cabos à instalação dos suportes, a ponte foi construída com novas técnicas.

Ancoragem

As pontas dos quatro cabos de aço são fixas a barras de ancoragem sustentadas por grandes placas. Estas são mantidas na posição por gigantescos blocos de granito, de três andares de altura. Seu interior oco foi usado como depósito e hoje abriga exposições de arte no verão.

Bloco de fundação

As torres foram erguidas sobre blocos de fundação, cada um igual a quatro quadras de tênis, sob os quais se criava uma área seca para escavação debaixo d'água.

Placas de ancoragem

Cada uma das quatro placas de ferro fundido sustenta um cabo. Primeiro elas foram posicionadas, depois os blocos foram erguidos à sua volta.

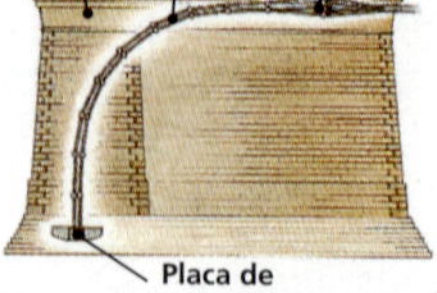

De uma ancoragem a outra, a distância é de 1.091m

Primeira Travessia
O mecânico E. F. Farrington foi o primeiro a cruzar o rio, em 1876, em uma roldana com motor a vapor. A "viagem" levou 22 minutos.

PREPARE-SE

Mapa 2 D2. M J, Z para Chambers St, 4 5, 6 para Brooklyn Bridge-City Hall (lado de Manhattan); A, C para High St. (lado do Brooklyn). M9, M15, M22, M103.

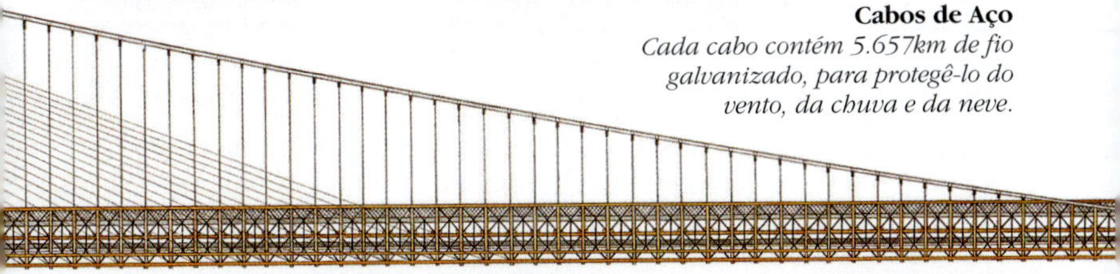

Cabos de Aço
Cada cabo contém 5.657km de fio galvanizado, para protegê-lo do vento, da chuva e da neve.

Brooklyn Tower (1875)
Arcos góticos duplos de 83m de altura, um no Brooklyn e outro em Manhattan, eram na época os portais das duas cidades.

Debaixo d'Água
Imigrantes quebravam pedras no leito do rio.

JOHN A. ROEBLING

O alemão Roebling projetou a ponte. Em 1869, às vésperas do início das obras, teve o pé esmagado entre a balsa e o ancoradouro e morreu semanas depois. Seu filho, Washington Roebling, terminou a ponte, mas em 1872 contraiu o "mal de mergulhador" e ficou parcialmente paralisado. Sua mulher, sob sua orientação, assumiu o trabalho.

COMO SÃO OS CABOS

Espessura do arame de aço (tamanho real)

Ponta do arame

Composição dos Cabos

Cada um dos quatro cabos principais tem dezenove camadas, cada qual com 278 arames de aço. Esses arames não são torcidos, e sim esticados lado a lado.

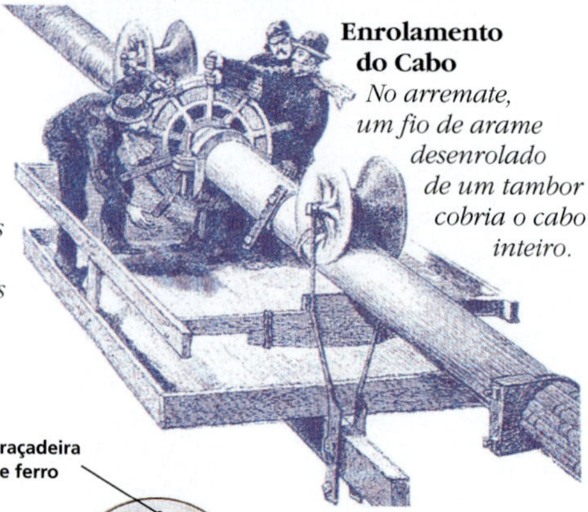

Enrolamento do Cabo

No arremate, um fio de arame desenrolado de um tambor cobria o cabo inteiro.

As dezenove camadas do cabo principal

As camadas eram dispostas em ordem: esticavam-se doze delas e amarravam-se as sete do centro.

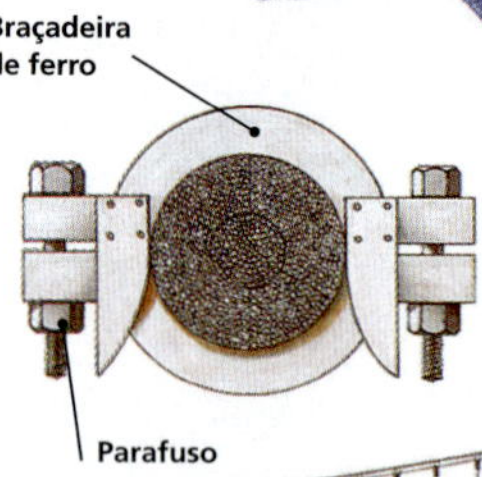

Uma enorme braçadeira de ferro comprimia as camadas, até formarem um cilindro, quando estavam dispostas na posição certa.

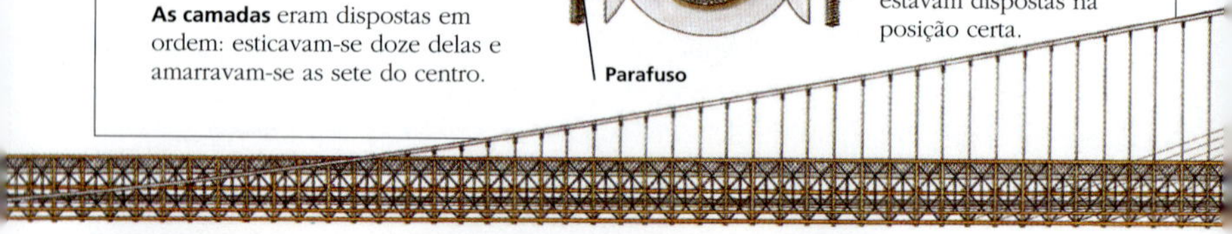

Centenário da Ponte do Brooklyn (1983)
A comemoração contou com uma linda queima de fogos de artifício.

Trânsito na Ponte
Esta vista do lado de Manhattan em 1883 mostra as pistas originais da ponte: duas para veículos a cavalo, duas para bondes e, no centro, uma passarela elevada para pedestres.

Pânico em 30 de Maio de 1883
Uma mulher caiu no rio e o pânico se instalou. Das 20 mil pessoas que estavam na ponte, doze foram esmagadas pela multidão.

Quase no Fim (1883)
Cabos verticais, amarrados a tirantes diagonais, mantêm no lugar as vigas do chão da ponte.

Cabos Seguros
Placas em forma de sela seguram os cabos no alto de cada torre.

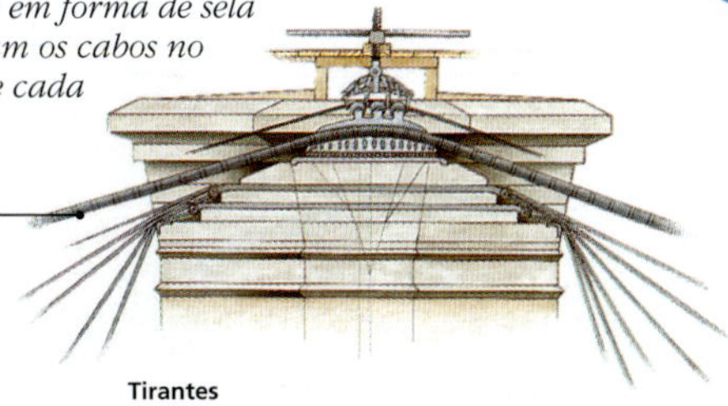

Vigas do Chão
As vigas de aço do chão da ponte pesam 4 toneladas cada uma.

O Salto de Odlum
Robert Odlum foi o primeiro a saltar da ponte, em uma aposta, em maio de 1885. Ele morreu de hemorragia interna.

Passarela Elevada
O poeta Walt Whitman dizia que a vista da passarela (5,5m acima da pista para veículos) era o "melhor e mais eficiente remédio que minha alma já experimentou".

Old New York County Courthouse ❾

52 Chambers St. **Mapa** 1 C1.
Chambers St-City Hall.
incluído no passeio de City Hall.

Este tribunal de Nova York é famoso pelo escândalo que causou. Ganhou o apelido de "Tweed Courthouse" por ter sido construído por "Boss" Tweed, chefão político e empreiteiro que gastou nele vinte vezes mais que o previsto e embolsou US$ 9 milhões do custo total de US$ 14 milhões. "Boss" Tweed comprou uma marmoraria só para vender a pedra à prefeitura. A revolta da população fez com que fosse preso em 1871 – por ironia, foi julgado em seu tribunal e morreu na cadeia *(p. 27)*. Após uma restauração de US$ 85 milhões, incluindo a rotunda de 26m e a escadaria, este marco da arquitetura do século XIX atualmente abriga o Departamento de Educação.

A imponente fachada do City Hall, do começo do século XIX

City Hall ❿

City Hall Park. **Mapa** 1 C1. ***Tel*** *311.*
Brooklyn Br-City Hall Park Pl.
só para visitas agendadas.
(212) NEW-YORK

O City Hall, sede do governo municipal desde 1812, é um dos melhores exemplos da arquitetura americana do início do século XIX. O imponente edifício em estilo federal (com toques da Renascença francesa) foi projetado por

Incêndio destrói o museu de P. T. Barnum em 1865, sob as vistas do povo

John McComb Jr., o primeiro arquiteto americano de renome, e pelo francês Joseph Mangin. O revestimento de mármore não chegou aos fundos do prédio porque ninguém achava que a cidade fosse crescer mais naquela direção. Em 1954, uma reforma resolveu o problema e revestiu também o interior.

Em geral, credita-se a Mangin o exterior e a McComb o magnífico interior, com sua bela rotunda, que tem uma cúpula sustentada por dez colunas. Sob a cúpula, uma elegante escadaria dupla em mármore leva ao segundo andar, onde ficam as esplêndidas salas do City Council (espécie de câmara de vereadores de Nova York) e a Governor's Room, que tem uma galeria de retratos dos primeiros dirigentes da cidade. O magnífico saguão recebe governantes e heróis há quase 200 anos. Nele foi realizado o velório de Abraham Lincoln, em 1865.

Dos degraus da entrada, à direita, vê-se a estátua de Nathan Hale, soldado americano enforcado pelos ingleses por espionagem em setembro de 1776, durante a Guerra da Independência. Suas últimas palavras foram: "Meu único arrependimento é não ter mais vidas para oferecer a meu país". Com esta frase, Hale gahou lugar permanente na história americana.

City Hall Park and Park Row ⓫

Mapa 1 C2. *Brooklyn Br-City Hall Park Plc.*

Há 250 anos, o parque era o local de punições da cidade, equipado com tronco para açoite. Foi também palco de protestos contra o domínio inglês antes da revolução e há um monumento aos "Liberty Poles" (símbolos da revolta) no gramado oeste. Foi lá que George Washington e suas tropas ouviram a declaração de independência, em 9 de julho de 1776.

No extremo sul do parque, o American Museum de Phineas T. Barnum atraiu multidões desde sua inauguração, em 1842, até ser destruído por um incêndio, em 1865. No edifício Park Row ficava o Park Theater. Entre 1798 e 1848, os melhores atores da época, como Edmund Kean e Fanny Kemble, apresentaram-se lá. O Park Row fica no lado leste do City Hall Park. No passado, era chamado de "*Newspaper Row*", por sediar vários jornais, como o *Sun*, *World* e

Estátua de Benjamin Franklin na Printing House Square

Tribune. Na Printing House Square há uma estátua de Benjamin Franklin com seu *Pennsylvania Gazette*. O City Park Hall é um espaço verde usado pelos trabalhadores das redondezas para se sentar e relaxar.

Woolworth Building ⓬

233 Broadway. **Mapa** 1 C2. *para visitantes.* *City Hall Park Pl.*

Caricatura do arquiteto Gilbert exposta no saguão do Woolworth

Em 1879, o ex-balconista Frank W. Woolworth abriu uma loja diferente, na qual os compradores podiam tocar nas mercadorias e tudo custava 5 cents. A cadeia de lojas que se seguiu fez dele um milionário e mudou para sempre as vendas no varejo.

A sede do império, em estilo gótico, era o edifício mais alto de Nova York ao ser concluído, em 1913, e assim ficou por dezessete anos. A construção ditou o padrão dos arranha-céus que se seguiram e é uma das mais belas da cidade.

O projeto do arquiteto Cass Gilbert, um prédio em dois níveis enfeitado com gárgulas de animais, tem o topo em forma de pirâmide com arcobotantes, picos e quatro pequenas torres. O interior de mármore é rico em relevos e pinturas, ostentando um teto de mosaico de azulejo envidraçado que parece brilhar. O saguão é uma obra-prima. Gilbert deu vazão a seu senso de humor com uma série de caricaturas em baixo-relevo: uma mostra F. W. Woolworth contando sua fortuna em moedas; outra, ele mesmo, com a maquete do prédio. O Woolworth Building custou US$ 13,5 milhões, pagos em dinheiro vivo, e nunca passou por hipoteca. A Woolworth's parou de funcionar em 1997 e o prédio agora pertence ao Witkoff Group.

St. Paul's Chapel ⓭

209-211 Broadway. **Mapa** 1 C2. ***Tel*** *(212) 233-4164.* *Fulton St.* *10h-18h seg-sex, 10h-16h sáb, 7h-21h dom.* *feriados.* *12h30 qua, 8h, 10h dom.* *marcar hora.* **Concertos**. *13h seg.* **www**.saintpaulschapel.org

Milagrosamente intocada após a queda das torres do WTC em 2001, esta pérola do estilo georgiano é a única igreja sobrevivente de Manhattan do período anterior à Guerra da Independência. O interior alegre oferece concertos grátis. O banco onde George Washington rezou logo após a posse na Presidência foi preservado. No cemitério, o Actor's Monument homenageia George F. Cooke, que atuou várias vezes no Park Theater; ele bebeu até morrer na Shakespeare Tavern, na Fulton Street. A mostra da igreja "Unwavering Spirit" registra os esforços dos voluntários após o 11 de setembro.

Interior georgiano da St. Paul's Chapel

AT&T Building ⓮

195 Broadway. **Mapa** 1 C2. *Broadway-Nassau Fulton St.* *horário comercial.*

O prédio, antiga sede da AT&T, foi projetado por Welles Bosworth e construído entre 1915 e 1922. Consta que a fachada tem mais colunas que qualquer outro prédio do mundo e também o interior é uma floresta de pilares de mármore. O edifício lembra um gigantesco bolo de várias camadas.

Espírito do mar sobre a porta do AT&T (American Telephone and Telegraph) Building

LOWER EAST SIDE

Em nenhum outro lugar a grande mistura étnica de Nova York fica tão evidente quanto na parte sudeste da ilha de Manhattan, o chamado Lower East Side, onde muitos imigrantes se estabeleceram. Foi lá que italianos, chineses e judeus formaram comunidades, preservando sua língua, costumes, comida e religião em uma terra nova e estranha. Esta área, que era pouco valorizada, está se tornando mais elegante e cara, mas o velho charme permanece. A região é cheia de restaurantes, bares e lojas da moda, mas ainda conta com atrações boas e baratas. O imigrante e compositor Irving Berlin, que morou lá, afirmava que "todos deveriam ter um Lower East Side na vida".

Lata do século XIX, Lower East Side Tenement Museum

PRINCIPAIS ATRAÇÕES

Ruas e Edifícios Históricos
Chinatown ❹
Delancey Street ❿
East Houston Street ⓫
Engine Company No. 31 ⓮
Home Savings of America ❶
Little Italy ❸
Orchard Street ❽
Police Headquarters Building ❷
Puck Building ⓬

Parques e Praças
Columbus Park ❺

Museus e Galerias
FusionArts Museum ⓳
Lower East Side Tenement Museum ❼
New Museum of Contemporary Art ⓰

Compras
Economy Candy ⓱
Essex Street Market ⓴
The Pickle Guys ⓯

Igrejas e Sinagogas
Angel Orensanz Center ⓲
Bialystoker Synagogue ❾
Eldridge Street Synagogue ❻
Old St. Patrick's Cathedral ⓭

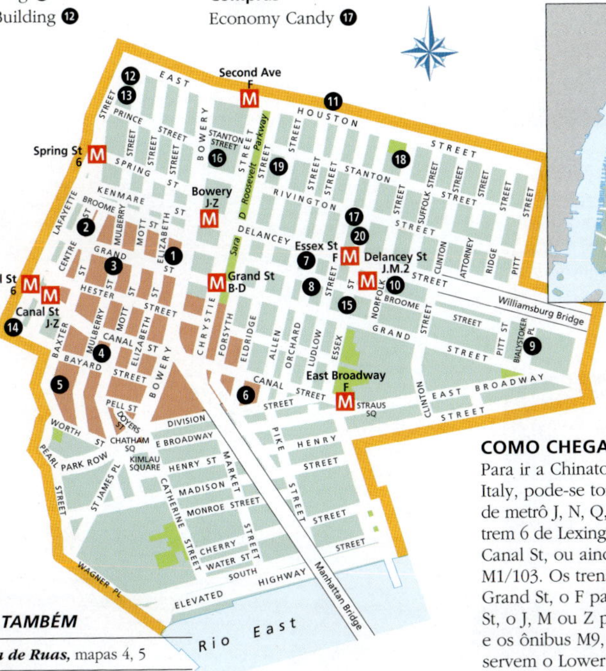

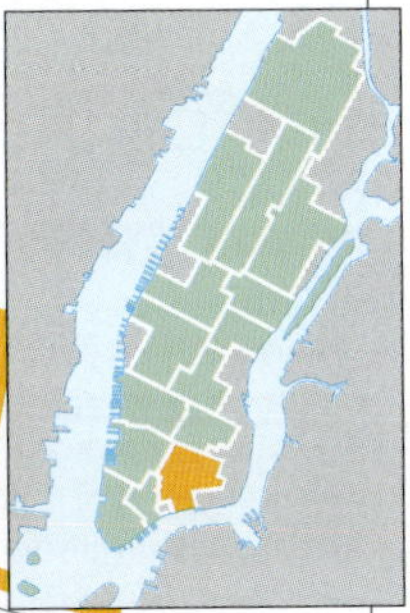

0 m 500

COMO CHEGAR

Para ir a Chinatown e Little Italy, pode-se tomar as linhas de metrô J, N, Q, R, Z ou o trem 6 de Lexington Ave para Canal St, ou ainda o ônibus M1/103. Os trens B e D para Grand St, o F para Delancey St, o J, M ou Z para Essex St, e os ônibus M9, M14A ou M15 servem o Lower East Side.

LEGENDA

Mapa Rua a Rua
M Estação de metrô

VEJA TAMBÉM

- ***Guia de Ruas,*** mapas 4, 5
- ***Onde Ficar*** p. 280
- ***Restaurantes*** pp. 296-7
- ***Passeio por Lower East Side*** pp. 258-9

◁ **Dragão no Ano-Novo Chinês, em Chinatown**

Rua a Rua: Little Italy e Chinatown

A maior e mais animada comunidade estrangeira de Nova York é Chinatown. A comunidade cresce tão rapidamente que já ocupa espaços da vizinha Little Italy e do bairro judeu de Lower East Side. As ruas estão lotadas de bancas de verduras, lojas de presentes e centenas de restaurantes – até o mais simples oferece boa comida. O que resta de Little Italy fica em Mulberry e Grand Streets.

★ Little Italy
Nas ruas que já receberam milhares de imigrantes percebem-se os aromas da Itália, presentes nos restaurantes e padarias ❸

★ Chinatown
Centro de uma pujante e crescente comunidade de imigrantes chineses, esta área é famosa por seus restaurantes e ruas congestionadas. A animação chega ao auge em janeiro e fevereiro, quando se celebra o Ano-Novo Chinês ❹

O Mercado em Canal Street tem muitas pechinchas em roupas novas e usadas e produtos frescos.

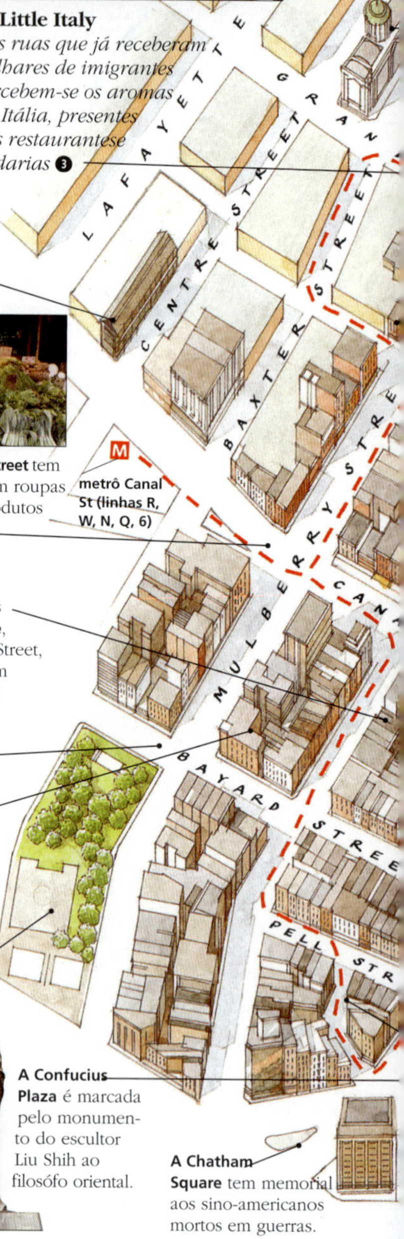

metrô Canal St (linhas R, W, N, Q, 6)

O Eastern States Buddhist Temple, nº 64b da Mott Street, tem mais de cem budas dourados

O Muro da Democracia em Bayard Street é coberto de jornais e pôsteres que descrevem a situação na China.

Columbus Park
Antes uma favela, hoje é um parque repleto de jogadores de mah jong ❺

A Confucius Plaza é marcada pelo monumento do escultor Liu Shih ao filosófo oriental.

A Chatham Square tem memorial aos sino-americanos mortos em guerras.

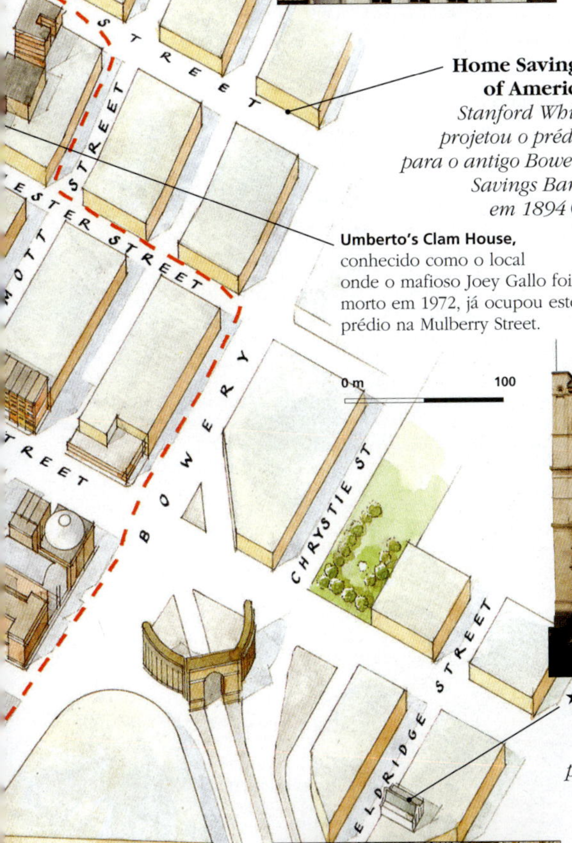

Police Headquarters Building
A cúpula deste edifício barroco destaca-se sobre a área do City Hall. A central de polícia mudou-se em 1973. Dez anos depois, reformado, virou prédio de apartamentos ❷

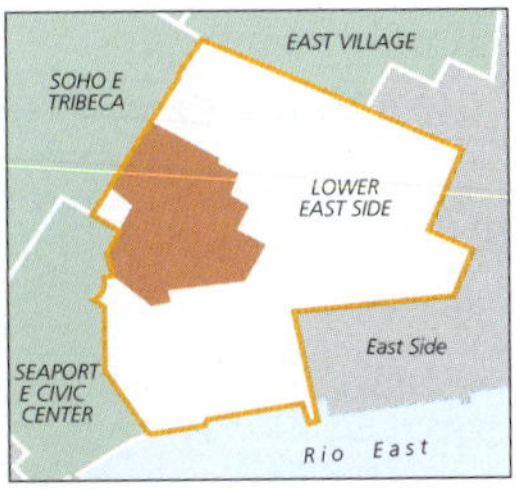

LOCALIZE-SE
Mapa de Manhattan *pp. 14-5*

LEGENDA

— — — Percurso sugerido

Home Savings of America
Stanford White projetou o prédio para o antigo Bowery Savings Bank em 1894 ❶

Umberto's Clam House, conhecido como o local onde o mafioso Joey Gallo foi morto em 1972, já ocupou este prédio na Mulberry Street.

★ Eldridge Street Synagogue
Construída em 1887, esta é a primeira sinagoga deste porte projetada nos Estados Unidos ❻

O Bloody Angle (Beco Sangrento), onde a Doyers Street faz uma curva acentuada, foi cenário de muitas emboscadas de gangues na década de 1920.

PONTOS ALTOS

- ★ Chinatown
- ★ Eldridge Street Synagogue
- ★ Little Italy

Home Savings of America ❶

130 Bowery. **Mapa** 4 F4.
Ⓜ *Grand St., Bowery.*

Imponente por dentro e por fora, este edifício no estilo neoclássico foi erguido em 1894 para o Bowery Savings Bank. Stanford White desenhou a ornamentada fachada de pedra em volta do rival Butchers' and Drovers' Bank, que não quis vender o terreno da esquina. O interior tem pilares de mármores e um teto com rosáceas douradas.

Em meados do século XX, o prédio estava deslocado entre os mendigos e cortiços que predominavam na área. Hoje abriga o opulento Capitale.

Detalhe do Home Savings of America

Police Headquarters Building ❷

240 Centre St. **Mapa** 4 F4.
Ⓜ *Canal St.* ⬤ *ao público.*

Concluído em 1909, o prédio era a sede adequada para a nova e profissional força policial da cidade. Colunas coríntias adornam o pórtico principal e os pavilhões laterais, e a cúpula domina a paisagem. Mas a falta de espaço, no coração de Little Italy, deu ao prédio um formato desajeitado, estreito embaixo e mais largo em cima.

A central de polícia de Nova York funcionou aqui por mais de 70 anos. Durante a Lei Seca, a Grand Street, do prédio até Bowery Street, era chamada de "Bootleggers' Row" (Rua dos Contrabandistas) e o álcool era vendido livremente, a não ser quando havia uma blitz policial. Os vendedores pagavam os policiais para funcionar sem problemas. A central mudou-se para um prédio diferente em 1973 e em 1985 o edifício foi convertido em luxuoso prédio de apartamentos.

Relevos de pedra enfeitam o Police Headquarters Building

Little Italy ❸

Streets around Mulberry St.
Mapa 4 F4. Ⓜ *Canal St.*
www.littleitalynyc.com

Os italianos do sul que chegaram a Nova York no final do século XIX foram morar em apartamentos miseráveis, tão colados uns nos outros que a luz do sol nunca chegava às janelas mais baixas e aos pátios. Com mais de 40 mil pessoas vivendo em dezessete blocos pequenos e sujos, doenças como a tuberculose proliferavam.

Apesar da vida de privações em Lower East Side, a comunidade se expandiu por Mulberry Street e arredores, espalhando as cores e sabores da Itália. A atmosfera permanece, embora a população italiana hoje não passe de 5 mil pessoas e as fronteiras de Chinatown tenham diminuído a tradicional Little Italy.

A melhor época para visitar a região é durante a Festa di San Gennaro, por volta de 19 de setembro *(p. 52)*. Por nove dias, Mulberry Street muda de nome para Via San Gennaro. No dia do santo, sua imagem e relíquias são levadas em procissão pelas ruas. Nos dias de festa há música, dança e bancas com todo tipo de comida e bebida, italianas e de outros países.

Os restaurantes em Little Italy oferecem comida simples e caseira, em ambiente simpático e a preços módicos. NoLIta, norte de Little Italy, é cheia de lojas e cafés. Os modernos em geral vêm procurar aqui as pequenas grifes da moda.

Uma rua de Little Italy

Chinatown ❹

Ruas em torno de Mott St. **Mapa** 4 F5.
Ⓜ *Canal St.* **Eastern States Buddhist Temple** 64b Mott St. ◯ *9h-18h diariam.* **www**.explorechinatown.com

A Chinatown do começo do século XX era uma comunidade quase que inteiramente masculina, constituída de imigrantes provenientes da Califórnia. Eles mandavam seu salário para a família na China, que não podia ir para os EUA por causa das leis de imigração. Os chineses relaxavam jogando mahjong. A comunidade era isolada, financiada e controlada por suas organizações secretas, as poderosas Tongs.

Algumas Tongs eram simplesmente associações familiares que arranjavam empréstimos. Outras, como as rivais On Leong e Hip Sing, eram gangues criminosas. A pequena e sinuosa Doyers Street era chamada de "Bloody Angle" (Beco Sangrento)

Chinês atende em sua mercearia na Canal Street

– inimigos eram atraídos para cá e mortos pelas gangues postadas nas curvas.

Em 1933, uma trégua entre as Tongs trouxe a paz a Chinatown. Nos anos 1940, a região já abrigava várias famílias de classe média. Imigrantes e homens de negócios de Hong Kong levaram a prosperidade do pós-guerra para a comunidade, que consiste hoje de 80 mil sino-americanos.

Muitos visitam a área para experimentar a culinária chinesa mas há muito mais para ver: galerias, lojas de antiguidades e curiosidades, festas orientais *(p. 53)*. Para apreciar um outro lado de Chinatown, entre um pouco no suave cheiro de incenso do Eastern States Buddhist Temple, nº 64b da Mott Street. Neste templo, mais de cem budas dourados brilham à luz de velas.

Janela em Eldridge Street

Columbus Park ❺

Mapa 4 F5. Ⓜ *Canal St.*

A tranquilidade do Columbus Park de hoje não tem nada a ver com a vida neste local no começo do século XIX. A região, chamada então de Mulberry Bend, fazia parte da terrível favela Five Points. Gangues como Dead Rabbits e Plug Uglies dominavam as ruas. Havia uma morte por dia e até a polícia evitava a área. Em parte graças ao livro de Jacob Riis *(p. 49)*, a favela foi removida em 1892. O parque é a única área verde de Chinatown.

Eldridge Street Synagogue ❻

12 Eldridge St. **Mapa** *5 A5.* ***Tel*** *(212) 219-0888.* Ⓜ *East Broadway.* *10h-17h dom-qui, 10h-15h sex.* *sex ao pôr do sol, sáb 10h em diante.* *a cada meia hora entre 10h e 15h.* **www.**eldridgestreet.org

Quando a sinagoga foi erguida pelos judeus ortodoxos asquenazes da Europa Oriental, em 1887, era o templo mais vistoso das redondezas. Mas muitos imigrantes judeus viam o Lower East Side como apenas o começo de uma nova vida e acabaram se mudando daqui. Grandes sinagogas como esta deixaram de ser necessárias.

Nos anos 1930, o enorme templo, rico em vitrais, candelabros de cobre, lambris de madeira marmorizada e belos entalhes, foi fechado. Muito tempo depois, um grupo de cidadãos levantou recursos para sua preservação e o santuário principal foi reaberto em 2007. A sinagoga tem se tornado um vibrante centro cultural.

Mesmo após tantos anos de descuido, a fachada, com toques românicos, góticos e mouriscos, causa impressão. No interior, a arca italiana entalhada a mão e o balcão de madeira esculpida mostram por que o prédio era o orgulho da área.

Lower East Side Tenement Museum ❼

108 Orchard St. **Mapa** 5 A4. ***Tel*** *(212) 431-0233.* Ⓜ *Delancey, Grand St.* *10h-18h diariam* *obrigatória (reservar antes). Primeira visita: 10h30, última: 17h.* *1º jan, Dia de Ação de Graças, 25 dez.* ***Palestras, filmes, vídeos.*** *(diariam).* **www.**tenement.org

Carrinho de vendedor de rua (c. 1890), Lower East Side Museum

O interior do prédio foi reformado para mostrar como eram os apartamentos em várias épocas: fim dos anos 1870, 1916, 1918 e 1935. Só em 1879 passou a existir um controle sobre as condições de vida nesses conjuntos habitacionais. Muitos cômodos não tinham janela e os encanamentos internos eram raros. Os quartos dão uma ideia das péssimas condições em que muitos viviam. O programa inclui a exposição *Piecing Together*, sobre a história do vestuário da área. Além disso, o museu oferece ótimos passeios pela região.

Orchard Street 8

Mapa *5 A3*. M *Delancey, Grand St. (Ver* ***Compras*** *p. 320)*
www.lowereastsideny.com

Imigrantes judeus fundaram a indústria de roupas de Nova York nesta rua, cujo nome vem do pomar *(orchard)* que havia aqui, na propriedade colonial de James De Lancey. Durante muitos anos a rua se enchia de carrinhos carregados de mercadorias para venda. Faz tempo que os carrinhos sumiram e nem todos os lojistas são judeus, mas a marca permanece. No domingo há uma feira, e os compradores tomam a rua de Houston ao Canal, em busca de roupas baratas. Orchard Street representa hoje o enriquecimento do Lower East Side, com butiques, brechós, bares, boates, restaurantes e o hotel-butique Blue Moon, que já foi uma pensão.

Banca de verduras na feira livre da Canal Street

Mural com o signo de câncer na Bialystoker Synagogue

Bialystoker Synagogue 9

7-11 Willett St. **Mapa** *5 C4*.
Tel *(212) 475-0165.*
M *Essex St.* *serviços frequentes.*
marcar antes.
www.bialystoker.org

Originalmente, este prédio de 1826, em estilo federalista, foi a Willett Street Methodist Church. Foi adquirido em 1905 por imigrantes judeus da província de Bialystok, na Polônia, que a transformaram em sinagoga. Por isso, ela está voltada para oeste, na tradição das igrejas cristãs, em vez de se voltar para leste. Seu interior é bonito, com lindos vitrais, uma arca de três níveis de madeira esculpida, e murais que representam os signos do zodíaco e paisagens da Terra Santa. Curiosamente, o signo de câncer é representado por uma lagosta.

Delancey Street 10

Mapa *5 C4*.
M *Essex St. Ver Compras p. 320.*
Bowery Ballroom *6 Delancey St.*
Tel *(212) 533-2111.*
Ver site para os shows programados. *sem flash.*
www.boweryballroom.com

Ex-alameda majestosa, hoje a Delancey Street não passa da entrada obrigatória para a Williamsburg Bridge. O nome da rua vem de James De Lancey, cuja fazenda ficava aqui nos tempos coloniais. Durante a Revolução Americana *(pp. 22-3)*. De Lancey permaneceu leal ao rei George III. Depois da guerra, ele fugiu para a Inglaterra e suas terras foram confiscadas.

No nº 6 fica o **Bowery Ballroom**, um teatro de três andares que foi concluído semanas antes da quebra da Bolsa, em 1929 *(p. 31)*. Durante a Grande Depressão e a Segunda Guerra Mundial, o prédio ficou vazio. Serviu, depois, como espaço de varejo, abrigando uma loja de armarinho, uma joalheria e a loja Treemark Shoes, até sua ressurreição como local para música, no fim da década de 1990. Boa parte da estrutura original do teatro permanece, incluindo detalhes decorativos como peças de latão, a cúpula de cobre do bar localizado no mezanino e os trabalhos de ferro e latão no exterior.

Música ao vivo no Bowery Ballroom, um teatro elegante da década de 1920

East Houston Street ⓫

East Houston St. **Mapa** *4 F3, 5A3.* Ⓜ *Second Avenue.*

A linha divisória entre Lower East Side e East Village, a East Houston entre as ruas Forsyth e Ludlow demonstra com clareza a mistura em

***Bagel* assado em padaria judia tradicional na East Houston Street**

mutação do velho para o novo nesta área. Entre a Forsyth e a Eldridge fica a padaria Yonah Schimmel Knish Bakery, ali há desde 1890, ainda com vitrines originais. Mais para baixo fica o Sunshine Theater, erguido como Dutch Church na década de 1840 e, depois, usado como ringue de boxe e teatro de vaudeville iídiche. Agora, exibe filmes de arte.

Embora boa parte do caráter judeu de Lower East Side tenha desaparecido, há dois sobreviventes ao longo de East Houston. Russ and Daughters é um marco da culinária, um negócio familiar há três gerações, que começou com um carrinho de mão, por volta de 1907. Ali desde 1920, a loja viu seu destino mudar com a vizinhança. Ficou famoso pelo peixe e arenque defumados, e tem um belo estoque de caviar.

Na esquina da Ludlow Street fica a sobrevivente possivelmente mais conhecida, a movimentada Katz's Delicatessen *(p. 297)*, com mais de cem anos, que ainda fica lotada por causa do pastrami e dos sanduíches de carne enlatada.

Puck Building ⓬

295-309 Lafayette St. **Mapa** *4 F3.* Ⓜ *Lafayette.* ◯ *ao público, horário comercial* ***Tel*** *(212) 274-8900.*

Esta curiosidade arquitetônica quadrada foi construída em 1885 por Albert e Herman Wagner. Trata-se de uma adaptação do *Rundbogenstil* alemão, um estilo de meados do século XIX caracterizado por faixas horizontais de janelas com arco e por tijolos vermelhos dispostos com habilidade.

De 1887 a 1916, o prédio abrigou a revista satírica *Puck* e, na virada do século XIX para o XX, era o maior edifício do mundo dedicado à litografia e às publicações.

Agora, sedia alguns dos estúdios fotográficos de moda mais elegantes e artísticos de Nova York. A única ligação que sobrou com a mítica *Puck* é a estátua dourada na esquina da Mulberry com Houston, e uma versão menor na entrada da Lafayette Street.

Estátua de Puck no canto nordeste do Puck Building

Fachada da Old St. Patrick's Cathedral, agora uma paróquia

Old St. Patrick's Cathedral ⓭

263 Mulberry St. **Mapa** *4 F3.* ***Tel*** *(212) 226-8075.* Ⓜ *Prince St.* ◯ *8h-12h30 e 15h30-18h, qui-ter.* ✝ *9h, 12h seg-sex; 17h30 sáb, 9h15, 12h45 dom; em espanhol: 11h30 dom.* **www**.oldsaintpatricks.com

A primeira catedral de St. Patrick teve início em 1809 e é uma das igrejas mais antigas da cidade. Quando um incêndio a destruiu na década de 1860, foi reconstruída como está hoje. Quando a arquidiocese transferiu a sé para a nova St. Patrick's Cathedral *(pp. 178-9)*, a Old St. Patrick's se tornou uma paróquia local, e se expandiu apesar da constante mudança étnica dos paroquianos. Sob a igreja existem abóbadas que contêm os restos mortais, entre outros, de uma das mais famosas famílias de *restaurateurs* de Nova York: os Delmonicos. Ali também foi enterrado Pierre Toussaint, mas em 1990 seus despojos foram transferidos da antiga sepultura ao lado da igreja para um local de mais prestígio, na cripta da nova St. Patrick's Cathedral. Nascido escravo no Haiti, em 1766, Toussaint foi trazido para Nova York, onde viveu como liberto e se tornou um próspero fabricante de perucas. Mais tarde, dedicou-se a cuidar dos pobres da cidade, zelando também pelas vítimas de cólera e usando seu dinheiro para construir um orfanato. O Vaticano, agora, estuda sua santificação.

Engine Company Nº 31 ⓮

87 Lafayette St. **Mapa** *4 F5.* ***Tel*** *(212) 966-4510.* M *Canal St.* *ao público.*

No século XIX, os quartéis do corpo de bombeiros eram tão importantes que mereciam edifícios arquitetonicamente relevantes, e a empresa Le Brun era reconhecida nesse campo.

Este quartel de 1895 é um dos melhores. A construção se assemelha a um castelo do Loire, com telhado em declive, sótão e torres, parecendo mais um castelo de conto de fadas.

Atualmente, é ocupado pelo Downtown Community Television Center, que oferece cursos e *workshops* para os membros. A edificação não mais está aberta ao público.

Fachada do prédio da Engine Company 31, ao estilo de um castelo francês

The Pickle Guys ⓯

49 Essex St. **Mapa** *5 B4.* ***Tel*** *(212) 656-9739.* M *Grand St.* *9h-18h dom-qui, 9h-16h sáb.* **www**.pickleguys.com

O aroma de picles é penetrante neste trecho da Essex Street, como ocorria no início do século XX, quando lojas judias de picles enchiam a área. Fiéis a antigas receitas do leste europeu, a loja The Pickle Guys armazenava seus picles em barris cheios de salmoura, alho e especiariais, mistura que conserva o picles durante meses. Entre as variedades estão a totalmente ácida, três quartos ácida, meio ácida, nova e quente. Não são adicionados produtos químicos nem conservantes, e a loja opera segundo as rígidas normas kosher. Ali também se encontram picles de tomate e de salsão, além de azeitonas, cogumelos, pimentas, tomate seco, chucrute doce e ácido, e arenque. Gerida pela família, tem ambiente acolhedor, o que perpetua as tradições da vizinhança.

Entrada da loja The Pickle Guys, com tradicionais barris de picles

New Museum of Contemporary Art ⓰

235 Bowery St. **Mapa** *4 E3.* M *Spring St, Bowery.* *11h-18h qua-dom (21h qui, sex).* ***Palestras, recitais, concertos.*** **www**.newmuseum.org

Em 1977, Marcia Tucker deixou seu emprego de curadora de pintura e escultura no Whitney Museum para fundar este museu. Seu objetivo era dar espaço ao tipo de trabalho que ela achava que estava faltando nos museus mais tradicionais. Foi criado, então, um dos espaços mais vanguardistas de Nova York, que inclui o inovador Media Lounge para arte digital, instalações de vídeo e trabalhos com som.

O acervo rotativo apresenta uma ampla gama de arte, desde fotografias em larga escala da América de 1960 a abstratos geométricos. O museu exibe tanto artistas emergentes quanto consagrados como Mark Rothko e Roy Lichtenstein.

O impressionante prédio de sete andares, projetado pelos arquitetos Sejima e Nishizawa, de Tóquio, eleva-se como uma escultura de cubos brilhantes. Foi o primeiro museu a ser construído no centro de Manhattan em mais de um século. Conta com uma área para exposições de 5.574m², um teatro, uma loja, um café e um terraço no telhado com vistas incríveis da cidade.

Prateleiras cheias de doces na loja de guloseimas Economy Candy

Economy Candy ⓱

108 Rivington St. **Mapa** *5 B3.* ***Tel*** *1 800 352 4544.* M *Second Ave-Houston St.* *10h-18h seg, 9h-18h ter-sex e dom, 10h-17h sáb.* **www**.economycandy.com

Marco do Lower East Side desde 1937, esta loja de doces, que pertence a uma família, dispõe de centenas de variedades de balas, nozes e frutas secas. Forrada de prateleiras do teto ao chão de modelo antigo, a loja é um dos poucos negócios de Lower East Side que quase não se modificaram tanto no nome como da especialidade durante 50 anos de muitas alterações.

Isso se deve muito ao trabalho de Jerry Cohen, que transformou o "Nosher's Paradise" de seu pai de uma lojinha de balas baratas em uma empresa nacional. A loja dispõe de doces e guloseimas do mundo todo, além de diversos itens cobertos de chocolate e botões de chocolate forrados de açúcar com 21 cores.

Interior do Angel Orensanz Center, que já foi uma grande sinagoga

Angel Orensanz Center ⓲

172 Norfolk St. **Mapa** *5 B3.* ***Tel*** *(212) 529-7194.* M *Essex St, Delancey St.* *10h-18h seg-sex e com hora marcada* **www**.orensanz.org

Esta estrutura neogótica avermelhada, erguida em 1849, já foi a sinagoga mais antiga de Nova York. Com pé direito de 15m e assentos para 1.500 pessoas, também era a maior dos EUA, na época. Foi projetada pelo arquiteto alemão Alexander Saelzer, na tradição do movimento da Reforma alemã, lembrando muito a catedral de Colônia e a Friederichwerdeschekirche no Mitte, em Berlim.

Depois da Segunda Guerra Mundial e do declínio da população iídiche de Lower East Side, foi uma das muitas sinagogas que fecharam. Em 1986, o prédio foi adquirido pelo escultor espanhol Angel Orensanz, que o transformou em estúdio de arte. Agora serve como centro espiritual e cultural, com programação de eventos artísticos, musicais e literários.

FusionArts Museum ⓳

57 Stanton St. **Mapa** *5 A3.* ***Tel*** *(212) 995-5290.* M *Second Ave-Houston St.* *12h-18h ter-sex e dom.* **www**.fusionarts museum.org

Com esculturas psicodélicas de metal que fornecem uma pista das peças dispostas lá dentro, a entrada deste museu é imperdível. Seu propósito é mostrar *fusion art*, que se define como a arte na qual diversas disciplinas artísticas – como por exemplo pintura, escultura, fotografia e vídeo – se misturam para formar um gênero diferente.

A localização do museu lhe permite acesso a um cenário artístico de vanguarda que os museus de arte contemporânea costumam negligenciar, e também oferece a artistas menos conhecidos a oportunidade de exibir suas obras numa galeria respeitada. Muitos artistas de Nova York criam *fusion art* em Lower East Side há mais de duas décadas, e ali já mostraram suas obras em exposições de grupo.

Esculturas de metal na entrada do FusionArts Museum

Essex Street Market ⓴

120 Essex St. **Mapa** *5 B3.* ***Tel*** *(212) 312-3603/388-0449.* M *Essex St, Delancey St.* *8h-19h seg-sáb, 10h-18h dom.* **www**.essexstreetmarket.com

Mercado criado em 1938 pelo prefeito Fiorello H. La Guardia, a fim de reunir os vendedores de carrinhos, fora do trânsito de carros de polícia e caminhões de bombeiro que usavam as ruas estreitas. Agora, duas dezenas de barracas de carne, queijo, objetos e temperos enchem o mercado. Uma das mais antigas é a barraca de açougue do Jeffrey, que está no mercado desde 1939.

Ali também está o Essex Restaurant, que serve comida latina/judia e cuchifritos, com uma galeria que expõe a obra de artistas locais.

Cortes de carne num açougue do Essex Street Market, coberto

LIPPE
TAIB
ALLERY

SOHO E TRIBECA

Arte e arquitetura mudaram a feição destes dois antigos bairros industriais. O SoHo (South of Houston, indicando a área ao sul de Houston Street) ia ser demolido nos anos 1960, quando preservacionistas chamaram a atenção para a arquitetura histórica de ferro fundido dos prédios. Os planos foram revistos e artistas ocuparam os grandes *lofts*. Com eles vieram galerias, cafés, lojas e butiques. Os preços subiram e os artistas foram para o sul, para TriBeCa (Triangle Below Canal, o triângulo de ruas abaixo da Canal Street). Hoje um local da moda, TriBeCa tem galerias, diversos restaurantes e um festival de cinema na primavera.

Loja de alimentos finos Dean & DeLuca

PRINCIPAIS ATRAÇÕES

Ruas e Edifícios Históricos

Greene Street ❸
Harrison Street ❽
Haughwout Building ❶
St. Nicholas Hotel ❷
Singer Building ❹
White Street ❾

Museus e Galerias

Children's Museum of the Arts ❺
New York City Fire Museum ❼
New York Earth Room ❻

COMO CHEGAR

Tome o metrô B, D, F ou M para Broadway-Lafayette; o 6 para Bleecker St ou Spring St; ou o N ou R para Prince St. Para TriBeCa, tome o 1 para Franklin St; ou o 1, 2, 3, A ou C para Chambers St. As rotas de ônibus são a M5 ou M20, norte-sul, e a M21, pela Houston St, leste-oeste, até o SoHo.

VEJA TAMBÉM

- ***Guia de Ruas***, mapa 4
- ***Passeio pelo Soho*** pp. 260-1
- ***Hotéis*** p. 281
- ***Restaurantes*** pp. 297-9

LEGENDA

- Mapa Rua a Rua
- M Estação de metrô

◁ Fachadas de ferro fundido na Greene Street

Rua a Rua: Arquitetura Histórica de Ferro Fundido no SoHo

A maior concentração do mundo de arquitetura de ferro fundido *(p. 42)* está preservada na área entre West Houston e Canal Streets. O coração da área é a Greene Street, onde 50 prédios, em cinco quarteirões de ruas de pedra, foram localizados entre 1869 e 1895. As fachadas com desenhos intricados foram forjadas em massa, mas são hoje em dia peças raras de arte industrial, adequadas ao caráter do bairro.

A West Broadway, ao passar pelo SoHo, combina a arquitetura marcante com uma série de galerias de arte, sapatarias, butiques de design e pequenos restaurantes.

O Broken Kilometer, na 393 West Broadway, é uma instalação de Walter De Maria *(p. 107)*. Suas 500 hastes de latão estão arranjadas de forma que fiquem em perspectiva. Do início ao final, o arranjo mede 1km.

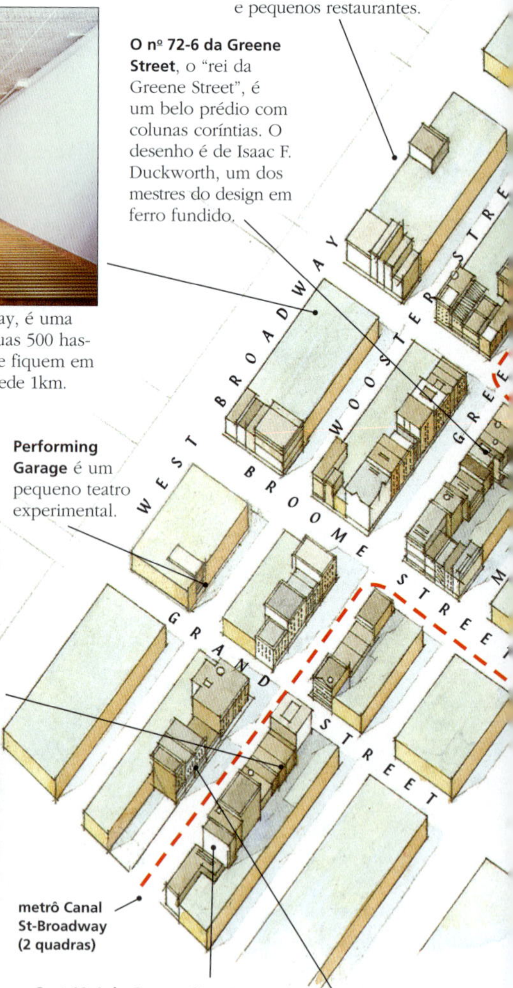

O nº 72-6 da Greene Street, o "rei da Greene Street", é um belo prédio com colunas coríntias. O desenho é de Isaac F. Duckworth, um dos mestres do design em ferro fundido.

Performing Garage é um pequeno teatro experimental.

metrô Canal St-Broadway (2 quadras)

★ Greene Street

Entre a bela arquitetura de ferro fundido da Greene Street, uma das melhores amostras é o "Queen", no nº 28-30, construído por Duckworth em 1872, com alto teto de mansarda ❸

O nº 10-4 da Greene Street foi erguido em 1869. Observe os círculos de vidro nos degraus, que permitiam que a luz do dia iluminasse o porão.

O nº 15-7 da Greene Street foi construído mais tarde, em 1895, em estilo coríntio.

★ Singer Building
Esta joia de terracota, de 1904, foi sede da fábrica de máquinas de costura ❹

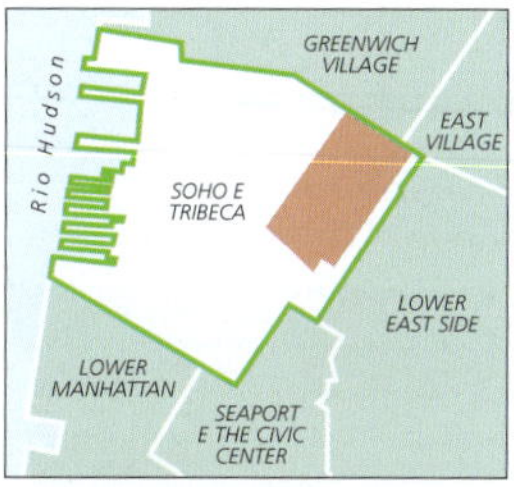

LOCALIZE-SE
Mapa de Manhattan pp. 14-5

LEGENDA

Percurso sugerido

Richard Haas, o muralista, transformou esta parede branca em uma convincente fachada de ferro fundido.

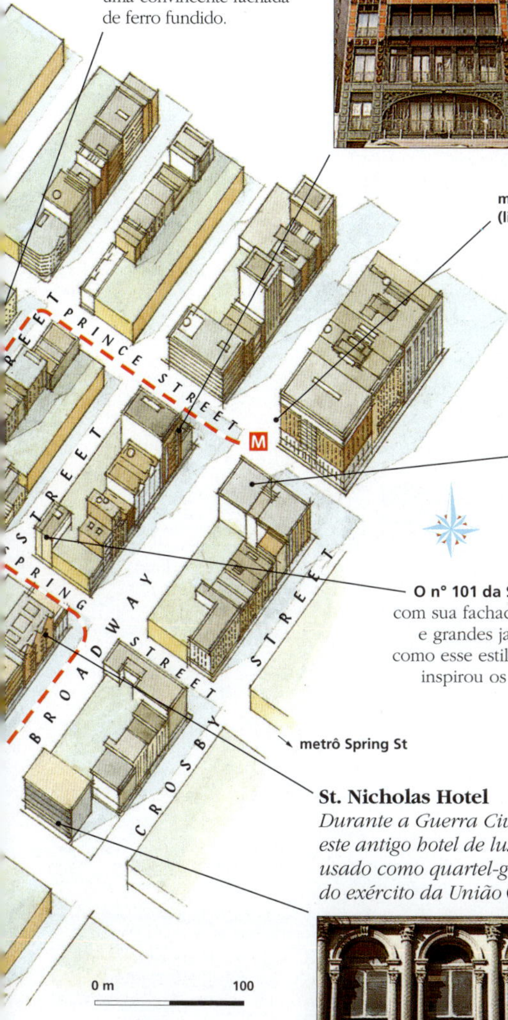

metrô Prince St (linhas N e R)

Dean & DeLuca é uma das melhores lojas de comida fina de Nova York. Seu estoque inclui grãos de café do mundo todo *(p. 336)*.

O nº 101 da Spring Street, com sua fachada geométrica e grandes janelas, mostra como esse estilo antecipou e inspirou os arranha-céus.

metrô Spring St

St. Nicholas Hotel
Durante a Guerra Civil, este antigo hotel de luxo foi usado como quartel-general do exército da União ❷

Haughwout Building
Em 1857, era uma loja elegante e lá foi instalado o primeiro elevador Otis ❶

PONTOS ALTOS

- ★ Greene Street
- ★ Singer Building

Haughwout Building ❶

488-492 Broadway. **Mapa** 4 E4.
M *Canal St, Spring St.*

Fachada do Haughwout Building

Este edifício de ferro fundido foi construído em 1857 para a fábrica de porcelanas e cristais E. V. Haughwout, fornecedora da Casa Branca. Sob a fachada encardida, o desenho é magnífico: fileiras de janelas com moldura de arcos e colunas, ladeadas por colunas mais altas. O padrão repete-se em todo o prédio. Foi o primeiro a usar elevadores Otis movidos a vapor, uma novidade que possibilitou a criação dos arranha-céus.

St. Nicholas Hotel ❷

521-523 Broadway. **Mapa** 4 E4.
M *Prince St, Spring St.*

O parlamentar inglês W. E. Baxter, ao visitar Nova York em 1854, encantou-se com o recém-inaugurado St. Nicholas Hotel: "Todos os tapetes são de veludo e as cortinas de seda e cetim adamascado. Os bordados dos cortinados contra mosquitos por si só mereciam ser exibidos à realeza". Não surpreende, portanto, que tenha custado mais de US$ 1 milhão – dinheiro bem gasto, pois registrou naquele ano um lucro de mais de US$ 50 mil. Mas sua glória foi curta. Durante a guerra civil, foi quartel-general do exército da União. Depois, os melhores hotéis seguiram os teatros e restaurantes mais para o norte e, por volta de 1870, o St. Nicholas fechou. Pouco resta da antiga opulência no andar térreo, mas ainda se podem ver resquícios da deslumbrante fachada de mármore.

St. Nicholas Hotel, no século XIX

Greene Street ❸

Mapa 4 E4. M *Canal St.*

Mural de Haas na Greene Street

Este é o centro da arquitetura de ferro fundido do SoHo. Em cinco ruas de paralelepípedos há 50 edifícios em ferro fundido, de 1869 a 1895. O quarteirão entre Broome e Spring Streets tem treze fachadas inteiramente de ferro fundido e do nº 8 ao 34 encontra-se a mais longa sequência do mundo nesse gênero. O nº 72-4 é chamado de "rei da Greene Street", mas o "Queen" (rainha), no nº 28-30, é considerado mais bonito. Embora alguns edifícios se destaquem, a arquitetura é mais bem apreciada como uma característica da rua, com fileiras e mais fileiras de fachadas com colunas. Entre nas galerias para ver os *lofts* (espaço sem paredes internas). Na esquina de Greene e Prince Streets, o muralista Richard Haas deu a uma parede de tijolo a impressão de ser uma fachada de ferro fundido. Observe o detalhe do gato cinza na janela "aberta".

Singer Building ❹

561-563 Broadway. **Mapa** 4 E3.
M *Prince St.*

O "pequeno" Singer Building, projetado por Ernest Flagg em 1904, é menor que o outro prédio do mesmo nome feito pelo arquiteto e, segundo os críticos, mais bonito que a torre de 41 andares situada no sul da Broadway e demolida em 1967. Este prédio decorado com charme é enfeitado de balcões de ferro e graciosos arcos pintados de verde escuro. A fachada de terracota, vidro e aço é avançada para sua época, antecedendo as estruturas em metal e vidro dos anos 1940 e 50.

O prédio era escritório e depósito da fábrica de máquinas de costura Singer e esse nome pode ser visto, em ferro, na entrada da loja, na Prince Street.

Máquina de costura com motor, da Singer

Children's Museum of the Arts ❺

182 Lafayette St. **Mapa** 4 F3. ***Tel*** *(212) 274-0986.* Ⓜ *Prince St.* 🚌 *M5, 21.* ◯ *12h-17h qua, sex, sáb-dom, 12h-18h qui.* **Workshop** *13h-18h qui.* **www**.cmany.org

O objetivo deste museu, fundado em 1988, é desenvolver o potencial artístico das crianças através de muitas atividades em que elas colocam a mão na massa, além de assistir a apresentações. Crianças entre 1 e 12 anos têm acesso a tinta, cola, papel e outros materiais para criar seus próprios desenhos e esculturas. Para inspirá-las, obras de artistas locais

O colorido espaço de exposições do Children's Museum of the Arts

e de crianças do mundo todo são exibidas. As crianças também podem brincar no camarim e na piscina de bolinhas. O museu realiza diversos eventos para as crianças e suas famílias.

New York Earth Room ❻

141 Wooster St. **Mapa** 4 E3. ***Tel*** *(212) 473-8072.* Ⓜ *B, C, D, E, F, N, Q, R, 6.* ◯ *12h-15h, 15h30-18h qua-sáb.* **www**.earthroom.org

Dos três Earth Rooms criados pelo artista conceitual Walter De Maria, este é o único ainda existente. Encomendado pela Dia Art Foundation em 1977, a escultura consiste de 127 toneladas de terra acomodadas numa pilha de 56cm ocupando uma área de 335m². *Broken Kilometer*, outra escultura de De Maria, pode ser apreciado no 393 W Broadway *(p. 104)*. A peça é composta de 500 hastes de latão arredondadas e polidas, dispostas em cinco fileiras paralelas.

Bomba d'água a vapor e puxada por cavalos (1901), no City Fire Museum

New York City Fire Museum ❼

278 Spring St. **Mapa** 4 D4. ***Tel*** *(212) 691-1303.* Ⓜ *Spring St.* ◯ *10h-17h diariam.* ● *feriados.* **www**.nycfiremuseum.org

Instalada em um quartel no estilo beaux-arts, de 1904, a bela coleção de equipamentos anti-incêndio e afins vai do século XVIII até 1917, com miniaturas, sinos e hidrantes. No andar superior há uma fila de caminhões de bombeiros a postos para uma parada de 1890. A nova atração que simula um incêndio está disponível para grupos. O primeiro andar é dedicado às vítimas dos atentados de 11 de setembro de 2001.

Harrison Street ❽

Mapa 4 D5. Ⓜ *Chambers St.*

Cercado de arranha-céus, este raro conjunto de oito casas no estilo federal, todas restauradas, lembram um cenário de filme, com seus telhados inclinados e janelas de água-furtada, que parecem fazer parte do cenário de um filme de Hollywood. As casas foram construídas no fim do século XVIII e começo do XIX. Duas foram projetadas por John McComb Jr, primeiro arquiteto importante nascido nos Estados Unidos. As casas foram removidas da Washington Street e reerguidas no lugar atual, para garantir sua preservação. Elas eram usadas como depósitos e iam ser demolidas quando, em 1969, a Landmarks Preservation Commission interveio para levantar os recursos financeiros para viabilizar sua restauração. São agora propriedade particular.

No outro lado do complexo de edifícios fica o Washington Market Park. Neste local estava localizado antigamente o centro atacadista de produtos agropecuários. Na década de 1970 o mercado foi transferido para o Bronx.

White Street ❾

Mapa 4 E5. Ⓜ *Franklin St.*

Mesmo não sendo tão bonita quanto as ruas do SoHo, esta amostra da arquitetura de ferro fundido de TriBeCa reúne vários estilos. No nº 2, o estilo federal inclui um raro telhado holandês, que faz contraste com o telhado de marsarda do nº 17. O nº 8-10, projetado por Henry Fernbach em 1869, tem colunas e arcos toscanos e usa o recurso renascentista de andares superiores mais curtos, para dar a impressão de grande altura.

Totalmente diferente é o nº 38, sede da galeria do artista de néon Rudi Stern, a Let There Be Neon.

Galeria Let There Be Neon, na White Street

WINE

GREENWICH VILLAGE

Os nova-iorquinos falam simplesmente "Village", e a área começou como refúgio dos moradores da cidade durante o surto de febre amarela de 1922. O padrão aleatório das ruas, seguindo riachos e limites de fazendas, não pôde entrar no plano urbanístico da cidade e o bairro permaneceu um enclave à parte, paraíso de artistas e autores célebres. Hoje é muito frequentado por gays e, em geral, tornou-se mais caro e mais convencional. A área em volta da Washington Square fica cheia de alunos da New York University. Mais barato, o East Village atrai os modernos de toda a cidade. No Meatpacking District, que ainda mantem alguns frigoríficos, há vários restaurantes e butiques chiques.

Bandeira de clube de jazz na West 33rd St

PRINCIPAIS ATRAÇÕES

Ruas e Edifícios Históricos
75½ Bedford Street ❷
Grove Court ❸
Isaacs-Hendricks House ❹
Jefferson Market Courthouse ❼
Meatpacking District ❺
New York University ⓮
Patchin Place ❽
St. Luke's Place ❶
Salmagundi Club ❿
Washington Mews ⓭

Museus e Galerias
Forbes Magazine Building ❾

Igrejas
Church of the Ascension ⓬
First Presbyterian Church ⓫
Judson Memorial Church ⓯

Parques e Praças
Sheridan Square ❻
Washington Square ⓰

COMO CHEGAR

De metrô, tome as linhas A, B, C, D, E, F ou M para West 4th St-Washington Sq; a 1 9 para Christopher St-Sheridan Sq ou Houston St. ou a N ou R para 8th St. De ônibus, tome o M1, M5, M20 ou M8.

VEJA TAMBÉM

- ***Guia de Ruas***, mapas 3-4
- ***Passeio no Village*** pp. 260-1
- ***Onde Ficar*** p. 281
- ***Restaurantes*** pp. 299-301

LEGENDA

Mapa Rua a Rua

M Estação de metrô

◁ **Um descontraído café de Greenwich Village**

Rua a Rua: Greenwich Village

Um passeio pelo histórico Greenwich Village é um festival de pequenos e inesperados prazeres – casas charmosas, vielas escondidas e pátios arborizados. A arquitetura, às vezes floreada demais, combina com o ar boêmio do Village. Pessoas famosas, principalmente artistas e escritores, como o dramaturgo Eugene O'Neill e o ator Dustin Hoffman, escolheram morar em casas e apartamentos nas ruas estreitas e antigas. À noite, o Village ganha vida nova. Cafés, teatros experimentais e clubes, entre eles algumas das melhores casas de jazz, são encontrados em cada esquina do bairro.

O Lucille Lortel Theater, nº 121 da Christopher Street, foi inaugurado em 1955 com a *Ópera dos três vinténs.*

Christopher Street, parte da comunidade gay de Nova York, tem todo tipo de lojas, livrarias e bares.

Twin Peaks, nº 102 da Bedford Street, era uma casa comum quando foi erguida, em 1830. Mas depois foi reformada pelo arquiteto Clifford Daily, em 1926, para alojar escritores, artistas e atores. Daily achava que seu formato incomum estimulava a criatividade.

Grove Court
Seis casas construídas em 1853 dão para um pátio arborizado ❸

O edifício na esquina das ruas Bedford e Grove foi usado como apartamento das personagens do seriado *Friends*.

Nº 75½ da Bedford Street
Esta casa de 1873, em um beco, é a mais estreita da cidade ❷

★ St. Luke's Place
Esta bela vila de casas ao estilo italiano surgiu na metade do século XIX ❶

metrô Houston St (2 quadras)

O Cherry Lane Theatre foi inaugurado em 1924. Antiga cervejaria, foi um dos primeiros teatros off-Broadway.

Patchin Place
Construída em 1848, para alojar os garçons do Brevoort Hotel, nos anos 1920 e 30 lá moraram o poeta e. e. cummings e outros escritores famosos ❽

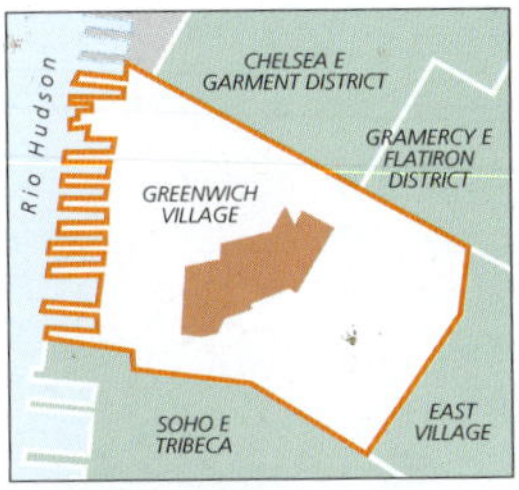

LOCALIZE-SE
Mapa de Manhattan pp. 14-5

PONTOS ALTOS

★ Jefferson Market Courthouse

★ St. Luke's Place

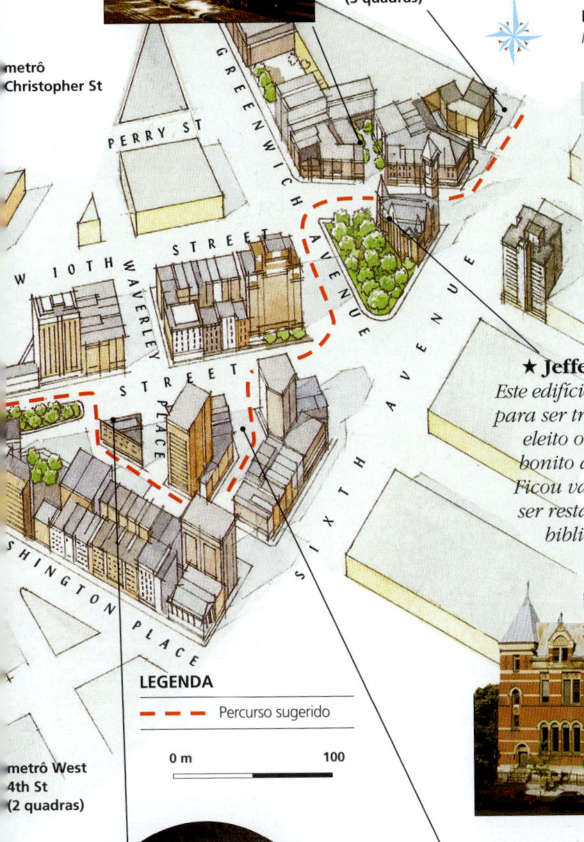

★ Jefferson Market Courthouse
Este edifício, construído em 1877 para ser tribunal de justiça, foi eleito o quinto prédio mais bonito dos Estados Unidos. Ficou vazio vinte anos, até ser restaurado e tornar-se biblioteca em 1967 ❼

O Northern Dispensary oferece assistência médica gratuita aos pobres desde 1827. Edgar Allan Poe tratou-se lá de uma gripe em 1837. Hoje é um albergue para deficientes.

A Gay Street atraiu aspirantes a artista, escritor e músico na década de 1920. Foi cenário do romance *Minha irmã Eileen*, de Ruth McKenney, e do filme *O pagamento final*.

Casas geminadas em St. Luke's Place, uma rua com agremiações literárias

St. Luke's Place ❶

Mapa 3 C3. M *Houston St.*

Uma sequência de quinze casas atraentes, da década de 1850, enfeita o lado norte da rua. O nome do parque em frente é uma homenagem a um antigo residente de St. Luke's Place, o prefeito Jimmy Walker, popular e elegante, que administrou a cidade de 1926 até que renunciou depois de um escândalo financeiro em 1932. Na frente da casa nº 6 estão as luminárias altas que sempre identificam a casa do prefeito de Nova York. A casa mais famosa do quarteirão provavelmente é a nº 10, lar da família Huxtable, de *The Cosby Show* (embora a série se passe no Brooklyn). Este também é o quarteirão onde foi filmado, no nº 4, *Um clarão nas trevas*, com Audrey Hepburn como cega. Theodore Dreiser e a poeta Marianne Moore foram alguns dos escritores que viveram aqui. Dreiser escreveu *Uma tragédia americana*, quando morava no nº 16. Ao norte, a esquina das ruas Hudson e Morton marcavam a margem do Hudson River no século XVIII.

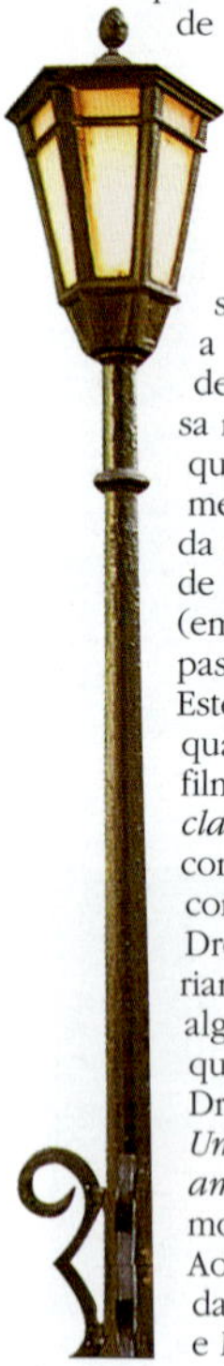

Luminária do prefeito no nº 6

75½ Bedford Street ❷

Mapa 3 C2. M *Houston St.* ● *ao público.* **www**.cherrylanetheatre.com

A casa mais estreita de Nova York, com apenas 2,9m de largura, foi erguida em 1893, numa ex-rua de passagem. A poeta Edna St. Vincent Millay morou aqui por uns tempos, seguida do ator John Barrymore e, depois, Cary Grant. A casa de três andares foi reformada e é marcada por uma placa. Na esquina, no 38 Commerce Street, Edna Millay fundou o Cherry Lane Theater, em 1924, como local para dramas de vanguarda. Ainda lança obras. Seu maior sucesso foi o musical *Godspell*, na década de 1960.

Grove Court ❸

Mapa 3 C2. M *Christopher St/ Sheridan Sq.*

Samuel Cock, um merceeiro empreendedor construiu estas seis casas geminadas, numa área formada pela curva da rua, numa parte do Village que originalmente marcava as divisões entre as propriedades coloniais. Cocks percebeu que se houvesse moradores nesta passagem vazia entre os nºs 10 e 12 da Grove Street isso ajudaria seu negócio no nº 18. Mas as áreas residenciais, agora supervalorizadas, não eram consideradas respeitáveis em 1854, e os rudes moradores atraídos pela área deram-lhe o apelido de "Mixed Ale Alley". Mais tarde, O. Henry escolheu este quarteirão como cenário para sua obra *A última folha*.

A Isaacs-Hendricks House

Isaacs-Hendricks House ❹

77 Bedford St. **Mapa** 3 C2. M *Houston St.* ● *ao público*

Erguida em 1799, esta é a casa mais antiga do Village. As paredes de madeira são visíveis dos lados e atrás; os tijolos e o terceiro andar vieram depois. O primeiro dono, John Isaacs, comprou o terreno por US$ 295 em 1794. Depois veio H. Hendricks, negociante de cobre e sócio do revolucionário Paul Revere. Robert Fulton, que usava cobre para as caldeiras de seus barcos a vapor, foi um dos clientes de Hendricks.

Meatpacking District ❺

Mapa 3 B1 M *14th St.; 8th Av L; St. Christopher St/Sheridan Sq.*

Antigo domínio dos açougueiros com aventais manchados, o Meatpacking District está agora bem diferente, sobretudo à noite. Espremido numa área ao sul da 14th Street e a oeste da 9th Avenue, a vizinhança conta, hoje, com boates, bares e hotéis-butiques da moda, que aumentam por causa de nova-iorquinos que querem se divertir. O nível de sofisticação cresceu quando a

Casas geminadas, de meados do século XIX, na Grove Court

Soho House, filial nova-iorquina do clube privado de Londres, se instalou aqui, seguido do sofisticado Hotel Gansevoort, com piscina na cobertura. Estilistas da moda, como Stella McCartney e Marc Jacobs, têm lojas aqui, e todos os meses surgem novos restaurantes, boates e bares.

Os moradores chiques e urbanos do Meatpacking District apreciam uma certa dose de excentricidade em suas noitadas, e as boates da região não deixam a desejar. A vida noturna é, sem dúvida, o grande atrativo do bairro. Sua atmosfera pode ter mudado, mas quem vem à região para se divertir ainda pode sentir a agitação de quando o Meatpacking District era, como diz seu nome, um próspero centro de comércio de carne.

Sheridan Square ❻

Mapa 3 C2.
Ⓜ *Christopher St- Sheridan Sq.*

Esta praça, para onde convergem sete ruas, é o coração do Village. Seu nome homenageia Philip Sheridan, general da Guerra de Secessão, que se tornou comandante-chefe do Exército dos EUA em 1883. A estátua dele fica perto do Christopher Park. Os Draft Riots de 1863 ocorreram aqui. Mais de um século depois, outro distúrbio sacudiu a praça. The Stonewall Inn na Christopher Street era um bar gay que funcionava (quando era ilegal os gays se reunirem em bares) pelo suborno da polícia. Em 28 de junho de 1969, os clientes se rebelaram, e na batalha que se seguiu, os policiais ficaram bloqueados dentro do bar por horas, enquanto uma multidão os insultava do lado de fora. Foi uma vitória moral memorável para o crescente movimento pelos direitos dos gays. O bar atual não é o original. O Village continua sendo um reduto da comunidade gay.

Estátua do general Sheridan no Christopher Park

Old Jeff, torre pontiaguda da Jefferson Market Courthouse

Jefferson Market Courthouse ❼

425 Ave of the Americas. **Mapa** 4 D1. ***Tel*** *(212) 243-4334.* Ⓜ *W 4th St-Washington Sq.* ◯ *10h-20h seg e qua, 11h-18h ter e qui, 10h-17h sex e sáb.* ● *feriados.* ♿ **www**.nypl.org

Este marco do Village foi salvo da demolição e transformado numa sucursal da New York Public Library, depois de uma campanha de preservação, que começou no final da década de 1950. O lugar se tornou um mercado em 1833, com nome em homenagem ao ex-presidente Thomas Jefferson. Sua torre de observação de incêndios tinha um sino enorme que era tocado para alertar os bombeiros voluntários da região. Em 1865, a criação do departamento municipal de bombeiros aposentou o sino, e foi construído o Third Judicial District Courthouse, ou Jefferson Market Courthouse. Com agulhas e torres em estilo gótico veneziano, foi considerado um dos dez prédios mais bonitos do país, ao abrir em 1877. O antigo sino de incêndio foi instalado na torre. Aqui, em 1906, Harry Thaw foi julgado pelo assassinato de Stanford White *(p. 126)*. Por volta de 1945, o mercado tinha sido transferido, interromperam-se as sessões da corte, o relógio de quatro faces parara e o edifício foi ameaçado de demolição. Na década de 1950, conservacionistas fizeram uma campanha para restaurar o relógio e, depois, o prédio todo. A reforma foi realizada pelo arquiteto Giorgio Cavaglieri, que conservou muitos detalhes originais, incluindo os vitrais e a escada em caracol, que agora leva ao salão de consultas da biblioteca, que parece uma torre de vigia.

Fachada e árvore de ailanto em Patchin Place

Patchin Place ❽

W 10th St. **Mapa** 4 D1.
Ⓜ *W 4th St-Washington Sq.*

Um dos bolsões mais encantadores e inesperados do Village é este miniquarteirão de casinhas. Foi ladeado de ailantos, árvores plantadas para "absorver os maus ares". As casas foram erguidas em meados do século XIX, para garçons que trabalhavam no Brevoort Hotel da Fifth Avenue. Mais tarde, as casas se tornaram endereços valorizados, e muitos escritores moraram aqui.

O poeta e. e. Cummings morou no nº 4, de 1923 até sua morte, em 1962. O premiado poeta inglês John Masefield também viveu aqui, além de Eugene O'Neill e John Reed, cujo livro *Dez dias que abalaram o mundo* retrata a Revolução Russa, e virou filme *(Reds)* dirigido por Warren Beatty.

Barquinhos de brinquedo da Forbes Magazine Collection

Forbes Magazine Building ❾

60 5th Ave. **Mapa** 4 E1. ***Tel*** *(212) 206-5548.* M *14th St-Union Sq.* ***Galerias*** *10h-16h ter-qua, sex-sáb (horário variável). qui apenas grupos. feriados.*

Alguns críticos acham excessivamente pomposo este cubo de pedra de 1925 projetado por Carrère & Hastings. Foi primeiro a sede da Macmillan Publishing Company. Quando ela se foi, Malcolm Forbes instalou sua revista de finanças *Forbes*.

A Forbes Magazine Galleries mostra o gosto diversificado de seu fundador, com mais de 500 barquinhos antigos, jogos de monopólio, troféus, 12 mil soldadinhos de chumbo e uma cópia assinada do *Gettysburg Address*, famoso discurso de Abraham Lincoln. Também há vários quadros, desde pintores franceses até obras militares dos Estados Unidos.

Salmagundi Club ❿

47 5th Ave **Mapa** 4 E1. ***Tel*** *(212) 255-7740.* M *14th St-Union Sq.* *13h-18h seg-sex, 13h-17h sáb e dom.* **www**.salmagundi.org

O mais antigo clube de artistas dos Estados Unidos fica na última mansão ainda de pé na parte sul da 5th Avenue. Erigida em 1853 por Irad Hawley, é hoje sede da American Watercolor Society, da American Artists' Professional League e da Greenwich Village Society for Historic Preservation. O nome vem de *Salmagundi Papers*, jornal satírico de Washington Irving.

Fundado em 1871, o clube instalou-se no prédio em 1917. Nas exposições pode-se visitar o interior, do fim do século XIX.

Exterior do Salmagundi Club

First Presbyterian Church ⓫

5th Ave at 12th St. **Mapa** 4 D1. ***Tel*** *(212) 675-6150.* M *14th St-Union Sq.* *11h45-12h30 seg, qua, sex, 11h-12h30 dom.* *18h qua na capela.* **www**.fpcnyc.org

Esta igreja gótica inspirou-se na Church of Saint Saviour de Bath, Inglaterra. Projetada por Joseph C. Wells em 1846, sua característica principal é a torre de pedra. As placas de madeira entalhada no altar têm os nomes de todos os pastores, desde 1716. O transepto sul, de McKim, Mead & White, foi adicionado em 1893. A grade de ferro e madeira, de 1844, foi restaurada em 1981.

Church of the Ascension ⓬

5th Ave at 10th St. **Mapa** 4 E1. ***Tel*** *(212) 254-8620.* M *14th St-Union Sq.* *12h-14h, 17h-19h diariam.* *18h seg-sex, 9h, 11h dom.* *(exceto durante serviços).* **www**.ascensionnyc.org

Church of the Ascension

Esta igreja no estilo inglês neogótico foi desenhada por Richard Upjohn, arquiteto da Trinity Church, em 1840-41. O interior foi reformado em 1888 por Stanford White, com um relevo de Augustus Saint-Gaudens no altar. A *Ascensão*, mural de John La Farge, fica acima do altar – o artista também desenhou alguns dos vitrais. O campanário é lindamente iluminado à noite.

Em 1844, o presidente John Tyler casou-se lá com Julia Gardiner, que vivia na vizinha Colonnade Row *(p. 120)*.

Washington Mews ⓭

Entre Washington Sq N e E 8th St. **Mapa** 4 E2. M *W 4th St.*

Antigo estábulo, este quarteirão escondido virou um abrigo de carruagens por volta de 1900. O lado sul foi acrescentado em 1939. Gertrude Vanderbilt Whitney, fundadora do Whitney Museum *(pp. 200-1)*, morou lá.

No nº 16 fica a French House da New York University, em estilo francês. Filmes, conferências e cursos em francês acontecem aqui.

New York University ⓮

Washington Sq. **Mapa** 4 E2. ***Tel*** *(212) 998-1212, (212) 998-4636.* Ⓜ *W 4th St.* ◯ *8h30-20h seg-sex.* **www**.nyu.edu

Sob o nome original de University of the City of New York, a NYU foi fundada em 1831 como alternativa à Columbia University. É hoje a maior universidade particular dos Estados Unidos e ocupa vários quarteirões em volta da Washington Square.

A construção do primeiro prédio da universidade, em Waverly Place, desencadeou o Stonecutters' Guild Riot, em 1833, protesto de empreiteiros contra o uso de prisioneiros para cortar pedras. A Guarda Nacional interveio. O prédio não existe mais, mas há um pedestal com um pedaço da torre original na calçada da Washington Square South. Na NYU foram criados o telégrafo de Samuel Morse, o retrato fotográfico de John W. Draper e o revólver de Samuel Colt.

***Busto de Sylvette*, de Picasso, entre Bleecker e West Houston Streets**

O Brown Building, na Washington Square, perto da Greene Street, foi sede da Triangle Shirtwaist Company. Em 1911, 146 operários dessa fábrica morreram em um incêndio. A partir daí elaboraram-se novas leis trabalhistas e de segurança.

Na University Village há uma réplica de 11m do *Busto de Sylvette*, de Picasso.

Judson Memorial Church ⓯

55 Washington Sq S. **Mapa** 4 D2. ***Tel*** *(212) 477-0351.* Ⓜ *W 4th St.* ◯ *10h-13h, 14h-18h seg-sex.* ✝ *11h dom.* **www**.judson.org

Construída em 1892, esta igreja de McKim, Mead & White segue o estilo românico, com vitrais de John La Farge. Desenhada por Stanford White, leva o nome do primeiro missionário americano enviado a um país estrangeiro: Adoniram Judson, que serviu na Birmânia (Mianmar), em 1811. Uma cópia de sua tradução da Bíblia para o birmanês foi colocada na pedra fundamental, quando o prédio foi consagrado.

É o espírito desta igreja, mais que sua arquitetura, que faz com que se destaque. A Judson Memorial participa dos assuntos locais e mundiais e é ativa em questões que vão da Aids à corrida armamentista. Também promove exposições de arte de vanguarda e monta peças off-off-Broadway.

Arco ao norte da Washington Square

Washington Square ⓰

Mapa 4 D2. Ⓜ *W 4th St .*

Um vibrante espaço aberto da cidade, a Washington Square já foi um pântano por onde passava o tranquilo rio Minetta. No fim do século XVIII, a área tornou-se cemitério público – quando as escavações para o parque começaram, cerca de 10 mil esqueletos foram exumados. A praça era usada para duelos e, mais tarde, em 1819, para execuções públicas na forca. O "elmo da forca" ainda existe, no extremo noroeste da praça. Em 1826, o pântano foi aterrado e o rio desviado para um leito subterrâneo, onde ainda corre – uma pequena placa na fonte na entrada do nº 2 da 5th Avenue mostra seu curso.

O magnífico arco de mármore de Stanford White, concluído em 1895, substituiu o arco anterior, de madeira, que cruzou a 5th Avenue para comemorar o centenário da posse de George Washington. Há uma escada escondida no lado direito do arco. Em 1916, um grupo de artistas, liderados por Marcel Duchamp e John Sloan, arrombou a porta, subiu ao topo do arco e declarou a "livre e independente república de Washington Square, o país da Nova Boêmia".

Do outro lado da rua fica "The Row". Hoje parte da NYU, neste quarteirão moraram pessoas importantes: a família Delano, os escritores Edith Wharton, Henry James e John dos Passos e o artista Edward Hopper. O nº 8 era a residência oficial do prefeito.

Hoje, famílias, estudantes e artistas misturam-se e desfrutam o parque. Também há traficantes de drogas, mas é seguro durante o dia.

Janela na esquina de West 4th Street e Washington Square

EAST VILLAGE

Peter Stuyvesant teve uma fazenda no East Village e, no século XIX, as famílias Astor e Vanderbilt moravam lá. Mas por volta de 1900 a alta sociedade mudou-se para áreas mais nobres e o East Village foi ocupado por imigrantes. Irlandeses, alemães, judeus, poloneses, ucranianos e porto-riquenhos deixaram sua marca no bairro sob a forma de igrejas e dos mais diversificados e baratos restaurantes étnicos da cidade. Nos anos 1960, os baixos aluguéis atraíram a "geração beat", e ainda há clubes dedicados à música experimental. Estudantes enchem Astor Place. A leste ficam A, B, C e D Avenues, área chamada de "Alphabet City", que, apesar de ligeiramente decadente, conta com alguns dos melhores restaurantes da cidade.

Mosaico, fachada da St. George's Ukranian Catholic Church

PRINCIPAIS ATRAÇÕES

Ruas e Edifícios Históricos
Bayard-Condict Building ❽
Colonnade Row ❸
Cooper Union ❶

Museus e Galerias
Merchant's House Museum ❹

Igrejas
Grace Church ❻
St. Mark's-in-the--Bowery Church ❺

Parques e Praças
Tompkins Square ❼

Teatros Famosos
Public Theater ❷

VEJA TAMBÉM

- ***Guia de Ruas***, mapa 4, 5
- ***Onde Ficar*** pp. 281-2
- ***Restaurantes*** pp. 301-2

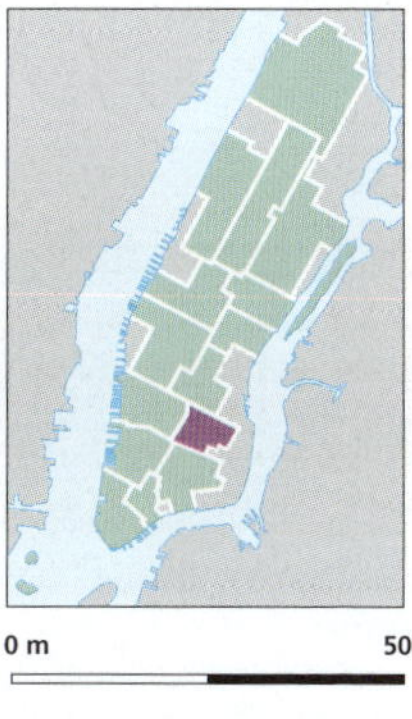

COMO CHEGAR

Pelo metrô, o trem da 6th Ave para Astor Place é o mais prático; o F para Second Ave vai até Alphabet City. Também servem a área os ônibus M9, M14A/D, M15, M21, M103, M123 e o M8, que cruza a cidade.

LEGENDA

- Mapa Rua a Rua
- M Estação de metrô

Baixo-relevo da fachada da Grace Church

◁ **Interior da McSorley's Old Ale House**

Rua a Rua: East Village

A propriedade de Peter Stuyvesant ficava no atual cruzamento da 10th e Stuyvesant Streets. Seu neto, também chamado Peter, herdou a propriedade e, em 1787, a dividiu em ruas. Alguns dos pontos históricos de destaque na área são a igreja St. Mark's-in-the-Bowery, a casa Stuyvesant-Fish e a de Nicholas Stuyvesant, construída em 1795, ambas na Stuyvesant Street. Muitas casas nesse local foram construídas entre 1871 e 1890 e conservam degraus na entrada, batentes e outros detalhes arquitetônicos originais.

metrô Astor Place (linha 6)

Alamo é o nome do cubo de aço preto de 4,5m em Astor Place, projetado por Bernard Rosenthal, que gira quando é empurrado.

O Astor Place foi palco de tumultos em 1849. O inglês Charles Macready, que fazia *Hamlet* na Astor Place, criticou o americano Edwin Forrest. Os fãs de Forrest revoltaram-se e a briga deixou 22 mortos.

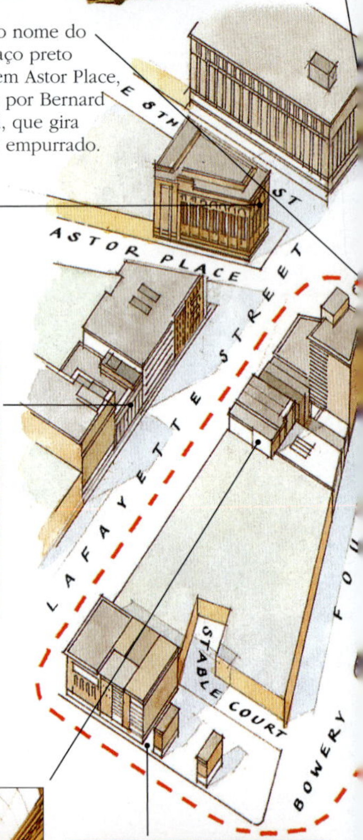

Colonnade Row
Estes quatro casarões abandonados e em mau estado são o que resta da vila de casas caras e elegantes, unidas em uma fachada única em estilo europeu, que havia no local. O mármore foi extraído por presos de Sing Sing ❸

Public Theater
Em 1965, Joseph Papp convenceu a prefeitura a comprar a Astor Library (1849) para sediar seu teatro. No prédio restaurado estrearam muitas peças famosas ❷

★ Merchant's House Museum
Este museu exibe móveis dos estilos federal, império americano e vitoriano ❹

PONTOS ALTOS

★ Cooper Union

★ Merchant's House Museum

★ Cooper Union
Esta famosa instituição, conhecida por seus cursos de artes e engenharia, oferece ensino gratuito ❶

St. Marks-in-the--Bowery Church
A igreja foi erguida em 1799 e a torre--agulha, adicionada em 1828 ❺

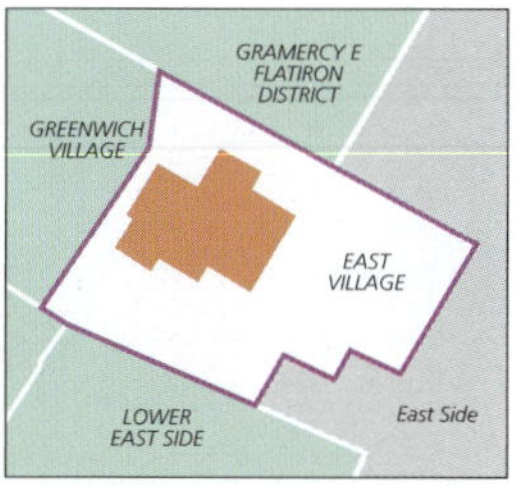

LOCALIZE-SE
Mapa de Manhattan pp. 14-5

A Stuyvesant-Fish House (1803-04), toda de tijolos, é um exemplo clássico de casa no estilo federal.

Renwick Triangle é um grupo de dezesseis casas construídas em 1861 no estilo anglo-italiano.

A Stuyvesant Polyclinic foi fundada em 1857 com o nome de German Dispensary e ainda é uma clínica de saúde. A fachada é decorada com bustos de médicos e cientistas célebres.

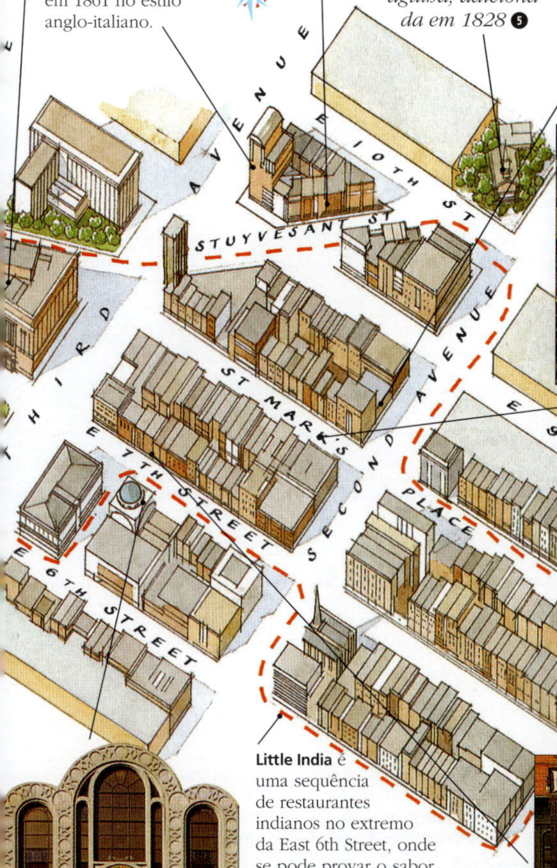

St. Mark's Place era a rua dos hippies. Ainda é o lugar onde os jovens se encontram no East Village. Muitos porões se transformaram em modernas lojas.

Little India é uma sequência de restaurantes indianos no extremo da East 6th Street, onde se pode provar o sabor da Índia a preços baixos.

LEGENDA

– – – Percurso sugerido

Em **Little Ukraine** vivem 30 mil ucranianos. O ponto central é a St. George's Ukranian Church.

A McSorley's Old Ale House ainda produz a própria cerveja, servida num ambiente que parece não mudar desde a abertura, em 1854 *(p. 317).*

Salão nobre da Cooper Union, onde Abraham Lincoln fez um discurso

Cooper Union ❶

7 East 7th St. **Mapa** 4 F2.
Tel *(212) 353-4000.* Ⓜ *Astor Pl.*
11h-19h seg-sex, 11h-17h sáb, para palestras e concertos no Salão Nobre. *jun-ago, feriados.*
www.cooper.edu

Peter Cooper, rico industrial que construiu a primeira locomotiva a vapor, produziu os primeiros trilhos de aço e era sócio da primeira empresa de telégrafos transatlânticos, não tinha instrução formal. Em 1859 fundou a primeira faculdade gratuita, não sectária e mista de Nova York. Hoje a disputa por uma vaga na escola, ainda gratuita, é dura. O edifício de seis andares, reformado em 1973-74, foi o primeiro com estrutura de aço, feita de trilhos produzidos por Cooper. O Salão Nobre foi inaugurado por Mark Twain, em 1859, e, no ano seguinte, Abraham Lincoln proferiu aqui seu discurso "O direito faz a força". A escola patrocina ainda um Fórum Público de debates.

Public Theater ❷

425 Lafayette St. **Mapa** 4 F2. ***Tel*** *(212) 967-7555 (ingressos). Admin (212) 539-8500* Ⓜ *Astor Pl. Ver também p. 344.* **www**.publictheater.org

Este grande prédio de tijolo e pedra, onde acontece o New York Shakespeare Festival, foi inaugurado em 1849 como Astor Library, a primeira biblioteca gratuita da cidade, hoje parte da New York Public Library. É um dos melhores exemplos nos EUA do estilo neorromânico alemão. O edifício estava ameaçado de demolição em 1965, quando Joseph Papp, fundador do New York Shakespeare Festival, convenceu a prefeitura a comprá-lo para sediar a companhia. A reforma começou em 1967 e boa parte do interior foi preservada na conversão do prédio em seis salas de teatro. Embora encene peças experimentais, foi no Public Theater que estrearam os musicais *Hair* e *A Chorus Line*, de enorme sucesso. Todo verão o teatro realiza o famoso evento Shakespeare in the Park, no Central Park.

O Public Theater, na Lafayette Street

Colonnade Row ❸

428-434 Lafayette St. **Mapa** 4 F2.
Ⓜ *Astor Pl.* *ao público.*

As colunas coríntias destas quatro construções é tudo o que o restou da vila original de nove magníficos casarões de formas gregas. Erguidas em 1833 pelo construtor Seth Geer, ganharam o apelido de "Geer's Folly" (Loucura de Geer), pois muitos achavam que ninguém ia querer morar tão longe. Mas o empreendimento foi um sucesso e as casas foram compradas por pessoas importantes, como John Jacob Astor e Cornelius Vanderbilt. O escritor Washington Irving, autor de *Rip van Winkle* e outros clássicos do conto americano, viveu aqui, além dos ingleses William Thackeray e Charles Dickens. Cinco casas foram demolidas no início do século XX pela loja John Wanamaker, para abrir espaço a uma garagem. As outras quatro estão abandonadas e em mau estado.

Merchant's House Museum ❹

29 E 4th St. **Mapa** 4 F2. ***Tel*** *(212) 777-1089.* Ⓜ *Astor Pl., Bleecker St.*
12h-17h seg, qui-dom e com hora marcada.
www.merchantshouse.com

Fogão de ferro original, do século XIX, no Merchant's House Museum

Esta marcante casa de tijolos no estilo grego, fora de lugar em uma rua do East Village, é uma espécie de cápsula do tempo que mostra um modo de vida que não existe mais. Ainda tem os acabamentos e a cozinha originais, além de móveis, enfeites e utensílios da família que morou aqui por quase cem anos. Construída em 1832, foi comprada três anos depois pelo rico comerciante Seabury Tredwell e ficou com a família até 1933, quando morreu sua última descendente, Gertrude Tredwell. Ela tinha conservado a casa sem mudanças e um parente decidiu convertê-la em museu em 1936. Nas salas do andar térreo vê-se a opulência em que viviam os comerciantes bem-sucedidos de Nova York no século XIX.

St. Mark's-in-the--Bowery Church ❺

131 E 10th St. **Mapa** 4 F1. ***Tel*** *(212) 674-6377.* Ⓜ *Astor Pl.* *8h30-16h seg-sex (horários variáveis).* *18h30 qua, 11h dom; em espanhol: 17h30 sáb.*

Esta igreja de 1799 é uma das mais antigas de Nova York. Foi construída no lugar de outra erguida em 1660 na *bowery* (fazenda) do governador Peter Stuyvesant. Ele está enterrado aqui, ao lado de sete gerações de descendentes e muitos nova-iorquinos importantes na época. O poeta W. H. Auden, membro da paróquia, também é homenageado. Em 1878 houve um sequestro sinistro no cemitério, quando ladrões roubaram os restos mortais do grande proprietário de lojas de departamentos A. T. Stewart e pediram pagamento de resgate de US$ 20 mil para devolvê-los. A reitoria, erguida em 1900 no nº 232 de East 11th Street, é do mesmo arquiteto do Singer Building *(p. 106)*, Ernest Flagg.

Grace Church ❻

802 Broadway. **Mapa** 4 F1. ***Tel*** *(212) 254-2000.* Ⓜ *Astor Pl, Union Sq.* *M1-3, M8, M101-3.* *jul-ago: 10h, 18h dom; set-jun: 9h, 11h, 18h dom.* ***Concertos***. **www**.gracechurchnyc.org

James Renwick Jr., arquiteto da St. Patrick Cathedral, tinha apenas 23 anos quando projetou esta igreja, considerada por muitos sua mais bela obra. As linhas delicadas no estilo gótico têm uma graça que combina com o nome da igreja. O interior é igualmente belo, com vitrais pré-rafaelitas e piso de mosaico.

A paz e a tranquilidade da igreja foram interrompidas em 1863, quando Phineas T. Barnum, dono do famoso circo, promoveu aqui o casamento do general anão Tom Thumb (Pequeno Polegar). Uma multidão compareceu e a festa foi caótica. Em 1888, a torre de madeira foi substituída por uma de mármore. Temia-se que fosse pesada demais e, de fato, o prédio é nitidamente inclinado. Vê-se a igreja de longe – fica na curva criada na Broadway quando Henry Brevoort obrigou a prefeitura a desviar a rua de seu pomar.

Altar e vitral de Grace Church

Tom Thumb e sua noiva na Grace Church

Tompkins Square ❼

Mapa 5 B1. Ⓜ *2nd Ave, 1st Ave.* *M8, M9, M14A.*

Este parque em estilo inglês é tranquilo, mas já foi palco de muitos conflitos. Foi nele que, em 1874, ocorreu a primeira manifestação trabalhista organizada dos EUA. Na década de 1960, era o principal ponto de encontro dos hippies do bairro e, em 1991, muitas pessoas ficaram feridas quando a polícia tentou despejar um grupo de sem-teto que havia ocupado o local.

O parque também tem um comovente monumento à maior tragédia ocorrida no bairro. A pequena estátua de duas crianças olhando para um barco a vapor homenageia os mil moradores que morreram no desastre do *General Slocum*, um navio que pegou fogo quando levava passageiros em um cruzeiro no rio East, em 15 de junho de 1904. O barco estava lotado de mulheres e crianças do bairro, na época predominantemente alemão. Muitos homens perderam toda a família e acabaram se mudando para outras áreas da cidade.

Bayard-Condict Building ❽

65 Bleecker St. **Mapa** 4 F3. Ⓜ *Bleecker St.*

As graciosas colunas, a elegante fachada de terracota e a magnífica moldura deste edifício de 1898 marcam a única obra erguida em Nova York por Louis Sullivan, o grande arquiteto que deu aulas para Frank Lloyd Wright. Ele morreu em 1924, em Chicago, pobre e esquecido.

Consta que Sullivan era contrário à colocação dos anjos que sustentam a moldura do Bayard-Condict Building, mas acabou rendendo-se à insistência do proprietário, Silas Alden Condict.

Como o edifício fica no meio de um quarteirão comercial, cercado por outros, é melhor apreciado a distância. Atravesse a rua e desça um pouco a Crosby Street para vê-lo em seu melhor ângulo.

O Bayard-Condict Building

GRAMERCY E FLATIRON DISTRICT

No século XIX, um grupo de construtores reservou quatro terrenos para a criação de bairros residenciais tranquilos e planejados, parecidos com os das cidades europeias. Um deles era Gramercy Park, ainda hoje uma área primordialmente residencial. As casas que circundam a praça foram projetadas pelos melhores arquitetos de Nova York, como Calvert Vaux e Stanford White, e habitadas por seus mais importantes cidadãos. Perto daqui, no fim da 5th Avenue, uma área malcuidada vizinha ao Flatiron Building foi restaurada e está sendo ocupada por prédios de alto padrão, butiques e cafés.

Lagartixa em uma estátua da Union Square

PRINCIPAIS ATRAÇÕES

Ruas e Edifícios Históricos

Appellate Division of the Supreme Court of the State of New York ❸
Block Beautiful ⓫
Con Edison Headquarters ⓮
Flatiron Building ❺
Gramercy Park Hotel ⓬
Ladies' Mile ❻
The Library at the Players ❾
Metropolitan Life Insurance Company ❹
National Arts Club ❽
New York Life Insurance Company ❷

Museus e Galerias

Theodore Roosevelt Birthplace ❼

Igrejas

The Little Church Around the Corner ⓰

Parques e Praças

Gramercy Park ❿
Madison Square ❶
Stuyvesant Square ⓭
Union Square ⓯

VEJA TAMBÉM

- ***Guia de Ruas***, mapas 8, 9
- ***Onde Ficar*** p. 282
- ***Restaurantes*** pp. 302-3

COMO CHEGAR

As estações de metrô mais próximas ficam na 23rd St, onde param os trens F, M, N, R e 6, e na Union Sq (trens L, N, Q, R, 4, 5 e 6). Entre os ônibus da área estão o M101-3, na 3rd Ave, o M1-3 ou M5, na 5th e Madison Aves, e o M7, na Sixth Ave.

LEGENDA

- Mapa Rua a Rua
- Ⓜ Estação de metrô

◁ **Con Edison Headquarters de noite**

Rua a Rua: Gramercy Park

Gramercy Park e a vizinha Madison Square parecem ficar em cidades diferentes. Madison Square é cheia de escritórios, trânsito congestionado e frequentada principalmente pelas pessoas que trabalham na região. Mesmo assim sua bela arquitetura comercial e suas estátuas justificam uma visita. Aqui ficava o velho Madison Square Garden, o famoso centro de lazer projetado por Stanford White que atraía multidões em busca de diversão. Gramercy Park, pelo contrário, conserva até hoje a tranquilidade e dignidade originais. Todos os clubes e casas dão para este que é o último parque particular de Nova York – e só os moradores têm a chave.

Estátua de Diana no velho Madison Square Garden

★ Madison Square
O Knickerbocker Club jogava beisebol nesta praça por volta de 1840 e foi o primeiro a codificar as regras do esporte. Hoje funcionários de escritórios e turistas apreciam as estátuas de figuras do século XIX, como o almirante Farragut ❶

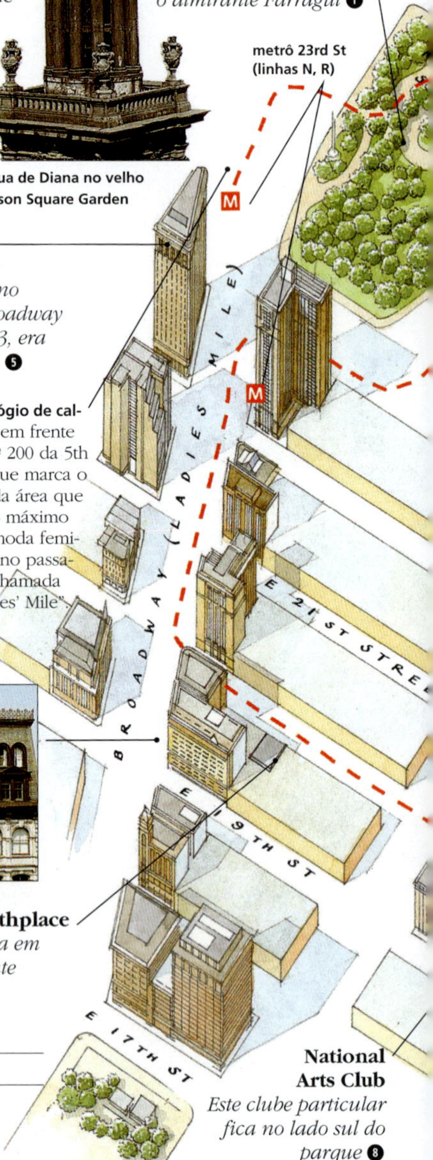

★ Flatiron Building
Este prédio, um dos primeiros arranha-céus da cidade, fica no triângulo entre 5th Avenue, Broadway e 22nd Street. Erguido em 1903, era o mais alto edifício do mundo ❺

O relógio de calçada em frente ao nº 200 da 5th Avenue marca o fim da área que era o máximo em moda feminina no passado, chamada "Ladies' Mile".

"Ladies' Mile"
Na Broadway, entre Union e Madison Squares, ficava o comércio mais chique. ❻

Theodore Roosevelt Birthplace
Esta é uma réplica da casa em que nasceu o 26º presidente dos Estados Unidos ❼

LEGENDA

– – – Percurso sugerido

0 m 100

National Arts Club
Este clube particular fica no lado sul do parque ❽

Appellate Court
Acredita-se que este seja o mais movimentado tribunal do mundo ❸

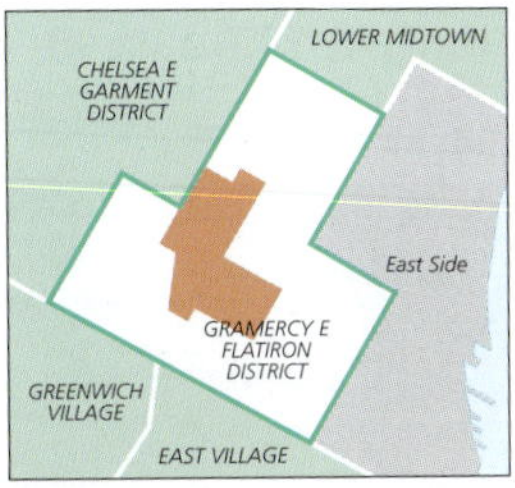

LOCALIZE-SE
Mapa de Manhattan pp. 14-5

New York Life Insurance Company
Este edifício projetado por Cass Gilbert tem topo em pirâmide, sua marca registrada ❷

PONTOS ALTOS

★ Flatiron Building

★ Madison Square

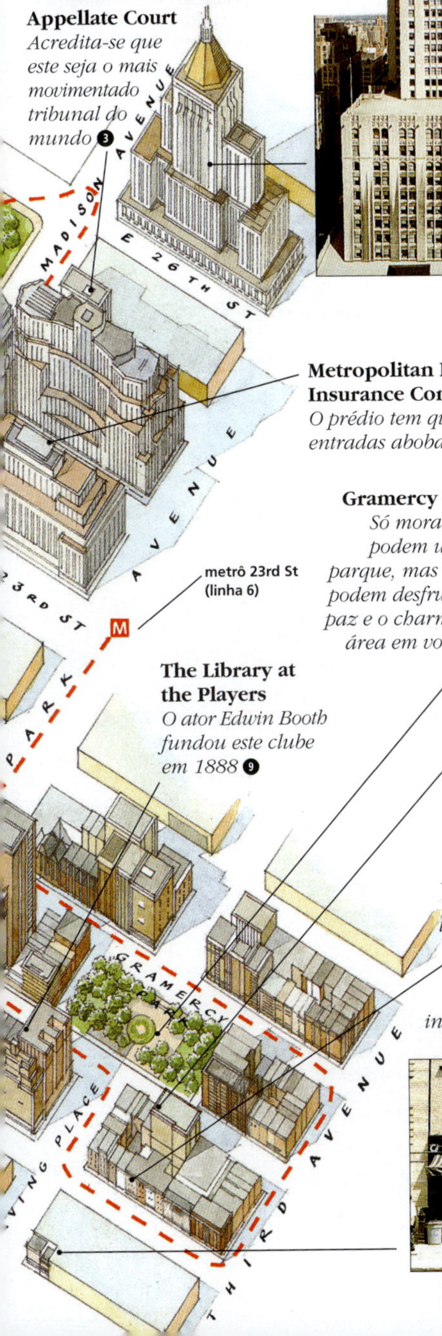

Metropolitan Life Insurance Company
O prédio tem quatro entradas abobadadas ❹

Gramercy Park
Só moradores podem usar o parque, mas todos podem desfrutar a paz e o charme da área em volta ❿

metrô 23rd St (linha 6)

The Library at the Players
O ator Edwin Booth fundou este clube em 1888 ❾

A Brotherhood Synagogue, antes de ser sinagoga, foi uma sala de reuniões dos quackers, entre 1859 e 1975.

Block Beautiful
Este é um trecho de East 19th Street, ladeado de árvores. Nenhuma casa se destaca, mas a rua, como o nome indica, é belíssima ⓫

A Pete's Tavern ocupa este local desde 1864. O contista O. Henry, cronista da cidade, escreveu *The Gift of the Magi* em uma das mesas do bar.

Madison Square ❶

Mapa 8 F4. M *23rd St.*

Estátua de Farragut, Madison Square

Planejada para ser o centro de um bairro residencial elegante, esta praça tornou-se um local de grande movimento depois da guerra civil americana. Nela ficavam o elegante Fifth Avenue Hotel, o Madison Square Theatre e o velho Madison Square Garden, de Stanford White. Em 1884, aqui foi exposto o braço da Estátua da Liberdade que leva a tocha.

O Shake Shak é um ótimo restaurante frequentado por funcionários dos escritórios locais na hora do almoço, e o parque ao seu redor é perfeito para uma caminhada e para admirar a estátua do almirante David Farragut, herói naval da guerra civil, esculpida em 1880 por Augustus Saint-Gaudens, com pedestal de Stanford White e figuras da Coragem e da Lealdade na base. A estátua de Roscoe Conkling homenageia um senador morto na grande nevasca de 1888. O mastro Luz Eterna, de Carrère e Hastings, lembra os soldados que morreram durante a Primeira Guerra Mundial.

New York Life Insurance Company ❷

51 Madison Ave. **Mapa** 9 A3. M *28th St.* *horário comercial.*

Este imponente edifício foi projetado em 1928 por Cass Gilbert, célebre arquiteto do Woolworth Building. Seu interior é uma obra-prima, adornado com enormes lustres, portas e painéis de bronze, além de uma grandiosa escadaria que leva, surpreendentemente, a uma estação de metrô.

Outros edifícios famosos já ocuparam o local. O Hippodrome, em 1874, foi seguido pelo primeiro Madison Square Garden, em 1879, onde o famoso peso pesado Jack Dempsey lutava no fim do século XIX. O segundo Madison Square Garden (o lendário "palácio dos prazeres" de Stanford White) foi inaugurado no mesmo local em 1890. A elite da cidade frequentava os musicais e eventos sociais e pagava mais de US$ 500 por um camarote no prestigioso show anual de cavalos.

O edifício tinha arcadas e uma torre imitando a Giralda, de Sevilha, sobre a qual ficava uma estátua de ouro da deusa Diana. Sua nudez era chocante para a época, tal como a vida e morte do próprio Stanford White. Em 1906, ele assistia a um show no jardim do terraço quando foi morto a tiros pelo milionário Harry K. Thaw, marido da ex-amante de White, Evelyn Nesbit. A revista *Vanity Fair* resumiu a reação popular: "White, mulherengo e pervertido, tem uma morte de cachorro". As revelações que surgiram no julgamento de Thaw sobre os escândalos da alta sociedade local superam os enredos de novelas.

Pirâmide dourada no alto da New York Life Insurance Company

Appellate Division of the Supreme Court of the State of New York ❸

E. 25th St. com Madison Ave. **Mapa** 9 A4. M *23rd St.* *9h-17h seg-sex (tribunal em sessão a partir das 14h ter-qui, sex a partir das 10h).* *feriados.*

As apelações de processos cíveis e criminais de Nova York e Bronx são julgadas neste tribunal, o mais ativo do gênero. O arquiteto James Brown Lord projetou o prédio pequeno, mas nobre, em 1900. Ele é ornamentado com muitas e belas esculturas, entre elas as da *Justiça*, ladeada pelo *Poder* e o *Estudo*, conjunto criado por Daniel Chester French. Nos dias úteis, o belo interior, projetado pelos irmãos Herter, é aberto à visitação pública, inclusive a sala do tribunal, quando não há sessões em andamento. Entre os detalhes elegantes que merecem destaque estão as janelas de vidros pintados, a cúpula, os murais e as estantes trabalhadas.

Estátuas da *Justiça* e do *Estudo* no alto da Appellate Court

Há exposições frequentes no saguão sobre os processos mais famosos – e infames – julgados neste tribunal. Entre as várias celebridades envolvidas por diversos motivos nessas apelações figuram Babe Ruth, Charles Chaplin, Fred Astaire, Harry Houdini, Theodore Dreiser e Edgar Allan Poe.

Torre do relógio da Metropolitan Life Insurance Company

Metropolitan Life Insurance Company ❹

1 Madison Ave. **Mapa** 9 A4. *23rd St.* *horário bancário.*

Em 1909, o acréscimo de uma torre de 210m ao edifício erguido em 1893 fez dele o mais alto do mundo, deixando o Flatiron em segundo lugar. Os ponteiros dos minutos no enorme relógio de quatro lados pesam 454kg cada um. Iluminado, o edifício faz parte da paisagem noturna da cidade e inspirou o slogan da Metropolitan: "Uma luz que nunca falha".

Uma série de murais históricos de N. C. Wyeth, célebre ilustrador de clássicos como *Robin Hood*, *A ilha do tesouro* e *Robinson Crusoé* e pai do pintor Andrew Wyeth, enfeitava o restaurante. A construção hoje abriga o First Boston Credit-Suisse.

Flatiron Building ❺

175 5th Ave. **Mapa** 8 F4. *23rd St.* *horário comercial.*

Batizado de Fuller Building, nome de sua construtora e proprietária, esta obra do arquiteto Daniel Burnham, de Chicago, era o edifício mais alto do mundo quando foi concluído, em 1902. Um dos primeiros a ter estrutura de aço, inaugurou a era dos arranha-céus.

Logo ficou conhecido como Flatiron (ferro de passar) Building, por causa de seu formato triangular. Outros o chamavam de "Burnham's Folly" (Loucura de Burnham) e previam que seria derrubado pelas correntes de vento criadas por sua forma. O prédio aguentou firme, mas o vento mais forte na 23rd Street teve uma consequência: levantava as saias compridas das mulheres e atraía uma multidão de homens esperançosos de vislumbrar um pedaço de tornozelo. Os policiais diziam para circular e sua ordem – *23-skidoo* – virou gíria para "vamos andando". Antes decadente, o trecho da 5th Avenue ao sul do Flatiron está se revitalizando; o novo Flatiron Districit já atrai lojas chiques como Paul Smith e Emporio Armani.

O Flatiron Building durante sua construção

Ladies' Mile ❻

Broadway (Union Sq. para Madison Sq.). **Mapa** 8 F4-5, 9 A5. *14th St, 23rd St.*

Loja Arnold Constable

No século XIX, as senhoras elegantes que viviam nos casarões vizinhos saíam em carruagens reluzentes quando iam às compras em lojas como Arnold Constable (nº 881-887) e Lord & Taylor (nº 901). Mas as fachadas foram reformadas e quem quiser ver o que sobrou tem de olhar para cima.

Presidente Teddy Roosevelt

Theodore Roosevelt Birthplace ❼

28 E. 20th St. **Mapa** 9 A5. ***Tel*** *(212) 260-1616* *14th St-Union Sq- 23rd St.* *9h-17h ter-sáb (últ adm: 16h).* *feriados.* *de hora em hora.* ***Palestras, concertos, filmes, videos.*** **www**.nps.gov/thrb

A réplica da casa onde o pitoresco 26º presidente dos EUA passou a infância exibe brinquedos com que o jovem Teddy brincava, buttons de campanha e emblemas do chapéu "Rough Rider", que Roosevelt usava na guerra espanhola-americana. Uma sala destaca sua carreira política e outra, suas viagens de exploração e seus hobbies.

Retratos de grandes escritores em baixo-relevo no National Arts Club

National Arts Club 8

15 Gramercy Pk S. **Mapa** 9 A5.
Tel *(212) 475-3424.* M *23rd St.*
12h-17h seg-sex para exposições.
www.nationalartsclub.org

Projetado por Calvert Vaux em 1881-84, esta grande *brownstone* era a casa do governador Samuel Tilden, que condenou "Boss" Tweed *(p. 27)* e criou a primeira biblioteca pública gratuita. Sua fachada foi redesenhada por Calvert Vaux entre 1881-84. O National Arts Club comprou o prédio em 1906, mantendo os altos tetos e os vitrais originais de John La Farge. Entre os sócios do clube estiveram os principais artistas americanos do fim do século XIX e início do XX, que deviam doar uma obra de arte para se tornar sócios vitalícios – essas contribuições formam o acervo atual. O clube é aberto ao público apenas para exposições.

The Library at the Players 9

18 Gramercy Pk S. **Mapa** 9 A5.
Tel *(212) 228-7610.* M *23rd St.*
exceto para grupos com hora marcada.

Esta *brownstone* de dois andares era a casa do ator Edwin Booth, irmão do assassino do presidente Lincoln, John Wilkes Booth. O arquiteto Stanford White transformou o edifício em um clube em 1888. Embora se destinasse principalmente a atores, teve como membros o próprio White, o escritor Mark Twain, o publisher Thomas Nast e Winston Churchill, cuja mãe, Jennie Jerome, nasceu perto dali. Em Gramercy Park, do outro lado da rua, há uma estátua de Booth no papel de Hamlet.

Decoração em grade do clube The Players

Gramercy Park 10

Mapa 9 A4.
M *23rd St, 14th St-Union Sq.*

Gramercy Park é uma das quatro praças (as outras são Union, Stuyvesant e Madison) construídas nas décadas de 1930 e 40 para atrair moradores da alta sociedade para a área. É o único parque particular da cidade e só quem mora nos edifícios que o cercam tem as chaves dos portões, exatamente como acontecia com os proprietários originais. Através da grade do canto sudeste pode-se ver a fonte de Greg Wyatt, com girafas saltitando em volta de um sol sorridente.

Fonte com sol e girafas, obra de Greg Wyatt, em Gramercy Park

Os casarões que circundam o parque foram projetados pelos mais famosos arquitetos de Nova York, como Stanford White, cuja casa ficava onde hoje está o Gramercy Park Hotel. Os prédios nºs 3 e 4 são especialmente atraentes, com varandas e portões de ferro fundido. O poste em frente ao nº 4 indica a casa do ex-prefeito James Harper. No nº 34, de 1883, moraram o escultor Daniel Chester French, o ator James Cagney e John Ringling, dono de circo, que instalou em casa um órgão gigantesco.

Block Beautiful 11

E 19th St. **Mapa** 9 A5.
M *14th St-Union Sq, 23rd St.*

Fachada de uma casa no Block Beautiful, na East 19th Street

Este é um quarteirão tranquilo de casas dos anos 1920, lindamente restauradas. Nenhuma delas se destaca das outras, mas juntas criam um conjunto muito harmonioso. Na casa nº 132 moraram duas mulheres famosas: Theda Bara, estrela do cinema mudo e primeira sex symbol de Hollywood, e a excelente atriz Mrs. Patrick Campbell, primeira Eliza Doolittle da peça *Pigmalião* (1914), de George Bernard Shaw. Os postes para amarrar cavalos, em frente ao nº 141, e as girafas de cerâmica em baixo-relevo na fachada do nº 147-9, são alguns dos muitos detalhes que vale observar.

Gramercy Park Hotel ⓬

2 Lexington Ave com 21st St. **Mapa** 9 B4. ***Tel*** *(212) 475-4320.* Ⓜ *14th St-Union Sq, 23rd St.* **www**.gramercyparkhotel.com

Situado no endereço da casa de Stanford White, este foi por mais de 60 anos o lar de muitos visitantes internacionais e também de nova-iorquinos. O hotel fica logo à direita do único parque privado de Manhattan. O hotel chique e decadente atraía vários tipos de personagens, de matronas ricas a rock stars. Então Ian Schrager, famoso pelo Studio 54, começou uma reforma de US$ 200 milhões, na qual o hotel de 185 quartos ganhou um visual eclético e boêmio, assinado pelo artista Julian Schnabel. Na reforma foram incluídos 23 apartamentos residenciais, com preços entre US$ 5 e 10 milhões. Os elegantes bares Rose e Jade, além de um restaurante chinês, são abertos ao público.

Stuyvesant Square ⓭

Mapa 9 B5. Ⓜ *3rd Ave, 1st Ave.*

Este oásis sob a forma de dois parques divididos pela 2nd Avenue era parte da fazenda de Peter Stuyvesant, no século XVII. Ainda pertencia à família quando o parque foi criado, em 1836 – Peter G. Stuyvesant vendeu o terreno à prefeitura pela simbólica quantia de US$ 5 (para alegria de quem morava na área e viu o preço dos terrenos explodir). No parque há uma estátua de Stuyvesant, obra de Gertrude Vanderbilt Whitney. O parque separava a propriedade dos Stuyvesants do Gas House District, um bairro mais pobre.

Con Edison Headquarters ⓮

145 E 14th St. **Mapa** 9 A5. Ⓜ *3rd Ave, 14th St-Union Sq.* ● *ao público.*

A torre do relógio deste edifício, que data de 1911, é uma referência local. Originalmente planejada por Henry Hardenbergh, arquiteto muito conhecido por edifícios como o Dakota *(p. 218)* e o Plaza *(p. 181)*, a torre de 26 andares foi construída pela mesma firma que projetou o Grand Central Terminal. Perto do topo, há um farol de bronze de 11,6m que lembra os trabalhadores da Con Ed que morreram durante a Primeira Guerra. A torre não é tão alta quanto o Empire State Building ali perto, mas quando iluminada à noite é um espetáculo, além de simbolizar uma companhia que mantém Manhattan e o resto da cidade iluminados.

Torres do Con Edison (à dir.), Metropolitan Life e Empire State Buildings

Union Square ⓯

Mapa 9 A5. Ⓜ *14th St-Union Sq.* ***Feira*** ◯ *8h-18h, seg, qua, sex, sáb.*

Dia de feira na Union Square

Aberto em 1839, este parque uniu a Bloomingdale Road (atual Broadway) à Bowery Road (atual 4th, ou Park, Avenue) e por isso ganhou esse nome. O centro da praça foi erguido para dar lugar a uma estação subterrânea de metrô. O local é palco de oradores em busca de audiência. Na Depressão de 1930, mais de 35 mil desempregados saíram de lá em passeata até a Prefeitura, reivindicando empregos. Há uma feira livre no parque, que é circundado por lojas de departamentos e supermercados gourmet.

The Little Church Around the Corner ⓰

1 E 29th St. **Mapa** 8 F3. ***Tel*** *(212) 684-6770.* Ⓜ *28th St.* ◯ *8h-18h diariam.* ✝ *12h10 seg-sex, 8h30, 11h dom.* *dom, após serviço das 11h.* ***Palestras e concertos.*** **www**.littlechurch.org

Construída entre 1849 e 1856, a Igreja Episcopal da Transfiguração é um refúgio tranquilo mais conhecido por seu apelido, A Pequena Igreja da Esquina. Quando Joseph Jefferson estava organizando o enterro de seu colega ator George Holland, o pastor de uma igreja vizinha recusou-se a fazer a cerimônia e sugeriu que Jefferson procurasse "a pequena igreja da esquina". O nome pegou e desde então a igreja tem um vínculo especial com o teatro. Sarah Bernhardt costumava frequentá-la.

O vitral no lado sul do transepto, criado por John La Farge, mostra Edwin Booth representando Hamlet. O grito de Jefferson, "Deus abençoe a pequena igreja da esquina!", está gravado em outro vitral.

CHELSEA E GARMENT DISTRICT

Estátua de alfaiate, nº 555 da 7th Avenue

Em 1750, Chelsea era uma área agrícola; em 1830, um subúrbio; 40 anos depois, quando vieram as ferrovias elevadas *("el", pp. 26-7)*, virou área comercial. Na época, a 23rd Street era cheia de teatros e music halls. À sombra do elevado surgiu a "Fashion Row" (rua da moda), com grandes lojas para a classe média. Mas a sujeira e o barulho da "el" afastaram a indústria da moda mais para o centro, e Chelsea começou a decair. Os elevados foram removidos e só então suas casas do século XIX foram redescobertas. Quando a Macy's chegou à Herald Square, o "Garment District" cresceu em volta, adiante do bairro de flores. Atualmente Chelsea está repleto de galerias e antiquários e tem uma grande comunidade gay.

O Empire State Building, na Fifth Avenue, visto a partir da loja de departamentos Macy's, na 34th Street

PRINCIPAIS ATRAÇÕES

Ruas e Edifícios Históricos
Chelsea Historic District ⓭
Empire State Building pp. 136-7 ❷
Galerias de Arte de Chelsea ⓫

General Post Office ❼
General Theological Seminary ⓬
Hugh O'Neill Dry Goods Store ⓯

Igrejas
Marble Collegiate Reformed Church ❶
St. John the Baptist Church ❺

Arquitetura Moderna
Chelsea Piers Complex ❿
Jacob K. Javits Convention Center ❽
Madison Square Garden ❻

Monumentos
Worth Monument ⓰

Parques e Praças
Herald Square ❸
High Line ❾

Mercados
Chelsea Market ⓮

Lojas
Macy's ❹

COMO CHEGAR

Para ir a Chelsea, pegue a linha 1 para 18th ou 23rd St. Os trens C e E da 8th Ave vão até 23rd St. Os ônibus para lá são o M11, M20 e o M23 que cruza a ilha. Para a Macy's, pegue os trens 1, 2 ou 3 até 34th St/Penn Station. Os trens A, C e E param na 34th St. e B, D, F, M, N, Q e R param na Herald Square.

LEGENDA

- Mapa Rua a Rua
- M Estação de metrô
- Heliporto

VEJA TAMBÉM

• ***Guia de Ruas***, mapas 7-8
• ***Onde Ficar*** pp. 283-4
• ***Restaurantes*** p. 304

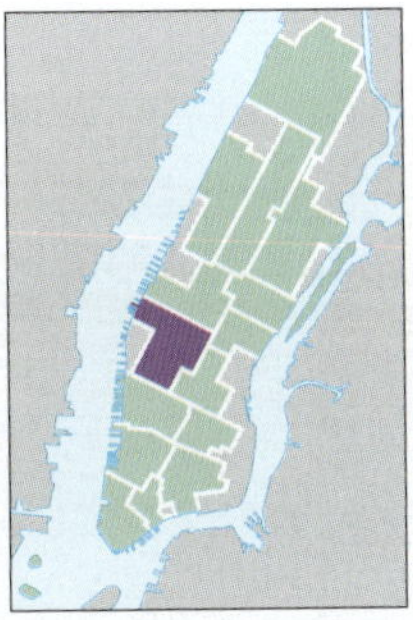

Rua a Rua: Herald Square

Herald Square tem esse nome por causa do jornal *Herald*, que funcionou lá de 1894 a 1921. A área, cheia de gente fazendo compras, foi uma das mais promíscuas da cidade – no fim do século XIX, era chamada de "Tenderloin District" (bairro dos vícios) e repleta de cabarés e bordéis. A chegada da Macy's, em 1901, mudou a feição do bairro, que passou a se dedicar à moda. O Garment District (onde se concentram fábricas e ateliês de costura) ocupa as ruas perto da Macy's e a região da 7th Avenue, chamada de "Fashion Avenue". A leste, na 5th Avenue, fica o Empire State Building, de onde se tem uma das melhores vistas da cidade.

O Manhattan Mall, no prédio onde funcionava a Gimbel's, antiga rival da Macy's, abriga dezenas de lojas, entre elas uma imensa J.C. Penney.

"Fashion Avenue" é o nome dado à 7th Avenue na altura da 34th Street. Esta área é o núcleo da indústria de roupas de Nova York. As ruas vivem cheias de homens empurrando carrinhos de roupas.

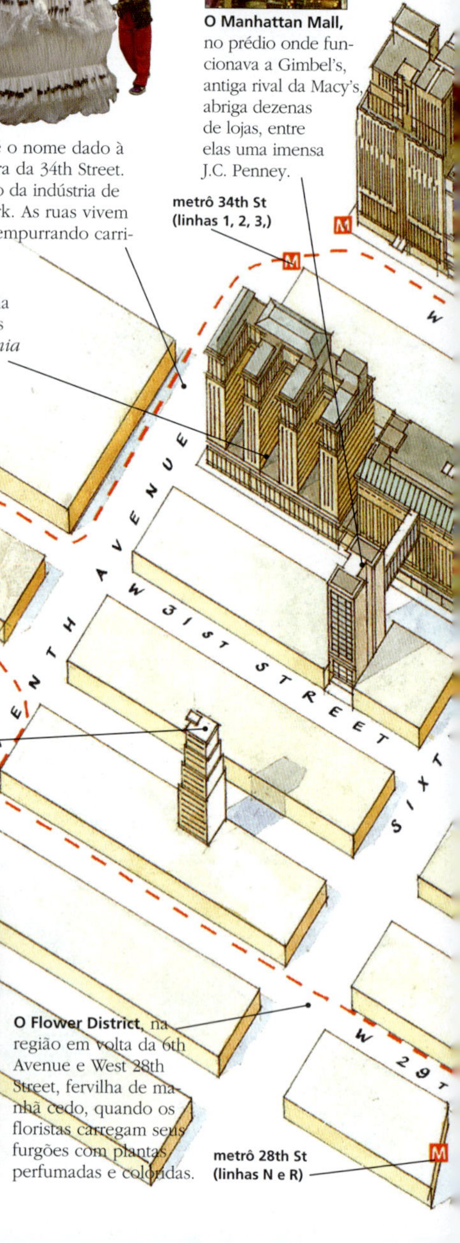

metrô 34th St (linhas 1, 2, 3,)

O Hotel Pennsylvania recebia todas as big bands dos anos 1930 – a canção *Pennsylvania 6-500*, de Glenn Miller, celebrizou seu número de telefone.

St. John the Baptist Church
Uma belíssima série de Estações da Cruz esculpidas enfeita as paredes desta igreja, de mármore branco ❺

O SJM Building fica no nº 130 da West 30th Street. As paredes externas do edifício são enfeitadas com frisos.

O Fur District, centro do comércio de peles, fica no fim do Garment District, entre West 27th e 30th Streets.

O Flower District, na região em volta da 6th Avenue e West 28th Street, fervilha de manhã cedo, quando os floristas carregam seus furgões com plantas perfumadas e coloridas.

metrô 28th St (linhas N e R)

★ Macy's
A maior loja de departamentos do mundo, vende todo tipo de artigos ❹

O Greenwich Savings Bank (agora HSBC), cercado de colunas, parece um templo grego dedicado às finanças.

metrô 34th St (linhas B, D, F, M, N, Q, R, V, W)

Herald Square
O relógio original do New York Herald Building está hoje na esquina da 6th Ave com Broadway ❸

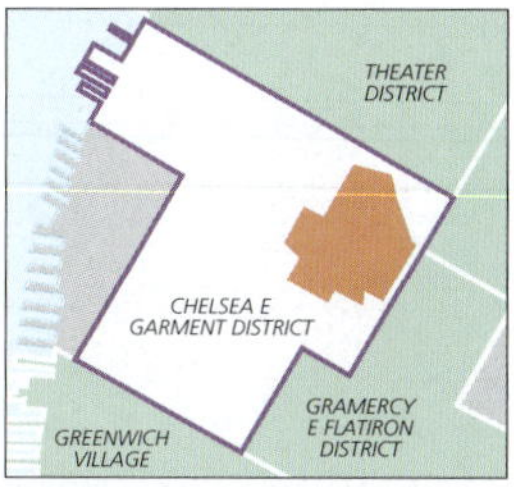

LOCALIZE-SE
Mapa de Manhattan pp. 14-5

LEGENDA

– – – Percurso sugerido

0 m 100

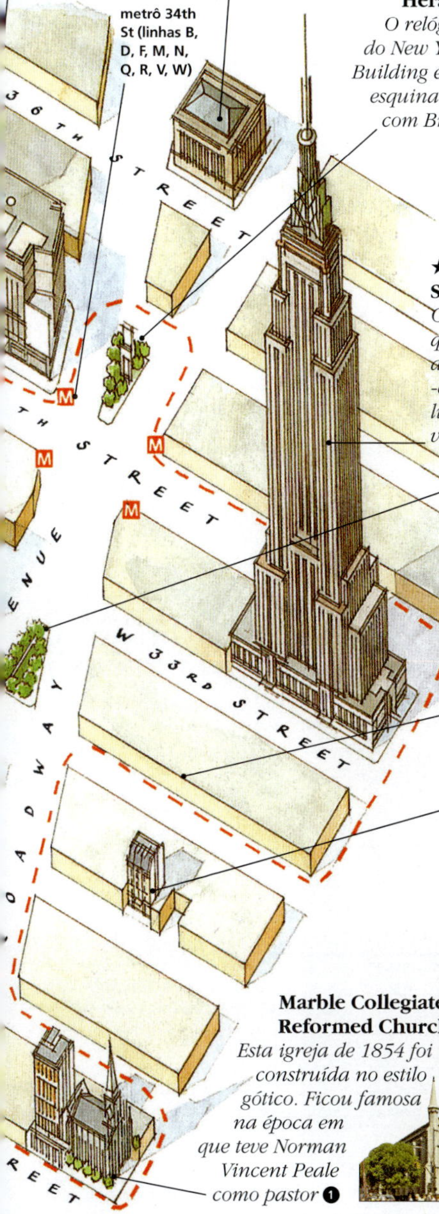

★ Empire State Building
O terraço deste que é o símbolo dos arranha-céus é um bom lugar para se ver a cidade ❷

Greeley Square é mais uma ilha no meio da avenida que uma praça, mas tem uma bela estátua de Horace Greeley, fundador do *Tribune*, de Nova York.

Little Korea é onde os coreanos de Nova York têm suas lojas. Também há restaurantes típicos em West 31st e 32nd Streets.

O Life Building, nº 19 de West 31st Street, foi sede da *Life* na época em que era uma revista satírica. O prédio de 1894, projeto de Carrère e Hastings, agora é um hotel.

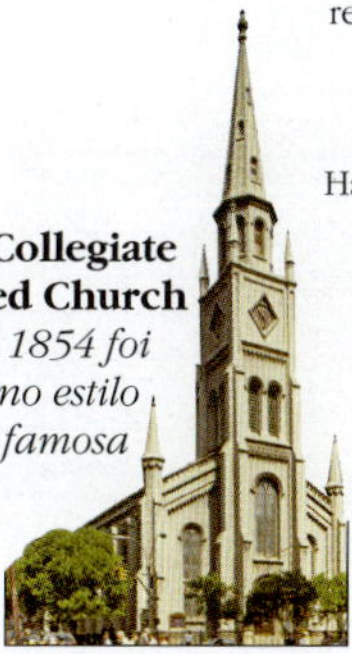

Marble Collegiate Reformed Church
Esta igreja de 1854 foi construída no estilo gótico. Ficou famosa na época em que teve Norman Vincent Peale como pastor ❶

PONTOS ALTOS

★ Empire State Building

★ Macy's

Vitrais Tiffany da Marble Collegiate Reformed Church

Marble Collegiate Reformed Church ❶

1 W. 29th St. **Mapa** 8 F3. ***Tel*** *(212) 686-2770.* *28th St.* *8h30-20h30 seg-sex, 9h-16h sáb, 8h-15h dom.* *feriados.* *11h15 dom.* *durante serviços.* **Santuário** 3 W 29th St. *10h-12h, 14h-16h seg-sex.* **www**.marblechurch.org

Esta igreja é famosa graças ao seu antigo pastor, Norman Vincent Peale, autor de *O poder do pensamento positivo*. O ex-presidente Richard M. Nixon a frequentava em seus tempos de advogado, antes de chegar à Casa Branca.

A igreja foi erguida em 1854, com os blocos de mármore que lhe deram nome. Na época, a Fifth Avenue era apenas uma poeirenta estrada de terra, e a cerca de ferro em volta da igreja servia para impedir a entrada de cavalos e vacas. As paredes internas originais, em branco e dourado, foram substituídas por um desenho *fleur-de-lis* dourado contra um fundo ferrugem suave. Dois vitrais Tiffany com cenas da Bíblia foram instalados na parede sul em 1893.

Empire State Building ❷

pp. 136-7.

Herald Square ❸

6th Ave. **Mapa** 8 E2. *34th St-Penn Station.* *Ver* ***Compras*** *p. 321.*

A praça leva o nome do jornal que ocupou aqui um belo edifício projetado por Stanford White entre 1893 e 1921. A Herald Square foi o centro do Tenderloin District, o bairro da prostituição entre os anos 1870 e 80. Teatros como o Manhattan Opera House, salas de dança, hotéis e restaurantes mantiveram o burburinho da região até 1890, quando cederam à pressão dos reformistas. O relógio ornamental Bennett, que leva o nome do publisher do jornal Herald, James Gordon Bennett Jr., agora fica à esquerda do Herald Building.

A Opera House foi destruída em 1901 para dar lugar à Macy's e logo surgiram outras lojas de departamentos, fazendo da Herald Square o paraíso dos compradores. Também na Herald Square ficava a sede da Gimbel Brothers Department Store, a loja arquirrival da Macy's – a ponto de a briga entre as duas fazer parte do enredo do filme natalino *De ilusão também se vive*. Em 1988, a Gimbel foi convertida em um shopping center com uma brilhante fachada de néon. Os grandes nomes foram embora, mas Herald Square ainda é um importante bairro comercial, que conta com uma rua de pedestres.

Fachada da Macy's na 34th Street

Macy's ❹

151 W. 34th St. **Mapa** 8 E2. ***Tel*** *(212) 695-4400* *34th St-Penn Station.* *10h-21h30 seg-sáb; 11h-20h30 dom.* *feriados.* *Ver* ***Compras*** *p. 319.* **www**.macys.com

A "maior loja do mundo" ocupa um quarteirão inteiro e vende praticamente tudo, em todas as faixas de preço. Foi fundada por um ex-baleeiro, Rowland Hussey Macy, que em 1857 abriu uma lojinha na West 14th Street. Seu logotipo, uma estrela vermelha, imitava uma tatuagem no braço de Macy, lembrança de seus tempos de marinheiro.

Quando morreu, em 1877, sua lojinha já havia sido ampliada e ocupava onze prédios, que cobriam 187 mil m². Em 1902, a Macy's não cabia mais em suas instalações da 14th Street e a firma adquiriu a sede atual. A fachada do lado leste tem uma entrada

Nave da igreja St. John the Baptist

moderna, mas conserva as janelas salientes e os pilares coríntios de 1902. A da 34th Street ainda tem na entrada as estátuas originais guardando a entrada, junto com o relógio, o toldo e a inscrição do nome. Dentro, muitas das escadas rolantes originais – de madeira – ainda estão em funcionamento. Não é de estranhar que a Macy's seja classificada como Marco Histórico Nacional.

A loja patrocina o renomado desfile de Ação de Graças em Nova York *(p. 52)* e o espetáculo de fogos de artifício no Quatro de Julho *(p. 51)*. Sua feira de flores, realizada na primavera, atrai milhares de visitantes.

St. John the Baptist Church ❺

210 W 31st St. **Mapa** 8 E3. ***Tel*** *(212) 564-9070.* M *34th St-Penn Station.* *6h15-18h diariam.* *8h45, 10h30, 5h15 diariam.*

Fundada em 1840 para atender uma congregação de imigrantes recém-chegados, esta pequena igreja católica está hoje quase perdida no coração do centro atacadista de peles, o Fur District. Seu exterior tem uma única torre. Embora a fachada em *brownstone* que dá para a 30th Street esteja coberta de fuligem, há tesouros escondidos por trás da entrada, que passa por dentro de um convento, na 31st Street.

O santuário, obra de Napoleon Le Brun, é uma joia de arcos góticos de mármore com capitéis dourados. As paredes têm baixos relevos com cenas religiosas e a luz é filtrada por vitrais. O convento também inclui o Prayer Garden, um oásis com fonte, estátuas e bancos de pedra.

Madison Square Garden ❻

4 Pennsylvania Plaza. **Mapa** 8 D2. ***Tel*** *(212) 465-6741.* M *34th St-Penn Station.* *seg-dom, o horário varia com a programação.* *Ver* ***Divirta-se*** *p. 360.* **www**.thegarden.com

Só uma coisa boa resultou da demolição do lindíssimo prédio da Pennsylvania Station, projetado por McKim, Mead & White, para abrir espaço para este inexpressivo complexo esportivo construído em 1968: os defensores da preservação do patrimônio cultural da cidade formaram uma associação para impedir atos semelhantes

O Madison Square Garden, erguido em cima da hoje subterrânea Pennsylvania Station, é um cilindro de concreto pré-moldado, prático e bem situado, no centro da cidade. Tem 20 mil lugares e é a sede dos famosos New York Knickerbockers (time de basquete), Liberty (de basquete feminino) e New York Rangers (de hóquei). Além dos jogos desses times, seu calendário é lotado de eventos: shows de rock, torneios de tênis, boxe e luta livre, os circos Ringling Bros e Barnum & Bailey, feira de antiguidades etc. Dentro há um teatro de 5.600 lugares.

Apesar das reformas, o Madison Square Garden não tem a classe do velho estádio de mesmo nome, o belo edifício projetado por Stanford White que promovia apresentações extravagantes *(p. 124)*.

Interior do Madison Square Garden

General Post Office ❼

421 8th Ave. **Mapa** 8 D2. ***Tel*** *(800) ASK USPS.* M *34th St-Penn Station.* *24hs todos os dias, (inclusive feriados). Ver* ***Informações Úteis*** *p. 377.*

Projetado por McKim, Mead & White em 1913 para complementar a Pennsylvania Station (1910), desenhada pela mesma firma no outro lado da rua, a agência central do correio é um perfeito exemplo de edifício público no estilo beaux-arts. Sua fachada, que se estende por dois quarteirões, tem uma escadaria que leva a outra fachada, adornada com vinte colunas coríntias. Na frente, uma inscrição de 85m reproduz a descrição do serviço postal persa, de cerca de 520 a.C.: "Nem neve, nem chuva, nem calor, nem a escuridão da noite impedem os mensageiros de completar com rapidez os percursos designados".

Colunata coríntia do General Post Office

Empire State Building ❷

Empire State Building

O Empire State Building é um dos mais altos arranha-céus de Nova York. Sua construção teve início em março de 1930, não muito tempo após o crash da Bolsa de Valores, em 1929. Em 1931, ao ser inaugurado, a demanda de escritórios era tão pequena que ele ganhou o apelido de "Empty Space Building" (edifício dos espaços vazios). O sucesso dos dois observatórios acabou salvando o prédio da falência – anualmente, mais de 3,5 milhões de pessoas sobem para apreciar a vista.

Símbolos da era moderna são retratados nos medalhões de bronze art déco colocados no lobby.

CONSTRUÇÃO

O projeto previa uma construção rápida e fácil. Todos os componentes possíveis foram pré-fabricados e encaixados no lugar, ao ritmo de quatro andares por semana.

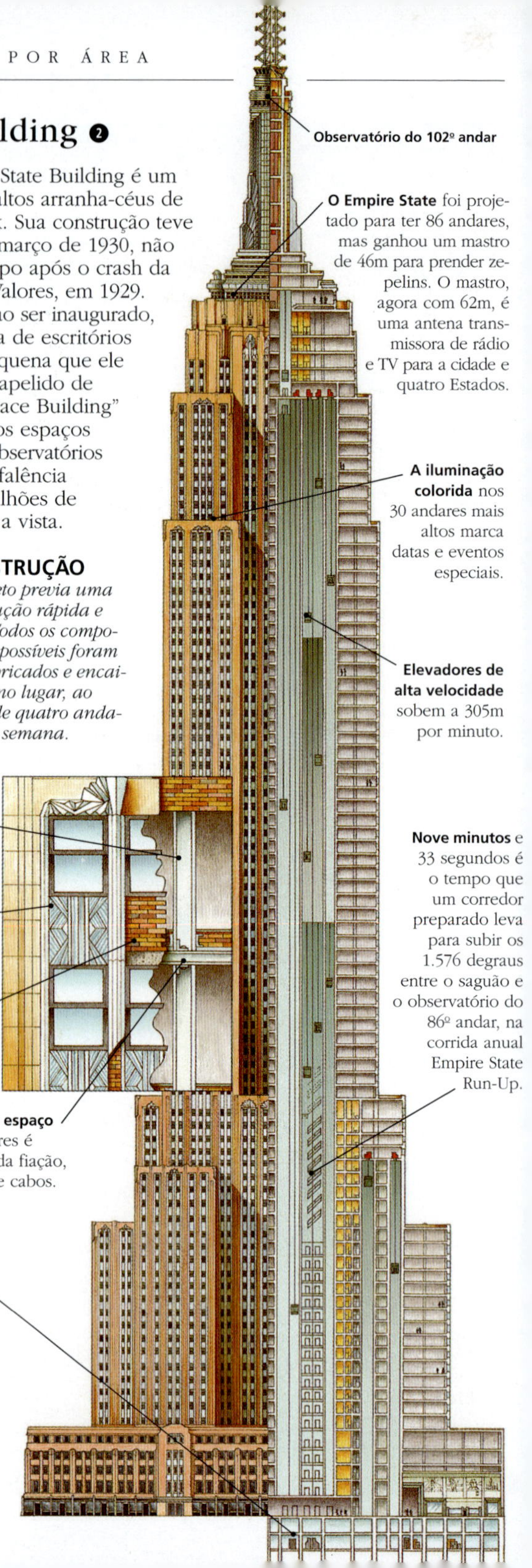

Observatório do 102º andar

O Empire State foi projetado para ter 86 andares, mas ganhou um mastro de 46m para prender zepelins. O mastro, agora com 62m, é uma antena transmissora de rádio e TV para a cidade e quatro Estados.

A iluminação colorida nos 30 andares mais altos marca datas e eventos especiais.

Elevadores de alta velocidade sobem a 305m por minuto.

Nove minutos e 33 segundos é o tempo que um corredor preparado leva para subir os 1.576 degraus entre o saguão e o observatório do 86º andar, na corrida anual Empire State Run-Up.

A estrutura consumiu 60 mil toneladas de aço e foi erguida em menos de seis meses.

Painéis de alumínio, em vez de pedras, envolvem as 6.514 janelas. Guarnições de aço dão acabamento às esquadrias.

Dez milhões de tijolos foram usados para revestir todo o edifício.

O pequeno espaço entre andares é passagem da fiação, tubulação e cabos.

Mais de 200 estacas de aço e concreto sustentam o edifício de 365 mil toneladas.

PONTOS ALTOS

★ Saguão na 5th Avenue

★ Vista dos observatórios

★ Vistas dos observatórios
O observatório do 86º andar oferece vistas incríveis, tanto de suas galerias quanto do deque de 360°. Para chegar ao 102º andar, com altura de 381m, é preciso pagar um adicional no Visitors' Center, no segundo piso, ou pela internet.

PREPARE-SE

350 5th Ave. **Mapa** 8 F2. ***Tel*** *(212) 736-3100.* M *A, B, C, D, E, F, N, Q, R, 1, 2, 3 para 34th St; 6 para 33rd St.* *M1-5, M16, M34, Q32.* **Observatórios** *8h-2h (última admissão: 1h15); os horários podem variar em 1º jan, 24 e 31 dez.* **www**.esbnyc.com

Trabalho no céu
Enquanto a construção ganhava corpo, os trabalhadores demonstravam grande bravura. Aqui, um operário sobe em um gancho. O Chrysler Building e outros arranha-céus ao fundo parecem surpreendentemente pequenos.

Espetáculo de Raios
Condutor natural de raios, o prédio é atingido por cerca de cem deles por ano. O observatório fica aberto mesmo com mau tempo.

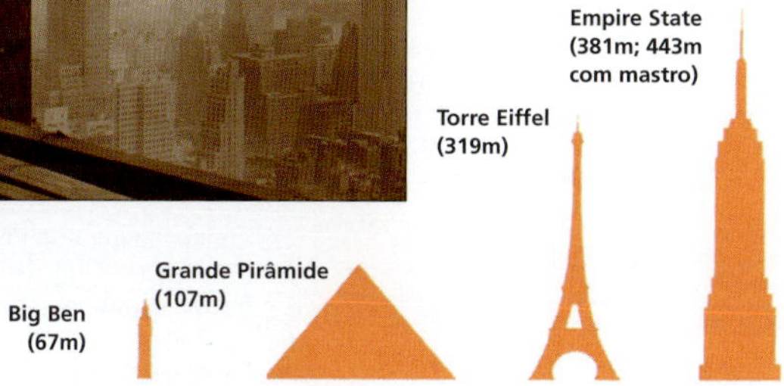

Quem é Quem
Os nova-iorquinos orgulham-se de seu símbolo, maior que edificações marcantes de outros países.

★ Entrada da 5th Avenue
No saguão revestido de mármore, uma imagem do arranha-céu, em alto-relevo, aparece sobreposta ao mapa do Estado de Nova York.

ENCONTROS NO CÉU

O Empire State Building já foi visto em vários filmes. Mas o final do clássico *King Kong*, de 1933, marca sua participação especial mais famosa, quando o enorme macaco, em cima da torre, briga com aviões militares. Em 1945, em um dia de neblina cerrada, um B-25 que sobrevoava Manhattan em baixa altitude chocou-se com o edifício na altura do 78º andar. Um elevador foi parar direto no subsolo. A ascensorista sobreviveu à queda de 79 andares graças aos freios de emergência.

Jacob K. Javits Convention Center ❽

655 W. 34th St. **Mapa** 7 B2. ***Tel*** *(212) 216-2000.* *34th St-Penn Station, 42nd St.* *M34, M42.* *só para apresentações; horário varia.* **www**.javitscenter.com

O Convention Center, ponto alto da arquitetura moderna de Nova York

Moderno e impactante, este edifício de vidro com vista para o rio Hudson, inaugurado em 1986, foi projetado pelo arquiteto sino-americano I. M. Pei para dar a Nova York um novo espaço de convenções e exposições de grande porte. O edifício de dezoito andares é constituído de 16 mil painéis de vidro, tem dois salões com capacidade para milhares de pessoas e um saguão com altura suficiente para alojar a Estátua da Liberdade. Em 1989, a construção da Galleria River Pavilion acrescentou ao prédio um espaço aberto de 3.750m² e dois terraços com vista para o rio.

High Line ❾

Acesso por Gansevoort St, 14th St, 16th St, 18th St e a cada dois ou três quarteirões da 30th St. **Mapa** 3 B1. ***Tel*** *(212) 500-6035.* *23rd St; 14th St (nas linhas A, C, E); 8th Av L; Christopher St/Sheridan Sq.* *7h-22h diariam (até 20h no inverno).* **www**.thehighline.org

Esta via férrea elevada dos anos 1930 foi salva do abandono e transformada em um parque. Em 1999, os moradores do bairro criaram a associação Friends of the High Line, com o objetivo de impedir que a estrutura fosse demolida. Estendendo-se da Gansevoort Street até a Tenth Avenue em direção à 30th Street, o parque desempenhou papel importante na recuperação do bairro. Há um jardim com grama, árvores e arbustos e seções com diferentes características – um minigramado, um deque e uma passarela de aço – que rendem experiências únicas.

Chelsea Piers Complex ❿

11th Ave (17th para 23rd Sts) **Mapa** 7 B5. ***Tel*** *(212) 336-6666.* *14th St, 18th St, 23rd St.* *M14, M23.* *diariam.* **www**.chelseapiers.com

Este complexo transformou um lugar quase esquecido em um centro de esportes e diversão *(p. 33)*. As instalações encontradas aqui incluem espaços para patinação, pistas de corrida, campos de golfe, uma parede para escalada, marina e locações para cinema e televisão.

Vista aérea do Chelsea Piers Complex

Galerias de Arte de Chelsea ⓫

Entre W 21st St e W 27th St, perto das 10th e 11th Aves. **Mapa** 7 C4. *23rd St.* *geralmente 10h-18h ter-sáb.* **www**.nygallerytours.com

Atraídas pelos aluguéis baratos, as galerias que se instalaram em Chelsea na década de 1990 foram responsáveis pela revitalização da região. Há entre 150 e 200 espaços que exibem obras de artistas em ascensão em todas as mídias. Procure a P.P.O.W. ou a David Zwirner, com trabalhos intrigantes e provocativos. Evite visitar a região aos sábados, quando há um intenso movimento de aficionados de arte.

Manuscrito sobre música, do século XV, no General Theological Seminary

General Theological Seminary ⓬

175 9th Ave. **Mapa** 7 C4. ***Tel*** *(212) 243-5150.* *23rd St.* *12h-15h seg-sex, 11h-15h sáb.* *11h45 seg, qua-sex; 18h ter, dom.* **www**.gts.edu

Fundado em 1817, este seminário, que ocupa um quarteirão inteiro, recebe 150 alunos. Clement Clarke Moore, professor de Línguas Orientais da instituição que hoje é a Columbia University *(p. 224)*, doou o terreno, cujo nome oficial é Chelsea Square. O prédio mais antigo ainda de pé data de 1836. O mais moderno, onde fica a St. Mark's Library, foi erguido em 1960 e contém a maior coleção de Bíblias em latim do mundo.

Só se pode entrar no seminário pela 9th Avenue. Dentro, o jardim ocupa dois quadrados, imitando o pátio das catedrais inglesas, e é belíssimo na primavera.

Chelsea Historic District ⓭

W. 20th St da 9th para 10th Aves. **Mapa** 8 D5. M *18th St, 23rd St.* *M11.*

Embora seja mais conhecido como autor de livros do que como planejador urbano, Clement Clarke Moore tinha uma fazenda neste local, que dividiu em lotes e onde ergueu uma vila de belas casas, no começo do século XIX. Uma cuidadosa restauração recuperou muitas delas.

Destacam-se as sete casas conhecidas como Cushman Row, entre o nº 406 e o 418 da West 20th Street, construídas entre 1839 e 1840 para Don Alonzo Cushman, comerciante e fundador do Greenwich Savings Bank. Cushman, Moore e James N. Wells participaram juntos do desenvolvimento de Chelsea. Cushman Row, rica em detalhes e delicados trabalhos em ferro, é considerada, junto com Washington Square North, o melhor exemplar da arquitetura conhecida como "grega renovada". Observe os festões de ferro fundido em volta das janelas dos sótãos e os abacaxis – antigo símbolo de hospitalidade – nos pilares da escada de duas casas.

Entre o nº 446 e 450 da West 20th Street há belos exemplos do estilo italiano, também muito presente em Chelsea. Os arcos e leques de tijolos nas fachadas, por serem enfeites caros e pouco acessíveis, eram indicadores sutis da riqueza do dono da casa.

Casa de Cushman Row

Hugh O'Neill Dry Goods Store

Chelsea Market ⓮

75 9th Ave (entre 15th e 16th Sts). **Mapa** 7 C5. M *14th St.* *7h-21h seg-sáb, 8h-19h dom.* **www**.chelseamarket.com

Este pátio de alimentação coberto é um dos endereços imperdíveis para gourmets em Nova York. Os visitantes encontram ampla gama de ingredientes finos, alimentos exóticos e presentes charmosos. Entre as lojas destacam-se a Lucy's Whey (queijos artesanais americanos), a Chelsea Wine Vault (vinhos do mundo todo) e a Bowery Kitchen Supply (equipamentos profissionais de cozinha). Diversos fornecedores mantêm padarias e cozinhas que oferecem lanches e refeições de alta qualidade, com ingredientes sempre frescos. O mercado também abriga os estúdios do programa de TV *Food Network*.

Um lanche no descontraído ambiente do Chelsea Market

Hugh O'Neill Dry Goods Store ⓯

655-671 6th Avenue. **Mapa** 8 E4. M *23rd St.*

O armazém de roupas e acessórios de Hugh O'Neill fechou há muito tempo, mas a fachada de colunas e pilastras de ferro fundido, construída em 1876, mostra bem a grandiosidade dos antigos empórios da 6th Avenue entre 18th e 23rd Streets, área conhecida como "Fashion Row". A marca registrada de O'Neill, um excelente vendedor cuja placa ainda se vê na fachada, era a frota de elegantes carrinhos de entrega. Suas clientes enchiam a loja, trazidas pelo elevado da 6th Avenue. Não eram ricas como as freguesas da "Ladies' Mile" *(p. 127)*, mas eram tantas que "Fashion Row" prosperou até a virada do século XIX para o XX, quando o comércio de roupas mudou de lugar. Agora os prédios, a maioria restaurada, viraram superlojas e ponto de lojas de ofertas, como a T. J. Maxx.

Worth Monument ⓰

5th Ave e Broadway. **Mapa** 8 F4. M *23rd St-Broadway.*

Escondido atrás de um medidor de água, no meio do trânsito da cidade, está o obelisco erguido em 1857 para marcar o túmulo da única figura pública enterrada sob as ruas de Manhattan. Trata-se do general William J. Worth, herói de guerra no século XIX. Há uma grade de espadas de ferro fundido em volta do obelisco.

Worth Monument

THEATER DISTRICT

A ida do Metropolitan Opera House para a Broadway e 40th Street, em 1883, atraiu teatros e restaurantes para a área. Na década de 1920, os cinemas levaram à Broadway o glamour do néon. As placas foram aumentando de tamanho e brilho até a rua ganhar o apelido de "Great White Way" (grande via branca).

Desenho de Lee Lawrie no Rockefeller Center

Depois da Segunda Guerra Mundial, a atração pelo cinema diminuiu e o brilho deu lugar à fuligem. No entanto, um projeto de restauração tem buscado recuperar o público e as luzes que agitavam a área. A região também oferece refúgios tranquilos, como a Public Library e o Bryant Park. Para ter o melhor dos dois mundos, visite o Rockefeller Center.

O coração do Theater District, em volta de Times Square

PRINCIPAIS ATRAÇÕES

Ruas e Edifícios Históricos
Alwyn Court Apartments ⑱
Group Health Insurance Building ⑫
New York Public Library ⑧
New York Yacht Club ⑤
Paramount Building ⑬
Shubert Alley ⑭
Times Square ⑩

Museus e Galerias
International Center of Photography ⑨
Intrepid Sea-Air-Space Museum ⑲
Museum of Arts and Design ⑳

Arquitetura Moderna
MONY Tower ⑮
Rockefeller Center ①

Parques e Praças
Bryant Park ⑥

Teatros
Carnegie Hall ⑰
City Center of Music and Dance ⑯
Lyceum Theater ③
New Amsterdam Theater ⑪

Hotéis e Restaurantes
Algonquin Hotel ④
Bryant Park Hotel ⑦

Lojas
Diamond Row ②

COMO CHEGAR

As linhas de metrô A, C e E vão até a Port Authority e se conectam com 1, 2, 3, N, Q, R, S e 7 em Times Sq. As linhas B, D, F e M param no Rockefeller Center e no Bryant Park, onde se pode tomar a 7. C, E e 1 param na 50th St, e N e R, na 49th St. As rotas de ônibus são M1-5, M7, M10, M11, M16, M20, M31 e M104, e, no sentido leste-oeste, M42, M50 e M57.

VEJA TAMBÉM

- ***Guia de Ruas***, mapas 8, 11-12
- ***Onde Ficar*** pp. 284-7
- ***Restaurantes*** p. 304

0 m 500

LEGENDA

- Mapa Rua a Rua
- Estação de metrô
- Embarque de passeio de barco

Rua a Rua: Times Square

Times Square, que leva este nome por causa da The New York Times Tower, de 1906, onde ficava a redação do famoso jornal, é o centro dos espetáculos teatrais da cidade desde 1899, quando Oscar Hammerstein ergueu o Victoria e o Republic. A partir dos anos 1920, as luzes da fachada dos teatros misturam-se aos efeitos de cartazes de publicidade e às do placar luminoso do *Times*, que exibe as últimas notícias. Nos anos 1930, a área foi ocupada pela prostituição e shows eróticos. Recuperada nos anos 1990, agora o glamour da antiga Broadway coexiste com as formas mais modernas de entretenimento nesta que é uma das áreas mais cativantes da cidade.

Paramount Hotel
Neste hotel projetado por Philippe Starck hospedam-se famosos, que também aparecem de madrugada no Paramount Bar *(p. 285)*.

Westin Hotel Este surpreendente hotel de 45 andares é um prisma de luz que oferece uma vista incrível da cidade.

Estúdios da MTV
Multidões se reúnem na calçada para ver a gravação de programas nos estúdios do segundo andar. Uma loja no nível da rua vende objetos relacionados a séries de TV populares.

Sardi's
Estabelecido em Times Square desde 1921, o Sardi's tem paredes que exibem caricaturas de estrelas da Broadway do passado e de hoje.

★ E Walk
Neste conjunto de lojas e de diversão encontram-se cinemas, restaurantes, um hotel e o BB King Blues Club.

★ Times Square ⑩
Todo último dia do ano, à meia-noite, um globo de cristal cai do topo de One Times Square. A vista da frente deste prédio, um marco da cidade, é muito bonita.

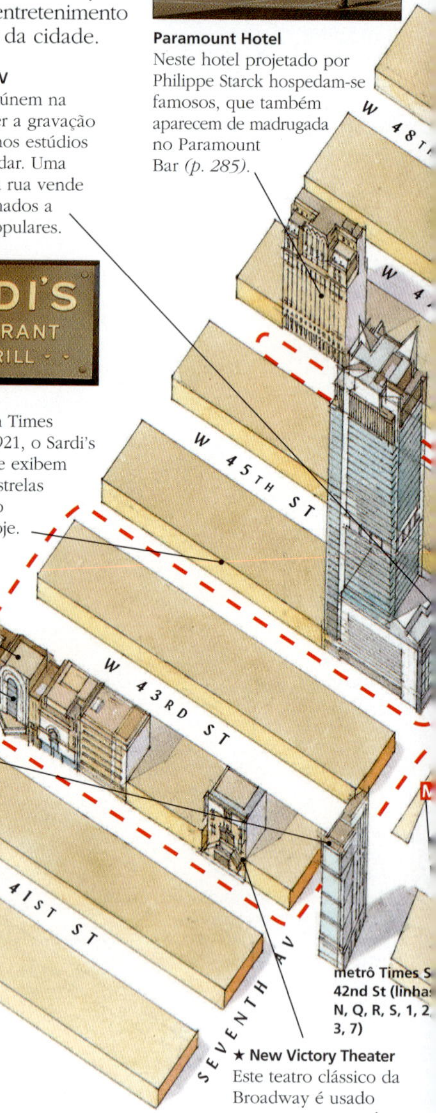

★ New Victory Theater
Este teatro clássico da Broadway é usado como um espaço de performance para jovens artistas.

Cotações eletrônicas
Os números neste visor eletrônico no alto do prédio do banco Morgan Stanley têm 3m de altura. A lei municipal exige que todos os prédios de escritórios em Times Square exibam anúncios em néon, e eles iluminam a praça dia e noite.

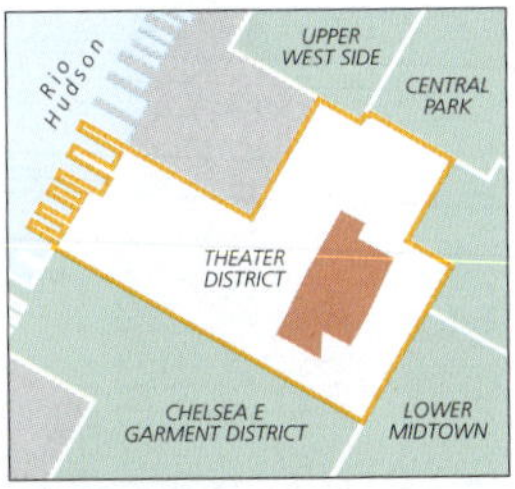

LOCALIZE-SE
Mapa de *Manhattan* pp. 14-5

LEGENDA

- - - Percurso sugerido

PONTOS ALTOS

★ E Walk

★ New Victory Theater

★ Times Square

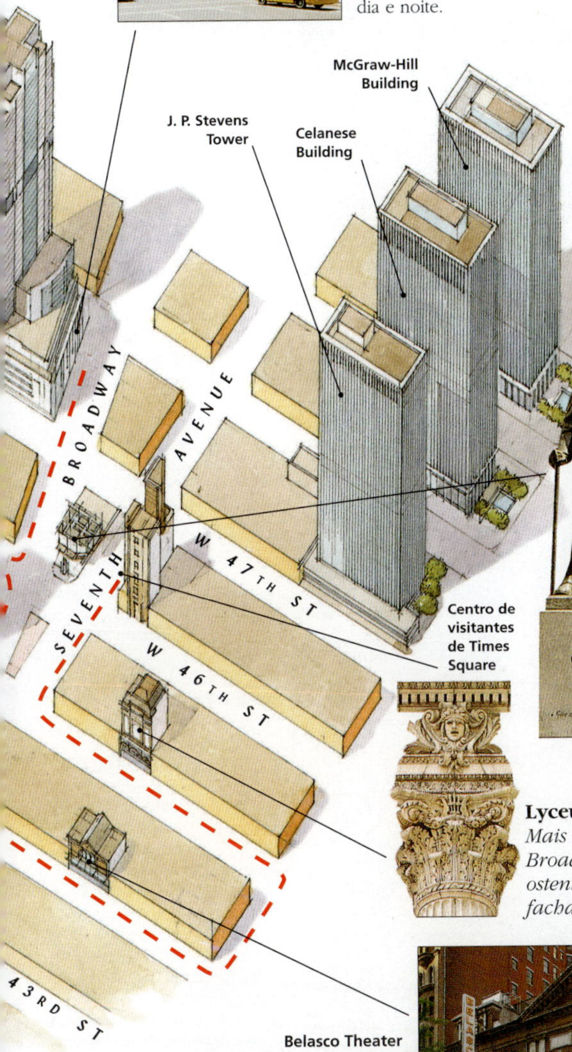

Duffy Square
No centro desta pequena praça encontra-se a estátua de George M. Cohan, responsável por muitos sucessos da Broadway. O nome tem origem em um herói da Primeira Guerra, "Fighting" Father Duffy, também homenageado com uma estátua. Aqui ficam ainda as bilheterias TKTS, que vendem ingressos mais baratos para os teatros.

Lyceum Theater
Mais antigo teatro da Broadway, o Lyceum ostenta uma linda fachada barroca. ❸

Belasco Theater
Construído em 1907 pelo produtor David Belasco, era o teatro mais moderno, em recursos técnicos, de seu tempo. A decoração exibe cristais Tiffany e murais de Everett Shinn. Conta-se que o fantasma de Belasco ainda frequenta o teatro.

O Rockefeller Center, com o GE Building em destaque

Rockefeller Center ❶

Mapa 12 F5. Ⓜ *47th-50th Sts.*
***Tel** (212) 332-6868 (informações).*
NBC, Rockefeller Center, diariam. ***Tel** (212) 664-7174 (reservar antes). Radio City Music Hall, diariam.* ***Tel** (212) 247-4777. Top of the Rock, diariam.* ***Tel** (212) 698-2000*
www.rockefellercenter.com
www.nbc.com **www.**radiocity.com
www.topoftherocknyc.com

Quando a comissão de preservação de marcos de Nova York decidiu por unanimidade tombar o Rockefeller Center, em 1985, qualificou-o de "coração de Nova York... a grande presença agregadora no caótico centro de Manhattan".

O Rockefeller Center é o maior complexo particular do gênero. O projeto art déco foi obra de uma equipe de grandes arquitetos, chefiada por Raymond Hood. Há obras de 30 artistas pelos saguões, fachadas e jardins.

O terreno, um jardim botânico pertencente à Columbia University, foi arrendado em 1928 por John D. Rockefeller Jr., que pensava construir um teatro de ópera. Mas a Depressão de 1929 enterrou o plano, e, como ele tinha um contrato de longa duração, ergueu o atual complexo. A construção dos primeiros catorze edifícios, entre 1931 e 1940, empregou 225 mil pessoas durante a Depressão, e por volta de 1973 o complexo já tinha dezenove edifícios.

O teatro Radio City Music Hall, parte do complexo, foi inaugurado em 1932 e ainda apresenta seus famosos shows no Natal e na Páscoa. Os estúdios da NBC ficam aqui.

A Rockefeller Plaza abriga um conhecido rinque de patinação no inverno, e também uma famosa árvore de Natal.

Top of the Rock é um observatório entre os andares 67 e 70 que oferece uma incrível vista de 360° da cidade.

***Sabedoria**, de Lee Lawrie, no GE Building*

Diamond Row ❷

47th St, entre 5th e 6th Aves.
Mapa 12 F5. Ⓜ *47th-50th Sts.*
*Ver **Compras** p. 328.*

Quase todas as vitrines da 47th Street reluzem de ouro e diamantes. Nas lojas e oficinas, joalheiros brigam por fregueses, e nos andares superiores dos prédios enormes quantias de dinheiro trocam de mãos. Diamond Row surgiu nos anos 1930, quando lapidários judeus de Antuérpia e Amsterdã chegaram aos EUA fugindo do nazismo. Ainda hoje, os vendedores judeus de diamantes predominam. O comércio em geral é atacadista, mas atende fregueses individuais. Os interessados devem levar dinheiro vivo, comparar preços e pechinchar – mas comprar aqui só vale a pena para quem entende do assunto.

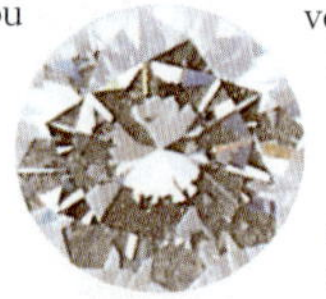

Principal produto de Diamond Row

Lyceum Theater ❸

149 W 45th St. **Mapa** 12 E5. ***Tel** Telecharge (212) 239-6200.* Ⓜ *42nd, 47th St, 49th St.* *Ver **Divirta-se** p. 345.*
www.lyceumtheater.com

O mais antigo teatro de Nova York ainda em operação é um edifício barroco de 1903, enfeitado com "babados". Foi o primeiro teatro projetado por Herts e Tallant, famosos pelo estilo. Fez história com a temporada recorde de 1.600 apresentações da comédia *Nascida ontem (Born Yesterday)*. Foi o primeiro teatro a ser tombado e, embora a área dos teatros tenha ido mais para o oeste, muitos espetáculos ainda acontecem aqui.

Rose Room no Algonquin Hotel

Algonquin Hotel ❹

59 W 44th St. **Mapa** 12 F5.
Tel *(212) 840-6800.* M *42nd St.*
Ver ***Onde Ficar*** *p. 285.*
www.algonquinhotel.com

Nenhum outro hotel de Nova York representa melhor a história literária da cidade como o Algonquin. Por mais de um século recebeu talentos do país inteiro e internacionais. Na década de 1920, o restaurante Rose Room recebia para almoço a chamada Round Table, grupo de figuras literárias importantes como Alexander Woollcott, Franklin P. Adams, Dorothy Parker, Robert Benchley e Harold Ross. Todos tinham ligação com a revista *New Yorker* – Ross foi seu fundador –, cuja sede, nº 25 da West 43rd Street, tinha uma porta que dava diretamente no hotel.

Reformas preservaram o ambiente civilizado dos velhos tempos no aconchegante saguão, onde gente do teatro e do mundo editorial ainda costuma se reunir para tomar drinques, acomodados em poltronas e chamando os garçons com um sininho de bronze.

Estátua do poeta William Cullen Bryant, no Bryant Park

New York Yacht Club ❺

37 W 44th St. **Mapa** 12 F5. ***Tel*** *(212) 382 1000.* M *42nd St.* ● *ao público (apenas sócios).* **www**.nyyc.org

Excêntrica construção de 1899, recentemente reformada, este clube tem como decoração galeões holandeses do século XVI, esculpidos em madeira. As popas ficam no alto das janelas. As proas, sustentadas por golfinhos e ondas, transbordam pelo parapeito das janelas até a calçada.

Foi neste clube que teve origem a corrida de iates America's Cup, troféu que permaneceu nos EUA de 1857 até 1983. Naquele ano, o prêmio foi para o outro lado do mundo, quando o *Australia II* conquistou uma vitória histórica na competição.

Americas Cup, o cobiçado prêmio de iatismo

Bryant Park ❻

Mapa 8 F1. M *42nd St.*
www.bryantpark.org

Em 1853, o local onde agora fica a New York Public Library era um reservatório de água, o Croton Reservoir, e o Bryant Park (então Reservoir Park) fazia moldura para o reluzente Crystal Palace, construído para a Feira Mundial *(p. 25)*.

Nos anos 1960, o parque foi tomado por traficantes de drogas. Fechado em 1989 e reformado, voltou a ser frequentado por turistas e funcionários dos prédios em volta. Na primavera e no outono, ocorrem desfiles de moda; no verão há exibição de filmes.

Sob o parque fica o depósito de 7 milhões de livros da biblioteca pública.

Bryant Park Hotel ❼

40 W 40th St. **Mapa** 8 F1.
Tel *(212) 869 0100.* M *42nd St.*
www.bryantparkhotel.com

O edifício do American Radiator (agora Bryant Park Hotel) foi o primeiro grande trabalho em Nova York de Raymond Hood e John Howells, que depois projetaram os prédios do Daily News *(p. 155)*, do McGraw-Hill e o Rockefeller Center. A estrutura, de 1924, lembra o edifício gótico pelo qual Hood era mais conhecido na época, o Tribune Tower, em Chicago. O desenho elegante dá a impressão de que o prédio é mais alto que seus 23 andares. A fachada de tijolo preto é realçada pela guarnição de terracota dourada, lembrando carvão em brasa – comparação que combina com seus proprietários originais, fabricantes de aquecedores. Atualmente o prédio é um hotel de luxo *(p. 288)*, em frente ao Bryant Park e conta com uma filial do restaurante da moda de Los Angeles, o Koi.

O Bryant Park Hotel, antigo prédio do American Radiator

The New York Public Library 8

5th Ave e 42nd St. **Mapa** 8 F1. ***Tel*** *(212) 930-0830.* *42nd St-Gd Central, 42nd St-5th Ave.* *10h-18h seg-sáb, 13h-17h dom.* *feriados.* ***Palestras.*** **www.**nypl.org

A porta do Salão Principal de Leitura

Abóbodas de mármore branco esculpido sobre a escadaria do Astor Hall

Em 1897, o cobiçado trabalho de projetar a principal biblioteca pública de Nova York foi confiado aos arquitetos Carrère e Hastings. O primeiro diretor da biblioteca desejava um prédio apropriado para o estudo, calmo, bem iluminado e arejado, onde milhões de livros ficam enfileirados em locais de fácil acesso aos leitores.

Erguida no local do antigo Croton Reservoir *(p. 24)*, a biblioteca foi inaugurada em 1911, sob aplauso geral, apesar de ter custado US$ 9 milhões.

O imenso Salão Principal de Leitura ocupa ao todo dois quarteirões e recebe luz solar dos dois pátios internos. Embaixo há 140km de prateleiras, contendo mais de 7 milhões de volumes. Uma equipe de mais de cem pessoas e computadores leva no máximo dez minutos para localizar um livro.

Um dos dois leões de pedra, que o prefeito LaGuardia chamou de Paciência e Coragem

Há uma sala especial de periódicos com 10 mil publicações atuais, de 128 países. Suas paredes têm murais de Richard Haas homenageando as grandes editoras de Nova York. A biblioteca original reunia as coleções de John Jacob Astor e James Lenox. A atual tem raridades como a cópia da Declaração de Independência dos EUA manuscrita por Thomas Jefferson e o original datilografado de *The Waste Land*, de T. S. Eliot. Mais de mil pedidos de informações são processados todo dia, pelo enorme banco de dados de seu catálogo computadorizado.

Salão Principal de Leitura, com suas luminárias originais de bronze

A biblioteca é o centro de uma vasta rede de 82 filiais, com quase 7 milhões de usuários. Algumas filiais são bastante conhecidas – é o caso da New York Library for the Performing Arts, no Lincoln Center *(p. 212)*, e do Schomberg Center, instalado no Harlem *(p. 229)*.

International Center of Photography ❾

1133 Avenue of the Americas (43rd St) **Mapa** 8 F1. ***Tel*** *(212) 857-0000.* M *42nd St.* *10h-18h ter, qua, sáb-dom, 10h-20h qui-sex.* *feriados.* *10h-17h ter-dom.* **www**.icp.org

Este museu foi fundado por Cornell Capa em 1974 para preservar o trabalho de fotojornalistas como seu irmão Robert, morto em serviço em 1954. A coleção de 12.500 fotos originais inclui trabalhos de outros fotógrafos famosos, tais como Ansel Adams, Henri Cartier-Bresson e W. Eugene Smith. São organizadas exposições especiais do acervo e também de outras fontes. Além das mostras, o centro exibe filmes e oferece palestras e aulas.

Times Square ❿

Mapa 8 E1. M *42nd St-Times Sq.* *Times Square Visitor Center, 1560 Broadway (46th St) 8h-20h diariam.* *12h sex, (212) 869-1890.* **www**.timessquarenyc.org

Os anos 1990 presenciaram a recuperação da Times Square, revertendo a decadência que começara na Depressão. Agora a praça é frequentada por turistas e fãs do teatro, e a tradição da Broadway convive com as inovações dos tempos modernos.

O *New York Times* não ocupa mais seu quarteirão original, no canto sul da praça. Mas ainda acontecem as comemorações de Ano-Novo – a bola de cristal é baixada à meia-noite, há fanfarra e fogos de artifício –, como tem sido desde a inauguração do prédio do jornal, em 1906.

Novos edifícios como o Bertlesmann e o minimalista Condé Nast compartilham espaço com os teatros da Broadway, que volta à sua época áurea. Muitos teatros foram reformados e voltam a exibir novas produções, mais contemporâneas, e o público movimenta os bares e restaurantes locais.

Um dos marcos da área é o arranha-céu de 57 andares, projetado pela Arquitectonica, de Miami. Localizado na 42nd Street com a Eighth Avenue *(p. 142)*, oferece muitas lojas e o E Walk, um centro de compras e diversão. Outras atrações incluem uma filial do Madame Tussaud's Wax Museum na 42nd Street, entre a 7th e a 8th Avenue, além de uma Disney Store, uma Bowlmor Lanes (boliche) e no 1514 da Broadway a Toys 'R' Us.

W. C. Fields (à esq.) e Eddie Cantor (à dir., segurando a cartola) em *Ziegfeld Follies* (1918) no New Amsterdam Theater

New Amsterdam Theater ⓫

214 W 42nd St. **Mapa** 8 E1. ***Tel*** *(212) 282-2900.* M *42nd St-Times Sq.* *10h-15h seg-ter, 10h-11h qui-sáb, 10h dom; (212) 282 2907.*

Quando o New Amsterdam foi inaugurado, em 1903, era o mais luxuoso teatro dos Estados Unidos e o primeiro decorado no estilo art nouveau. Pertenceu a Florenz Ziegfield, que entre 1914 e 1918 lá apresentou seu famoso espetáculo *Ziegfield Follies* – o primeiro da Broadway a cobrar ingresso de US$ 5. Ziegfield instalou no jardim do terraço outro teatro, o Aerial Gardens. Este é um dos muitos belos teatros da 42nd Street que entraram em decadência. Com a reabilitação de Times Square o teatro voltou ao show business.

O topo art déco do Paramount Building

Group Health Insurance Building ⓬

330 W 42nd St. **Mapa** 8 D1. M *42nd St-8th Ave.* *horário comercial.*

Esta construção de 1931 do arquiteto Raymond Hood foi o único edifício de Nova York citado na pesquisa de 1932 da influente International Style. O projeto incomum propicia um perfil em degraus, quando visto do leste e do oeste, e uma fachada lisa, quando visto do norte ou do sul. As faixas de terracota verde na parede externa lhe deram o apelido de "Jolly Green Giant" (simpático gigante verde). Tem saguão em estilo art déco clássico, com vidros opacos e aço inoxidável. A um quarteirão de distância fica Theater Row, uma sequência de simpáticos cafés e teatros off-Broadway.

Paramount Building ⓭

1501 Broadway. **Mapa** 8 E1. M *34th St.*

O fabuloso cinema no andar térreo, onde adolescentes faziam fila para ouvir Frank Sinatra nos anos 1940, não existe mais, mas este sólido edifício de 1927, projetado por Rapp & Rapp, ainda mantém um ar teatral. Cada lado do prédio se eleva simetricamente até o topo em estilo art déco, composto de uma torre, um globo e um relógio. Na época áurea dos luminosos a torre era iluminada à noite e tinha um mirante no alto. O Hard Rock Cafe agora fica aqui.

Shubert Alley ⓮

Entre W 44th e W 45th St. **Mapa** 12 E5. *42nd St-Times Sq.*
*Ver **Divirta-se** p. 342.*

Os teatros das ruas a oeste da Broadway são ricos em histórias e têm arquitetura notável. Dois exemplos clássicos, construídos em 1913, são o Booth (nº 222 da West 45th Street), que leva o nome do ator Edwin Booth, e o Shubert (nº 225 da West 44th Street), assim chamado por causa do magnata do teatro Sam S. Shubert. Eles formam um dos lados da Shubert Alley, onde candidatos a ator costumavam ficar à espera de uma chance de atuar nas produções de Shubert.

A Chorus Line permaneceu no Shubert até 1990, com um número recorde de 6.137 apresentações; antes disso, Katharine Hepburn estrelou lá *The Philadelphia Story*. No final da Shubert Alley fica o St. James, onde Rogers e Hammerstein estrearam, em 1941, com *Oklahoma,* seguido por *O rei e eu*. Perto fica o restaurante Sardi's, onde os atores esperavam a publicação das críticas na noite de estreia. Irving Berlin encenou *The Music Box Review* em um palco do outro lado da rua, em 1921.

A fachada de azulejos do City Center of Music and Dance

MONY Tower ⓯

1740 Broadway. **Mapa** 12 E4. *57th St-Seventh Ave.* *ao público.*

A sede de 1950 da seguradora Mutual of New York (atual MONY Financial Services) tem um cata-vento que informa tudo, menos a direção do vento. O mastro fica verde quando o tempo está bom, alaranjado quando está nublado, laranja quando chove e branco quando neva. Luzes subindo pelo mastro significam calor; descendo, indicam que vai chover.

City Center of Music and Dance ⓰

131 W 55th St. **Mapa** 12 E4. ***Tel*** *(212) 581-1212.* *57th St-Seventh Ave.* *Ver **Divirta-se** p. 346.* **www.**citycenter.org

Este prédio todo decorado, com cúpula de azulejos espanhóis, foi projetado em 1924 para ser o Masonic Shriners' Temple (loja maçônica). Em 1943, foi salvo da demolição pelo prefeito LaGuardia, que lá instalou a sede da New York City Opera and Ballet. Mesmo quando esta se mudou para o Lincoln Center, o City Center continuou promovendo espetáculos de dança. As reformas que sofreu preservaram seus encantadores exageros arquitetônicos.

Plateia do Shubert Theater, construído por Henry Herts em 1913

Carnegie Hall ⓱

154 W 57th Street. **Mapa** 12 E3. ***Tel*** *(212) 247-7800.* *57th St-Seventh Ave.* **Museu** *11h-16h30 diariam e nos intervalos dos concertos.* *qua.* *11h30, 12h30, 14h e 15h seg-sex; 11h30 e 12h30 sáb; 12h30 dom.* *Ver **Divirta-se** p. 350.* **www.**carnegiehall.org

Financiada pelo milionário Andrew Carnegie, a primeira grande sala de concertos de Nova York data de 1891. O prédio de terracota e tijolo, de estilo renascentista italiano, tem uma das melhores acústicas do mundo. Na noite de estreia, Tchaikovsky foi o maestro convidado, e todas as famílias importantes de Nova York

O Carnegie Hall tem uma das melhores acústicas do mundo

estavam presentes. O movimento era tal que levaram quase uma hora para descer das carruagens. O Carnegie Hall sediou por muitos anos a New York Philarmonic Orchestra, que teve regentes como Arturo Toscanini, Bruno Walter e Leonard Bernstein. Apresentar-se aqui passou a ser símbolo internacional de sucesso, tanto para músicos eruditos quanto para populares.

O milionário Andrew Carnegie

Nos anos 1950, uma campanha liderada pelo violinista Isaac Stern salvou o prédio de ser remodelado, e em 1964 o local foi tombado. A restauração de 1986 devolveu aos balcões de bronze e aos fundos de estuque trabalhado o esplendor original. O museu inaugurado em 1991 conta a história dos cem primeiros anos da "casa que a música construiu". Em 2003, a sala Judy and Arthur Zankel foi reaberta no andar de baixo.

Os maiores músicos e orquestras do mundo apresentam-se no Carnegie Hall, cujos corredores são enfeitados com objetos relacionados aos que aqui se exibiram.

Alwyn Court Apartments ⓲

180 W 58th St. **Mapa** 12 E3. Ⓜ *57th St-Seventh Ave.* ● *ao público.*

Este prédio de apartamentos, construído em 1909 por Harde e Short, tem nas paredes externas um festival de coroas, dragões e outras esculturas de terracota, em estilo renascentista francês. O térreo foi reformado e perdeu a cornija, mas o resto do edifício está intacto.

A fachada segue o estilo do tempo de Francisco I, da França, em cujo reinado foram erguidos os mais belos castelos do vale do Loire e cujo símbolo, uma salamandra coroada, é visto acima da entrada.

O pátio interno abriga as pinturas do ilusionista Richard Haas, que fazem com que simples paredes lisas deem a impressão de pedra esculpida.

A salamandra, símbolo de Francisco I, em Alwyn Court

Intrepid Sea-Air-Space Museum ⓳

Pier 86, W 46th St. **Mapa** 11 A5. *(877) 957-SHIP. M16, M42, M50. abr-set: 10h-17h seg-sex; 10h-18h sáb-dom e feriados; out-mar: 10h-17h ter-dom e feriados.* **www**.intrepidmuseum.org

As atrações deste porta-aviões incluem caças dos anos 1940, o A-12, o avião de espionagem mais veloz do mundo, e o submarino de mísseis teleguiados *Growler*.

A sala Stern Hall mostra os superporta-aviões modernos; a Tecnologies Hall, os foguetes do futuro e dois simuladores de voo. Mission Control acompanha ao vivo as missões da Nasa.

Fotografias, filmes e material de arquivo mostram a vida dos tripulantes.

O convés do Intrepid exibe caças e aviões de espionagem

Museum of Arts and Design ⓴

2 Columbus Circle. **Mapa** 12 D3. ***Tel*** *(212) 956-3535.* Ⓜ *59th St-Columbus Circle. 11h-18h ter-dom (21h qui-sex).* ● *feriados.* ***Palestras, filmes.*** **www**.madmuseum.org

Uma instituição cultural líder, este museu, instalado num edifício moderno e audacioso, é dedicado a objetos contemporâneos, de peças de argila e vidro a outras de madeira, metal e fibras. Esta coleção permanente inclui mais de 2 mil artefatos de artistas e designers do mundo todo. Estão à venda itens de primeira linha de fabricantes americanos.

LOWER MIDTOWN

Da Beaux-Arts à Art Déco, a região logo abaixo do centro de Manhattan, conhecida por Lower Midtown, tem belos exemplares de arquitetura. A tranquila e residencial Murray Hill leva o nome da grande propriedade rural que lá existia. Na virada do século XIX para o XX, era endereço de famílias importantes, como a do financista J. P. Morgan, cuja biblioteca, agora museu, mostra o esplendor da época. O ritmo se acelera na 42nd Street, perto do Grand Central Terminal, onde altos edifícios de escritórios ocupam as ruas. Mas poucos prédios novos se comparam ao terminal, em estilo beaux-arts, ou à beleza art déco do Chrysler Building.

Porta de bronze, Fred F. French Building

PRINCIPAIS ATRAÇÕES

Ruas e Edifícios Históricos

Chanin Building 4
Chrysler Building 5
Daily News Building 6
Fred F. French Building 12
Grand Central Terminal pp. 156-7 2
Helmsley Building 8
Home Savings of America 3
Sniffen Court 15
Tudor City 7

Museus e Galerias

Japan Society 11
Morgan Library & Museum pp. 164-5 14

Arquitetura Moderna

MetLife Building 1
Nºs 1 e 2 da United Nations Plaza 9
Nações Unidas pp. 160-3 10

Igrejas

Church of the Incarnation 13

COMO CHEGAR

De metrô, pegue as linhas S ou 7 ou a Lexington Ave até 42nd St-Grand Central. Os ônibus M1-5, M15, e M101-3 percorrem as avenidas e os M16, M34, e M42 cruzam a cidade.

VEJA TAMBÉM

- ***Guia de Ruas***, mapas 9, 12, 13
- ***Onde Ficar*** pp. 287-8
- ***Restaurantes*** p. 306

LEGENDA

Mapa Rua a Rua
M Estação de metrô

◁ **Torre revestida de aço inoxidável do Chrysler Building**

Rua a Rua: Lower Midtown

Uma caminhada pelas vizinhanças do Grand Central Terminal dá uma boa amostra da mistura de estilos arquitetônicos de Nova York. Recue para melhor apreciar os contornos dos edifícios mais altos e entre para conhecer belos interiores, de átrios modernos como os do Philip Morris Building e da Ford Foundation aos amplos espaços do Grand Central Terminal, passando pelos detalhes ornamentais do Home Savings Bank.

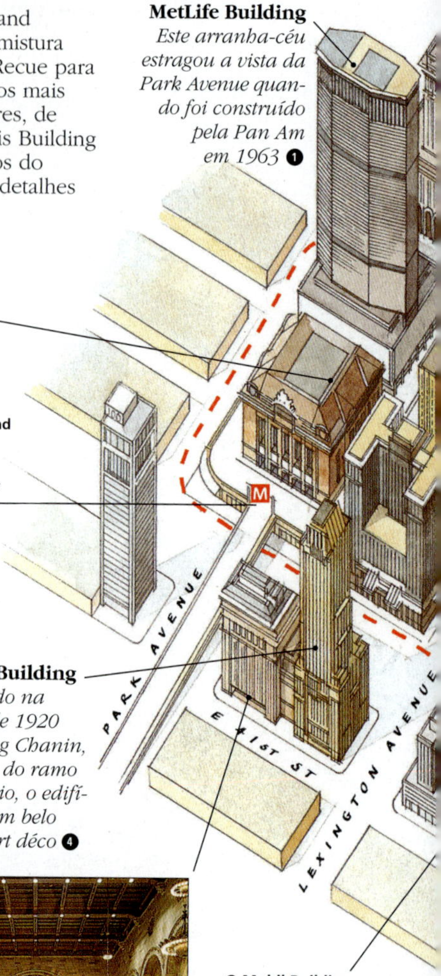

MetLife Building
Este arranha-céu estragou a vista da Park Avenue quando foi construído pela Pan Am em 1963 ❶

★ **Grand Central Terminal**
O amplo interior é uma relíquia do apogeu das viagens de trem. Este edifício abriga lojas e restaurantes finos ❷

metrô Grand Central 42nd St (linhas S, 4, 5, 6, 7)

Chanin Building
Construído na década de 1920 por Irwing Chanin, magnata do ramo imobiliário, o edifício tem um belo saguão art déco ❹

PONTOS ALTOS

- ★ Chrysler Building
- ★ Daily News Building
- ★ Grand Central Terminal
- ★ Home Savings of America

★ **Home Savings of America**
Antiga sede do Bowery Savings Bank, este é um dos mais elegantes prédios de bancos de Nova York. Foi projetado pelos arquitetos York & Sawyer para lembrar um palácio românico ❸

O Mobil Building tem fachada de aço inoxidável com padrões geométricos gravados em relevo. O prédio foi construído em 1955.

Porta de bronze, Home Savings Bank

Helmsley Building
A entrada trabalhada reflete a riqueza da New York Central Railroad, primeira ocupante do prédio ❽

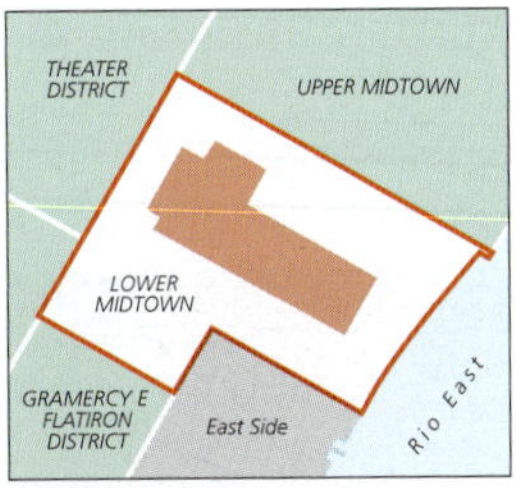

LOCALIZE-SE
Mapa de Manhattan pp. 15-6

LEGENDA

– – – Percurso sugerido

0 m 100

Caixa de correio do Chrysler Building

★ Chrysler Building
Com temas automotivos, este exemplo do estilo art déco foi construído em 1930 pela empresa Chrysler ❺

Operário descansa durante a construção do Chrysler Building

O Ford Foundation Building é a sede da Fundação Ford, braço filantrópico da empresa automobilística. O prédio em forma de cubo, de granito cinza-rosado, vidro e aço, tem um adorável jardim interno.

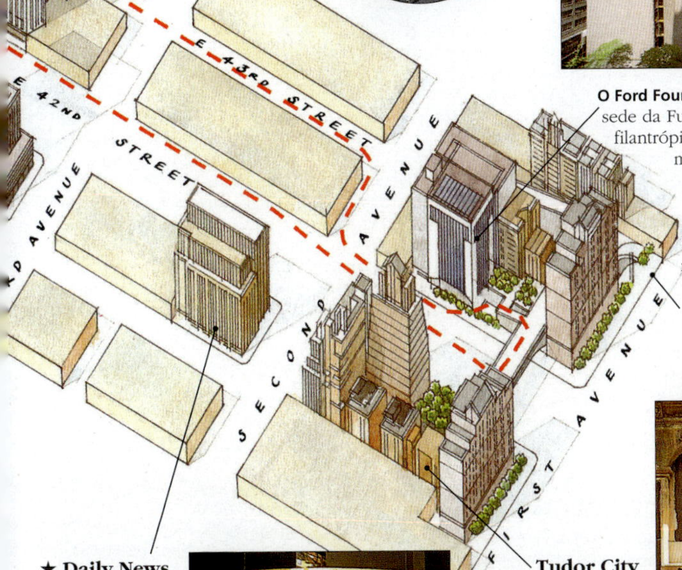

Ralph J. Bunche Park

★ Daily News Building
Antiga sede do jornal, em estilo art déco. No saguão há um enorme globo giratório ❻

Tudor City
Este complexo de 1928 tem 3 mil apartamentos. O estilo é Tudor americano com belos entalhes de pedra ❼

MetLife Building ❶

200 Park Ave. **Mapa** 13 A5.
Ⓜ *42nd St-Grand Central.*
◯ *horário comercial.*

Saguão do MetLife Building

As esculturas no topo da estação de trem Grand Central Terminal tinham o céu como moldura até surgir este colosso, em 1963 – na época chamado Pan Am Building, projetado por Walter Gropius, Emery Roth and Sons e Pietro Belluschi –, e acabar com a vista da Park Avenue. Perto dele, a estação pareceu encolher e o desagrado foi geral. Maior edifício comercial do mundo na época, foi tão mal recebido que os planos de construir uma torre sobre o próprio terminal pararam aí.

É irônico que os céus de Nova York tenham sido bloqueados pela Pan Am, a empresa que deu a milhões de pessoas o acesso ao céu em seus aviões. Em 1927, quando foi fundada, Charles Lindbergh, recém-chegado de seu solitário voo transatlântico, foi um dos pilotos e conselheiro sobre novas rotas. Por volta de 1936, a Pan Am criou a primeira linha de passageiros a cruzar o Pacífico e em 1947 introduziu a primeira volta ao mundo de avião.

O famoso heliporto no topo do edifício foi abandonado em 1977, depois que um acidente lançou uma chuva de fragmentos nas ruas vizinhas. Antes do fim da Pan Am o edifício foi vendido em 1981 para a Metropolitan Life.

Grand Central Terminal ❷

pp. 156-7.

Home Savings of America ❸

110 E 42nd St. **Mapa** 9 A1. Ⓜ *42nd St-Grand Central.* ◯ *só com hora marcada.* **Cipriani** ***Tel*** *(646) 723 0826*

Este prédio de 1923 é considerado o melhor trabalho dos arquitetos de bancos York & Sawyer, que escolheram o estilo de basílica românica para os novos escritórios do Bowery Savings Bank (atual Home Savings of America). A entrada em arco leva ao vasto saguão, que tem teto alto com vigas, piso de mosaico e colunas de mármore que apoiam arcos de pedra.

Fachada do Home Savings of America

Entre as colunas observam-se painéis de mosaicos de mármore não polido da França e Itália. O edifício também abriga o restaurante Cipriani, cuja opulenta decoração atrai grandes empresários para jantares comemorativos.

Chanin Building ❹

122 E 42nd St. **Mapa** 9 A1.
Ⓜ *42nd St-Grand Central.*
◯ *horário comercial.*

Pedra trabalhada no Chanin Building

Quartel-general de um dos mais importantes empreiteiros de Nova York, Irwing Chanin, esta torre de 56 andares foi o primeiro arranha-céu da região do Grand Central, uma amostra do que viria a seguir. Foi projetada por Sloan & Robertson em 1929 e é um dos melhores exemplos do estilo art déco. Uma larga faixa de bronze decorada com aves e peixes percorre a extensão da fachada. A base de terracota é decorada com flores e folhas estilizadas e entrelaçadas. Foi o escultor do Radio City Music Hall, René Chambellan, quem criou os relevos e grades de bronze, portas de elevadores, caixas de correio, relógios e o desenho no piso. Os relevos do vestíbulo representam a carreira de Chanin.

Entalhe no saguão do Home Savings of America

Chrysler Building ❺

405 Lexington Ave. **Mapa** 9 A1. ***Tel*** *(212) 682-3070.* *42nd St-Grand Central.* *horário comercial (7h-18h), somente saguão.*

Gárgula de aço inoxidável do Chrysler Building

Walter P. Chrysler começou sua carreira na oficina mecânica da Union Pacific Railroad, mas sua paixão por carros o ajudou a subir ao topo desta indústria – em 1925, fundou a corporação que tem seu nome. O desejo de ter uma sede em Nova York que simbolizasse a empresa o levou a construir este prédio, associado para sempre à época áurea do automobilismo. Seguindo instruções de Chrysler, a torre art déco de aço inoxidável lembra a grade de um radiador, a série de recuos progressivos do prédio é ornada com tampas de radiador, volantes e automóveis estilizados e as gárgulas são inspiradas na figura do capô do Chrysler Plymouth 1929.

Embora tenha perdido o título de edifício mais alto do mundo para o Empire State Building, poucos meses depois de concluído, em 1930, o prédio de 77 andares e 320m de William Van Alen e sua coroa brilhante ainda estão entre os principais marcos da cidade.

A torre no topo foi mantida em segredo até o último momento. Construída dentro do prédio, em uma passagem de emergência, foi içada até sua posição e deixou o prédio mais alto que o do Bank of Manhattan, que acabara de ser concluído e era obra de H. Craig Severance, grande rival de Van Alen. Mas o trabalho do arquiteto não foi recompensado. A Chrysler o acusou de aceitar suborno dos empreiteiros e recusou-se a pagá-lo. A carreira de Van Alen nunca se recuperou da acusação.

O enorme saguão, que exibia modelos de carros da Chrysler no passado, foi totalmente restaurado em 1978. É luxuosamente decorado de mármore e granito de todo o mundo e tem guarnições de aço cromado. O vasto e maravilhoso teto de Edward Thumball mostra cenas dos transportes do fim da década de 1920.

Porta de elevador do Chrysler Building

Embora a Chrysler nunca tenha usado o prédio como sede, o nome ficou, tão firme quanto as gárgulas externas.

Entrada do Daily News Building

Daily News Building ❻

220 E 42nd St. **Mapa** 9 B1. *42nd St-Grand Central.* *8h-18h seg-sex.*

O *Daily News* foi fundado em 1919 e por volta de 1925 a tiragem já chegava a 1 milhão. Era chamado, com certo desprezo, de "bíblia das empregadas domésticas", por destacar escândalos, celebridades e assassinatos, pelo estilo de leitura fácil e utilização abundante de ilustrações. Com o passar dos anos, o jornal foi aperfeiçoando sua fórmula, com bons resultados. Ele divulgou escândalos como o romance entre o rei Eduardo VIII da Inglaterra e a divorciada americana Wally Simpson e ficou conhecido pelas manchetes contundentes. A tiragem do jornal ainda está entre as mais altas dos EUA.

A sede, projetada por Raymond Hood em 1930, tem fileiras de tijolos marrons e pretos alternadas com janelas, criando o efeito de faixas verticais. O saguão foi cenário do *Planeta Diário* nos filmes do *Super-Homem* da década de 1980. Nele está o maior globo do mundo. Linhas de bronze no piso indicam a direção de várias cidades e a posição dos planetas. À noite, os detalhes na entrada do prédio são iluminados a néon.

Atualmente as instalações do jornal encontram-se na 33rd Street, mas este prédio foi declarado patrimônio histórico nacional.

Grand Central Terminal ❷

Em 1871, Cornelius Vanderbilt construiu uma estação de trem na 42nd Street. Foi reformada várias vezes, mas nunca deu conta do movimento e acabou demolida. A estação atual, o Grand Central Terminal, foi inaugurada em 1913 e se tornou portão de entrada e símbolo da cidade. Seus pontos altos são o salão principal, com enorme pé-direito, e a separação do trânsito de carros, pedestres e trens. O prédio tem estrutura de aço coberta de gesso e mármore. A Reed & Stem cuidou do planejamento e a Warren & Wetmore, do projeto geral. A reforma, feita pela Beyer Blinder Belle, foi espantosa.

Fachada de colunas na 42nd Street

Estátuas na Fachada da 42nd Street
Estátuas de Mercúrio, Hércules e Minerva, de Jules-Alexis Coutan, decoram a entrada principal.

O terminal é usado diariamente por cerca de 750 mil pessoas. Uma escada rolante leva ao MetLife Building, que tem lojas especializadas e de conveniência.

Vanderbilt Hall, ao lado do Salão Principal, é um bom exemplo da arquitetura beaux-arts, com candelabros dourados e mármore rosa.

Cornelius Vanderbilt
O magnata das ferrovias era chamado de "Comodoro".

Grand Central Oyster Bar
Este estabelecimento popular (p. 306), *com seus azulejos amarelos, é apenas um dos restaurantes da estação. A enorme praça de alimentação oferece refeições, lanches e bebidas para todos os gostos.*

PONTOS ALTOS

★ Central de Informações

★ Grandes Escadarias

★ Salão Principal

★ Salão Principal
Esta vasta área de pedestres com teto abobadado exibe três grandes janelas em arco de cada lado, com 23m de altura cada uma.

PREPARE-SE

E 42nd St na Park Ave. **Mapa** 13 A5. ***Tel*** *(212) 340-2583.* *4, 5, 6, 7, S para Grand Central.* *M1-5, M42, M50, M101-103, Q32.* *5h30-2h diariam.* *12h30 qua, no guichê de informações do saguão central; contribuição sugerida US$10, (212) 935-3960; também há passeios autoguiados – consulte o site para obter mais detalhes.*
Achados e perdidos
(212) 340 2555 **www**.grandcentralterminal.com

Teto Abobadado
Um manuscrito medieval serviu de base para o francês Paul Helleu desenhar o zodíaco, que contém mais de 2.500 estrelas. A iluminação destaca grandes constelações.

O Andar Inferior é ligado aos outros níveis por escadas, rampas e elevadores.

Grandes Escadarias
Agora há uma dupla destes dois lances de degraus de mármore inspirados na grande escadaria da Opéra de Paris, lembrando a grandeza do início das viagens de trem.

★ Central de Informações
Este relógio de quatro lados fica sobre o guichê de informações no salão principal.

Tudor City ❼

E 41st-43rd St. entre 1st e 2nd Aves. **Mapa** 9 B1. Ⓜ *42nd St-Grand Central.* 🚌 *M15, M42, M50.* **www**.tudorcity.com

Esta tentativa precoce de planejamento urbano, realizada entre 1925 e 1928 pela Fred F. French Company, foi projetada para ser uma cidade de classe média dentro da cidade. Os aluguéis eram baixos, graças à "produção em larga escala". São doze prédios que contêm apartamentos, hotel, lojas, restaurantes, agência de correio e dois pequenos parques privativos, tudo em estilo gótico Tudor.

O local escolhido era, em meados do século XIX, reduto de criminosos conhecido como "Corcoran's Roost" (poleiro de Corcoran), por causa de Paddy Corcoran, líder da notória Rag Gang. À margem do rio East havia gasômetro, fábricas de cola, cervejarias e matadouros. Alguns ainda existiam quando Tudor City foi projetada e, para evitar sua visão, os prédios têm poucas janelas para o exterior.

Andares superiores da Tudor City

Helmsley Building ❽

230 Park Ave. **Mapa** 13 A5. Ⓜ *42nd St-Grand Central.* ◯ *horário comercial.*

Uma das mais belas vistas de Nova York está na Park Avenue, no local em que o Helmsley Building se eleva sobre o trânsito da avenida, que passa embaixo. Só há um defeito na paisagem: o MetLife Building, "caixote" construído para ser a sede da Pan Am em 1963 e que tirou do Helmsley Building sua moldura original, o céu.

Projetado por Warren & Wetmore em 1929, o Helmsley Building original era sede da New York Central Railroad Company. Seu ex-proprietário, o falecido magnata do setor imobiliário Harry Helmsley, foi um bilionário que começou sua carreira como contínuo. Sua esposa, Leona, que morreu em 2007, aparecia em todos os anúncios da cadeia de hotéis Helmsley – até ser presa em 1989 por sonegação de impostos, em um processo que causou sensação. Dizem que o brilho exagerado que as últimas reformas deram ao prédio deve-se à preferência de Leona por excessos de decoração.

Espetáculo na Japan Society

Deuses romanos reclinados no relógio do Helmsley Building

1 & 2 United Nations Plaza ❾

Mapa 13 B5. Ⓜ *42nd St-Grand Central.* 🚌 *M15, M42, M50.*

Estas duas grandes e belas colunas de vidro espelhado azul-esverdeado estão dispostas em ângulo e o jogo de luz e reflexos nas laterais cintilantes e nos recuos suaves fazem com que pareçam uma obra de arte moderna. O interior de mármore e espelhos também é impressionante. As duas torres alojam modernos escritórios e no nº 1 fica também o Millennium United Nations Plaza Hotel – a lista de hóspedes sempre inclui delegados das Nações Unidas e muitas vezes chefes de Estado em visita à organização. Até as pressões da diplomacia internacional ficam mais suaves quando se pode boiar na piscina do terraço envidraçado e apreciar do alto a vista da cidade e da própria ONU.

Nações Unidas ❿

pp. 160-3.

Japan Society ⓫

333 E 47th St. **Mapa** 13 B5. ***Tel*** *(212) 832-1155.* Ⓜ *42nd St-Grand Central.* 🚌 *M15, M50.* ***Galeria*** ◯ *11h-18h ter-qui, 11h-21h sex, 11h-17h sáb-dom.* ♿ **www**.japansociety.org

A sede da Japan Society, fundada em 1907 para promover o entendimento e o intercâmbio cultural entre Japão e Estados Unidos, foi financiada por John D. Rockefeller III ao custo de cerca de

US$ 4,3 milhões. O impressionante prédio negro com delicadas grades em forma de sol foi projetado em 1971 pelos arquitetos Junzo Yoshimura e George Shimamoto, de Tóquio. Contém auditório, centro de idiomas, biblioteca de pesquisas, uma galeria de exposições e os tradicionais jardins no estilo oriental.

As exposições temporárias abertas ao público mostram diversos objetos de arte japoneses, de espadas a manuscritos. A organização promove espetáculos de artes cênicas, palestras, aulas de idioma e debates para executivos americanos e japoneses.

Fred F. French Building ⓬

521 5th Ave. **Mapa** 12 F5.
M *42nd St-Grand Central.*
horário comercial.

Construído em 1927 para ser a sede da mais conhecida empresa de imóveis da época, este é um projeto extremamente opulento. Foi criado pelo principal arquiteto da companhia, H. Douglas Ives, em colaboração com a Sloan & Robertson, que também projetou o Chanin Building *(p. 152)*. O resultado final foi uma mistura de estilos do Oriente Próximo, antigo Egito e Grécia, com toques art déco.

Enfeites de louça coloridos decoram a parte superior da fachada, e a caixa-d'água fica escondida atrás de um andar falso. É um disfarce elaborado com relevos mostrando um sol nascente cercado de grifos, abelhas e símbolos das virtudes, como a integridade e o trabalho. Animais alados no estilo assírio sobre frisos de bronze ornamentam as entradas. Os temas exóticos prosseguem no saguão abobadado, com teto em várias cores e 25 portas de bronze douradas. Este foi o primeiro prédio a empregar índios canadenses caughnawaga como operários. Eles não tinham medo de altura e se tornaram muito procurados, ajudando a construir muitos dos mais famosos arranha-céus da cidade.

Vitrais de Tiffany na Church of the Incarnation

Saguão do Fred F. French Building

Church of the Incarnation ⓭

209 Madison Ave. **Mapa** 9 A2.
Tel *(212) 689-6350.* M *42nd St-Grand Central, 33rd St.* *11h-14h seg-sex (também 16h-19h ter, 17h-19h qua), 13h-16h sáb, 8h15-12h30 dom.* *12h15 e 18h30 qua, 12h45 sex, 8h30 e 11h dom.*
marcar hora.
www.churchoftheincarnation.org

Esta igreja episcopal data de 1864, quando a Madison Avenue era o endereço da elite. O exterior de pedra é típico daquele período. O interior contém, entre outras peças, uma bancada de carvalho para comunhão de Daniel Chester French, um mural de John La Farge, e vitrais de La Farge, Louis Comfort Tiffany, William Morris e Edward Burne-Jones.

Morgan Library & Museum ⓮

pp. 164-5.

Sniffen Court ⓯

150-158 E 36th St. **Mapa** 9 A2.
M *33rd St.*

Esta é uma agradável surpresa: um pátio interno com dez abrigos de carruagem, todas de tijolo, no estilo neorromânico, erguidas por John Sniffen por volta de 1850. As antigas construções estão em perfeito estado, no meio de um quarteirão movimentado de Nova York. O prédio no extremo sul era o estúdio da escultora Malvina Hoffman, e seus cavaleiros gregos decoram a parede externa.

Estúdio de Malvina Hoffman

Nações Unidas ⑩

Bandeira das Nações Unidas

Fundada por 51 países em 1945, a Organização das Nações Unidas tem hoje 193 membros. Suas metas são preservar a paz mundial, promover a autodeterminação dos povos e o bem-estar social no mundo. Nova York foi escolhida como sede da ONU, e John D. Rockefeller Jr. doou US$ 8,5 milhões para a compra do terreno. O arquiteto encarregado foi o americano Wallace Harrison, que trabalhou com uma equipe internacional de consultores. O terreno de 7ha é uma zona internacional, com selos e correio próprios. Em 2006, a Assembleia Geral das Nações Unidas aprovou uma reforma de US$ 1,6 bilhão que deverá ser concluída em 2013. Aconselha-se entrar em contato para checar o acesso ao local.

Sede das Nações Unidas

Prédio do Secretariado

No Conference Building ficam salas de reunião do Conselho de Segurança, do Conselho de Administração de Territórios e do Conselho Econômico e Social.

★ Conselho de Segurança
Os delegados e seus assistentes conferenciam à mesa em formato de ferradura; repórteres e funcionários da ONU ficam na mesa do centro.

Conselho de Administração de Territórios

Conselho Econômico e Social

★ Sino da Paz
Feito de moedas de 60 nações, este presente do Japão fica em um quiosque em forma de templo xintoísta.

Jardim de Rosas
Vinte e cinco variedades de rosas adornam os bem cuidados jardins no rio East.

PONTOS ALTOS

- ★ Assembleia Geral
- ★ Conselho de Segurança
- ★ *Figura Reclinada*
- ★ Sino da Paz

★ Figura Reclinada *(1982)*
Esta estátua de bronze foi presente da Fundação Henry Moore.

PREPARE-SE

1st Ave com 46th St. **Mapa** 13 C5. ***Tel*** *(212) 963-8687.* *4, 5, 6, 7 e S para 42nd St-Grand Central.* *M15, M42, M50.* *9h30-17h30 seg-sex, 10h-16h15 sáb-dom (últ. adm. 45min antes do fechamento).* *1º jan, President's Day, Eid, Ação de Graças, 25 dez, Memorial Day, Independence Day, Dia do Trabalho (atividade limitada nos feriados de fim de ano).* *seg-sex; proibido crianças menores de 5 anos.* **www**.un.org/tours

Cores do Mundo
Bandeiras de todos os países-membros estão hasteadas diante do complexo da ONU.

★ Assembleia Geral
É o único órgão da ONU em que todos os países-membros estão representados. Realiza todo ano uma sessão regular de três meses.

Não Violência *(1988)*
Luxemburgo doou esta escultura do artista sueco Karl Fredrik Reutersward.

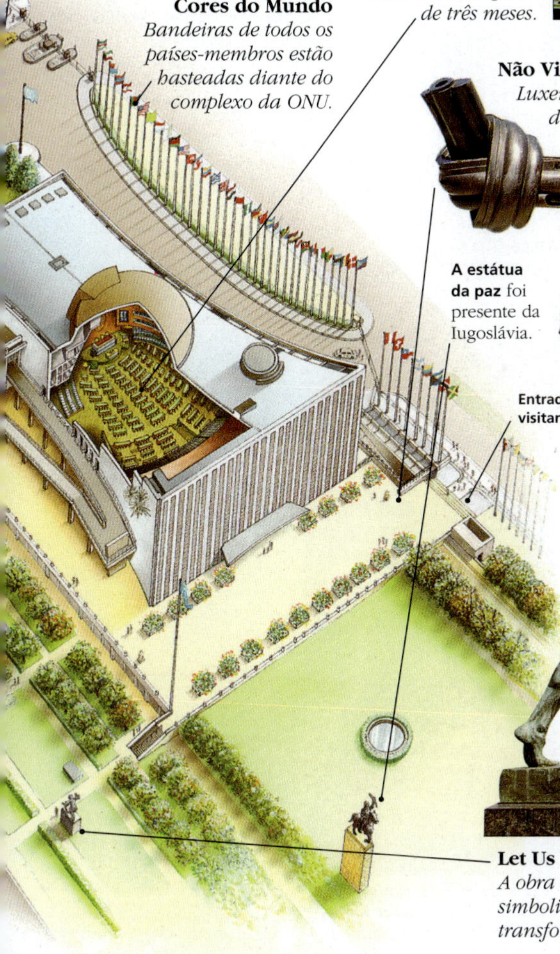

A estátua da paz foi presente da Iugoslávia.

Entrada de visitantes

Let Us Beat Swords Into Plowshares
A obra (1958) do russo Evgeny Vuchetich simboliza a meta da ONU ("Vamos transformar espadas em arados").

O Trabalho das Nações Unidas

Para alcançar seus objetivos, a Organização das Nações Unidas atua com três conselhos e uma Assembleia Geral da qual participam todos os países-membros. O Secretariado realiza o trabalho administrativo da organização. Nas visitas guiadas, é possível conhecer o Conselho de Segurança e observar brevemente um encontro.

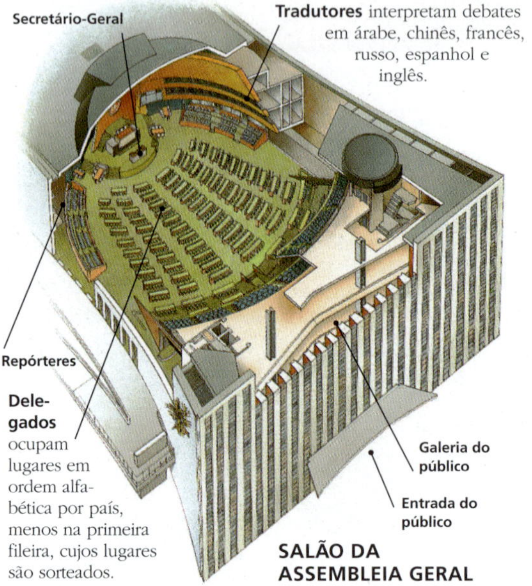

SALÃO DA ASSEMBLEIA GERAL

ASSEMBLEIA GERAL

A Assembleia Geral é o organismo que governa a ONU e mantém sessões ordinárias de setembro a dezembro todo ano. Também realiza sessões especiais, quando pedidas pelo Conselho de Segurança ou pela maioria dos membros. Todos os países-membros, qualquer que seja o tamanho, são representados por um voto simples. Na Assembleia Geral discute-se qualquer questão internacional levantada pelos membros ou pelos outros organismos da ONU. Ela não promulga leis, mas suas recomendações – que requerem aprovação de maioria de dois terços – têm influência na opinião mundial.

Antes de cada sessão, a ordem dos assentos da frente é sorteada entre as delegações. Todos os 1.898 lugares são equipados com fones de ouvido e tradução simultânea em várias línguas. A Assembleia Geral designa o secretário-geral (indicado pelo Conselho de Segurança), aprova orçamentos e elege os membros não permanentes dos conselhos.

O pêndulo de Foucault **(Holanda) oscila girando lentamente e prova a rotação da Terra sobre seu eixo**

Em conjunto com o Conselho de Segurança, nomeia também os juízes que integram a Corte Internacional de Justiça, com sede em Haia, na Holanda.

CONSELHO DE SEGURANÇA

O mais poderoso órgão da ONU é o Conselho de Segurança. Tem por objetivo garantir a paz e a segurança internacionais e intervém em crises nas diversas partes do mundo. É o único organismo a cujas decisões os países-membros são obrigados a obedecer e o único em sessão contínua.

Mural simbolizando a paz e a liberdade, de Per Krohg (Noruega)

Cinco de seus membros – China, França, Reino Unido, Rússia e Estados Unidos – são permanentes. Os outros são eleitos pela Assembleia Geral para mandatos de dois anos.

Quando surgem conflitos internacionais, o Conselho primeiro tenta um acordo pela mediação. Se houver confronto, pode dar ordem de cessar-fogo e impor sanções econômicas e militares. Também pode decidir enviar missões de paz da ONU às áreas em conflito, para separar as facções até que as questões sejam resolvidas por canais diplomáticos.

A intervenção militar é o último recurso do Conselho. Os soldados são transferidos conforme a necessidade – em locais como Chipre e Oriente Médio há quartéis fixos de tropas da ONU.

CONSELHO DE ADMINISTRAÇÃO DE TERRITÓRIOS

Este conselho, o menor de todos, é também o único organismo da ONU cuja carga de trabalho está diminuindo. Foi criado em 1945, para promover a independência pacífica de territórios sem autogoverno. Desde então, mais de 80 colônias se tornaram independentes e o número de pessoas em territórios dependentes cai de 750 milhões para cerca de 3 milhões. O órgão é composto dos cinco membros do Conselho de Segurança.

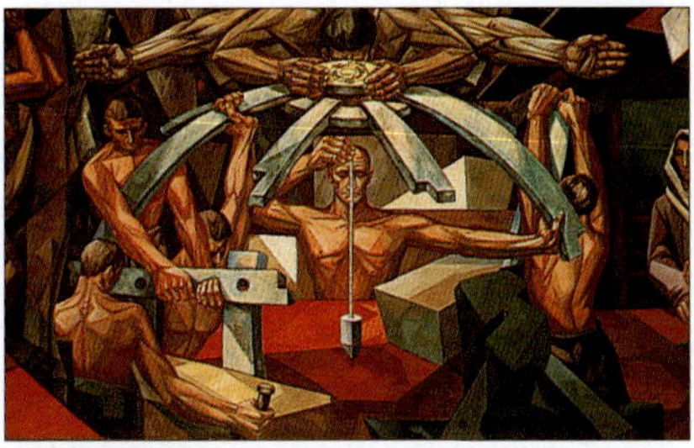

Um mural de Zanetti (República Dominicana) no Conference Building descreve a luta pela paz

Sala do Conselho de Territórios

CONSELHO ECONÔMICO E SOCIAL

A função dos 54 membros do Conselho é melhorar o padrão de vida e promover o bem-estar social no mundo, metas que consomem 80% dos recursos da ONU. O Conselho prepara recomendações para a Assembleia Geral, agências especializadas da ONU e países-membros. É assessorado por comissões que monitoram violações de direitos humanos, população, problemas econômicos regionais, narcóticos e direitos da mulher. Também trabalha em conjunto com a Organização Internacional do Trabalho, Organização Mundial de Saúde, Unicef e outras entidades humanitárias.

SECRETARIADO

Uma equipe internacional de 16 mil pessoas trabalha no Secretariado, cuidando das tarefas administrativas das Nações Unidas. O Secretariado é chefiado pelo secretário-geral, que tem um papel-chave como porta-voz nos esforços da organização para manter a paz. O secretário-geral é eleito pela Assembleia Geral para um mandato de cinco anos. Em 1º de janeiro de 2007 o sul-coreano Ban Kimoon assumiu o cargo.

EVENTOS IMPORTANTES NA HISTÓRIA DA ONU

Premiê soviético Kruchev fala à Assembleia Geral em 1960

A ONU não dispõe de força militar permanente e, para administrar disputas, depende da obediência voluntária e apoio dos membros. Em 1948, a ONU declarou a Coreia do Sul o governo legítimo de toda a Coreia e dois anos depois teve papel importante na defesa do país contra a Coreia do Norte. Em 1949, ajudou a negociar um cessar-fogo entre Holanda e Indonésia e promoveu a conferência que resultou na independência da Indonésia do domínio holandês.

Em 1964, uma força militar da ONU foi enviada a Chipre para assegurar a paz entre gregos e cipriotas, e ainda permanece ali. Problemas persistentes no Oriente Médio vêm mantendo as forças da ONU na região desde 1974, ano em que a China, até então preterida em favor de Taiwan, foi aceita como país-membro da ONU. Na década de 1990, a ONU esteve envolvida na separação da Iugoslávia e mais recentemente nos conflitos do Afeganistão e da Líbia. Em 2004, membros da missão da ONU no Congo foram acusados de abuso sexual. Em 2006-07 houve prisões relacionadas a fraudes no programa Óleo por Comida que acontece no Iraque.

Em geral, há mais de seis missões da ONU em andamento pelo mundo. A entidade recebeu o Prêmio Nobel da Paz em 1988 e em 2001.

OBRAS DE ARTE DA ONU

O prédio da ONU exibe muitas obras de arte e reproduções de importantes artistas, várias delas presentes dos países membros. A maioria aborda o tema da paz e da amizade internacionais. A legenda no quadro *A regra de ouro*, de Norman Rockwell, diz: "Faça aos outros o que gostaria que eles fizessem a você". Marc Chagall é o autor do vitral em homenagem ao secretário-geral Dag Hammarskjöld, morto em acidente durante uma missão de paz, em 1961. Uma escultura de Henry Moore embeleza o andar térreo. Também há obras de Cândido Portinari. Outro brasileiro, o arquiteto Oscar Niemeyer, contribuiu para o projeto do próprio prédio da ONU.

***A regra de ouro* (1985), grande mosaico de Norman Rockwell**

Morgan Library & Museum ⓮

A coleção da Morgan Library, formada pelo banqueiro J. Pierpont Morgan, fica num magnífico edifício em estilo palazzo (1906) dos arquitetos McKim, Mead & White. O filho de Morgan, J. Pierpont Morgan Jr., a tornou uma instituição pública em 1924. Hoje ela tem uma das melhores coleções do mundo de manuscritos e desenhos raros, gravuras, livros e encadernações, expostos num complexo que inclui a biblioteca original e a casa de Pierpont Morgan.

Exterior do prédio original da biblioteca

A Canção de Los *(1795)*
O poeta místico William Blake desenhou e gravou esta placa para uma de suas obras mais originais.

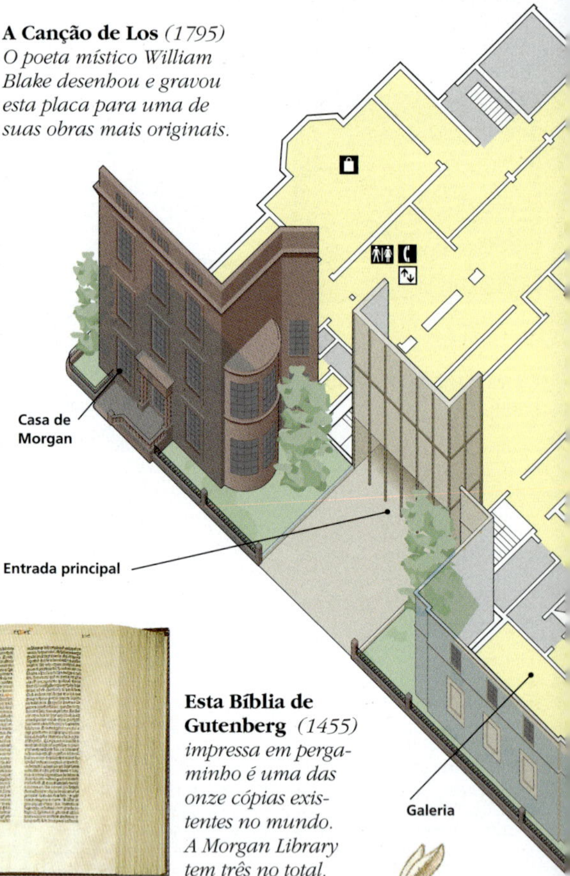

LEGENDA

- Espaço de exposição
- Área sem exposição

Esta Bíblia de Gutenberg *(1455) impressa em pergaminho é uma das onze cópias existentes no mundo. A Morgan Library tem três no total.*

Nursery Alice
Alice, a Lebre de Março e outros personagens de Lewis Carroll foram imortalizados nas clássicas ilustrações de John Tenniel (c. 1865).

PONTOS ALTOS

★ Salão Oeste

★ A Rotunda

★ Salão Leste

Concerto em Mi Bemol Maior para Trompa, de Mozart
As seis páginas que restam desta partitura foram escritas com diferentes cores.

GUIA DA BIBLIOTECA

O estúdio e a biblioteca originais de Morgan contêm seus quadros, peças raras e objetos favoritos. Mostras temporárias apresentam uma ampla variedade de artefatos culturais.

PREPARE-SE

225 Madison Ave. **Mapa** 9 A2. ***Tel*** *(212) 685-0008.*
[metrô] *6 para 33rd St; 4, 5, 6, 7 S para Grand Central Terminal; B, D, F, para 42nd St.*
[ônibus] *M1-5 e M16, M34.*
[horário] *10h30-17h ter-qui, 10h30-21h sex, 10h-18h sáb, 11h-18h dom.*
[fechado] *seg, 1º jan, Ação de Graças, 25 dez.* [ingresso] *grátis 19h-21h sex.*
[símbolos de serviços]
www.themorgan.org

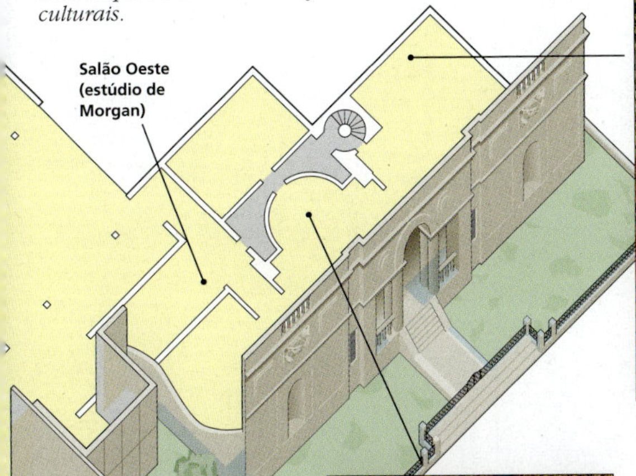

★ Salão Leste
As paredes são cobertas de alto a baixo por estantes com prateleiras triplas. Os murais mostram figuras históricas e o zodíaco.

★ A Rotunda *(1504)*
A entrada da biblioteca tem colunas de mármore e pilastras. O piso foi inspirado na Villa Pia dos jardins do Vaticano.

★ Salão Oeste
Obras de arte da Renascença e um teto de madeira florentina adornam este cômodo.

PIERPONT MORGAN

J. P. Morgan (1837-1913) foi, além de financista influente, um dos maiores colecionadores de sua época. Manuscritos originais e livros raros eram sua paixão e a inclusão em sua coleção era considerada uma honra. Em 1909, quando Morgan pediu a doação do manuscrito de *Pudd'nhead Wilson*, Mark Twain respondeu: "Realiza-se uma de minhas maiores ambições".

UPPER MIDTOWN

A Nova York mais em evidência, com toda a sua diversidade, fica nesta área, a parte superior do centro de Manhattan, cheia de igrejas, museus, casas noturnas, famosos hotéis e lojas, arranha--céus inovadores e nichos onde vivem os ricos. Em meados do século XIX, era endereço de famílias muito conhecidas, como Astor e Vanderbilt. Nos anos 1950, a construção dos edifícios da Lever e Seagram entrou para a história arquitetônica da cidade: com as primeiras torres modernas, esse trecho da Park Avenue passou de residencial a comercial.

Cisitalia de 1946, no MoMA

PRINCIPAIS ATRAÇÕES

Ruas e Edifícios Históricos
Beekman Place ⓲
Fuller Building ㉑
General Electric Building ⓫
Roosevelt Island ⓳
Sutton Place ⓱
Villard Houses ❾

Arquitetura Moderna
Citigroup Center ⓯
IBM Building ❸
Lever House ⓭
Seagram Building ⓮
Trump Tower ❷

Museus e Galerias
American Folk Art Museum ❻
Museum of Modern Art (MoMA) pp. 172-5 ❺
The Paley Center for Media ❼

Igrejas e Sinagogas
Central Synagogue ⓰
St. Bartholomew's Church ⓾
St. Patrick's Cathedral pp. 178-9 ❽
St. Thomas Church ❹

Hotéis
Plaza Hotel ㉒
Waldorf–Astoria ⓬

Lojas
Bloomingdale's ⓴
Fifth Avenue ❶

LEGENDA
Mapa Rua a Rua
M Estação de metrô

VEJA TAMBÉM

• ***Guia de Ruas***, mapas 12, 13-4
• ***Onde Ficar*** pp. 288-9
• ***Restaurantes*** pp. 306-8

COMO CHEGAR
Pegue a linha 6 do metrô para a 51st St; a 4, 5, 6, N, ou R para 59th St; ou a E ou M para 53rd St-Fifth Ave ou 53rd St-Lexington. Os ônibus para a área são o M1-5, M15, M101-3, e Q32. Os ônibus que cruzam a cidade são M27, M31, M50, e M57.

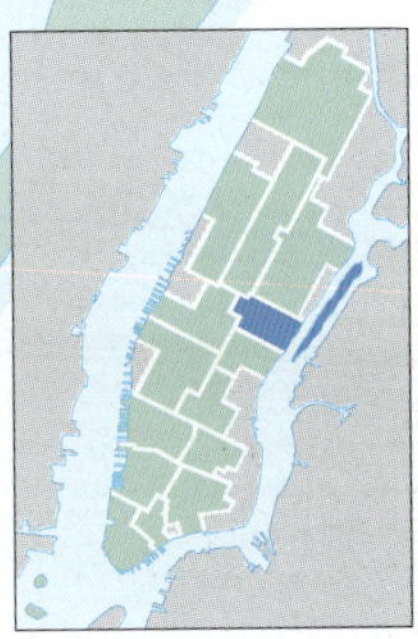

◁ A fachada da St. Patrick's Cathedral na Fifth Avenue

Rua a Rua: Upper Midtown

A lojas luxuosas que viraram sinônimo da 5th Avenue surgiram à medida que a alta sociedade nova-iorquina se mudava mais para o norte da ilha. Em 1917, a Cartier's comprou a mansão do banqueiro Morton F. Plant em troca de um colar de pérolas, e o exemplo foi seguido por outras lojas famosas. Mas a área não é só o paraíso dos consumidores. Tem também três museus e estilos arquitetônicos variados.

Fifth Avenue
Os populares passeios de carruagem oferecem aos turistas a elegância do passado e uma maneira relaxada de ver as principais atrações das redondezas ❶

O University Club foi fundado em 1899 como clube para cavalheiros.

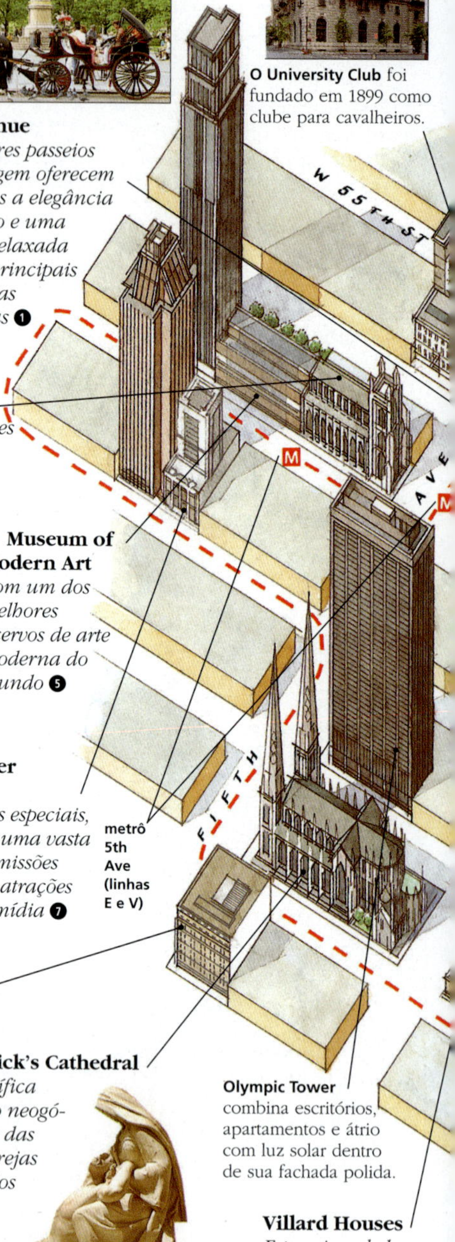

St. Thomas Church
Grande parte dos entalhes desta igreja é obra do escultor Lee Lawrie ❹

★ Museum of Modern Art
Com um dos melhores acervos de arte moderna do mundo ❺

The Paley Center for Media
Exposições, filmes especiais, eventos ao vivo e uma vasta coleção de transmissões históricas são as atrações deste museu da mídia ❼

A Saks Fifth Avenue vem oferecendo artigos de bom gosto a várias gerações de nova-iorquinos *(p. 319).*

★ St. Patrick's Cathedral
Esta magnífica construção neogótica é uma das maiores igrejas católicas dos EUA ❽

Olympic Tower combina escritórios, apartamentos e átrio com luz solar dentro de sua fachada polida.

Villard Houses
Estas cinco belas casas brownstone *fazem parte do New York Palace Hotel* ❾

PONTOS ALTOS

- ★ Museum of Modern Art
- ★ St. Patrick's Cathedral

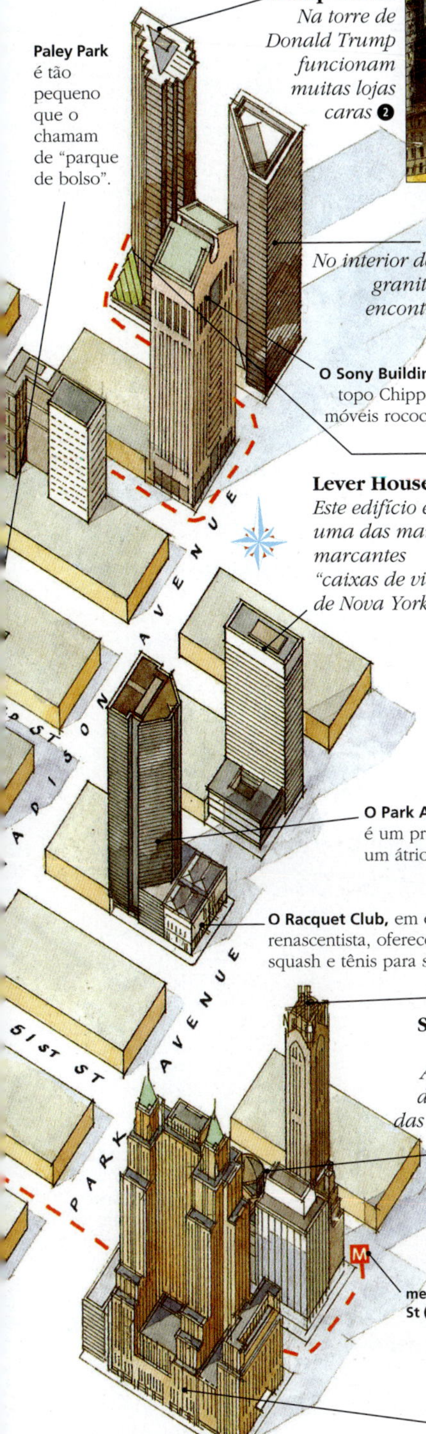

Trump Tower
Na torre de Donald Trump funcionam muitas lojas caras ❷

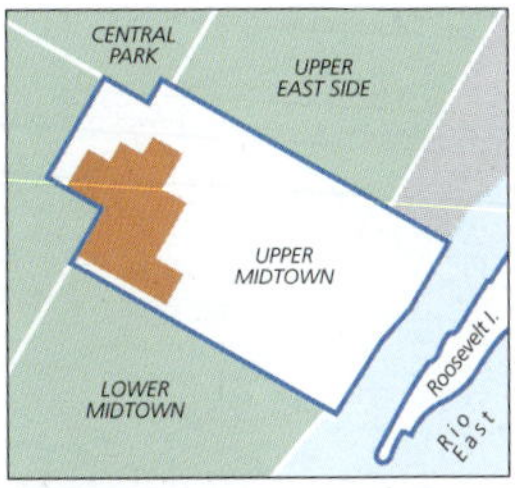

LOCALIZE-SE
Mapa de Manhattan pp. 14-5

LEGENDA

– – – Percurso sugerido

0 m 100

Paley Park é tão pequeno que o chamam de "parque de bolso".

IBM Building
No interior deste edifício de granito negro polido encontra-se um pátio repousante ❸

O Sony Building tem um típico topo Chippendale (estilo de móveis rococó do séc. XVIII).

Tiffany & Company é uma joalheria famosa por seu luxo discreto. A loja exibe muitas pedras preciosas *(p. 329)*

Lever House
Este edifício é uma das mais marcantes "caixas de vidro" de Nova York ⓭

O Park Avenue Plaza é um prisma de vidro com um átrio bem arejado.

General Electric Building
O topo pontiagudo deste edifício construído em 1931 simboliza as ondas elétricas ⓫

O Racquet Club, em estilo de palazzo renascentista, oferece quadras de squash e tênis para seus membros.

St. Bartholomew's Church
A cúpula bizantina distingue esta igreja das outras que existem na área ❿

metrô 51st St (linha 6)

Waldorf-Astoria
A elegância do Velho Mundo sempre atraiu hóspedes famosos para este hotel, entre eles o duque e a duquesa de Windsor ⓬

Vitrine da Bergdorf Goodman *(p. 319)*

Fifth Avenue ❶

Mapa 12 F3-F4. M *5th Ave-53rd St, 5th Ave-59th St.*

Quando William Henry Vanderbilt construiu sua mansão na esquina da 5th Avenue com a 51st Street, em 1883, foi imitado por quase todas as famílias importantes de Nova York, como os Astor, Belmont e Gould, que também ergueram mansões opulentas em uma faixa que ia até o Central Park. Poucas foram preservadas para comprovar a grandiosidade da época.

Uma delas é a loja Cartier, nº 651, originalmente a casa de Morton F. Plant, milionário e membro do New York Yacht Club. À medida que o comércio subia a avenida – tendência que começou em 1906 –, a sociedade também se mudava para mais ao norte da ilha. Em 1917, Plant instalou-se em uma mansão na 86th Street, depois de vender a antiga casa à Cartier por, ao que consta, um valioso colar de pérolas.

Desde então, a 5th Avenue é sinônimo de artigos de luxo. Da Cartier, na 52nd Street, até Henry Bendel, na 56th, e a Tiffany e Bergdorf Goodman, na 57th, você vai encontrar muitas marcas que simbolizam riqueza e posição social.

Trump Tower ❷

725 5th Ave. **Mapa** 12 F3. ***Tel*** *(212) 832-2000.* M *5th Ave-53rd St, 5th Ave-59th St.* **Jardim, lojas** *10h-18h seg-sáb, 12h-17h dom.* **Edifício** *8h-22h diariam.*

Esta cintilante torre de escritórios e apartamentos extremamente caros eleva-se acima de um exuberante pátio interno de seis andares, com muitas lojas exclusivas e cafés. Projetado em 1983 por Der Scutt, da Swanke, Hayden, Connell & Partners, a área pública tem mármore rosa, com cachoeira, espelhos e brilhos. Este é o exemplo mais chamativo da arquitetura atual para centros comerciais verticais. A torre é um resplandecente monumento à opulência erguido pelo empresário Donald Trump, ele próprio um símbolo dos exageros da década de 1980 *(p. 33).*

O prédio vizinho, nº 727, é seu oposto. Lá funciona a Tiffany & Co., famosa joalheria fundada em 1837, de fachada simples azul e belas vitrinas. O prédio ficou ainda mais famoso com o filme *Bonequinha de luxo*, com Audrey Hepburn – baseado no conto *Breakfast at Tiffany's,* de Truman Capote.

Entrada da exclusiva joalheria Tiffany

IBM Building ❸

590 Madison Ave. **Mapa** 12 F3. M *5th Ave.* **Garden Plaza** *8h-22h diariam.*

Este prédio de 43 andares foi projetado por Edward Larrabee Barnes. Concluído em 1983, é um brilhante prisma de cinco lados, de granito verde polido, com um ângulo mais saliente na fachada da 57th Street. O **Garden Plaza**, com seu bambuzal, é aberto ao público e foi renomeado "Jardim das Esculturas". Oito novos trabalhos, que mudam quatro vezes por ano, estão sempre em exibição. Perto do átrio fica a *Massa em levitação,* obra do escultor americano Michael Heizer – dentro de um tanque de aço inoxidável, uma enorme laje de granito parece suspensa no ar.

Na esquina da 57th Street com a Madison Avenue, fica o *Saurien*, uma escultura abstrata laranja brilhante de autoria de Alexander Calder.

Interior da Trump Tower

St.Thomas Church ❹

1 W 53rd St. **Mapa** 12 F4. ***Tel*** *(212) 757-7013.* *5th Ave-53rd St.* *7h- 18h diariam.* *frequente.* *após serviço das 11h e concertos* **www**.saintthomaschurch.org

É a segunda vez que esta igreja, que já se mudou quatro vezes, se instala neste endereço. Foi construída entre 1909 e 1914 para substituir a anterior, destruída em um incêndio, em 1905. Na igreja antiga foi realizada a maioria dos casamentos da alta sociedade de Nova York do final do século XIX. O mais suntuoso foi a fabulosa cerimônia em que a herdeira Consuela Vanderbilt casou-se com um nobre inglês, o duque de Marlborough, em 1895.

O prédio, em estilo gótico francês, tem uma única torre assimétrica e a nave é deslocada do centro, uma forma adotada para solucionar a questão da localização da igreja, em terreno de esquina. Os painéis totalmente brancos e ricamente entalhados que ficam atrás do altar foram projetados pelo arquiteto Bertram Goodhue e pelo escultor Lee Lawrie. Os entalhes do coro, dos anos 1920, representam invenções como o telefone, além das figuras dos presidentes Roosevelt e Wilson e do próprio Lawrie.

Museum of Modern Art ❺

pp. 172-5.

American Folk Art Museum ❻

45 W 53rd St. **Mapa** 12 F4. ***Tel*** *(212) 265-1040.* *5th Ave-53rd St.* *12h-19h30 ter-sáb, 12h-18h dom.* **www**.folkartmuseum.org

Este é o lugar certo para se apreciar a arte folclórica americana. Foi o primeiro museu de arte *free-standing* construído em Nova York desde 1966. Projetado pela inovadora firma Tod Williams Billie Tsien & Associates e construído em 2001, sua estrutura é revestida de painéis de tombasil branco. Com 2,787m² para exposição em oito andares, o museu ainda mantém a Eva e a Morris Feld Gallery na Lincoln Square *(p. 214)*.

Os beatles Paul, Ringo e John no show de Ed Sullivan, em 1964

O American Folk Art Museum

The Paley Center for Media ❼

25 W 52nd St. **Mapa** 12 F4. ***Tel*** *(212) 621-6800.* *5th Ave-53rd St.* *12h-18h qua-dom (até 20h qui).* *feriados.* **www**.paleycenter.org

Neste museu, único do gênero, visitantes podem ver e ouvir o acervo de programas de entretenimento, esporte e documentários dos primórdios do rádio e da televisão até os dias de hoje. Pode-se ver os Beatles no início de carreira, a estreia de Elvis Presley na televisão, competições das Olimpíadas, documentários filmados durante a Segunda Guerra Mundial.

O catálogo computadorizado, dividido em seis temas, contém mais de 50 mil programas. As fitas selecionadas são vistas em pequenos aparelhos individuais. Nas áreas de projeção mais amplas e no teatro com 200 lugares são exibidas retrospectivas de artistas e diretores. Há também áreas para exposição de fotos, cartazes e objetos.

O museu idealizado por William S. Paley, ex-diretor da rede de televisão CBS, foi inaugurado em 1975 como Museum of Broadcasting, na East 53rd Street. Fez tanto sucesso que logo precisou de mais espaço. Em 1991, foi transferido para este prédio high-tech de US$ 50 milhões que, segundo muitos, lembra um antigo estúdio de rádio.

Lucille Ball, estrela da TV nos anos 1960

Museum of Modern Art ❺

Fachada do museu na 54th Street

O Museum of Modern Art tem um dos melhores e mais completos acervos de arte moderna do mundo. Fundado em 1929, é modelo para outros museus do gênero. Após um projeto de ampliação, o MoMA em Midtown foi reaberto em 2004. O novo edifício provê espaço para galerias em seis andares – quase o dobro do antigo. Extensões de vidro deixam entrar abundante luz natural e oferecem convidativas vistas do Jardim de Esculturas.

O Jardim de Esculturas
O Abby A. Rockefeller Sculpture Garden tem uma atmosfera de paz.

O Mundo de Christina *(1948)*
Andrew Wyeth contrasta o horizonte esmagador com o cenário reproduzido em minúcias de sua vizinha aleijada.

GUIA DAS GALERIAS

O Jardim de Esculturas fica no primeiro andar. As galerias de arte contemporânea, gravuras e comunicações, no segundo. Pinturas e esculturas são expostas no segundo, quarto e quinto pisos. Arquitetura, design, fotografia e desenhos, no sexto. Mostras temporárias, no terceiro e no sexto. Os filmes são exibidos no térreo.

PONTOS ALTOS

★ *As Senhoritas de Avignon*, de Pablo Picasso

★ *Retrato do Carteiro Joseph Roulin*, de Vincent Van Gogh

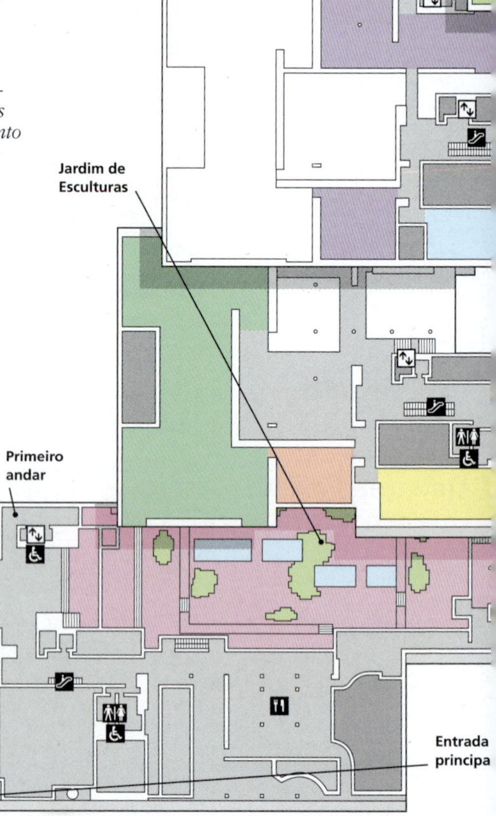

PREPARE-SE

11 West 53rd St entre Fifth Ave e Ave of the Americas. **Mapa** 12 F4. ***Tel*** *(212) 708-9400.* *5th Ave-53rd St.* *M1-5, M50, Q32.* *10h30-17h30 qua-seg, (até 20h sex; 20h30 1ª qui do mês).* *Ação de Graças, 25 dez.* *grupos.* **www**.moma.org

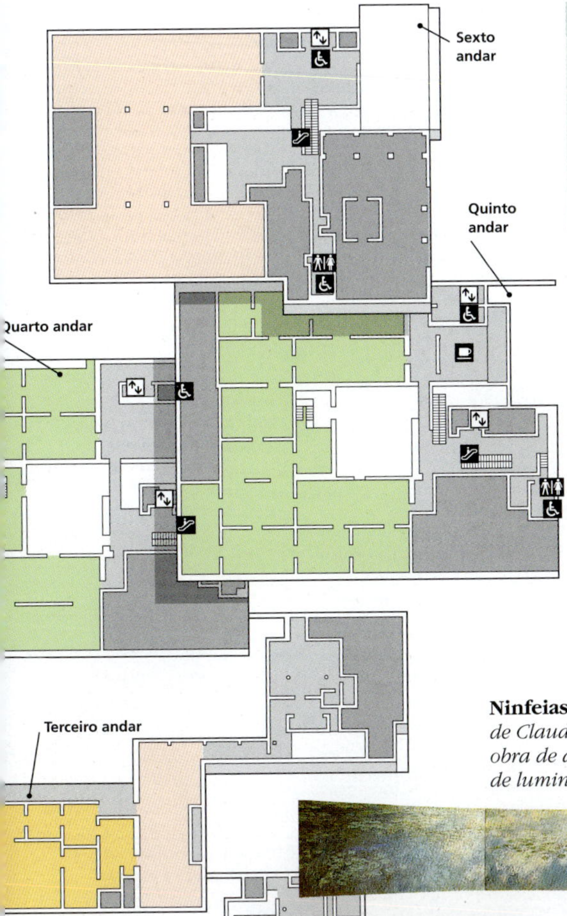

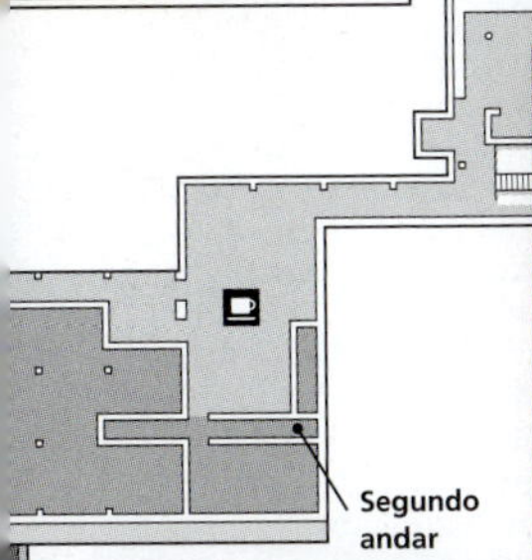

Anna Zborowska *(1917) A face alongada lembrando uma máscara é típica do estilo de Amedeo Modigliani.*

Ninfeias *(c. 1920) O último tríptico de Claude Monet é uma imensa obra de arte que cria um ambiente de luminosidade e serenidade.*

★ As Senhoritas de Avignon *O retrato das prostitutas pintado por Picasso em 1907 incluía dois clientes. O artista os retirou para expor com mais vigor seus sentimentos acerca das mulheres.*

LEGENDA

- Jardim das esculturas
- Arte contemporânea
- Comunicações
- Gravuras e livros ilustrados
- Arquitetura e design
- Desenhos
- Fotografia
- Pinturas e esculturas
- Exposições especiais
- Espaço sem exposição
- Espaço de acesso restrito

★ Retrato do Carteiro Joseph Roulin *(1889) Van Gogh fez deste retrato de Joseph Roulin um "retrato moderno", que usava cores para melhor representar o modelo.*

Como Explorar o Acervo

O Museum of Modern Art tem um acervo de cerca de 100 mil obras, que variam dos clássicos pós-impressionistas até uma coleção inigualável de arte moderna e contemporânea, além de esplêndidas peças de design e obras-primas dos primórdios da fotografia e do cinema.

PINTURAS E ESCULTURAS DE 1880 A 1940

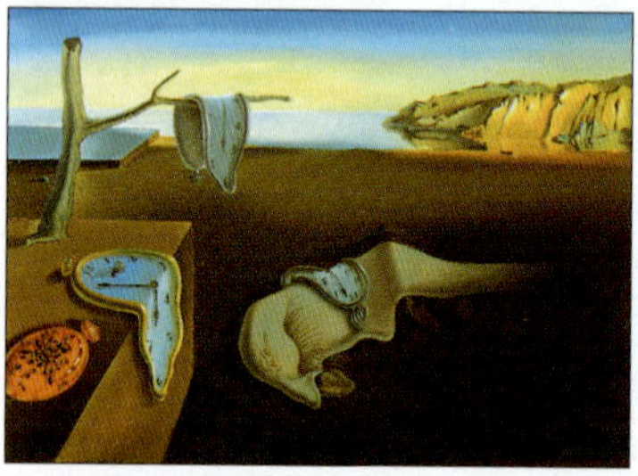

***A persistência da memória* (1931), do surrealista Salvador Dalí**

O monumental *O banhista*, de Paul Cézanne, e o apaixonado *Retrato do carteiro Joseph Roulin*, de Vincent van Gogh, são duas das obras mais importantes do fim do século XIX no museu. Fauvismo e Expressionismo estão muito bem representados por obras de Matisse, Derain, Kirchner e outros. Do início do século XX, *As senhoritas de Avignon*, de Pablo Picasso, marca a transição para um novo estilo de pintura, o Cubismo.

O museu tem uma coleção sem igual de pinturas cubistas, oferecendo ótima visão geral do movimento que desafiou a percepção tradicional do mundo. Entre as obras estão *Menina com bandolim*, de Picasso; *Homem com violão e soda*, de Georges Braque, e *Violão e flores*, de Juan Gris. As obras dos futuristas, que deram ao Cubismo movimento e cor para representar o agitado mundo moderno, incluem *Dinamismo de um jogador de futebol*, de Umberto Boccion; e obras de Balla, Carrà e Villon.

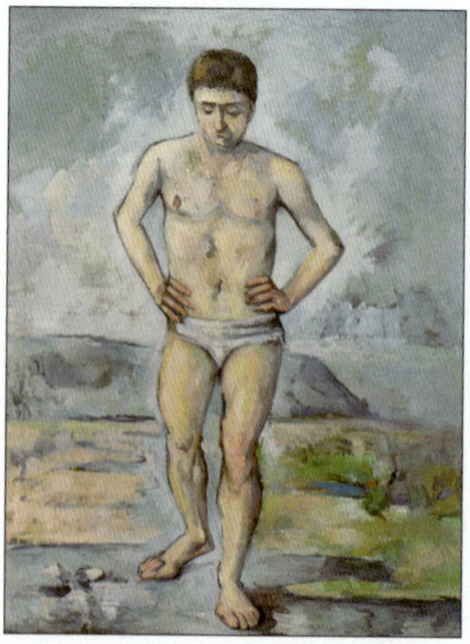

***O banhista*, óleo do pintor impressionista francês Paul Cézanne**

A arte geométrica dos construtivistas pode ser vista em obras de Lissitzky, Malevich e Rodchenko. A influência do grupo De Stijl é nítida em obras como *Broadway Boogie Woogie*, de Mondrian. Há várias obras de Matisse, como *Dança I e O estúdio vermelho*. Dalí, Miró e Ernst destacam-se entre as obras bizarras e estranhamente belas da coleção dos surrealistas.

PINTURA E ESCULTURA DO PÓS-GUERRA

A vasta exposição de arte do pós-guerra inclui obras de Bacon e Dubuffet, mas seu forte está nos trabalhos de artistas americanos. A coleção de arte expressionista abstrata tem *One [Number 31, 1950]* de Jackson Pollock; *Mulher I*, de Willem de Kooning; *Agonia*, de Arshile Gorky; e *Vermelho, marrom e preto*, de Mark Rothko. Entre outras obras notáveis estão *Bandeira*, de Jasper Johns, e quadros de Robert Rauschenberg, como *Primeiro salto de desembarque* e *Cama*, feitos respectivamente com lixo urbano e roupa de cama. A coleção de arte pop inclui *Menina afogando e Menina com bola*, de Roy Lichtenstein, o famoso *Gold Marilyn Monroe*, de Andy Warhol, e *Ventilador gigante*, de Claes Oldenburg. Obras posteriores a 1965 incluem quadros de Judd, Flavin, Serra e Beuys.

DESENHOS E OUTRAS OBRAS EM PAPEL

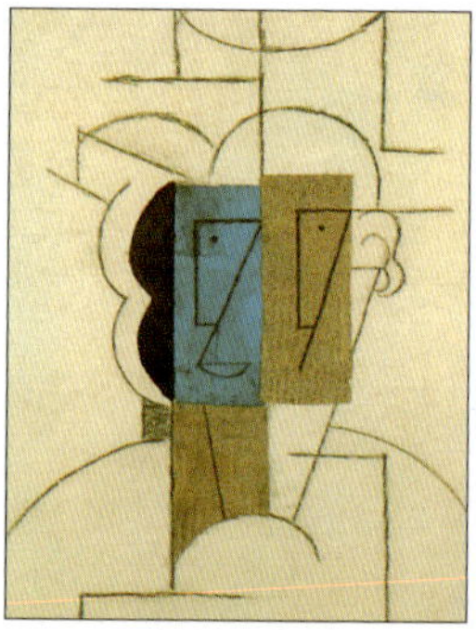

***Homem com chapéu* (1912), de Picasso, colagem e carvão**

Mais de 7 mil ilustrações – de pequenos esboços a grandes obras do tamanho de murais – fazem parte do acervo do MoMA. Muitos desenhos empregam materiais tradicionais, como lápis, carvão, caneta, tinta, pastel e aquarela. Mas há também colagens e trabalhos que misturam papéis volantes, produtos naturais e artigos manufaturados.

O acervo apresenta um resumo do Modernismo, do final do século XIX aos dias atuais, incluindo movimentos como o Cubismo, o Dadaísmo e o Surrealismo. Desenhos de artistas famosos, como por exemplo Picasso, Miró e Johns, são exibidos lado a lado com uma quantidade cada vez maior de trabalhos de talentosos artistas das novas gerações.

GRAVURAS E LIVROS ILUSTRADOS

Índio americano tema II, de Roy Lichtenstein (1980)

Todos os movimentos artísticos significativos ocorridos a partir da década de 1880 estão representados neste amplo acervo, no qual se pode admirar um fascinante resumo da arte da gravura. Contando com mais de 50 mil itens, a coleção apresenta peças amplamente variadas, produzidas com técnicas antigas e contemporâneas, como litografia, água-forte, serigrafia e xilogravura. Esses trabalhos são exibidos ao lado de outros, criados com a utilização de técnicas mais experimentais.

A seção de gravuras e livros ilustrados também expõe obras particularmente belas de Andy Warhol, considerado o mais importante gravurista do século XX. Estão à mostra, ainda, diversas ilustrações e gravuras de artistas renomados como Redon, Munch, Matisse, Dubuffet, Johns, Lichtenstein, Freud e Picasso.

FOTOGRAFIA

A seção de fotografia começa com sua invenção, por volta de 1840. Há fotos de artistas famosos, jornalistas, cientistas e empresários, e também de fotógrafos amadores.

Entre os destaques da coleção estão algumas das obras mais conhecidas de fotógrafos americanos e europeus, como Atget, Stieglitz, Lange, Arbus, Steichen, Cartier-Bresson e Kertesz. Encontram-se também diversas obras de fotógrafos contemporâneos, como Friedlander, Sherman e Nixon.

As exposições englobam os mais variados temas, tanto em cores como em preto e branco, mostrando paisagens delicadas e agradáveis, tristes cenas da desolação urbana, imagens abstratas e retratos estilizados, como os belos nus impressos em gelatina de prata do surrealista Man Ray. O conjunto mostra a história da arte da fotografia e é um dos melhores acervos que existem no mundo.

Domingo às margens do Marne (1939), fotografia de Henri Cartier-Bresson

CINEMA

Com acervo de mais de 22 mil filmes e 4 milhões de fotogramas, o museu apresenta programas variados, incluindo retrospectivas de diretores e atores, filmes de gêneros específicos e trabalhos experimentais, além de muitas outras exibições. A conservação dos filmes é uma peça-chave do trabalho desta seção. Hoje, muitos diretores doam cópias de seus filmes, para ajudar a financiar este trabalho caro, mas vital.

Fotograma de Chaplin e Jackie Coogan em *O garoto* (1921)

ARQUITETURA E DESIGN

O Museum of Modern Art de Nova York foi o primeiro a incluir objetos utilitários em seu acervo, que vão de utensílios domésticos, como equipamentos de som, cristais, tecidos, móveis e luminárias, a rolamentos industriais e chips de silício. A arquitetura é representada na coleção de maquetes, desenhos e fotos de edifícios, já construídos ou que ficaram só no projeto. Tipografia e cartazes estão na mostra de design gráfico. As obras maiores, que parecem peças de um museu de transportes, incluem o jipe de Willys-Overland e o helicóptero de Bell.

Cadeira de balanço reclinada (por volta de 1880), de Gebrüder Thonet, de cana-da-índia e faia moldadas no vapor

St. Patrick's Cathedral ❽

pp. 178-9.

Villard Houses ❾

457 Madison Ave (New York Palace Hotel). **Mapa** 13 A4. ***Tel*** *(800) NY PALACE.* Ⓜ *51st St.* **www**.newyorkpalace.com **Municipal Art Society Urban Center** ◯ *10h-19h seg-qui, 10h-18h sex, 10h-17h30 sáb.* ***Tel*** *(212) 935 3960.* **www**.mas.org

Henry Villard foi um imigrante da Baviera que se tornou editor do *New York Evening Post* e fundador da ferrovia Northern Pacific Railroad. Em 1881, comprou o terreno em frente à St. Patrick's Cathedral e contratou o escritório de arquitetura McKim, Mead & White para projetar casas para o local. O resultado é um conjunto de seis casas de quatro andares, construídas em volta de um pátio central que se abre para a rua e a igreja. Dificuldades financeiras forçaram Villard a vender a propriedade antes que a obra fosse terminada e a propriedade passou para a arquidiocese da Igreja Católica. Na década de 1970, a arquidiocese pensou em derrubar as casas, mas salvou-as ao permitir que a cadeia de hotéis Helmsley erguesse acima delas os 51 andares do Helmsley Palace (atual New York Palace) Hotel. A parte central compreende a entrada formal do hotel e o Villard Bar & Lounge. O **Municipal Art Society Urban Center** ocupa toda a ala norte e sua livraria é o melhor lugar para comprar livros sobre arquitetura local. O centro organiza passeios arquitetônicos, do Harlem ao Brooklyn e Staten Island.

St. Bartholomew's Church

St. Bartholomew's Church ❿

109 E 50th St. **Mapa** 13 A4. ***Tel*** *(212) 378-0222.* Ⓜ *51st St.* ◯ *8h-18h diariam (19h30 qui e 20h30 dom).* *frequente* ***Palestras, concertos.*** *após serviço das 11h dom.* *(212) 888-2664.* **www**.stbarts.org

Chamada carinhosamente pelos nova-iorquinos de "St. Bart's", esta estrutura bizantina, com seus tijolos rosados, terraço aberto e cúpula de fundo dourado com desenhos em várias cores trouxe animação e variedade à Park Avenue em 1919.

O arquiteto Bertram Goodhue incorporou ao desenho o pórtico românico e as colunas de mármore (na capela) projetados por Stanford White para a St. Bartholomew's Church original, de 1903, na Madison Avenue.

A programação musical da igreja é famosa, assim como seu grupo de teatro, que monta aqui três produções ao ano.

Villard Houses, hoje entrada do New York Palace Hotel

General Electric Building ⓫

570 Lexington Ave. **Mapa** 13 A4. Ⓜ *Lexington Ave.* *ao público.*

Em 1931, a firma Cross & Cross foi contratada para projetar um arranha-céu que combinasse com a vizinha St. Bartholomew's Church. Não era tarefa fácil, mas o resultado foi aplaudido por todos. As cores foram escolhidas para contrastar e harmonizar ao mesmo tempo, e o desenho da torre complementa a cúpula policromática da igreja.

General Electric Building, na Lexington Avenue

Da esquina da Park Avenue com a 50th Street, observe as duas construções e veja como ficam bem juntas. O General Electric Building é uma obra de arte e parte integrante da paisagem – uma pérola art déco com saguão de cromo e mármore e topo em pontas, símbolo de "ondas de rádio".

Caminhe um quarteirão na Lexington Avenue para ver um local muito visitado por fãs do cinema. Foi lá que Marilyn Monroe ficou para sempre na memória do público ao posar com o vestido branco rodado sobre o respiradouro do metrô da Lexington Avenue, em *O pecado mora ao lado.*

Waldorf-Astoria ⓬

301 Park Ave. **Mapa** 13 A5.
Tel *(212) 355-3000.* M *Lexington Ave, 53rd St. Ver* ***Onde Ficar*** *p. 288.*
www.waldorf.com

Este clássico da Art Déco, que ocupa todo um quarteirão, foi projetado pela Schultze & Weaver em 1931. O Hotel Waldorf-Astoria original, na 34th Street, foi demolido para abrir espaço para o Empire State Building.

Winston Churchill e o filantropo nova-iorquino Grover Whalen no Waldorf-Astoria, em 1946

Até hoje um dos hotéis de maior prestígio de Nova York, o Waldorf-Astoria traz à mente a época mais sofisticada da história da cidade. As torres gêmeas de 190m, onde o duque e a duquesa de Windsor moraram, hospedam desde 1931 todos os presidentes dos EUA quando vão a Nova York. O gigantesco relógio do saguão, criado para a Feira Mundial de Chicago em 1893, é uma peça do hotel original. O piano que fica no salão de coquetéis Peacock Alley pertenceu a Cole Porter, quando morava nas exclusivas Towers do hotel.

Lever House ⓭

390 Park Ave. **Mapa** 13 A4.
M *5th Ave-53rd St.* **Saguão e edifício** ● *ao público.*

Imagine Park Avenue tomada de prédios residenciais tradicionais – e depois imagine a sensação quando se viram estes prédios refletidos no primeiro arranha-céu com paredes de vidro da cidade, um dos edifícios mais influentes da era moderna. O projeto, da Skidmore, Owings & Merrill, consiste em dois

O tanque d'água do Four Seasons, no Seagram Building

blocos retangulares de aço inoxidável e vidro, um disposto na horizontal e outro colocado na vertical, com a luz fluindo de todos os lados. O projeto simples e brilhante tinha a intenção de simbolizar os produtos da Lever Brothers – sabão e outros artigos de limpeza.

Por mais revolucionário que fosse em 1952, hoje o Lever House parece um anão entre as imitações em volta, mas mantém sua importância como inovador da arquitetura. O restaurante Casa Lever é um cenário VIP.

Lever House, na Park Avenue

Seagram Building ⓮

375 Park Ave. **Mapa** 13 A4. M *5th Ave-53rd St.* *9h-17h seg-sex.* *Ver* **Restaurantes e Bares** *p. 307.*

Samuel Bronfman, ex-presidente da fábrica de bebidas Seagram, pretendia construir um prédio comercial comum, mas sua filha arquiteta, Phyllis Lambert, convenceu-o a procurar o *melhor* – Mies van der Rohe.

O resultado, considerado por muitos o mais refinado entre os diversos edifícios modernos da década de 1950, consiste em dois retângulos de bronze e vidro que deixam a luz penetrar.

O exclusivo restaurante Four Seasons *(p. 307)*, um marco da cidade, fica no prédio. O arquiteto Philip Johnson criou um espaço digno de nota, com um tanque d'água no centro de um deles e uma escultura de Richard Lippold no outro.

Funcionários de escritório almoçam no átrio do Citigroup Center

Citigroup Center ⓯

153 E 53rd St. **Mapa** 13 A4.
M *53rd St-Lexington Ave.* *7h-23h diariam.* **St. Peter's Lutheran Church** *619 Lexington Ave.* ***Tel*** *(212) 935-2200.* *9h-21h diariam.* *12h15 seg-sex, 18h qua, 8h45 e 11h dom.* **Jazz** *17h dom.* ***Concertos*** *12h qua.* **York Theater at St. Peter's**; ***Tel*** *(212) 935-5820.*
www.saintpeters.org

Uma torre revestida de alumínio apoiada sobre estacas, com teto angular, faz do Citigroup Center um prédio único, que causou sensação quando foi inaugurado, em 1978. O desenho da base incorporou a St. Peter's Lutheran Church. A igreja fica separada do prédio – uma escultura de granito embaixo da lateral da torre. Entre para ver o impressionante interior e a Erol Beker Chapel, da escultora Louise Nevelson.

A igreja é famosa pelos concertos de órgão, vesperais de jazz e apresentações de teatro. O topo inclinado do Citigroup nunca armazenou energia solar, seu propósito inicial, mas tornou o edifício um marco da cidade.

St. Patrick's Cathedral ❽

Fachada da 5th Avenue

A Igreja Católica pretendia usar este local como cemitério, mas em 1850 o arcebispo John Hughes decidiu construir uma catedral. Muitos estranharam a ideia de erguer uma igreja tão longe, na época, dos limites da cidade, mas Hughes foi em frente. O arquiteto James Renwick é o responsável pela mais bela construção neogótica da cidade e uma das maiores catedrais católicas dos EUA. Com capacidade para 2.500 pessoas, foi concluída em 1878, mas ganhou suas torres mais tarde, entre 1885 e 1888.

Lady Chapel ★
Esta capela homenageia a Virgem Santíssima. Os vitrais das janelas retratam os mistérios do rosário.

Pietà
O escultor americano William O. Partridge criou esta estátua, que fica ao lado da Lady Chapel, em 1906.

★ Baldaquino
O grande baldaquino que se eleva sobre o altar-mor é feito de puro bronze. Estátuas de santos e profetas adornam as quatro pilastras que sustentam o dossel.

PONTOS ALTOS

- ★ Baldaquino
- ★ Portas de Bronze
- ★ Grande Órgão e Rosácea
- ★ Lady Chapel

Fachada da Catedral
A parede externa é de mármore branco. As torres atingem 101m acima da calçada.

Estações da Via Sacra
Entalhados na Holanda em pedra de Caen, estes relevos ganharam o primeiro prêmio na categoria de arte religiosa na Feira Mundial de Chicago, em 1893.

PREPARE-SE

5th Ave and 50th St. **Mapa** 12 F4. ***Tel*** *(212) 753-2261.* *6 para 51st St.; E para Fifth Ave.* *M1-5, M50, Q32.* *6h30-20h45 diariam.* *frequent seg-sáb; 7h, 8h, 9h, 10h15, 12h, 13h, 16h (em espanhol), 17h30 dom.* ***Concertos, recitais, palestras.*** **www**.sainpatrickscathedral.org

Santuário de Saint Elizabeth Ann Seton
A estátua e as cenas em bronze descrevem a vida da fundadora das Irmãs de Caridade, primeira americana canonizada (p. 76).

★ Grande Órgão e Rosácea
Com 8m de diâmetro, a janela em formato de rosa brilha sobre o grande órgão, que tem mais de 7 mil tubos.

Entrada principal

★ Portas de Bronze
As grandes portas maciças pesam 9 mil quilos e são adornadas com estátuas que representam figuras religiosas de Nova York.

Central Synagogue ⑱

652 Lexington Ave. **Mapa** 13 A4. ***Tel*** *(212) 838-5122.* *53rd St, Lexington Ave.* *12h-14h ter-qua.* *12h45 qua.* *18h sex, 10h sáb (jul-ago), 10h30 sáb (set-jun).* **www**.centralsynagogue.org

Esta é a sinagoga de Nova York que funciona há mais tempo no mesmo prédio. Foi projetada em 1870 por Henry Fernbach, primeiro arquiteto judeu influente dos EUA, que também projetou alguns dos mais elegantes prédios de ferro fundido do SoHo. Completamente restaurada após um incêndio, a Central Synagogue é considerada o melhor exemplo da moderna arquitetura mourisca-islâmica da cidade. O templo, fundado em 1846 por dezoito imigrantes recém-chegados, chamava-se Ahawath Chesed (Amor de Misericórdia) e ficava na Ludlow Street, Lower East Side, local bem mais humilde.

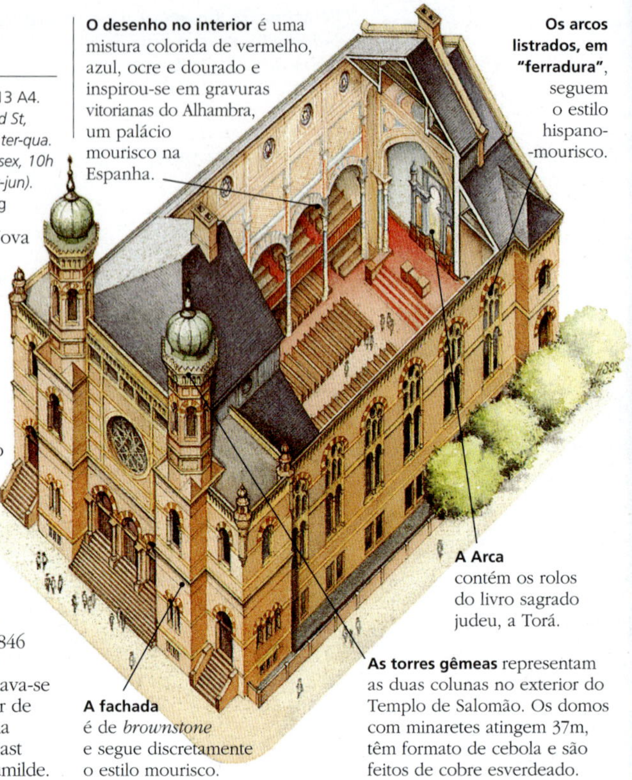

Sutton Place ⑰

Mapa 13 C3. *59th St,* 51st St. M15, M31, M57

Sutton Place é um bairro por onde não passa trânsito pesado. É bastante agradável, composto por elegantes prédios baixos de apartamentos e casas projetadas por arquitetos de renome. A chegada da sociedade de Nova York, na década de 1920, transformou a área, antes um aglomerado de fábricas e conjuntos habitacionais. O nº 3 da Sutton Square é residência do secretário-geral das Nações Unidas.

Olhando além da Sutton Square e da 59th Street, enxerga-se Riverview Terrace, uma rua privativa de frente para o rio, com cinco *brownstones* cobertas de hera. Dos pequenos parques no final da 55th Street avistam-se o rio e a Queensboro Bridge.

Mesmo com a forte oposição dos moradores, o Bridgemarket abriu em 2000. Localizado entre as duas grandes abóbadas sob a Queensboro Bridge, conta com uma enorme Terence Conran (artigos para casa), um supermercado e um empório. Está sendo considerada a construção de uma praça com fonte.

Parque em Sutton Place, com vista da Queensboro Bridge e Roosevelt Island

Beekman Place ⑱

Mapa 13 C5. *59th St,* 51st St. M15, M50.

Menor que Sutton Place e ainda mais tranquilo é Beekman Place, enclave privativo com dois quarteirões de casas dos anos 1920 e alguns prédios de apartamentos. Entre seus moradores estão Gloria Vanderbilt, Rex Harrison, Irving Berlin e membros da família Rockefeller.

Turtle Bay Gardens, duas vilas de *brownstones* construídas na segunda metade do século XIX, esconde um charmoso jardim italiano. Entre seus moradores famosos estiveram os atores Katherine Hepburn e Tyrone Power, o compositor Stephen Sondheim e o escritor E. B. White.

Roosevelt Island ⓳

Mapa 14 D2. **M** *59th St. Tram, Roosevelt Island station (F).*
www.rioc.com

Desde 1976, um bondinho suspenso parte da Second Avenue com a 60th Street, atravessa o rio East e chega a Roosevelt Island, em um passeio emocionante que oferece uma vista da cidade e da Queensboro Bridge. Atualmente a ilha também é servida pelo metrô.

Perto da estação do bondinho fica o que restou da Blackwell Farmhouse, fazenda que existiu no local entre 1796 e 1804 e deu nome à ilha até a década de 1920, quando chegaram as construtoras. A ilha teve o nome de Welfare Island (ilha da Previdência) devido aos muitos hospitais, asilos e manicômios que lá existiram.

Em 1927, Mae West ficou presa oito dias na penitenciária da ilha, depois de uma "performance obscena". Ela pediu e conseguiu que lhe trouxessem sua lingerie de seda para usar sob o uniforme da prisão. As ruínas do hospital do século XIX ainda existem, assim como o farol erguido em 1872 por um interno do asilo.

Letreiro da loja Bloomingdale's

Bloomingdale's ⓴

1000 3rd Ave. **Mapa** 13 A3.
Tel *(212) 705-2000.* **M** *59th St.*
10h-20h30 seg-sex, 10h-19h sáb, 11h-19h dom. Ver ***Compras*** *p. 319.*
www.bloomingdales.com

Houve um tempo nos anos 1980 em que "Bloomies" era sinônimo de prazer. Fundada pelos irmãos Joseph e Lyman Bloomingdale em 1872, esta famosa loja de departamentos era considerada loja de artigos de segunda até que a ferrovia elevada da 3rd Avenue foi desativada, nos anos 1960. Ela então tornou-se o máximo em compras sofisticadas. No final dos anos 1980, mudou de dono e pediu concordata. Embora não tenha mais o brilho do passado, a Bloomingdale's continua a ser uma das lojas mais bem providas da cidade. Quem está em Downtown pode fazer compras na filial no nº 504 da Broadway, no SoHo.

Fuller Building ㉑

41 E 57th St. **Mapa** 13 A3. *Peter Findlay Gallery.* ***Tel*** *(212) 644-4433; James Goodman Gallery.* ***Tel*** *(212) 593-3737.* *10h-18h ter-sáb.* **M** *59th St.*

Este belo prédio de 1929, com elegantes torres em preto, cinza e branco, projetado pela Walker & Gillette, é um exemplo de design geométrico art déco. As imponentes estátuas de cada lado do relógio na entrada são de Elie Nadelman. Entre para apreciar os intricados mosaicos dos pisos ladrilhados – um painel mostra a antiga sede da Fuller Company's, no Flatiron Building, na Fifth Avenue *(p. 127)*. O Fuller Building é uma colmeia de galerias de arte exclusivas, a maioria abre para o público diariamente.

Estátuas do relógio acima da entrada do Fuller Building

Fachada do Plaza Hotel, em estilo renascentista francês

Plaza Hotel ㉒

5th Ave. *& Central Park South.*
Mapa 12 F3 **M** *Fifth Avenue-59th St.*
www.theplaza.com

O Plaza foi projetado por Henry J. Hardenbergh, também autor do Dakota *(p. 216)* e do Waldorf-Astoria original. Completado em 1907 ao custo exorbitante de US$ 12,5 milhões, foi proclamado o "melhor hotel do mundo", com seus 800 quartos, 500 banheiros, salão de baile de dois andares, cinco escadarias de mármore e apartamentos de catorze a dezessete quartos para famílias como os Vanderbilt e Gould *(p. 49)*.

A estrutura de dezoito andares de ferro fundido lembra um *château* renascentista francês. Grande parte da decoração do interior veio da Europa. O Palm Court, com paredes espelhadas e entalhes das quatro estações é um lugar agradável para tomar chá.

Ainda que profusamente restaurado por seu proprietário anterior, Donald Trump, o edifício passou por uma reforma de US$ 400 milhões. Foi transformado em um prédio misto de apartamentos residenciais e hotel com 282 quartos. Há também seis andares com restaurantes de luxo, incluindo o famoso Oak Room.

UPPER EAST SIDE

Na virada do século, a alta sociedade mudou-se para o Upper East Side e lá permanece até hoje. Suas mansões beaux-arts hoje são museus e embaixadas – a elite agora prefere morar nos prédios de apartamentos da Fifth e Park Avenues. Lojas e galerias ocupam a Madison Avenue. Mais para leste, a região inclui o que restou da comunidade alemã, perto da East 80th Street, da húngara, ao sul, e uma miniatura da Boêmia, com sua população tcheca, abaixo da 78th Street. Muitos descendentes dos imigrantes originais estão deixando a área, mas as igrejas, restaurantes e lojas permanecem.

Urna africana, Metropolitan Museum

Saguão do Solomon R. Guggenheim Museum visto do alto

PRINCIPAIS ATRAÇÕES

Estátua de Diana, National Academy of Design

LEGENDA

Mapa Rua a Rua

M Estação de metrô

VEJA TAMBÉM

• ***Guia de Ruas,*** mapas 12-3, 16-8, 21

• ***Passeio pela East Side*** pp. 264-5

• ***Onde Ficar*** pp. 289-90

• ***Restaurantes*** pp. 308-9

COMO CHEGAR

De metrô, os trens 4 e 5 da Lexington Ave passam por 59th e 86th Sts. O trem local (nº 6) também para nas 68th, 77th e 96th Sts. O F para na 63rd St, o N e o R na Fifth Ave e 59th St. Os ônibus são: M1-4 na Fifth/Madison Aves, M101-3 na Lexington/Third e M15 na First/Second. Os ônibus M66, M72, M79, M86, e M96 cruzam a cidade.

Rua a Rua: Museum Mile

Muitos museus de Nova York concentram-se no Upper East Side, a ponto de um grupo de ruas ganhar o apelido de "Museum Mile" (Milha dos Museus). Estes museus têm sede em construções que variam das antigas mansões das famílias Frick e Carnegie até o moderno Guggenheim, projeto de Frank Lloyd Wright. As exposições são tão diversas quanto a arquitetura, abrangendo velhos mestres da pintura, artes decorativas e fotografia. No centro fica o Metropolitan Museum of Art. Alguns museus ficam abertos até tarde um dia por semana.

Jewish Museum
Uma das mais expressivas coleções de objetos relacionados ao judaísmo está reunida neste museu: moedas, objetos arqueológicos e artefatos cerimoniais ❷

Cooper-Hewitt National Design Museum ★
Obras de cerâmica, cristal, móveis e tecidos estão representadas neste museu ❸

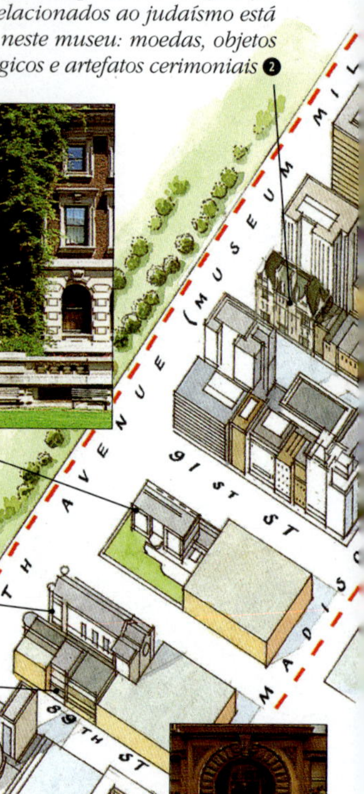

A Church of the Heavenly Rest foi construída em 1929, em estilo gótico. A madona no púlpito é obra da escultora Malvina Hoffman.

National Academy Museum
A academia, fundada em 1825, mudou-se para este prédio em 1940. O belo acervo inclui pinturas e esculturas de seus membros ❹

A Graham House é um prédio de apartamentos com esplêndida entrada beaux-arts. Foi construído em 1892.

★ Solomon R. Guggenheim Museum
O edifício em forma de espiral projetado por Frank Lloyd Wright é iluminado por holofotes de noite. A melhor maneira de ver a mais importante coleção de arte moderna do mundo é pegar o elevador até o topo e descer a pé ❺

PONTOS ALTOS

★ Cooper-Hewitt Museum

★ Solomon R. Guggenheim Museum

A fachada do Squadron A. Armoury é tudo o que restou do prédio militar original. É uma das paredes do playground da Hunter High School, escola construída para combinar com o estilo do arsenal.

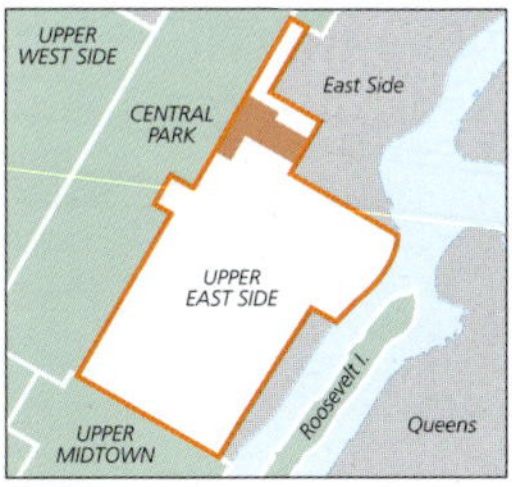

LOCALIZE-SE
Mapa de Manhattan pp. 14 -5

LEGENDA

- - - Percurso sugerido

0 m 100

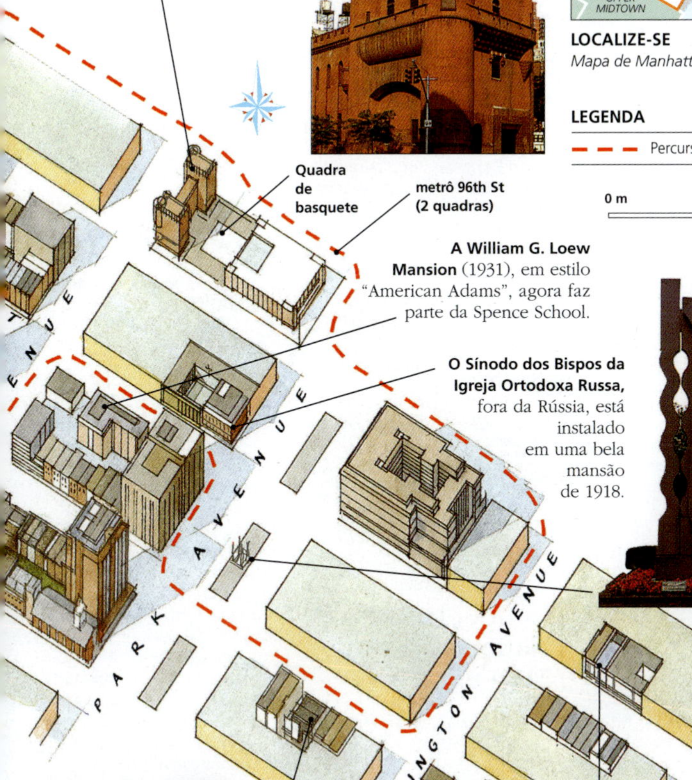

A William G. Loew Mansion (1931), em estilo "American Adams", agora faz parte da Spence School.

O Sínodo dos Bispos da Igreja Ortodoxa Russa, fora da Rússia, está instalado em uma bela mansão de 1918.

Night Presence IV (1972), obra moderna em aço enferrujado de Louise Nevelson, parece deslocada entre seus vizinhos sérios e tradicionais da Park Avenue.

Os nºs 120 e 122 da East 92nd Street são duas das poucas casas de madeira que ainda existem na cidade. As casas foram construídas em 1859 e 1871 e têm um charmoso toque italiano.

Os Irmãos Marx passaram a infância em um apartamento de três dormitórios no prédio nº 179 da East 93rd Street.

Neue Galerie New York ❶

1048 5th Ave com E 86th St. **Mapa** 16 F3. ***Tel*** *(212) 628-6200.* *86th St.* *M1-4.* *11h-18h qui-seg.* *feriados.* *Café 9h-18h diariam (até 21h qui-dom).* **www**.neuegalerie.org

Este museu foi fundado pelo negociante de arte Serge Sabarsky e pelo filantropo Ronald Lauder. Seu objetivo é reunir, pesquisar e expor o melhor da arte decorativa alemã e austríaca do começo do século XX.

A estrutura em estilo beaux-arts Luís XIII foi finalizada em 1914, pela Carrère & Hastings, que também projetou a New York Public Library *(p. 146)*. O edifício tornou-se um marco e é considerado uma das construções mais distintas da Fifith Avenue. Antes ocupada pela sra. Cornelius Vanderbit III, a mansão foi comprada por Lauder e Sabarsky em 1994.

A entrada fica no piso térreo, que abriga uma livraria e o Café Sabarsky, inspirado nos cafés vienenses de antigamente, e também sedia concertos de música clássica, de câmara e de cabaré. O segundo piso é dedicado aos trabalhos de Klimt, Schiele, Wiener e Werkstätte. No outro piso estão expostos os trabalhos da Der Blaue Reiter (que reunia artistas como Klee e Kandinsky), a Bauhaus (Feininger, Schlemmer) e a Die Brücke (Mies van der Rohe, Breuer).

Jewish Museum ❷

1109 5th Ave. **Mapa** 16 F2. ***Tel*** *(212) 423-3200.* *86th St, 96th St.* *M1-4.* *11h-17h45 qui-ter (20h qui, 16h sex).* *sáb, feriados públicos e judaicos.* **www**.thejewishmuseum.org

Esta requintada casa projetada para Felix M. Warburg, financista e líder da comunidade judaica, pelo arquiteto C. P. H. Gilbert em 1908, lembra um *château* francês. Nela se encontra um dos maiores acervos de arte, cerimonial e objetos ligados à história dos judeus. Uma reforma duplicou o espaço para exposições. O trabalho de pedra da ampliação foi feito pela mesma empresa que construiu a St. John the Divine Cathedral *(pp. 226-7)*.

Os objetos vêm de todas as partes do mundo. As peças cobrem um período de 4 mil anos e incluem coroas de Torá, candelabros, taças, pratos, rolos de pergaminho e muitos objetos cerimoniais.

Há uma arca de Torá da Coleção Benguiat, uma parede de faiança removida de uma sinagoga persa do século XVI e *Holocausto*, de George Segal. As mostras temporárias retratam a vida dos judeus e sua experiência ao redor do mundo.

Jarro e bacia de Istambul, século XIX, no Jewish Museum

Cooper-Hewitt National Design Museum ❸

2 E 91st St. **Mapa** 16 F2. ***Tel*** *(212) 849-8400.* *86th St, 96th St.* *M1-4.* *10h-17h seg-sáb (18h sáb), 11h-18h dom.* *1º jan, Ação de Graças, 25 dez.* **www**.cooperhewitt.org

Este museu ocupa a casa que foi do industrial Andrew Carnegie e possui uma das maiores coleções de design do mundo, reunida pelas irmãs Hewitt – Amy, Eleanor e Sarah. O museu foi inaugurado em 1897, na Cooper Union *(p. 120)*. O Smithsonian Institution, de Washington, adquiriu o acervo em 1967 e a Carnegie Corporation ofereceu a mansão para alojá-lo.

Carnegie queria que sua casa fosse a "mais modesta, simples e espaçosa de Nova York". Ainda assim, foi pioneira na instalação de aquecimento central, elevador e ar-condicionado. Repare na magnífica escada de madeira, os ricos painéis e entalhes, além do solário.

Entrada do Cooper-Hewitt Museum

O museu reabrirá em 2013 após reformas.

National Academy Museum ❹

1083 5th Ave. **Mapa** 16 F3. ***Tel*** *(212) 369-4880.* *86th St.* *M1-4.* *11h-18h qua-dom.* *feriados.* **www**.nationalacademy.org

Mais de 6 mil pinturas, desenhos e esculturas, com obras de Thomas Eakins, Winslow Homer e Frank Lloyd Wright, compõem o acervo da National Academy Museum, fundada em 1825 por um grupo de artistas. O objetivo do grupo era (e ainda é) formar artistas e expor seus trabalhos. A casa, um prédio atraente com pisos de mármore decorado, foi doada em 1940 por Archer Huntington, patrono das artes e filantropo. O grande vestíbulo da entrada tem uma estátua de Diana, obra da escultora Anna Hyatt Huntington.

Estátua de Diana no vestíbulo da National Academy Museum

Solomon R. Guggenheim Museum ❺

pp. 188-9.

Metropolitan Museum of Art ❻

pp. 190-7.

Whitney Museum of American Art ❼

pp. 200-1.

Frick Collection ❽

pp. 202-3.

Asia Society ❾

725 Park Ave. **Mapa** 13 A1. ***Tel*** *(212) 288-6400. Eventos: (212) 517 ASIA.* M *68th St.* *11h-18h ter-dom (21h sex).* *feriados.* *14h ter-sáb, 18h30 sex.* **www**.asiasociety.org

Escultura da região sul asiática, na Asia Society

Fundado por John D. Rockefeller III, em 1956, para divulgar a cultura asiática nos Estados Unidos, a entidade é um fórum de 30 países, do Japão ao Irã, da Ásia Central à Austrália.

O prédio de oito andares (1981), de granito vermelho, foi projetado por Edward Barnes. Após uma reforma em 2001, o museu ganhou mais espaço. Uma galeria é dedicada à coleção particular de Rockefeller, reunida por ele e sua mulher nas viagens que faziam ao Oriente.

Mostras alternadas apresentam objetos de arte asiática. A Asia Society tem uma programação animada, com filmes, espetáculos de dança, concertos, palestras e uma livraria com bom estoque.

Saguão de entrada do Park Avenue Armory

Park Avenue Armory ❿

643 Park Ave. **Mapa** 13 A2. ***Tel*** *(212) 616-3930.* M *68th St.* *10h ter e qui (exceto feriados).* **www**.armoryonpark.org

Desde 1812, o Seventh Regiment desempenha função importante nas guerras dos Estados Unidos. Era um corpo de elite composto por filhos de famílias proeminentes. Por trás das sombrias paredes externas, há salas repletas de mobiliário da era vitoriana e lembranças do regimento.

O projeto de Charles W. Clinton, um ex-integrante, previu escritórios com vista para a Park Avenue e um salão de treinamento que atravessa o quarteirão, até a Lexington Avenue. Entre as salas de recepção estão a Veterans' Room e a Louis Comfort Tiffany Library. O salão de treinamento, além de alojar o Winter Antiques Show *(p. 53)*, é um dos locais favoritos para bailes de caridade. O Armory abriga várias apresentações culturais, de dança moderna a concertos da New York Philharmonic Orchestra.

Temple Emanu-El ⓫

1 E 65th St. **Mapa** 12 F2. ***Tel*** *(212) 744-1400.* M *68th St, 63rd St.* *10h-17h dom-sex (últ adm sex 15h30), 12h30-16h45 sáb* *feriados judaicos.* *5h30 dom-qui, 17h15 sex, 10h30 sáb.* **www**.emanuelnyc.org

Este impressionante edifício de 1929 é uma das maiores sinagogas do mundo, capaz de acomodar 2.500 pessoas só no santuário principal. É a sede da mais antiga congregação reformista de Nova York, e frequentada pelos membros mais ricos da sociedade judaica. Entre os muitos detalhes bonitos estão as portas de bronze que dão acesso à Arca, representando uma Torá aberta. A Arca também tem vitrais com cenas bíblicas e os símbolos tribais das casas de Israel. Estes símbolos também aparecem num grande arco recuado que emoldura uma janela circular, aspecto mais destacado da fachada que dá para a 5th Avenue.

A sinagoga fica no local da antiga mansão da sra. William Astor, lendária anfitriã da sociedade de Nova York. Ela mudou-se para Upper East Side após uma disputa familiar com seu sobrinho que morava ao lado. Sua adega de vinhos e três lareiras de mármore ainda permanecem na sinagoga.

Arca da Torá no Temple Emanu-El

Solomon R. Guggenheim Museum ❺

Além de abrigar um dos melhores acervos de arte moderna e contemporânea do mundo, o prédio do Guggenheim Museum é, por si só, uma obra-prima. Sua fachada foi restaurada em 2009 para comemorar seu 50º aniversário. Projetada por Frank Lloyd Wright, a fachada lembra uma concha e tornou-se um dos marcos de Nova York. A rampa em espiral parte da cúpula, passando por obras importantes dos principais artistas dos séculos XIX, XX e XXI.

Fachada na 5th Avenue

Paris pela Janela
As cores vibrantes da obra-prima de Marc Chagall, de 1913, brilham na tela, dando lugar a imagens de uma cidade mágica e misteriosa onde nada é exatamente aquilo que parece ser.

Mulher Passando Roupa *(1904)*
Esta pintura de Pablo Picasso é a imagem perfeita do trabalho duro e do cansaço.

Vaca Amarela *(1911)*
Esta obra de Franz Marc tem como tema a natureza e as cores.

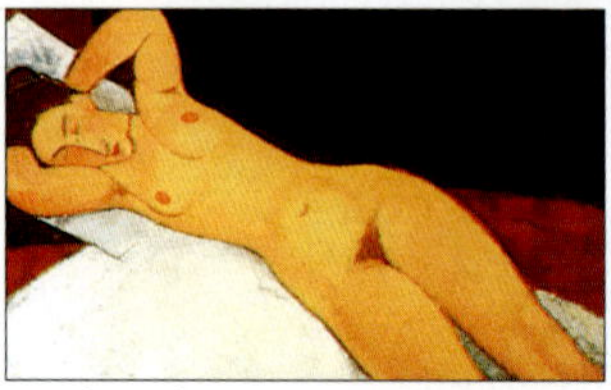

Nu *(1917)*
Esta figura é típica do trabalho estilizado de Amedeo Modigliani.

GUIA DO MUSEU

A Grande Rotunda apresenta mostras especiais. A Pequena Rotunda expõe obras de impressionistas. As galerias da Torre (também chamadas de Anexo) apresentam peças contemporâneas e da coleção permanente, que é exposta em um sistema de revezamento.

Diante do Espelho *(1876) Para capturar a atmosfera da sociedade do século XIX, Edouard Manet frequentemente usava a imagem da cortesã.*

PREPARE-SE

1071 5th Ave com 89th St. **Mapa** 16 F3. ***Tel*** *(212) 423-3500.* *4, 5, 6 para 86th St.* *M1, M2, M3, M4.* *10h-17h45 sex-qua (19h45 sáb).* *Ação de Graças, 25 dez, 1º jan.* ***Concertos, palestras, performances.*** **www**.guggenheim.org

Mulher Segurando um Vaso *Fernand Léger incorporou elementos do Cubismo a este trabalho de 1927.*

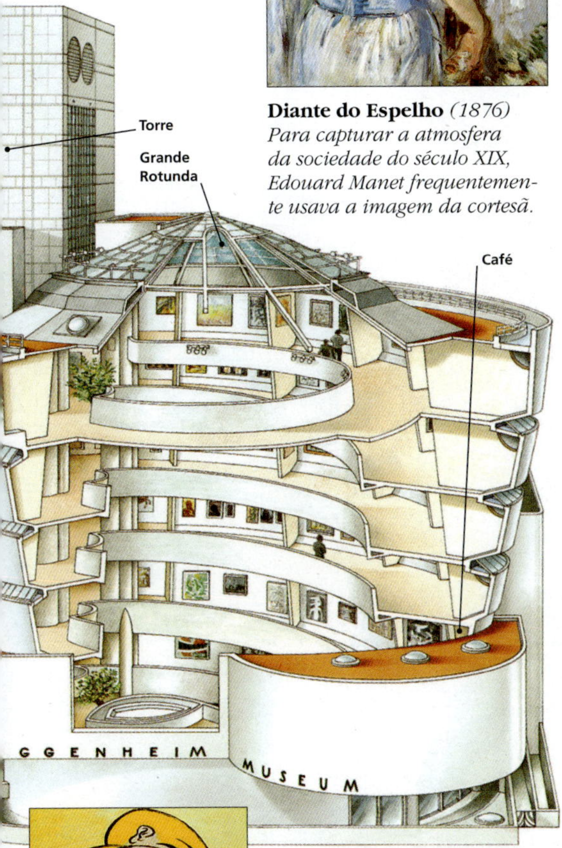

Linhas Negras *(1913) Este é um dos primeiros trabalhos de Vasily Kandinsky com a arte "não objetiva".*

Mulher de Cabelo Amarelo *(1931) A figura da amante de Picasso aparece com frequência em seus trabalhos.*

FRANK LLOYD WRIGHT

Wright é considerado o maior inovador da arquitetura americana. As casas em estilo *prairie* (das pradarias) e os prédios de escritórios de concreto e tijolos de vidro são típicos de sua obra. Wright recebeu a incumbência de construir o museu em 1942 e o prédio foi completado pouco antes de sua morte, em 1959. É seu único edifício em Nova York.

Interior da Grande Rotunda do Guggenheim

Metropolitan Museum of Art ❻

Criado em 1870 por artistas e filantropos que queriam uma instituição de arte para competir com as europeias, este museu possui o que talvez seja o mais amplo acervo do mundo ocidental – partindo dos tempos pré-históricos e chegando aos dias de hoje. Inaugurado neste local em 1880, abriga coleções de todos os continentes. As galerias dedicadas à arte grega e romana, no primeiro andar, são muito procuradas.

Entrada do Metropolitan Museum of Art

★ Jeanne Hébuterne
(1919)
Amante de Amedeo Modigliani, Hébuterne aparece em mais de vinte obras do artista. Ela se suicidou um dia após a morte dele, em 1920.

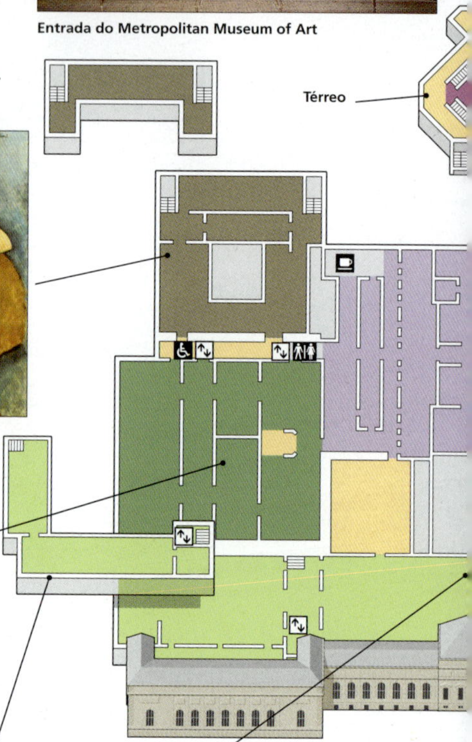

Máscara Pendente
O reino de Benin, na África, era famoso por sua arte. Esta máscara foi feita no século XVI.

Homem Sentado com Harpa
Arte das ilhas Cíclades, por volta de 2.800 a.C.

GUIA DA GALERIA

As galerias permanentes expõem obras de dezenove seções, e existem salas para mostras temporárias. A área central do primeiro e segundo andares é reservada a pintura, escultura e arte decorativa europeias. O Costume Institute situa-se no térreo, diretamente abaixo das galerias dedicadas à arte egípcia, no primeiro andar.

LEGENDA

- Ala Norte-Americana
- Arte da África, Oceania e Américas
- Armas e armaduras
- Arte egípcia
- Escultura e artes decorativas da Europa
- Arte grega e romana
- Arte medieval
- Arte moderna e contemporânea
- Coleção Lehman
- Exposições temporárias
- Espaço livre

★ Retrato da Princesa de Broglie
Este retrato, pintado em 1853, foi a última obra de J. A. D. Ingres.

PREPARE-SE

1000 Fifth Ave. **Mapa** 16 F4. *(212) 535-7710.* *4, 5, 6 para 86th St.* *M1, M2, M3, M4.* *9h30-17h30 dom, ter-qui; 9h30-21h sex, sáb.* *25 dez, 1º jan, Ação de Graças.* ***Concertos, palestras, aulas, seminários, filmes e vídeos.*** **www**.metmuseum.org

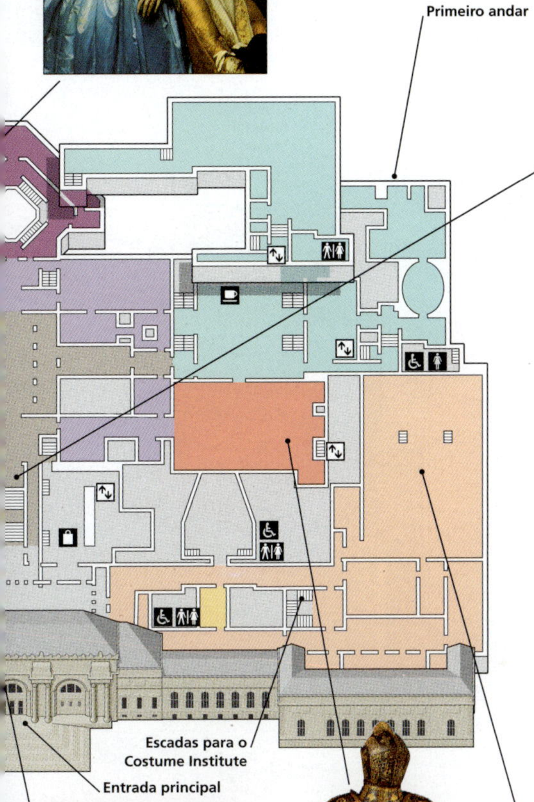

★ Galerias Bizantinas
Este painel de mármore da Grécia dos Bálcãs (c. 1250) com um grifo é uma das peças em exposição nas Galerias Bizantinas.

PONTOS ALTOS

- ★ Galerias Bizantinas
- ★ *Retrato da Princesa*, de Ingres
- ★ *Jeanne Hébuterne*, de Amedeo Modigliani
- ★ Templo de Dendur

Festa de Núpcias em Canaã *(século XVI)*
Painel de Juan de Flandes, parte da Linsky Collection.

Armadura Inglesa
Feita por volta de 1580 para sir George Clifford.

★ Templo de Dendur *(15 a.C.)*
O imperador Augusto construiu este templo de três salas, em exposição na seção de arte egípcia.

Metropolitan Museum of Art: Andares Superiores

Jardim de Esculturas
Estas esculturas, na ala dedicada à arte moderna da cobertura, são trocadas todos os anos.

Jogadores de Cartas *(1890)*
Paul Cézanne abandona suas paisagens e naturezas-mortas para compor a cena de camponeses ocupados com um jogo de cartas.

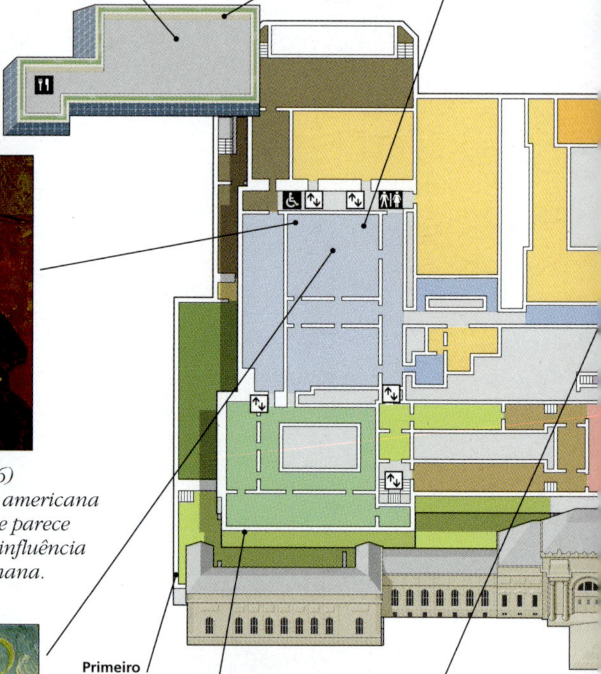

Gertrude Stein *(1905-6)*
Este retrato da escritora americana é de Picasso. O rosto, que parece uma máscara, mostra a influência das artes africana e romana.

★ **Ciprestes** *(1889)*
Vincent van Gogh pintou este quadro um ano antes de morrer. As pinceladas em espirais marcaram suas últimas obras.

★ **Díptico**
(1425-30)
Jan van Eyck foi um dos primeiros mestres da pintura a óleo. As cenas da Crucificação e Juízo Final mostram que também foi um precursor do Realismo.

Ser Alado com Cabeça de Águia Polinizando a Árvore Sagrada *(900 a.C.)* *Este relevo veio de um palácio assírio.*

★ Autorretrato *(1660) Rembrandt pintou quase cem autorretratos. Neste, ele tinha 54 anos.*

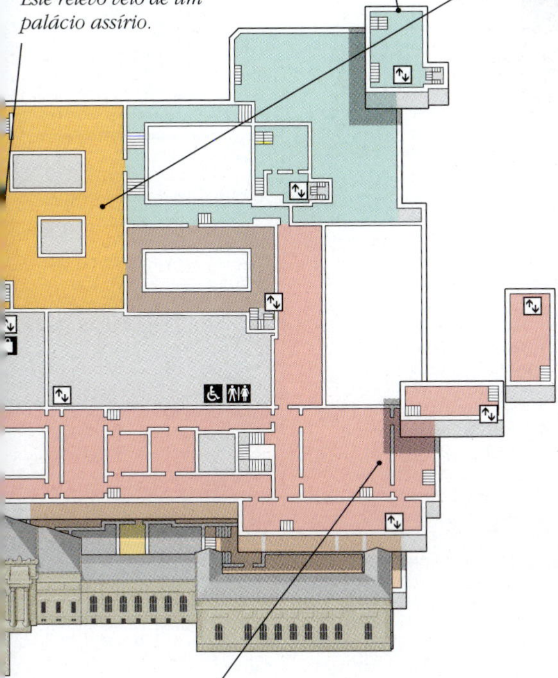

LEGENDA

- Ala Norte-Americana
- Arte antiga islâmica e do Oriente Próximo
- Arte arábica e asiática
- Arte asiática
- Desenho, gravuras e fotografias
- Pintura da Europa
- Escultura e artes decorativas da Europa
- Arte grega e romana
- Arte moderna e contemporânea
- Instrumentos musicais
- Pintura e escultura europeias do século XIX e início do século XX
- Exposições temporárias
- Espaço livre

ASTOR COURT

Em 1979, 27 jardineiros da China, responsáveis pelos históricos jardins de Souzhou, viajaram para Nova York para plantar uma réplica de jardim no estilo Ming no Metropolitan Museum. Foi o primeiro intercâmbio cultural entre os EUA e a República Popular da China. O resultado é um jardim tranquilo para meditação, o equivalente ocidental ao Jardim do Mestre das Redes de Pesca, de Souzhou.

PONTOS ALTOS

- ★ *Ciprestes*, de Vincent van Gogh
- ★ *Díptico*, de Jan van Eyck
- ★ *Autorretrato*, de Rembrandt (1660)

Como Explorar o Metropolitan Museum

Entre os tesouros do museu estão uma vasta coleção de arte americana e mais de 2.500 pinturas da Europa, entre elas obras-primas de Rembrandt e Vermeer. Há também muitas peças islâmicas e a maior coleção de arte egípcia do mundo fora do Cairo.

Misteriosa e rara cabeça de cobre procedente do Oriente Próximo e datada de 3000 a.C.

ARTE DA ÁFRICA, OCEANIA E AMÉRICAS

Máscara funerária de ouro pintado (séculos X-XIV) da necrópole de Batán Grande, no Peru

Nelson Rockefeller construiu a Ala Michael C. Rockefeller em 1982, em memória de seu filho, que morreu durante uma expedição em busca de obras de arte na Nova Guiné. Suas vitrines expõem uma esplêndida coleção de mais de 1.600 objetos da África, ilhas do Pacífico e Américas.

Entre as obras africanas há esculturas de marfim e bronze do Benin, bem como esculturas de madeira das tribos dogon, bamana e senufo, do Mali. Do Pacífico vieram entalhes dos asmat, da Nova Guiné, e artefatos decorativos e máscaras das ilhas da Melanésia e Polinésia. Do México, da América Central e do Sul, há peças de ouro, pedra e cerâmica da era pré-colombiana. A ala exibe ainda belos artefatos dos inuits e outros grupos dos EUA.

ALA NORTE-AMERICANA

O retrato de George Washington feito por Gilbert Stuart, o quadro *Comerciantes de peles descendo o Missouri*, de George Caleb Bingham, o famoso retrato *Madame X*, de John Singer Sargent, e o monumental *Washington cruzando o Delaware*, de Emanuel Leutze, estão entre os marcos da Ala Norte-Americana. Nela se encontra um dos melhores acervos do mundo da pintura dos EUA, além de escultura e artes decorativas do período colonial até o início do século XX. Os destaques vão dos elegantes vasos neoclássicos de Paul Revere até às inovadoras peças de vidro da Tiffany & Co. Entre os móveis há canapés, cadeiras e mesas de jantar, estantes e escrivaninhas dos maiores centros de marcenaria como Boston, Newport e Philadelphia.

Entre os salões de época, com mobília e peças de madeira originais, estão a taverna onde Washington comemorou seu último aniversário e a elegante sala de visitas em estilo prairie, de Minnesota, projetada por Frank Lloyd Wright para Francis W. Little em Waysata em 1912.

O Charles Engelhard Court é um pátio interno tomado de belas peças de arquitetura, como a arcada decorada com vitrais e mosaicos da casa de Louis C. Tiffany e a fachada de 1924 de uma agência do United States Branch Bank, de Wall Street.

ARTE ANTIGA ISLÂMICA E DO ORIENTE PRÓXIMO

Enormes esculturas de pedra de animais alados com cabeça humana, guardiões do palácio do rei assírio Assurnasirpal II, do século IX a.C., estão postadas na entrada das galerias do Oriente Próximo. Lá se encontra um acervo que cobre 8 mil anos, rico em bronzes do Irã, marfins de Anatólia, peças de marfim e esculturas da Suméria e obras sassânidas e aquemênidas. Uma área adjacente contém a arte islâmica do século VII ao XIX: obras do Egito, Síria e Mesopotâmia, miniaturas das cortes da Pérsia e Índia, tapetes dos séculos XVI e XVII e uma sala com objetos da Síria do século XVIII.

ARMAS E ARMADURAS

Cavaleiros com armaduras completas investem uns contra os outros em um pátio. É uma das seções preferidas pelas crianças e por todas as pessoas que apreciam romances medievais.

Há armaduras, floretes e sabres com cabos de pedras preciosas, armas de fogo incrustadas de marfim e madrepérola, estandartes e escudos heráldicos coloridos.

Pistola do imperador Carlos V, do Sacro Império Romano (século XVI)

Entre os destaques estão a armadura do pirata sir George Clifford, protegido da rainha Elizabeth I. Também é possível apreciar a armadura colorida de um shogun japonês do século XIV e a coleção de revólveres do Velho Oeste que pertencia ao fabricante de armas Samuel Colt.

ARTE ASIÁTICA

Velha ameixeira, biombo de papel japonês do início do período Edo (por volta de 1650)

Uma série de galerias contém obras-primas da arte chinesa, japonesa, coreana, indiana e do Sudeste da Ásia, datando do segundo milênio a.C. até o século XX. Um jardim chinês da dinastia Ming, em escala natural, foi plantado por jardineiros de Souzhou, no primeiro intercâmbio cultural entre EUA e China. O museu também possui uma das melhores coleções de pinturas Sung e Yuan do mundo. Esculturas monumentais, estátuas budistas, belas cerâmicas e obras de jade fazem parte da importante mostra de obras de arte da China antiga.

Todos os gêneros da arte japonesa estão representados em um fascinante conjunto de onze galerias, com obras de laca, cerâmicas, pinturas, esculturas, tecidos e telas exibidos em ordem cronológica e temática. As galerias da Índia, do Sudeste da Ásia e da Coreia mostram esculturas soberbas e outras artes destas regiões.

COSTUME INSTITUTE

A coleção de trajes e acessórios de 31 mil peças ganhou mais de 23 mil objetos com a cooperação do Brooklyn Museum *(pp. 250-3)*. Não há exposição permanente por conta da fragilidade das peças, mas há duas mostras especiais por ano. A coleção, que abrange o período do século XVII ao presente, é o mais completo compêndio de moda, dos elaborados vestidos bordados do final do século XVII às togas da era napoleônica. Também há desenhos de Elsa Schiaparelli, Worth e Balenciaga, assim como figurinos de balés russos e até uma sunga de paetês de David Bowie. O audioguia *Art of Dress*, narrado pela atriz Sarah Jessica Parker, mostra como artistas têm usado as vestimentas para expressar identidade e poder.

O instituto é o mais sofisticado em técnicas de conservação de tecidos e conta com um laboratório de última geração.

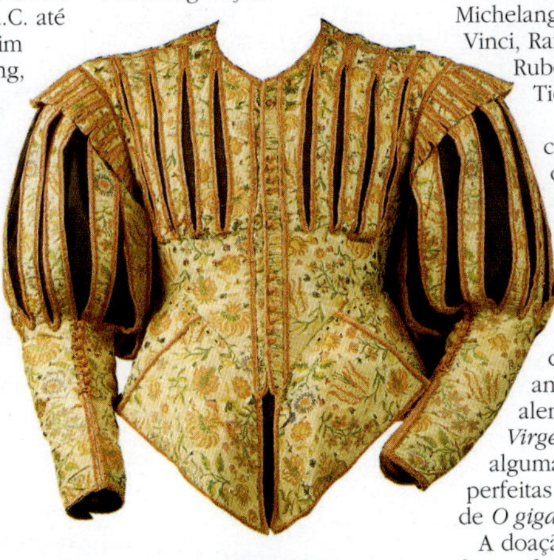

Gibão europeu de seda e cetim, do século XVII

DESENHO, GRAVURAS E FOTOGRAFIAS

Esta eclética galeria expõe peças selecionadas do acervo de desenhos, gravuras, esboços e fotografias do Metropolitan Museum.

Esboços de Michelangelo de uma profetisa para o teto da Capela Sistina (1508)

A coleção de desenhos é especialmente rica em arte italiana e francesa do século XV ao século XIX. As obras são exibidas em sistema de revezamento devido à sensibilidade do papel à luz.

Entre os destaques dos 11 mil desenhos estão obras de Michelangelo, Leonardo da Vinci, Rafael, Ingres, Goya, Rubens, Rembrandt, Tiepolo e Seurat.

A enciclopédica coleção de gravuras, com 1,5 milhão de imagens individuais (e mais de 14 mil livros ilustrados), inclui obras importantes de todos os mestres da arte, desde uma das mais antigas xilografias alemãs, intitulada *A Virgem e o Menino*, até algumas das obras mais perfeitas de Dürer, além de *O gigante*, de Goya.

A doação da coleção de fotografias do marchand Alfred Stieglitz proporcionou joias como *O ferro de passar*, de Edward Steichen. A partir desta coleção, o museu reuniu um acervo que também se destaca pelas obras modernistas do período entre guerras.

Obras de vida curta, como cartazes e anúncios, também integram a coleção da seção.

ARTE EGÍPCIA

Uma das melhores e mais apreciadas alas do museu é a do Egito Antigo, que exibe milhares de objetos do acervo, desde o período pré-histórico até o século VIII. Estes objetos variam de um fragmento de jaspe mostrando os lábios de uma rainha do século XV a.C. até o Templo de Dendur. Outros achados arqueológicos impressionantes, na maioria produto de expedições financiadas pelo próprio museu no início do século XX, incluem esculturas da rainha Hatshepsut, que se apoderou do trono de Tebas no século XVI a.C., cem relevos do reinado de Amenófis IV e figuras encontradas em túmulos, como o hipopótamo azul que se tornou símbolo do museu.

Fragmento da cabeça de uma rainha

PINTURA DA EUROPA

O ponto alto do museu é sua deslumbrante coleção de mais de 3 mil pinturas europeias. Entre as obras italianas estão *A última comunhão de São Jerônimo*, de Botticelli, e o *Retrato de um jovem*, de Bronzino. As telas alemãs e flamengas estão entre as melhores do mundo, como *Os ceifeiros*, de Brueghel, várias obras de Rubens, Van Dyck e Rembrandts e mais Vermeers que qualquer outro museu. O acervo também contém obras-primas dos artistas espanhóis El Greco, Velázquez e Goya, e dos franceses Poussin e Watteau. Algumas das melhores telas do Impressionismo e também do Pós-Impressionismo estão lá: 34 Monets, incluindo *Terraço em Sainte-Adresse*, dezoito Cézannes e diversos Vincent van Gogh, incluindo *Ciprestes*.

***Jovem com jarro d'água* (1660), de Johannes Vermeer**

ESCULTURA E ARTES DECORATIVAS DA EUROPA

Na Ala Kravis e galerias adjacentes estão obras da impressionante coleção de 60 mil esculturas e objetos decorativos da Europa. As galerias incluem belas peças, como a estátua de mármore de Adão, de Tullio Lombardo, uma estatueta de bronze de um cavalo empinando, segundo molde de Leonardo, e dezenas de obras de Degas e Rodin. Entre as reconstituições de cenários de época há um pátio de um castelo espanhol do século XVI e uma série de interiores de casas francesas do século XVIII. O Petrie European Sculpture Court destaca esculturas italianas e francesas em um belíssimo jardim inspirado nos de Versalhes, na França.

ARTE GREGA E ROMANA

Um sarcófago romano de Tarsus, doado em 1870, foi a primeira obra de arte do acervo do museu. Ele pode ser visto nas galerias grega e romana, juntamente com impressionantes painéis de parede removidos de uma vila que foi soterrada pela lava do Vesúvio em 79 d.C., espelhos etruscos, bustos romanos, requintados objetos de cristal e prata e centenas de vasos gregos. A estátua monumental de um jovem do século VII a.C. mostra a tendência ao naturalismo na escultura, e *Velha no mercado* demonstra como os gregos dominavam o Realismo por volta do século II a.C.

Ânfora de Exekias mostra um casamento (século VI a.C.)

COLEÇÃO LEHMAN

A coleção particular de arte do banqueiro Robert Lehman, uma das melhores do mundo, foi para o museu em 1969. A Ala Lehman é uma formidável pirâmide de vidro que abriga uma coleção extraordinariamente variada, rica em mestres da antiguidade e peças do século XIX, como pinturas, desenhos e bronzes da Fran-

MINIATURAS DE UM TÚMULO EGÍPCIO

Em 1920, a tocha levada por um pesquisador do museu iluminou uma sala fechada há 2 mil anos, no túmulo do nobre Meketre. Nela estavam 24 miniaturas perfeitas de seu dia a dia, para garantir o conforto na outra vida: a casa e o jardim, barcos e gado. O próprio Mekutra aparece em seu barco, cheirando uma flor de lótus e apreciando a música de seus cantores e harpista.

Um painel do vitral Morte da Virgem, da catedral de Saint-Pierre (século XII), de Troyes, França

ça, cristais venezianos, móveis e peças esmaltadas. Entre as telas, estão obras dos mestres do norte da Europa, pinturas alemãs e espanholas e trabalhos pós-impressionistas e fovistas de mestres franceses.

ARTE MEDIEVAL

O acervo medieval do Metropolitan inclui obras dos séculos IV ao XVI, mais ou menos da queda de Roma ao início da Renascença. A coleção está dividida entre o museu principal e sua filial mais ao norte de Manhattan, o Cloisters *(pp. 236-9)*. No prédio principal há um cálice que antigamente se acreditou ser o Santo Graal, seis placas de prata bizantinas mostrando cenas da vida de Davi, um púlpito de 1301 de Giovanni Pisano, na forma de águia e várias esculturas da Virgem e o Menino. Também estão expostos joias, vasos litúrgicos, vitrais, esmaltes e marfins, além de tapeçarias dos séculos XIV e XV.

INSTRUMENTOS MUSICAIS

O mais antigo piano do mundo, violões de Andrés Segovia e uma cítara no formato de pavão são alguns dos destaques de uma coleção ampla e por vezes peculiar de instrumentos musicais que abrange seis continentes e data da pré-história até o presente. Os instrumentos ilustram a história da música e de suas apresentações. A maioria está bem conservada e ainda funciona bem.

Merecem menção especial os instrumentos das cortes europeias da Idade Média e da Renascença, violinos raros, espinetas, instrumentos incrustados com materiais preciosos e uma tradicional oficina de violinos, totalmente equipada; também há tambores da África, *pipas* ou alaúdes da Ásia e flautas dos nativos norte-americanos. Os visitantes dispõem de equipamentos para ouvir os instrumentos tocando músicas de sua época.

Violino Stradivarius (1691), de Cremona, Itália

ARTE MODERNA E CONTEMPORÂNEA

Desde a fundação, em 1870, o museu vem adquirindo obras de arte contemporâneas, mas não foi antes de 1987 que se construiu uma ala permanente para a arte do século XX – chamada de Ala Lila Acheson Wallace. Outros museus de Nova York possuem coleções maiores, mas esta figura entre as melhores. Obras da Europa e da América, de 1900 em diante, são exibidas em três níveis, começando com europeus como Picasso, Kandinsky, Braque e Bonnard. O ponto forte do acervo está na coleção de arte moderna norte-americana, com obras da escola nova-iorquina "The Eight", entre eles John Sloan, de modernistas como Charles Demuth e Georgia O'Keeffe, do regionalista Grant Wood, do expressionista abstrato Willem de Kooning e de pintores como Clyfford Still.

A cavalgada noturna de Paul Revere (1931), de Grant Wood

Áreas especiais mostram móveis e obras de metal art nouveau e art déco, uma grande coleção de obras em papel de Paul Klee e a Galeria de Esculturas, com estátuas em grande escala.

Entre as joias estão o retrato que Picasso pintou de Gertrude Stein; *Nasturtiums* e "*Dança 1*", de Matisse; *I Saw the Figure 5 in Gold*, de Demuth; *Ritmo de outono*, de Pollock; e o último autorretrato de Andy Warhol.

O Cantor Roof Garden, no topo desta ala, exibe a cada ano uma instalação diferente de escultura contemporânea, ainda mais impressionante por ter como pano de fundo os arranha-céus de Nova York e o Central Park.

Capa de livro (1916), por N. C. Wyeth

Society of Illustrators ⓬

128 E 63rd St. **Mapa** 13 A2. ***Tel*** *(212) 838-2560.* *Lexington Ave.* *10h-20h ter, 10h-17h qua-sex, 12h-16h sáb.* *feriados.* *restrito.*
www.societyillustrators.org

Esta associação foi criada em 1901 para promover a arte da ilustração. Sua lista de membros célebres incluía Charles Dana Gibson, N. C. Wyeth e Howard Pyle. O objetivo inicial era promover a educação pública, e a associação ainda realiza palestras. Em 1981 inaugurou o Museum of American Illustration em duas galerias. Exposições temáticas mostram a história da ilustração e há uma exibição anual das melhores ilustrações americanas do período.

Mount Vernon Hotel Museum ⓭

421 E 61st St. **Mapa** 13 C3. ***Tel*** *(212) 838-6878.* *Lexington Ave, 59th St.* *11h-16h ter-dom.* *ago, feriados.*
www.mvhm.org

Construído em 1799, o Mount Vernon Hotel Museum and Garden já foi uma pousada para nova-iorquinos que buscavam refúgio da agitação da cidade – o que na época era possível só no extremo sul da ilha. A construção de pedra se localiza na propriedade que pertencia a Abigail Smith, filha do presidente John Adams.

O prédio foi comprado pela Colonial Dames of America em 1924 e transformado em uma charmosa recriação de uma casa federalista. Guias com trajes de época acompanham os visitantes pelas salas, que exibem porcelanas chinesas, arcas Sheraton e um sofá Duncan Phyfe. Um dos quartos tem um berço e brinquedos de criança. Em volta da casa há um agradável jardim no estilo do século XVIII.

Henderson Place ⓮

Mapa 18 D3. *86th St.* *M31, M79, M86.*

Casas Queen Anne em Henderson Place

Hoje cercado por blocos de apartamentos, este enclave de casas geminadas de tijolos vermelhos no estilo Queen Anne foi construído em 1882. As casas foram projetadas para ser uma comunidade isolada. O projeto da Lamb & Rich exibe, no telhado de ardósia, cumeeiras, frontões triangulares, parapeitos, chaminés e janelas da água-furtada que formam desenhos. Há um torreão no canto de cada bloco.

Vista do Carl Schurz Park

Carl Schurz Park ⓯

Mapa 18 D3. *86th St.* *M31, M79, M86.*

Criado em 1891, este parque às margens do rio East oferece uma grande área para pedestres sobre a East River Drive, de onde se tem uma bela vista do rio e das águas turbulentas do Hell Gate (portão do inferno), local onde o rio se encontra com o estreito de Long Island. O parque homenageia Carl Schurz, ex-secretário do Interior. A entrada do parque se chama John Finlay Walk, em homenagem ao editor do *New York Times*. Nos dias de sol, os gramados ficam cheios de gente que vem apreciar uma das áreas verdes mais agradáveis da cidade.

Gracie Mansion ⓰

East End Ave com 88th St. **Mapa** 18 D3. ***Tel*** *(212) 570-4751.* *86th St.* *M31, M79, M86.* *10h, 11h, 13h, 14h quase todas as qua só para visitas guiadas agendadas.* **www**.nyc.gov/gracie

A graciosa casa de 1799 com varandas de madeira é a residência oficial do prefeito. Construída pelo rico comerciante Archibald Gracie, é um dos melhores exemplos de estilo federal de Nova York.

Comprada pela Prefeitura em 1887, foi a primeira sede do Museum of the City of New York. Em 1942 tornou-se residência oficial do prefeito,

Fachada da Gracie Mansion

quando Fiorello LaGuardia a preferiu à anterior, um palácio de 75 cômodos. Ele dizia que, mesmo mais modesta, Gracie Mansion ainda era luxuosa demais para ele. Apelidado de Little Flower (de "Fiorello"), combateu a corrupção e reformou a cidade.

Church of the Holy Trinity ⓱

316 E 88th St. **Mapa** 17 B3. ***Tel*** *(212) 289-4100.* Ⓜ *86th St.* ◯ *9h-17h seg-sex, 7h30-14h dom.* ✝ *8h45 ter, qui, 8h, 10h30, 18h dom.* 📷 **www**.holytrinity-nyc.org

Entrada em arco da Church of the Holy Trinity

Situada em meio a jardins tranquilos, esta igreja de tijolos dourados e terracota foi construída em 1889, no estilo renascentista francês. Possui um dos mais belos campanários de Nova York, onde está instalado um relógio de ferro batido com ponteiros de bronze. A entrada em arco é ricamente decorada com imagens de santos e profetas.

O prédio foi doado por Serena Rhinelander em memória de seu pai e de seu avô. O terreno fazia parte da fazenda Rhinelander, que pertenceu à família por cem anos.

Descendo a rua, no nº 350, fica o Centro Infantil Rhinelander, também uma doação, que é sede da Sociedade de Auxílio às Crianças.

St. Nicholas Russian Orthodox Cathedral ⓲

15 E 97th St. **Mapa** 16 F1. ***Tel*** *(212) 876-2190.* Ⓜ *96 St.* ◯ *marcar hora.* ✝ *durante a semana, inclusive 10h e 18h qua e dom.* 📷 **www**.russianchurchusa.org

Construída em 1902 no estilo barroco moscovita, esta igreja tem cinco cúpulas coroadas com cruzes e ladrilhos azuis e amarelos, e a fachada revestida de tijolos vermelhos e pedras brancas. Os primeiros frequentadores foram russos-brancos que fugiram dos tumultos em seu país, em sua maioria intelectuais e aristocratas que logo se tornaram parte da sociedade de Nova York.

Atualmente a catedral atende a uma comunidade dispersa e a congregação é pequena. As missas são celebradas em russo, com grande pompa.

O santuário central tem colunas de mármore com guarnições azuis e brancas. Anteparos de madeira revestidos de ouro cercam o altar. A catedral é uma boa surpresa para quem passeia por esta parte tranquila de Manhattan.

Cúpulas da St. Nicholas Russian Orthodox Cathedral

Fachada do Museum of the City of New York

Museum of the City of New York ⓳

1220 5th Ave com 103rd St. **Mapa** 21 C5. ***Tel*** *(212) 534-1672.* Ⓜ *103rd St.* ◯ *10h-18h diariam (até 20h30 sáb).* ● *1º jan, Ação de Graças, 25 dez.* ***Doações.*** 📷 **www**.mcny.org

Inaugurado em 1923, na Gracie Mansion, este museu conta a história de Nova York desde os primeiros tempos até os dias de hoje.

Em 1932 mudou para este belo prédio em estilo colonial georgiano. O museu aumentou seu espaço público, com exposições especiais sobre temas como moda, arquitetura, teatro, história política e social, e fotografia durante o ano todo. Há ainda uma coleção de brinquedos que inclui a famosa casa de bonecas Stettheimer, com obras de arte em miniatura originais, pintadas por artistas como Marcel Duchamp e Albert Gleizes.

Um dos pontos centrais do museu é o filme Timescapes: Um retrato multimídia de Nova York (a cada 30 min; 10h15-16h45). A obra usa imagens da coleção do museu e mapas históricos para desenhar o crescimento da cidade, desde o princípio, quando ainda era um pequeno assentamento, até se tornar uma das maiores cidades do mundo.

Whitney Museum of American Art ❼

O Whitney Museum é a vitrine por excelência da arte americana dos séculos XX e XXI. Foi fundado em 1930 pela escultora Gertrude Vanderbilt Whitney, depois que o Metropolitan Museum recusou sua coleção de obras de artistas vivos, entre eles Bellows e Hopper. Em 1966, o museu mudou-se para esta pirâmide invertida, um projeto de Marcel Breuer. A exposição bienal de novos trabalhos do Whitney é a mais significativa mostra das novas tendências da arte americana.

A fachada em blocos sobrepostos do Whitney Museum

Green Coca-Cola Bottles
Esta obra de Andy Warhol, de 1962, é uma reflexão sobre a produção em massa e o monopólio.

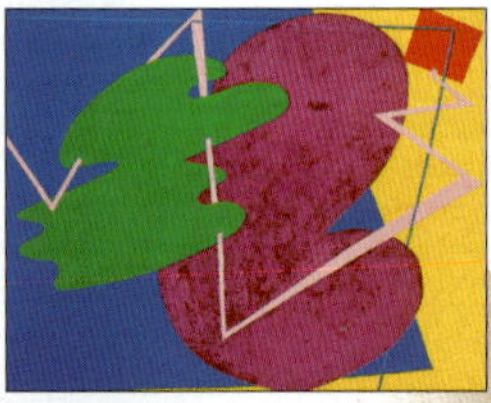

Children Meeting *(1978)*
Esta pintura de Elizabeth Murray revela seu interesse no uso da cor e da forma.

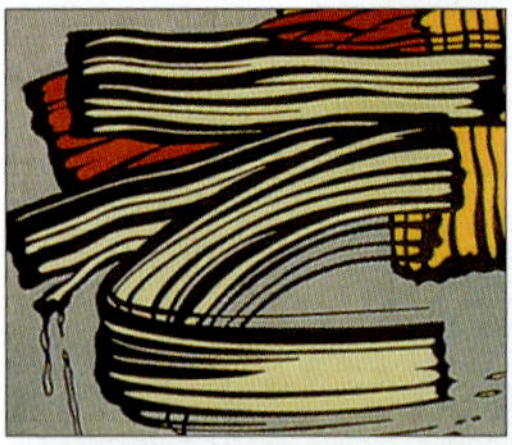

Little Big Painting
Esta obra (1965) de Roy Lichtenstein é uma crítica a expressionistas e abstratos.

Early Sunday Morning *(1930)*
Edward Hopper frequentemente retrata o vazio da vida urbana nos EUA.

GUIA DO MUSEU
As galerias do segundo e do quinto andar apresentam obras da coleção permanente, com trabalhos de artistas como Calder, O'Keeffe e Hopper. Exposições temporárias ocupam o terceiro e quarto andares.

Dempsey and Firpo *Em 1924, George Bellows retratou assim uma das mais famosas lutas de boxe do século.*

PREPARE-SE

945 Madison Ave. **Mapa** 17 A5. ***Tel*** *(212) 570-3600.* *6 para 77th St.* *M1-4, M72, M79, M101-3.* *11h-18h qua-qui, sáb-dom, 13h-21 sex.* *feriados.* ***Palestras, exibições de filmes e vídeos.*** **www**.whitney.org

Three Flags *(1958) O uso que Jasper Johns faz de objetos familiares em formas abstratas influenciou o surgimento da Pop Art.*

Painting Number 5 *Marsden Hartley, um dos primeiros modernistas, pintou esta tela a óleo entre 1914 e 1915.*

Circus *(1926-31) Esta obra de Alexander Calder está quase sempre em exposição.*

Tango *(1919) Esta é a melhor das esculturas de madeira do polonês Elie Nadelman.*

Gertrude Vanderbilt Whitney *(1916) O óleo de Robert Henri mostra a fundadora do Whitney Museum.*

Frick Collection ❽

A coleção de objetos de arte do magnata do aço Henry Clay Frick (1849-1919) está exposta em um cenário doméstico, em meio aos móveis da mansão luxuosa onde morava, proporcionando uma visão rara de como viviam os muito ricos na era de ouro de Nova York. Frick queria fazer da coleção um memorial a si mesmo e legou a casa à nação. No acervo estão mestres da pintura, esculturas importantes, móveis franceses, esmaltes raros de Limoges e lindos tapetes orientais.

Porto de Dieppe (1826)
J. M. W. Turner recebeu críticas por retratar este porto do norte da Europa banhado em luz.

The Polish Rider
A identidade do cavaleiro neste retrato equestre, pintado por Rembrandt em 1655, é desconhecida. A paisagem sombria cria uma atmosfera de perigo.

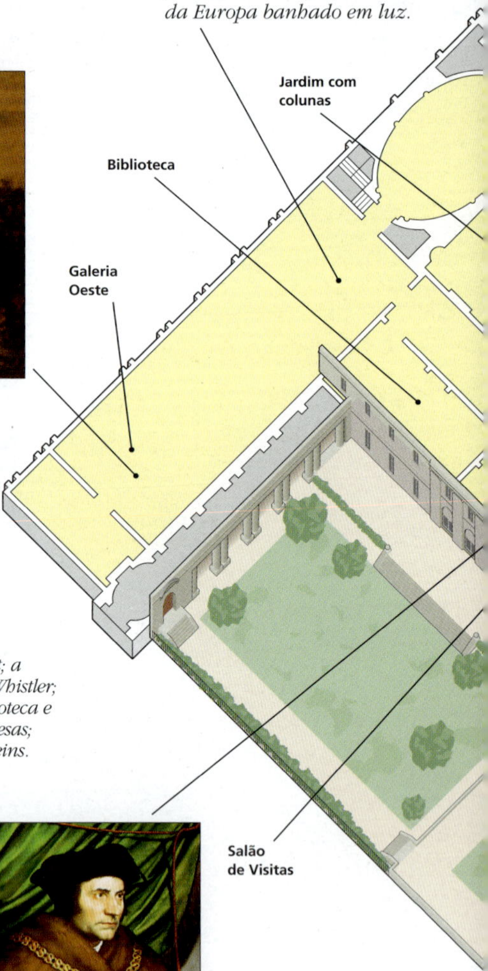

GUIA DA GALERIA

São interessantes a Galeria Oeste, onde estão óleos de Vermeer, Hals e Rembrandt; a Galeria Leste, com obras de Van Dyck e Whistler; o Salão Oval, com Gainsborough; a Biblioteca e a Sala de Jantar, dedicadas às obras inglesas; e o Salão de Visitas, com Ticianos e Holbeins.

PONTOS ALTOS

- ★ *Oficial e Garota Sorridente*, de Johannes Vermeer
- ★ *Alameda no Parque St. James*, de Thomas Gainsborough
- ★ *Sir Thomas More*, de Hans Holbein

★ Sir Thomas More *(1527)*
Este retrato foi pintado por Hans Holbein oito anos antes de Thomas More ser executado por traição.

★ Oficial e Garota Sorridente
(1655-60) Johannes Vermeer destaca-se entre os pintores holandeses do século XVII pela forma ousada como usava luz e sombras.

PREPARE-SE

1 E 70th St. **Mapa** 12 F1. ***Tel*** *(212) 288-0700. Ⓜ 6 para 68th St. 🚌 M1-M4. 10h-18h ter-sáb, 11h-17h dom. maioria dos feriados. (menores de 10 anos não entram).* ***Concertos, palestras, filmes/ vídeo.*** **www**.frick.org

LEGENDA

- Espaço de exposição
- Outros espaços

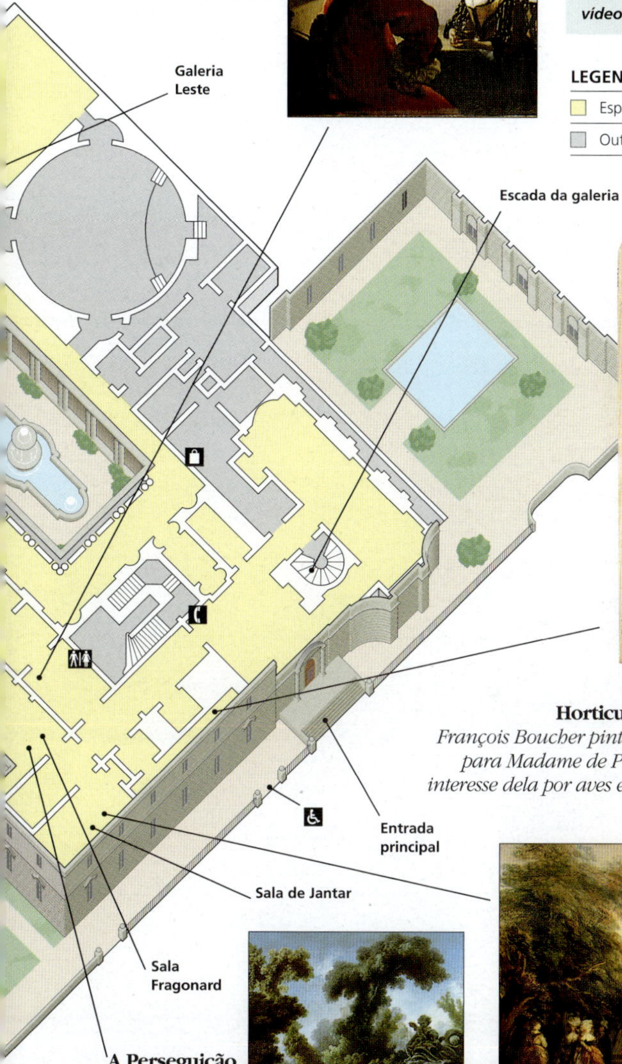

Horticultura e Aves *(1750-53)*
François Boucher pintou uma série de painéis para Madame de Pompadour. Este reflete o interesse dela por aves exóticas e pela botânica.

A Perseguição
A obra integra O progresso do amor, *de Jean-Honoré Fragonard, pinturas que descrevem o desenvolvimento de um namoro idealizado.*

★ Alameda no Parque St. James
As três figuras centrais nesta paisagem (1783) de Gainsborough podem ser as filhas de George III.

CENTRAL PARK

O "Quintal da Cidade" foi criado em 1858 por Frederick Law Olmsted e Calvert Vaux num local ocupado por pedreiras, fazendas, brejos e choupanas. Onze milhões de metros cúbicos de pedra e terra transformaram o local no exuberante parque de 340ha que vemos hoje. Há morros, lagos e prados, pontuados por toda parte por afloramentos do alicerce rochoso de Manhattan, e mais de 500 mil árvores e arbustos. O parque foi crescendo e hoje tem playgrounds e rinques de patinação, quadras e espaços para atividades, desde xadrez e croquê até concertos e eventos. É proibido entrar de carro nos fins de semana, para deixar espaço à vontade para ciclistas, patinadores e corredores.

Estátuas, Delacorte Theater *(p. 206)*

PRINCIPAIS ATRAÇÕES

Prédios Históricos

Belvedere Castle ❸

The Dairy ❶

Monumentos e Estátuas

Bethesda Fountain and Terrace ❺

Bow Bridge ❹

Strawberry Fields ❷

Lagos e Jardins

Central Park Zoo ❼

Conservatory Garden ❽

Conservatory Water ❻

VEJA TAMBÉM

- ***Guia de Ruas***, mapas 12, 16, 21
- **www**.centralparknyc.org

COMO CHEGAR

As linhas B e C do metrô seguem a lateral oeste do parque, com estações na 59th, 72nd, 81st, 86th, 96th, 103rd e 110th Sts. Pela estação da 59th St/Columbus Circle passa a linha 1, e as linhas 2 e 3, que param nas 72nd e 110th Sts; as linhas N, Q R e W, param na 57th St e Fifth Ave ao sul do parque. Os ônibus M-4 percorrem o lado leste do parque; o M10 o lado oeste, e o M5 o sul.

LEGENDA

Mapa de passeio

Ⓜ Estação do metrô

◁ Central Park visto do alto

Um Passeio pelo Central Park

Um curto passeio a pé, da 59th à 79th Streets, passa por muitos dos pontos mais agradáveis do Central Park, do arborizado Ramble até a área do Bethesda Terrace. Ao longo do percurso podem-se ver lagos artificiais e mais de 30 graciosas pontes e arcos que ligam os cerca de 109km de trilhas e alamedas. Durante o verão, o parque serve de refúgio aos moradores, pois é bem mais fresco que as ruas à sua volta.

★ Strawberry Fields
Um dos pontos mais visitados, esta área sossegada foi criada em memória de John Lennon, que morava aqui perto ❷

★ Bethesda Fountain and Terrace
Esta esplanada ricamente ornamentada dá vista para o lago e as margens arborizadas do Ramble ❺

O Wollman Rink foi restaurado por Donald Trump, nos anos 1980, para as futuras gerações de patinadores.

Central Park Zoo
Três zonas climáticas abrigam mais de 150 espécies de animais ❼

Lago

Plaza Hotel *(p. 181)*

Frick Collection *(pp. 202-3)*

★ The Dairy
Este prédio em estilo gótico vitoriano abriga um dos Centros de Visitantes. É bom começar o passeio por aqui e pegar o calendário de eventos do parque ❶

A Estátua de Hans Christian Andersen é um dos pontos preferidos pelas crianças. Fica no lado esquerdo do Conservatory Water – aqui, no verão, são contadas histórias.

Bow Bridge
Esta ponte de ferro fundido liga o Ramble a Cherry Hill por um gracioso arco de 18m que cruza o lago ❹

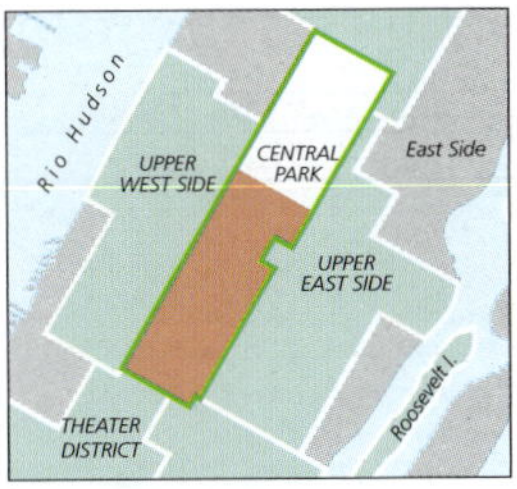

LOCALIZE-SE
Mapa de Manhattan pp. 14-5

Alice no País das Maravilhas está imortalizada em bronze no norte do Conservatory Water. Aqui estão seus amigos o Gato-que-Ri, o Chapeleiro Maluco e o Rato Silvestre. As crianças se divertem escorregando de seu banco-cogumelo.

PONTOS ALTOS
★ Dairy
★ Strawberry Fields
★ Belvedere Castle
★ Bethesda Fountain
★ Conservatory Water

akota Building *(. 218)*

San Remo Apartments *(p. 214)*

American Museum of Natural History *(pp. 216-7)*

Metropolitan Museum *(pp. 190-7)*

Obelisco

Reservatório

O Ramble é uma faixa arborizada de 15ha cruzada por trilhas e regatos. É um paraíso para os ornitólogos – mais de 275 espécies de aves foram identificadas, pois fica na rota de migração do Atlântico.

★ Belvedere Castle
Dos terraços os visitantes têm uma vista sem igual da cidade e do parque. Dentro das paredes de pedra fica um Centro de Visitantes ❸

Guggenheim Museum *(pp. 188-9)*

★ Conservatory Water
De março a novembro, há corridas de barcos de brinquedo. Muitas das embarcações ficam guardadas na casa de barcos vizinha ao lago ❻

O Carrossel, na área do parque dedicada às crianças

The Dairy ❶

Mapa 12 F2. ***Tel*** *(212) 794-6564.* Ⓜ *Fifth Ave.* *10h-17h diariam.* ***Exibição de slides.*** **www.**centralparknyc.org

Atual Centro de Visitantes do parque, este charmoso prédio de pedra natural foi projetado como parte da área infantil, que incluía playground, carrossel, casa de boneca e estábulo. Em 1873, vacas pastavam no prado em frente ao Dairy (Leiteria), onde também havia uma ovelha e seus cordeiros, galinhas, galinhas-d'angola e pavões. As crianças da cidade podiam tomar leite fresco. Com o passar dos anos, o Dairy deteriorou-se e foi usado como depósito até ser restaurado em 1979, com base em fotografias e desenhos originais. O Dairy é o melhor lugar para começar um passeio pelo parque, pois fornece mapas e a programação dos eventos. Os menos atléticos podem alugar tabuleiros de xadrez e damas para jogar nas mesas fixas do *kinderberg*, a pequena "colina das crianças".

Strawberry Fields ❷

Mapa 12 E1. Ⓜ *72nd St.*

A restauração desta seção do parque, que tem o formato de uma lágrima, foi o tributo de Yoko Ono à memória de seu marido, John Lennon. Eles moravam no edifício Dakota *(p. 218)*, que dá vista para este ponto do parque. O projeto recebeu doações de todas as partes do mundo. No piso há um mosaico com a palavra *Imagine* (título de uma das mais famosas composições de Lennon), presente da cidade de Nápoles, na Itália.

Este trecho do parque foi projetado por Vaux e Olmsted para ser um amplo espaço aberto. Atualmente é um jardim com 161 espécies de plantas, como rosas, bétulas – e morangos *(strawberries)*.

O Central Park e, ao fundo, prédios de apartamentos sofisticados

Belvedere Castle ❸

Mapa 16 E4. ***Tel*** *(212) 772-0210.* Ⓜ *81st St.* *10h-17h ter-dom.* *ter no inverno.* *só para o andar principal.*

Este castelo, com todas as torres a que tem direito, no topo de Vista Rock, proporciona uma das melhores paisagens do parque e da cidade, no mirante do telhado. Dentro fica o Central Park Learning Center, com a divertida Discovery Chamber, uma sala onde as crianças aprendem sobre a vida selvagem que pode ser observada dentro do parque.

Do castelo, olhando para o norte, pode-se ver o Delacorte Theater, onde são apresentadas peças de Shakespeare todos os verões, com participação especial de grandes estrelas *(p. 347)*. O teatro foi doação do editor George T. Delacorte. Fundador da editora Dell, Delacorte era um filantropo com senso de diversão e a ele se devem muitos dos prazeres existentes no parque.

Belvedere Castle com seu mirante sobre o parque

Bow Bridge ❹

Mapa 16 E5. Ⓜ *72nd St.*

Bow Bridge é uma das sete pontes de ferro fundido originais do parque, e uma das mais bonitas. Foi projetada por Vaux como um arco unindo as duas grandes seções do lago. No século XIX, quando se costumava patinar no lago durante o inverno, uma bola vermelha içada no campanário de Vista Rock avisava que o gelo estava pronto. A ponte dá uma visão ampla do parque e dos prédios que o margeiam a leste e oeste.

Gravura da Bethesda Fountain and Terrace em 1864

Bethesda Fountain and Terrace ❺

Mapa 12 E1. M *72nd St.*

A fonte foi inaugurada em 1873. A estátua, *Anjo das águas,* marcou a abertura do Aqueduto Croton, em 1842, que proporcionou à cidade o primeiro abastecimento constante de água potável. O nome foi inspirado na história bíblica do anjo bondoso no lago Bethesda, em Jerusalém. Situado entre o lago e a alameda principal, este é o coração arquitetônico do parque, um elemento formal na paisagem naturalista. Os detalhes em estilo espanhol, como a escada dupla esculpida e os ladrilhos e frisos, são obra de Jacob Wrey Mould.

Esta esplanada é um dos melhores locais para relaxar e apreciar o movimento.

Conservatory Water ❻

Mapa 16 F5. M *77th St.*

Mais conhecido como Model Boat Pond (Lago dos Barcos em Miniatura), todos os fins de semana há corridas de barquinhos.

No extremo norte do lago, uma escultura de Alice no País das Maravilhas faz a alegria das crianças. A obra foi encomendada por George T. Delacorte. O próprio Delacorte aparece em caricatura como o Chapeleiro Maluco. Na margem oeste são realizadas leituras de histórias perto da estátua de Hans Christian Andersen – ele lê *O patinho feio* enquanto o herói caminha a seus pés. As crianças gostam de escalar a estátua. O Conservatory Water tem outra ligação com livros: foi lá que Holden Caulfield, personagem de J. D. Salinger, contou seus problemas aos patos em *O apanhador no campo de centeio*. Toda primavera observadores de pássaros se reúnem no lago para ver o gavião-de-cauda-vermelha mais famoso da cidade.

Urso-polar no Central Park Zoo

Central Park Zoo ❼

Mapa 12 F2. ***Tel*** *(212) 439-6500.* M *Fifth Ave entre 63rd e 66th Sts.* *10h-17h seg-sex, 10h-17h30 sáb-dom e feriados; nov-mar: 10h-16h30 diariam. Última admissão 30 min antes fechar.* **www.**centralparkzoo.com

Este pequeno zoológico é muito elogiado pela utilização humanitária e criativa de seu espaço. Mais de 150 espécies de animais estão representadas em três zonas climáticas: os trópicos, a calota polar e a costa da Califórnia. Em uma úmida floresta equatorial, macacos e pássaros vivem em liberdade, enquanto pinguins e ursos-polares habitam a paisagem ártica, visível acima e abaixo da água.

No Tisch Children's Zoo as crianças podem chegar perto de cabras, carneiros, alpacas, vacas e porcos. Junto à entrada fica o amado Delacorte Clock, que toca canções infantis a cada meia hora, enquanto animais musicais de bronze (como uma cabra que toca flauta de pã) circulam em torno dele. Perto do Toward Willowdell Arch fica o memorial a Balto, líder dos huskies que fizeram uma heroica jornada pelo Alasca levando soro para uma epidemia de difteria.

Estátua de Balto, o heroico cão husky, Central Park Wildlife Center

Conservatory Garden ❽

Mapa 21 B5. M *Central Pk N, 103rd St.* ***Tel*** *(212) 860-1382.* *8h-anoitecer.*

O Vanderbilt Gate, na Fifth Avenue, é a entrada de um parque de 2,4ha com três jardins formais, cada um num estilo de paisagem diferente. O Central Garden, com um grande gramado, cercas de teixo, macieiras silvestres e uma pérgola de glicínias, recria um estilo italiano. O South Garden, transbordante de plantas perenes, representa um estilo inglês, com uma estátua de bronze no tanque refletor de Mary e Dickon, do livro de Frances Hodgson Burnett *O jardim secreto*. Mais adiante há uma encosta com milhares de flores silvestres nativas. O North Garden, em estilo francês, disposto em volta da fonte das Três Dançarinas Virgens apresenta uma exposição curta, mas notável, de plantas da estação.

UPPER WEST SIDE

Esta área virou residencial por volta de 1870, quando a ferrovia elevada na Ninth Avenue *(pp. 26-7)* tornou possível a ligação com o centro da cidade. O Dakota, primeiro prédio de apartamentos de luxo da cidade, foi erguido aqui em 1884. Os edifícios se espalharam pela Broadway e pelo Central Park West, e as ruas transversais, da década de 1890, ainda preservam belas séries de *brownstones*. A área é agitada e diversificada, com várias instituições culturais, incluindo o American Museum of Natural History, o Lincoln Center e o novo complexo da Columbus Circle para a Time Warner e a CNN.

Máscara, Museum of Natural History

PRINCIPAIS ATRAÇÕES

Ruas e Prédios Históricos

The Ansonia ⓰
Columbus Circle ❼
The Dakota ❾
The Dorilton ⓱
Hotel des Artistes ❽
Pomander Walk ⓭
Riverside Drive and Park ⓮
Twin Towers of Central Park West ❶

Metropolitan Opera House ❹
New York State Theater ❸

Museus e Galerias

American Museum of Natural History pp. 216-7 ⓫
Children's Museum of Manhattan ⓯
New-York Historical Society ❿
Rose Center for Earth and Space ⓬

Teatros

Avery Fisher Hall ❻
Lincoln Center for the Performing Arts ❷
Lincoln Center Theater ❺

COMO CHEGAR

De metrô, as linhas A, B, C, D ou 1 vão até Columbus Circle, a 1, 2 ou 3 até a Broadway, ou a B ou C até Central Park West. De ônibus, pegue M5, M7 ou M10 (Central Park West), M11 e M104, e M66, M72, M79 e M86 que cruzam as principais avenidas.

VEJA TAMBÉM

• ***Guia de Ruas***, mapas 11, 15
• ***Onde Ficar*** pp. 290-1
• ***Restaurantes*** pp. 309-10

LEGENDA

Mapa Rua a Rua
Estação de metrô

Rua a Rua: Lincoln Center

A criação do Lincoln Center deve-se a dois fatores: a falta de uma sede adequada para a Metropolitan Opera House e a Filarmônica de Nova York e a necessidade de recuperação de uma vasta área no lado oeste de Manhattan. A ideia de se reunir em um mesmo complexo várias formas diferentes de arte parece natural hoje em dia, mas na década de 1950 foi considerada uma ousadia e um risco. O Lincoln Center é um sucesso e recebe 5 milhões de pessoas por ano. Na área em volta moram muitos artistas e apreciadores de arte.

★ Lincoln Center for the Performing Arts
Dança, música e teatro reúnem-se neste belo complexo. A fonte é um ótimo lugar para sentar e apreciar o movimento ❷

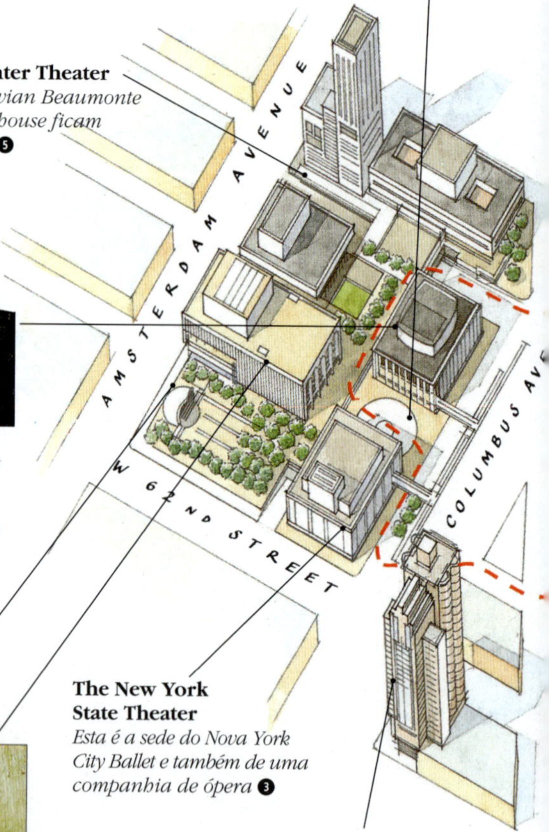

Lincoln Center Theater
Os teatros Vivian Beaumonte Mitzi E. Newhouse ficam neste prédio ❺

O compositor **Leonard Bernstein** concebeu seu famoso musical *West Side Story*, baseado no tema de Romeu e Julieta, no bairro pobre que ocupava o local onde hoje fica o Lincoln Center. A atuação de Bernstein foi fundamental para a construção do complexo.

Na Concha Acústica Guggenheim realizam-se concertos gratuitos.

The New York State Theater
Esta é a sede do Nova York City Ballet e também de uma companhia de ópera ❸

Metropolitan Opera House
O destaque do Lincoln Center é o teatro de ópera. O café acima do saguão proporciona belas vistas da praça ❹

O College Board Building é uma pérola art déco com apartamentos e os escritórios do College Board (exames obrigatórios para entrar nas universidades).

Quilt antigo

American Folk Art Museum Colchas de retalhos (quilt) cerâmica e móveis integram o acervo deste museu.

James Dean morou em um apartamento de um quarto no andar superior do nº 19 da West 68th St.

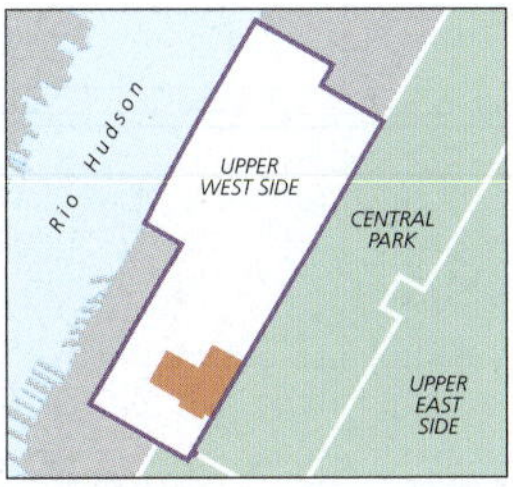

LOCALIZE-SE
Mapa de Manhattan pp. 14-5

LEGENDA

Percurso sugerido

0 m 100

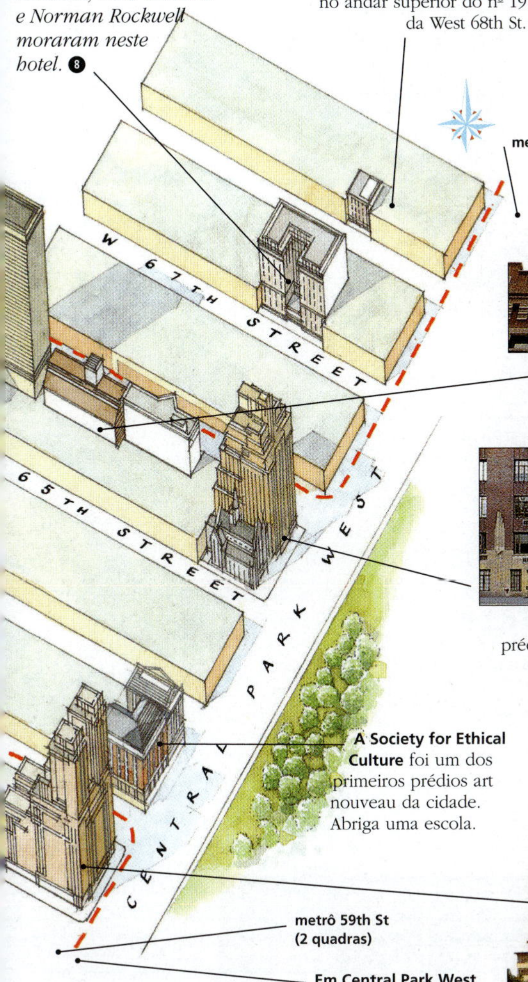

★ Hotel des Artistes
Os artistas Isadora Duncan, Noel Coward e Norman Rockwell moraram neste hotel. ❽

metrô 72nd St (2 quadras)

Uma estação da ABC-TV para novelas fica neste prédio que parece um castelo e já foi um arsenal.

No nº 55 de Central Park West fica o prédio de apartamentos art déco que foi cenário do filme *Os caça-fantasmas*.

A Society for Ethical Culture foi um dos primeiros prédios art nouveau da cidade. Abriga uma escola.

metrô 59th St (2 quadras)

Em Central Park West moram pessoas famosas, que gostam da privacidade de seus apartamentos exclusivos.

Century Apartments
As torres gêmeas do Century são visíveis do parque, o que faz delas um marco da cidade ❶

PONTOS ALTOS

★ Lincoln Center

★ Hotel des Artistes

San Remo, um prédio residencial com torres projetado por Emery Roth

Twin Towers of Central Park West ❶

Mapa 12 D1, 12 D2, 16 D3, 16 D5. *59th St-Columbus Circle, 72nd St, 81St, 86th St.* *ao público.*

Um marco da paisagem de Nova York, os quatro prédios de apartamentos com torres gêmeas situados em Central Park West foram construídos entre 1929 e 1931, pouco antes de a Depressão pôr fim a esse tipo de obra luxuosa. Os prédios são hoje um dos endereços mais caros de Nova York. Admirado por sua graça e detalhes arquitetônicos, o projeto aproveitou uma brecha na lei de urbanização, que permitia a construção de edifícios de apartamentos mais altos, desde que tivessem torres e recuos.

Entre os inquilinos do San Remo (nº 145) já estiveram Dustin Hoffman, Paul Simon e Diane Keaton. Rejeitada pela comissão dos moradores, Madonna foi morar perto, no nº 1 da West 64th Street. As torres do The Eldorado (nº 300), também são de Emery Roth; a lista de moradores famosos incluiu Groucho Marx e Marilyn Monroe. O Majestic (nº 115) e o Century (nº 25) são clássicos art déco de Irwin S. Chanin.

Lincoln Center for the Performing Arts ❷

Mapa 11 C2. ***Tel*** *(212) 546-2656.* *66th St.* *(212) 875-5350.* *Ver* ***Divirta-se*** *pp. 350-1.* **www**.lincolncenter.org

Em maio de 1959, o presidente Eisenhower foi a Nova York especialmente para lançar uma pá de terra, Leonard Bernstein ergueu a batuta, a Filarmônica e o coral Julliard apresentaram o *Halleluyah Chorus* – e assim nasceu o mais importante centro cultural da cidade.

O Lincoln Center logo ocupou 6ha da região de favelas que foi cenário de *West Side Story*, o musical clássico de Bernstein. A fonte da praça é de Philip Johnson e a escultura *Figura reclinada*, de Henry Moore.

O Jazz at Lincoln Center criou uma moderna instalação para shows de jazz. Ele faz parte de um complexo maior em Columbus Circle.

New York State Theater ❸

Lincoln Center. **Mapa** 11 D2. ***Tel*** *(212) 870-5570.* *66th St.* *Ver* ***Divirta-se*** *pp. 346-7.* **www**.nycballet.com

A sede do New York City Ballet e da New York City Opera, uma trupe dedicada à apresentação de óperas a preços populares, é um projeto de Philip Johnson, de 1964.

Esculturas gigantescas de mármore branco de Elie Nadelman dominam o vasto saguão de quatro andares. O teatro tem 2.800 lugares. Por ter lustres e candelabros com imitação de diamantes dentro e fora do prédio, ganhou o apelido de "pequeno porta-joias".

Metropolitan Opera House ❹

Lincoln Center. **Mapa** 11 D2. ***Tel*** *(212) 362-6000.* *66th St.* *Ver* ***Divirta-se*** *pp. 350-1.* **www**.metopera.org; **www**.abt.org

Sede da Metropolitan Opera Company e do American Ballet Theater, o Met é com certeza o mais espetacular dos prédios do Lincoln Center e também o ponto de destaque da praça. Cinco grandes janelas em arco deixam à vista o luxuoso vestíbulo e dois murais de Marc Chagall (que ficam cobertos pela manhã, para protegê-los do sol). O

Praça central do Lincoln Center

interior tem escadas curvas de mármore branco, tapetes vermelhos e os requintados candelabros de cristal que são iça-

Concerto na concha Guggenheim, em Damrosch Park, perto do Met

dos até o teto antes de cada espetáculo. Todos os cantores famosos já passaram por seu palco, inclusive Maria Callas, Jessye Norman e Luciano Pavarotti. As noites de estreia são ocasiões de gala a que comparecem muitas estrelas. A concha acústica Guggenheim, em Damrosch Park, é um local famoso de espetáculos. O ponto alto é o Festival ao Ar Livre do Lincoln Center, que ocorre em agosto e apresenta dança, música global e interpretações.

Lincoln Center Theater ❺

Lincoln Center. **Mapa** 11 C2. ***Tel*** *(212) 362-7600 (Beaumont e Newhouse), (212) 870-1630 (Biblioteca). 800-432 7250 (ingressos)* M *66th St.* Ver ***Divirta-se*** *pp. 350-1.* **www**.lct.org

Os dois teatros que compõem este complexo inovador – o Vivian Beaumont, com mil lugares, e o menor e mais aconchegante Mitzi E. Newhouse, com 280 lugares – apresentam peças ecléticas e muitas vezes espetáculos experimentais.

Alguns dos melhores autores de Nova York já apresentaram suas peças no Beaumont. O espetáculo que inaugurou o teatro, em 1962, foi *Depois da queda*, de Arthur Miller.

O tamanho do Newhouse é adequado a peças do tipo oficina, mas lá também acontecem grandes sucessos, a exemplo da produção *Esperando Godot*, de Samuel Beckett, com Robin Williams e Steve Martin.

O complexo também abriga o acervo da New York Public Library for the Performing Arts com cilindros de apresentações antigas no Met, programas e partituras.

Avery Fisher Hall ❻

Lincoln Center. **Mapa** 11 C2. ***Tel*** *(212) 875-5030.* M *66th St.* *Ver* ***Divirta-se*** *pp. 350-1.* **www**.nyphil.org

Localizado na extremidade norte do Lincoln Center Plaza, o Avery Fisher Hall é o lar da mais antiga orquestra dos EUA, a Filarmônica de Nova York. Também abriga eventos do próprio Lincoln Center e do Mostly Mozart Festival.

Em 1962, quando o local foi aberto como Philharmonic Hall, os críticos reclamaram da acústica. Diversas modificações estruturais, porém, colocaram o Avery Fisher Hall em pé de igualdade com algumas das melhores salas de concerto clássico de todo o mundo.

Pagando uma pequena taxa, o público pode assistir a ensaios nas manhãs de quinta-feira, no auditório de 2.738 assentos.

Columbus Circle ❼

Columbus Circle, New York. **Mapa** 12 D3. M *59th St.* ***Concertos*** *(212) 258 9800.* **www**.jazzatlincolncenter.org

Uma estátua de mármore do explorador Cristóvão Colombo, encimando uma alta coluna de granito no centro de uma fonte com plantas, domina esta praça urbana no canto do Central Park. O monumento é um dos poucos remanescentes originais deste círculo – que se tornou um dos maiores projetos arquitetônicos da história de Nova York.

Arranha-céus multiuso foram erguidos, atraindo empresas nacionais e estrangeiras. O megagrupo de comunicações Time Warner tem seu QG em um edifício de 80 andares. Com 260 mil m², o prédio possui locais para diversão, restaurantes (Per Se e Masa), o Whole Foods Market e lojas (Hugo Boss, Williams-Sonoma e Borders Book), além do hotel Mandarin Oriental.

O Time Warner Center também abriga o Jazz at Lincoln Center. As duas salas de espetáculo – o Frederic P. Rose Concert Hall e o Allen Room –, juntamente com um clube de jazz e um centro educacional, compõem a melhor instalação dedicada a apresentações de jazz em todo o mundo.

Outros importantes edifícios em Columbus Circle são a Hearst House, projetada pelo arquiteto britânico Norman Foster, o Trump International Hotel, o Maine Monument e o belo Museum of Art and Design, onde antes funcionava o American Craft Museum.

Hotel des Artistes ❽

1 W 67th St. **Mapa** 12 D2. ***Tel*** *(212) 877-3500 (café).* M *72nd St.*

Construído em 1918 por George Mort Pollard, este prédio de dois andares pretendia ser um conjunto de estúdios para pintores, mas atraiu artistas de outras áreas, como Alexander Woollcott, Norman Rockwell, Isadora Duncan, Rodolfo Valentino e Noel Coward. A base da fachada do edifício é decorada com imagens de artistas.

Figura decorativa no Hotel des Artistes

American Museum of Natural History ⓫

Este é um dos maiores museus de história natural do mundo. A partir do prédio original de 1877, o complexo se expandiu – atualmente ocupa quatro quarteirões e contém mais de 30 milhões de espécimens e artefatos. As seções mais concorridas são a dos dinossauros e o Milstein Family Hall of Ocean Life, recentemente reformado. O novo Rose Center for Earth and Space abriga o Hayden Planetarium *(p. 218)*.

A fachada, na 77th Street

PONTOS ALTOS

- ★ Barossauro
- ★ Baleia-Azul
- ★ Canoa Haida
- ★ Estrela da Índia

★ Estrela da Índia
Esta gema de 563 quilates é a maior safira "estrela azul" do mundo. Encontrada no Sri Lanka, foi doada ao museu por J. P. Morgan em 1900.

GUIA DA GALERIA

Entre pelo segundo andar para ver a exposição de barossauros e mostras sobre povos e animais da África, Ásia e América do Sul. No primeiro andar ficam as exposições sobre vida nos oceanos, meteoros, minérios e o Hall of Biodiversity. Nativos americanos, pássaros e répteis ocupam o terceiro andar; dinossauros, peixes fossilizados e mamíferos primitivos, o quarto andar.

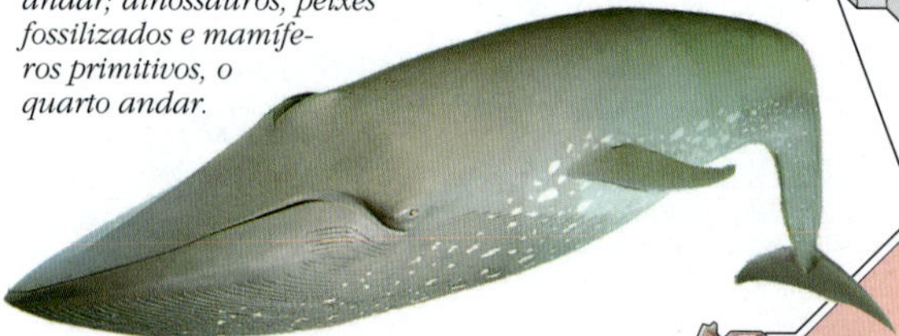

★ Baleia-Azul
É o maior de todos os animais, vivos ou extintos, podendo superar 100 toneladas. Esta réplica baseia-se numa fêmea capturada em 1925 na América do Sul.

★ Canoa Haida
Esta canoa de guerra do noroeste do pacífico tem 19,2m de comprimento e foi entalhada no tronco de um cedro. Fica na Grand Gallery.

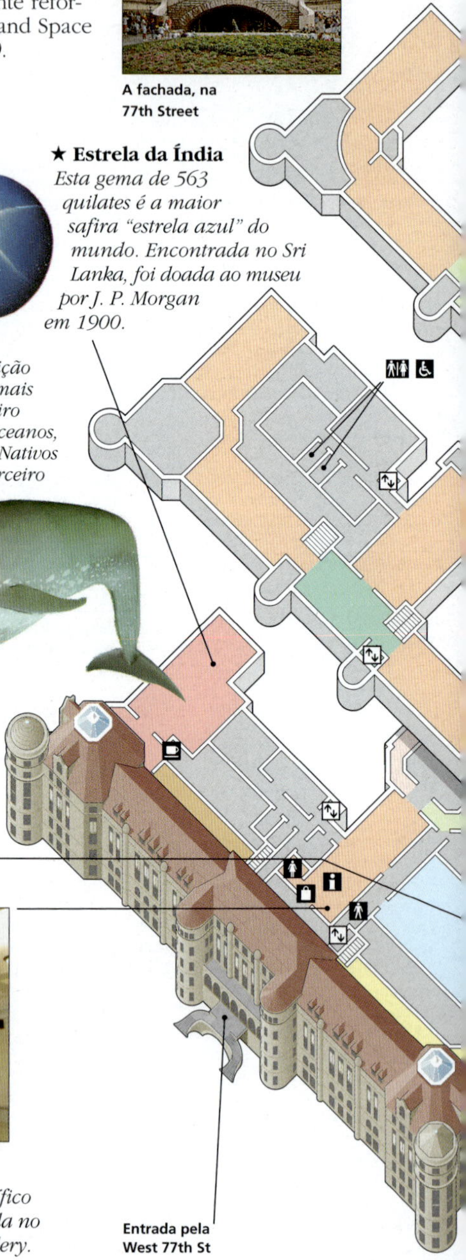

Entrada pela West 77th St

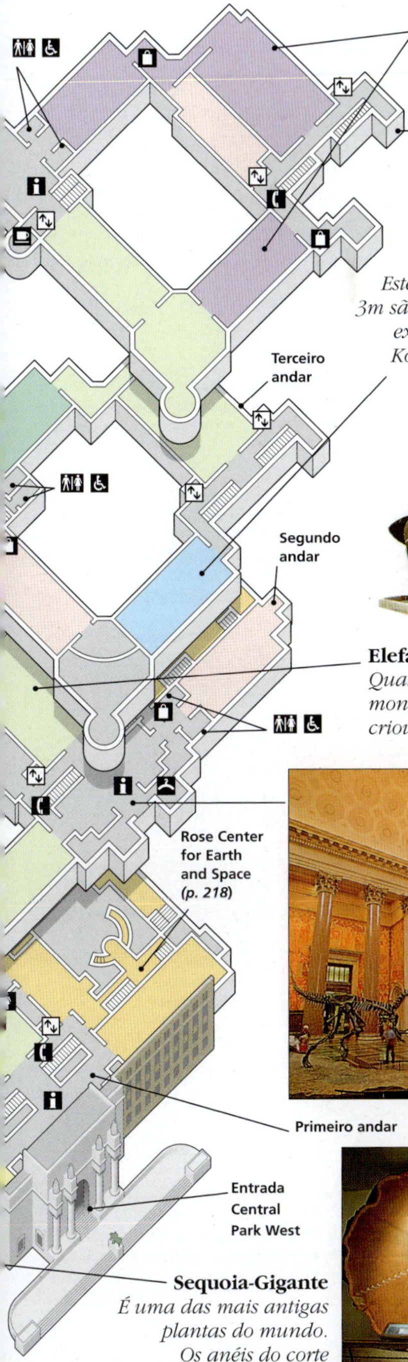

PREPARE-SE

Central Park West com 79th St. **Mapa** 16 D5. ***Tel*** *(212) 769-5100.* *B, C para 81st St.* *M7, M10, M11, M79, M104.* *10h-17h45 diariam.* *Ação de Graças, 25 dez.*
www.amnh.org

Dragões-de--Komodo
Estes lagartos de até 3m são os maiores que existem. Vivem em Komodo e ilhas na Indonésia.

Elefantes Africanos
Quatro dos elefantes deste grupo foram caçados e montados na década de 1920 por Carl Akeley, que criou o Salão de Mamíferos Africanos do museu.

★ Barossauro
Esta peça, que mostra uma mãe barossauro protegendo seu bebê do ataque de um predador. Os três esqueletos foram montados a partir de fósseis originais. O dinossauro, que era vegetariano, viveu há 140 milhões de anos.

Sequoia-Gigante
É uma das mais antigas plantas do mundo. Os anéis do corte mostram que o tronco, de mais de 4,8m de diâmetro, tem 1.342 anos.

LEGENDA

- Dinossauros e outros fósseis de vertebrados
- Pássaros
- Peixes
- Mamíferos
- Meteoritos e pedras preciosas
- Culturas da humanidade
- Origens humanas
- Anfíbios e répteis
- Meio ambiente e ecologia
- Rose Center for Earth and Space
- Exposições especiais
- Espaço sem exposição

The Dakota ⓽

1 W 72nd St. **Mapa** 12 D1.
72nd St. *ao público.*

O nome e o estilo demonstram que este prédio de apartamentos ficava no "oeste longínquo" quando J. Hardenbergh, o arquiteto responsável pelo Hotel Plaza, o projetou em 1880-44. Foi o primeiro prédio residencial de luxo da cidade e, no começo, era cercado de barracos de posseiros e os animais domésticos andavam soltos por aqui. Feito sob encomenda para Edward S. Clark, herdeiro da fábrica de máquinas de costura Singer, é atualmente um dos endereços de maior prestígio da cidade.

Os 65 apartamentos já tiveram muitos donos famosos, entre eles Judy Garland, Leonard Bernstein e Boris Karloff, cujo fantasma, dizem, assombra o lugar. O Dakota foi cenário de *O bebê de Rosemary* e do assassinato do ex-beatle John Lennon. Sua viúva, Yoko Ono, ainda mora no prédio.

Cabeça de índio entalhada na entrada do Dakota

New-York Historical Society ⓾

170 Central Park West. **Mapa** 16 D5. ***Tel*** *(212) 873-3400.* *81st St.* **Galerias** *10h-18h ter-sáb (até 20h sex), 11h-17h dom.* **Biblioteca** *10h-17h ter-sáb (ter-sex verão).* *feriados.* **www**.nyhistory.org

Fundada em 1804, a Sociedade tem um vasto acervo de pesquisa e é o museu mais antigo da cidade. Sua coleção inclui material histórico relativo à escravidão e à guerra civil, uma coleção de jornais do século XVIII, todos os 435 originais de *Pássaros da América*, de Audubon, e a mais extensa coleção do mundo de lustres Tiffany. Há também peças de mobília e pratarias.

O Rose Center for Earth and Space

American Museum of Natural History ⓫

pp. 216-7.

Rose Center for Earth and Space ⓬

Central Park West com 81st St. **Mapa** 16 D4. ***Tel*** *(212) 769-5100.* *81st St.* *10h-17h45 diariam. Show IMAX: a cada hora na meia hora 10h30-16h30; Space Show: a cada 30min 10h30-16h30 (11h qua, até 17h sáb e dom).* **www**.amnh.org/rose

No lado norte do American Museum of Natural History *(pp. 216-7)* fica o Rose Center for Earth and Space, projetado por Polshek and Partners. Instalado em uma esfera de 26m de diâmetro, o centro conta com uma sala de projeção de alta tecnologia sobre o espaço, o Cosmic Pathway, rampa em espiral com uma linha do tempo que reconta 13 bilhões de anos de evolução e uma sala de projeção sobre o Big Bang. O Hall of Planet Earth explora a história geológica do planeta com amostras de rochas, computadores de última geração e vídeos explicando o funcionamento da Terra. As exposições no Hall of the Universe apresentam as descobertas da astrofísica moderna. Quatro seções exibem mostras interativas. Vista à noite, a fachada do Rose Center é muito simples, enquanto as exposições internas demonstram que, como o astrônomo Carl Sagan disse, "somos feitos de matéria estelar".

Pomander Walk ⓭

261-7 W 94th St. **Mapa** 15 C2.
96th St.

Ao olhar pelo portão temos uma agradável surpresa – uma dupla fileira de casinhas construídas em 1921 para parecerem com o cenário londrino de uma popular peça de teatro de mesmo nome. Muitos artistas de cinema moraram aqui, entre eles Rosalind Russell, Humphrey Bogart e as irmãs Gish.

Fachada de uma casa de Pomander Walk

Riverside Drive and Park ⓮

Mapa 15 B1-B5, 20 D1-D5.
79th St, 86th St, 96th St.

Riverside Drive é uma das ruas mais atraentes da cidade – bastante ampla e agradavelmente sombreada, dela se tem vistas excelentes do rio Hudson. Algumas das luxuosas casas originais permanecem em meio a prédios de apartamentos mais recentes. Procure os números 40 a 46, 74 a 77, 81 a 89 e 105 a 107, que são projetos do fim do século

XIX do arquiteto Clarence F. True. Suas cumeeiras curvas e janelas em arco combinam com a rua sinuosa e com o rio.

O prédio residencial de 1914 no nº 243, chamado de Cliff Dweller's Apartments (apartamentos dos moradores do penhasco), tem frisos mostrando os índios que habitavam as cavernas rochosas do Arizona. Riverside Park foi projetado em 1880 por Olmested, um dos idealizadores do Central Park *(pp. 204-7)*.

Monumento ao Soldado e ao Marinheiro em Riverside Park

Children's Museum of Manhattan ⓯

212 W 83rd St. **Mapa** 15 C4. ***Tel*** *(212) 721-1234.* *79th St, 81st St, 86th St.* *10h-17h ter-dom (até 19h sáb).* *1º jan, Ação de Graças, 25 dez.* **www**.cmom.org

Este museu interativo, fundado em 1973, baseia-se no princípio de que as crianças aprendem melhor brincando. A mostra "Eat, Sleep, Play" faz a ligação entre a comida, o sistema digestivo e a vida saudável. Já na exposição "Block Party" elas têm a oportunidade de construir castelos, cidades e pontes com blocos de madeira. Os pequenos também se divertem com personagens famosos como George, o curioso, e Dora, a aventureira, acompanhada de seu primo Diego, que mostram às crian-

Entrada do Children's Museum

ças suas viagens e a cultura do mundo todo.

Nos fins de semana e feriados apresentam-se artistas convidados, de titereiros a contadores de histórias, no teatro de 150 lugares. Também há um teatro para peças gratuitas e divertidas como o "Pajama Day", assim como animados passeios temáticos.

The Ansonia ⓰

2109 Broadway. **Mapa** 15 C5. *72nd St.* *ao público.*

Esta joia beaux-arts foi construída em 1899 por William Earl Dodge Stokes, herdeiro da fortuna da Phelps Dodge Company, que trouxe o arquiteto Paul E. M. Duboy da França para criar um edifício que rivalizasse com o Dakota. O hotel foi transformado em condomínio em 1992. As características mais marcantes do edifício são a torre redonda na esquina e o teto de mansarda em dois níveis, adornado com janelas de água-furtada simples e duplas. O prédio original tinha um jardim no telhado (com o minizoo de Dodge, contendo patos, galinhas e um urso domesticado) e duas piscinas. As paredes do hotel, que abafam sons, logo fizeram dele o preferido entre as estrelas dos musicais. Florenz Ziegfeld, Arturo Toscanini, Enrico Caruso, Igor Stravinsk e Lily Ponds foram hóspedes frequentes.

O torreão arredondado que distingue o Ansonia Hotel

The Dorilton ⓱

171 W 71st St. **Mapa** 11 C1. *72nd St.* *ao público.*

Detalhes suntuosos e um alto e marcante teto de mansarda adornam este prédio de apartamentos. No lado da West 71st Street fica uma passagem na altura do nono andar. Para o gosto moderno, o Dorilton exibe gloriosos excessos, mas quando foi construído, em 1902, o Architectural Record comentou que a "visão do prédio faz xingar os homens fortes e mulheres fracas encolherem--se aterrorizadas".

Sacada do Dorilton, apoiada em figuras encurvadas

O que diriam então os críticos do Alexandria Condominium, nº 135 da West 70th Street, a uma quadra de distância? Construído em 1927 e chamado de Pythian Temple, ganhou o nome atual graças à profusão de motivos egípcios na fachada da antiga loja maçônica. Muitos foram removidos quando o prédio foi convertido em condomínio, mas ainda se pode ter uma ideia de como eram os desenhos originais: folhas de lótus, hieróglifos, colunas ornamentadas, bestas míticas e, no teto, dois faraós sentados.

MORNINGSIDE HEIGHTS E HARLEM

Morningside Heights, uma área perto do rio Hudson, é o local da Columbia University e duas das mais belas igrejas da cidade. Mais para leste, na fronteira com o Harlem, fica Hamilton Heights, a mais famosa comunidade negra dos EUA. Como o Harlem não é o bairro mais seguro de Nova York, vale a pena vir aqui no domingo de manhã *(p. 387)*. Um bom passeio começa em Hamilton Heights, segue para leste até St. Nicholas Historic District, com uma pausa para apreciar o coro gospel da Abyssinian Baptist Church, e termina com um brunch no estilo sulista ou um almoço no Sylvia's, o mais famoso restaurante do Harlem.

S. Francisco de Assis, no Museo del Barrio

Vitral do Cotton Club, representando Louis Armstrong

PRINCIPAIS ATRAÇÕES

Ruas e Prédios Históricos
City College of the City University of New York 7
Columbia University 1
Grant's Tomb 6
Hamilton Grange National Memorial 8
Hamilton Heights Historic District 9
Low Library 3
Mount Morris Historic District 17
St. Nicholas Historic District 10
St. Paul's Chapel 2

Museus e Galerias
Museo del Barrio 19
Schomburg Center for Research into Black Culture 12
Studio Museum in Harlem 16

Teatros
Apollo Theater 15
Harlem YMCA 13

Igrejas
Abyssinian Baptist Church 11
Cathedral of St. John the Divine pp. *226-7* 4
Riverside Church 5

Parques e Praças
Marcus Garvey Park 18

Restaurantes
Sylvia's 14

Coluna de pedra entalhada da St. John the Divine Cathedral

0 m 500

VEJA TAMBÉM

- ***Guia de Ruas***, mapas 19-21
- ***Onde Ficar*** pp. 272-3
- ***Harlem Walk*** p. 291
- ***Restaurantes*** p. 310

LEGENDA

Mapa Rua a Rua
M Estação de metrô

COMO CHEGAR

De metrô, tome na 7thAve/Brodway a linha 1 para a 116th St, Columbia University. Os ônibus M4, M5, M11 e M104 servem a Columbia. Para o Harlem, tome as linhas A, B, C, D, 2 ou 3 para a 125th St ou os ônibus M1, M2, M7 ou M100/101.

Rua a Rua: Columbia University

Uma grande universidade é feita não só de prédios, mas também de espírito. Depois de admirar a arquitetura, descanse um pouco no pátio quadrangular em frente à Low Library e observe os futuros líderes dos Estados Unidos em jeans, reunindo-se e conversando entre as aulas. Em volta do campus, tanto na Broadway quanto na Amsterdam Avenues, ficam as cafeterias e bares onde os estudantes travam debates filosóficos, discutem os assuntos do dia ou simplesmente relaxam.

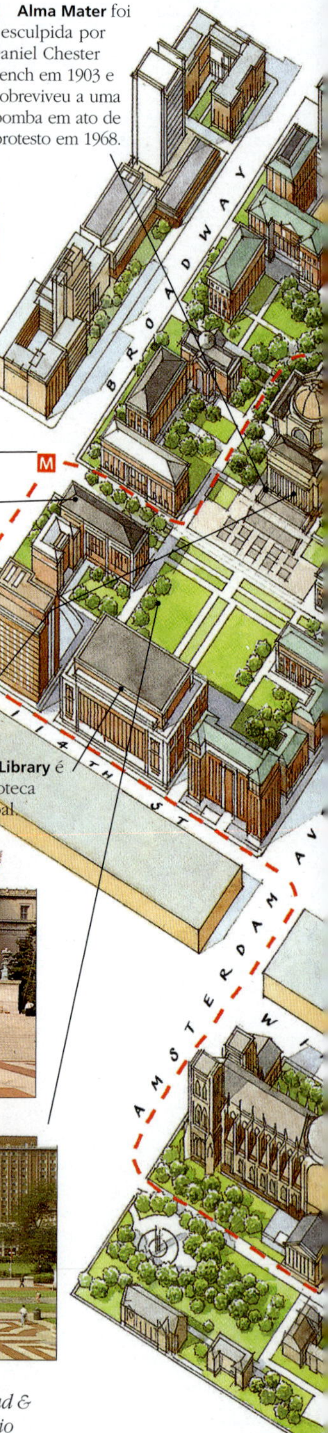

Alma Mater foi esculpida por Daniel Chester French em 1903 e sobreviveu a uma bomba em ato de protesto em 1968.

metrô 116th St-Columbia University (linha 1)

A School of Journalism é um dos muitos prédios projetados pela McKim, Mead & White. Fundada em 1912 pelo editor Joseph Pulitzer, outorga todo ano o prêmio Pulitzer aos melhores da literatura e do jornalismo.

Butler Library é a biblioteca principal.

Low Library
Com sua fachada imponente e a alta cúpula, esta biblioteca domina o pátio quadrangular. Foi projetada pela McKim, Mead & White em 1895-97 ❸

★ Central Quadrange
Os prédios mais antigos foram projetados pela McKim, Mead & White e construídos, em nível mais alto, ao redor do pátio central. Esta foto mostra a Butler Library vista do pátio ❶

St. Paul's Chapel
a igreja é um projeto de 1907 dos quitetos Howells & Stokes. Tem belos abalhos de madeira e um magnífico interior abobadado, cheio de luz e com excelente acústica ❷

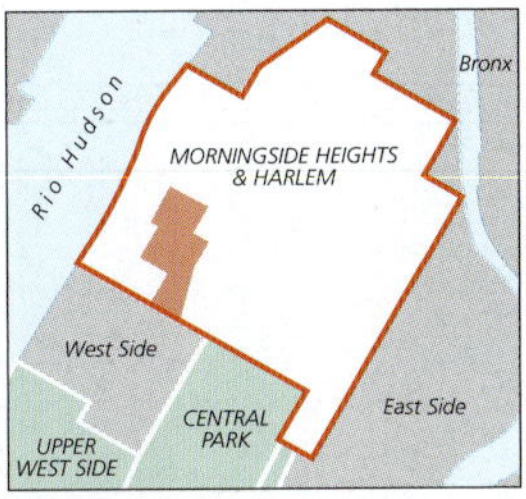

LOCALIZE-SE
Mapa de Manhattan pp. 14-5

LEGENDA

Percurso sugerido

0 m 100

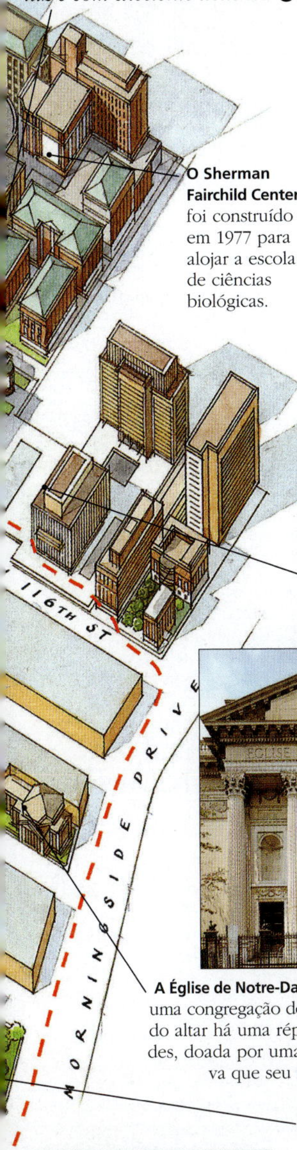

O Sherman Fairchild Center foi construído em 1977 para alojar a escola de ciências biológicas.

As manifestações estudantis levaram a Columbia University para as páginas dos jornais em 1968. Os estudantes protestavam contra o plano da universidade de construir um ginásio no vizinho Morningside Park e acabaram levando a escola a escolher outro local.

A Église de Notre-Dame foi construída para uma congregação de língua francesa. Atrás do altar há uma réplica da gruta de Lourdes, doada por uma mulher que acreditava que seu filho fora curado aqui.

Entalhe de pedra que decora a fachada da catedral.

★ Cathedral of St. John the Divine
Quando estiver concluída, esta catedral neogótica será a maior do mundo. Mesmo com um terço da estrutura ainda por construir, já tem espaço para 10 mil pessoas ❹

PONTOS ALTOS

- ★ Cathedral of St. John the Divine
- ★ Columbia University

A estátua *Alma Mater* na Low Library, Columbia University

Columbia University ❶

Entrada principal pela W 116th St e Broadway. **Mapa** 20 E3. ***Tel*** *(212) 854-1754.* *116th St-Columbia University.* ***Centro de Visitantes*** *9h-17h seg-sex* *13h seg-sex.* **www**.columbia.edu

Este é o terceiro endereço de uma das mais antigas universidades dos EUA. Fundada em 1754 como King's College, ficava perto de onde era o World Trade Center.

Em 1814, quando surgiu a proposta de mudança para o norte da cidade, no lugar de verba a administração da universidade ganhou do governo um terreno avaliado em US$ 75 mil para construir a nova sede. Preferiu arrendá-lo e erguer a nova escola numa área próxima, entre 1857 e 1897. Só em 1985 o terreno foi afinal vendido ao arrendatário, a Rockefeller Center Inc., por US$ 400 milhões.

O campus atual foi iniciado em 1897 no local do manicômio Bloomingdale. O arquiteto Charles McKim concebeu a universidade pairando sobre um terraço, acima do nível da rua. Seus gramados e praças espaçosos contrastam com a correria da cidade.

Na última contagem, havia mais de 20 mil estudantes no campus. A Columbia, membro da Ivy League, destaca-se pelas escolas de Direito, Medicina e Jornalismo. Entre os ilustres que a frequentaram estão 50 prêmios Nobel e nomes como Isaac Asimov e J. D. Salinger. Do outro lado da rua fica a Barnard College, faculdade de artes altamente seletiva.

St. Paul's Chapel ❷

Columbia University. **Mapa** 20 E3. ***Tel*** *(212) 854-1487, sobre concertos* *116th St-Columbia Univ.* *10h-23h seg-sáb (período letivo), 10h-16h (férias escolares).* *dom.*

Abóbada de tijolos no interior da St. Paul's Chapel

O prédio de maior destaque em Columbia, de 1904, é um misto de Renascença italiana, Bizantino e Gótico. A abóbada interna tem desenhos de tijolo vermelho envelhecido e toda a capela é banhada pela luz que vem do alto.

Os concertos de órgão gratuitos são uma excepcional oportunidade para apreciar a beleza e a acústica da igreja. O órgão de tubos Aeolian-Skinner é famoso pela bela sonoridade.

Pátio principal da Columbia University e Low Library

Fachada da St. Paul's Chapel

Low Library ❸

Columbia University. **Mapa** 20 E3. *116th St-Columbia University.*

A biblioteca fica num prédio clássico com colunas, construído no alto de três lances de escadas de pedra, e foi doada por Seth Low, ex-reitor da universidade. A estátua diante do prédio, *Alma Mater*, de Daniel Chester French, presenciou muitas manifestações estudantis contra a guerra do Vietnã. O prédio foi dividido em escritórios e a rotunda é usada em atos acadêmicos e cerimoniais. Os livros foram transferidos em 1932 para a Butler Library, do outro lado do pátio quadrangular. O acervo total da biblioteca da universidade soma mais de 6 milhões de volumes.

Cathedral of St. John the Divine ❹

pp. 226-7.

Riverside Church ❺

490 Riverside Dr com 122nd St. **Mapa** 20 D2. ***Tel*** *(212) 870-6700.* *116th St-Columbia Univ.* *7h-10h diariam.* *10h45 dom.* *com autorização.* ***Concertos de carrilhão****; (212) 870-6784; 10h30, 12h, 15h dom.* ***Teatro****; (212) 864-2929.* **www**.theriversidechurchny.org

Com estrutura de aço de 21 andares e exterior gótico, esta igreja inspirada na catedral de Chartres foi inaugurada com pompa em 1930 por John D. Rockefeller. O Laura Spelman Rockefeller Memorial Carillon é o maior do mundo, com 74 sinos, e homenageia a mãe de Rockefeller. O sino das horas, de 20 toneladas, é o maior e mais pesado sino de carrilhão já fundido. O órgão, com seus 22 mil tubos, está entre os maiores do mundo.

Nos fundos da segunda galeria está uma figura de Jacob Epstein, *Cristo em majestade*, moldada em gesso e coberta de folhas de ouro. Outra estátua de Epstein, *Madona e o Menino*, fica no pátio perto do claustro. Os painéis do anteparo do altar homenageiam oito homens e mulheres cujas vidas exemplificam os ensinamentos de Cristo. Entre eles estão Sócrates, Michelangelo, Florence Nightingale e até Booker T. Washington.

Para uma reflexão silenciosa, entre na pequena e isolada Christ Chapel, inspirada em uma igreja românica do século XI, na França. Para uma bela vista de Upper Manhattan e redondezas, tome o elevador até o vigésimo andar e depois suba os 140 degraus até a plataforma de observação no topo do campanário, a 120m de altura.

Riverside Church, de 21 andares, vista do norte

Mural no túmulo de Grant, mostrando Grant (à direita) e Robert E. Lee

Grant's Tomb ❻

W 122nd St e Riverside Dr. **Mapa** 20 D2. ***Tel*** *(212) 666-1640.* 116th St-Columbia Univ. *M5.* *9h-17h diariam.* *com mau tempo (ligar antes), 1º jan, Ação de Graças, 25 dez.* **www**.nps.gov/gegr

Este monumento grandioso é uma homenagem ao 18º presidente dos EUA, Ulysses S. Grant, comandante das forças da União na guerra civil.

O mausoléu contém os restos de Grant e de sua mulher, cumprindo assim o último desejo do general, de ser enterrado junto dela. Depois da morte de Grant, em 1885, mais de 90 mil americanos contribuíram com US$ 600 mil para a construção deste monumento, inspirado na tumba de Mausolo, em Halicarnasso, uma das sete maravilhas da Antiguidade. O túmulo foi inaugurado no 75º aniversário de Grant, em 27 de abril de 1897. O desfile de 50 mil pessoas e uma flotilha com dez navios de guerra americanos e cinco europeus durou mais de sete horas.

General Grant em campanha na guerra civil

O interior foi inspirado no túmulo de Napoleão, em Paris. Cada sarcófago pesa 8,5 toneladas. Duas salas de exposição descrevem a vida pessoal de Grant e sua carreira militar e política.

Nas fachadas norte e leste do prédio, dezessete bancos de mosaico com curvas sinuosas destoam da arquitetura formal do túmulo. Foram desenhados no início da década de 1970 por um artista do Brooklyn, o chileno Pedro Silva, e construídos por 1.200 voluntários locais, sob sua supervisão. Os bancos foram inspirados na obra do arquiteto espanhol Antonio Gaudí, em Barcelona. Os mosaicos tratam de vários assuntos, dos povos inuit até os táxis de Nova York, passando pelo Pato Donald.

A pouca distância do túmulo de Grant fica outro monumento, mais simples. Uma urna sem adornos sobre um pedestal marca o local em que uma criança caiu no rio e se afogou. Seu pai colocou uma placa que diz: "Erigido em memória de uma criança amável, St. Clair Pollock, morta em 15 de julho de 1797, aos 5 anos".

Cathedral of St. John the Divine ❹

Fachada oeste, estilo gótico

Iniciada em 1892 e até hoje em obras, esta catedral, quando estiver concluída, será a maior do mundo. O interior tem mais de 180m de comprimento e 45m de largura. O projeto inicial, em estilo românico, era de Heins e LaFarge, mas em 1911 Ralph Adams Cram assumiu a obra e criou a nave gótica e a fachada oeste. Métodos medievais de construção, como o uso de arcobotantes de pedra, estão sendo empregados na catedral, onde também há espetáculos de teatro, música e arte de vanguarda.

Coro
Cada coluna do coro tem 17m de altura e é de granito cinzento polido.

Nave
Com altura de 30m, os pilares da nave são encimados por graciosos arcos de pedra.

Rosácea ★
Completado em 1933, o desenho estilizado da Grande Rosácea simboliza as muitas facetas da igreja cristã.

★ Entrada da Fachada Oeste
Os portais da fachada oeste são adornados com belos relevos de pedra. Alguns são recriações de esculturas religiosas medievais, outros têm temas modernos. Esta visão apocalíptica dos arranha-céus de Nova York, obra do escultor local Joe Kincannon, parece quase uma profecia dos eventos de 11 de setembro de 2001 (p. 54).

PONTOS ALTOS

- ★ Altares Laterais
- ★ Entrada da Fachada Oeste
- ★ Fonte da Paz
- ★ Rosácea

★ Fonte da Paz
Esta escultura é uma criação de Greg Wyatt e representa a natureza de várias formas. Fica na Great Lawn, na área sul da catedral.

PREPARE-SE

1047 Amsterdam Ave com W 112th St. **Mapa** 20 E4. ***Tel*** *(212) 316-75 90.* Ⓜ *1 para Cathedral Pkwy (110th St).* 🚌 *M4, M11, M60, M104.* 🕐 *7h-18h diariam (19h dom).* ✝ *Vésperas 16h dom.* ***Doações.*** 📷 ♿ *ter-sáb (212) 932-7347* ***Concertos, peças, exposições, jardins.*** **www**.stjohndivine.org

Batistério
O batistério gótico tem influências italianas, francesas e espanholas.

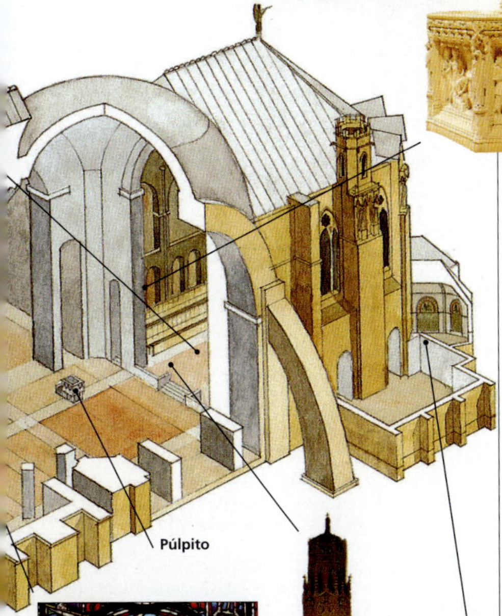

O PROJETO

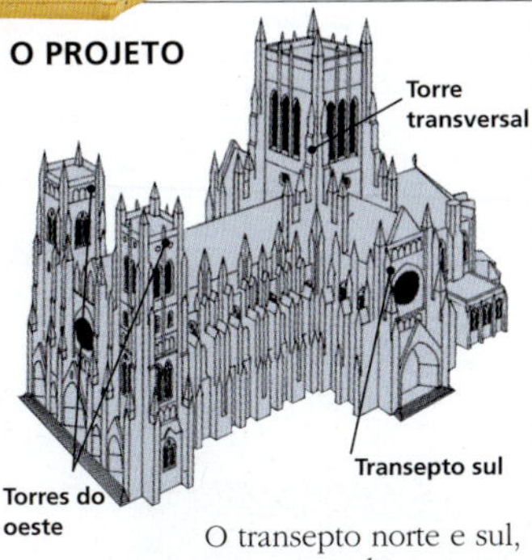

O transepto norte e sul, a torre transversal e as torres do oeste ainda precisam ser terminadas. Quando os recursos forem levantados, ainda levará mais 50 anos para a catedral ser concluída.

★ Altares Laterais
Os vitrais nos altares laterais são dedicados ao esforço humano. O dos esportes elogia a habilidade e a força.

Bishop's Chair
Este trono episcopal é igual ao da capela de Henrique VII, em Westminster.

St. Ambrose Chapel
Esta capela, que tem nome de um bispo italiano do século IV, é decorada com objetos de ferro em estilo renascentista.

CRONOLOGIA

1823 Projeto para Washington Square

1873 Alvará aprovado

1888 Concorrência para o projeto da catedral vencida por Heins & LaFarge

1891 Local escolhido é chamado de Cathedral Parkway

1892 27 de dezembro (S. João), pedra fundamental

1909 Púlpito projetado por Henry Vaughan

1911 Projeto de Cram substitui os anteriores

1916 Começa a obra da nave

1941 Obra interrompida pela Segunda Guerra, só retomada em 1978

1978-89 Terceira fase da construção; inauguração do Stonemasons' Yard e levantamento da torre sul

2001 Incêndio destrói o interior e o teto do transepto norte

2008 A catedral reabre após sete anos fechada para restaurações.

1800	1850	1900	1950	2000	2050

City College of the City University of New York ❼

Entrada principal pela W 138th St. e Convent Ave. **Mapa** 19 A2. ***Tel*** *(212) 650-7000.* M *137th St-City College.* **www**.ccny.cuny.edu

Instalado em uma colina vizinha a Hamilton Heights, o pátio quadrangular gótico original desta universidade, um dos campi da City University, construído entre 1903 e 1907, é impressionante. O material usado foi o xisto de Manhattan, produto das escavações para a abertura do metrô. Nos prédios contemporâneos em volta do pátio reúnem-se atualmente quase 15 mil alunos.

O City College não é mais gratuito, mas oferece mensalidades baixas. Três quartos dos estudantes vêm de grupos minoritários e muitos deles são o primeiro membro da família a frequentar faculdade.

Shepard Archway, no City College of the City University of New York

Hamilton Grange National Memorial ❽

Saint Nicholas Park, 414 141st St. **Mapa** 19 A1. ***Tel*** *(212) 283-5154.* M *137th St-City College.* *9h-17h qua-dom.* *feriados.* *de hora em hora.* **www**.nps.gov/hagr

Espremido entre uma igreja e um prédio de apartamentos fica a casa de madeira e colunas de Alexander Hamilton, de 1802. Ele foi um dos arquitetos do sistema de governo federalista, primeiro-secretário do Tesouro e fundador do National Bank. Seu rosto aparece na nota de US$ 10. Hamilton passou seus dois últimos anos de vida no Grange. Ele morreu em duelo com seu rival político, Aaron Burr, em 1804.

Estátua de Alexander Hamilton em Hamilton Grange

A St. Luke's Episcopal Church comprou a casa em 1889 e a transferiu para quatro quarteirões a oeste. Uma segunda mudança, entre 2006 e 2011, moveu a construção para seu local atual, no St. Nicholas Park.

Hamilton Heights Historic District ❾

W 141st-W 145th St. e Convent Ave. **Mapa** 19 A1. M *137th St-City College.*

Neste local ficavam as propriedades rurais das famílias ricas de Nova York. Também conhecida como Harlem Heights, a área foi urbanizada a partir de 1880, seguindo a instalação da ferrovia elevada *(p. 26)*. O isolamento da área, no alto de uma colina no Harlem, tornou-a atraente.

A parte conhecida como Sugar Hill era a preferida da elite do Harlem – os músicos Count Basie, Duke Ellington e Cab Calloway, o lutador de boxe Sugar Ray Robinson, cinco vezes campeão mundial dos pesos médios, e Thurgood Marshall, o juiz da Suprema Corte, moraram aqui.

As belas casas geminadas de pedra, de três e quatro andares, foram construídas entre 1886 e 1906 em vários estilos que misturam influências românicas, flamengas e Tudor. Ainda em ótimas condições, muitas são ocupadas por professores do City College, aqui perto.

Casas em Hamilton Heights

St. Nicholas Historic District ❿

202-250 W 138th & W 139th St. **Mapa** 19 B2. M *135th St. (B, C).*

Em forte contraste com as redondezas, estes dois quarteirões de construções, conhecidos como King Model Houses, foram erguidos em 1891, quando o Harlem era considerado vizinho de Nova York. Eles ainda representam um dos melhores exemplos de casas geminadas da cidade.

O incorporador, David King, escolheu três escritórios de arquitetura de ponta, que tiveram sucesso em misturar seus diferentes estilos para criar um todo harmonioso.

Casas no St. Nicholas District

Adam Clayton Powell Jr. durante a campanha pelos direitos civis

O mais famoso deles era o McKim, Mead & White, responsável pela Pierpont Morgan Library *(pp. 164-5)* e pelas Villard Houses *(p. 176)*, ao qual coube a fileira mais ao norte de palacetes renascentistas de tijolo. Essas casas têm entrada no piso térreo, o que não ocorre na maioria das casas nova-iorquinas típicas. Há terraços com grades de ferro trabalhado e também medalhões decorativos em relevo sobre as janelas.

Os edifícios georgianos desenhados por Price and Luce foram construídos de tijolo e pedra branca. O conjunto de edifícios de James Brown Lord, também georgianos no estilo arquitetônico, parece mais próximo do vitoriano, com belas fachadas de tijolo vermelho.

Negros bem-sucedidos, como os músicos Eublie Blake e W. C. Handy, se instalaram nessas casas nas décadas de 1920 e 30, motivo pelo qual a região recebeu o apelido de Striver's Row (rua dos esforçados).

Abyssinian Baptist Church ⓫

132 W 138th St. **Mapa** 19 C2. ***Tel*** *(212) 862-7474.* M *135th St. (B, C, 2, 3).* ✝ *9h, 11h dom. Para grupos de 10 ou mais pessoas é necessário reservar antes.*
www.abyssinian.org

A mais antiga igreja de negros de Nova York, fundada em 1808, ficou famosa por seu carismático pastor, Adam Clayton Powell Jr. (1908-72), que se tornou deputado e líder dos direitos civis. Sob sua liderança, tornou-se a mais rica e poderosa igreja negra dos EUA. A igreja, um prédio gótico de 1923, dá boas-vindas aos visitantes apropriadamente vestidos para os cultos de domingo e para ouvir o soberbo coro gospel.

Schomburg Center for Research into Black Culture ⓬

515 Malcolm X Blvd. **Mapa** 19 C2. M *135th St. (2, 3).* ***Tel*** *(212) 491-2200.* *12h-20h ter-qui, 10h-18h sex-sáb.* *feriados.* *(212) 491-2207.*
www.schomburgcenter.org

Alojado em um conjunto de prédios contemporâneos inaugurado em 1991, este é o maior centro de pesquisas da cultura negra e africana dos EUA. O enorme acervo foi reunido pelo negro de ascendência porto-riquenha Arthur Schomburg (já morto), após ouvir de um professor que nunca existiu uma "história negra". A Carnegie Corporation comprou o acervo em 1926 e o doou à New York Public Library – Schomburg foi nomeado curador em 1932. A biblioteca tornou-se ponto de encontro informal para o renascimento do Harlem na década de 1920, do qual participaram Langston Hughes, W. E. B. Du Bois, Zora Neale Hurston e muitos outros grandes escritores da época. Também realizava reuniões literárias e sessões de leitura de poesia.

As excelentes instalações da Schomburg Library permitem a boa conservação e fácil acesso aos tesouros do arquivo, como livros raros, fotos, vídeos, objetos de arte e gravações. Também funciona como centro cultural e possui um teatro e duas galerias que apresentam exposições variadas de arte e fotografia.

Kurt Weill, Elmer Rice e Langston Hughes no Schomburg Center

Harlem YMCA ⓭

180 W 135th St. **Mapa** 19 C3. ***Tel*** *(212) 281-4100.* M *135th St. (2, 3).*

O sociólogo W. E. B. Du Bois

Paul Robeson e muitos outros estrearam no palco desta filial da Associação Cristã de Moços (YMCA, em inglês), na década de 1920. O grupo teatral Krigwa Players foi criado em 1928 por W. E. B. Du Bois para combater a imagem depreciativa dos negros nos espetáculos da Brodway. O "Y" também hospedou recém-chegados ao Harlem que depois ficaram famosos, como o escritor Ralph Ellison.

Cantores de gospel apresentam-se no Sylvia's no brunch de domingo

Sylvia's ⓮

328 Lenox Ave. **Mapa** 21 B1. ***Tel*** *(212) 996-0660.* *125th St (2, 3).* **www**.sylviassoulfood.com

O mais famoso restaurante de pratos tradicionais dos negros americanos no Harlem serve frango ensopado e frito, costeletas apimentadas, feijão-fradinho, couve fresca, inhame caramelado, torta de batata-doce e outras delícias sulistas. O brunch (café-almoço) de domingo é animado por cantores de gospel.

Reserve algum tempo para explorar o mercado na esquina da 125th Street com a Lenox Avenue (em frente ao Sylvia's). As barracas vendem roupas, joias e objetos de arte africanos.

Apollo Theater ⓯

253 W 125th St. **Mapa** 21 A1. ***Tel*** *(212) 531-5304/5 (eventos); (212) 531-5337 (tours).* *125th St.* *para espetáculos.* *apenas grupos.* *Ver* ***Divirta-se*** *p. 353.* **www**.apollotheater.com

O Apollo foi aberto em 1913 como teatro de ópera só para brancos. Ficou famoso quando Frank Schiffman, um empresário branco, assumiu a direção, em 1934. Ele abriu o teatro a todas as pessoas e o transformou na mais conhecida vitrine do Harlem, com apresentações de grandes artistas negros, como Dinah Washington, Bessie Smith, Billie Holiday e Duke Ellington.

Apollo Theater

As noites de quarta-feira, reservadas aos amadores, tiveram início em 1935; havia uma longa lista de inscritos e a plateia determinava o vencedor. Dessas noites partiram para o sucesso Sarah Vaughan, Pearl Bailey, James Brown e Gladys Knight, entre outros. Os shows de calouros ainda existem.

O Apollo era o teatro mais frequentado pelas bandas de swing e depois da Segunda Guerra uma nova geração de músicos, como Charlie "Bird" Parker, Dizzy Gillespie e Thelonious Monk, manteve viva a sua tradição musical. Resgatado da decadência e redecorado na década de 1980, o Apollo ainda apresenta grandes artistas negros e as noites dos amadores.

Studio Museum in Harlem ⓰

144 W 125th St. **Mapa** 21 B2. ***Tel*** *(212) 864-4500.* *125th St (2, 3).* *12h-21h ter-sex, 10h-18h sáb, 12h-18h dom.* *feriados.* *Doações.* ***Palestras, programação infantil, filmes, apresentações em vídeo.*** **www**.studiomuseum.org

Este museu foi fundado em 1967 em um sótão no trecho norte da 5th Avenue com o objetivo de se tornar o principal centro de reunião e exposição de arte e artefatos afro-americanos.

A instalação atual, um prédio de cinco andares na principal rua comercial do Harlem, foi doado ao museu pelo New York Bank for Savings, em 1979. O novo museu foi inaugurado em 1982. Em dois andares, há galerias para exposições temporárias sobre artistas e temas culturais. Outras três são dedicadas à exibição permanente de obras dos principais artistas negros.

Galeria do Studio Museum in Harlem

Os arquivos fotográficos contêm os mais completos registros existentes sobre o Harlem. Uma porta lateral dá para um jardim de esculturas.

Além de exposições excelentes, o Studio Museum também organiza um programa nacional de artistas-residentes, além de palestras, seminários, programas para crianças e festivais de filmes. Uma ótima loja vende livros, gravuras e artesanato da África.

Mount Morris Historical District ⓱

W 119th-W 124th Sts. **Mapa** 21 B2. M *125th St (2, 3).*

Dá para perceber logo que as casas em estilo vitoriano do fim do século XIX situadas perto do Marcus Garvey Park já foram grandiosas. Esta era a região preferida dos judeus alemães que progrediam na vida e deixavam a pobreza do Lower East Side. Mas o tempo não poupou esta área, que mostra sinais de decadência.

Permanecem aqui umas poucas igrejas interessantes, como a St. Martin's Episcopal Church. Há também algumas interligações de credos: a Mount Olivet Baptist Church, nº 201 da Lenox Avenue, já foi o Temple Israel, uma das sinagogas mais imponentes da cidade; e na Ethiopian Hebrew Congregation, antiga mansão no nº 1 da West 123rd Street, um coro de gospel canta em hebraico aos sábados.

St Martin's Episcopal Church, na Lenox Avenue

Marcus Garvey Park ⓲

120th-124th Sts. **Mapa** 21 B2. M *125th St (2, 3).*

O pomposo líder nacionalista negro Marcus Garvey

Neste parque que se estende por dois quarteirões de área verde fica a última torre de vigia de incêndios de Nova York, estrutura aberta de ferro fundido construída em 1856, com escada em espiral para a plataforma de observação. O sino embaixo da plataforma soava o alarme. Mas é melhor apreciá-la a distância, caso você fique em dúvida quanto à sua segurança. Antigo Mount Morris Park, o parque agora homenageia Marcus Garvey. Garvey chegou da Jamaica em 1916 e fundou a Universal Negro Improvement Association, que promoveu a autoajuda e o orgulho racial, criando um movimento de retorno à África.

Museo del Barrio ⓳

1230 5th Ave. **Mapa** 21 C5. ***Tel*** *(212) 831-7272.* M *103rd St, 110th St.* *11h-18h ter-sáb, 13h-17h dom.* *1º jan, 4 jul, Ação de Graças, 25 dez.*
www.elmuseo.org

Fundado em 1969, este foi o primeiro museu da América do Norte dedicado à arte latino-americana, especializado na cultura de Porto Rico. As exposições destacam pinturas e esculturas contemporâneas, arte folclórica e artefatos históricos. As estrelas do acervo são os cerca de 240 santos entalhados em madeira. As exposições mudam com frequência, mas há frequentemente alguns dos santos em exibição. A coleção pré-colombiana contém artefatos raros do Caribe. Situado no limite da "Museum Mile", o trecho cheio de conhecidos museus no Upper East Side, esta casa busca diminuir a distância entre a Nova York dos ricos e famosos e o Spanish Harlem.

Arte folclórica do Museo del Barrio: um dos Três Reis Magos (esq.) e a Mão Onipotente

FORA DO CENTRO

Embora oficialmente façam parte da cidade, os outros bairros de Nova York são muito diferentes de Manhattan, tanto na aparência quanto no espírito. São áreas residenciais de onde estão ausentes os arranha-céus que caracterizam Nova York. A diferença é tanta que, quando têm de ir a Manhattan, os moradores dizem que vão "à cidade". Mas têm muitas atrações, como o maior zoológico da cidade, museus, praias e estádios. Veja nas páginas 266-7 um roteiro de passeio pelo Brooklyn.

PRINCIPAIS ATRAÇÕES

Ruas e Edifícios Históricos

Alice Austen House 27
George Washington Bridge 3
Grand Army Plaza 18
Historic Richmond Town 24
Morris-Jumel Mansion 2
Park Slope Historic District 19
Wave Hill 5
Yankee Stadium 10

Museus e Galerias

Audubon Terrace 1
Brooklyn Children's Museum 16
Brooklyn Museum pp. 250-3 21
Jacques Marchais Center of Tibetan Art 25
MoMA PSI, Queens 15
Museum of the Moving Image and Kaufman Astoria Studio 14
New York Hall of Science 13
Snug Harbor Cultural Center 26
The Cloisters Museum pp. 236-9 4
Van Cortlandt House Museum 6

Parques e Jardins

Bronx Zoo pp. 244-5 9
Brooklyn Botanic Garden 22
Flushing Meadow-Corona Park 12
New York Botanical Garden pp. 242-3 8
Prospect Park 20

Teatros

Brooklyn Academy of Music 17

Cemitérios

Woodlawn Cemetery 7

Praias

City Island 11
Coney Island 23
Jamaica Bay Wildlife Refuge Center 28
Jones Beach State Park 29

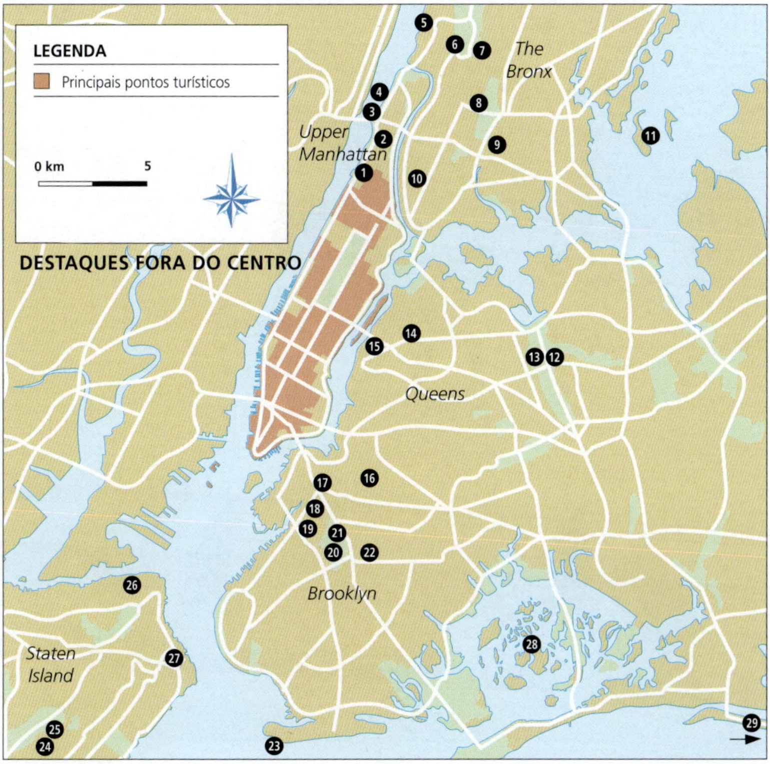

◁ Jamaica Bay

Upper Manhattan

Foi em Upper Manhattan (o extremo norte da ilha) que os colonizadores holandeses do século XVIII estabeleceram suas fazendas. Hoje uma área suburbana muito diferente do alvoroço que predomina no centro de Manhattan, é um bom lugar para escapar do movimento e desfrutar um passeio tranquilo pelos vários museus e pontos turísticos. O Cloisters *(pp. 236-9)* possui um magnífico acervo de arte medieval exposto em prédios europeus originais daquele período, comprados e depois reconstituídos. Uma parte da história de Nova York pode ser visitada na Morris-Jumel Mansion, na parte norte do Harlem. Foi nesta casa, um de seus quartéis-generais, que George Washington preparou a defesa de Manhattan, na guerra de 1776.

Audubon Terrace ❶

Broadway com 155th St. M *157th St.* **American Academy of Arts and Letters**; ***Tel*** *(212) 368-5900.* *13h-16h qui-dom.* **Hispanic Society of America**; *(212) 926-2234.* *10h-16h30 ter-sáb, 13h-16h dom.* *feriados.* ***Doações.*** *14h sáb* **www**.hispanicsociety.org

O nome deste complexo de edifícios clássicos renascentistas projetado por Charles Pratt Huntington em 1908 homenageia o naturalista John James Audubon, antigo dono do terreno. Audubon está enterrado no Trinity Cemetery, nas proximidades. Sua lápide, uma cruz céltica, tem gravadas as imagens de sua bem-sucedida carreira: os pássaros que pintou, sua palheta e pincéis, suas espingardas.

Fachada da American Academy of Arts and Letters

O complexo foi financiado pelo primo do arquiteto, Archer Milton Huntington. Seu sonho era que fosse um centro cultural e de estudos. A praça central contém estátuas esculpidas por sua mulher, Anna Hyatt Huntington.

O Audubon Terrace contém dois museus especializados que merecem uma visita.

A American Academy of Arts and Letters foi criada para homenagear escritores, artistas e compositores americanos, e mais 75 membros honorários do exterior. Dela fizeram parte os escritores John Steinbeck e Mark Twain, os pintores Andrew Wyeth e Edward Hopper e o músico Aaron Copland. A biblioteca (para estudantes, com hora marcada) tem obras raras.

Porta de bronze da Academia

O museu e biblioteca da Hispanic Society of America baseia-se na coleção pessoal de Archer M. Huntington. A galeria principal, em estilo renascentista espanhol, contém obras de Goya, El Greco e Velázquez. Há também uma grande coleção de escultura, artes decorativas, gravuras e fotografias espanholas, que são expostos em mostras durante o ano todo.

Próximo daqui fica uma interessante igreja, Church of Our Lady of Esperanza, que fica em uma colina, no 624 W 156th Street, parte do Audubon Park. Sua construção foi instigada pela Señora de Barril, esposa do cônsul-geral da Espanha em Nova York, para as pessoas de origem latina de Nova York. Custeada pelo magnata Archer Milton Huntington, a igreja foi finalizada em 1912 e ampliada na década de 1920.

Estátua de El Cid, de Anna Hyatt Huntington, no Audubon Terrace

Morris-Jumel Mansion ❷

Corner W 160th St e Edgecombe Ave. **Tel** *(212) 923-8008.* Ⓜ *163rd St.* *10h-16h qua-dom.* *feriados.* *12h sáb com hora marcada.* **www**. morrisjumel.org

Este é um dos poucos prédios de Nova York anteriores à Guerra da Independência. Sede de um museu com nove salas de época restauradas, foi erguido em 1765 para o tenente-coronel Roger Morris. George Washington usou a casa como quartel-general provisório na defesa de Manhattan, em 1776.

A casa foi comprada e reformada em 1810 por Stephen Jumel, comerciante franco-caribenho, e sua mulher, Eliza, e mobiliada com peças trazidas de suas muitas viagens à França. No quarto de Eliza está a cadeira delfim, supostamente vendida por Napoleão. A ascensão social e os casos amorosos de Eliza escandalizaram a sociedade. Diz um boato que em 1832 ela deixou o marido sangrar até morrer para herdar sua fortuna. Depois casou com Aaron Burr, que tinha 77 anos, e divorciou-se três anos depois, no dia em que ele morreu.

O exterior da casa da Geórgia, no estilo de Palladio, com madeiras dos lados, pórtico clássico e ala octogonal, foi restaurado. O acervo do museu inclui várias peças originais de Jumel.

O vão de 1.065m da George Washington Bridge

George Washington Bridge ❸

Ⓜ *175th St.* **www**.panynj.gov

O arquiteto francês Le Corbusier a chamou de "o único local gracioso nesta desordenada cidade". Embora não seja famosa como a do Brooklyn, esta ponte, obra do engenheiro Othmar Ammann e do arquiteto Cass Gilbert, tem características e história peculiares. Os planos de erguer uma ponte ligando Manhattan a Nova Jersey ficaram no papel por mais de 60 anos, até que o governo municipal conseguiu os US$ 59 milhões necessários para o projeto. Ammann sugeriu que a ponte fosse rodoviária, em vez de ferroviária, o que barateou muito o projeto. As obras começaram em 1927 e a ponte só foi inaugurada em 1931. Os primeiros a atravessá-la foram dois patinadores do Bronx. Hoje a George Washington Bridge é uma ligação vital para o tráfego diário e constante das pessoas que trabalham em Manhattan. No projeto inicial as duas torres seriam revestidas de alvenaria, mas faltou dinheiro, e ficou à mostra o esqueleto de uma estrutura de 183m de altura e 1.065m de comprimento. Ammann também previu a construção de uma segunda pista, abaixo da primeira, e ela foi adicionada à ponte em 1962, aumentando muito sua capacidade. Passam por ela 53 milhões de carros por ano.

Farol sob a Washington Bridge

Abaixo da torre leste fica um farol salvo de demolição em 1951 por pressão pública. Milhares de nova-iorquinos jovens e crianças do mundo todo, fãs de *O pequeno farol vermelho e a grande ponte cinza*, escreveram pedindo para salvar o farol. A autora, Hildegarde Hoyt Swift, construiu as histórias em torno de seus dois marcos favoritos de Nova York. A ponte também abriga a maior bandeira americana desfraldada do mundo, hasteada nos feriados.

Morris-Jumel Mansion, construída em 1765, com seu pórtico original

The Cloisters Museum ❹

pp. 236-9.

The Cloisters Museum ❹

O Cloisters visto do Fort Tryon Park

Este museu de arte medieval famoso em todo o mundo fica em um prédio construído em 1934-38, com restos de claustros, capelas e salões medievais. O escultor George Barnard fundou o museu em 1914, John D. Rockefeller Jr. financiou a compra da coleção pelo Metropolitan Museum of Art em 1925 e depois doou as instalações atuais, no Fort Tryon Park, e também o terreno em Nova Jersey, ao lado do rio Hudson, bem em frente ao museu.

Efígie do Túmulo de Jean d'Alluye *Este túmulo imortaliza o cruzado do século XIII.*

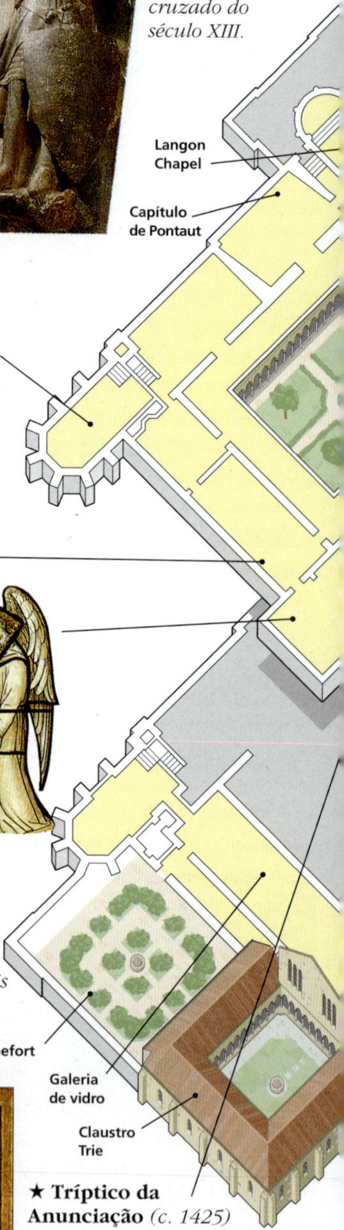

★ Tapeçarias do Unicórnio *Este conjunto de tapeçarias tecidas na Holanda por volta de 1500, muito bem preservado, mostra a caça e captura do mítico unicórnio.*

Vitrais de Boppard (1440/7) *Abaixo da figura de Santa Catarina, anjos mostram o brasão dos toneleiros, dos quais a santa era padroeira.*

PONTOS ALTOS

- ★ *Belles Heures*, de Jean, duque de Berry
- ★ Tapeçarias do Unicórnio
- ★ *Tríptico da Anunciação*, de Robert Campin

★ Tríptico da Anunciação *(c. 1425) Este pequeno tríptico de Robert Campin de Tournai, um magnífico exemplar da pintura holandesa primitiva, fica na Sala Campin.*

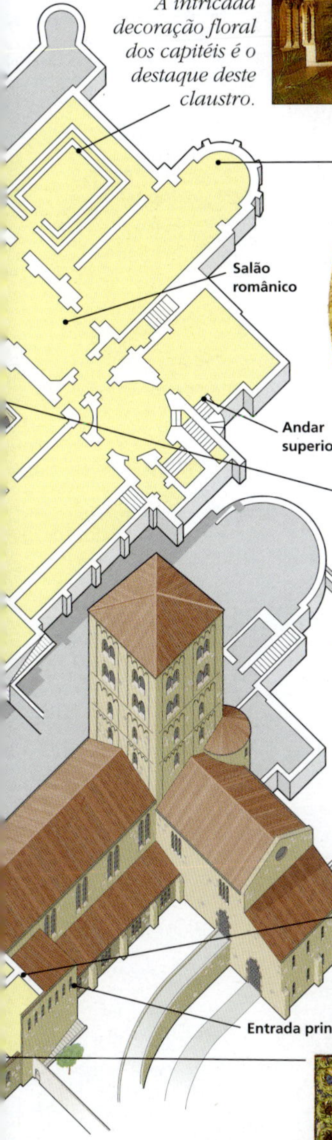

Claustro de Saint-Guilhem
A intricada decoração floral dos capitéis é o destaque deste claustro.

PREPARE-SE

Fort Tryon Park. ***Tel*** *(212) 923-3700. A para 190th St (saída elevador). M4. 9h30-17h15 ter-dom (nov-fev: até 16h45). 1º jan, Ação de Graças, 25 dez.* ***Doações****. Proibido vídeo. limitado 9h30-15h30 (até 11h30 sáb). mai-out: 10h-16h30.* ***Concertos****.* **www.** metmuseum.org/cloisters

Afresco da Virgem e Menino
Este afresco do século XII veio da Igreja Catalã da Virgem.

LEGENDA

- Espaço de exposições
- Nenhuma exposição

Claustro Cuxa
Este claustro do século XII reconstruído exibe detalhes e motivos arquitetônicos românicos.

Virgem Entronizada e o Menino
Esta escultura entalhada em marfim foi feita na Inglaterra durante o século XIII.

MAPA DA GALERIA

O museu está organizado em ordem semicronológica. Começa com o período românico (1000) e segue até o período gótico (1150 a 1520). As esculturas, vitrais, pinturas e jardins ficam no andar inferior. As tapeçarias do Unicórnio, no superior.

★ Belles Heures
Este livro de orações, encomendado por Jean, Duc de Berry, está numa instalação rotativa de livros e fólios exoticamente iluminados.

Como Explorar o Cloisters Museum

Famoso principalmente pelas obras de arquitetura e escultura românicas e góticas, o acervo do Cloisters Museum também inclui manuscritos com iluminuras, vitrais, pinturas e obras de metal, esmalte e marfim. Entre as tapeçarias está a célebre série Unicórnio. O esplêndido conjunto medieval do Cloisters não tem paralelo na América do Norte.

Rosário de madeira flamengo do século XVI, parte do Tesouro

ARTE ROMÂNICA

Crucifixo espanhol em tamanho natural do século XII

Animais fantásticos e figuras humanas, flores de acanto e arabescos ornamentam as colunas por todo o museu. A maioria segue o estilo românico, que floresceu nos séculos XI e XII. O museu possui numerosos exemplares da arquitetura e arte românicas, com os arcos imponentes e arredondados e os detalhes intrincados típicos do estilo. Capitéis enfeitados e o calor do mármore rosa caracterizam o Claustro Cuxa, do século XII, que veio dos Pireneus, na França. Um grifo, um dragão, um centauro e um basilisco são algumas criaturas que desfilam no Arco Narbonne.

Em estilo mais solene, o recinto do altar-mor que veio da igreja de San Martín, em Fuentidueña, Espanha, é uma abóbada arredondada de 3 mil blocos de calcário. É decorado com um afresco da Virgem e o Menino que data do século XII, e um Cristo coroado de ouro mostrando o triunfo sobre a morte.

Há mais de 800 anos monges beneditinos e cistercienses sentavam-se nos frios bancos de pedra do Capítulo de Pontaut. Por volta do século XIX, o local estava abandonado e servia de estábulo. Sua abóbada de estrias é uma antecipação do estilo gótico, que surgiria mais tarde.

ARTE GÓTICA

À solidez da arte românica seguiu-se o estilo gótico (de 1150 até 1520), mais aberto, com arcos aguçados, janelas com vitrais brilhantes e esculturas tridimensionais. As representações góticas da Virgem e o Menino mostram grande habilidade artesanal.

As janelas brilhantemente coloridas da capela gótica mostram cenas e figuras das histórias bíblicas. Entre as esculturas em tamanho natural nos túmulos está a efígie de Jean d'Alluye, cavaleiro das cruzadas. No fim do século XVIII, o

Teto abobadado do Capítulo de Pontaut

local original deste túmulo, a abadia de La Clarté-Dieu, na França, foi atacado por revolucionários, que fizeram da estátua a ponte de um riacho.

Na Sala Boppard, a vida dos santos é contada em maravilhosos vitrais alemães do fim do período gótico.

O *Altar da Anunciação*, de Robert Campin, obra no estilo flamengo, é o destaque da Sala Campin, decorada com móveis que teriam sido de uma rica família do século XV.

JARDINS MEDIEVAIS

Há mais de 300 variedades de plantas cultivadas na Idade Média nos jardins do Cloisters. O Claustro Bonnefont tem um herbário com várias espécies aromáticas, medicinais e culinárias. O Claustro Trie tem exemplares das plantas mostradas nas tapeçarias do Unicórnio e uma descrição sobre o uso das flores no simbolismo medieval: rosa (Virgem Maria), amor-perfeito (Santíssima Trindade) e margarida (olhos de Cristo).

Claustro Bonnefont

TAPEÇARIA

As tapeçarias do Cloisters, cheias de ricas imagens e simbolismos, estão entre os mais apreciados tesouros do museu. As quatro tapeçarias dos Nove Heróis ostentam o brasão de Jean, duque de Berry, irmão do rei da França e patrono das artes na Idade Média. São um dos dois únicos conjuntos do fim do século XIV que ainda existem – o outro pertencia a Louis, duque d'Anjou, irmão de Jean.

Nove grandes heróis do passado – três pagãos, três hebreus, três cristãos – são mostrados entre membros da corte medieval, como cardeais, cavaleiros, damas e músicos.

Em outra sala fica a magnífica *Caçada do unicórnio*, série de sete tapeçarias tecidas por volta de 1500 na Holanda com a descrição da caçada simbólica e captura, por uma virgem, do mítico unicórnio.

Embora tenham sido usadas até para proteger árvores frutíferas de geadas no século XIX, estas tapeçarias estão surpreendentemente bem conservadas. Também impressionam pelos detalhes, com literalmente centenas de plantas e animais retratados em minúcias. A história descrita nas tapeçarias pode ser interpretada como uma fábula de amor palaciano ou uma alegoria da Crucificação e Ressurreição de Cristo.

Músicos da corte entretêm Júlio César, nas tapeçarias dos Nove Heróis

TESOURO

Na época medieval, os objetos preciosos eram, por segurança, guardados em santuários. Nos Cloisters, encontram-se no Tesouro.

O acervo inclui vários livros de rezas com iluminuras góticas, que eram usados nas preces particulares da nobreza. São exemplos o *Belles Heures* dos irmãos Limbourg, feito para Jean, duque de Berry, em 1410, e a versão reduzida, do tamanho da mão, feita por volta de 1325 por Jean Pucelle, mestre do estilo gótico, para a rainha da França.

Outros objetos religiosos vão de uma Virgem de marfim inglês do século XIII ao altar esmaltado com ouro e prata do século XIV que se acredita ter pertencido à rainha Elizabeth da Hungria, além de incensórios, cálices e crucifixos.

Entre as curiosidades estão o Cálice do Macaco, uma grande taça esmaltada, provavelmente feita no século XV para a corte de Borgonha, que mostra macacos travessos roubando um mercador adormecido. Há ainda um rosário entalhado, do tamanho de uma noz, um saleiro do século XIII em forma de barco e um baralho completo do século XV.

Imagens e símbolos de caçada retratados em um baralho do século XV

O salão oeste do Van Cortlandt House Museum

Bronx

O Bronx já foi um subúrbio próspero e sua avenida principal, a Grand Concourse, era antigamente margeada por luxuosos prédios de apartamentos. Hoje em dia, tornou-se um triste símbolo da decadência urbana. Ainda assim, vale a pena visitá-lo, para conhecer as suas comunidades étnicas e áreas ainda muito charmosas, como Riverdale, no extremo norte. Duas grandes atrações da região são o jardim zoológico e o jardim botânico de Nova York. Também há um campo de golfe em Ferry Point Park, e o Fulton Fish Market foi transferido para cá. O amado time de beisebol Yankee tem seu novo estádio aqui *(p. 360)*.

Wave Hill ❺

W 249th St. e Independence Ave, Riverdale. ***Tel*** *(718) 549-3200.* Ⓜ *231st St. e* 🚌 *Bx7, 10, ou transporte do museu a cada hora 9h10-15h10.* ◯ *10h-17h30 ter-dom (16h30 meados out-meados abr).* *grátis ter (jul, ago e nov-abr), 9h-12h ter (mai, jun, set e out), 9h-12h sáb (o ano todo).* *14h dom.* **www**.wavehill.org

Quando o concreto da cidade começar a pesar, visite esta propriedade, um oásis de 11ha de beleza, com lindas vistas de Nova Jersey do outro lado do rio Hudson. Construída pelo conservacionista e financista George W. Perkins, Wave Hill já teve vários moradores ilustres, como Theodore Roosevelt, Mark Twain e Arturo Toscanini. Perkins também era dono das casas vizinhas e construiu no local um centro de recreação completo, inclusive com cancha de boliche, e um túnel que saía dentro do prédio principal.

Concertos são realizados com frequência, principalmente no grande Salão de Armas, projetado em 1928 para Bashford Dean, que na época era curador do acervo de armas e armaduras do Metropolitan Museum of Art.

Os jardins originais foram projetados pelo paisagista vienense Albert Millard. Há também estufas, gramados, hortas e bosques. Há muitas e variadas exposições, que vão da escultura à horticultura.

O Riverdale Park, ao lado, também é aberto ao público e tem bosques atraentes e belas trilhas às margens do rio.

Interior do grande Salão de Armas de Wave Hill

Van Cortlandt House Museum ❻

Van Cortlandt Park. ***Tel*** *(718) 543-3344.* Ⓜ *242nd St, Van Cortlandt Park.* ◯ *10h-15h ter-sex, 11h-16h sáb, dom (últ adm: 30 min antes fechar).* ● *feriados, 26 nov.* *grátis qua.* *ver* ***A História de Nova York*** *pp. 20-1.* **www**.vancortlandthouse.org

Fachada da Van Cortlandt House

Esta propriedade rural de estilo georgiano-colonial de 1748, restaurada, feita em pedra bruta, é o mais velho edifício do Bronx e foi residência da família de Frederick van Cortlandt, um rico nova-iorquino que tinha relações com muitas famílias influentes da época.

A sala de jantar foi usada como um dos quartéis-generais de George Washington e o terreno atrás da casa foi cenário de escaramuças durante a Guerra Revolucionária.

A mobília é da época e há uma bela coleção de louça de Delft e um dormitório holandês do século XVII completo.

No exterior, procure os rostos esculpidos nas pedras angulares acima das janelas.

Woodlawn Cemetery 7

Webster Ave e E. 233rd St.
Tel *(718) 920-0500.* M *Woodlawn.*
8h30-17h diariam.
feriados.
www.thewoodlawncemetery.org

Inaugurado em 1863, o Woodlawn Cemetery é onde muitos nova-iorquinos ricos e ilustres estão enterrados. As lápides e os memoriais se destacam no belo cenário. Junto com vários outros familiares seus, F. W. Woolworth foi sepultado lá, em um mausoléu quase tão elaborado quanto o prédio que leva seu nome. A câmara mortuária de Herman Armour, o magnata da carne, lembra um pernil.

Entrada do mausoléu dos Woolworth

Outros notáveis enterrados neste cemitério são o prefeito Fiorello LaGuardia, Rowland Hussey Macy, fundador da loja de departamentos, o escritor Herman Melville e a lenda do jazz Duke Ellington.

New York Botanical Garden 8

pp. 242-3.

Bronx Zoo/Wildlife Conservation Park 9

pp. 244-5.

Yankee Stadium 10

E 161st St com River Ave, Highbridge. **Tel** *(718) 293-6000.* M *161st St.*
12h-13h40 diariam (exceto em tardes de jogo); reservar antes.
Ver ***Divirta-se*** *p. 360.*
www.yankees.com

Esta tem sido a sede do time de beisebol New York Yankees desde 1932. Entre os seus heróis estão dois dos maiores astros do beisebol de todos os tempos: Babe Ruth e Joe DiMaggio (famoso também por ter casado com a atriz Marilyn Monroe em 1954). Em 1921, o canhoto Babe Ruth, com o característico uniforme de listras finas dos Yankees, fez o primeiro *home run* desse estádio – contra o Boston Red Sox, sua antiga equipe. O estádio foi concluído dois anos mais tarde por Jacob Ruppert, o dono dos Yankees, e ficou conhecido como "a casa que Ruth construiu".

O Yankee Stadium foi ampliado na década de 1970 e passou a abrigar 54 mil pessoas. Uma das maiores concentrações anuais é a das Testemunhas de Jeová, que, em 1950, reuniu 123.707 pessoas num único dia. Em 1965 o papa Paulo VI celebrou missa para mais de 80 mil pessoas. Foi a primeira visita de um papa à América do Norte – a segunda foi a de João Paulo II em 1979, no mesmo local.

Em 2009, os Yankees ganharam um novo estádio, localizado ao lado do antigo. Em sua categoria, foi uma das construções mais caras da história, com custo aproximado de US$ 1,5 bilhão.

Os New York Yankees continuam sendo uma das principais equipes da American League. Cinco lojas de produtos Yankee Clubhouse na cidade vendem ingressos.

Joe DiMaggio joga no Yankee Stadium, em 1941

City Island 11

M *6 para Pelham Bay Park, depois Bx29 para City Island.* **Museu** 190 Fordham St. *13h-17h sáb-dom.* **Tel** *(718) 885-0008.*
www.cityislandmuseum.org

Situado além da praia mais a nordeste do Bronx e cercado por Long Island Sound, City Island é um pequeno posto náutico com ares de Nova Inglaterra, que oferece uma agradável mudança de cenário. Tem belas marinas cheias de veleiros e seus restaurantes de frutos do mar são excelentes. Vários vencedores da **Americas Cup** foram construídos em seus estaleiros. O **City Island Museum** fica num dos edifícios mais antigos da ilha, a velha Public School 17, erguida sobre um antigo cemitério indígena num ponto elevado da ilha.

City Island é ligado por uma ponte ao Bronx. Ao norte no continente fica Orchard Beach, uma baía de areia branca com cabines de banho da década de 1930. A praia é bastante frequentada pelos moradores, por isso às vezes pode estar cheia demais.

Rebocador antigo, atracado em um dos píeres de City Island

New York Botanical Garden ❽

Hibisco

O jardim botânico de Nova York ocupa 250 acres de encantadora beleza. Das mais gloriosas estufas vitorianas dos Estados Unidos aos 12 acres do Everett Children's Adventure Garden, tudo está vivo e pronto para ser descoberto. Um dos maiores e mais antigos jardins botânicos do mundo, o Garden tem 50 jardins especiais e coleções de plantas, além de 50 acres de floresta preservada. A bela estufa Enid A. Haupt foi restaurado como *A World of Plants*, com florestas tropicais enevoadas e incríveis formações desérticas.

Entrada do Enid A. Haupt Conservatory

Rock Garden
Afloramentos de rocha, córregos, uma cachoeira e um lago cercado de flores criam um hábitat alpino para plantas do mundo inteiro. ④

Floresta Histórica
Uma das últimas áreas da floresta natural de Nova York, inclui carvalhos, freixos brancos, tulipeiros e vidoeiros ⑤

Everett Children's Adventure Garden *Aqui as crianças observam a ecologia e as maravilhas da flora* ⑧

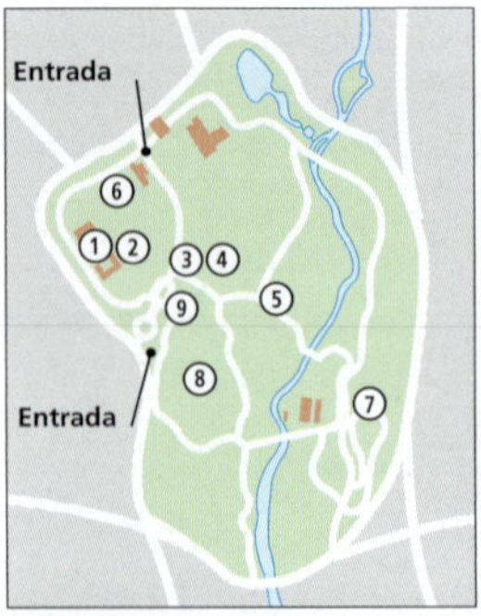

LOCALIZE-SE

Peggy Rockefeller Rose Garden
Mais de 2.700 roseiras foram plantadas neste jardim, criado em 1988 de acordo com projeto original de 1915 ⑦

Palms of the Americas Gallery
Domo de vidro de 30m com cem majestosas palmeiras. Em volta do espelho d'água há plantas tropicais.

PREPARE-SE

Kazimiroff Blvd, Bronx River Parkway (Exit 7W). ***Tel*** *(718) 817-8700.* M *4, B, D to Bedford Park Blvd.* Bx26. *10h-18h ter-dom (até 17h meados jan-meados fev).* *seg, feriados.* *grátis qua e 10h-12h sáb (apenas o campo).*
Conferências www.nybg.org

A estufa Enid A. Haupt consiste de onze galerias de vidro interligadas, abrigo do *A World of Plants*, que inclui florestas tropicais, desertos, plantas aquáticas e exposições sazonais ①

Garden Cafe
Este é um agradável lugar para uma refeição. Pode-se comer do lado de fora, em terraços que dão para os belos jardins ⑥

Jane Watson Irwin Perennial Garden
Florações perenes estão plantadas de acordo com altura, sombra e época de desabrochamento ②

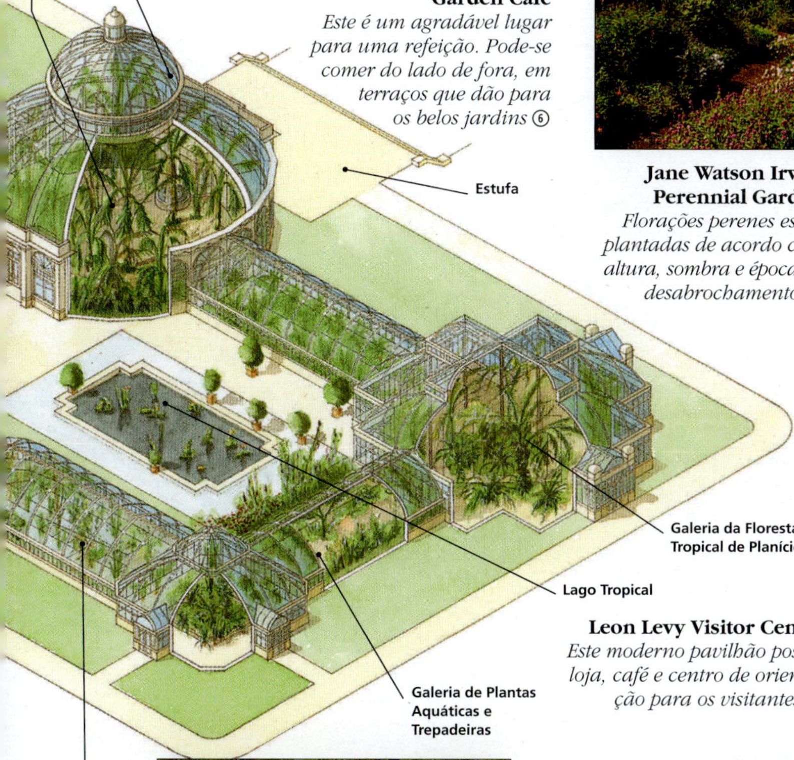

Leon Levy Visitor Center
Este moderno pavilhão possui loja, café e centro de orientação para os visitantes ⑨

Tram
Em um passeio de meia hora pelos jardins, são dadas informações sobre programas de pesquisa horticulturais, educacionais e botânicos. Em alguns pontos os passageiros podem descer para explorar os jardins ③

Bronx Zoo ❾

Aberto em 1899, o Bronx Zoo é o maior zoo urbano dos EUA, com mais de 4 mil animais representando 500 espécies, que vivem em reproduções realistas de seus hábitats naturais. O Zoo desenvolve um notável trabalho de preservação de espécies ameaçadas, como o rinoceronte-peludo e o leopardo-da-neve. Seus 265 acres de bosques, regatos e pastagens incluem um zoológico infantil, o Butterfly Garden, o trenzinho Wild Asia e passeios de camelo. Entre outras atrações, há a alimentação diária dos leões, o treinamento de primatas na Monkey House, o carrossel de insetos e um cinema 4-D.

★ Congo Gorilla Forest
Esta premiada réplica de uma floresta chuvosa da África central tem a maior população de gorilas-do-ocidente nos Estados Unidos, assim como uma família de saguis-leãozinho, a menor espécie de símios do mundo.

★ African Plains
Cães selvagens, zebras, leões, guepardos e gazelas cruzam as planícies africanas. Um fosso separa predadores e presas.

Passeios de Camelo
Há atrações temporárias para as crianças, como este passeio de camelo.

★ JungleWorld
Em condições controladas, esta floresta tropical abriga mamíferos, pássaros e répteis da Ásia, separados dos visitantes por ravinas, regatos e penhascos.

Macacos do JungleWorld

Baboon Reserve
O passeio ao longo de um leito seco de rio mostra a vida selvagem em uma montanha da Etiópia.

Children's Zoo
As crianças podem engatinhar em túnel de marmotas, vestir uma casca de tartaruga, brincar e alimentar os animais.

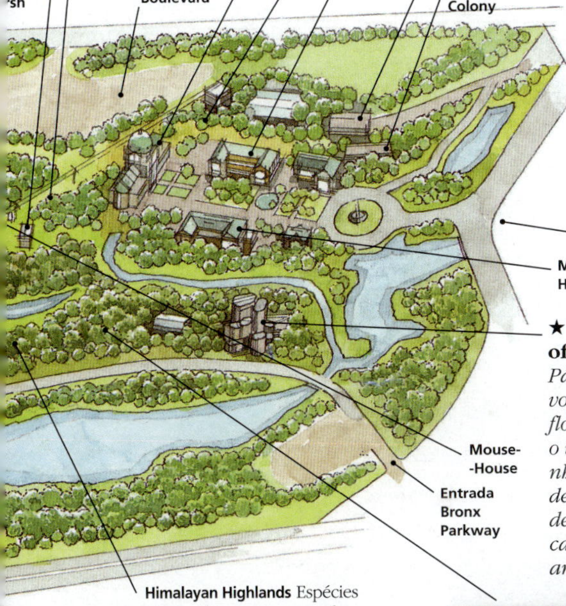

★ World of Birds
Pássaros exóticos voam num ambiente de floresta tropical, em que o visitante pode caminhar. De um rochedo de fibra de vidro de 15m cai uma cachoeira artificial.

Calau-grande

Himalayan Highlands Espécies ameaçadas, como o panda-vermelho, são mantidas aqui.

★ Trenzinho Wild Asia
Percorre, de maio a outubro, florestas e campinas deste hábitat asiático, onde rinocerontes, tigres e cavalos selvagens passeiam livremente.

★ Tiger Mountain
Tigres siberianos podem ser vistos o ano todo. Apenas alguns centímetros de vidro separam os visitantes dos felinos.

PREPARE-SE

Fordham Rd /Bronx River Pkwy. ***Tel*** *(718) 367-1010.* Ⓜ *2, 5 para E Tremont Ave.* *para Fordham.* *Bx9, Bx12, Bx19, Bx22, Bx39, BxM11 expresso, Q44.* *10h-17h seg-sex, 10h-17h30 sáb-dom (nov-mar: até 16h30 diariam).* *qua doações. Algumas atrações são cobradas individualmente.* ***Zoológico infantil*** *abr-out.* **www.**bronxzoo.com

PONTOS ALTOS

- ★ African Plains
- ★ Congo Gorilla Forest
- ★ JungleWorld
- ★ Tiger Mountain
- ★ Trenzinho Wild Asia
- ★ World of Birds

Queens

O Queens, um bairro grande e espalhado, tem uma ampla variedade de atrações e áreas residenciais e comerciais, incluindo Long Island City, uma região em que tem crescido o número de museus e restaurantes cheios de charme. O desenvolvimento desta parte da cidade acelerou-se a partir de 1909, quando a construção da Queensboro Bridge facilitou o acesso. No Queens ficam os dois principais aeroportos da cidade, JFK e La Guardia. Também se encontram aqui vários enclaves étnicos, entre eles o Astoria, dos gregos, e algumas comunidades asiáticas, principalmente em Flushing.

Mutoscope de 1900, no Museum of the Moving Image

Flushing Meadow-Corona Park ⓬

M *Willets Point-Shea Stadium.* *ver* ***Divirta-se*** *p. 361.*

Local das duas Feiras Mundiais de Nova York, este parque atualmente oferece extensas áreas para piquenique e uma grande variedade de atrações. Entre elas está o estádio Citi Field, de 41 mil lugares, sede do time de beisebol New York Mets e palco frequente de espetáculos de rock. É também em Flushing Meadow que fica o US Tennis Center, onde é disputado o Torneio Aberto dos EUA. No resto do ano, as quadras são abertas aos futuros Nadais, Sharapovas e Federers. Na década de 1920, esta área era chamada de Corona Dump, um depósito de aparência horrível, com pântanos salgados e grandes pilhas de lixo em combustão. Em *O grande Gatsby,* o escritor F. Scott Fitzgerald apelidou-a de "vale das cinzas". A área exalava o mau cheiro do lixo em decomposição e, à noite, o fogo constante irradiava uma luz vermelha. Robert Moses, secretário de Parques de Nova York, promoveu a transformação do local. Uma montanha de lixo foi removida e o rio, totalmente canalizado. O pântano foi drenado e um novo sistema de esgotos, instalado. O propósito da reforma era arrumar o local para abrigar a Feira Mundial de 1939, na qual um mundo à beira da guerra saudava a ideia ilusória da paz.

A Unisfera, símbolo da Feira Mundial de 1964, ainda domina o que restou do recinto. A imensa bola oca de aço verde, construída pela US Steel Corporation, tem doze andares de altura e pesa 350 toneladas.

Unisfera da Feira Mundial de 1964, no Flushing Meadow-Corona Park

New York Hall of Science ⓭

46th Ave e 111th St Flushing Meadow, Corona Park. ***Tel*** *(718) 699-0005.* M *111th St.* *jul-ago: 9h30-17h seg-sex, 10h-18h sáb-dom; set-jun: 9h30-14h seg-qui, 9h30-17h sex, 10h-18h sáb-dom.* *Labor Day, 25 dez.* **www**.nysci.org

O pavilhão construído para a Feira Mundial de 1964 é agora um museu de ciência e tecnologia. Nele se podem manipular as peças em exposição, que tratam dos fenômenos da cor, luz etc. As crianças se divertem com as telas gigantes e os shows de laser óptico.

Parede de concreto do New York Hall of Science

Museum of the Moving Image and Kaufman Astoria Studio ⓮

35th Ave com 36th St, Astoria. **Museu** ***Tel*** *(718) 784-0077.* M *36th St.* **Steinway Museum** *10h30-17h ter-dom (20h sex, 19h sáb e dom). Apresentações: 19h30 sex, tardes e anoitecer sáb e dom.* *gratuita 16h-20h sex.* *14h sáb e dom.* *Memorial Day, Ação de Graças, 25 dez.* **Estúdio**. *ao público.* **www**.movingimage.us

No apogeu da indústria cinematográfica de Nova York, Rodolfo Valentino, W.C. Fields, os irmãos Marx e Gloria Swanson estrelaram filmes produzidos no Astoria Studio, aberto em 1920 pela Paramount. Quando a indústria se mudou para a Califórnia, o Exército assumiu o estúdio, onde fez filmes de treinamento entre 1941 e 1971.

O complexo ficou vazio até 1977, quando a Astoria Motion Picture and Television

Cartaz do Museum of the Moving Image

Foundation foi criada para preservá-lo. O musical *O mágico inesquecível,* de Sidney Lumet, com Michael Jackson e Diana Ross, foi rodado aqui e ajudou a pagar a restauração. Agora o estúdio é o mais bem equipado para produção na costa leste.

Em 1981, um dos prédios foi convertido no Museum of the Moving Image, com um acervo que aborda a produção, promoção e exibição de filmes para cinema e TV, assim como um salão especial para conferências.

Há muitos objetos em exibição, como as carruagens de *Ben Hur* e o figurino de *Jornada nas estrelas*. O acervo permanente contém mais de 85 mil artefatos para cinema. Uma grande reforma deu ao museu um moderno teatro com 254 lugares, um anfiteatro para exibições de vídeos e uma sala de projeção educacional.

MoMA PS1, Queens ⓯

22-25 Jackson Ave com 46th Ave, Long Island City. ***Tel*** *(718) 784-2084.* M *E, M para 23rd St-Ely Ave; 7 para 45 Road-Courthouse Square; G para Court Sq. ou 21 St-Van Alst.* *B61, Q67.* *12h-18h qui-seg .* *1º jan, 25 dez.* **www**.ps1.org

Instalado em uma escola primária, o PS1 foi fundado em 1971, como parte de um programa para transformar prédios abandonados em espaços para exibições e ateliês de artistas. Afiliado ao Museum of Modern Art *(pp. 172-5),* o museu é uma das mais antigas instituições norte-americanas dedicadas apenas à arte moderna. Mostras temporárias são exibidas juntamente com obras permanentes, diversas delas interativas. No verão há apresentações de música no pátio.

Brooklyn

Coreto no Prospect Park *(p. 248)*

Se o Brooklyn fosse uma cidade independente, seria a quarta maior do país. A área tem uma personalidade própria. Grandes nomes do ramo do entretenimento – como Mel Brooks, Phil Silvers, Woody Allen e Neil Simon, entre outros – já renderam diversas homenagens a seu bairro de origem, com grande afeição e humor. O Brooklyn é uma grande mistura de povos – tem desde índios vindos do oeste dos EUA até judeus hassídicos, russos, italianos e árabes, convivendo lado a lado. Além da mistura étnica, outras atrações do Brooklyn estão nos distritos residenciais históricos de Park Slope e Brooklyn Heights.

Brooklyn Children's Museum ⓰

145 Brooklyn Ave. **Tel** *(718) 735-4400.* M *Kingston (C, 3).* *10h-17h ter-dom.* *feriados.* **Rooftop Theater** *18h30-20h sex, 10h-17h sáb-dom.* *feriados.* **www**.bchildmus.org

O Brooklyn Children's Museum, fundado em 1899, foi o primeiro museu a ser projetado especialmente para crianças. Desde então, já serviu de modelo, inspiração e consultor para a criação de mais de 250 museus infantis em todo o mundo. Fica em um prédio subterrâneo high tech especialmente projetado, construído em 1976. É um dos mais imaginativos e avançados museus para crianças do mundo.

O prédio, que após uma reforma dobrou de tamanho, é um labirinto de passagens interligadas – um enorme cano de drenagem que liga os quatro níveis. A ênfase está no envolvimento e nas exposições que se pode tocar. Há inúmeras curiosidades a serem descobertas, e os pequenos visitantes são estimulados a experimentar, criar e brincar com elas. Há até um piano em que se pode andar, como o do filme *Quero ser grande,* irresistível para criancas de todas as idades.

Exposições e eventos especiais são organizados de forma a ajudar as crianças a aprender sobre o planeta, resolver seus problemas e medos, entender outras culturas e descobrir o passado. Os gritos de surpresa e as risadas que se ouvem a todo instante são um bom indício do sucesso e da criatividade do museu na maneira de ensinar tanto crianças como adultos com espírito jovem.

Máscara no Brooklyn Children's Museum

Fachada da Brooklyn Academy of Music

Brooklyn Academy of Music ⓱

30 Lafayette Ave. ***Tel*** *(718) 636-4100.* Ⓜ *Atlantic Ave, Nevins St (M, N, Q, R, 2, 3, 4, 5).* **www**.bam.org
Ver ***Divirta-se*** *p. 350.*

Sede da Brooklyn Philharmonic, a Academia de Música (BAM) é o principal e mais antigo centro cultural da região e foi fundada em 1858. Nela se realizam com frequência grandes apresentações, em geral tendências inovadoras, experimentais e de vanguarda.

O prédio clássico de 1908, projetado por Herts & Tallant, foi inaugurado com uma montagem da ópera *Fausto*, estrelada pelo lendário tenor napolitano Enrico Caruso. Dentre as celebridades que passaram por aqui estão a atriz Sarah Bernhardt, a bailarina Anna Pavlova, os músicos Pablo Casals e Sergei Rachmaninoff, os poetas Edna St. Vincent Millay e Carl Sandburg e o estadista Winston Churchill. Muitos grupos internacionais, como a Royal Shakespeare Company, incluem a academia em suas turnês.

O BAM Next Wave Festival, que costuma ocorrer nos últimos três meses do ano, tem apresentado artistas contemporâneos, como os músicos Philip Glass e David Byrne, e os coreógrafos Pina Bausch e Mark Morris. A BAM também dirige o Majestic Theater ao lado, um cinema reformado para eventos de dança, teatro e música. Os BAM Rose Cinemas exibem filmes independentes novos e a BAMcinématek dedica-se a clássicos, retrospectivas, festivais e pré-estreias.

Grand Army Plaza ⓲

Plaza St com Flatbush Ave.
Ⓜ *Grand Army Plaza (2, 3).* **Arco** *para exposições ocasionais.*

O Soldier's and Sailor's Arch, na Grand Army Plaza

Frederick Law Olmsted e Calvert Vaux construíram este grande espaço oval em 1870, na entrada do Prospect Park. O Soldier's and Sailor's Arch e suas esculturas foram acrescentadas em 1892, como tributo ao Exército da União. O busto de John F. Kennedy é o único monumento oficial a esse presidente em Nova York.

Em junho, a praça sedia o Welcome Back to Brooklyn Festival, dedicado às pessoas, que nasceram na região e depois se mudaram.

Fachada da Brooklyn Public Library, na Grand Army Plaza

Park Slope Historic District ⓳

De Prospect Park W na altura de Flatbush Ave, até 8th/7th/5th Aves. Ⓜ *Grand Army Plaza (2, 3), 7th Ave (F).*

Relevo do Montauk Club

Este maravilhoso enclave de belas casas vitorianas desenvolveu-se ao lado do Prospect Park no fim do século XIX. Era um endereço conveniente para os profissionais de classe média alta que trabalhavam em Manhattan, por sua proximidade da ponte do Brooklyn, inaugurada em 1883. As ruas sombreadas são compostas por casas de dois a cinco andares em todos os estilos arquitetônicos populares no final do século XIX. Algumas têm as torres, torreões e arabescos bem representativos da época. As mais bonitas são as de estilo neorromânico, com entradas em arcos arredondados.

O Montauk Club, nº 25 da 8th Avenue, combina o estilo do palácio Ca' d'Oro, de Veneza, com frisos e gárgulas inspirados nos índios montauk, que dão nome a esse clube do século XIX.

Prospect Park ⓴

Ⓜ *Grand Army Plaza, Prospect Park (B, Q).* *e informações (718) 287 3400.* **www**.prospectpark.org

Os arquitetos Olmsted e Vaux consideravam este parque de 1867 melhor que seu projeto anterior, o Central Park *(pp. 203-9)*. Long Meadow, uma faixa de amplos gramados e belas vistas, é a mais longa área verde contínua de Nova York. Olmsted queria que as pessoas experimentassem uma "sensação de alívio ao entrar no parque, deixando para trás o confinamento e os limites das ruas apinhadas da cidade". Um século mais tarde, a sensação é a mesma.

Entre as muitas notáveis atrações estão as colunatas do Croquet Shelter, de Stanford White, e as lagoas e chorões do Vale of Cashmere. Music Grove, coreto de influência japonesa, abriga durante o verão concertos musicais, de jazz a música clássica.

A figura mais apreciada do parque é Camperdown Elm, olmo antigo e retorcido que foi plantado em 1872. Os fundos para manter esta e todas as outras árvores são levantados pela sociedade Amigos de Prospect Park. O antigo olmo já inspirou muitos poetas e pintores. Prospect Park tem ampla variedade de paisagens, de jardins clássicos cheios de estátuas a ravinas rochosas com riachos. A visita guiada por um guarda do parque é a melhor maneira de conhecê-lo.

Cavalo de carrossel, Prospect Park

Brooklyn Museum ㉑

pp. 250-3.

Brooklyn Botanic Garden ㉒

900 Washington Ave. ***Tel*** *(718) 623-7200.* *Prospect Pk (B, Q), Eastern Pkwy (2, 3).* **Área** *abr-set: 8h-18h ter-sex (10h sáb-dom e feriados); out-mar: 8h-16h30 (10h sáb-dom, feriados).* *1º jan, Labor Day, Ação de Graças, 25 dez* *mar-meados nov: grátis ter; 10h-12h sáb; meados nov-final fev: grátis para menores de 16 anos seg-sex.*
www.bbg.org

Embora não seja grande em tamanho, este jardim de 20ha contém muitas surpresas. A área foi criada pelos irmãos Olmsted, em 1910, e inclui desde uma tradicional horta de ervas medicinais até uma das maiores coleções de rosas da América do Norte. A principal atração é um jardim japonês completo, com colina e lago, mais uma casa de chá e um santuário xintoísta. Do fim de abril e início de maio, o parque resplandece com as delicadas flores das cerejeiras japonesas; neste período realiza-se um festival de cultura, comida e música típicas japonesas.

Abril é também a época em que os turistas podem apreciar a Magnolia Plaza, na qual 80 árvores exibem flores brancas contra o pano de fundo dos narcisos de Boulder Hill.

No Fragrance Garden, os canteiros são elevados e as plantas com perfume e textura mais destacados têm etiquetas em braile, para que cegos possam identificá-las.

Uma estufa guarda uma das maiores coleções de bonsais dos EUA e algumas árvores raras das florestas tropicais, que permitem aos cientistas produzir remédios essenciais.

Tanque de lírios do Brooklyn Botanic Garden

Tartaruga-verde do Atlântico no New York Aquarium, em Coney Island

Coney Island ㉓

Stillwell Ave (D, F, N, Q), W 8th St (F, Q). **Aquário de Nova York** Surf Ave com W 8th St. ***Tel*** *(718) 265-FISH.* *10h-17h diariam (até 17h30 sáb, dom e feriados; jun-ago: até 18h seg-sex, 19h sáb, dom e feriados; nov-mar: até 16h30 diariam).* *última admissão: 45 min antes fechar.* **www**.nyaquarium.com
Coney Island Museum 1208 Surf Ave, nr W 12th St. ***Tel*** *(718) 372 5159.* *12h-18h sáb-dom.*
www.coneyislandusa.com

Em meados do século XIX, o poeta do Brooklyn Walt Whitman compôs vários poemas em Coney Island, na deserta costa de então. Por volta de 1920, Coney Island se autointitulou "O Maior Parque de Atrações do Mundo", com três imensas áreas para feiras que ofereciam uma combinação de atrações de arrepiar. O metrô em 1920 e o calçadão em 1921 garantiram a popularidade de Coney Island's durante a Grande Depressão.

Um destaque é o **New York Aquarium**, com mais de 350 espécies. O **Coney Island Museum** tem relíquias de antigas atrações e suvenires. Coney Island passa atualmente por um processo de modernização, para desgosto dos moradores, que temem a descaracterização da área. Contudo, o calçadão ainda oferece vista do mar e a montanha-russa Cyclone é marco oficial da cidade. A Mermaid Parade (junho) é um grande evento anual.

Brooklyn Museum 21

Fachada norte, projetada por McKin, Mead & Whit

Em 1897, quando foi inaugurado, o prédio do Brooklyn Museum, projetado para ser o maior edifício cultural do mundo, era a maior realização da firma de arquitetura McKim, Mead & White. Ainda que só um sexto do projeto tenha sido concluído, o museu é uma das mais marcantes instituições culturais dos Estados Unidos, com acervo permanente de cerca de 1 milhão de objetos mantidos em uma grande estrutura de 52.080m².

LEGENDA

- Arte da África e Américas
- Arte da Ásia
- Gravuras, desenhos e fotografias
- Murais de Williamsburg
- Arte clássica e egípcia
- Artes decorativas
- Pinturas e esculturas
- Exposições especiais
- Espaço sem exposição

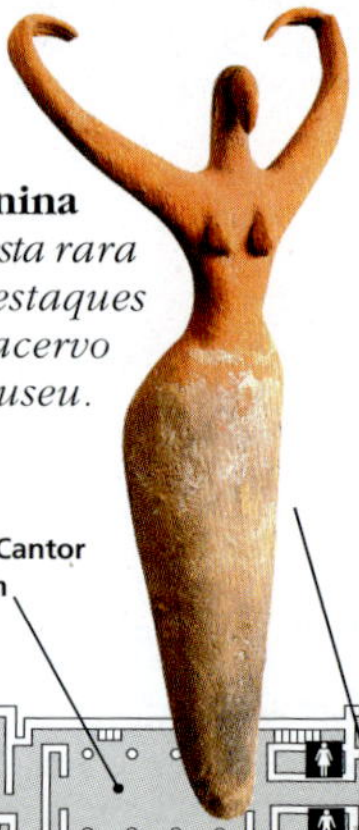

★ Figura Feminina

Com 5 mil anos, esta rara estatueta é um dos destaques do impressionante acervo egípcio do museu.

Jarra Chinesa

Peixes azuis e plantas aquáticas adornam esta jarra de cerâmica da dinastia Yuan, do século XIV.

★ Coroa com Contas

Esta coroa da Nigéria do século XIX é o símbolo principal do reino iorubá.

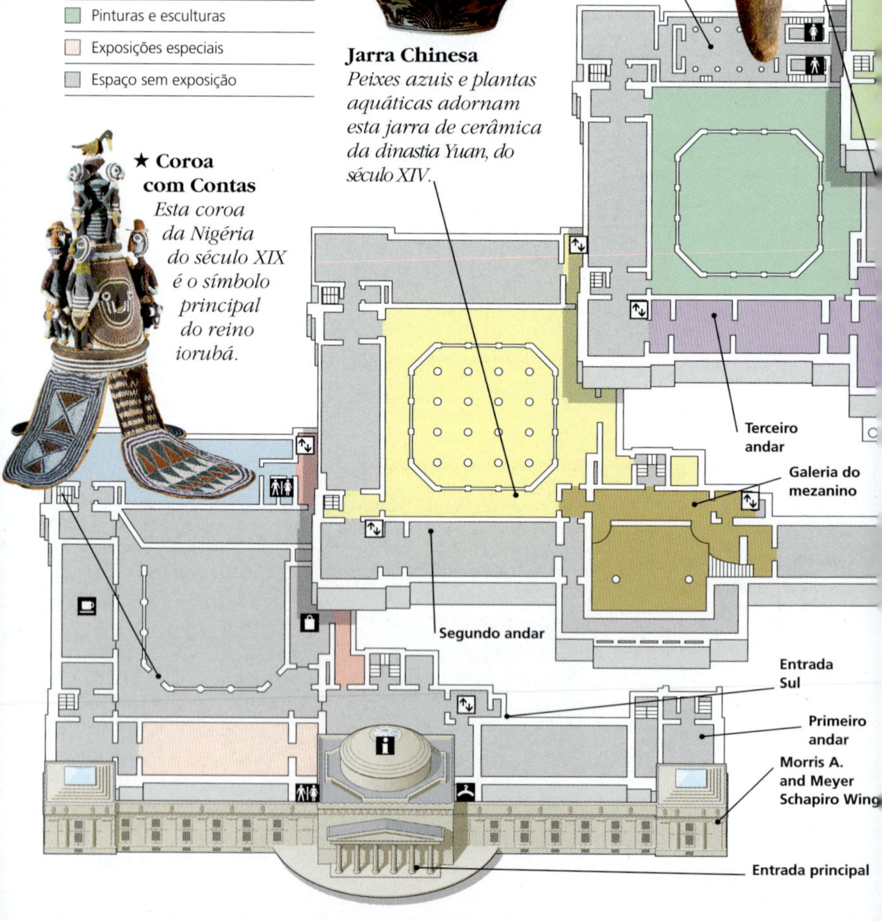

★ Estudo ao Ar Livre *(1889)*
O retrato que Sargent fez do pintor Paul Helleu e de sua mulher Alice foi pintado quando o casal visitou a família de Sargent em Fladbury.

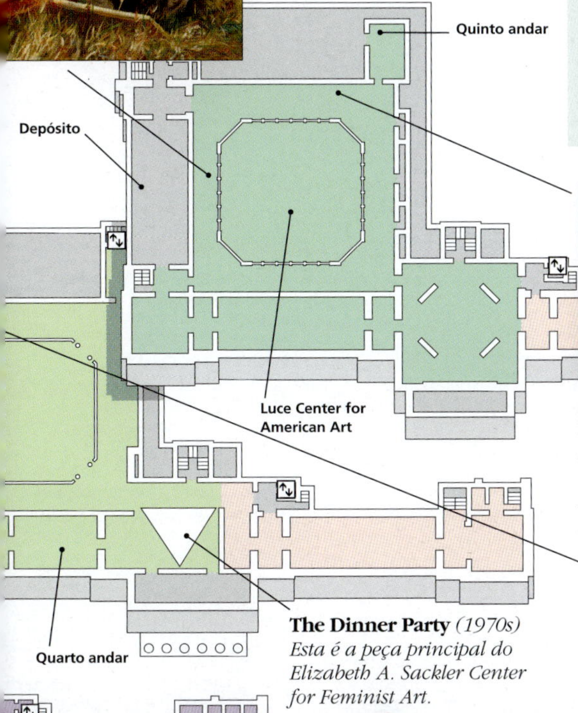

★ Cena de Inverno no Brooklyn *(1820)*
Este quadro de Francis Guy mostrando o centro do Brooklyn é da American Identities Collection.

The Dinner Party *(1970s)*
Esta é a peça principal do Elizabeth A. Sackler Center for Feminist Art.

Sala de Fumar Mourisca *(1865)*
Esta sala é de uma casa em West 54th Street, comprada por J. D. Rockefeller em 1884.

Alexandre, o Grande
O líder militar foi retratado em alabastro no século I a.C.

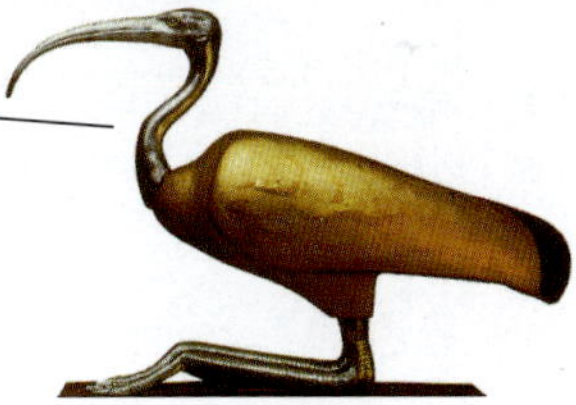

Ataúde de Íbis *(332-330 a.C.)*
O pássaro sagrado do antigo Egito mereceu um ataúde de folhas de ouro e prata.

GUIA DA GALERIA

O acervo está distribuído em cinco andares: arte da África e Américas está no primeiro andar; arte da Ásia no segundo; artes clássica, egípcia, pintura europeia e escultura no terceiro; artes decorativas no quarto; e americana no quinto. Há espaços reservados para as mostras especiais.

PREPARE-SE

200 Eastern Pkwy, Brooklyn. ***Tel*** *(718) 638-5000.* M *2, 3 para Eastern Parkway/Brooklyn Museum.* *B41, B45, B67, B69.* *11h-18h qua-dom (até 22h qui); 1º sáb mês (exceto set): 11h-23h (grátis).* *1º jan, Ação de Graças, 25 dez.* ***Doações****.*
Concertos, palestras*.*
www.brooklynmuseum.org

PONTOS ALTOS

- ★ *Estudo ao Ar Livre*, de John Singer Sargent
- ★ Coroa com Contas
- ★ Figura Feminina
- ★ *Cena de Inverno no Brooklyn*, de Francis Guy

Como Explorar o Acervo

O Brooklyn Museum abriga um dos mais belos acervos de arte dos Estados Unidos. Seus pontos fortes são uma notável coleção de arte indígena do sudoeste dos EUA, salas com reconstituições de época, exemplos da arte egípcia antiga e islâmica; e pinturas importantes dos EUA e Europa.

Torso de Buda sentado em calcário, da Índia (final do século III)

ARTE DA ÁFRICA, PACÍFICO E AMÉRICAS

O Brooklyn Museum abriu um precedente nos EUA ao expor, em 1923, objetos africanos como obras de arte, em vez de simples artefatos. Desde então, a coleção de arte africana não parou de crescer, em valor e em quantidade.

Entre os objetos raros em exposição estão um gongo de marfim entalhado do Benin, do século XVI, um dos cinco do gênero que existem no mundo.

O museu também abriga vasta coleção de obras de arte indígena americana, incluindo totens, tecidos e cerâmicas. Os desenhos na túnica de pele de cervo de um chefe da tribo pé-preto descrevem sua bravura e audácia na batalha.

Também as tradições artísticas da antiga América estão representadas por tecidos peruanos, peças de ouro da América Central e esculturas mexicanas. Há uma túnica maravilhosamente preservada do Peru, de 600 d.C., tecida com pontos tão apertados que seus vibrantes desenhos simbólicos parecem pintados, em vez de trançados da forma tradicional.

A coleção de arte da Oceania inclui esculturas das ilhas Salomão, Papua-Nova Guiné e Nova Zelândia.

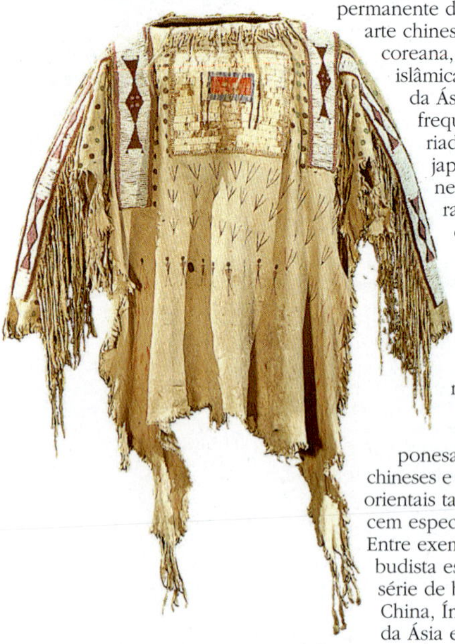

Roupa de pele de cervo da tribo pé-preto, decorada com espinhos e contas de vidro (século XIX)

ARTE DA ÁSIA

As exposições do acervo permanente do museu de arte chinesa, japonesa, coreana, indiana, islâmica e do Sudeste da Ásia são muito frequentes e variadas. Pinturas japonesas e chinesas, miniaturas indianas e obras de caligrafia islâmica são mostradas junto com esculturas, tecelagem e cerâmica. As obras da arte folclórica japonesa, os esmaltes chineses e os tapetes orientais também merecem especial atenção. Entre exemplos de arte budista estão uma série de budas da China, Índia e Sudeste da Ásia e o estandarte de um templo tibetano do século XIV, com uma mandala pintada em cores luminosas.

ARTE DECORATIVA

A coleção de arte decorativa reflete as mudanças na vida doméstica do século XVII ao presente.

A sala de fumar mourisca, da casa de arenito de John D. Rockefeller, remete à vida elegante da Nova York da década de 1880. Há também um estudo art déco em um apartamento da Park Avenue, incluindo um bar escondido atrás de um painel, feito na época da Lei Seca *(pp. 30-1)*.

Mais de 350 ítens da coleção do museu, como peças de prata, mobília, cerâmica e têxteis, estão expostos no museu. Embora a grande parte do acervo seja voltada para a arte americana, na coleção também há peças de arte nativa e colonial espanhola.

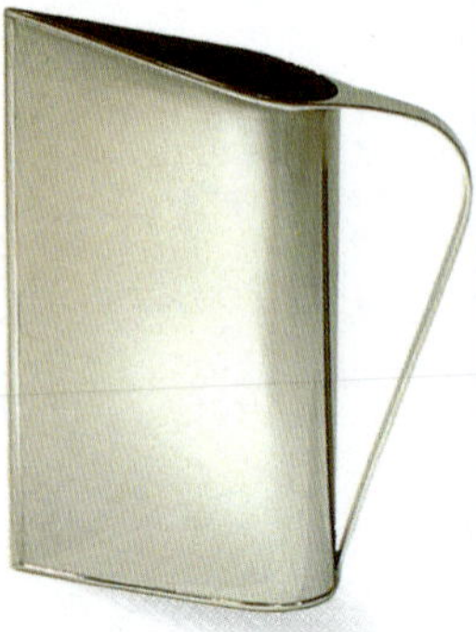

Jarro de cromo Normandie, de Peter Muller-Munk (1935)

As galerias são organizadas por temas e exploram movimentos e ideias cruciais na cultura visual americana dos últimos 300 anos. A coleção conta com peças de John Singer Sargent, Frank Lloyd Wright e Georgia O´Keeffe.

ARTE EGÍPCIA, CLÁSSICA E DO ANTIGO ORIENTE MÉDIO

Reconhecida como uma das mais belas do mundo, a coleção de arte egípcia contém muitas obras-primas. Começa com uma figura feminina de 3500 a.C. e inclui esculturas, estátuas, pinturas e relevos de túmulos, além de acessórios de funerais. Entre estes, o mais incomum é o ataúde de um íbis, provavelmente encontrado no grande cemitério de animais de Tuna el-Gebel, na região central do Egito. O íbis era uma ave sagrada que representava o deus Tot – o ataúde é feito de prata maciça e madeira coberta com chapas de ouro, com cristais no lugar dos olhos do pássaro. Essas galerias foram reformadas e modernizadas.

Entre as peças das civilizações romana e grega estão estátuas, cerâmicas, bronzes, joias e mosaicos.

Nas exposições do antigo Oriente Próximo e Médio há grande número de cerâmicas e doze relevos de alabastro do palácio do rei Assurnasirpal II, da Assíria, de 883-859 a.C. Eles mostram o rei lutando, supervisionando colheitas e purificando a "árvore sagrada", um importante ícone da religião assíria.

PINTURA E ESCULTURA

Esta seção contém obras do século XIV até o presente, incluindo uma coleção famosa de arte francesa do século XIX, com obras de Degas, Rodin, Monet, Cézanne, Matisse e Pissarro. Inclui também uma das maiores coleções de pinturas coloniais da Espanha e uma das melhores coleções de pinturas da América do Norte existentes nos Estados Unidos.

***Pierre de Wiessant* (c. 1886), do grupo Os Burgueses de Calais, de Auguste Rodin**

Entre as peças de arte americana do século XX está *Ponte do Brooklyn*, de Georgia O'Keeffe.

O Jardim de Esculturas conta com ornamentos arquitetônicos resgatados de prédios demolidos de Nova York, incluindo estátuas removidas da Penn Station original e uma réplica da Estátua da Liberdade.

GRAVURA, DESENHO E FOTOGRAFIA

O museu tem uma importante coleção de gravuras, desenhos e fotografia que são constantemente trocadas por motivos de conservação. As obras vão desde uma xilogravura rara de Durer, intitulada *Grande carruagem triunfal*, e obras de Piranesi. A excelente coleção de impressionistas e pós-impressionistas. Na coleção, obras de Toulouse-Lautrec e Mary Cassatt, uma das poucas mulheres, e a única americana, a participar do movimento impressionista.

Há litogravuras de James McNeill Whistler, gravuras de Winslow Homer e uma notável seleção de desenhos de Fragonard, Paul Klee, Van Gogh, Picasso e Gorky, muitos em preto e branco.

***Rotherhithe* (1860), água-forte de James McNeill Whistler**

A coleção de fotografias consiste principalmente de trabalhos de fotógrafos americanos do século XX, incluindo um retrato de 1924 de Mary Pickford feito por Edward Steichen e instantâneos de Margaret Bourke-White, Berenice Abbott e Robert Mapplethorpe.

Relevos de arenito de Tebas, Egito (c. 760-656 a.C.), representando o grande deus Amon-Ra e sua consorte Mut

Staten Island

Além do famoso passeio de balsa, Staten Island e suas atrações não são muito conhecidas dos nova-iorquinos em geral. Os moradores sentem-se tão ignorados, de fato, que falam até em separar-se da cidade. Os visitantes que se aventuram além do terminal de balsas, no entanto, têm a agradável surpresa de encontrar colinas, lagos e estufas em vastos espaços abertos, belas paisagens da enseada e prédios bem preservados que datam dos primeiros tempos de Nova York. Uma das melhores e mais bonitas atrações é um acervo de arte tibetana que fica escondido dentro de uma réplica de um templo budista.

Historic Richmond Town ㉔

441 Clarke Ave. ***Tel*** *(718) 351-1611.* *S74 da balsa.* *13h-17h qua-dom.* *1º jan, dom Páscoa, Ação de Graças, 25 dez.*
www.historicrichmondtown.org

Colônia da General Store

Hoje são 29 prédios, catorze deles abertos ao público, na única vila histórica e museu ao ar livre de Nova York. O primeiro nome foi Cocclestown, do marisco típico da região *(cockle)*, que, para desgosto de quem morava lá, mudou para "Cuckoldstown" (cidade dos enganados). No final da Guerra da Independência, já tinha mudado para Richmondtown. Foi capital até que Staten Island se tornou parte de Nova York, em 1898, e vem sendo preservada como exemplo de um povoado dos primeiros tempos da cidade.

A Voorlezer House, construída na época da colonização holandesa, é a escola primária mais antiga da área. A Stephens General Store, aberta em 1837, era também agência de correio. A restauração da loja incluiu até o conteúdo das prateleiras.

O complexo, bem restaurado, ocupa 40ha e inclui um galpão para carroças, um tribunal de 1837, casas, várias lojas e uma taverna. Há também algumas oficinas onde atividades rurais tradicionais são mostradas aos visitantes.

A St. Andrew's Church, construída em 1708, e seu antigo cemitério ficam no outro lado do rio Mill Pond. O Historical Society Museum ocupa o antigo escritório do juiz e escrivão. Não deixe de visitar a sala de brinquedos.

Voorlezer House, em Richmond Town

Jacques Marchais Museum of Tibetan Art ㉕

338 Lighthouse Ave. ***Tel*** *(718) 987-3500.* *S74 da balsa.* *13h-17h qua-dom (dez-mar: apenas sex-dom).* *feriados.* **www**.tibetanmuseum.org

Num cenário tranquilo, no topo de uma colina, encontra-se uma das maiores coleções particulares de arte tibetana fora do Tibete.

O prédio principal é a réplica de um mosteiro, com um altar autêntico, coroado com figuras de ouro, prata e bronze. O segundo prédio é uma biblioteca. O repousante jardim tem algumas esculturas em pedra, com Budas em tamanho natural. O museu foi construído em 1947 pela sra. Jacques Marchais, comerciante de objetos de arte da Ásia. O dalai-lama visitou o local em 1991.

Escultura sagrada do Jacques Marchais Museum of Tibetan Art

Quiosque no Snug Harbor Cultural Center

Snug Harbor Cultural Center ㉖

1000 Richmond Terrace. ***Tel*** *(718) 448-2500.* *S40 da balsa até Snug Harbor Gate.* **Pisos** *amanhecer-anoitecer diariam.* **Galeria de arte** *10h-17h ter-dom.* *doações.* **Children's Museum** *12h-17h (11h-17h verão) ter-dom.* *1º jan, Ação de Graças, 25 dez.* *restrito.* **www**.snug-harbor.org

Fundado em 1801 como um abrigo para marinheiros idosos e hoje um centro de artes, Snug Harbor é um complexo de 28 prédios históricos em vários estágios de restauração. Há cinco majestosas joias em estilo grego datando de 1831 a 1880, a melhor coleção do tipo nos EUA. O mais antigo,

Main Hall, é hoje o Centro de Visitantes. Ele leva ao **Newhouse Center for Contemporary Art**, mas os navios que decoram os vitrais das janelas lembram sua origem. Os outros prédios abrigam o premiado **Staten Island Children's Museum** e o Veterans Memorial Hall, usado para espetáculos. No verão, há shows e um festival anual de esculturas no gramado. O centro tem ainda o jardim botânico de Staten Island, com sua coleção de orquídeas e belos jardins de rosas.

Snug Harbor é a herança de um marinheiro escocês, Robert Richard Randall, que ficou rico na Guerra da Independência. Randall deixou esta propriedade para os marinheiros terem uma bela vista do mar.

Clear Comfort, onde Alice Austen morou

Alice Austen House 27

2 Hylan Blvd. ***Tel*** *(718) 816-4506.* *S 51 da balsa até Hylan Blvd.* *12h17h qui-dom; jardins: até o anoitecer.* *jan, fev,, feriados.* ***Doações*** *restrito.* **www**.aliceausten.org

Esta pequena cabana construída por volta de 1690 tem o peculiar nome de Clear Comfort. Ela foi a casa da fotógrafa Alice Austen, nascida em 1866, que viveu aqui a maior parte da vida. Austen documentou o dia a dia da ilha, de Manhattan e também suas viagens a outras partes do país e à Europa. Ela perdeu tudo o que tinha no crash da Bolsa de Valores, em 1929, e foi forçada a se mudar, aos 84 anos, para um asilo de indigentes. Um ano depois, seu talento como fotógrafa foi finalmente reconhecido num artigo na revista *Life* que lhe rendeu o suficiente para ir para uma clínica particular. Ela deixou 3.500 negativos que cobrem o período entre 1880 e 1930. A Friends of Alice Austin House organiza atualmente exposições que reúnem os melhores trabalhos da fotógrafa.

Mais Longe do Centro

A vila de Broad Channel, em Jamaica Bay

Jamaica Bay Wildlife Refuge Center 28

Cross Bay Blvd com Broad Channel. ***Tel*** *(718) 318-4340.* *Broad Channel (A).* *amanhecer-anoitecer; centro de visitantes: 8h30-17h diariam.* *sazonal (ligue antes)* **www**.nps.gov/gate

Os pântanos e terras altas desta reserva cobrem uma área quase igual a Manhattan. Mais de 3 mil espécies de pássaros vivem aqui, em períodos ou o ano todo. Situada na principal rota migratória do Atlântico, a melhor época para visitas é primavera e outono, quando os céus ficam repletos de bandos de gansos e patos. Os guardas do parque guiam excursões e caminhadas ecológicas nos fins de semana – use roupas e sapatos próprios e leve uma câmera fotográfica com lente zoom e binóculos, para aproveitar ao máximo o passeio. A única cidade é Broad Channel, com um pequeno grupo de casas enfileiradas ao longo do Cross Bay Boulevard. O acesso ao Wildlife Refuge Center e a uma faixa de calçadões e praias na vizinha Rockaway é feito por metrô, do centro de Manhattan.

Jones Beach State Park 29

Beaches. *o ano todo.* *final mai-Labor Day.* ***Tel*** *(516) 785-1600.* **www**.nysparks.state.ny.us/parks *Long Island Railroad: Penn Station para Jones Beach; trens (final mai-Labor Day); (718) 217-5477.* ***Jones Beach Theater****; (516) 221-1000.* **www**.jonesbeach.com

Jones Beach foi criação do secretário Robert Moses, do Departamento de Parques de Nova York *(p. 246)*, que em 1929 transformou esta estreita restinga na praia mais popular e acessível de Long Island. Há dunas, ondas fortes do lado do Atlântico e águas tranquilas do lado da baía. Há também minigolfe, piscinas, restaurantes e o **Jones Beach Theater**, que apresenta concertos ao ar livre durante o verão.

O Robert Moses State Park fica em Fire Island, a próxima ilha a leste, com mais de 48km de extensão e menos de 800m. Algumas áreas da ilha são totalmente preservadas, com longas faixas de areia branca, ótimas para caminhadas e ciclismo. Fire Island tem também uma das poucas florestas remanescentes do Eastern Seaboard.

O público que frequenta Fire Island é pequeno e variado – há solteiros em busca de companhia, famílias que querem sossego e é também um dos lugares favoritos da comunidade gay de Nova York.

Banhistas em Jones Beach

SETE PASSEIOS A PÉ

Passear a pé por Nova York é uma excelente maneira de conhecer o lado humano da cidade. As dezesseis páginas que se seguem exibem o charme de Nova York em sete roteiros para passeios a pé. Esses passeios variam de uma excursão pelos circuitos literários e artísticos de Greenwich Village e SoHo *(pp. 260-1)* até uma ida além da ponte do Brooklyn, para ver paisagens espetaculares e a Nova York do século XIX *(pp. 266-7)*. Além desses passeios detalhados, cada uma das quinze áreas descritas na seção *Área por Área* deste guia inclui um mapa *Rua a Rua* com sugestões de passeios curtos pelas atrações mais interessantes. Há muitos grupos que fazem caminhadas turísticas pela cidade, de uma visão séria da história arquitetônica a uma excursão para ver os fantasmas da Broadway. Para obter mais detalhes sobre passeios organizados, veja a página 387. Ainda que as taxas de criminalidade estejam diminuindo, cuide de seus pertences como em toda cidade grande *(pp. 372-3)*, planeje o percurso e caminhe com atenção redobrada durante a noite.

Escultura da US Custom House, Lower Manhattan

Pátio do Jardim Chinês no Metropolitan Museum of Art, Upper East Side *(pp. 264-5)*

Esplanada Riverfront, Brooklyn *(pp. 260-1)*

Passeio de 90 Minutos pelo Lower East Side

Este passeio pela velha região dos imigrantes, que deram a Nova York seu sabor único, ilustra a cara sempre mutável da cidade, conforme suas áreas vão sendo redescobertas e um conjunto de novos moradores substitui os antigos. Você irá deparar com uma variedade de culturas e culinárias. Aos domingos notam-se bem a cor local. Veja mais sobre o Lower East Side nas pp. 92-9.

O Lower East Side

Comece pela East Houston Street, a fronteira entre o Lower East Side (LES) e o East Village, onde encontrará boa parte da melhor cozinha tradicional judaica na Yonah Schimmel Knish Bakery ① (137). A Russ & Daughters ② (179), que funciona desde 1920 e é dirigida pelo bisneto do fundador, é famosa pelo peixe defumado e pelo caviar. A Katz's Delicatessen ③ (205) está no local há mais de cem anos. Siga pela Norfolk Street e vire à direita para ver o Angel Orensanz Center ④, no edifício de sinagoga mais antigo de Nova York. Depois vire à direita na Rivington e verá a Shaarai Shomoyim First Romanian-American Congregation ⑤ (89), uma sinagoga em um belo edifício de tijolos de 1890.

Ferro de 1885, do Lower East Side Tenement Museum ⑥

O LES foi redescoberto por jovens modernos e hoje abriga butiques, clubes e restaurantes da moda. Na Rivington, lojas de moda descoladas dividem o quarteirão com as antigas. À esquerda, na Orchard Street, fica o tradicional centro do Jewish LES. As bancas na calçada vendem muitas mercadorias baratas, mas há lojas que dão descontos para artigos de couro e roupas de grife. Todas fecham aos sábados, por isso domingo é o dia mais agitado.

Parada obrigatória para quem gosta de história é o Lower East Side Tenement Museum ⑥ (108). Uma moradia original foi restaurada e mostra como três famílias imigrantes viveram de 1874 até a década de 1930.

Desvie à direita, até a Broome, e vire à esquerda para ver a Kehila Kedosha Janina Synagogue and Museum ⑦ (280), fascinante congregação com um museu no andar superior.

Volte para a Orchard Street e siga para a direita. Ao virar à esquerda na Grand Street, verá o antigo "Pickle District" de Nova York, em Essex. Entre na Pickle Guys Store ⑧ (49), onde é possível experimentar conservas de vários tipos.

Volte pela Grand Street e dobre à esquerda na Eldridge Street, que leva à Canal Street, onde fica a grande Eldridge Street Synagogue ⑨ (12), primeira sinagoga do Leste Europeu em Nova York. Ela abriga um museu judaico.

DICAS DE PASSEIO

Saída: *East Houston St.*
Extensão: *3,2km.*
Ao chegar lá: *Pegue o metrô F ou V para Second Avenue; desça em East Houston, em Eldridge. Outras paradas: F para Delancey, J, M, Z para Essex. O ônibus M15 para em East Houston e na esquina de Delancey com Allen Street, M14 A e M9 seguem pela Essex Street. Voltando de Chinatown-Little Italy, a estação Canal Street é servida pelos trens J, M, N, Q, R, W e 6.*
Locais para uma parada: *Os cafés de Little Italy oferecem café e bolos. Para algo mais substancioso, o Hop Kee, no nº 21 da Mott Street, oferece boa comida chinesa; para comida italiana, vá até a Mulberry Street, no Il Cortile (125) ou no Il Palazzo (151). Il Laboratorio del Gelato, na Orchard Street, 95, é popular no verão, oferecendo dúzias de sabores de sorvetes e sorbets.*

LEGENDA

••• Percurso de passeio

Boa vista

M Estação de metrô

Venda de roupas no mercado da Orchard Street

Russ & Daughters ②

Chinatown

Volte até a Canal Street, parando para ver a agulha do Chrysler Building e a vista da cidade a distância, a partir de Eldridge. Vire à esquerda e atravesse a Bowery, onde ainda há várias joalherias, remanescentes do Diamond District ⑩ original da cidade. Ao prosseguir, verá que as lojas dão lugar a barracas que vendem uma exótica seleção de verduras e açougues com patos assados na vitrine. Na Canal Street 200 fica a Kam Man Food Products. É um dos maiores mercados chineses da área, um local fascinante de visitar. Vire à esquerda da Canal para a Mott Street e saberá que está bem no centro de Chinatown por causa das placas de néon. Aqui há centenas de restaurantes, desde quiosques embutidos na parede até os de alta cozinha, todos oferecendo sabores incomuns. Se quiser conforto espiritual, visite o Eastern States Buddhist Temple ⑪ na Mott Street (646).

Na Bayard Street, faça uma pausa para um sorvete na Chinatown Ice Cream Factory (65), que oferece sabores incomuns como gergelim preto, inhame e "zen butter", além dos tradicionais. Ainda na Bayard, veja pôsteres políticos chineses e mensagens no Mural da Democracia. Depois volte e ande até a Mulberry Street. A curva junto ao Columbus Park era o Mulberry Bend ⑫, outrora famoso pelos assassinatos das gangues e pela violência.

Venda de pretzel na Orchard Street

Produtos alimentícios da Kam Man, na Canal Street, 200

Loja italiana em Little Italy ⑬

Little Italy

Suba a Mulberry Street em direção à Grand Street e de repente estará em Little Italy ⑬. Embora pequeno em área, e invadido por Chinatown, este é um colorido bloco de restaurantes antigos, cafeterias e lojas que vendem massa caseira, frios, pão e doces. A população italiana foi diminuindo ao longo dos anos, mas ainda há um grupo fiel de comerciantes, decididos a manter a atmosfera italiana do local. Seu ponto forte é a Mulberry Street entre Broome Street e Canal Street, com algumas poucas lojas na Grand Street perto da Mulberry. Mas se continuar andando pela Grand logo estará de volta a Chinatown.

O grande evento do ano é a Festa di San Gennaro, que leva o nome do santo padroeiro de Nápoles. São onze noites de setembro em que a Mulberry Street junta gente do local e visitantes, que vão ver os desfiles e comer comida italiana nas barracas com fileiras de deliciosas linguiças e frios.

Passeio de 90 Minutos por Greenwich Village e SoHo

Este passeio pelo labirinto das ruas de Greenwich Village passa por locais onde os mais conhecidos escritores e artistas de Nova York viveram, trabalharam e se divertiram, e termina com uma volta pelas galerias e museus do SoHo, onde artistas consagrados mostram sua obra. Veja mais detalhes sobre pontos turísticos de Greenwich Village nas pp. 108-15 e do SoHo nas pp. 102-7.

O escritor Mark Twain, que morou na 10th Street

West 10th Street

Perto da esquina da 8th Street e 6th Avenue ① há lojas de roupas, de discos e livrarias. Suba a 6th até a West 9th Street para ver o Jefferson Market Courthouse ②.

Vire à direita na West 10th Street ③ até o Alexander Onassis Center for Hellenic Studies, um centro de estudos da cultura grega. Uma passagem diante deste prédio antigamente levava ao Tile Club, local de reunião de artistas do Tenth Street Studio, onde Augustus Saint-Gaudens, John LaFarge e Winslow Homer viviam e trabalhavam. Mark Twain morou no nº 24 e Edward Albee, no nº 50.

Cruzando a 6th Avenue chega-se a Milligan Place ④, grupo de casas do século XIX, e Patchin Place ⑤, onde viveu o poeta e. e. cummings.

Mais adiante fica o bar Ninth Circle ⑥ que, quando foi aberto, em 1898, era chamado de "Regnaneschi's" e foi tema do quadro *Sábado à noite do Regnaneschi*, de John Sloan. Lá, num espelho, o dramaturgo Edward Albee viu pela primeira vez a pergunta "Quem tem medo de Virgina Woolf?".

DICAS PARA O PASSEIO

Ponto de partida: *8th St/6th Ave.*
Extensão: *3,2km.*
Como chegar: *de metrô, tome as linhas A, B, C, D, E ou F para West 4th St-Washington Square Station (saída pela 8th Street). Os ônibus M2 e M3 da 5th Ave param na 8th St. De lá, ande uma quadra até a 6th. O ônibus M5 circunda a Washington Square ao longo da 8th Street até a 6th Ave.*
Pontos de descanso: *o Pink Tea Cup, nº 88 da Seventh Ave South, é um bom lugar para almoçar. O Fanelli's Cafe, no nº 94 da Prince St, funciona desde 1847 e foi um bar ilegal durante a Lei Seca.*

A fachada incomum do Twin Peaks ⑨

Greenwich Village

Siga à esquerda até Waverly Place, passando pela livraria Three Lives (154 West 10th St), local de reuniões literárias do Village, e caminhe até Christopher Street e o Northern Dispensary ⑦.

Siga a Grove Street, ao longo do Christopher Park, até Sheridan Square, o agitado centro do Village. À esquerda, o Circle Repertory Theater ⑧, onde estrearam as peças de Lanford Wilson, está fechado.

Fachada de Washington Mews ⑬

Cruze a 7th Avenue e siga à esquerda até a Grove Street. Na esquina da Bedford Street, não perca "Twin Peaks" ⑨ (102 Bedford), que na década de 1920 era asilo de artistas. Volte na direção da esquina nordeste da Bedford com a Grove. ⑩: o exterior deste edifício tem um papel importante no famoso seriado americano Friends. É o prédio onde moram os personagens. No nº 751/2 fica a casa mais estreita do Village, onde morou a poeta feminista Edna St Vincent Millay.

Suba a Carmine até a 6th Avenue e vire à direita na Waverly Place. No nº 116 ⑪, morava Anne Charlotte Lynch, uma professora de inglês que realizava reuniões semanais em sua casa para amigos como Herman Melville e Edgar Allan Poe, que lá fez a primeira leitura de *O corvo*.

Um desvio de somente meia quadra à esquerda leva à MacDougal Alley ⑫, antigas cocheiras reformadas onde Gertrude Vanderbilt Whitney mantinha seu estúdio.

Washington Square

De volta à MacDougal, vire à esquerda na Washington Square North para ver as mais belas casas em linhas gregas do país – tijolos vermelhos, com balaustradas de mármore e colunas na entrada. O escritor Henry James usou como cenário para seu *Washington Square* a casa de nº 18, de sua avó. Pare na 5th Avenue e olhe na direção do Washington Square Park para ter visão perfeita do Washington Square Arch. Cruze a 5th Avenue. Em frente ao nº 2 fica Washington Mews ⑬, um elegante conjunto de casas. John dos Passos, Edward Hopper, William Glackens e Rockwell Kent moraram no estúdio do nº 14a em épocas diferentes.

Suba novamente a Washington Square North, passando por casas elegantes, como a da escritora Edith Wharton, nº 7. Caminhe sob o arco e atravesse o Washington Square Park. Ao deixar o parque, à esquerda, veja a bela Judson Memorial Church and Tower ⑭ de Stanford White, e o Loeb Student Center. Este centro era uma pensão, "casa de gênios", e foi lá que Theodore Dreiser escreveu *Uma tragédia americana*.

Washington Square Park e Arch

LEGENDA

- Percurso do passeio
- Boa vista
- Estação de metrô

SoHo

Desça a Thompson, típica rua do Village cheia de bares, cafés e lojas. Vire à esquerda na Houston, o extremo norte do SoHo, e à direita em West Broadway, onde começam a aparecer com mais frequência as galerias da cidade, ao lado de algumas butiques muito chiques e modernas.

Entre à esquerda na Spring Street para ver mais lojas tentadoras e depois à direita na Greene Street ⑮, coração do Cast-Iron Historic District. Atualmente, muitos de seus prédios alojam várias galerias.

Ao virar à esquerda no final da Green Street para pegar a Canal Street, o final do SoHo, veja como a atmosfera de Nova York muda rapidamente. Esta barulhenta rua é cheia de camelôs e lojas de artigos eletrônicos baratos. Siga o movimento por duas quadras e vire à esquerda na Broadway. Compradores entusiasmados podem virar à direita na Spring St e se dirigir para o bairro de NoLita, onde há aspirantes a designers modernos.

Fachada na Greene Street ⑮

Entrada do metrô perto do Bryant Park, no inverno ▷

Subway

5 Avenue 42 St Station
B D F 7

Passeio de Duas Horas pelo Upper East Side

Um passeio pela parte norte da 5th Avenue e redondezas passa pelos mais belos exemplos da idade do ouro de Nova York, na virada do século XIX para o XX. O desvio para o velho bairro alemão de Yorkville leva a um passeio pelas margens do rio até Gracie Mansion, a residência oficial do prefeito, de 1799. Para mais detalhes sobre os pontos turísticos do Upper East Side, veja as pp. 182-203.

Do Frick ao Met

Comece pela mansão Frick ①, construída para o magnata do carvão Henry Clay Frick em 1913-14, abriga hoje uma coleção de arte impressionante *(pp. 202-3)*. Muitas mansões como esta foram erguidas à medida que as famílias de Nova York disputavam umas com as outras pela melhor imitação de Versalhes, de castelos do vale do Loire e até de palazzos venezianos. A maioria das que ainda existem se tornaram museus e instituições. O prédio de apartamentos em frente é a moradia típica dos nova--iorquinos ricos de agora.

Na 70th Street fica uma das principais galerias de arte da cidade, a Hirschl & Adler ② (21). Suba a Madison até a esquina da 72nd Street, onde está a grande loja Polo--Ralph Lauren ③, que fica na casa renascentista francesa de 1898 que pertenceu a Gertrude Rhinelander Waldo.

Volte na direção da 5th e veja na 72nd dois prédios de pedra do fim do século XIX, que já abrigou o Lycée Français de Nova York ④. Prossiga na 5th Avenue até a 73rd Street.

Church of the Holy Trinity ⑰

Vire à direita para o nº 11, casa de Joseph Pullitzer ⑤. Poucas quadras adiante, entre Lexington e 3rd, fica uma bela vila de casas ⑥.

De volta à 5th, caminhe até a 75th Street para ver, no nº 1, a casa de Edward S. Harkness, da Standard Oil. É agora o Commonwealth Fund ⑦. No nº 1 da East 78th, o castelo em estilo francês erguido no século XVIII pelo "barão do tabaco", James B. Duke, é hoje o New York University Institute of Fine Arts ⑧. Na esquina da 79th Street e 5th, a embaixada francesa ⑨ fica na casa onde morava o financista Payne Whitney e no nº 2 da East 79th encontra-se o Ukrainian Institute of America ⑩. Na ponta da 82nd Street fica a Duke-Semans House ⑪, uma das poucas mansões ainda em mãos de particulares. Reserve um dia inteiro só para o Metropolitan Museum of Art ⑫, na 82nd Street.

Ukrainian Institute of America ⑩

Carl Schurz Park Promenade

Yorkville

Vire à direita na 86th Street para ver o que resta da Yorkville alemã – Bremen House ⑬. Atravesse a 2nd Avenue, e, à direita, vá ao Heidelberg Café e à deli alemã Schaller & Weber ⑭. Prove o hot dog do Papaya King (East 86th Street, 179).

Rio East e Gracie Mansion

Henderson Place ⑮, na East End Avenue, é um conjunto de 24 casas no estilo Queen Anne. O Carl Schurz Park, em frente, homenageia o mais importante imigrante alemão, editor da *Harper's Weekly* e do *New York Post*. Da esplanada do parque, na River Drive, tem-se uma bela vista de Hell Gate, onde se unem o Harlem, o estreito de Long Island e a baía da cidade. De lá também vê-se os fundos da Gracie Mansion ⑯, residência do prefeito. Vá para a esquerda, até a 88th Street, passe pela Church of the Holy Trinity ⑰ e, da Lexington Avenue, vá para a 92nd Street, com duas raras casas de madeira de Manhattan ⑱.

LEGENDA

- Percurso do passeio
- Boa Vista
- M Estação de metrô

Casas de madeira na 92nd Street ⑱

DICAS PARA O PASSEIO

Ponto de partida: *Frick Collection.*
Extensão: *4,8km.*
Como chegar: *tome o metrô 6 para a 68th Street e Lexington e caminhe três quadras até a 5th Avenue. Ou então tome o ônibus M1, M2, M3 ou M4 da Madison Avenue para 70th Street e caminhe uma quadra.*
Pontos de descanso: *os cafés nos museus Whitney e Guggenheim são agradáveis. Ou prove o Heidelberg Café na 2nd, saída da 86th Street. A Madison Avenue, entre 92nd e 93rd Streets, tem bons lugares, inclusive a Sarabeth's Kitchen, que serve* brunch *nos fins de semana.*

Cooper-Hewitt Museum ⑳

Carnegie Hill

De volta à 5th Avenue, desça e passe pela Felix Warburg Mansion, de 1908, atualmente o Jewish Museum ⑲, e prossiga até a enorme casa de Andrew Carnegie, que é hoje o Cooper-Hewitt Museum ⑳. Construída em 1902 no estilo de um solar campestre inglês, a casa deu à área o nome informal de Carnegie Hill. A James Burden House ㉑ nº 7, erguida em 1905 para Adele Sloan, herdeira da fortuna Vanderbilt, tem escada em espiral sob uma claraboia de vitrais que era chamada no passado de "escada para o céu". No nº 9, a casa do financista Otto Kahn, em estilo renascentista italiano, era muito apreciada, tinha varanda com entrada para carros e pátio interno. É atualmente uma escola, a Convent of the Sacred Heart School.

Passeio de Três Horas pelo Brooklyn

Atravessando a ponte mais famosa de Nova York chega--se a Brooklyn Heights, o primeiro subúrbio da cidade. Esta área tem uma atmosfera do século XIX, misturada a toques da cultura do Oriente Médio. A esplanada à beira do rio tem linda vista de Manhattan. Veja mais detalhes sobre pontos turísticos do Brooklyn nas pp. 247-53.

Corpo de bombeiros na Old Fulton Street

Fulton Ferry Landing

Com 1km de extensão, a ponte do Brooklyn oferece uma vista fantástica de Nova York e a chance de tirar ótimas fotos. Tome um táxi ou, se tiver tempo, atravesse-a a pé.

Já no Brooklyn, siga o sinal para Tillary Street, à direita, depois vire à direita no pé da escada e tome a primeira trilha através do parque. Desça Cadman Plaza West ① e passe sob o Brooklyn-Queens Expressway, onde a Cadman se transforma na Old Fulton Street. Pode-se ver a ponte à direita, caminhando-se na direção do rio, na Water Street, e para o ponto de embarque do Fulton Ferry ②. Durante a guerra contra os ingleses, as tropas de Washington fugiram de lá para Manhattan. Em 1814 era o ponto de embarque da balsa que ligava o Brooklyn à ilha de Manhattan, o que acabou fazendo da rural Brooklyn Heights uma área residencial. A área tem muita personalidade e é um lugar popular para se morar. À direita fica o River Café ③, restaurante com boa cozinha e uma vista que faz dele um dos melhores de Nova York. Dê a volta para passar pela antiga Eagle Warehouse ④, de 1893.

Eagle Warehouse ④

Brooklyn Heights

Do ponto de embarque da balsa, vire à direita e suba a íngreme Everitt Street até Columbia Heights, em Middagh Street na área de Brooklyn Heights. No nº 24 ⑤ fica uma das casas mais velhas, de 1824. Vire à direita na Willow e depois à esquerda na Cranberry. Neste ponto, as casas vão de velhos prédios de madeira a *brownstones* de tijolos no estilo federal. Não fossem os carros e uns poucos prédios modernos, seria puro século XIX.

Muitas pessoas famosas moraram no local. Truman Capote escreveu o roteiro de *Bonequinha de luxo* e *A sangue frio* no porão do nº 70 de Willow Streeet e Arthur Miller foi dono do nº 155. Walt Whitman morou na Cranberry Street, quando era editor do *Brooklyn Eagle*. Escolheu a diagramação de *Leaves of Grass* em uma tipografia perto da esquina de Cranberry e Fulton. As casas que existem aqui se chamam Whitman Close.

Vire à direta para o Hicks. A família Hicks, de ricos fazendeiros, virou designação de matuto. Vire à esquerda na Orange Street até chegar à Plymouth Church ⑥, do pastor Henry Beecher. Sua irmã,

Entrada do River Café ③

Truman Capote com um amigo de penas

Harriet Beecher, escreveu *A cabana do Pai Tomás*. Ao redor da Henry e Pineapple, na Clark Street, olhe as marquises dos hotéis locais, como o Towers. Siga até Columbia Heights, onde Norman Mailer morou no nº 142 ⑦. Outro morador foi Washington Roebling, arquiteto da ponte do Brooklyn.

Estátua do pregador Henry Ward Beecher ⑥

Promenade

Na Montague, passeie pelo Promenade ⑧, a esplanada às margens do rio. Uma placa na entrada marca o local de Four Chimneys, a casa onde George Washington morou durante a batalha de Long Island. Siga em frente e tenha uma fantástica vista de Lower Manhattan. Aprecie o cenário, depois volte para a Montague. Aqui, faça um rápido desvio à direita para o Montague Terrace ⑨, onde o poeta W. H. Auden morou no nº 1. Thomas Wolfe terminou *Of Time and the River* quando vivia no nº ⑤.

LEGENDA

- Percurso do passeio
- Boa vista
- Estação de metrô

DICAS PARA O PASSEIO

Ponto de partida: *ponte do Brooklyn.*
Extensão: *5,5km.*
Como chegar: *tome o metrô 4, 5 ou 6 na Lexington Avenue para Brooklyn Bridge-City Hall (a mais perto da ponte). O ônibus M15 da 2nd Avenue também para em City Hall. Na volta, tome o trem M, N, R, W, 2, 3, 4 ou 5 do metrô de Borough Hall, ou 2, 3, 4, 5, B, D, Q, M, N ou R de Atlantic Avenue.*
Pontos de descanso: *No Teresa's, nº 80 da Montague Street, há pratos poloneses a bons preços. Tente o Henry's End, nº 44 da Henry Street, para um jantar em Brooklyn Heights. Para refeições leves, vá à aclamada delicatéssen Mile End, em 97A Hoyt St, ou ao Iris Café, em 20 Columbia Place.*

O velho bonde da Montague Street, que levava ao rio e à balsa

Montague e Clinton Streets

De volta à Montague Street, caminhe para o centro de Brooklyn Heights, com seus cafés e butiques. O time de beisebol Brooklyn Dodgers ganhou esse nome por se esquivar *(dodge)* do trânsito dos bondes naquela rua. Vá até a esquina de Montague e Clinton para ver o vitral da Church of St Ann, de 1834, e a Holy Trinity ⑩. Caminhe uma quadra para a esquerda na Clinton até Pierrepont Street, onde fica a Brooklyn Historical Society ⑪. Uma quadra adiante, na Court Street, está o Borough Hall ⑫, de 1849, e o metrô de volta a Manhattan.

O Dodgers ganhou esse nome por se esquivar (dodge) de bondes

Atlantic Avenue

Outra opção é, da Clinton Street, andar cinco curtas quadras até Atlantic Avenue. Uma curva à esquerda leva a uma fila de empórios do Oriente Médio, como o Sahadi Imports ⑬, nº 187, que comercializa uma grande variedade de alimentos e a Damascus Bakery, nº 195, com pães deliciosos. Várias lojas vendem livros, fitas, DVDs e CDs arábes. Chegando à Flatbush Avenue, olhe à esquerda o prédio da Brooklyn Academy of Music ⑭ e a grande fachada do Williamsburg Savings Bank. Procure os avisos para o metrô que cruza o rio.

Waterfront em 90 Minutos

Da Battery Park City Esplanade com amplas vistas e condomínios de luxo até as magníficas escunas atracadas no South Street Seaport, este passeio no waterfront mostra o fantástico legado marítimo de Nova York. A selva de concreto, a alguns quarteirões terra adentro, parece muito distante, assim como o lamento das buzinas e dos silvos dos ônibus circulares, que é abençoadamente amortecido. Caminhe pela ponta verdejante do Battery Park para se dar conta de que Manhattam é, de fato, uma ilha. Para mais detalhes de Lower Manhattan, veja as pp. 64-79.

Estátua da Liberdade vista do passeio no waterfront

Fotografias no Museum of Jewish Heritage ⑤

Battery Park City

Comece a caminhada pela Esplanade ①, perto de Rector Place Park, a oeste da estação de metrô Rector Street. Do outro lado do Hudson River surge a silhueta de Nova Jersey. Vá até South Cove ②, onde terá uma visão da Estátua da Liberdade como tiveram mais de 100 milhões de imigrantes em sua chegada. Visite o Robert F. Wagner, Jr. Park ③, que tem o nome de um ex-prefeito de Nova York. Grandes extensões de gramados, tílias, e pavilhões convidativos nos levam ao "cinturão verde" da linha costeira de Lower Manhattan. Vá até o belvedere de Wagner Park ④ para observar o Hudson. Aqui, painéis informativos registram a história da navegação de Nova York, quando imponentes escunas e vapores costeiros percorriam essas águas.

Battery Place

Em Battery Place, visite o Museum of Jewish Heritage ⑤ *(p. 77)* e o Garden of Stones ao ar livre, um espaço calmo e elegante, com mudinhas de carvalho-anão brotando das pedras. Como Manhattan é a incontestável rainha dos edifícios altos, visite o Skyscraper Museum ⑥, uma maravilha de aço inoxidável. Admire a história dos arranha-céus e projetos contemporâneos do mundo todo, além da maquete original do antigo World Trade Center, criado em 1971.

Superfícies brilhantes e ângulos agudos no Skyscraper Museum ⑥

Castle Clinton, forte do século XIX, construído para defender o porto ⑨

Battery Park

No caminho para o Battery Park, visite o Pier A ⑦, que foi tudo que restou do quartel marítimo de bombeiros de 1886. Visitantes importantes, ao chegarem pelo mar, costumavam ser saudados com jatos d'água que os barcos de incêndio bombeavam para cima. O relógio da torre do píer marcava as horas para o sistema marítimo. Continue pela linha costeira e procure o American Merchant Mariners Memorial ⑧, uma escultura de soldados puxando das águas um companheiro desesperado, baseada em fotografias de um ataque a um navio americano na Segunda Guerra Mundial. Vá até o monumento Castle Clinton ⑨, um forte erguido durante a Guerra de 1812. Depois, ele se tornou casa de ópera, teatro e aquário, e hoje é museu. Caminhe pelo parque, onde você pode descansar em bancos à sombra das árvores. Continue até a State Street, vire à direita em Whitehall, e depois à esquerda até a South Street, passando pelo Battery Maritime Building ⑩, beaux-arts.

Merecido descanso numa cafeteria, em South Street Seaport ⑬

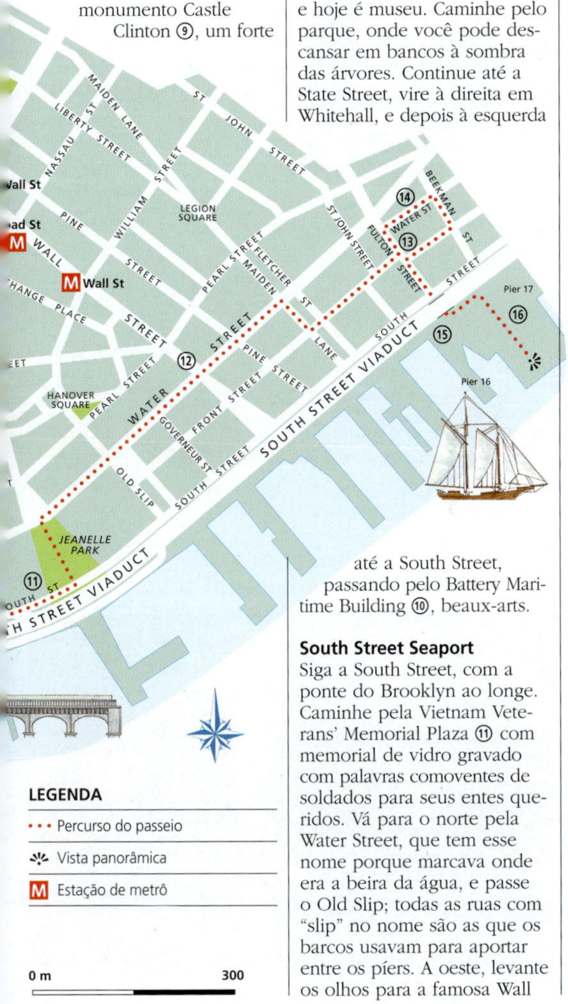

South Street Seaport

Siga a South Street, com a ponte do Brooklyn ao longe. Caminhe pela Vietnam Veterans' Memorial Plaza ⑪ com memorial de vidro gravado com palavras comoventes de soldados para seus entes queridos. Vá para o norte pela Water Street, que tem esse nome porque marcava onde era a beira da água, e passe o Old Slip; todas as ruas com "slip" no nome são as que os barcos usavam para aportar entre os píers. A oeste, levante os olhos para a famosa Wall Street ⑫ *(pp. 66-7)* enquanto a atravessa, para ver as agulhas da Trinity Church *(p. 68)*. Vire à direita em Maiden Lane, depois à esquerda até Front Street, calçada com pedras, que desemboca em South Street Seaport ⑬ *(pp. 82-5)*, caracterizada pelos mastros de madeira e velas dos grandes navios do porto. Explore a história da navegação de Nova York no South Street Seaport Museum e depois perambule pela Fulton Street, ladeada de lojas, até a Water Street. Dê uma espiada na Bowne & Co Stationers no nº 211 ⑭, uma charmosa papelaria antiga, com prensas manuais do século XIX. Ande até o Pier 16 para uma olhada no Maritime Crafts Center ⑮, onde pintores e escultores trabalham em figuras de proa e entalhes. Siga até o Pier 17 ⑯, cheio de lojas e cafeterias. Enquanto caminha pelo píer de madeira, vire para trás e tenha uma vista memorável de Manhattan – mastros de velhas escunas em contraste com os arranha-céus da cidade. Termine o passeio no Paris Café, no Meyer's Hotel, de 1873 *(p. 83)*.

DICAS

Ponto de partida: *The Esplanade perto de Rector Place.*
Extensão: *3,2km.*
Como chegar: *Pegue o metrô 1 ou R para Rector Street. Vá para oeste na Rector Street, atravesse a ponte em West Street para Rector Place, e caminhe até The Esplanade.*
Pontos de parada: *Gigino, em Wagner Park , no 20 Battery Place, oferece comida italiana saborosa ao ar livre.*

East Village em 90 Minutos

Originalmente, fazenda da família Stuyvesant, esta área histórica tem, agora, um apelo diferente com suas agremiações musicais e artísticas, além de muitos dos bares e restaurantes étnicos interessantes e baratos da cidade. Conta também com uma área residencial sossegada, com comércio e criatividade, o que se reflete nas lojas de discos, cafeterias vegans, lojas de artesanato e boates com música ao vivo, em constante mudança. Para mais detalhes dos pontos no East Village, veja as pp. 116-21.

Astor Place

Ao lado da estação de metrô Astor Place fica um cubo de aço preto chamado *Alamo* ① – ponto de encontro de estudantes e skatistas. Siga para a Third Avenue pelos grandes edifícios que formam a Cooper Union ② *(p. 120)*. Esta faculdade, que oferece bolsas de estudos, foi fundada em 1859, por Peter Cooper, um negociante analfabeto mas bem-sucedido que propunha a educação gratuita. Em frente fica o Continental ③, local de música ao vivo onde se apresentaram grupos como Iggy Pop e Guns N' Roses. No East Village, a 8th Street se torna St. Mark's Place ④, um ex-ponto de jazz, depois hippie e punk. Com tantas cafeterias na calçada e vendedores de rua, esta é uma das áreas de pedestre mais movimentada de Manhattan. A St. Mark's Ale House ⑤ à direita, antigo The Five Spot, era onde músicos e poetas se reuniam na década de 1960. Perto fica Trash and Vaudeville ⑥, uma loja de roupas punks e góticas que antes foi o Bridge Theater. O local foi fechado e reaberto diversas vezes por causa de atos controvertidos. Yoko Ono organizou happenings, e a bandeira americana foi queimada

Moradores em comemoração do Ukrainian Day

em protesto contra a guerra, em 1967. Em St. Mark's Place nºs 19 a 25 ⑦ havia um local judeu, depois dominado pela máfia italiana, até que Andy Warhol criou ali a boate Electric Circus, na década de 1960. Entre as bandas que tocaram aqui estava The Velvet Underground.

Little Ukraine

Vire à esquerda na Second Avenue, que reúne uma das maiores e mais antigas populações ucranianas dos EUA, com restaurantes, bares e centros, como o Ukrainian National Home ⑧, à direita (140), e o barato restaurante 24 horas Veselka ⑨, na esquina. Subindo a Second Avenue, na East 10th Street fica a St. Mark's-in-the-Bowery Church ⑩ *(p. 121)*. Erguida em 1795, esta igreja era a capela privativa do governador holandês Peter Stuyvesant, que foi

Loja Trash and Vaudeville, local que foi famoso por atos controvertidos ⑥

DICAS

Ponto de partida: *The Alamo.*
Extensão: *2,8km*
Como chegar: *Pegue o metrô 6 para Astor Place. Ou os ônibus M101, M102, ou M103.*
Pontos de parada: *muitos locais baratos em St. Mark's Place, mas tente o Jules Bistro (francês) entre a 1st e a 2nd Aves, e o Caracas Arepa Bar (venezuelano barato) na East 7th St, 93½.*

Elegância da padaria Veniero's ⑪ do início do século XX

enterrado aqui. Mais recentemente, os Black Panthers e os Young Lords se reuniam aqui, e Allen Ginsberg e outros escritores contribuíram para The Poetry Project, que ainda existe. À direita, a 11th Street leva à Veniero's ⑪, elegante padaria italiana que conserva muitos detalhes originais, como o teto estampado à mão. Vire à direita e depois à esquerda na 10th Street, passe a Russian and Turkish Bath House ⑫, de três andares, até chegar à ponta norte do Tompkins Square Park ⑬ *(p. 121).*

Tompkins Square Park

De 1834, esta quadra testemunhou todos os tipos de ativismo político. No meio do parque fica um olmo sagrado ⑭ que celebra a primeira cerimônia Hare Krishna em solo americano. O grande jazzista Charlie Parker morou do outro lado da rua, de 1950 a 1955 ⑮. Siga pelo canto sudoeste na 7th Street onde no nº 7A ⑯ é servido café da manhã 24 horas. Descendo o quarteirão, o Turntable Lab ⑰ vende equipamento para DJs e discos de vinil. Se ficar com sede, siga em direção à Second Avenue, até a McSorley's Old Ale House ⑱, um dos bares mais antigos da cidade. Volte à Second Avenue, vire à direita e veja onde ficava (105) o velho Fillmore East Auditorium ⑲. Cenário clássico do rock, apresentou lendas como The Doors, Jimi Hendrix, Janis Joplin e Pink Floyd. The Who estreou aqui a ópera-rock *Tommy*. Na 6th Street fica a "Indian Restaurant Row" ⑳, onde há uma competição entre casas de curry. Descendo a Second Avenue você vai passar pelo nº 80 ㉑, que foi a casa de Joe "the Boss" Masseria, chefe da máfia italiana na década de 1920. Vire à direita na 4th Street, onde o bar KGB ㉒, à direita, é uma instituição literária. Siga pela 4th Street até a Lafayette Street e pare no Other Music ㉓ para ouvir os rocks mais sensacionais da cidade. Vire à direita na Great Jones Street e enfim à esquerda na Bowery, até o antigo endereço do CBGB & OMFUG ㉔, ou Country, Bluegrass, Blues & Other Music For Uplifting Gormandizers – berço de bandas de rock como Talking Heads e Ramones. Hoje abriga uma loja de roupas, a John Varvatos.

Olmo em Tomkins Square Park, um memorial Hare Krishna ⑭

LEGENDA

- • • • Percurso do passeio
- M Estação de metrô

0 m 200

"Indian Restaurant Row", com uma série de restaurantes indianos ⑳

Harlem em 90 Minutos

Poucos bairros de Nova York têm uma história cultural tão rica quanto o Harlem e seu legado afro-americano. Este passeio começa em Strivers' Row, uma das poucas áreas onde havia habitações a preços razoáveis nas décadas de 1920 e 30, quando a região florescia com manifestações intelectuais e criatividade. Você conhecerá renomadas igrejas gospel, clubes de jazz e blues, e acaba no Apollo Theater, famosa vitrine do Harlem para novos artistas. Para mais detalhes do Harlem, veja as pp. 220-31.

Apollo Theater, famoso por programas de TV e atos lendários ⑭

Strivers' Row

A área arborizada na 138th Street, entre a Seventh e a Eighth Avenues, é o St. Nicholas Historic District, mais conhecido como Strivers' Row ①. Nas décadas de 1920 e 30, ricos e influentes profissionais negros, na procura de uma vida melhor, mudaram-se para casas projetadas por renomados arquitetos, como James Brown Lord e McKim, Mead & White. Ainda se podem ler as placas de alguns portões: "Rua particular; cavalos a passo". Um curto desvio à esquerda na Seventh Avenue (Adam Clayton Powell, Jr. Boulevard) e à direita na 139th Street leva a West 139th Street ②. Em 1932, Billie Holiday (com 16 anos) se mudou para o nº 108, antes de conseguir seu primeiro trabalho de cantora na "Jungle Alley", boate próxima.

Entrada decorada em Strivers' Row ①

Abyssinian Baptist Church

Vire à direita na Lenox Avenue e à direita na 138th Street até chegar à Abyssinian Baptist Church ③ *(p. 229)*, famosa internacionalmente pela magnífica cerimônia gospel dominical. Fundada em 1921 e nomeada pelos afro-americanos do Oriente como sua primeira congregação, esta igreja acolheu pastores notáveis, como Adam Clayton Powell, Jr. Ali perto, na West 137th Street, fica Mother Zion ④, primeira igreja de negros de Nova York e uma das mais antigas dos EUA. Como parte do Underground Railroad (rota de fuga para escravos), adquiriu o apelido de "Freedom Church". Siga até a Countee Cullen Regional Library onde Madam C. J. Walker fundou a Walker School of Hair ⑤. Com uma bem-sucedida linha de cosméticos e um sistema de alisamento de cabelos, Walker venceu pelo próprio esforço e foi uma das primeiras mulheres milionárias do país. Fez doações para muitas obras de caridade afro-americanas, como a National Association of Colored People (NAACP) e o Tuskegee Institute. Depois de sua morte, em 1919, a filha A'Leila transformou o salão num centro intelectual para artistas, acadêmicos e ativistas, que recebeu o nome de "The Dark Tower" em homenagem ao poema de protesto do escritor Countee Cullen. Perto da esquina da Lenox Avenue fica o Schomburg Center for Research into Black Culture ⑥ *(p. 229)*, uma biblioteca nacional de pesquisa, cujo nome é homenagem a um acadêmico nascido em Porto Rico, que doou sua coleção particular à biblioteca e foi curador dela por seis anos. Descendo a West 136th Street, no nº 267, está "Niggerati Manor" ⑦, uma pensão de artistas, chamada assim por Zora Neale Hurston, que aqui morou quando colaborava com Wallace Thurman, Aaron Douglas e Bruce Nugent na *Fire!!*, uma revista dedicada a jovens artistas negros. Volte pelo Adam Clayton Powell, Jr. Boulevard e desça até a "Jungle Alley" ⑧, antiga atração

O famoso restaurante Sylvia's, com autêntica comida soul ⑩

na noite do Harlem, que contava com diversos bares, boates, cabarés e fornecedores clandestinos de bebida. A volta pela 131st Street levará você à casa (235) de Marcus Garvey ⑨, líder importante e proponente ferrenho da unidade, da independência econômica e do orgulho dos negros. Retorne ao Adam Clayton Powell, Jr. Boulevard e vire à esquerda na 127th Street até chegar ao

Exibição de arte no Schomberg Center for Research into Black Culture ⑥

A grande cantora de jazz Billie Holiday ②

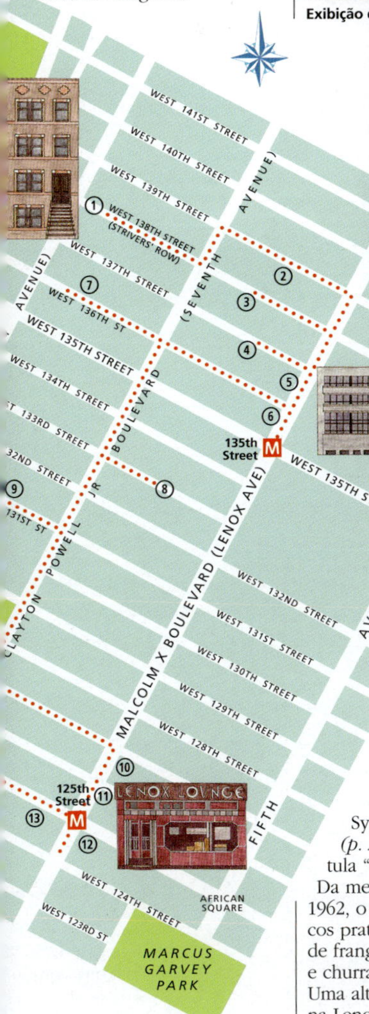

LEGENDA

• • • Percurso do passeio

M Estação de metrô

Sylvia's Restaurant ⑩ *(p. 230)*, que se autointitula "Queen of Soul Food". Da mesma família desde 1962, o Sylvia's serve autênticos pratos sulistas, a exemplo de frango frito, peixe-gato e churrasco de costela. Uma alternativa é continuar na Lenox Avenue até a 125th Street, onde você terá um vislumbre do Harlem moderno no Red Rooster Harlem ⑪. Depois, vá ao Lenox Lounge ⑫, no qual se apresentaram Billie Holiday, Miles Davis e John Coltrane. O local também abriga o Zebra Room, casa de jazz frequentada por James Baldwin e Malcolm X. No meio do quarteirão seguinte fica o Studio Museum in Harlem ⑬ *(pp. 230-1)*, com exposições de arte contemporânea, programas, conferências e apresentações de artistas afrodescendentes. Vale a pena pesquisar o acervo na busca de pôsteres e livros.

Apollo Theater

Na West 125th Street fica o famoso Apollo Theater ⑭ *(p. 230)*, onde, desde 1934, "surgem estrelas e criam-se lendas". Entre tais artistas há estilos que variam desde Ella Fitzgerald até James Brown. A partir de 1987, o programa "Amateur Night at the Apollo" passou a ser televisionado em rede nacional. Foi assim que o teatro se tornou o terceiro destino turístico mais concorrido de Manhattan.

Billie Holiday estreou no "Jungle Alley" ⑧

DICAS

Ponto de partida: *Strivers' Row.*
Extensão: *2,8km*
Como chegar: *Metrô 2 ou 3 para 135th St com Lenox Ave, depois vá a pé para o norte até a 138th St e para oeste até a Seventh Ave. Ou tome os ônibus M2, M7 ou M10 para 135th St e ande até a Seventh Ave.*
Pontos de parada: *Sylvia's na 127th com Lenox, é o famoso local de cozinha sulista no Harlem, perfeito para se reabastecer.*

ALL STAR
1500

INDICAÇÕES AO TURISTA

ONDE FICAR

Com uma oferta de mais de 90 mil quartos de hotel, Nova York tem lugar para todos os tipos de visitantes. Os mais luxuosos são os mais caros do país, mas a boa novidade para os turistas é que está aumentando o número de hotéis econômicos. Muitos estão mais para o simples que para o charmoso, mas o preço é bom. Outras opções baratas são os apart-hotéis e bed and breakfast, além dos albergues e acomodações da Associação Cristã de Moços (YMCA). Depois de inspecionar mais de 200 hotéis, escolhemos os melhores em seu gênero. Os hotéis listados nas pp. 280-91 contêm informações detalhadas, o que ajuda a decidir com base nas exigências de cada um. A maioria dos hotéis têm endereço de site que possibilita fazer reservas de quarto on-line.

Piano de Cole Porter, no bar do Waldorf Astoria *(p. 288)*

Terraço no topo do Peninsula New York *(p. 289)*

ONDE PROCURAR

O East Side, mais ou menos entre a 59th e a 77th Streets, é a localização tradicional dos hotéis mais luxuosos. A recuperação de marcos de Midtown por grandes redes, como o St. Regis, da Starwood, e o antigo Gotham Hotel, hoje The Peninsula New York, ampliaram a competição nessa faixa de preços.

Quem viaja a negócios prefere Midtown, sobretudo os hotéis de preços moderados na Lexington Avenue, perto do Grand Central Terminal. Os que preferem locais calmos, com fácil acesso a Midtown, dirigem-se à área de Murray Hill, ao passo que os fãs de teatro podem tirar proveito da renovação da região de Times Square, onde há diversos hotéis localizados a uma curta distância a pé do Theather District.

Próximo a Herald Square há bons hotéis a preços módicos, conveniente para quem quer ir às compras. Butiques bacanas floresceram no SoHo e Meatpacking District, onde há também bons restaurantes, bares, lojas chiques *(pp. 320-1)* e clubes da moda.

O New York City & Co. (Convention & Visitors Bureau) publica um folheto grátis encontrado no JFK Airport, *The New York Hotel Guide*, com uma lista de tarifas e números de telefone grátis atualizada anualmente. Seus funcionários dão sugestões de hotéis, mas não fazem reservas.

PREÇOS DE HOTEL

Alguns hotéis oferecem tarifas promocionais e descontos nas épocas de menor movimento. Por exemplo, os executivos deixam os hotéis na sexta-feira – assim, é possível aproveitar os pacotes de fim de semana, inclusive nos hotéis de luxo *(ver Ofertas Especiais, p. 278)*. Outra boa opção, que vem se expandindo, são os apart-hotéis, em todas as faixas de preço. Oferecem mais espaço do que um apartamento normal – além de fogão e geladeira. A maioria acomoda até quatro pessoas, motivo de seu grande sucesso entre as famílias que visitam a cidade. Lembre-se de que a localização influi no custo.

DESPESAS EXTRAS

Para calcular seus gastos com hospedagem em Nova York, não basta levar em consideração os preços dos quartos expostos na recepção. Adicione o equivalente a 14,75% de impostos e mais uma taxa de ocupação de US$ 2 por noite.

Vários hotéis agora incluem o café da manhã no preço. Isso representa uma grande economia, pois um café da manhã padrão custa cerca de US$ 10 por pessoa, mais taxas, preço que pode chegar a US$ 25 nos hotéis de luxo. Para economizar, vá

Mobília antiga do Irving Place *(p. 283)*

◁ Turistas consultando um guia na movimentada New York Street

Saguão do Tribeca Grand ***(p. 281)***

à *deli* (sanduíches e frios) ou *coffee shop* (café) mais próximas e deixe o hotel para os cafés da manhã de negócios.

A taxa por uso de telefone nos hotéis sempre é cara. É muito mais barato usar o telefone público no saguão, principalmente para ligações internacionais.

É costume dar gorjetas nos Estados Unidos. Funcionários que carregam bagagem esperam no mínimo US$ 1 por peça – nos hotéis de luxo, mais. Não é preciso dar gorjeta à concierge por serviços normais, como chamar táxi ou fazer reservas para jantar, mas devem-se recompensar os serviços excepcionais.

Quando pedir comida ou bebida no quarto, veja no cardápio se a conta já inclui o serviço. Se isso não acontecer, a gorjeta adequada é de 15-20%.

Quem viaja sozinho vai perceber que o preço do apartamento *single* (muitas vezes o mesmo que para casal) é pelo menos 80% do preço do *double room*.

INSTALAÇÕES

Embora Nova York seja barulhenta, você não terá dificuldade para dormir. A maioria dos hotéis da cidade tem janelas com vidro duplo ou triplo, para abafar os ruídos. Ar-condicionado é padrão e não há necessidade de abrir a janela. Mesmo assim, alguns quartos são sempre mais tranquilos que outros, se ficam nos fundos do hotel ou dão para um pátio – informe-se ao fazer a reserva. Quem procura sossego deve pedir um quarto longe do elevador.

Rádio, TV e pelo menos um telefone são fornecidos em todos os apartamentos, mesmo nos hotéis mais modestos, e a maioria tem banheiro conjugado. Muitos hotéis oferecem atualmente acesso à internet (muitas vezes sem fio gratuito), centros de negócios e sala de ginástica. Os mais equipados têm serviço de recado, dois telefones, e check-out eletrônico.

A maior parte dos hotéis indicados neste guia fica a curta distância a pé de lojas e restaurantes. Poucos têm estacionamento, mas, em geral, você encontrará manobristas para levar o carro a garagens nas proximidades. Geralmente cobra-se uma taxa reduzida (mas ainda assim cara) por dia. Se o hotel não tem serviço de concierge, a recepção sempre se dispõe a ajudar o hóspede, com informações e reservas.

O estiloso e elegante Kitano ***(p. 288)***

AGENDA

ESCRITÓRIO DE TURISMO

New York City & Co.
810 7th Ave. **Mapa** 12 E4.
Tel *(212) 484-1222.*
www.nycgo.com

SUITE HOTELS

Affinia Hotels
Tel *(212) 465-3661.*
Ligação gratuita 1-866-246 2203. **www**.affinia.com

Affinia Dumont
150 E 34th St. **Mapa** 9 A2.

Affinia 50
155 E 50th St. **Mapa** 13 B4.

Affinia Gardens
215 E 64th St. **Mapa** 13 B2.

Affinia Manhattan
371 7th Ave. **Mapa** 8 E3.

Affinia Shelburne
303 Lexington Ave.
Mapa 9 A2.

Beekman Tower
3 Mitchell Pl. **Mapa** 13 C5.
Tel *1-888-754-8044.*
www.thebeekmanhotel.com

The Benjamin
125 E 50th St. **Mapa** 13 B4.
Tel *(212) 715-2500.*
www.thebenjamin.com

Eastgate Tower
222 E 39th St. **Mapa** 9 B1.

The Surrey
20 E 76th St. **Mapa** 17 A5.
Tel *(212) 905-1477.*
www.thesurrey.com

The Phillips Club
155 West 66th St.
Mapa 12 D2.
Tel *1-887-644-8900.*
www.phillipsclub.com

RESERVAS NO AEROPORTO

Meegan Services
JFK International Airport
Tel *1-800-441-1115.*

Accommodations Plus
JFK International Airport
Tel *1-800-733-7666*

RESERVAS COM DESCONTO

Hotel Rooms 365
Tel *(212) 840-8686.*
www.hotelrooms365.com

Hotels.com
Tel *1-800-246-8357.*
www.hotels.com

Quikbook
Tel *(212) 779 7666;*
www.quikbook.com

COMO FAZER RESERVA

É bom fazer reserva com pelo menos um mês de antecedência para garantir os melhores quartos. Os períodos de maior movimento são a Páscoa, a semana da Maratona de Nova York, no fim de outubro-começo de novembro, o Dia de Ação de Graças (Thanksgiving), no fim de novembro, e o Natal.

Faça a reserva diretamente com o hotel, on-line, ou por telefone, carta ou fax. Os sites www.expedia.com e www.hotels.com oferecem as melhores tarifas. Será exigida uma confirmação por escrito de sua reserva por telefone, provavelmente com um depósito como garantia de seu comparecimento; eventuais taxas de cancelamento poderão ser deduzidas dessa quantia. Você pode pagar com cartão de crédito, depósito bancário internacional ou ordem de pagamento, ou traveller's cheques dos EUA. Avise o pessoal se você for chegar ao hotel após as 18h, senão perderá sua reserva, exceto se tiver sido feita por cartão de crédito.

Também é possível reservar por meio de agência ou companhia aérea. A maioria dos hotéis tem um número gratuito para ligações de dentro dos Estados Unidos, mas ele não serve para outros continentes. Se o hotel escolhido integrar uma cadeia internacional, filiais em outros países podem fazer a reserva.

OFERTAS ESPECIAIS

Os hotéis de Nova York têm maior movimento durante a semana, quando ocorrem as viagens de negócios, e por isso a maioria oferece pacotes especiais de fim de semana. Muitas vezes se consegue ocupar um apartamento de luxo pelo preço de um standard.

Funcionários de grandes empresas em geral obtêm tarifa especial para corporações. É comum também os recepcionistas darem descontos sem fazer maiores perguntas. Vale a pena consultar o site do hotel em busca de promoções.

Algumas agências de reservas oferecem descontos. Um bom agente consegue as melhores tarifas, mas convém comparar preços contatando um serviço de reservas, como a Express ou a Quikbook *(p. 277)*, que dá reduções de 20%-50%, conforme a época do ano. O pagamento é por cartão de crédito e você recebe um *voucher* (comprovante) para apresentar no hotel. Sites como o www.kayak.com oferecem "tarifas exclusivas" de diárias com desconto. Os pacotes de viagem também reduzem preços de hotel. Às vezes nem é preciso ficar com o grupo, só usar os mesmos aviões e hotéis. Tais pacotes podem incluir traslado de aeroporto, o que traz uma economia adicional. Empresas aéreas às vezes têm descontos próprios, sobretudo na baixa temporada. Os jornais publicam anúncios e pode-se fazer tudo sem intermediários. Na baixa temporada, essas ofertas podem compensar mais que os pacotes.

Saguão do St. Regis Hotel *(p. 289)*

AGENDA

PORTADORES DE DEFICIÊNCIA

Mayor's Office for People with Disabilities
100 Gold St, 2º andar, NY, NY 10038.
Tel *(212) 788-2830.*
www.nyc.gov/mopd

BED & BREAKFAST

At Home in Brooklyn
15 Prospect Park W, Brooklyn, NY 11215.
Tel *(718) 622-5292.*
www.athomeinbrooklyn.com

At Home in NY
Tel *(212) 956-3125*
www.athomeny.com

Country Inn The City
Tel *(212) 580-4183*
www.countryinnthecity.com

ALBERGUES E DORMITÓRIOS

Chelsea Hostel
251 W 20th St, NY, NY 10011.
Mapa 8 D5.
Tel *(212) 647-0010.*
www.chelseahostel.com

Hosteling International, NY
891 Amsterdam Ave com W 103rd St, NY, NY 10025.
Mapa 20 E5.
Tel *(212) 932-2300.*
www.hinewyork.org

New York's Jazz Hostels
www.jazzhostels.com

92nd Street Y
1395 Lexington Ave, NY 10128.
Mapa 17 A2.
Tel *(212) 415-5650.*
www.92y.org

YMCA-Vanderbilt
224 E 47th St, NY, NY 10017.
Mapa 13 A5.
Tel *(212) 912-2500.*
www.ymcanyc.org

YMCA West Side
5 W 63rd St, NY, NY 10023.
Mapa 12 D2.
Tel *(917) 441-8800.*
www.ymcanyc.org

PORTADORES DE DEFICIÊNCIA

A lei exige que hotéis novos tenham acomodações adaptadas, e mesmo os mais antigos fizeram reformas para se adequar às normas. Para descobrir que hotéis oferecem as melhores instalações, consulte seus respectivos sites. Eles estão indicados para todos os hotéis relacionados nas pp. 280-91. Ao fazer a reserva informe o hotel sobre necessidades específicas. A maior parte dos hotéis permite a entrada de cães-guias, mas é bom checar ao fazer a reserva.

O **Mayor's Office for People with Disabilities** dá mais detalhes sobre os hotéis.

VIAGEM COM CRIANÇA

Os hotéis americanos em geral recebem as crianças com muita cordialidade. Recursos como berços e serviço de babá costumam estar disponíveis e a maioria dos restaurantes de hotel está equipada para servir bem as crianças.

Viajar com crianças pode ser mais barato do que se pensa. Muitos hotéis não cobram a mais se o filho ficar no quarto dos pais, ou cobram uma pequena taxa por cama extra. Nesse caso, geralmente o limite é uma ou duas crianças por quarto – a maior parte dos hotéis estipula um limite de idade, normalmente 12 anos. Acima desse limite, cobra-se tarifa normal, embora em alguns casos o limite seja estendido até 18 anos. Ao fazer a reserva, pergunte sobre pacotes para famílias.

BED & BREAKFAST

Há um número cada vez maior de acomodações do tipo bed & breakfast em apartamentos particulares. Vão de um quarto em uma casa em que o dono está morando até o lugar inteiro, cozinha e banheiro inclusive, alugado quando o proprietário viaja.

Hospedar-se em uma casa particular permite que o turista absorva a atmosfera das áreas residenciais e frequente os restaurantes locais, geralmente

Entrada do Peninsula Hotel *(p. 289)*

mais baratos que os do centro. Este tipo de acomodação pode ser encontrado através de vários serviços gratuitos de reservas. Algumas agências exigem o mínimo de duas noites ou mais. As tarifas de apartamentos sem os donos variam de US$ 100 a US$ 300; um quarto de casal custa de US$ 100 a mais a diária, dependendo da inclusão ou não do banheiro. Há grande variedade de apartamentos, dos espaçosos e luxuosos aos apertados e velhos. Saiba que o custo aumenta se o endereço for distante, elevando os gastos com transporte. Ao reservar, peça detalhes sobre localização e instalações.

ACOMODAÇÕES BARATAS E PARA JOVENS

A cidade oferece um albergue de jovens e vários dormitórios da Associação Cristã de Moços **(YMCA)** para os que têm pouco dinheiro. Para quem quiser ficar mais tempo, o **92nd St. Y**, um albergue no Upper East Side, oferece quartos por preços que vão de US$ 35 a US$ 50 a diária.

Não há campings em Manhattan e as acomodações para estudantes são difíceis,

Piscina na cobertura de um hotel luxuoso

a não ser para aqueles ligados de alguma forma a uma universidade de Nova York.

Para o visitante com orçamento limitado e que quer se ater ao essencial, há também outro tipo de acomodação econômica. É possível encontrar quartos baratos, geralmente em boas localizações para passeios, em várias áreas de Nova York, sobretudo em Chelsea, no Garment District e no Upper West Side, e em escala menor em vizinhanças nobres como o Upper Midtown. Embora alguns desses quartos sejam relativamente confortáveis, com banheiro ou chuveiro no quarto, outros podem ser pequenos, às vezes sem ar-condicionado, e talvez seja preciso compartilhar o banheiro.

Outras boas fontes de acomodação econômica são sites como www.couchsurfing.com, que possui muitos associados em Nova York, e o www.airbnb.com, onde moradores oferecem hospedagem em suas casas por preços razoáveis.

Por fim, outra maneira de fazer seu dinheiro render mais é evitar tomar café da manhã no próprio hotel, que pode sair mais caro do que um café fora do hotel ou em uma deli.

FORA DE MANHATTAN

Conforme a cidade de Nova York vai ficando mais segura – e Manhattan mais cara – opções de acomodação emergem nas redondezas para os viajantes mais econômicos. Áreas como Williamsburg e Dumbo, no Brooklyn, se tornaram destinos independentes por mérito nos últimos anos, graças ao aumento no número de bares bacanas, bons restaurantes e lojas da moda.

Por um pouco mais de US$ 300, que paga um quarto padrão em Manhattan, você pode reservar uma suíte king no Marriott Brooklyn Bridge, em Brooklyn Heights *(p. 291)*, ou um quarto com TV de plasma e Internet sem fio no hotel-butique quatro estrelas Le Bleu, na área emergente de Gowanus, perto do Park Slope (www.hotellebleu.com).

Pacotes mais baratos são negociáveis ou aparecem nos sites dos hotéis.

Onde Ficar

Os hotéis foram selecionados com base na qualidade das acomodações e do serviço, além da localização. A lista cobre todas as categorias de área e preço, com informações para ajudá-lo a escolher um hotel que atenda suas necessidades. Os que estão na mesma categoria de preço aparecem em ordem alfabética.

CATEGORIAS DE PREÇO
Quarto para duas pessoas, por uma noite, com café da manhã, e taxas:

- $ menos de US$150
- $$ US$150-US$250
- $$$ US$250-US$350
- $$$$ US$350-US$450
- $$$$$ mais de US$450

LOWER MANHATTAN

Best Western Seaport Inn Downtown — $$

33 Peck Slip, 10038 ***Tel*** *(212) 766-6600* ***Fax*** *(212) 766-6615* ***Quartos*** *72* — ***Mapa*** *2 D2*

Você vai se sentir entrando num refúgio de marinheiros do século XIX neste estabelecimento com vista para a Brooklyn Bridge. As famílias adoram o café da manhã farto e o saguão com chá e café. A academia 24 horas é ampla. Passe para um quarto com terraço, se puder. **www.seaportinn.com**

Gild Hall — $$$

15 Gold St, 10038 ***Tel*** *(212) 232-7700* ***Fax*** *(212) 425-0330* ***Quartos*** *126* — ***Mapa*** *2 D2*

Este hotel de luxo oferece, além de outras atrações, uma biblioteca privada de dois andares, um elegante bar de champagne, uma taberna inglesa moderna e quartos super confortáveis. O frigobar tem produtos Dean & DeLuca, e as suítes king têm candelabros. **www.thompsonhotels.com**

Marriott New York City Financial Center — $$$

85 West St, 10006 ***Tel*** *(212) 385-4900* ***Fax*** *(212) 227-8136* ***Quartos*** *497* — ***Mapa*** *1 B3*

Hotel no coração do Financial District, é moderno e imponente, e dispõe de piscina coberta. Todos os quartos têm acomodações de luxo e alguns dão vista para a Estátua da Liberdade e para o porto. Basicamente um hotel de negócios, este estabelecimento às vezes oferece boas taxas de fim de semana. **www.nycmarriottfinancial.com**

The Wall Street Inn — $$$

9 South William St, 10004 ***Tel*** *(212) 747-1500* ***Fax*** *(212) 747-1900* ***Quartos*** *46* — ***Mapa*** *1 C3*

Nos fins de semana, as diárias caem muito neste hotel para executivos. A decoração colonial americana dá um ar de leveza, e o serviço profissional é de primeira. Embora os quartos pareçam pequenos, as camas são confortáveis. Escolha um quarto de canto pela banheira de hidromassagem. Café continental incluído. **www.thewallstreetinn.com**

Conrad New York — $$$$

102 North End Ave, 10282 ***Tel*** *(212) 945-0100* ***Fax*** *(212) 945-3012* ***Quartos*** *463* — ***Mapa*** *1 A2*

Todos os quartos têm banheiro. As acomodações com dois quartos possuem sofás-camas. Linda vista do porto e taxas com desconto nos fins de semana. O hotel fica perto de Battery Park City e do ferryboat para a Estátua da Liberdade, mas é bem longe do metrô. **http://conradhotels.hilton.com**

Ritz Carlton Battery Park — $$$$$

2 West St, 10004 ***Tel*** *(212) 344-0800* ***Fax*** *(212) 344-3801* ***Quartos*** *298* — ***Mapa*** *1 B4*

Os telescópios nos quartos modernos e elegantes permitem vistas em close-up da Estátua da Liberdade e do porto. Banheiros grandes e limpos e muitos confortos para viajantes a negócios. O chá da tarde é servido no bar. **www.ritzcarlton.com**

LOWER EAST SIDE

The Gem — $$

105 Rivington St, 10002 ***Tel*** *(212) 475-2600* ***Fax*** *(212) 475-5959* ***Quartos*** *110* — ***Mapa*** *5 A3*

Até os chuveiros têm vista nesta chique torre de 21 andares que oferece quartos grandes com janelas que vão do chão ao teto e vista de 360º. Sala de estar privativa, sala de ginástica de última geração e muitos outros confortos. Um símbolo da mudança do Lower East Side. **www.thegemhotel.com**

Off SoHo Suites Hotel — $$

11 Rivington St, 10002 ***Tel*** *(212) 979-9808* ***Fax*** *(212) 979-9815* ***Quartos*** *38* — ***Mapa*** *5 A3*

A vizinhança central, da moda, cercou este local econômico, tornando-o uma boa opção para quem quer ficar perto do SoHo e do Lower East Side. Os quartos pequenos dividem equipamentos, enquanto os maiores têm banheiro privativo e cozinha completa, uma boa escolha para grupos grandes ou famílias. **www.offsoho.com**

Legenda dos símbolos *no final do guia*

Howard Johnson Express Inn $$

135 East Houston St, 10002 ***Tel*** *(212) 358-8844* ***Fax*** *(212) 473-3500* ***Quartos*** *46* ***Mapa*** *5 A3*

Este hotel oferece quartos pequenos, mas econômicos, para os hóspedes aproveitarem as cafeterias e butiques da moda, ali ao lado. Perto do metrô e de restaurantes baratos, é a localização imbatível para jovens avançados. Há quartos com micro-ondas e frigobar. A famosa Katz's Deli fica a um quarteirão. **www.hojo.com**

Blue Moon Hotel $$$

100 Orchard St, 10002 ***Tel*** *(212) 533-9080* ***Fax*** *(212) 533-9148* ***Quartos*** *22* ***Mapa*** *5 A3*

Quartos amplos e comodidades que impressionariam os antigos moradores deste hotel instalado onde funcionava uma pensão. Localizado em um quarteirão histórico, mistura nostalgia com conforto moderno como banheiras de hidromassagem, TVs de tela plana e conexão sem fio gratuita. Boa base para explorar as redondezas. **www.bluemoon-nyc.com**

SOHO E TRIBECA

Cosmopolitan Hotel $

95 West Broadway, 10007 ***Tel*** *(212) 566-1900* ***Fax*** *(212) 566-6909* ***Quartos*** *125* ***Mapa*** *1 B1*

Esta preciosidade econômica fica no coração da badalada TriBeCa. Embora os quartos sejam pequenos, são bem conservados, com banheiros minúsculos, mas limpos; muitos têm internet gratuita. Os vários restaurantes das redondezas e o fácil acesso a transportes públicos fazem deste hotel um achado. Bom para compras. **www.cosmohotel.com**

Duane Street Hotel $$$

130 Duane St, 10013 ***Tel*** *(212) 964-4600* ***Fax*** *(212) 964-4800* ***Quartos*** *45* ***Mapa*** *1 B1*

Construído em 2007, este hotel tem decoração minimalista. Os quartos têm TV de plasma, todos os confortos modernos, além de grandes áreas de banho. O pequeno e convidativo restaurante Mehtaphor oferece culinária "asiática urbana". Perto do City Hall, dos restaurantes de Tribeca, do SoHo e de Chinatown. **www.duanestreethotel.com**

Holiday Inn Soho $$$

138 Lafayette St, 10013 ***Tel*** *(212) 966-8898* ***Fax*** *(212) 941-5832* ***Quartos*** *227* ***Mapa*** *4 F5*

Há muito tempo, este estabelecimento é procurado por quem quer ficar perto da badalada área central. Ali perto estão Chinatown, SoHo, Lower East Side e Little Italy, com butiques e restaurantes. Os quartos são simples, mas confortáveis, e o restaurante da casa é bom numa emergência. **www.hidowntown-nyc.com**

Smyth Tribeca $$$

85 West Broadway, 10007 ***Tel*** *(212) 587-7000* ***Quartos*** *100* ***Mapa*** *1 B1*

O Smyth Tribeca tem design moderno com toques clássicos. O saguão com pé direito alto e forração de pelúcia leva aos amplos quartos decorados com madeira, tecidos claros, além de banheiros de mármore. O elegante bar do hotel é perfeito para relaxar tomando um coquetel no fim do dia. **www.thompsonhotels.com**

60 Thompson $$$$

60 Thompson St, 10012 ***Tel*** *(877) 431-0400* ***Fax*** *(212) 431-0200* ***Quartos*** *100* ***Mapa*** *4 D4*

Este hotel-butique chique tem um excelente restaurante Thai, o Kittichai, e uma cobertura de verão, onde só vão hóspedes e quem dita a moda. Os quartos são minimalistas, mas confortáveis, em tons agradáveis, dispondo de todos os equipamentos modernos. O destaque fica com a localização. **www.60thompson.com**

SoHo Grand Hotel $$$$

310 West Broadway, 10013 ***Tel*** *(212) 965-3000* ***Fax*** *(212) 965-3200* ***Quartos*** *363* ***Mapa*** *4 E4*

Hotel-butique muito procurado por figurões do entretenimento e celebridades. Localizado no meio do SoHo, tem quartos pequenos, de aparência escura, apesar de as janelas altas darem para o centro. Serviço 24 horas e atendimento para animais de estimação agradam os hóspedes **www.sohogrand.com**

Tribeca Grand Hotel $$$$

2 Sixth Ave, 10013 ***Tel*** *(212) 519-6600* ***Fax*** *(212) 519-6700* ***Quartos*** *203* ***Mapa*** *3 E5*

O átrio confere grandiosidade ao hotel. A sala de projeção, no térreo, fez do estabelecimento um dos preferidos das celebridades. Os quartos têm decoração suave e cortesias de primeira no banheiro. Reserve um quarto de canto ou uma suíte-estúdio para ter mais espaço. Tome um drinque no saguão e observe os astros. **www.tribecagrand.com**

Greenwich Hotel $$$$$

377 Greenwich St, 10013 ***Tel*** *(212) 941-8900* ***Fax*** *(212) 941-8600* ***Quartos*** *88* ***Mapa*** *1 B1*

Robert De Niro e seus sócios não economizaram em seu luxuoso hotel de oito andares, inaugurado em 2008. Parte rústico, parte elegante, tem uma mistura eclética de tapetes tibetanos, piso marroquino, vigas de madeira e arte asiática antiga. Os quartos são iluminados e espaçosos. Há um grande salão e um terraço ao ar livre. **www.thegreenwichhotel.com**

The Mercer Hotel $$$$$

147 Mercer St, 10012 ***Tel*** *(212) 966-6060* ***Fax*** *(212) 965-3838* ***Quartos*** *75* ***Mapa*** *4 E3*

Preços altos, neste discreto hotel-butique, procurado por celebridades que desejam muita privacidade. Os quartos foram projetados como lofts, com tijolo à vista e piso de madeira. As banheiras têm largura para acomodar duas pessoas. Crianças são bem-vindas – a casa dispõe de berços com roupa de cama Frette. **www.mercerhotel.com**

GREENWICH VILLAGE

Abingdon Guest House $$

13 Eighth Ave, 10014 ***Tel*** *(212) 243-5384* ***Fax*** *(212) 807-7473* ***Quartos*** *9* ***Mapa*** *3 C1*

Fica numa das ruas mais bonitas do West Village, calçada com arenito avermelhado e ladeada de butiques. Cada quarto tem decoração única e dispõe de todo conforto. Não possui pessoal em tempo integral, o que nos diz que esta preciosidade convém a viajantes independentes. Não serve café da manhã. **www.abingdonguesthouse.com**

Washington Square Hotel $$

103 Waverly Place, 10011 ***Tel*** *(212) 777-9515* ***Fax*** *(212) 979-8373* ***Quartos*** *160* ***Mapa*** *4 D2*

Muito perto da NYU, este hotel dá para a movimentada Washington Square Park. O saguão de mármore leva aos quartos arejados e elegantes. A localização central se traduz em preços acima da média, mas ao lado há bares e restaurantes incríveis. O restaurante da casa também oferece boa comida. **www.wshotel.com**

Soho House $$$$$

59 Ninth Ave, 10014 ***Tel*** *(646) 253-6122* ***Quartos*** *24* ***Mapa*** *3 B1*

Irmão do exclusivo clube de Londres, a versão nova-iorquina também é um hotel com todos os confortos, como uma piscina no topo, salas de estar, biblioteca, restaurante e o spa Cowshed. Os quartos com nomes como Playpen e Playground vão do grande ao gigante, assim como seus preços. **www.sohohouseny.com**

Gansevoort Hotel $$$$

18 Ninth Ave, 10014 ***Tel*** *(212) 206-6700* ***Fax*** *(212) 255-5858* ***Quartos*** *210* ***Mapa*** *3 B1*

Uma piscina de 13,5m no topo e o Tanuki, um gastropub japonês, estão entre os destaques que atraem modelos e celebridades a este hotel de alto nível no Meatpacking District. Os quartos têm bom tamanho e camas fofas, enquanto os banheiros são luxuosos. Há um relaxante spa. **www.hotelgansevoort.com**

EAST VILLAGE

Union Square Inn $

209 East 14th St, 10003 ***Tel*** *(212) 614-0500* ***Fax*** *(212) 614-0512* ***Quartos*** *40* ***Mapa*** *4 F1*

Conforto padrão a preços razoáveis neste hotel. Os quartos não têm vista e são bem comuns, mas dispõem de camas confortáveis e de banheiros asseados. Café da manhã europeu servido na cafeteria da casa, em horários fixos. A Union Square, próxima, é ótima para observar as pessoas e fazer compras. **www.unionsquareinn.com**

The Bowery Hotel $$$$

335 Bowery, 10003 ***Tel*** *(212) 505-9100* ***Quartos*** *135* ***Mapa*** *4 F3*

A mesma dupla que desenvolveu o Maritime em Chelsea criou este opulento hotel de luxo. Com dezessete andares, tem lareiras no lobby, elevadores com forração de madeira, banheira, ducha, janelas enormes em todos os quartos, dos quais sete têm varanda privativa. O bar atrai uma clientela VIP. **www.theboweryhotel.com**

The Standard $$$$

25 Cooper Square, 10003 ***Tel*** *(212) 475-5700 Fax (212) 475-8200* ***Quartos*** *145* ***Mapa*** *4 F2*

Este hotel da última moda fica em uma torre elegante e moderna de 21 andares projetada por Carlos Zapata, que destoa um pouco da vizinhança vanguardista e de contracultura. Os amplos quartos contam com janelões e os hóspedes podem utilizar gratuitamente as bicicletas e também a academia do bairro. **http://eastvillage.standardhotels.com**

GRAMERCY E FLATIRON DISTRICT

Hotel 17 $

225 East 17th St, 10003 ***Tel*** *(212) 475-2845* ***Fax*** *(212) 677-8178* ***Quartos*** *120* ***Mapa*** *9 B5*

Os jovens adoram a localização deste hotel básico e econômico. Quartos minúsculos sem originalidade; alguns com banheiro compartilhado. Woody Allen tornou a casa conhecida em *Misterioso Assassinato em Manhattan*, e diz-se que Madonna ficava aqui quando jovem. Perto há restaurantes baratos e lojas da moda. **www.hotel17ny.com**

Hotel 31 $

129 East 31st St, 10016 ***Tel*** *(212) 685-3060* ***Fax*** *(212) 532-1232* ***Quartos*** *60* ***Mapa*** *9 A3*

Irmão do Hotel 17, tem 60 quartos com decoração diferente, mas o estilo é a chique estamparia floral. Os quartos dispõem do básico: ar-condicionado, TV a cabo, e alguns dividem o banheiro. Esta área é mais sossegada à noite. **www.hotel31.com**

Legenda de preços *na p. 280* **Legenda dos símbolos** *no final do guia*

Gershwin Hotel $$

7 East 27th St, 10016 ***Tel*** *(212) 545-8000* ***Fax*** *(212) 684-5546* ***Quartos*** *150* ***Mapa*** *8 F3*

O original da *Campbell's Soup Can*, de Andy Warhol, no saguão dá o tom neste hotel inspirado na Pop Art. Um achado para turistas, pois fica bem perto do Empire State Building. Diversas opções de restaurantes nas imediações. **www.gershwinhotel.com**

Hotel Lola $$

30 East 30th St, 10016 ***Tel*** *(212) 689-1900* ***Fax*** *(212) 689-0023* ***Quartos*** *276* ***Mapa*** *9 A3*

Além da localização de primeira no coração do bairro da moda e do design, este hotel oferece uma alternativa descolada aos numerosos hotéis de rede de Midtown. Todos os quartos têm amplos banheiros, TV HD, dock de iPod/iPad e Wi-Fi gratuito. Também há um business center completo para os hóspedes. **www.hotellolanyc.com**

Hotel Roger Williams $$$

131 Madison Ave, 10016 ***Tel*** *(212) 448-7000* ***Fax*** *(212) 448-7007* ***Quartos*** *193* ***Mapa*** *9 A3*

Hotel cheio de estilo para quem tem um pouco mais para gastar, e os extras fazem o preço valer a pena – café da manhã grátis, café e guloseimas para se servir o dia todo, acervo de DVDs. Quartos suaves, com madeira clara e cores quentes. Quinze deles têm terraço com jardim. Descontos sazonais podem torná-lo mais barato. **www.hotelrogerwilliams.com**

The Marcel at Gramercy $$$$

201 East 24th Street, 10010 ***Tel*** *(212) 696-3800* ***Fax*** *(212) 696-0077* ***Quartos*** *135* ***Mapa*** *9 B4*

Com sua decoração moderna e clean, o elegante restaurante Inoteca e o Polar Lounge, este hotel combina perfeitamente com a sua vizinhança descolada. Banheiros pequenos com ducha. Jornal matinal e café de cortesia. **www.marcelatgramercy.com**

Hotel Giraffe $$$$

365 Park Ave South, 10016 ***Tel*** *(212) 685-7700* ***Fax*** *(212) 685-7771* ***Quartos*** *73* ***Mapa*** *9 A4*

Talvez o melhor hotel de luxo no Flatiron District. Os quartos são decorados com móveis sob encomenda, de estilo moderno. As suítes têm porta-balcão que se abre para uma sacada. Um restaurante duas portas depois do hotel oferece ótima cozinha, e excelentes coquetéis são servidos no saguão. **www.hotelgiraffe.com**

Inn at Irving Place $$$$

56 Irving Place, 10003 ***Tel*** *(212) 533-4600* ***Fax*** *(212) 533-4611* ***Quartos*** *12* ***Mapa*** *9 A5*

Edith Wharton se orgulharia deste prédio antigo de arenito avermelhado, dirigido de modo impecável como hospedaria de luxo. Cada quarto tem um lindo banheiro e tecnologia moderna, como tocador de CDs. O café da manhã de cortesia é servido no salão, e não perca o high tea. **www.innatirving.com**

Gramercy Park Hotel $$$$$

2 Lexington Ave, 10010 ***Tel*** *(212) 920-3300* ***Fax*** *(212) 673-5890* ***Quartos*** *185* ***Mapa*** *9 A4*

Após passar por uma grande reforma, o Gramercy Park Hotel tornou-se um extravagante hotel "eclético-boêmio", com arte moderna, madeira, veludo e parafernália eletrônica de última geração. Os hóspedes podem relaxar no jardim do telhado, nos elegantes bares Rose e Jade, ou no próprio Gramercy Park (sim, eles têm as chaves). **www.gramercyparkhotel.com**

CHELSEA E GARMENT DISTRICT

Americana Inn $

69 West 38th St, 10018 ***Tel*** *(212) 840-6700* ***Fax*** *(212) 840-1830* ***Quartos*** *50* ***Mapa*** *8 F1*

Este é o hotel para o viajante que quer economia e procura o básico essencial. Os quartos têm pia e cada andar conta com uma quitinete coletiva. A localização central e o pessoal simpático resultam numa combinação ímpar. Atenção, pois a área está ficando cada vez mais agitada e barulhenta. **www.theamericanainn.com**

Chelsea International Hostel $

251 West 20th St, 10011 ***Tel*** *(212) 647-0010* ***Fax*** *(212) 727-7289* ***Quartos*** *57* ***Mapa*** *8 D5*

Considerado uma das melhores hospedarias da cidade, compõe-se de uma série de prédios baixos, voltados para um pátio central. Dispõe de quartos com beliches e dormitórios com camas, e todos os banheiros são compartilhados. Conta com duas cozinhas totalmente equipadas, máquinas de lavar roupa e TVs. **www.chelseahostel.com**

Chelsea Lodge $

318 West 20th St, 10011 ***Tel*** *(212) 243-4499* ***Fax*** *(212) 243-7852* ***Quartos*** *22* ***Mapa*** *8 D5*

Casarão reformado no Chelsea Historic District abriga este achado econômico. Os quartos, pequenos, têm pia e chuveiro privativos, de modo que os hóspedes só compartilham os toaletes. Perfeito para viajantes independentes que buscam uma genuína experiência nova-iorquina.**www.chelsealodge.com**

Chelsea Star Hotel $

300 West 30th St, 10001 ***Tel*** *(212) 244-7827* ***Fax*** *(212) 279-9018* ***Quartos*** *34* ***Mapa*** *8 D3*

O interior deste hotel é claro e moderno, embora meio espalhafatoso. Uma estátua em tamanho real de Betty Boop recebe os hóspedes no saguão, e há várias galerias de arte moderna nos arredores. Os quartos vão de simples dormitórios até os chiques, com camas de dossel e tocador de DVDs. Internet sem fio gratuita. **www.starhotelny.com**

Colonial House Inn $

318 West 22nd St, 10011 **Tel** *(212) 243-9669* **Fax** *(212) 633-1612* **Quartos** *20* **Mapa** *8 D4*

Embora os proprietários desta linda hospedaria de arenito avermelhado costumem receber mais uma clientela gay masculina, todos são bem-vindos. Os quartos bem cuidados têm decoração moderna e internet sem fio; quase a metade tem banheiro privativo e alguns dispõem de lareira. Descontos sazonais. **www.colonialhouseinn.com**

Herald Square Hotel $

19 West 31st St 10001 **Tel** *(212) 279-4017* **Fax** *(212) 643-9208* **Quartos** *100* **Mapa** *8 F3*

Este charmoso hotel em estilo beaux-arts já foi sede da revista *Life (p. 133)*, e os hóspedes têm acesso a uma coleção original da publicação. Os quartos, decorados com bom gosto, contam com mobília tradicional e todos os confortos essenciais. Não serve café da manhã, mas há bebidas quentes disponíveis. **www.heraldsquarehotel.com**

Broadway Plaza Hotel $$

1155 Broadway, 10001 **Tel** *(212) 679-7665* **Fax** *(212) 679-7694* **Quartos** *69* **Mapa** *8 F3*

Os neons na fachada podem dar a impressão errada, mas os quartos deste hotel de preço razoável são aconchegantes e bem decorados, com acesso à internet de banda larga. Café da manhã de cortesia. Às vezes, a vizinhança pode ser barulhenta, mas vale a pena pela localização, perto do Empire State. **www.broadwayplazahotel.com**

Chelsea Savoy Hotel $$

204 West 23rd St, 10011 **Tel** *(212) 929-9353* **Fax** *(212) 741-6309* **Quartos** *90* **Mapa** *8 E4*

Uma das opções mais modernas em Chelsea, este hotel tem clientes fiéis entre os que gostam de serviço consistente. Quartos agradáveis, mas sem toques extras. Boa escolha para quem aprecia a variedade de restaurantes, bares e clubes de Chelsea. **www.chelseasavoynyc.com**

Confort Inn Chelsea $$

18 West 25th St, 10010 **Tel** *(212) 645-3990* **Fax** *(212) 633-8952* **Quartos** *121* **Mapa** *8 F4*

Viajantes econômicos gostam deste achado modesto, no badalado Chelsea. A construção de tijolo de 1901 oferece quartos limpos com TV e geladeira. O restaurante e o coffee bar do lobby são atrativos, e também os diversos restaurantes e galerias de arte nas redondezas. Suítes baratas para até seis pessoas. **www.hotelarlington.com**

Hotel Metro $$

45 West 35th St, 10001 **Tel** *(212) 947-2500* **Fax** *(212) 279-1310* **Quartos** *179* **Mapa** *8 F2*

De inspiração art déco, é um dos melhores hotéis de preço médio na área. Quartos amplos e mais bem decorados do que a média da categoria. Diária com café da manhã. Muitos gostam do ambiente e da comida do restaurante. Grande atração: terraço de cobertura com linda vista do Empire State Building. **www.hotelmetronyc.com**

Hotel Wolcott $$

4 West 31st St, 10001 **Tel** *(212) 268-2900* **Fax** *(212) 563-0096* **Quartos** *250* **Mapa** *8 F3*

Os quartos amplos, as diárias baratas e a localização central fazem deste hotel uma boa opção para uma viagem econômica. Embora tenha quartos simples, são limpos e há acesso à internet. No local há lavanderia. Não tem restaurante, mas na área existem muitos lugares baratos para comer. **www.wolcott.com**

Ace Hotel $$$

20 West 29th St, 10001 **Tel** *(212) 679-2222* **Quartos** *260* **Mapa** *8 F3*

O Ace Hotel emana uma jovem vibração rock-n-roll: muitos dos quartos espaçosos têm mobiliário vintage, geladeiras grandes e até toca-discos e violões. O quarto tipo loft do canto conta com um banheiro amplo com banheira. Uma opção mais barata é ficar em um dos quartos com beliche. Muitos nova-iorquinos vêm aqui pelos restaurantes. **www.acehotel.com**

Four Points by Sheraton $$$

160 West 25th St, 10001 **Tel** *(212) 627-1888* **Fax** *(212) 627-1611* **Quartos** *158* **Mapa** *8 E4*

Este hotel preocupado com os preços, atrai viajantes sofisticados e executivos que querem gastar um pouco mais. Os quartos são bem projetados e alguns têm sacadas com vista para o centro. Serviço bom, como se espera desta cadeia. **www.starwoodhotels.com/fourpoints**

Hotel Indigo $$$

127 West 28th St, 10001 **Tel** *(212) 973-9000* **Quartos** *122* **Mapa** *8 E3*

Parte de uma rede de hotéis-butique que está crescendo em todo o país, este estabelecimento ecológico proporciona um alívio à consciência dos hóspedes, que sabem que o impacto ambiental de sua estada foi reduzido. Internet Wi-Fi e business center gratuitos fazem deste hotel uma ótima opção para quem viaja a trabalho. **www.hotelindigo.com**

The Maritime $$$

363 West 16th St, 10011 **Tel** *(212) 242-4300* **Fax** *(212) 242-1188* **Quartos** *125* **Mapa** *8 D5*

Logo se vê o tema náutico deste hotel, pois todos os quartos dispõem de uma janela de vigia com vista para o Rio Hudson. Este lugar badalado tem quartos pequenos, mas muito bem projetados, dispondo de diversos restaurantes e bares, como o famoso Matsuri. Tem uma grande área ao ar livre. **www.themaritimehotel.com**

Radisson/Martinique on Broadway $$$

49 West 32nd St, 10001 **Tel** *(212) 736-3800* **Fax** *(212) 277-2702* **Quartos** *532* **Mapa** *8 F3*

Neste prédio de estilo renascentista francês está instalado este hotel da cadeia Radisson. Tem saguão decorado, e os quartos foram reformados e ficaram mais elegantes. Há muitos restaurantes asiáticos de preços razoáveis ao redor do hotel, que fica perto de alguns dos melhores pontos turísticos da ilha. **www.radisson.com/newyorkny_broadway**

Legenda de preços *na p. 280* **Legenda dos símbolos** *no final do guia*

THEATER DISTRICT

Best Western President Hotel $

234 West 48th St, 10036 ***Tel*** *(212) 246-8800* ***Fax*** *(212) 974-3922* ***Quartos*** *334* ***Mapa*** *12 E5*

Quem viaja em família prefere as suítes com sofás-camas para os filhos, enquanto o quarto padrão funciona bem para o viajante típico. Pertencente a uma cadeia, este hotel é bem administrado. Tem quartos simples, mas limpos, e está bem localizado. A área é sempre agitada, cheia de gente que não dorme cedo. **www.bestwestern.com**

Park Savoy Hotel $

158 West 58th St, 10019 ***Tel*** *(212) 245-5755* ***Fax*** *(212) 765-0668* ***Quartos*** *70* ***Mapa*** *12 E3*

Embora este hotel bem simples ofereça as acomodações mais básicas, ele fica a um quarteirão do Central Park. Os quartos são limpos, mas costumam ser espartanos. O serviço de portaria é simpático, mas limitado. Compre um sanduíche nas muitas delis das imediações e vá para o parque. **www.parksavoyhotelny.com**

414 Hotel $$

414 West 46th St, 10036 ***Tel*** *(212) 399-0006* ***Fax*** *(212) 957-8716* ***Quartos*** *22* ***Mapa*** *11 C5*

Este hotel pequeno e elegante dispõe de funcionários prestativos e internet sem fio gratuita. Quartos enormes costumam ser melhores do que os duplos, com camas e roupas de cama melhores. Procure reservar um quarto que dê para o pátio privativo, para ter menos barulho. **www.414hotel.com**

Amsterdam Court Hotel $$

226 West 50th St, 10019 ***Tel*** *(212) 459-1000* ***Fax*** *(212) 265-5070* ***Quartos*** *125* ***Mapa*** *12 D4*

Este estabelecimento é perfeito para quem valoriza a elegância, mas não quer gastar muito. Os quartos são decorados em tons claros e eles oferecem roupa de cama belga, mantas e tocador de CDs. O terraço da cobertura é ótimo no verão. Há muitos restaurantes próximos excelentes, na Ninth Avenue. **www.nychotels.com**

Belvedere Hotel $$

319 West 48th St, 10036 ***Tel*** *(212) 245-7000* ***Fax*** *(212) 245-4455* ***Quartos*** *400* ***Mapa*** *12 D5*

Hotel de boa qualidade e preço médio é uma boa escolha entre diversos que estão na mesma faixa e localização. Quartos maiores que a média e bem atraentes. Há uma concorrida churrascaria brasileira no local, uma boa opção comparada aos muitos restaurantes próximos. As famílias adoram. **www.belvederehotelnyc.com**

Da Vinci Hotel $$

244 West 56th St, 10019 ***Tel*** *(212) 489-4100* ***Fax*** *(212) 399-0434* ***Quartos*** *20* ***Mapa*** *12 D3*

Este hotel-butique ao estilo europeu se orgulha de seu bom serviço. Os quartos são pequenos, mas bem abastecidos e confortáveis. Boa opção para quem quer ficar perto dos teatros e não se importa com as ruas cheias de turistas. As refeições na área podem ser caras, por isso procure cafeterias e lanchonetes. **www.davincihotel.com**

Holiday Inn New York City-Midtown-57th St $$

440 West 57th St, 10019 ***Tel*** *(212) 581-8100* ***Fax*** *(212) 581-7739* ***Quartos*** *596* ***Mapa*** *11 C3*

A escolha deste hotel de cadeia costuma ser feita por famílias, graças à piscina externa e ao fato de as crianças ganharem café da manhã grátis. Todos os quartos são do jeito que você espera: limpos, confortáveis e ligados à internet. A alguns quarteirões do Central Park e do Theater District. **www.hi57.com**

Skyline Hotel $$

725 10th Ave, 10019 ***Tel*** *(212) 586-3400* ***Fax*** *(212) 582-4604* ***Quartos*** *232* ***Mapa*** *11 C5*

Única na região, esta hospedaria é ideal para famílias, com quartos espaçosos, uma grande piscina coberta aquecida e preços moderados. Perto dos shows da Broadway e de muitos restaurantes. Tem o estacionamento mais barato da cidade. **www.skylinehotelnyc.com**

Yotel $$

570 10th Ave, 10036 ***Tel*** *(646) 449-7700* ***Quartos*** *669* ***Mapa*** *7 C1*

O primeiro hotel de chalés de Nova York conta com check-in automatizado, que libera a equipe para ajudar os hóspedes a escolher entre as unidades de última geração, todas com cama móvel, internet Wi-Fi gratuita e sistema de ar-condicionado silencioso. Fica apenas dois quarteirões a oeste da Times Square. **www.yotel.com**

Algonquin $$$

59 West 44th St, 10036 ***Tel*** *(212) 840-6800* ***Fax*** *(212) 944-1419* ***Quartos*** *174* ***Mapa*** *12 F5*

Sede da "Round Table" literária de Dorothy Parker, na década de 1920, o Algonquin foi reformado, mas ainda atrai literatos. Os quartos confortáveis são pequenos, por isso, se possível gaste mais numa suíte com tema literário. O saguão com painéis de mogno nos leva até o lendário cabaré Oak Room.**www.algonquinhotel.com**

Blakely Hotel $$$

136 West 55th St, 10019 ***Tel*** *(212) 245-1800* ***Fax*** *(212) 582-8332* ***Quartos*** *115* ***Mapa*** *12 E4*

Este hotel recebeu toques de butique, com destaque para o serviço. Da dupla que criou Mercer, o estabelecimento oferece bom preço e ótima localização para a categoria. Os quartos bem decorados contam com detalhes como roupa de cama egípcia e o restaurante serve comida italiana de primeira. **www.blakelynewyork.com**

Casablanca Hotel $$$

147 West 43rd St, 10036 **Tel** *(212) 869-1212* **Fax** *(212) 391-7585* **Quartos** *48* **Mapa** *8 E1*

Hotel com tema marroquino, é ideal para quem gosta de teatro. Os quartos são pequenos, com mobília de vime. O café da manhã de cortesia é servido no saguão com lareira. Ótimo local para os fashionistas observarem pessoas que entram e saem da *Vogue*, em frente. **www.casablancahotel.com**

Doubletree Guest Suites $$$

1568 Broadway, 10036 **Tel** *(212) 719-1600* **Fax** *(212) 921-5212* **Quartos** *460* **Mapa** *12 E5*

Tudo que este hotel não tem de charme, sobra nos quesitos localização e equipamentos superiores. Algumas suítes se destinam a famílias, e outras atendem homens de negócios. A área especial para as crianças brincarem atrai quem tem filhos pequenos. O NYC Visitor's Center fica no térreo. **www.nyc.doubletreehotels.com**

Hilton Times Square $$$

234 West 42nd St, 10036 **Tel** *(212) 840-8222* **Fax** *(212) 840-5516* **Quartos** *444* **Mapa** *8 E1*

Você até pode perder este oásis de serenidade em meio à loucura de Times Square, mas não perca. Hotel acima da média com quartos enormes e equipamentos modernos. Os quartos começam no 23º andar, com belíssimas vistas da área. O restaurante bem caro é excelente. **www.timessquare.hilton.com**

Hotel Mela $$$

120 West 44th St, 10036 **Tel** *(877) 452-MELA* **Fax** *(212) 704-9680* **Quartos** *228* **Mapa** *12 D5*

Este hotel promete oferecer luxo que faça os hóspedes lembrar de casa, começando com um foyer que é menos "hotel" e mais uma discreta área receptiva. Os quartos são pequenos mas limpos, com camas confortáveis, banheiros equipados, TV plana e internet Wi-Fi. **www.hotelmela.com**

Mansfield $$$

12 West 44th St, 10036 **Tel** *(212) 277-8700* **Fax** *(212) 764-4477* **Quartos** *124* **Mapa** *12 E5*

De 1905, este estabelecimento foi reformado e se transformou em hotel-butique, com acesso grátis à internet e edredom de plumas. O bar é um lugar calmo para um drinque após um dia agitado na cidade. Situado numa rua movimentada, é ideal para quem gosta de ir ao teatro. **www.mansfieldhotel.com**

Michelangelo $$$

152 West 51st St, 10019 **Tel** *(212) 765-0505* **Fax** *(212) 581-7618* **Quartos** *178* **Mapa** *12 F4*

Tudo lembra a Itália renascentista neste hotel-butique, que exibe tapetes clássicos e tapeçarias por toda a propriedade. O dia começa com café expresso e confeitos, e a noite termina com chocolates Baci. Os banheiros têm um belo trabalho de mármore italiano. Enfim... *la dolce vita*. **www.michaelangelohotel.com**

Millennium Broadway $$$

145 West 44th St, 10036 **Tel** *(212) 768-4400* **Fax** *(212) 768-0847* **Quartos** *752* **Mapa** *12 E5*

Os quartos confortáveis valem o preço nesta torre para executivos com ótima localização para quem vai à Broadway. A torre separada Premier Tower é uma opção luxuosa que conta com um andar somente para as mulheres. O bar é uma boa pedida para um drink no fim do dia. **www.millennium-hotels.com**

Roosevelt Hotel $$$

45 East 45th St, 10017 **Tel** *(212) 661-9600* **Fax** *(212) 885-6161* **Quartos** *1013* **Mapa** *13 A5*

Construído em 1924 e meticulosamente reformado e restaurado para seus 80 anos, esta "grande dama da Madison Avenue" ainda é preferida por viajantes a negócios ou turistas. Os quartos são bem decorados, com camas confortáveis, e o saguão faz você se sentir como se voltasse na história. **www.therooseveltotel.com**

Sofitel $$$

45 West 44th St, 10036 **Tel** *(212) 354-8844* **Fax** *(212) 354-2480* **Quartos** *398* **Mapa** *12 F5*

Este hotel de 30 andares mistura design moderno e clássico e ficou logo famoso no Theater District, com sua decoração quente, serviço atencioso e uma agradável brasserie. Os quartos da frente em andares altos oferecem uma vista fabulosa e alguns têm terraços. Agrada tanto os turistas como quem vem à trabalho. **www.sofitel.com**

The Time $$$

224 West 49th St, 10019 **Tel** *(212) 320-2900* **Fax** *(212) 246-5252* **Quartos** *200* **Mapa** *12 D5*

The Time foi reformado pelo famoso designer Adam Tihany, que usou cores primárias para criar uma experiência multissensorial. Alguns quartos são pequenos, especialmente pelo preço. O bar do saguão pode ser interessante durante um drinque. Há quem ache que o nível de barulho atrapalha. **www.thetimeny.com**

Chambers $$$$

15 West 56th Street, 10019 **Tel** *(212) 974-5656* **Fax** *(212) 974-5657* **Quartos** *77* **Mapa** *12 F3*

Estilo que combina com esta faixa de midtown, com decoração agradável. Até os quartos menores têm objetos de arte originais, roupão Frette e manta de cashmere. O excelente restaurante Má Pêche serve culinária francesa moderna. Local perfeito para descansar das compras na Madison Avenue. **www.chambershotel.com**

Le Parker Meridien $$$$

118 West 57th St, 10019 **Tel** *(212) 245-5000* **Fax** *(212) 307-1776* **Quartos** *730* **Mapa** *12 E3*

Com serviço impecável e um dos melhores restaurantes da cidade, além de academia de primeira, este hotel elegante e moderno vale o que cobra. Dê um pulo na barata lanchonete de hambúrgueres depois de nadar na piscina da cobertura. Quartos amplos, bem decorados e com toda tecnologia. **www.parkermeridien.com**

Legenda de preços *na p. 280* **Legenda dos símbolos** *no final do guia*

The London, NYC

$$$$

151 West 54th St, 10019 ***Tel*** *(212) 307-5000* ***Fax*** *(212) 765-6530* ***Quartos*** *561* ***Mapa*** *2 E4*

O charmoso mural do Hyde Park marca esta torre de 54 andares, com alguns dos quartos mais espaçosos da cidade, e redecorados pelo designer britânico David Collins. Conta com o primeiro e aclamado restaurante do chef Gordon Ramsay nos Estados Unidos. **www.thelondonnyc.com**

W Times Square

$$$$

1567 Broadway, 10036 ***Tel*** *(212) 930-7400* ***Fax*** *(212) 930-7500* ***Quartos*** *507* ***Mapa*** *12 E5*

Ótimo hotel do Starwood Group continua a atrair muita gente e fãs, por causa de seus quartos ultramodernos, mas meio escuros, que oferecem lindas vistas do centro. Nos salões e restaurantes está sempre acontecendo alguma coisa. O restaurante Blue Fin serve ótimos sushis. **www.whotels.com**

Ritz-Carlton, New York, Central Park

$$$$$

50 Central Park South, 10019 ***Tel*** *(212) 308-9100* ***Fax*** *(212) 207-8831* ***Quartos*** *260* ***Mapa*** *12 F3*

Os fãs dizem que este é o melhor hotel de toda a rede Ritz-Carlton. Em estilo tradicional, os amplos quartos são muito confortáveis e têm toda a tecnologia de ponta. O spa completo e a localização ao lado do Central Park fazem dele um campeão. **www.ritzcarlton.com**

LOWER MIDTOWN

Courtyard New York

$$

3 East 40th St, 10016 ***Tel*** *(212) 447-1500* ***Fax*** *(212) 683-7839* ***Quartos*** *185* ***Mapa*** *8 F1*

A vizinhança pode ser cara, mas este hotel da rede Marriot oferece bom preço pela categoria que ocupa. O restaurante Salmon River serve excelentes pratos com frutos do mar. As famílias gostam da localização, pois fica perto da New York Public Library e do Theater District, mas sem barulho. **www.hotelchoice.com**

Hotel Grand Union

$$

34 East 32nd St, 10016 ***Tel*** *(212) 683-5890* ***Fax*** *(212) 689-7397* ***Quartos*** *88* ***Mapa*** *9 A3*

Viajantes de todas as idades, que querem economia, acham o Grand Union bom para o nível de serviço que oferece. Os quartos, pouco atraentes, são bem mantidos e dispõem de todo o conforto necessário. Há quartos tão grandes que alojam uma família. **www.hotelgrandunion.com**

70 Park

$$$

70 Park Ave, 10016 ***Tel*** *(212) 973 2400* ***Fax*** *(212) 973-2401* ***Quartos*** *205* ***Mapa*** *9 A1*

Este anexo elegante no bem considerado Kimpton Group é cheio de estilo e bem planejado. Permitem-se animais de estimação, e o hotel oferece facilidades extras para os bichinhos. Homens de negócios apreciam itens grátis, como Wi-Fi e internet de banda larga. Quartos pequenos, mas confortáveis. **www.70parkave.com**

Affinia Dumont

$$$

150 East 34th St, 10016 ***Tel*** *(212) 481 7600* ***Fax*** *(212) 889-8856* ***Quartos*** *248* ***Mapa*** *9 A2*

Reinaugurado recentemente, todos os quartos têm banheiro. Perfeito para quem quer espaço e conforto. As instalações incluem cozinha completa, com micro-ondas, e uma equipe atenciosa até faz compras para você. O spa é dos melhores e ajuda os viajantes a se manterem em forma. **www.affinia.com**

Dylan

$$$

52 East 41th St, 10017 ***Tel*** *(212) 338-0500* ***Fax*** *(646) 227-1206* ***Quartos*** *107* ***Mapa*** *9 A1*

Este hotel-butique foi sede do Chemists Club, uma edificação beaux-arts, de 1903. O saguão pode parecer antisséptico, mas os quartos são amplos pelos padrões da cidade. Há um bom restaurante no local, o que ajuda, pois não há muitas opções boas por perto. **www.dylanhotel.com**

Library Hotel

$$$

299 Madison Ave, 10017 ***Tel*** *(212) 983-4500* ***Fax*** *(212) 499-9099* ***Quartos*** *60* ***Mapa*** *9 A1*

Este hotel-butique tem quartos com decoração temática que gira em torno de bibliotecas. De histórias de fadas à literatura erótica, escolha um quarto conforme sua disposição, e receba os livros para combinar. Terraço de cobertura e lanches o dia todo marcam pontos. **www.libraryhotel.com**

St. Giles The Court / W The Tuscany

$$$

120-130 East 39th St, 10016 ***Tel*** *(212) 686-1600* ***Fax*** *(212) 519-8583* ***Quartos*** *320* ***Mapa*** *9 A1*

Este conjunto com cara de clube oferece hotéis-butique com excelente serviço. Os quartos são equipados com tecnologia de ponta e permitem que você assista a filmes de graça. The Court tem um saguão mais na moda, enquanto o Tuscany é um pouco mais tranquilo. Ambos são recomendados na categoria. **http://tuscany.stgilesnewyork.com**

Bryant Park

$$$$

40 West 40th St, 10018 ***Tel*** *(212) 869-0100* ***Fax*** *(212) 869-4446* ***Quartos*** *128* ***Mapa*** *8 F1*

A bela localização e o pedigree fazem deste achado em Midtown um campeão. O incrível American Radiator Building (decorado com dourados) abriga um luxuoso design minimalista, ao lado de Bryant Park. O Cellar Bar fica cheio de celebridades. Possui sala de projeção com 70 lugares. **www.bryantparkhotel.com**

Fitzpatrick Grand Central Hotel $$$$

141 East 44th St, 10017 ***Tel*** *(212) 351-6800* ***Fax*** *(212) 818-1747* ***Quartos*** *155* ***Mapa*** *13 A5*

Hotel elegante, com serviço charmoso, bem perto do Grand Central Terminal. Os quartos ultrapassam os confortos para homens de negócios e têm cores atraentes, alguns com camas com dossel. Um pub oferece diversão até tarde. A localização perto de linhas do metrô facilita o turismo. **www.fitzpatrickhotels.com**

Kitano $$$$

66 Park Ave, 10016 ***Tel*** *(212) 885-7000* ***Fax*** *(212) 885-7100* ***Quartos*** *149* ***Mapa*** *9 A2*

Serviço de primeira linha ao estilo japonês é a marca registrada deste hotel elegante, que atende principalmente pessoas de negócios. Os quartos são refúgios de serenidade, com chá verde japonês de cortesia. O restaurante também atrai muita gente. Esta parte de Park Avenue é incrivelmente tranquila. **www.kitano.com**

UPPER MIDTOWN

Hotel 57 $$

130 East 57th St, 10022 ***Tel*** *(212) 753-8841* ***Fax*** *838-4767* ***Quartos*** *302* ***Mapa*** *13 A3*

O Hotel é chamado de "chique barato", pois combina decoração elegante com preços baixos. Embora os quartos sejam apertados e, em geral, tenham banheiros compartilhados, é difícil competir em preço nesta ótima localização, perto dos principais locais de compras. Do bar, no 17º andar, se tem ótimas vistas. **www.hotel57.com**

The Pod Hotel $$

230 East 51st St, 10022 ***Tel*** *(212) 355-0300* ***Fax*** *(212) 755-5029* ***Quartos*** *320* ***Mapa*** *13 B4*

Os preços do The Pod são razoáveis, considerando-se sobretudo a vizinhança de primeira. Informe-se sobre banheiro privativo e sobre o tamanho exato do quarto, pois muitos são minúsculos. Mas todos são limpos, e o hotel é muito bem administrado. Há um terraço na cobertura. **www.thepodhotel.com**

Courtyard by Marriott Midtown East $$$

866 Third Ave, 10022 ***Tel*** *(212) 644-1300* ***Fax*** *(212) 317-7940* ***Quartos*** *308* ***Mapa*** *13 B4*

Os quartos amplos indicam uma boa opção para famílias que precisam ficar nesta área. Os quartos são modernos e dispõem de cafeteira elétrica e acesso grátis à internet de banda larga. Num salão especial, está disponível o acesso grátis Wi-Fi. A vizinhança fica mais silenciosa à noite. **www.marriott.com**

Doubletree Metropolitan Hotel $$$

569 Lexington Ave, 10022 ***Tel*** *(212) 752-7000* ***Fax*** *(212) 758-6311* ***Quartos*** *722* ***Mapa*** *13 A4*

Agora, esta ex-propriedade de Loews é gerida pelo grupo Doubletree, o que significa que o serviço continua bom, com atendimento especial para famílias. As diárias são razoáveis. Quartos pequenos, mas bem cuidados. Os restaurantes deste hotel são boas opções para as famílias. **www.metropolitanhotelnyc.com**

Kimberly Hotel $$$

145 East 50th St, 10022 ***Tel*** *(212) 754-1600* ***Fax*** *(212) 486-6915* ***Quartos*** *185* ***Mapa*** *13 A5*

Pelo espaço amplo e preço baixo, este estabelecimento despojado talvez seja a melhor escolha. As acomodações com um e dois quartos parecem apartamentos, com cozinha completa e móveis bem escolhidos. A localização é maravilhosa para boas compras, com paz e silêncio. **www.kimberlyhotel.com**

Roger Smith $$$

501 Lexington Ave, 10022 ***Tel*** *(212) 755-1400* ***Fax*** *(212) 758-4061* ***Quartos*** *130* ***Mapa*** *13 A5*

Este estabelecimento despretensioso recebeu alguns toques de alta decoração que o destacam dos demais na categoria. Quartos mais amplos do que o normal e decorados um a um. O preço inclui café da manhã. Atrai de executivos a artistas. As imediações ficam mais sossegadas depois que anoitece. **www.rogersmith.com**

The Benjamin $$$$

125 East 50th St, 10022 ***Tel*** *(212) 715-2500* ***Fax*** *(212) 715-2525* ***Quartos*** *209* ***Mapa*** *13 A4*

Os quartos modernos deste hotel sem badalação foram projetados para o conforto. As estações de trabalho são ideais para o viajante a negócios. Os quartos têm quitinete e dispõem de opções de travesseiros para seu sono perfeito. O estabelecimento conta com restaurante e pequeno spa. **www.thebenjamin.com**

Omni Berkshire Place $$$$

21 East 52nd St, 10022 ***Tel*** *(212) 754-5000* ***Fax*** *(212) 754-5018* ***Quartos*** *396* ***Mapa*** *12 F4*

A decoração foi pensada para dar conforto neste hotel despretensioso. O serviço é ótimo e a variedade de instalações para negócios fazem dele uma boa escolha para executivos em viagem. Mas o hotel também atende famílias; por isso, verifique os descontos de fim de semana. A área é menos agitada que as demais. **www.omnihotels.com**

Waldorf-Astoria / Waldorf Towers $$$$

301 Park Ave, 10022 ***Tel*** *(212) 355-3000* ***Fax*** *(212) 872-7272* ***Quartos*** *1242* ***Mapa*** *13 A5*

Esta lenda nova-iorquina ainda brilha muito, apesar das queixas quanto ao serviço indiferente. Os preços são razoáveis, pois o hotel é enorme, e a casa tem um ar histórico. Os quartos são amplos e, se você reservar um quarto nas towers exclusivas, poderá contar com serviço de mordomia 24 horas. **www.waldorfastoria.com**

Legenda de preços *na p. 280* **Legenda dos símbolos** *no final do guia*

Four Seasons New York $$$$$

57 East 57th St, 10022 ***Tel*** *(212) 758-5700* ***Fax*** *(212) 758-5711* ***Quartos*** *368* ***Mapa*** *13 A3*

Grande destaque da rede Four Seasons, é um dos mais altos hotéis de Manhattan, com sua torre de 52 andares projetada por I.M. Pei. O saguão recende ao poder e à elegância de Nova York e vale uma espiada. Os quartos são amplos e muito confortáveis, com belas vistas do Central Park. **www.fourseasons.com/newyork**

New York Palace $$$$$

455 Madison Ave, 10022 ***Tel*** *(212) 888-7000* ***Fax*** *(212) 303-6000* ***Quartos*** *896* ***Mapa*** *13 A4*

Este ótimo hotel, instalado num edifício de 1882, é um estabelecimento maravilhoso, com estilo cosmopolita e serviço perfeito. Há quem o considere o local mais sereno e calmo da cidade. Sua localização é excelente e oferece vistas esplêndidas da St. Patrick's Cathedral. **www.newyorkpalace.com**

Peninsula New York $$$$$

700 Fifth Ave, 10019 ***Tel*** *(212) 956-2888* ***Fax*** *(212) 903-3949* ***Quartos*** *239* ***Mapa*** *12 F4*

Conte com o serviço famoso do Peninsula, posto avançado da pequena rede asiática em Nova York. Os quartos oferecem o maior conforto e tecnologia de ponta. O spa é um dos melhores da cidade. O bar e o terraço na cobertura consistem numa ótima escolha para drinques ao pôr do sol. Muito recomendado. **www.peninsula.com**

The Plaza $$$$$

Fifth Ave e Central Park South, 10019 ***Tel*** *(212) 759-3000* ***Fax*** *(212) 759-3001* ***Quartos*** *282* ***Mapa*** *12 F3*

A grande dama de 1907 reaparece depois de reformas. Conta com lustres Baccarat, muito mármore e quartos grandes e luxuosos. Ganhou um elaborado spa e um shopping center de dois andares. Há o Palm Court e o Rose Bar, além de diversas opções de alimentação. **www.fairmont.com/theplaza**

St. Regis New York $$$$$

2 East 55th St, 10022 ***Tel*** *(212) 753-4500* ***Fax*** *(212) 787-3447* ***Quartos*** *408* ***Mapa*** *12 F4*

De 1904, luxuoso marco das Beaux-Arts, possui o velho glamour dos candelabros, dos tapetes caríssimos e do serviço de um mordono designado para cada andar. Serviço muito formal, mas é de se esperar de uma grande dama. Procurado para casamentos. O histórico bar King Cole é famoso por seu bloody-mary. **www.stregis.com**

UPPER EAST SIDE

Franklin $$$

164 East 87th St, 10128 ***Tel*** *(212) 369-1000* ***Fax*** *(212) 369-8000* ***Quartos*** *50* ***Mapa*** *17 A3*

Os quartos podem ser minúsculos neste hotel moderno, mas são bem decorados, com camas com dossel, TV de plasma, internet sem fio e outros itens. O espaço limitado convém a viajantes que ficam pouco tempo. Café da manhã continental incluído no preço. Verifique as diárias sazonais. **www.franklinhotel.com**

Hotel Wales $$$

1295 Madison Ave, 10028 ***Tel*** *(212) 876-6000* ***Fax*** *(212) 860-7000* ***Quartos*** *88* ***Mapa*** *17 B2*

Este aconchegante e confortável hotel fica perto da Museum Mile. Cuidadosamente decorado com móveis de mogno, roupa de cama belga e flores nos quartos, tem um terraço na cobertura que oferece belas vistas da cidade. **www.hotelwalesnyc.com**

Surrey Hotel $$$$

20 East 76th St, 10021 ***Tel*** *(212) 905-1477* ***Fax*** *(646) 358-3601* ***Quartos*** *130* ***Mapa*** *17 A5*

Todos os quartos têm banheiro neste hotel, que é ótima escolha para quem quer gastar um pouco mais por muito mais espaço. Cada suíte possui cozinha equipada, mas o motivo para ficar aqui é a comida do famoso Café Boulud, no térreo. A região também conta com lanchonetes e pizzarias baratas. **www.thesurrey.com**

Carlyle $$$$$

35 East 76th St, 10021 ***Tel*** *(212) 744-1600* ***Fax*** *(212) 717-4682* ***Quartos*** *188* ***Mapa*** *17 A5*

Você se sentirá como um natural da região num quarto deste hotel lendário. Os quartos elegantes e o serviço fenomenal atraem políticos e artistas de cinema. O chá da tarde fascina grandes celebridades de Nova York. Com localizacão central, a apenas uma quadra do Central Park, mas longe da bagunça. **www.thecarlyle.com**

The Pierre $$$$$

2 East 61st St, 10021 ***Tel*** *(212) 838-8000* ***Fax*** *(212) 940-8109* ***Quartos*** *189* ***Mapa*** *12 F3*

O serviço cordial faz este sofisticado hotel, instalado em um edifício da década de 1930 em frente ao Central Park, não parecer tão intimidador. Os quartos contam com obras de arte contemporânea. Há 49 suítes luxuosas, com decorações distintas. No térreo há uma filial do aclamado restaurante londrino Le Caprice. **www.tajhotels.com/pierre**

Sherry-Netherland $$$$$

781 Fifth Ave, 10022 ***Tel*** *(212) 355-2800* ***Fax*** *(212) 319-4306* ***Quartos*** *50* ***Mapa*** *12 F3*

Menos convencional do que o vizinho The Pierre, este hotel em estilo europeu define o modo de residir na cidade de Nova York. As suítes são enormes e o serviço é de primeira. Hóspedes têm desconto no restaurante Cipriani's, no térreo, muito procurado pelos lobistas de Nova York. **www.sherrynetherland.com**

UPPER WEST SIDE

Amsterdam Inn — $

340 Amsterdam Ave, 10024 ***Tel*** *(212) 579-7500* ***Fax*** *(212) 545-0103* ***Quartos*** *25* ***Mapa*** *15 C5*

Quartos pequenos, mas bem cuidados neste estabelecimento econômico. Alguns dividem banheiros, mas os que possuem banheiro privativo têm bom preço. Verifique se a cama "dupla" é, de fato, para dois, e não um sofá-cama. Localização ótima, perto dos museus do Upper West Side.

Hostelling International – New York — $

891 Amsterdam Ave, 10025 ***Tel*** *(212) 932-2300* ***Fax*** *(212) 932-2574* ***Quartos*** *672* ***Mapa*** *20 E5*

O hóspede talvez se sinta como se tivesse voltado à universidade neste imenso prédio que mais parece um dormitório. O bom é que conta com o que há de melhor num campus universitário – cafeteria, salão de jogos, lavanderia, acesso à internet e mesas de piquenique. O estabelecimento tem quase vinte anos. **www.hinewyork.org**

Jazz on the Park — $

36 West 106th St, 10025 ***Tel*** *(212) 932-1600* ***Fax*** *(212) 932-1700* ***Quartos*** *220* ***Mapa*** *21 A5*

Esta hospedaria bem decorada é muito procurada e fornece um toque da região central ao Upper West Side, que às vezes é muito sério. Não perca a cafeteria com música ao vivo e meio barulhenta. Os quartos e banheiros são básicos. Clientela internacional. A área está ficando cada vez melhor. **www.jazzonthepark.com**

West End Studios — $

850 West End Ave, 10025 ***Tel*** *(212) 662-6000* ***Fax*** *(212) 865-0506* ***Quartos*** *85* ***Mapa*** *15 B1*

A alguns quarteirões do Riverside Park, esta é uma boa opção econômica para quem quer experimentar a vida nesta área. Meio afastado das linhas do metrô, o hotel oferece acomodação básica e quartos bem pequenos, com banheiro compartilhado. Os quartos familiares têm duas camas e um beliche. **www.westendstudios.com**

Excelsior Hotel — $$

45 West 81st St, 10024 ***Tel*** *(212) 362-9200* ***Fax*** *(212) 580-3972* ***Quartos*** *200* ***Mapa*** *16 D4*

Hotel tradicional com ambiente acolhedor do velho mundo, conta com quartos confortáveis, uma calorosa biblioteca/sala de estar/salão de café da manhã e uma academia bem equipada. O American Museum of Natural History fica do outro lado da rua, o Central Park e o metrô logo na esquina. Bom para famílias. **www.excelsiorhotelnyc.com**

Hotel Beacon — $$

2130 Broadway, 10023 ***Tel*** *(212) 787-1100* ***Fax*** *(212) 724-0839* ***Quartos*** *236* ***Mapa*** *15 C5*

As famílias adoram os quartos bem amplos e o equipamento de lavanderia neste hotel de bom preço. Os quartos não são os melhores da cidade, mas têm quitinete e, em geral, acomodam quatro pessoas. Grupos maiores devem se informar sobre suítes com dois quartos e dois banheiros. **www.beaconhotel.com**

Hotel Newton — $$

2528 Broadway, 10025 ***Tel*** *(212) 678-6500* ***Fax*** *(212) 678-6758* ***Quartos*** *105* ***Mapa*** *15 C2*

Pelo preço, uma das melhores escolhas. Hotel bem administrado, com quartos limpos e atraentes e bons banheiros. O serviço é simpático e profissional. Os hóspedes têm acesso à academia de ginástica do outro lado da rua. No local não há restaurante, mas há muitas opções pela Broadway. **www.thehotelnewton.com**

Lucerne — $$

201 West 79th St, 10024 ***Tel*** *(212) 875-1000* ***Fax*** *(212) 362-7251* ***Quartos*** *184* ***Mapa*** *15 C4*

Esta preciosidade ocupa um elegante prédio de 1903. Os quartos são muito bem mantidos e apresentam móveis ao estilo americano. Hóspedes tem desconto no café da manhã continental no restaurante franco-mediterrâneo do hotel. Com tempo bom há mesas na calçada, ótimas para observar o movimento. **www.thelucernehotel.com**

Milburn — $$

242 West 76th St, 10023 ***Tel*** *(212) 362-1006* ***Fax*** *(212) 721-5476* ***Quartos*** *114* ***Mapa*** *15 C5*

Este hotel oferece bom preço por seus quartos, todos com banheiro e conforto de casa, incluindo o tamanho. Embora não muito elegante, os quartos dispõem de quitinete bem equipada e lindos banheiros. O serviço é atencioso e há equipamentos de lavanderia. Bons restaurantes por perto. **www.milburnhotel.com**

On the Ave — $$

2178 Broadway, 10024 ***Tel*** *(212) 362-1100* ***Fax*** *(212) 787-9521* ***Quartos*** *251* ***Mapa*** *15 C5*

Muito elegante, este hotel de preços médios está cheio de design moderno. Os quartos dispõem de móveis modulares em tons naturais. Um deck oferece lindas vistas da cidade. Se possível, opte por um quarto de luxo, senão ficará muito apertado. Bons lugares para comer em ambos os lados da avenida. **www.ontheave-nyc.com**

6 Columbus — $$$

6 Columbus Circle, 10019 ***Tel*** *(212) 204-3000* ***Fax*** *(212) 204-3030* ***Quartos*** *88* ***Mapa*** *12 D3*

O antigo West Park Hotel foi transformado pelo estiloso grupo Thompson Hotel, com decoração retrô da década de 1960, quatro novos andares e uma filial do popular restaurante de sushi Blue Ribbon, do SoHo. O Time Warner Center e o Central Park estão perto, assim como a Broadway e o Lincoln Center. **www.thompsonhotels.com**

Legenda de preços *na p. 280* **Legenda dos símbolos** *no final do guia*

Empire Hotel $$$

44 West 63rd St, 10023 ***Tel*** *(212) 265-7400* ***Fax*** *(212) 265-7401* ***Quartos*** *422* ***Mapa*** *12 D2*

A abóbada de metal da década de 1920 é a única lembrança do velho Empire, que conta agora com uma entrada grandiosa, um bar chique e um impressionante terraço para coquetéis, além de uma piscina. A decoração modernista tem tons terrosos. A maioria dos banheiros não têm banheira, só chuveiro. **www.empirehotelnyc.com**

Inn New York City $$$$

266 West 71st St, 10023 ***Tel*** *(212) 580-1900* ***Fax*** *(212) 580-4437* ***Quartos*** *4* ***Mapa*** *11 C1*

Tudo nesta pousada pequena, aconchegante e charmosa é do melhor que há. Casarão do século XIX reformado, dispõe de apenas quatro suítes, cada uma com um tema – Opera, Library, Vermont e Spa, todas com instalações de primeira. Café da manhã delicioso servido na suíte. Tratamento de alta classe. **www.innnewyorkcity.com**

Mandarin Oriental New York $$$$$

80 Columbus Circle, 10023 ***Tel*** *(212) 805-8800* ***Fax*** *(212) 805-8888* ***Quartos*** *248* ***Mapa*** *12 D3*

Cara suntuosidade asiática neste hotel que impressiona. Os quartos orientais são modernos e permitem lindas vistas do Central Park do rio Hudson, nos andares mais altos. Spa maravilhoso, mas muito dispendioso. O bar e os restaurantes oferecem a mesma vista; à noite são incríveis. **www.mandarinoriental.com**

Trump International Hotel & Tower $$$$$

1 Central Park West, 10023 ***Tel*** *(212) 299-1000* ***Fax*** *(212) 299-1150* ***Quartos*** *176* ***Mapa*** *12 D3*

Este moderno hotel de luxo se orgulha da exclusividade, da discrição e do estilo. Os belos quartos têm decoração em tons suaves e dispõem de tecnologia de ponta. A vista sem obstruções do Central Park é um grande atrativo, junto com o restaurante Jean George, no térreo. **www.trumpintl.com**

MORNINGSIDE HEIGHTS E HARLEM

Astor on the Park $

465 Central Park West, 10025 ***Tel*** *(212) 866-1880* ***Fax*** *(212) 316-9555* ***Quartos*** *112* ***Mapa*** *21 A5*

Este hotel na Central Park West, próximo à 106th street, tem localização privilegiada que compensa o tamanho reduzido e a simplicidade dos quartos. É a opção ideal para quem quer gastar pouco e fica fora a maior parte do tempo. Os banheiros são limpos e os funcionários simpáticos.

Morningside Inn Hotel $

235 West 107th St, 10025 ***Tel*** *(212) 316-0055* ***Fax*** *(212) 864-9155* ***Quartos*** *96* ***Mapa*** *20 E5*

Este hotel é moderno e novo, embora conserve um ar de dormitório de faculdade. Bom para estudantes e viajantes desacompanhados. Procure reservar um quarto duplo de luxo, com banheiro privativo e ar-condicionado. Quartos limpos e bem cuidados. **www.morningsideinn-ny.com**

Sugar Hill Harlem Inn $$

460 West 141st St, 10031 ***Tel*** *(212) 234-5432* ***Fax*** *(212) 234-5432* ***Quartos*** *5* ***Mapa*** *19 A2*

Os quartos desta mansão vitoriana têm nomes como Miles e Ella, em homenagem aos grandes astros do jazz que frequentavam o bairro. Tem dois studios com cozinha e um apartamento de dois quartos. A maioria das suítes tem lareira e todas têm banheiro privativo, TV, DVD player e ar-condicionado. **www.sugarhillharleminn.com**

FORA DO CENTRO

BROOKLYN Best Western Gregory Hotel Brooklyn $$

8315 Fourth Ave, 11209 ***Tel*** *(718) 513-9707* ***Fax*** *(718) 680-0827* ***Quartos*** *70*

Embora este hotel seja meio fora de mão, é uma boa escolha para quem precisa ficar no Brooklyn. O metrô está a apenas alguns quarteirões. Os quartos são pequenos, mas bem cuidados. O bairro de Bay Ridge, nos arredores, está repleto de restaurantes árabes e italianos premiados. **www.brooklynbestwestern.com**

BROOKLYN Marriott Brooklyn Bridge $$

333 Adams St, 11201 ***Tel*** *(718) 246-7000* ***Fax*** *(718) 246-0563* ***Quartos*** *665*

Único hotel completo no Brooklyn, é uma ótima opção para quem viaja a negócios ou por diversão e quer explorar este bairro, ficando perto do Financial District. Nove linhas de metrô passam perto do hotel. Os quartos têm linda decoração. O saguão é grandioso, e há uma academia grande, com piscina. **www.marriott.com**

QUEENS Sheraton LaGuardia East Hotel $$

135-20 39th Ave, 11354 ***Tel*** *(718) 460-6666* ***Fax*** *(718) 445-2655* ***Quartos*** *173*

Confortável hotel de dezesseis andares com serviço completo no coração da Chinatown de Flushing. Oferece transporte para o aeroporto LaGuardia e acesso facilitado aos jogos dos Mets no Citi Field e ao Arthur Ashe Tennis Center. Tem sala de ginástica e business center, além de cafeteiras e internet sem fio nos quartos. **www.sheraton.com/laguardia**

RESTAURANTES E BARES

Os nova-iorquinos adoram comer bem e há mais de 25 mil restaurantes para atendê-los. Eles leem todas as críticas de restaurantes em revistas como *New York e Where,* para não perder os lugares da moda. É coisa muito séria – uma crítica desfavorável pode fechar um restaurante. Os citados nas páginas seguintes foram selecionados como o melhor de Nova York, dentro de uma ampla faixa de preço, e as informações nas pp. 296-311 irão ajudá-lo a escolher um restaurante adequado. Há dicas sobre lugares para tomar um lanche nas pp. 312-4. Bares de Nova York, nas pp. 315-7, indica os melhores locais para beber na cidade.

O clássico coquetel Manhattan

CARDÁPIOS

As refeições na maioria dos restaurantes consistem em três pratos: uma entrada (*appetizer* ou *starter*), um prato principal *(entrée)* e uma sobremesa *(dessert)*. Alguns restaurantes finos oferecem uma entrada de cortesia, como uma pequena porção de musse ou um triângulo de quiche. As entradas nos restaurantes mais concorridos costumam ser criativas a ponto de alguns pedirem duas entradas e nenhuma *entrée*. Nos cardápios italianos a massa aparece como um segundo prato, antes do principal, mas os americanos as pedem como prato principal. Café ou chá e uma sobremesa simples concluem a refeição, em todos os restaurantes acima do nível de *coffee shop*. Sua xícara de café será enchida seguidamente, até se mandar parar. A tábua de queijos faz parte do cardápio dos melhores restaurantes. Para ter uma ideia dos menus de Nova York acesse www.menupages.com para ver o que se serve em milhares de restaurantes da cidade. Outros sites locais, como o da *New York Magazine* (www.nymag.com), costumam ter links com cardápios de restaurantes.

Carrinho de cachorro-quente

PREÇOS

Sempre há um restaurante em Nova York que se encaixa no seu orçamento. Nas lanchonetes e cadeias de fast food come-se bastante por US$ 10 a US$15. Há também centenas de restaurantes bons, até mesmo de primeira classe, onde se come bem a um custo moderado – cerca de US$ 25 por pessoa, sem bebidas –, em ambiente agradável. O jantar em lugares da moda, com chefs famosos, pode elevar a conta para US$ 80 a US$ 100 por pessoa, sem bebidas. Muitos bons restaurantes oferecem refeições a preço fixo (ou *prix fixe*, como são chamadas em Nova York), geralmente uma opção bem mais barata que o cardápio à la carte. Além disso, almoçar costuma ser mais barato que jantar e em muitos lugares, por causa do grande número de clientes que trabalham nas redondezas, o almoço é o período mais movimentado do dia.

Uma típica *deli* de Nova York (p. 304)

TAXAS E GORJETAS

Em Nova York inclui-se na conta o imposto sobre vendas, de 8,875%. O serviço não vem incluído. As gorjetas vão de 10% num café até 20% nos locais mais chiques; uma gorjeta de 15% costuma ser adequada. Muitos dão de gorjeta o dobro do imposto.

A conta é chamada de "the check" em todos os EUA. Os cartões de crédito mais aceitos são Visa, MasterCard e American Express. Traveller's cheques também são aceitos em muitos restaurantes. Lanchonetes e cafés aceitam só dinheiro. Em cadeias de fast food, você pede no balcão e paga em dinheiro. Outros estabelecimentos só aceitam dinheiro.

McSorley's Old Ale House *(p. 315)*

REFEIÇÃO ECONÔMICA

Apesar das anedotas sobre almoços de negócios de US$ 200, pode-se comer bem e barato em Nova York.

Peça poucos pratos. As porções são enormes e exceto nos locais mais chiques a entrada é equivalente a um prato principal leve. Pode-se dividir os pratos, ou pedir duas entradas, sem *entrée*.

Pergunte ao garçom se há cardápio *prix fixe*. Muitos restaurantes caros os oferecem no almoço e jantar – no começo da noite, ele muitas vezes é chamado de *pre-theater menu*. Outra opção são os bufês, muito concorridos sobretudo em restaurantes indianos de Manhattan, por preços bem razoáveis em relação à quantidade.

Outra opção para uma refeição rápida e mais barata são os restaurantes chineses, tailandeses e mexicanos. Pizzarias e bistrôs franceses, bem como alguns restaurantes pequenos também servem hambúrgueres grelhados e bons lanches. Os bares que oferecem happy hour costumam servir grande variedade de aperitivos que equivalem a uma refeição.

Em um restaurante da moda, prefira o horário do almoço, bem mais barato que o jantar. Se quiser conhecer por dentro aqueles lugares de que todo mundo fala, vá para tomar só um drinque. Nesses casos, de qualquer forma, o ambiente é mais importante que a comida.

Durante a Restaurant Week (em jan-fev e jun-jul), diversos restaurantes da cidade oferecem pratos a apenas uma fração do preço normal. Detalhes no site www.nycgo.com/restaurantweek.

Espera com estilo em bar da Grand Central Terminal

Tanque d'água do Four Seasons *(p. 293)*

HORÁRIOS

O café da manhã geralmente é servido entre 7h e 10h30 ou 11h. Aos domingos, é mais comum o *brunch*, servido na maioria dos restaurantes entre 11h e 15h. A hora de almoço vai de 11h30 ou meio-dia até às 14h30 na maioria dos lugares, e o maior movimento é às 13h. O jantar é servido a partir das 17h30 ou 18h. A hora mais movimentada é entre 19h30 e 20h. Restaurantes fecham às 22h durante a semana e 23h às sextas e sábados. Lugares mais informais ficam abertos quase o dia todo, das 11h30 às 22h. Também as lanchonetes e *diners* costumam funcionar o dia todo, das 7h até meia-noite, às vezes.

TRAJES

Poucos restaurantes exigem que os homens se vistam formalmente, embora nos mais elegantes se use um blazer e até, às vezes, paletó e gravata. Na maioria dos casos, tanto para homens quanto para mulheres, o "casual chique" resolve. As mulheres costumam se produzir para ir aos restaurantes mais caros. Pergunte sobre o traje apropriado na reserva.

RESERVAS

É prudente fazer reservas em restaurantes acima do nível lanchonete/fast food, especialmente nos fins de semana. Alguns dos restaurantes mais na moda só aceitam reservas com mais de dois meses de antecedência. É essencial fazer reserva para almoços na área mais central. Mesmo assim, talvez você tenha de esperar no bar pela liberação de sua mesa.

FUMO

Não é permitido fumar em bares e restaurantes. A exceção são pequenos bares comandados pelos próprios donos que têm salas para fumantes.

CRIANÇAS

Se for comer fora com crianças, pergunte se há cardápio infantil, com meias porções. Os preços são mais baixos, às vezes a metade. Crianças bem-comportadas são aceitas na maior parte dos restaurantes de Nova York, mas no caso das imprevisíveis é melhor optar por um restaurante chinês ou cantina, lanchonete, deli ou café. Uns poucos restaurantes mais modernos têm acomodação para bebês, mas a maioria não conta com isso. Jantar nos lugares mais formais não é um programa para famílias.

ACESSO PARA CADEIRA DE RODAS

Embora muitos restaurantes tenham espaço para acomodar cadeiras de rodas, é sempre bom se certificar quando fizer a reserva. As lanchonetes e casas menores não atendem deficientes físicos, por falta de espaço.

CHEFS FAMOSOS

A cidade de Nova York atrai bons chefs de todo o mundo, todos determinados a marcar presença e ganhar os clientes locais e chamar a atenção do influente crítico de restaurantes do *New York Times*.

Uma refeição em um dos melhores restaurantes não é barata, mas pode valer a extravagância. Reservar uma mesa pode ser difícil e reservas devem ser feitas com dois meses de antecêdencia. Algumas reservas podem ser feitas online no site Opentable (www.opentable.com).

Entre os melhores nomes e casas estão Thomas Keller (Per Se), Daniel Bouley (Daniel), Jean-Georges Vongerichten (Jean-Georges), Gordon Ramsay (London NYC), Mario Batali (Babbo), Alain Ducasse (Adour) e Nobu Matsuhisa (Nobu New York).

Os Sabores de Nova York

Poucas cidades se comparam à diversidade de restaurantes de Nova York. Como reflexo da mistura de nacionalidades, a variedade de comidas vai da mais fina comida francesa e europeia aos mais frescos sushis fora de Tóquio. México, Caribe, Tailândia, Vietnã, Coreia, Grécia e Índia estão bem representados, e todos os quarteirões parecem ter um restaurante italiano. A qualidade das melhores casas da cidade é insuperável e seus chefs são superstars, conhecidos e venerados como ídolos de cinema. Porém, já que tantas nacionalidades estão representadas em sua cultura culinária, pouquíssimas comidas são nativas da própria cidade.

Pequenas porções

Produtos locais frescos expostos na feira livre

COMIDA DE DELI

A grande população de judeus deu origem a uma das melhores especialidades de Nova York, agora desfrutada por todos: carne recheada em conserva, e sanduíches de pastrami, picles de dill, sopa de pão ázimo, arenques, *blintzes* e bagel servidos com queijo cremoso e salmão defumado. O bagel, sinônimo da cidade, se tornou uma comida americana universal, mas o verdadeiro bagel de Nova York não tem nada a ver com as imitações massudas do interior. É feito à mão, e a rosquinha é cozida rapidamente em água fervente e depois assada, o que lhe dá uma textura firme para mastigar. Semelhante, e outra especialidade da cidade, é um pãozinho redondo, chato, com uma depressão central cheia de cebola tostada. Os melhores exemplos dos dois são encontrados em padarias kosher do Lower East Side *(pp. 92-101)*.

FEIRAS LIVRES

Veja se você não está perto das conhecidas feiras (greenmarkets) que os chefs gostam de pesquisar. Ali, fazendeiros vendem frutas e

Seleção de alimentos clássicos de qualquer *deli* de Nova York

ESPECIALIDADES DE NOVA YORK

Pretzels

Embora comer em Nova York possa abranger todas as nações, alguns pratos especiais estão intimamente associados à cidade. O Manhattan Clam Chowder, preparado com tomates em vez de creme, é muito pedido, desde que foi lançado nas barracas da praia de Coney Island, na década de 1880. Nas muitas churrascarias da cidade, uma seleção de primeira é o "New York strip steak", um corte de filé mignon da porção mais tenra. A cozinha italiana sempre teve uma interpretação nova-iorquina. Cremosa, a *cheesecake* de Nova York é feita com queijo cremoso e não com ricota italiana. E como os tradicionais fornos de lenha eram pouco práticos, os primeiros chefs imigrantes da Itália usavam fornos de carvão – embora raros, os puristas insistem que são necessários para a verdadeira pizza de Nova York.

Manhattan clam chowder *Rica mistura de batatas, cebolas, tomates, pedacinhos de ostras e mariscos.*

Carrinho numa esquina de Manhattan vende hot dogs e refrigerantes

verduras recém-colhidas, além de carne, aves e laticínios. Dezenas de chefs patrocinam os greenmarkets, de modo que você encontra produtos locais superfrescos nos cardápios dos restaurantes. Cerca de 70 vendedores frequentam as feiras de Union Square às segundas, quartas, sextas e sábados *(p. 129)*.

COMIDA DE RUA

A comida de rua é uma boa opção numa cidade em constante movimento. Opções clássicas são os hot dogs e os enormes *pretzels*, além de surpreendentes comidas de carrinhos, que vão de *falafel* a sopas e churrascos texanos, tudo pronto para comer. No inverno, há sempre vendedores de castanhas assadas, quentinhas.

COMIDA SOUL

O Harlem é a comunidade afro-americana mais famosa dos EUA. Ali, os restaurantes são locais para provar especialidades do sul, como frango frito, costelas, couves,

Loja de produtos orientais na Chinatown de Nova York

inhames e bolos de fubá. Diz-se que um prato popular do Harlem, *fried chicken and waffles*, surgiu para servir os músicos que saíam dos clubes de jazz de madrugada.

RIVAIS ASIÁTICOS

Faz tempo que há na cidade lojas de pequenas porções e restaurantes chineses, mas agora eles estão concorrendo com muitos restaurantes excelentes tailandeses e vietnamitas. Porém, todos ficam em segundo plano frente aos inúmeros bares de sushi e aos chefs japoneses elogiados e famosos.

CLÁSSICOS DE DELICATÉSSEN

Babkas Bolos de café adocicados e fermentados.

Blintzes Crepes recheadas com queijo branco adocicado e/ou frutas, e salteadas.

Chopped liver Fígados de frango triturados com cebola picada, ovos cozidos e *schmaltz* (gordura de frango).

Gefilte fish Bolinhos de peixe branco cozidos em caldo de peixe. Prato de festa.

Knishes Suave bolinho de farinha recheado com purê de tomate com cebola.

Latkes Panquecas de batata ralada e cebola, com pão ázimo.

Rugelach Confeito feito com queijo cremoso, recheado com geleia, nozes picadas e passas.

New York-style pizza *Com massa grossa ou fina, a genuína pizza de Nova York é assada em forno de carvão.*

New York Strip Steak *Servido com creme de espinafre e batatas fritas amorenadas, é imbatível.*

New York cheesecake *Torta firme, rica, assada, com uma crosta de massa ou de biscoito.*

Como Escolher um Restaurante

Os restaurantes relacionados nas páginas seguintes foram selecionadas pela qualidade da comida e preços condizentes. Reunidos por regiões, aparecem por ordem alfabética dentro das categorias de preços. Para obter informações sobre *Lanches e Refeições Leves*, veja as pp. 312-4; sobre *Bares*, consulte as pp. 315-7.

CATEGORIAS DE PREÇO para uma refeição de três pratos, para uma pessoa, incluindo uma taça de vinho da casa e todos os impostos:

$ até US$25
$$ US$25-US$40
$$$ US$40-US$60
$$$$ US$60-US$80
$$$$$ acima de US$80

LOWER MANHATTAN

George's New York — $
89 Greenwich St, 10006 ***Tel*** *(212) 269-8026* — **Mapa** *1 B1*

O cardápio do George's tem centenas de pratos, que vão de receitas clássicas de diner a outras mais exóticas, como frango dijon com mel e bife romeno. Costuma ficar lotado na hora do almoço, quando atrai homens de negócios das redondezas e turistas. Aberto 6h-22h diariam.

Adrienne's Pizza Bar — $$
87 Pearl St, 10004 ***Tel*** *(212) 248-3838* — **Mapa** *1 C4*

O ambiente desta conhecida rua da velha Nova York aumenta o interesse neste local popular, famoso pela sua pizza quadrada de massa fina e crocante. Parada ideal para um almoço saboroso e barato enquanto se explora Lower Manhattan. Se você estiver nas redondezas na hora do jantar, o clima é mais sereno.

Les Halles — $$
15 John St between Broadway and Nassau St, 10038 ***Tel*** *(212) 285-8585* — **Mapa** *1 C2*

No Financial District, esta brasserie ao estilo parisiense é uma casa-irmã do restaurante Park Avenue Les Halles e ganhou fama graças ao chef-celebridade Anthony Bourdain. Paraíso dos carnívoros, o Les Halles serve boa variedade de carnes grelhadas – além de outros pratos bem elaborados.

Battery Gardens — $$$
17 State St, Battery Park, 10004 ***Tel*** *(212) 809-5508* — **Mapa** *1 C4*

Vale a viagem à extremidade de Manhattan para aproveitar as fantásticas vistas do porto e da Estátua da Liberdade neste paraíso do Battery Park. O menu americano-continental é adequado, mas a o que atrai os clientes é a vista. Nada se compara a sentar-se no terraço em um dia ameno.

Fraunces Tavern — $$$
54 Pearl St, esquina com Broad Street 10004 ***Tel*** *(212) 968-1776* — **Mapa** *1 C4*

Esta taverna histórica funciona desde 1762 e foi aqui que George Washington disse adeus a seus oficiais nas vésperas de seu afastamento, em 1783. São oferecidos pratos clássicos americanos feitos com filé e peixe, acompanhados de fartas porções de assados e sopas. No inverno esquente-se na confortável sala de estar.

Harry's Cafe — $$$$
1 Hanover Sq, 10004 ***Tel*** *(212) 785-9200* — **Mapa** *1 C3*

O antigo Bayard's foi remodelado e se transformou numa steakhouse moderna que oferece comida e vinho de primeira. Se você não quer gastar suas economias pode aproveitar a atmosfera deste prédio histórico pedindo algo do menu do café de preços razoáveis. Um dos poucos estabelecimentos de Wall Street que funcionam no fim de semana.

SEAPORT E CIVIC CENTER

Acqua at Peck Slip — $$
21-23 Peck Slip, 10038 ***Tel*** *(212) 349-4433* — **Mapa** *2 D2*

Entre as armadilhas para turistas de South Street Seaport, este restaurante italiano se destaca por servir comida italiana com sotaque americano e ingredientes orgânicos. Se o serviço é um pouco lento, relaxe e admire o teto abobadado e os tons quentes que tornam o ambiente aconchegante e romântico. A lasanha é fantástica.

Bridge Café — $$$
279 Water St at Dover St, 10038 ***Tel*** *(212) 227-3344* — **Mapa** *2 D2*

Gracioso café situado bem perto da Brooklyn Bridge, este estabelecimento antigo merece uma visita. Os mais ousados podem experimentar a especialidade de casa: nhoque com filé de búfalo. Mas também há opções para clientes mais contidos, de torta de lagosta e peixe fresco a pratos à base de legumes grelhados.

Legenda dos símbolos *no final do guia*

Stella Manhattan Bistro $$$

213 Front St, 10038 **Tel** *(212) 233-2437* **Mapa** *2 D2*

Um achado na região de Seaport, o Stella Manhattan é um agradável bistrô com decoração caprichada. O menu europeu moderno é sazonal e enfatiza os frutos do mar, além de alguns clássicos de pub. O Raw Bar serve ostras, mariscos e tesouros como a lagosta ensopada. O terraço ao ar livre é perfeito para um brunch.

LOWER EAST SIDE

Grand Sichuan $

125 Canal St at Bowery, 10002 **Tel** *(212) 625-9212* **Mapa** *4 E5*

O destaque daqui é o imenso cardápio, com todos os tipos de pratos da culinária de Sichuan, Hunang e até da combinação "sino-americana", além das tradicionais massas picantes. Não faltam alternativas para os vegetarianos. A equipe enxuta e a decoração modesta talvez contribuam para os preços acessíveis.

Katz's Delicatessen $

205 East Houston St, 10002 **Tel** *(212) 254-2246* **Mapa** *5 A3*

Um dos endereços clássicos de Nova York, esta deli judaica prepara os melhores sanduíches de pastrami da cidade. Não espere muito do serviço ou da decoração: a atração é mesmo a comida e as cifras moderadas da conta. A famosa cena do filme *Harry e Sally* foi gravada aqui.

Teany Café $

90 Rivington St, 10002 **Tel** *(212) 475-9190* **Mapa** *5 A3*

O proprietário deste famoso café que se destaca pelas saladas e sanduíches vegetarianos é o ídolo do rock Moby. As sobremesas também merecem elogios, como a bomba de pasta de amendoim. Vale provar o chá da tarde (para uma ou duas pessoas). Serviço nada memorável.

Il Palazzo $$

151 Mulberry St, 10013 **Tel** *(212) 343-7000* **Mapa** *4 F4*

O Il Palazzo está entre os poucos bons restaurantes de Little Italy (sobretudo quando o assunto é o atendimento). Massas caseiras e risotos constituem opções seguras e a preços acessíveis. Entre as sobremesas populares, destaque para o cannoli e o tiramisu.

Joe's Shanghai $$

9 Pell St, 10013 **Tel** *(212) 233-8888* **Mapa** *4 F5*

Ao visitar este famoso restaurante de bairro, não deixe de provar os bolinhos de caranguejo e de carne de porco, pratos que atraem uma multidão para a porta do Joe´s, em especial nos finais de semana. O restante do cardápio tem menos apelo, mas os preços são bons. O serviço e a decoração não impressionam.

Sammy's Roumanian $$

157 Chrystie St, 10002 **Tel** *(212) 673-0330* **Mapa** *5 A4*

O menu de inspiração judaica do Sammy's Roumanian oferece pratos tradicionais como latkes, fígado picado, purê de batatas com schmaltz (gordura de frango) e uma grande seleção de cortes de carne. Experimente a linguiça de alho com vodca gelada. Entretenimento improvisado e cantorias coletivas dão um toque divertido adicional.

Macondo $$$

157 E Houston St, 10002 **Tel** *(212) 473-9900* **Mapa** *5 A3*

Apesar da aparência simples de cabana de praia mexicana, o Macondo tem muito a oferecer. A comida de rua de alta qualidade da Espanha e da América Latina – tacos, tapas, arepas e ceviches – é de dar água na boca. O ambiente é animado, e os coquetéis, fortes e saborosos, são irresistíveis.

Schiller's Liquor Bar $$$

131 Rivington St, 10002 **Tel** *(212) 260-4555* **Mapa** *5 B3*

Para saborear a gastronomia da moda do Lower East Side, de dia ou de noite, visite este popular ponto de encontro em uma esquina movimentada. O variado cardápio de pratos caseiros inclui tortas, hambúrgueres e filé com fritas. O preço é razoável pela qualidade da comida. O elegante interior é decorado com azulejos.

The Stanton Social $$$

99 Stanton St, 10002 **Tel** *(212) 995-0099* **Mapa** *5 A5*

Com tanta gente bonita e descolada, a atmosfera deste restaurante quase ofusca a comida. O menu eclético de tapas tem muitas opções de dar água na boca – da sopa de cebola com bolinhos aos mini-hambúrgueres – mas cuidado: o preço pode ficar caro. Os drinques são igualmente convidativos.

WD-50 $$$$

50 Clinton St, 10002 **Tel** *(212) 477-2900* **Mapa** *5 B3*

Wylie Dufresne, pioneiro da culinária molecular e principal nome da revolução gastronômica do Lower East Side, serve comida fina em ambiente descontraído que combina com a vizinhança. Sua cozinha americana eclética é conhecida por toques inovadores, como o carneiro com consommé de banana. Quem não conseguir fazer reserva pode jantar no bar.

SOHO E TRIBECA

Lombardi's $

32 Spring St, 10012 ***Tel*** *(212) 941-7994* ***Mapa*** *4 F4*

Entre as pizzarias mais famosas da cidade, a Lombardi's serve "redondas" feitas em forno à lenha, com massa fina e convidativa mussarela. O restaurante paga o preço por sua popularidade com multidões e longas filas, mas graças a uma bem-vinda reforma, a espera para conseguir uma mesa diminuiu.

Peanut Butter & Co. $

240 Sullivan St, 10012 ***Tel*** *(212) 677-3995* ***Mapa*** *4 D2*

Vale a pena se deslocar para conhecer as inúmeras combinações de sanduíches com pasta de amendoim preparados por esta casa (há até um dedicado a Elvis Presley). Há sobremesas com outros ingredientes, porém. Graças aos bons preços, este é um bom lugar para trazer crianças e convidar amigos.

Pho Pasteur $

85 Baxter St, 10013 ***Tel*** *(212) 608-3656* ***Mapa*** *4 F5*

Minúsculo restaurante situado no meio de Chinatown, com grande oferta de pratos feitos com macarrão ao estilo oriental (a preços convidativos). Peça os bolinhos vietnamitas com alface e arroz, mas há pratos bem mais picantes para quem preferir. A variedade de bebidas asiáticas também impressiona.

Aquagrill $$$

210 Spring St, 10012 ***Tel*** *(212) 274-0505* ***Mapa*** *4 D4*

Para os amantes dos frutos do mar o Aquagrill é o paraíso, um restaurante que faz questão de usar apenas ingredientes frescos. Vale provar o bar de ostras, mas a regularidade dos pratos e o bom atendimento fazem o sucesso da casa. Prove a sopa de mexilhões com açafrão.

Balthazar $$$

80 Spring St, 10012 ***Tel*** *(212) 965-1414* ***Mapa*** *4 E4*

A joia da coroa do restaurateur Keith McNally continua popular graças ao estilo de brasserie parisiense, à boa qualidade da comida, à soberba carta de vinhos e ao bar animado – você encontrará os intelectuais do SoHo, VIPs e turistas se espremendo aqui. É uma boa escolha para brunch e jantar tardio. Há também uma padaria excelente no local.

The Harrison $$$

355 Greenwich St, 10013 ***Tel*** *(212) 274-9310* ***Mapa*** *4 D5*

Restaurante situado em frente à água no coração de TriBeCa, serve pratos americanos "recriados", como o frango crocante com recheio de castanhas. Bastante apreciados pelos moradores da região, quem quer almoçar ou jantar aqui precisa enfrentar filas.

L' Ecole $$$

462 Broadway, 10012 ***Tel*** *(212) 219-3300* ***Mapa*** *4 E4*

Pequeno e gracioso restaurante do SoHo, o L'École recebe os alunos do French Culinary Institute para suas aulas práticas. Oferece menus degustação a preços razoáveis, considerando-se a ótima qualidade da comida e a infalível gentileza do atendimento.

Lupa $$$

170 Thompson St, 10012 ***Tel*** *(212) 982-5089* ***Mapa*** *4 F3*

Tratoria italiana criada pelo chef-celebridade Mario Batali como uma alternativa mais em conta ao seu disputado Babbo. Há uma grande variedade de pratos, como berinjela defumada, excelentes massas frescas e entradas trabalhadas como a saltimbocca de porco. Excelente carta de vinhos italianos.

Minetta Tavern $$$

113 MacDougal St, 10012 ***Tel*** *(212) 475-3850* ***Mapa*** *4 D2*

Este procurado bistrô consegue ao mesmo tempo ser casual e atrair celebridades. O cardápio é enxuto mas consistente, e cada prato é preparado com talento, desde a pequena omelete, as pernas de rã e os saborosos tutanos de ossos à incrível variedade de filés. Abre para o brunch nos fins de semana e 17h30-1h diariam. Recomenda-se reservar.

Odeon $$$

145 West Broadway, 10013 ***Tel*** *(212) 233-0507* ***Mapa*** *1 B1*

Um dos primeiros restaurantes abertos em TriBeCa na década de 1980, este "falso bistrô" serve pratos franco-americanos de boa qualidade. Não deixe de provar o steak tartare, mas lembre-se de que os hambúrgueres também são um ponto alto. Decoração simples e lotação constante.

Peep $$$

177 Prince St, 10012 ***Tel*** *(212) 254-7337* ***Mapa*** *4 D3*

Este glamoroso restaurante cor-de-rosa serve uma deliciosa comida tailandesa e coquetéis exóticos. Não deixe de conhecer os banheiros que dão nome ao estabelecimento (*peep* significa espiar) – mas não se preocupe, os espelhos só dão visão de dentro para fora. Os almoços a preço fixo e o prato do dia no jantar são baratos.

Legenda dos preços *na p. 296* **Legenda dos símbolos** *no final do guia*

Petite Abeille

$$$

134 West Broadway, 10013 ***Tel*** *(212) 791-1360* **Mapa** *1 B1*

O personagem de histórias em quadrinhos Tintin empresta seu charme para a decoração desta filial de uma mini--rede belga de preços razoáveis. O prato mais popular é o mexilhão com fritas, especialmente nas quartas-feiras, quando o preço é fixo. Grande carta de cervejas importadas. Serve os deliciosos waffles belgas no café da manhã.

Public

$$$

210 Elizabeth St, 10012 ***Tel*** *(212) 343-7011* **Mapa** *4 F3*

O Public combina culinária moderna com criações bastante ousadas, como o ceviche de limão e o canguru grelhado em falalel. Experimente os coquetéis fusion ou a cerveja australiana à disposição e aprecie o espaço industrial-chic de pé direito alto que fica lotado todas as noites com a estilosa multidão do SoHo.

Kittichai

$$$$

60 Thompson St, 10012 ***Tel*** *(212) 219-2000* **Mapa** *4 D4*

Elaborado restaurante tailandês situado nas dependências do hotel 60 Thompson *(p. 281)*, o Kittichai é um bom lugar para ser visto. No cardápio ampla oferta de itens, como as "tapas tailandesas", além de pratos de frutos do mar, como o tamboril com gengibre, e sobremesas como rolinhos primavera de banana cobertos com calda de mel.

Nobu

$$$$

105 Hudson St, 10013 ***Tel*** *(212) 219-0500* **Mapa** *4 D5*

O chef Nobu Matsuhisa oferece um cardápio fantástico – para quem conseguir uma reserva e estiver disposto a pagar bem. No cardápio, iguarias como tartar de atum e tempurás, sem falar da extensa oferta de sushis. Badalado, o Nobu também é frequentado por celebridades.

Bouley

$$$$$

163 Duane St, 10013 ***Tel*** *(212) 964-2525* **Mapa** *1 C1*

A moderna culinária francesa do famoso chef David Bouley tem um impressionante lar em TriBeCa, com teto abobadado e decoração elegante que combinam com a comida fina. Para quem não quer encarar uma conta robusta, o menu de preço fixo de quatro pratos no almoço é uma boa pedida para provar o talento do mestre.

Corton

$$$$$

239 West Broadway, 10013 ***Tel*** *(212) 219-2777* **Mapa** *4 E5*

Depois de reinar por vinte anos em TriBeCa, o adorado Montrachet foi rebatizado (Corton é uma famosa região vinícola da Borgonha), e recebeu novo visual e novo menu. A decoração é descolada e moderna e o chef introduziu pratos modernos franceses, como o foie gras com beterraba, para deleite dos críticos. Vale a pena esbanjar um pouco.

Megu

$$$$$

62 Thomas St, 10013 ***Tel*** *(212) 964-7777* **Mapa** *1 B1*

Acompanhando as últimas tendências dos restaurantes japoneses, o Megu conquista os clientes com um magnífico cardápio, rico em pratos que servem duas pessoas. Em especial nos finais de semana, o ambiente pode ser um pouco barulhento.

GREENWICH VILLAGE

A Salt & Battery

$

112 Greenwich Ave, 10011 ***Tel*** *(212) 691-2713* **Mapa** *3 B1*

Venha para cá para experimentar o melhor "fish-and-chips" da região a preços bem convidativos. Há diversas combinações de pratos com peixes para escolher, além de uma ampla variedade de guarnições que justificam a ida até o local, principalmente a deliciosa Mars bar frita.

Corner Bistro

$

331 West 4th St, 10014 ***Tel*** *(212) 242-9502* **Mapa** *3 C1*

A fila na porta indica que não se trata de um bistrô com pratos tradicionais, mas sim um bom lugar para apreciar também hambúrgueres suculentos e cervejas a bons preços. A comida é servida em pratos descartáveis, mas não faltam guardanapos.

John's Pizzeria

$

278 Bleecker St, 10014 ***Tel*** *(212) 243-1680* **Mapa** *4 D3*

Uma das pizzarias preferidas da cidade, com fotografias autografadas por celebridades nas paredes e fila para entrar. Os frequentadores se rendem às pizzas de massa fina feitas no forno a lenha, mas também há algumas massas e os famosos calzones, que chegam a ser grandes o suficiente para três pessoas. Pode-se comprar para levar. Sem reservas.

Moustache

$$

90 Bedford St, 10014 ***Tel*** *(212) 229-2220* **Mapa** *3 C2*

Gracioso restaurante com inspiração no Oriente Médio oferece pratos saborosos e baratos, como cordeiro grelhado e linguiças do tipo merguez. Em geral falta espaço para a grande demanda e a rapidez não é o forte da casa. A unidade do East Village, na 265 East 10th Street, inclui um jardim interno.

Westville $$

210 West 10th St, 10014 ***Tel*** *(212) 741-7971* ***Mapa*** *3 C2*

Restaurante despojado que se destaca por servir pratos da cozinha regional norte-americana a preços razoáveis, como bacalhau na baguete, hambúrguer, macarrão com queijo e sanduíche de bacon com salada. O Westville fez tanto sucesso que abriu filiais no East Village e em Chelsea.

10 Downing $$$

10 Downing St, 10014 ***Tel*** *(212) 255-0300* ***Mapa*** *4 D3*

Nouveau cuisine francesa em elegante restaurante que fica cheio de moradores da região e visitantes. Experimente a substanciosa cassoulet com almôndegas de pato ou o agnoletti coberto com caranguejo. Para sobremesa peça o bolo de chocolate recheado com sorvete de malte.

Blue Ribbon Bakery $$$

33 Downing Street, 10014 ***Tel*** *(212) 337-0404* ***Mapa*** *4 D3*

O amplo cardápio que se destaca pelos aperitivos, que inclui queijos e outros frios e pães saborosos, oferece também sopas, saladas e entradas como hambúrgueres e filé mignon. A carta de vinhos acessível faz daqui um bom lugar para um jantar com familiares e amigos.

Centro Vinoteca $$$

74 Seventh Ave, 10011 ***Tel*** *(212) 367-7470* ***Mapa*** *8 E5*

Este movimentado restaurante de dois níveis com paredes de tijolo branco e janelas grandes serve pratos italianos criativos. Relaxe no fim de tarde com um piccolino (pequeno prato), como couve-flor frita com parmesão, seguido de pratos principais de carne como o carneiro bolonhês ou o coelho recheado com linguiça e pinhão.

Otto $$$

1 Fifth Ave, 10003 ***Tel*** *(212) 995-9559* ***Mapa*** *4 E1*

Pizzaria cara e sofisticada, comandada pelo chef Mario Batali. A curiosa carta de vinhos e a oferta de guarnições e antepastos fazem o charme deste lugar bastante disputado. Prove a famosa "lardo pizza", banha de porco sobre massa de pizza. Outra peculiaridade daqui é o sorvete de azeite de oliva.

Pastis $$$

9 Ninth Ave, 10014 ***Tel*** *(212) 929-4844* ***Mapa*** *3 B1*

Entre os pioneiros do Meatpacking District, este impressionante bistrô parisiense oferece generosos pratos franceses de boa qualidade. O ambiente costuma ser barulhento nos finais de semana, com a frequência de celebridades. O brunch servidos aos sábados e domingos é muito bom. Se não fizer reserva, prepare-se para esperar.

Pearl Oyster Bar $$$

18 Cornelia St, 10014 ***Tel*** *(212) 691-8211* ***Mapa*** *4 D4*

O Pearl Oyster Bar é um dos destaques do Village, apreciado pelos sabores vigorosos e uso de ingredientes frescos. Destaque para os bolinhos de lagosta e os mexilhões das ilhas Prince Edward. Os pratos do dia são indicados em uma lousa e o atendimento é amigável. Nas horas mais disputadas, é preciso esperar na fila.

The Spotted Pig $$$

314 West 11th St, 10014 ***Tel*** *(212) 620-0393* ***Mapa*** *3 B2*

Os ingleses costumam adorar os pratos de pub servidos no estabelecimento da chef britânica April Bloomfield. Este restaurante minúsculo lota rápido, e para driblar a espera a saída é chegar cedo nos horários mais disputados ou aguardar no bar. Destaque para a cerveja da Brooklyn Brewery e a excelente e deliciosa shepherd's pie.

The Waverly Inn and Garden $$$

216 Bank St (Waverly Place), 10014 ***Tel*** *(917) 828-1154* ***Mapa*** *3 C1*

O cardápio despretensioso e de preços baixos deste estabelecimento apresenta uma seleção de pratos clássicos da cozinha americana: sopa-creme de mariscos (clam chowder), costeletas de porco com maçãs assadas e o muito comentado macarrão com queijo e trufas raladas.

Babbo $$$$

110 Waverly Place, 10011 ***Tel*** *(212) 777-0303* ***Mapa*** *4 D2*

O principal restaurante do chef Mario Batali ocupa um lindo dúplex no Village, considerado o paraíso de quem aprecia massas de boa qualidade. É difícil conseguir uma reserva aqui e, considerando o preço, o serviço poderia ser melhor. A premiada carta de vinhos e a clientela despojada garantem o charme do Babbo.

Blue Hill $$$$

75 Washington Place, 10011 ***Tel*** *(212) 539-1776* ***Mapa*** *4 E4*

Este restaurante que celebra a nova linha da culinária americana aposta na qualidade dos ingredientes. O cardápio não é extenso, mas os pratos sazonais são sempre frescos e bastante criativos. Experimente o foie gras ou o filé suíno com castanhas.

Da Silvano $$$$

260 Sixth Ave, 10014 ***Tel*** *(212) 982-2343* ***Mapa*** *4 D3*

Este restaurante com inspiração na cozinha da Toscana se destaca mais pela frequência dos famosos que jantam aqui do que pela comida propriamente dita, que inclui uma variedade de massas, antepastos com frutos do mar, saladas e entradas tradicionais, como costelas de cordeiro. No verão, a disputada área externa é ideal para ver e ser visto.

Legenda dos preços *na p. 296* **Legenda dos símbolos** *no final do guia*

One if by Land, Two if by Sea $$$$

17 Barrow St, 10014 ***Tel*** *(212) 255-8649* ***Mapa*** *3 C3*

A casa de Aaron Burr, que ficou famosa na Guerra Civil Americana, hoje é um dos locais mais românticos e históricos da cidade. Para alguns a decoração parece exagerada. O menu de preço fixo composto de três pratos de comida trivial americana é servido à luz de velas junto à lareira. Há música ao vivo (piano) todos os dias.

Spice Market $$$$

403 West 13th St, 10014 ***Tel*** *(212) 675-2322* ***Mapa*** *3 B1*

Lindo restaurante de inspiração na comida de rua asiática, liderado pelo chef Jean Georges Vongerichten. Com um ambiente que lembra um clube, costuma reunir gente bonita (até quem trabalha aqui) e oferece coquetéis caprichados. O cardápio, porém, não merece destaque.

Gotham Bar & Grill $$$$$

12 East 12th Street, 10003 ***Tel*** *(212) 620-4020* ***Mapa*** *4 E1*

Um clássico nova-iorquino da moderna cozinha americana, célebre pelas criações do revolucionário chef Alfred Portale – como foie gras com crosta de gengibre. Há quem veja aqui um pouco de excesso, mas o almoço a preço fixo (US$ 25) merece uma tentativa.

EAST VILLAGE

Blue 9 Burger $

92 Third Ave, 10003 ***Tel*** *(212) 979-0053* ***Mapa*** *4 F1*

Saborosos hambúrgueres servidos a preços bastante razoáveis fazem daqui uma alternativa para quem quer fugir das redes de fast-food. As batatas-fritas podem vir com molho de chili. Uma opção é fazer um pedido para viagem e emendar com um piquenique em um parque das proximidades.

Dumpling Man $

100 St Mark's Place, 10009 ***Tel*** *(212) 505-2121* ***Mapa*** *5 A1*

Restaurante minúsculo mas badalado situado no East Village, oferece ampla variedade de bolinhos. Vale a pena observar o trabalho dos cozinheiros daqui. Com preços sedutores, o Dumpling Man é um bom lugar para um jantar depois de um show.

Minca Ramen Factory $

536 East 5th St, 10009 ***Tel*** *(212) 505-8001* ***Mapa*** *5 B2*

O Minca serve macarrões orientais em estilo ramen, mas sem nenhuma semelhança com os noodle cups preparados em micro-ondas. Pode-se escolher um macarrão com carnes ou vegetariano, entre outros. Bom lugar para uma parada em um dia frio.

Caracas Arepa Bar $$

91 East 7th St, 10009 ***Tel*** *(212) 228-5062* ***Mapa*** *5 A2*

Restaurante algo kitsch que serve ótima comida venezuelana, sem pressa nenhuma. As arepas (saborosos bolinhos de milho com recheio variado), os sanduíches e os tamales agradam sem agredir o bolso. A falta de espaço do local não desanima os clientes. Há também uma unidade no Brooklyn.

Great Jones Café $$

54 Great Jones St, 10012 ***Tel*** *(212) 674-9304* ***Mapa*** *4 F2*

A chance de provar a culinária de Nova Orleans pode estar neste restaurante barato e simpático, que inclui até uma jukebox. Entre as especialidades estão os camarões fritos po'boys, linguiça andouille e jambalaya. Definitivamente convidam para uma cerveja. Procure pelo colorido retrato do Elvis na janela.

Il Bagatto $$

192 East 2nd St, 10009 ***Tel*** *(212) 228-0977* ***Mapa*** *5 B2*

Restaurante italiano disputado e agitado, serve pratos bem-preparados a preços razoáveis – e atrai clientes de toda a cidade. No entanto, as filas imensas deixam o atendimento algo acelerado. O sistema de reservas é um mistério e por isso convém telefonar antes. Quem estiver nas proximidades ganha mais se fizer pedido para viagem.

La Palapa $$

77 St. Marks Place, 10003 ***Tel*** *(212) 777-2537* ***Mapa*** *5 A1*

Culinária mexicana regional com ingredientes autênticos fazem deste restaurante um bom local para uma festa, com um salão bem decorado. Não dói no bolso e serve ótimas margaritas. Não deixe de experimentar a lampreia "Zihuatanejo style" ou o pato com molho mole negro.

Lil' Frankies $$

19-21 First Ave, 10003 ***Tel*** *(212) 420-4900* ***Mapa*** *5 A2*

Esta pizzaria de bairro afirma que os tijolos de seu forno contêm lava do Vesúvio! As pizzas boas e barata atraem sobretudo uma clientela jovem. O estabelecimento conta com um jardim no pátio dos fundos para um jantar ao ar livre e o serviço cordial compensa a pequena lentidão.

Zum Schneider $$

107 Avenue C, 10009 ***Tel*** *(212) 598-1098* **Mapa** *5 B2*

Neste simpático jardim de cerveja, a Oktoberfest parece durar o ano todo. Ao chegar aqui, aproveite o ambiente e saboreie as ótimas salsichas. Simpático para acolher famílias, costuma atrair muita gente nos finais de semana, quando o serviço fica um pouco lento. Como se pode imaginar, há chopes de todas as partes do mundo.

Casimir $$$

103 Avenue B, 10009 ***Tel*** *(212) 358-9683* **Mapa** *5 B2*

Pequeno bistrô francês situado na agitada região de Alphabet City. Os pratos autênticos (servidos por garçons nem sempre muito ágeis) incluem morcela e filé com fritas. Tente conseguir uma mesa na parte externa e, se quiser pagar com cartão de crédito, traga o American Express.

Dirt Candy $$$

430 East 9th St, 10009 ***Tel*** *(212) 228-7732* **Mapa** *5 B1*

Os pratos vegetarianos criados pela chef e proprietária Amanda Cohen são brilhantes em todos os aspectos. Invenções conceituais – como a massa de abobrinha com menta e estragão, o cubo de musse de cogumelo portobello e bolinhos de pimenta jalapeño – são extremamente saborosas. Aberto 17h30-23h ter-sáb.

Jules $$$

65 St. Marks Place, 10003 ***Tel*** *(212) 477-5560* **Mapa** *5 A2*

Ambiente de uma brasserie parisiense a luz de velas com jazz ao vivo todas as noites sem couvert artístico (coisa rara em Nova York), mas a banda pede gorjetas. Menu de bistrô com pratos como o filé com fritas e pratos franceses clássicos. É frequentado por jovens descolados.

The Mermaid Inn $$$

96 Second Ave, 10003 ***Tel*** *(212) 674-5870* **Mapa** *5 A2*

Esta badalada casa especializada em frutos do mar atrai uma clientela mais jovem, que se delicia com o raw bar de primeira qualidade e a comida em estilo New England, como os sanduíches de lagosta e mariscos. Como o The Mermaid não aceita reservas, as filas são longas; mas aguente firme, pois vale a pena.

Momofuku Noodle Bar $$$

171 First Ave, 10003 ***Tel*** *(212) 475-7899* **Mapa** *5 A1*

O célebre chef coreano David Chang está no comando deste arejado restaurante. O cardápio muda diariamente, e pode incluir pãezinhos de porco cozido ou confit de pato. O carro-chefe é o ramen mergulhado em um caldo aromático à base de ossos de porco e patas de galinha, acrescido de bucho de porco, ervilha-torta e ovo pochê.

Hearth $$$$

403 East 12th St, 10009 ***Tel*** *(212) 602-1300* **Mapa** *5 A1*

Restaurante americano com influências da Toscana, serve ousados pratos de alta qualidade em um ambiente romântico e "rústico-chique". O chef Marco Canora (que já trabalhou no Craft) cria opções interessantes como a ribollita (sopa de repolho e feijão) e bolo de azeite de oliva. Pode-se pedir o menu degustação.

Jewel Bako $$$$

239 East 5th St, 10003 ***Tel*** *(212) 979-1012* **Mapa** *4 F2*

A disputa pelo título de melhor sushi de Nova York ganhou fôlego com a chegada deste sofisticado japonês, que serve iguarias feitas com ingredientes fresquíssimos e apresentação espetacular. O serviço (cortês mas irregular) e a falta de espaço prejudicam um pouco a experiência. Uma filial menos sofisticada funciona na outra esquina.

Kajitsu $$$$

414 East 9th Street, 10003 ***Tel*** *(212) 228-4873* **Mapa** *5 A1*

Restaurante vegetariano premiado que serve a culinária ancestral japonesa shojin, desenvolvida em mosteiros zen--budistas. Os vegetais são celebrados em toda a sua glória sazonal, e o macarrão soba é feito diariamente. Como tem apenas 28 lugares, geralmente há espera.

GRAMERCY E FLATIRON DISTRICT

Chat 'n' Chew $$

10 East 16th St, 10003 ***Tel*** *(212) 243-1616* **Mapa** *8 F5*

Simpático restaurante situado na área da Union Square que atrai ampla clientela e cobra preços sedutores. Entre as ofertas da casa estão o 'n' cheese e o peru assado, tradicionalmente servido na comemoração do Thanksgiving Day mas aqui disponível o ano todo. Para sobremesa, peça uma das tortas ou bolos. Bom local para um brunch.

Chennai Garden $$

129 East 27th St, 10016 ***Tel*** *(212) 689-1999* **Mapa** *9 A3*

A região conhecida como "Curry Hill" tem muitos restaurantes indianos, mas este é um pouco diferente. Oferece culinária do sul da Índia bem preparada que também é vegetariana e kosher. Embora a decoração não tenha nada de especial, o barato bufê de almoço impressiona pela variedade e pelo frescor.

Legenda dos preços *na p. 296* **Legenda dos símbolos** *no final do guia*

Eataly
$$

200 Fifth Ave, 10010 ***Tel*** *(646) 398-5100* **Mapa** *8 F4*

O empresário da gastronomia Mario Batali e outros chefs famosos estão por trás deste empório internacionalmente aclamado com todos os tipos de alimentos italianos. Centenas de produtos são trazidos da Europa regularmente. O amplo espaço oferece diversas opções, de rápidas lojas de comida para levar a restaurantes gourmet.

Pipa
$$

38 East 19th St, 10003 ***Tel*** *(212) 677-2233* **Mapa** *9 A5*

O popular Pipa apresenta um salão espaçoso com mesas de madeira, espelhos envelhecidos, cortinas pesadas e candelabros. As vibrantes tapas espanholas incluem "coca", um pão achatado catalão coberto com alcachofra e sobrasada, uma linguiça maiorquina picante, e espinafre sauté com uvas-passas. Há também canecas de vigorosa sangria.

Bamiyan
$$$

358 Third Ave, 10016 ***Tel*** *(212) 481-3232* **Mapa** *9 B3*

Este restaurante afegão oferece uma agradável mudança no cenário, com suas janelas decoradas com tapetes tribais e almofadas no chão em volta das tradicionais mesas baixas. O autêntico menu apresenta saborosos curries, kebabs grelhados e pratos com iogurte, além de escolhas mais inusitadas, para os corajosos.

Blue Smoke
$$$

116 East 27th St, 10016 ***Tel*** *(212) 447-7733* **Mapa** *9 A3*

Neste local disputado, Danny Meyer oferece barbecue o típico do sul dos Estados Unidos, mas outras atrações são os vigorosos sanduíches feitos com carne suína e as costelas. No mesmo local funciona um clube de jazz. O bar, indicado para grupos, serve cervejas produzidas em todo o país.

Devi
$$$

8 East 18th St, 10003 ***Tel*** *(212) 691-1300* **Mapa** *8 F5*

Neste estabelecimento badalado os chefs Suvi Saran e Hemant Mathur preparam a autêntica culinária regional da Índia, em um cenário que exibe tecidos e entalhes da mesma origem. Entre os pratos da casa, destaque para o tandoori de costeleta de cordeiro com chutney de pera e a codorna frita com masala.

I Trulli
$$$

122 East 27th St, 10010 ***Tel*** *(212) 481-7372* **Mapa** *9 A3*

Sofisticado restaurante italiano, especializado na culinária da Púglia (Itália meridional). O I Trulli é o local ideal para um jantar romântico, aquecido pela lareira no inverno ou em pleno jardim, se for verão. Ótima carta de vinhos na casa e na Enoteca I Trulli, que fica ao lado.

Pure Food and Wine
$$$

54 Irving Place, 10003 ***Tel*** *(212) 477-1010* **Mapa** *9 A5*

Primeiro restaurante de Nova York dedicado ao movimento que define o consumo de verduras e frutas cruas. Este estabelecimento simpático serve pratos preparados com criatividade, como o macarrão ao coco e a pizza de homus.

Tamarind
$$$

41-43 East 22nd St, 10010 ***Tel*** *(212) 674-7400* **Mapa** *8 F4*

Restaurante indiano moderno e com decoração minimalista, lindas porcelanas e um atendimentos cortês. É um pouco mais caro do que os demais do gênero, mas a qualidade dos ingredientes e a mistura de sabores bastam para transportar os clientes ao Oriente. A equipe orienta na escolha dos vinhos.

Craft
$$$$

43 East 19th St, 10003 ***Tel*** *(212) 780-0880* **Mapa** *9 A5*

O chef Tom Colicchio oferece um cardápio "desconstruído" de qualidade vibrante, em um ambiente de decoração suave. Aqui, os clientes podem criar as próprias entradas, combinando os ingredientes e acompanhamentos. Se precisarem de ajuda para a tarefa, os profissionais da casa estão prontos.

Gramercy Tavern
$$$$

42 East 20th St, 10003 ***Tel*** *(212) 477-0777* **Mapa** *9 A5*

O elogiado chef Michael Anthony prepara pratos inesquecíveis neste comfortável cenário que se assemelha a uma casa de campo. A Gramercy Tavern é ideal para uma experiência gastronômica especial (certamente uma das melhores da cidade).

Mesa Grill
$$$$

102 Fifth Ave, 10011 ***Tel*** *(212) 807-7400* **Mapa** *8 F5*

O estrelado restaurante do chef Bobby Flay aposta na moderna culinária do sudoeste e desde 1991 tem clientela cativa. O criativo cardápio inclui ostras, tacos de cordeiro e salmão com mel. As margaritas são especiais e no ambiente do bar não falta animação.

Tocqueville
$$$$

1 East 15th St, 10003 ***Tel*** *(212) 647-1515* **Mapa** *8 F5*

Esta joia escondida na Union Square prepara culinária francesa com toques japoneses, em um ambiente acolhedor e elegante. O chef Marco Moreira extrai o máximo dos ingredientes selecionadíssimos. Ideal para uma ocasião especial sem causar um colapso na conta bancária.

Union Square Café

21 East 16th Street, 10003 **Tel** *(212) 243-4020* $$$$ **Mapa** *9 A5*

Um dos restaurantes mais famosos de Nova York, o cartão de visitas do chef Danny Meyer serve culinária americana moderna em um ambiente confortável e usa ingredientes vindos da feira realizada na Union Square. Preços um pouco acima da média e serviço atencioso.

11 Madison Park

11 Madison Ave, 10010 **Tel** *(212) 889-0905* $$$$$ **Mapa** *9 A4*

O salão Art Déco com pé-direito alto e vista para o histórico Madison Square Park faz este restaurante o mais elegante do império gastronômico de Danny Meyer. O chef é aclamado pelos críticos graças a seu menu francês moderno. Vale lembrar que a haute cuisine vem sempre acompanhada de preços altos.

Veritas

43 East 20th St, 10010 **Tel** *(212) 353-3700* $$$$$ **Mapa** *9 A5*

Pequeno restaurante no Flatiron District e dedicado ao vinho. Os apreciadores da bebida se deleitam diante dos mais de 2.700 rótulos. No entanto, a comida eleva ainda mais a ocasião com preciosidades como o foie gras com molho de Armagnac e uma aromática bouillabaisse de tamboril, arraia, couve-flor e açafrão. Somente cardápio a preço fixo.

CHELSEA E GARMENT DISTRICT

Bottino

246 Tenth Ave, 10001 **Tel** *(212) 206-6766* $$$ **Mapa** *7 C4*

Especializado na culinária do norte da Itália, atrai uma clientela animada – que em geral disputa uma vaga no jardim dos fundos para saborear as tradicionais saladas, massas e carnes grelhadas. Experimente pratos saborosos como a massa de espinafre com ricota ou as suculentas tiras de filé com feijão branco.

The Red Cat

227 Tenth Ave, 10011 **Tel** *(212) 242-1122* $$$ **Mapa** *7 C4*

Culinária americana moderna para ser saboreada em um cenário impressionante, rico em detalhes (inclusive as cores) que lembram a Nova Inglaterra. No cardápio, alguns dos melhores pratos da região, como ostras fritas e risoto com blueberries.

Sueños

311 West 17th St, 10011 **Tel** *(212) 243-1333* $$$ **Mapa** *8 D5*

Tradicional cozinha regional mexicana, servida em um colorido ambiente não muito espaçoso. Ótimas tequilas e criações culinárias inovadoras (pode-se pedir o menu degustação) garantem os elementos para uma experiência agradável, apesar do preço um pouco apimentado.

Trestle on Tenth

242 Tenth Ave, 10001 **Tel** *(212) 645-5659* $$$ **Mapa** *7 C4*

O alegre Trestle é um restaurante fino que proporciona aos clientes um ambiente descontraído e confortável. Especialidades suíças – como batata rosti e pratos com carne de porco – dividem o cardápio com outros pratos europeus. Pode-se comer no charmoso salão de tijolos ou, no verão, no arejado jardim dos fundos.

Buddakan

75 Ninth Ave, 10011 **Tel** *(212) 989-6699* $$$$ **Mapa** *8 D5*

O restaurateur da Philadelphia Stephen Starr repete seu sucesso com uma série de estabelecimentos em Nova York. Buddakan é a joia de sua coroa, com decoração de cair o queixo no salão principal e vários pequenos espaços intimistas. A comida asiática fusion é saborosa, mas não é o principal deste restaurante. O bar é movimentado.

Matsuri

369 West 16th St, 10011 **Tel** *(212) 243-6400* $$$$ **Mapa** *8 D5*

Este restaurante enorme e ruidoso situado no Maritime Hotel *(p. 284)* prepara pratos japoneses de alta qualidade, criados pelo chef Tadashi Ono. Ele oferece diversos pratos preparados com ingredientes de primeira, como o bife kobe, o camarão doce e o bacalhau no saquê. Há uma ampla lista de saquês.

THEATER DISTRICT

Burger Joint at Le Parker Meridien

119 West 57th St, 10019 **Tel** *(212) 708-7414* $ **Mapa** *12 E3*

Esta espelunca kitsch situada dentro do hotel Parker Meridien *(p. 286)* serve hambúrgueres feitos na hora de dar água na boca, além de fritas, milk-shakes e cerveja a preços muito baixos. Não há nada que desabone esta joia escondida atrás das cortinas do lobby do hotel.

Carnegie Deli
$
854 Seventh Ave, 10019 ***Tel*** *(212) 757-2245* **Mapa** *12 E4*

Você terá que esperar em uma grande fila para saborear um dos gigantescos sanduíches e o histórico cheesecake desta deli. Você também enfrentará garçons hostis para ter essa experiência nova-iorquina fundamental. Os preços são altos, mas você provavelmente não vai mais comer por uma semana.

Carve Unique Sandwiches
$
760 Eighth Ave, 10036 ***Tel*** *(212) 730-4949* **Mapa** *12 D5*

Este pequeno estabelecimento oferece os ingredientes para montar um sanduíche especial sem gastar muito. Dentre os grandes sanduíches está o combo de frango grelhado ao molho de limão com tomate, manjericão e mussarela. Como as filas são imensas durante o horário de almoço, procure evitá-lo.

Pam Real Thai Food
$
404 West 49th St, 10019 ***Tel*** *(212) 333-7500* **Mapa** *11 C5*

Quem procura um restaurante tailandês de boa qualidade e barato (e não liga para a decoração do ambiente) veio ao lugar certo. Boa variedade de curries, sopas e pratos à base de arroz e macarrão, mais ou menos apimentados de acordo com o pedido do freguês. Não aceita reservas e por isso as filas podem ser longas.

Kodama Sushi
$$
301 West 45th St, 10036 ***Tel*** *(212) 582-8065* **Mapa** *12 D5*

A boa localização, o sushi fresco e outros pratos japoneses bem preparados a preços razoáveis fazem do Kodama uma escolha popular para quem vai ao teatro. Os frequentadores recomendam o menu de rolinhos, com combinações criativas. O serviço rápido mesmo nas horas de pico garante que você não perca a hora do espetáculo.

Norma´s
$$
118 West 57th St, 10019 ***Tel*** *(212) 708-7460* **Mapa** *12 E3*

O melhor *brunch* que se pode imaginar, no hotel Parker Meridien *(p. 286)*. O cardápio é criativo e elaborado, com itens como omeletes de aspargos e de lagosta e torrada de chocolate. Embora seja caro, você não vai precisar comer mais nada no dia, e nunca vai comer um brunch como este. Nos fins de semana costuma ter fila, mas é uma boa opção para a família.

Virgil's Real Barbecue
$$
152 West 44th St, 10036 ***Tel*** *(212) 921-9494* **Mapa** *12 E5*

Situado no coração da Times Square, o Virgil tem sempre clientes em busca de um barbecue. Com atendimento rápido, é uma boa opção para jantar antes de assistir a uma peça, se os pratos de carne não lhe derem sono. O cardápio inclui mais de dez tipos de churrascos de várias regiões, além de acompanhamentos interessantes.

Becco
$$$
355 West 46th St, 10036 ***Tel*** *(212) 397-7597* **Mapa** *11 D5*

A chef Lidia Bastianich é uma das proprietárias desta tratoria italiana que oferece antepastos, saladas, massas e pratos principais, além de cardápios especiais para quem emenda a refeição com um espetáculo teatral. A lista de vinhos que custam até US$ 25 merece destaque, mas quem quer gastar mais pode pedir a carta convencional.

Marseille
$$$
630 Ninth Ave, 10036 ***Tel*** *(212) 333-2323* **Mapa** *12 D5*

Boa alternativa para jantar no Theater District neste romântico restaurante de cozinha franco-mediterrânea, com algumas inovações modernas, como tamboril assado com purê de maçã verde. Uma equipe simpática serve pratos que costumam agradar os vegetarianos. Vale dar uma passada no bar francês de surfistas, Reunion, no andar inferior.

Molyvos
$$$
871 Seventh Ave, 10019 ***Tel*** *(212) 582-7500* **Mapa** *12 E4*

Sofisticado restaurante grego situado nas proximidades do Carnegie Hall. Decoração mediterrânea ideal para apreciar frutos do mar frescos e outras especialidades gregas, ainda que a preços um pouco acima da média. Oferece também cardápio a preço fixo.

Osteria al Doge
$$$
142 West 44th St, 10036 ***Tel*** *(212) 944-3643* **Mapa** *12 E5*

Culinária típica de Veneza em ambiente rústico, com clientela cativa no almoço e ponto estratégico para quem vai ao teatro à noite. Atendimento cordial e ágil. O cardápio inclui pizza, ótimas saladas e carpaccio, além de massas frescas a preços e qualidade mais interessantes que os demais estabelecimentos da região.

Blue Fin
$$$$
1567 Broadway, 10036 ***Tel*** *(212) 918-1400* **Mapa** *12 E5*

Um dos lugares mais badalados da área, o Blue Fin dedica-se aos frutos do mar e conta até com um sushi bar. Com dois andares, o restaurante tem sempre muita animação (a ponto de alguns clientes se incomodarem com o barulho, nem sempre decorrente da música ao vivo). Bom lugar para uma pequena extravagância.

db Bistro Moderne
$$$$
55 West 44th St, 10036 ***Tel*** *(212) 391-2400* **Mapa** *8 F1*

Origem do famoso hambúrguer de US$ 32 (servido com foie gras e costelas feitas no vinho), este restaurante movimentado permite experimentar a criatividade de Daniel Boulud sem levar ninguém à falência. Disputado pelos profissionais da publicidade. Boa escolha para um jantar pré-teatro um pouco mais caro que a média.

Esca $$$$

402 West 43rd St, 10036 ***Tel*** *(212) 564-7272* **Mapa** *8 D1*

Sofisticado restaurante italiano que resulta da parceria Batali-Bastianich. Além da ampla variedade de aperitivos, oferece pratos que refletem a ótima qualidade dos ingredientes. Serviço algo irregular e ambiente um pouco antiquado, na opinião de alguns. Não convém trazer crianças.

Gordon Ramsay $$$$

151 West 54st St, 10019 ***Tel*** *(212) 468-8888* **Mapa** *12 E4*

Apesar da fama do genioso chef britânico Gordon Ramsay, sua primeira aventura nos EUA é bem suave – tudo para manter o foco na primorosa culinária francesa com toques asiáticos, como as tiras de perca assada com bak choi. O almoço a preço fixo é uma barganha. Reserve com bastante antecedência, sobretudo para a mesa de oito lugares.

Osteria del Circo $$$$

120 West 55th St, 10019 ***Tel*** *(212) 265-3636* **Mapa** *12 E4*

Especializado na culinária do norte da Itália, pertence à família Maccioni, famosa pelo Le Cirque. O salão de jantar criado por Adam Tihany oferece espaço e conforto, e a esmerada comida chega à mesa pelas mãos de uma equipe simpática. Reserve espaço para as sobremesas, em especial os sonhos da Toscana com creme de cappuccino.

Triomphe $$$$

49 West 44th St, 10036 ***Tel*** *(212) 453-4233* **Mapa** *12 F5*

Um charmoso oásis de quietude do agito da Times Square, este restaurante francês no Iroquois Hotel combina excelente comida e vinho com um serviço impecável. Há menus degustação e eventos mais peculiares, como sessões privativas de cinema com jantar para grupos de 10 a 20 pessoas.

Le Bernardin $$$$$

155 West 51st St, 10019 ***Tel*** *(212) 554-1515* **Mapa** *12 E4*

Quem gosta de peixes e frutos do mar sente-se no paraíso ao chegar ao Le Bernardin. Este restaurante antigo e elegante oferece incríveis pratos da alta gastronomia francesa, assinados pelo chef Eric Ripert. Atendimento impecável, inclusive na orientação para a escolha dos vinhos.

Milos Estiatorio $$$$$

125 West 55th St, 10019 ***Tel*** *(212) 245-7400* **Mapa** *12 E4*

Excelente restaurante grego que serve frutos do mar em um salão de jantar espartano e arejado. Os clientes podem escolher o peixe em um belo aquário. A pesca do dia condiciona a disponibilidade do caro cardápio, que tem alguns dos preços mais altos da cidade.

LOWER MIDTOWN

Kun Jip $

9 West 32nd Street, 10001 ***Tel*** *(212) 216-9487* **Mapa** *8 F3*

Este restaurante de Koreatown serve comida autêntica a preços baixos. Fica cheio de coreanos saudosos, turistas esfomeados e pessoas que estão voltando de um show ou evento esportivo no Madison Square Garden, apenas alguns quarteirões a oeste. O Kun Jip abre 24h.

Ali Baba $$

212 East 34th St, 10016 ***Tel*** *(212) 683-9206* **Mapa** *9 B2*

Kebabs e pratos de carneiro são as especialidades deste despretensioso restaurante turco que oferece boa comida a preços razoáveis. Também há beirutes e todos os meze (aperitivos), quentes e frios, são muito saborosos, assim como os pratos principais. A área ao ar livre escondida nos fundos é um oásis no meio da cidade.

Artisanal $$$

2 Park Ave, 10016 ***Tel*** *(212) 725-8585* **Mapa** *9 A2*

Elegante bistrô francês com destaque para os queijos, incluindo uma ampla seleção para ser degustada in natura ou na forma de fondue. Quem não é tão fanático por queijos, porém, também encontra alternativas no cardápio. O Artisanal nem sempre respeita o horário das reservas.

Grand Central Oyster Bar $$$

Grand Central, Lower Level, 42nd St, 10017 ***Tel*** *(212) 490-6650* **Mapa** *9 A1*

Quase escondido no interior da estação de trem Grand Central, o Oyster Bar leva os clientes ao passado. Os frutos do mar são muitos frescos e preparados de maneira simples, com preços razoáveis. No cardápio, mais de uma dúzia de tipos de ostras. O ambiente e a decoração são despretensiosos.

Michael Jordan's The Steakhouse NYC $$$$

Grand Central, North Balcony, 10017 ***Tel*** *(212) 655-2300* **Mapa** *9 A1*

A casa de grelhados do famoso astro do basquete situa-se no mezanino da estação Grand Central. No menu, carnes de boa qualidade a preços salgados. Não convém ir em dias quentes, porque a estação não tem ar-condicionado. Serviço simples mas com conhecimento do assunto. A vista para o movimento dos trens é uma atração à parte.

Legenda dos preços *na p. 296* **Legenda dos símbolos** *no final do guia*

UPPER MIDTOWN

La Bonne Soupe $

*48 West 55th St, 10019 **Tel** (212) 586-7650* **Mapa** *12 F4*

Acolhedor refúgio que serve um prestigiado cardápio de bistrô francês, com itens como quiches, omeletes, sopas, filés, fondues e crepes. Os pratos do dia mudam sempre e há um menu fixo de três pratos com preço e bom custo-benefício. No verão é possível comer no pequeno terraço. Ótima opção a preços razoáveis nesta cara e seleta região da cidade.

BLT Steak $$$

*106 East 57th St, 10022 **Tel** (212) 752-7470* **Mapa** *13 A3*

O Bistro Laurent Tourondel (BLT) oferece saborosas carnes com ingredientes de primeira e uma ampla escolha de molhos. Inclui também um bar. A decoração, que aposta em elementos vistosos, costuma agrada a uma clientela em dia com a moda.

Dawat $$$

*210 East 58th St, 10022 **Tel** (212) 355-7555* **Mapa** *13 B3*

Interessante restaurante indiano, com receitas de ninguém menos que o famoso chef indiano Madhur Jaffrey. Entre os pratos "assinados" estão o salmão com chutney preparado em folha de bananeira, mas há quem recomende a seleção de entradas. Se tiver dúvidas quanto às iguarias da Índia, peça orientação aos profissionais da casa.

Rue 57 $$$

*60 West 57th St, 10019 **Tel** (212) 307-5656* **Mapa** *12 F3*

A moda da comida fusion continua forte no Rue 57, um bistrô sofisticado que oferece uma combinação de sushi bar com restaurante francês. O suculento pato com laranja é altamente recomendado. O café da manhã servido aqui é uma boa opção. Há mesas na calçada, especiais para apreciar o movimento nos meses de calor.

Shun Lee Palace $$$

*155 East 55th St, 10022 **Tel** (212) 371-8844* **Mapa** *13 A4*

Este agradável restaurante muitas vezes é apontado como o melhor chinês da cidade. O cardápio inclui especialidades do Cantão e de Sichuan, e os camarões The Grand Marnier em geral conquistam o estômago dos clientes. Há outra unidade perto do Lincoln Center, na 43 West 65th Street.

Insieme $$$$

*77 Seventh Ave, 10019 **Tel** (212) 582-1310* **Mapa** *12 E4*

O chef Marco Canova introduz sua criativa culinária italiana neste canto da cidade. O restaurante de cores frias, decorado com mesas de carvalho gastas pelo tempo e cortinas de seda rústica, apresenta um cardápio que reúne pratos italianos tradicionais de um lado, e receitas modernas e caprichadas de outro.

Marea $$$$

*240 Central Park South, 10019 **Tel** (212) 582-5100* **Mapa** *12 D3*

Este restaurante italiano de frutos do mar tem um cardápio soberbo – e uma localização igualmente magnífica, no cruzamento da Central Park South com o Columbus Circle. Há iguarias como a perca-do-mar em crosta de sal e mariscos na concha com folhas de erva-doce. Pequena seleção de pratos sem peixe. Brunch no domingo. Fechado sáb no almoço.

Pampano $$$$

*209 East 49th St, 10017 **Tel** (212) 751-4545* **Mapa** *13 B2*

Simpático restaurante mexicano moderno, dirigido pelo chef Richard Sandoval (Plácido Domingo é um dos proprietários da casa). Pratos frescos e criativos, em um ambiente inspirador. Aposte no aperitivo de peixe-espada defumado ou no linguado gigante Pampano. Também há disponível um magnífico terraço.

Aquavit $$$$$

*65 East 55th St, 10022 **Tel** (212) 307-7311* **Mapa** *13 A4*

O espaço minimalista reservado ao Aquavit acomoda as criativas inovações com sotaque escandinavo preparadas pelos chefs Nils Noren e Marcus Samuelsson, com ótimos ingredientes e diversos cardápios degustação. Os coquetéis da casa são elogiadíssimos.

Felidia $$$$$

*243 East 58th St, 10022 **Tel** (212) 758-1479* **Mapa** *13 B3*

A chef e estrela de TV Lidia Bastianich prepara sofisticados pratos italianos neste simpático restaurante com painéis de madeira, tijolos à vista e arranjos de flores. Propício para um jantar romântico, o menu sazonal é criativo e bem preparado. Como ocorre nos demais restaurantes de Lidia, a carta de vinhos impressiona.

Four Seasons $$$$$

*99 East 52nd St, 10022 **Tel** (212) 754-9494* **Mapa** *13 A4*

Em Nova York os restaurantes abrem e fecham, mas esta bela instituição (que conta com decoração assinada por Philip Johnson) parece ser eterna e não perder o posto entre os melhores da categoria culinária continental americana. O Grill Room se destaca pelos almoços vigorosos e o Pool Room é ideal para jantares especiais.

La Grenouille
$$$$$

3 East 52nd St, 10022 ***Tel*** *(212) 752-1495* ***Mapa*** *12 F4*

Um dos últimos restaurantes franceses clássicos que sobrevivem na cidade e servem comida extraordinária. As paredes do salão forradas com seda, os bancos de veludo e os arranjos de flores contribuem para tornar a refeição memorável. Cenário perfeito para ocasiões especiais.

L'Atelier de Joel Robuchon
$$$$$

57 East 57th St, Four Seasons Hotel, 10022 ***Tel*** *(212) 350-6658* ***Mapa*** *13 A3*

O chef Joel Robuchon trouxe para o Four Seasons Hotel *(p. 289)* sua requintada culinária francesa com influência asiática. Prepare-se para pagar bem por pequenas porções de perfeição, dos rechonchudos escalopes com manteiga de algas à codorna recheada com foie gras. As mesas do canto oferecem vista para a cozinha aberta.

The Modern
$$$$$

9 West 53rd St, 10019 ***Tel*** *(212) 333-1220* ***Mapa*** *12 F4*

Em um espaço moderno e clean no Museum of Modern Art, este restaurante serve impecáveis pratos da culinária francesa e New American, com uma extensa carta de vinhos. O serviço é de alto nível. O menu degustação é popular e pode ser apreciado com um bom vinho, se seu bolso aguentar. Também há a opção de comer no bar, mais informal.

Oceana
$$$$$

1221 Sixth Ave, 10020 ***Tel*** *(212) 759-5941* ***Mapa*** *12 E5*

Descanso noite adentro com vinho branco e uma travessa de frutos do mar frescos neste elegante restaurante abobadado. O cardápio oferece culinária americana com influências diversas, do Mediterrâneo à Ásia. Pratos excelentes como o branzino (perca-do-mar) recheado com cogumelos, espinafre e azeitonas pretas. Há também um Raw Bar.

UPPER EAST SIDE

Brother Jimmy's BBQ
$$

1485 Second Ave, 10021 ***Tel*** *(212) 288-0999* ***Mapa*** *17 B5*

O restaurante original da rede Brother Jimmy's oferece costelas de lamber os dedos e pratos típicos do sul dos EUA em um ambiente agitado. O bufê "all-you-can-eat" é muito popular. É uma boa opção para carnívoros, além de oferecer algumas opções vegetarianas. Mesas mais calmas podem ser encontradas nos fundos.

Shanghai Pavilion
$$

1378 Third Ave, 10021 ***Tel*** *(212) 585-3388* ***Mapa*** *17 B5*

Fora de Chinatown é difícil encontrar culinária de Xangai tão autêntica quanto aqui. O cardápio inclui muitas possibilidades a preços razoáveis, o que destoa dos estabelecimentos da região. Atendimento simpático. Ótimos dim sums e pratos à base de macarrão.

Via Quadronno
$$

25 East 73rd St, 10021 ***Tel*** *(212) 650-9880* ***Mapa*** *12 F1*

Em estilo italiano, este "bar paninoteca" seduz pela variedade de sanduíches e saladas e convida para um descanso após percorrer o circuito dos museus. O pequeno espaço, inspirado em uma paninoteca de Milão, atrai filas nas horas mais disputadas. Considere a possibilidade de pedir uma taça de vinho para acompanhar a refeição.

Beyoglu
$$$

1431 Second Ave, 10028 ***Tel*** *(212) 650-0850* ***Mapa*** *17 B5*

Todos adoram as meze, deliciosos aperitivos turcos, deste restaurante que fica sempre cheio. Os frequentadores combinam pequenas delícias como o borek (massa filo recheada com queijo) com charutinhos de folha de uva, fígado de vitela e salada de berinjela. Os pratos do dia de frutos do mar e carneiro também são recomendados.

Maya
$$$

1191 First Ave, 10021 ***Tel*** *(212) 585-1818* ***Mapa*** *13 C2*

O chef Richard Sandoval assina os sofisticados pratos principais deste restaurante mexicano situado em um local discreto. O lado negativo fica por conta do nível de barulho: procure jantar cedo para garantir sossego. Muitos clientes vêm aqui em busca dos famosos tacos de frutos do mar, das margaritas e da guacamole.

Sfoglia
$$$

1402 Lexington Ave, 10128 ***Tel*** *(212) 831-1402* ***Mapa*** *17 A2*

Popular restaurante especializado em comida italiana rústica. Comece com uma tigela de suculentas azeitonas de cortesia, seguida de mexilhões em molho de alho ou do pato refogado com damascos secos. Arremate a noite com um bom vinho italiano e não perca as excelentes sobremesas, como os biscoitos caseiros e o gelato de sabor intenso.

Café Boulud
$$$$

20 East 76th St, 10021 ***Tel*** *(212) 772-2600* ***Mapa*** *16 F5*

Neste café instalado dentro do hotel Surrey, o chef Daniel Boulud chefia um espaço menos formal mas com criações igualmente notáveis. Uma variedade curiosa de possibilidades intriga os clientes: "Le Tradition" (comida francesa clássica), "Le Voyager" (world cuisine), "Le Potager" (vegetariano) e "La Saison" (especialidades sazonais).

Legenda dos preços *na p. 296* **Legenda dos símbolos** *no final do guia*

Daniel
$$$$$

60 East 65th St, 10021 ***Tel*** *(212) 288-0033* ***Mapa*** *13 A2*

O principal restaurante do chef Daniel Boulud ocupa um salão de jantar inspirado na Veneza renascentista e é um dos mais impressionantes da cidade. As criações elogiadíssimas celebram as estações do ano: no verão crepes de milho recheado com cogumelos, no outono os cogumelos vêm num molho de trufas brancas. Preços estratosféricos.

David Burke Townhouse
$$$$$

133 East 61st St, 10021 ***Tel*** *(212) 813-2121* ***Mapa*** *13 A3*

Os criativos pratos da nova cozinha americana saem da imaginação do chef e proprietário David Burke. Um notável bar antecede o salão de jantar, decorado com cores intensas e superfícies envernizadas. Reserve espaço para a sobremesa: o "pirulito" de cheesecake. O Townhouse é famoso por seus brunches de fim de semana.

UPPER WEST SIDE

Whole Foods Market
$

Time Warner Center, 10 Columbus Circle, 10019 ***Tel*** *(212) 823-9600* ***Mapa*** *12 D3*

Imenso supermercado com ambiente simpático, o Wholefoods conta com uma enorme área que serve todos os tipos de culinária – de sushi a pizzas. Lugar ideal para comprar ingredientes para um piquenique no Central Park, inclui uma loja de vinhos. Nos horários disputados, lota rápido. Há outras filiais em Nova York.

Barney Greengrass
$$

541 Amsterdam Ave, 10024 ***Tel*** *(212) 724-4707* ***Mapa*** *15 C3*

Este estabelecimento à moda antiga tem sido o melhor lugar para saborear esturjão defumado em Nova York por quase um século. Além do peixe defumado e subprodutos, há diversas delícias de delicatéssen disponíveis. A decoração e o serviço são modestos, mas a história e o ambiente compensam.

Gennaro
$$

665 Amsterdam Ave, 10025 ***Tel*** *(212) 665-5348* ***Mapa*** *15 C2*

Café pequeno e com preços razoáveis, o Gennaro serve bons pratos italianos e porções generosas. Não aceita reservas e por isso as filas são comuns. A casa oferece uma carta de vinhos razoável e especialidades preparadas com massas. Se estiver lotado, não espere agilidade no atendimento.

Olympic Flame Diner
$$

200 West 60th St, 10023 ***Tel*** *(212) 581-5259* ***Mapa*** *11 C3*

Um clássico diner nova-iorquino, o Olympic Flame é um achado na região do Lincoln Center, onde preços razoáveis e mesas sem reservas são raros. O menu enorme oferece de tudo, como omeletes, saladas, hambúrgueres, massas, pratos gregos e entradas. Os eficientes garçons vão atendê-lo a tempo de assistir a um espetáculo depois.

Boathouse Restaurant Central Park
$$$

Central Park, East 72nd St & Park Drive North, 10023 ***Tel*** *(212) 517-2233* ***Mapa*** *12 E1*

Situado junto ao lago do Central Park, o Boathouse não poderia ser mais simpático. Lugar ideal para um brunch ou almoço, além dos românticos jantares de abril a outubro. Por causa dos preços, a tendência para o afluxo de turistas (infelizmente) impede que o local sirva alimentos acima da média.

Café Fiorello
$$$

1900 Broadway, 10023 ***Tel*** *(212) 595-5330* ***Mapa*** *12 D2*

Autoproclamado "o mais antigo show da Broadway em cartaz na cidade", este barulhento restaurante italiano destaca-se pelos antepastos – e desfruta de excelente localização em frente ao Lincoln Center. No cardápio, pizzas e pratos italianos tradicionais. As mesas externas propiciam a observação do movimento.

Café Frida
$$$

368 Amsterdam Ave, 10025 ***Tel*** *(212) 749-2929* ***Mapa*** *15 C1*

Este animado restaurante mexicano serve tudo aquilo que se espera – chile relleno, quesadillas, fajitas, tacos –, além de opções mais elaboradas e algumas surpresas, como o ceviche e a fondue de queijo mexicano. No brunch, experimente a versão mexicana para o clássico inglês eggs benedict. Não aceita American Express.

Café Luxembourg
$$$

200 West 70th St, 10023 ***Tel*** *(212) 873-7411* ***Mapa*** *11 C1*

Clássico bistrô parisiense com estilo Art Déco, o Café Luxembourg exibe espelhos antigos e orgulha-se da clientela fiel, composta de algumas celebridades ocasionais. Pratos típicos de bistrô com destaques semanais, mas atendimento nada especial. Procurado para jantares de negócios.

Calle Ocho
$$$

45 West 81st St, 10024 ***Tel*** *(212) 873-5025* ***Mapa*** *16 D4*

Este barulhento e colorido restaurante cubano parece estar em festa constante. O cardápio combina todas as modalidades de culinária latino-americana, com níveis variáveis de êxito. Há um menu especial para crianças. O Calle Ocho situa-se nas proximidades do Museu de História Natural.

Pasha $$$

70 West 71st St, 10023 ***Tel*** *(212) 579-8751* ***Mapa*** *12 D1*

Restaurante turco, calmo, iluminado e espaçoso, é a alternativa perfeita para quem quer conversar enquanto aprecia pratos bem preparados. Os bolinhos de carne de cordeiro são ótimos, assim como os pratos feitos com berinjela, em particular o patlican salatasi defumado, misturado com alho, azeite de oliva e limão.

Rosa Mexicano $$$

61 Columbus Ave, 10023 ***Tel*** *(212) 977-7700* ***Mapa*** *12 D2*

Restaurante mexicano apreciado e badalado situado nas proximidades do Lincoln Center, atrai vasta clientela. As margaritas, as sangrias espumantes e guacamole são especiais. Peça o taco cochinita pibil (com carne de porco em folhas de bananeira) ou o peixe Veracruz, preparado com molho de tomate.

Ouest $$$$

2315 Broadway, 10024 ***Tel*** *(212) 580-8700* ***Mapa*** *15 C4*

O chef Tom Valenti apresenta sua versão da moderna culinária americana neste restaurante elegante que não descuida do conforto dos clientes. No cardápio, especialidades como o tradicional bolo de carne e outros pratos criativos, como foie gras agnolotti. A carta de vinhos é impressionante.

Asiate $$$$$

80 Columbus Circle, 35th Floor, 10019 ***Tel*** *(212) 805-8881* ***Mapa*** *12 D3*

A vista maravilhosa para o Central Park faz a diferença deste restaurante com influências asiáticas situado no hotel Mandarin Oriental. Entre os destaques da casa, foie gras com enguia e molho de tamarindo. Prove um dos muitos coquetéis preparados no bar.

Jean-Georges $$$$$

1 Central Park West at Columbus Circle and West 60th St, 10023 ***Tel*** *(212) 299-3900* ***Mapa*** *12 D3*

Neste "templo" o chef Jean-George prepara pratos da moderna culinária francesa com toques asiáticos. O salão de jantar, austero porém elegante, é uma criação de Adam Tihany e serve de cenário para uma impressionante seleção de pratos delicados. Serviço cortês e preparado. Uma das experiências gastronômicas inesquecíveis de Nova York.

Masa $$$$$

Time Warner Center, 10 Columbus Circle, 10019 ***Tel*** *(212) 823-9800* ***Mapa*** *12 D3*

O chef Masayoshi Takayama, do famoso Ginza Sushi-ko de Los Angeles, serve uma das opções mais caras de Nova York. Trata-se do kaiseki (menu degustação) preparado por Masa com ingredientes incrivelmente frescos. Para apreciar cada etapa desse espetáculo, tente sentar no sushi bar.

Per Se $$$$$

Time Warner Center, 10 Columbus Circle, 10019 ***Tel*** *(212) 823-9335* ***Mapa*** *12 D3*

Para conseguir uma reserva neste aclamado restaurante, é preciso telefonar no mínimo com dois meses de antecedência. Os menus degustação mudam diariamente e, na opinião de alguns, o vegetariano é o melhor. Se não bastasse, o local oferece vistas magníficas para o Central Park, além de um serviço impecável.

Picholine $$$$$

35 West 64th St, 10023 ***Tel*** *(212) 724-8585* ***Mapa*** *12 D2*

O elegante restaurante franco-mediterrâneo de Terrance Brennan fica a poucos passos do Lincoln Center. Oferece cardápio a preço fico, degustação ou à la carte, com pratos como os que incluem uvas, chanterelles e vinagrete de trufas. Reserve espaço para os famosos queijos artesanais.

MORNINGSIDE HEIGHTS E HARLEM

Sylvia's $$

328 Lenox Ave, 10027 ***Tel*** *(212) 996-0660* ***Mapa*** *21 B1*

A melhor comida caseira pode ser encontrada neste clássico do Harlem que leva o nome da proprietária e é decorado com retratos de grandes jazzistas e clientes ilustres. Experimente o frango frito com waffles, costelas, bagre, repolho e as batatas-doces. Guarde espaço para as sobremesas sulistas, como os bolos de pêssego e de chocolate.

FORA DO CENTRO: BROOKLYN

Chip Shop $

383 Fifth Ave, 11215 ***Tel*** *(718) 832-7701*

Representante da comida caseira britânica em Nova York, esta loja oferece fish and chips, bangers and mash, e tortas de rim em um salão kitsch. Ótimo para sentar com os amigos e apreciar uma pint de cerveja. Boa opção para famílias. Não deixe de experimentar a barra de chocolate Mars frita. Há duas outras filiais no Brooklyn.

Legenda dos preços *na p. 296* **Legenda dos símbolos** *no final do guia*

Grimaldi's
$

1 Front St, 11201 ***Tel*** *(718) 858-4300*

Magníficas pizzas assadas em forno de lenha, com molho saboroso e mussarela fresca (mas experimente também a de pepperoni). Vale a pena ir ao Brooklyn e caminhar pela ponte para chegar aqui. Lugar para trazer a família e conversar enquanto aguarda na fila.

Prime Meats
$$$

465 Court St (Carroll Gardens), 11231 ***Tel*** *(718) 254-0327*

Frank Castronovo e Frank Falcinelli construíram um pequeno império com seus livros de culinária e restaurantes que usam poucos ingredientes, conquistando o respeito da comunidade gastronômica. O menu sazonal é constituído de especialidades alemãs. Destaque para as carnes, como Sürkrüt Garnie (prato com salsicha e barriga de porco) e schnitzel de porco.

Rye
$$$

247 South 1st St, 11211 ***Tel*** *(718) 218-8047*

Estrela gastronômica de Williamsburg (e de Manhattan), Cal Elliott restituiu a vida desta antiga fábrica com um bar de carvalho centenário e seus pratos norte-americanos de alta qualidade e preço razoável. O sanduíche de bolo de carne e a lasanha de cogumelos são os destaques. Também serve ótimos drinques. Aberto diariam no jantar e brunch de dom.

The Grocery
$$$$

288 Smith St, 11231 ***Tel*** *(718) 596-3335*

Gracioso restaurante com capacidade para trinta clientes situado em Carroll Gardens, o Grocery prepara um cardápio sazonal além de pratos permanentes, como peito de pato ao estilo suíço. Local romântico, disponibiliza mesas no jardim durante o verão.

Peter Luger Steakhouse
$$$$

178 Broadway, 11211 ***Tel*** *(718) 387-7400*

Esta instituição nova-iorquina serve "o melhor filé da cidade" desde 1887. As carnes da casa são excepcionais. O ambiente lembra uma cervejaria e os garçons são bastante bem-humorados. Reserve e conforme-se em ainda assim ter de esperar por uma mesa.

River Café
$$$$

One Water St, 11201 ***Tel*** *(718) 522-5200*

Nenhuma vista da paisagem de Manhattan se compara a estas do sofisticado River Café, que serve um cardápio a preço fixo composto de três pratos da nova culinária americana (além do menu degustação). Muito romântico para ocasiões especiais. Reserve espaço para a sobremesa Brooklyn Bridge.

Chef's Table at Brooklyn Fare
$$$$$

200 Schermerhorn St, 11201 ***Tel*** *(718) 243-0050*

O Chef's Table, um espaço com dezoito lugares adjacente à loja Brooklyn Fare, foi premiado com duas estrelas do guia *Michelin* graças aos meticulosos pratos pequenos (vinte no total) de Cesar Ramirez. É muito procurado, portanto aconselha-se reservar com algumas semanas de antecedência.

FORA DO CENTRO: QUEENS

Il Bambino
$$

34-08 31st Ave, Astoria 11106 ***Tel*** *(718) 626-0087*

Ao contrário de muitos restaurantes de Astoria, o alegre e informal Bambino não tem pretensão de ser culturalmente autêntico. O panini (com combinações intrigantes), as saladas e as carnes italianas são saborosos e fartos. O famoso chocolate quente com manteiga de amendoim é perfeito para uma manhã de inverno ou um fim de noite.

Jackson Diner
$$

37-47 74th St, 11372 ***Tel*** *(718) 672-1232*

Este amplo restaurante com ares de cafeteria destaca-se por oferecer bem-preparados pratos do norte (picantes) e do sul da Índia (menos picantes) a preços baixos. Bom lugar para conhecer quando visitar Jackson Heights. Ótimos pratos à base de carneiro e frango tandoori e camarões, além de samosas e um ótimo lassi para acompanhar.

Sripraphai
$$

64-13 39th Ave, Woodside, 11377 ***Tel*** *(718) 899-9599*

Muitos acreditam que a melhor, mais autêntica e barata comida tailandesa de Nova York está neste café a 20 minutos de Manhattan, perto da estação Woodside da linha 7 do metrô. Vale a viagem, especialmente em noites amenas quando é possível aproveitar o belo jardim dos fundos.

Elias Corner
$$$

24-02 31st St, 11102 ***Tel*** *(718) 932-1510*

Um dos restaurantes gregos mais populares da cidade, tem muitos clientes e longas filas. Sem sofisticação, o Elias Corner provavelmente serve alguns dos peixes mais frescos de Nova York, preparados com simplicidade. Grupos grandes costumam reservar as mesas no jardim. Nas horas de movimento e finais de semana, a espera é certa.

Lanches e Refeições Leves

Em Manhattan, pode-se comer um lanche em qualquer lugar, a qualquer hora. A impressão é que os nova-iorquinos comem o tempo todo – nas esquinas, em bares, lanchonetes, *delis*, antes e depois do trabalho e até tarde da noite. As opções de petiscos para comer enquanto se caminha por Nova York incluem *pretzels* vendidos em carrinhos nas esquinas, pão doce, pedaços de pizza e castanhas assadas em fogareiros na calçada. Também há o sanduíche grego *gyro* (de carne de carneiro no pão sírio). Vale lembrar que as comidas servidas nas ruas costumam ser baratas, mas a qualidade varia muito.

DELICATÉSSENS *(DELIS)*

As delicatéssens (ou *delis*) são uma instituição nova-iorquina e ótimos lugares para comer um sanduíche reforçado. Qualquer pessoa que visite a cidade não deve deixar de provar em uma *deli* os fantásticos sanduíches de *corned beef* (uma espécie de carne-seca) e pastrami (carne defumada e condimentada). Embora a **Carnegie Delicatessen**, situada no Theater District, talvez seja a *deli* mais famosa da cidade, a **Katz's Deli**, em Lower East Side, é mais autêntica e barata. Também merecidamente popular é a **Second Avenue Deli**, com seu soberbo pastrami em blintzes (panqueca com coalhada) de centeio.

A maioria das *delis* serve comida para viagem; como resultado, em geral ficam lotadas no almoço por seus sanduíches imensos a preços relativamente baixos. Não espere sorrisos por parte dos atendentes: o serviço impaciente e mal-educado tornou-se uma marca da **Stage Deli**, mais frequentada por turistas do que por figuras do showbiz.

Quem se interessar pelo sabor judaico de Nova York deve ir à **Barney Greengrass**, no Upper West Side. Fundado em 1929, o conhecido "Rei do Esturjão" serve salmão, pastrami e, é claro, esturjão. O **Zabar's** é paraíso da comida para viagem, disputado por *yuppies* que misturam-se à multidão para saborear o ótimo peixe defumado, as conservas e saladas.

CAFÉS, BISTRÔS E BRASSERIES

Os cafés, bistrôs e as brasseries se tornaram locais da moda em Nova York. Se quiser começar por um lugar mais caro procure conhecer o **Balthazar**, localizado na Spring Street. O "falso brilho" só não se aplica ao cardápio, que é excelente. Ainda mais badalada é a casa-irmã do Balthazar, **Pastis**, no Meatpacking District. O **Café Centro**, acima da Grand Central, onde não faltam movimento nem barulho, é apreciado por homens de negócios. Entre os pratos mediterrâneos ou provençais da casa, prove as sopas de peixe e algumas sobremesas. A **Brasserie**, antiga instituição situada na East 53rd, passou por uma elegante reforma. O **Benoit**, o atual bistrô de Alain Ducasse, é um local sofisticado que oferece comida francesa familiar para o público de Midtown, no almoço. O **Odeon** é uma tradição de TriBeCa por causa de sua brasserie e dos horários noturnos. No SoHo, o bistrô francês **Raoul's** oferece clima descontraído e garante a preferência de quem quer pratos confiáveis. O **Elephant and Castle**, um café com decoração discreta, é uma boa opção para sopas, saladas ou omeletes fora de hora. O forte da casa são o café da manhã e o *brunch*, em porções generosas e com preços modestos. Já o minúsculo **Chez Jacqueline** destaca-se como outro lugar tradicional do Village, graças aos pratos de bistrô francês e à proximidade com vários teatros off-Broadway.

No Theater District, tente o **Cuban Victor's Café**. Amplo e animado, destaca-se pela culinária cubana autêntica e pratos gigantes a preços moderados. O **Chez Josephine** é um bistrô-cabaré com jazz ao vivo e impressiona pelo ambiente, além da excelente culinária francesa.

La Boite en Bois, casa de inspiração francesa, serve comida de bistrô e privilegia-se da boa localização, perto do Lincoln Center. O **P.J. Clarke's** é um bar acolhedor, famoso por seus hambúrgueres, um bom local para uma refeição barata antes do teatro.

É difícil definir o **Sarabeth's**, situado no Upper West Side, mas ele provavelmente está mais para um café. Os cafés da manhã e brunch servidos nos fins de semana são uma ótima oportunidade para provar waffles, *french toast*, panquecas e omeletes.

O **Les Halles**, na região do Gramercy Park, é o bistrô francês mais autêntico de Nova York. É barulhento, mas os adeptos garantem que as batatas fritas e os pratos com carnes compensam.

PIZZARIAS

Em Nova York, pode-se comprar pizza em toda parte: das barracas e *fast-foods* que vendem em fatias às cantinas napolitanas.

Algumas pizzarias, porém, se diferenciam. A **Arturo's** prepara as massas finas e crocantes de suas pizzas em fornos a lenha, às vezes com apresentação de jazz ao vivo. A **Mezzogiorno** oferece cardápio da Toscana e pizzas maravilhosas, com recheios incomuns. As pizzas da **Lombardi's** estão entre as melhores de Manhattan. A disputada **Mezzaluna**, outra adepta do forno a lenha, também oferece pizzas de massa fina, assim como a **John's Pizzeria**, que tem Woody Allen entre seus frequentadores. Na **Two Boots** as pizzas recebem nomes de personagens de filmes e séries da TV, como The Newman, da série *Seinfeld*, e The Dude, do filme *O grande Lebowski*.

Um dos destaques do bairro do Brooklyn é a **Totonno Pizzeria**, que justifica o deslocamento à Coney Island, apesar da filial de Manhattan. Já a **Joe Pizza**, é famosa tanto no Brooklyn quanto em Manhattan. Esta quase sempre cheia, mas as filas andam bem rápido.

Em geral, as pizzarias são bons locais para uma refeição simples e barata, em especial com crianças. Não é comum aceitar reservas, e nas mais disputadas há filas.

HAMBÚRGUER

Além dos hambúrgueres servidos nas barracas de cachorro-quente espalhadas pela cidade, são muitos os locais onde se pode saborear um sanduíche legítimo, a preços que chegam a US$ 20.

O tradicional sanduíche ganhou fama depois que o famoso restauranteur Danny Meyer criou o **Shake Shack**, com uma loja no Madison Square Park, entre outras filiais, que serve opções não muito caras. Em Midtown, o elegante Le Parker Meridien Hotel abriga o **Burger Joint**, que serve um dos melhores hambúrgueres da cidade.

Simples e coloridas, as cinco filiais do **Jackson Hole** oferecem hambúrgueres altos e suculentos (28 variedades) e agrada especialmente as crianças. Os adultos preferem menos ruído, mas em geral aprovam os preços razoáveis. Como alternativa, crave seus dentes em um dos suculentos hambúrgueres disponíveis na rede **Five Guys**.

O **Corner Bistro**, em Greenwich Village, serve hambúrgueres elogiados a bons preços e tem variedade de cervejas. Funciona até às 4 da manhã e é ótima opção para quem volta para casa.

DINERS E LANCHONETES

Os diners (restaurantes com balcão comprido e similares aos vagões-restaurantes dos trens) e lanchonetes, também chamadas de *sandwich* ou *coffee shops*, podem ser encontrados por toda a cidade de Nova York. A comida não costuma ser inesquecível, mas é farta e custa pouco. Em geral, abrem do café da manhã até à noite.

Uma moda entre os diners são as réplicas de casas dos anos 1930. Um desses locais retrô é o **Chock Full o' Nuts**, recriação de uma rede de cafés. Uma opção com bom astral é o **Brooklyn Diner**, perto do Carnegie Hall.

O público de teatro ama o **Junior's**, no Brooklyn, que é famoso por seu delicioso *cheesecake*. Na Broadway, o **Big Nick's** é considerado o melhor lugar para comer uma pizza, um hambúrguer ou tomar café da manhã na região do Upper West Side. O **Coffee Shop** da Union Square serve pratos brasileiros e latino-americanos e funciona a noite toda.

No Upper East Side, o **E.A.T.** oferece especialidades judaicas de ótima qualidade, mas caras. Destaque para as sopas e o pão *challah*, além das sobremesas. Outro ponto famoso aqui é a **EJ's Luncheonette**, com cardápio infantil em ambiente retrô.

Muita gente permanece fiel à **Viand**, uma lanchonete do East Side famosa pelos generosos cafés da manhã, bons hambúrgueres e o melhor sanduíche de peru da cidade. O **Veselka** diferencia-se das demais sanduicherias: serve pratos da cozinha polonesa e ucraniana, a preços baixos; tem uma filial próxima, na Bowery.

SALÕES DE CHÁ

O único lugar onde se pode conseguir um chá de verdade (não de saquinho) é nos chás da tarde servidos a preço fixo nos hotéis mais sofisticados, em geral entre 15h e 17h.

Para uma experiência mais sofisticada vá ao **Carlyle**, no Upper East Side. Outra opção interessante a preço fixo é no **Hotel Pierre**. No **Waldorf-Astoria**, serve-se o chá com creme Devonshire, enquanto o elegante chá do Palm Court, no **The Plaza**, é uma tradição de Nova York há mais de um século.

As muitas variações do chá fazem o destaque da rede de casas de chá **Saint's Alp**. Esse estabelecimento, que oferece a bebida até sobre lascas de gelo, tem filiais na 51 Mott Street, perto de Chinatown, e nas áreas do East Village e da Times Square. Outra opção é a **Tea & Sympathy**, no Village, na Greenwich Avenue.

CAFÉ COM BOLO

Em Nova York, é comum encontrar uma xícara de café (na verdade, uma caneca cheia de café fraco) por cerca de 75 centavos – com a possibilidade de repetir quanto quiser. É popular a moda dos *coffee bars*, locais especializados que servem ampla variedade de cafés especiais, como cappuccino, expresso e *caffè latte*. Em algumas sorveterias e docerias o café também pode ser bom.

Os clientes fazem fila na porta do endereço original da **Magnolia Bakery**, em Greenwich Village. Há também várias filiais, onde é possível provar cupcakes e deliciosos cookies. **Joe**, o autointitulado mestre da "arte do café", mantém vários pontos na cidade, enquanto a **Ferrara Bakery and Café**, em atividade desde 1892, oferece doces italianos a preços moderados, bons cafés e mesas ao ar livre.

O **The Hungarian Pastry Shop** tem como diferencial a variedade de delícias austro-húngaras e as vistas para St. John the Divine. Situado no Hotel Edison, o **Café Edison** tem pratos a preços razoáveis, em um ambiente art nouveau. O **Sant Ambroeus** é um braço chique da Milanese pasticceria, famosa pelas sobremesas. Além do serviço de entrega de doces e bolos em casa, a **Dessert Delivery** abriga um simpático café. Vale conhecer a **Serendipity 3**, que fornece sorvetes criativos.

O **Barnes & Noble Café** atende quem quer um café ou lanche durante a visita à livraria. O apreciado **Mudspot** pertence ao mesmo casal que durante anos vendia café forte em uma van colorida chamada "Mudtruck". E, goste-se ou não, não se pode ignorar as dezenas de filiais da **Starbucks** pela cidade.

AGENDA

LOWER MANHATTAN

Pastis
9 9th Avenue.
Mapa 3 B1.

LOWER EAST SIDE

Ferrara Bakery and Café
195 Grand St. **Mapa** 4 F4.

Katz's Deli
205 E Houston St.
Mapa 5 A3.

Saint's Alp
51 Mott St. **Mapa** 4 F4.

Two Boots
384 Grand St. **Mapa** 5 B4

SOHO E TRIBECA

Lomabardi's
32 Spring St.
Mapa 4 F3.

Mezzogiorno
195 Spring St.
Mapa 4 D4.

Odeon
145 W Broadway.
Mapa 1 B1.

Raoul's
180 Prince St.
Mapa 4 D3.

GREENWICH VILLAGE

Arturo's Pizzeria
106 W Houston St.
Mapa 4 E3.

Balthazar
80 Spring St. **Mapa** 4 E4.

Chez Jacqueline
72 MacDougal St.
Mapa 4 D2.

Corner Bistro
331 W 4th St. **Mapa** 3C1.

Elephant and Castle
68 Greenwich Ave.
Mapa 3 C1.

Five Guys
296 Bleecker St.
Mapa 3 C3.

Joe
141 Waverly Place.
Mapa 3 C1.

Joe's Pizza
7 Carmine St. **Mapa** 4 D3.

Magnolia Bakery
401 Bleecker St.
Mapa 3 C2.
200 Columbus Ave.
Mapa 12 D1.

Sant Ambroeus
259 W 4th St.
Mapa 3 C1.

Tea & Sympathy
108 Greenwich Ave.
Mapa 3 C1.

EAST VILLAGE

Mudspot
307 E 9th St.
Mapa 4 F1.

Veselka
144 2nd Ave. **Mapa** 4 F1.
9 E 1st St. **Mapa** 4 F3

GRAMERCY E FLATIRON

The Coffee Shop
29 Union Square West
Mapa 9 A5.

Les Halles
411 Park Ave South
Mapa 9 A3.

Shake Shack
Madison Square Park.
Mapa 8 F4.

CHELSEA E GARMENT DISTRICT

Chock Full o' Nuts
25 W 23rd St.
Mapa 8 F4.

THEATER DISTRICT

Café Edison
Edison Hotel,
228 W 47th St.
Mapa 12 D5.

Carnegie Delicatessen
854 7th Ave.
Mapa 12 E4.

Chez Josephine
414 W 42nd St.
Mapa 7 B1.

Junior's
Shubert Alley,
entre pela 45th St.
Mapa 12 E5.

Stage Deli
834 7th Ave.
Mapa 12 E4.

Victor's Café
236 W 52nd St.
Mapa 11 B4.

EAST SIDE MIDTOWN

Second Avenue Deli
162 E 33rd St.
Mapa 9 B2.

UPPER MIDTOWN

Barnes & Noble Café
Citicorp Building,
160 E 54th St.
Mapa 13 A4.

Brasserie
100 E 53rd St.
Mapa 13 A4.

Brooklyn Diner
212 W 57th St.
Mapa 12 E3.

Burger Joint
Le Parker Meridien Hotel,
118 W 57th St.
Mapa 12 E3.

Waldorf-Astoria
301 Park Ave.
Mapa 13 A5.

UPPER EAST SIDE

Benoit
60 W 55th St. **Mapa** 12 F3.

Carlyle
35 E 76th St. **Mapa** 17A5.

Dessert Delivery
350 E 55th St.
Mapa 13 B4.
Tel *838-5411*.

E.A.T.
1064 Madison Ave.
Mapa 17 A4.

EJ's Luncheonette
1271 3rd Ave.
Mapa 13 B1.

Hotel Pierre
2 E 61st St. **Mapa** 12 F3.

Jackson Hole
232 E 64th St.
Mapa 13 B2.
(Tem mais cinco filiais).

John's Pizzeria
408 E 64th St.
Mapa 13 C2.
(Tem mais três filiais

Mezzaluna
1295 3rd Ave.
Mapa 17 B5.

The Plaza
768 5th Ave.
Mapa 12 F3.

Serendipity 3
225 E 60th St.
Mapa 13 B3.

Viand
1011 Madison Ave.
Mapa 17 A5.
(Tem mais quatro filiais)

UPPER WEST SIDE

Barney Greengrass
541 Amsterdan Ave.
Mapa 15 C2.

Big Nick's
2175 Broadway com 77th St.
Mapa 15 C5.

La Boite en Bois
75 W 68th St.
Mapa 11 C1.

P.J. Clarke's
44 W 63rd St.
Mapa 12 D2.

Sarabeth's
423 Amsterdam Ave.
Mapa 15 C4.

Whitney Museum
945 Madison Ave.
Mapa 17 A5.

Zabar's
2245 Broadway.
Mapa 15 C2.

MORNINGSIDE HEIGHTS E HARLEM

The Hungarian Pastry Shop
Amsterdam & 109th St.
Mapa 20 E4.

BROOKLYN

Totonno Pizzeria
1524 Neptune Ave.
Mapa 7 C5.

Bares de Nova York

Os bares nova-iorquinos desempenham um papel importante na vida e na cultura da cidade. Muitos moradores passam a noite passeando de bar em bar, em geral em busca de algo mais do que uma dose, como bons petiscos, música ao vivo, espaço para dançar e boa oferta de cervejas. Também populares na cidades são os *brew pubs*, que servem refeições e preparam a própria cerveja. Graças à grande quantidade e variedade de bares, em Nova York há alternativas para todos os gostos – e orçamentos.

REGRAS

Em geral, os bares funcionam entre 11h da manhã e 2h da madrugada. Alguns continuam em atividade até as 4h madrugada, quando são obrigados a fechar por lei. São comuns as *happy hours* entre 17h e 19h, quando alguns bares oferecem *twofers* (dois drinques pelo preço de um) e aperitivos por conta da casa. Os garçons podem se recusar a servir os clientes que julgarem ter exagerado na bebida. Não é permitido fumar nos bares, a não ser em salas especialmente ventiladas ou na parte externa.

A idade mínima para beber em um bar é 21 anos e, se o bartender suspeitar da idade, pode pedir identidade. Em Nova York, crianças não são levadas a bares.

Quem é atendido em mesas pode fechar a conta e pagar tudo na hora de sair. Em geral, os garçons esperam gorjetas de cerca de 15% da conta ou então de US$ 1, no caso de um único drinque. As doses não são medidas e quem quer um pouco mais de generosidade deve se dirigir ao balcão e dar uma gorjeta ao garçom. Clientes que ocupam mesas pagam mais.

Pode ser caro pagar uma rodada de bebidas. Prefira comprar um quarto ou meio galão (um galão equivale a 4,5 litros).

Muitos bares obtiveram suas licenças para vender bebidas alcoólicas sob uma obscura "Lei do Cabaré" que proíbe dança. Bares são fechados frequentemente por ignorar esta regra, então não se espante se um funcionário lhe pedir para não dançar.

O QUE BEBER

A maioria dos bares servem cervejas de grandes marcas como Budweiser, Coors e Miller, além de algumas importadas, como Becks, Heineken e até a Guinness. Os pubs antigos e bares chiques oferecem uma variedade bem maior, tanto de marcas americanas como importadas. É a oportunidade de provar o produto das pequenas microcervejarias da região, como a apreciada Brooklyn Lager.

Outras bebidas bastante pedidas são os coquetéis de "designer", ou "fusion", como cuba libre (chamado de *rum and coke*), gim tônica, dry martinis, Scotch ou *bourbon* – todos *straight up* (sem gelo) ou *on the rocks* (com gelo). Muitos bares servem Martinis preparados com vodka.

É fácil encontrar bares que servem vinhos, e o conceito de "bar de vinhos" (*wine bar*) começa a se fortalecer na cidade.

O QUE COMER

Os bares servem refeições a qualquer hora. Em geral o cardápio inclui hambúrgueres, fritas, saladas, sanduíches e asas de frango temperadas. Ao visitar o bar de um restaurante disputado, pode-se pedir aperitivos. A maioria das cozinhas fecha pouco antes da meia-noite.

BARES DA MODA

Para entrar em um bar da moda você precisa caprichar no visual e estar preparado para esperar na fila, a não ser que chegue bem cedo. O Meatpacking District tem muitos bares animados, como o **Cielo**, um bar e boate que serve drinques fortes e toca de tudo, de pop dos anos 1980 e hip-hop. Perto dele fica o **Ajna Bar**, uma réplica do lendário Buddha Bar de Paris. Entre a multidão que o frequenta, os únicos elementos de serenidade são os budas e os aquários cheios de águas-vivas. Também há um buda gigante no **Tao Bar**, um antigo teatro perto do Four Seasons Hotel. O local é dividido em três pisos: os dois de cima são devotados à culinária pan-asiática e têm vista para o bar no andar de baixo.

A vida noturna no Lower East Side (LES) está crescendo rapidamente, com o surgimento de diversos bares e boates. Aprecie os coquetéis e a conversa no animado **Schiller's Liquor Bar**. O antigo Bowery Bar, hoje **B-Bar**, ainda atrai os modernos, embora alguns digam que seus dias de glória já passaram. No verão, a enorme área ao ar livre é imbatível. O **Pravda** é outro favorito na região de NoLIta. A luz suave cria um ambiente de calma neste porão decorado com temas soviéticos. O **Odeon**, na Broadway, captura o agito do SoHo e TriBeCa.

BARES COM VISTA

O **Top of the Tower**, no 26º andar da Beekman Tower, oferece vistas memoráveis, além de ótima música ao piano. Também lindas vistas têm o **Rooftop Bar and Lounge**, no Empire Hotel, o **Stone Rose Lounge**, no Warner Center, e, para um vislumbre da expansão do World Trade Center, o **Living Room Terrace,** no W Downtown. Durante o verão, o **Bryant Park Café** é um apreciado endereço de Midtown, ou saboreie um coquetel e admire a cidade do amplo terraço do **230 Fifth**.

BARES HISTÓRICOS E LITERÁRIOS

Se tiver de escolher apenas um bar para conhecer em Nova York, vá ao **McSorley's Old Ale House**, em estilo irlandês e apelidado de "McSurly's" (McGrosseiro) por causa da rudeza do atendimento. Aberto em 1854, é um dos mais antigos.

O **The Ear Inn**, no SoHo, remonta a 1812, quando abriu aqui a primeira taverna da região, tem o interior apertado e um extenso balcão. Outra atração do SoHo é o **Fanelli's Café**, um antigo bar clandestino da época da Lei Seca que abriu em 1922 (mas o local existe desde 1847).

Greenwich Village abriga alguns dos bares mais antigos da cidade, como o predileto de Dylan Thomas, o **White Horse Tavern**, ainda disputado por apreciadores das letras e com área para a época de calor. O **Peculier Pub** é um paraíso para os amantes da cerveja, com mais de 360 variedades. Um bom lugar para drinques no distrito financeiro (apesar de turístico) é o **Fraunces Tavern**, aberto em 1719 *(p. 76)*.

Outro bar antigo é o **Pete's Tavern**, no Gramercy Park: funciona desde a 1864. Lota até às 2h da madrugada e deve sua fama à cerveja própria, a Pete's Ale. Na mesma região, o **Old Town Bar**, típico pub irlandês aberto em 1892, é um reduto de publicitários.

Apesar de atrair menos celebridades do que no passado, o **Sardi's** ainda reúne repórteres do *New York Times* e serve porções fartas.

Escondido na galeria da Grand Central Terminal está o **The Campbell Apartment**, onde foi o antigo escritório do magnata dos anos 1920 John W. Campbell. O espaço espetacular lembra um palácio florentino do século XIII. No Upper East Side, o **Uptown Lounge** oferece coquetéis, petiscos e música animada.

O **P. J. Clarke's**, disputado local de *happy hours* e famoso pelos bartenders irlandeses, destaca-se entre os bares da cidade desde a década de 1890. Em atividade desde os anos 1930, o **21 Club**, decorado com inúmeros brinquedos antigos pendurados do teto, ainda é um dos locais mais frequentados da cidade.

Perto do Carnegie Hall fica o **P. J. Carney's**, ponto de encontro de músicos e artistas desde 1927. Prove as cervejas irlandesas e a *shepherd's pie* (torta de carne).

BARES DE JOVENS

Os *brew pubs*, bares onde se pode ver a cerveja em fermentação, tornaram-se uma modalidade apreciada por todos os que estão na faixa etária dos 20 e dos 30 anos, assim como os bares que servem marcas produzidas em microcervejarias e importadas. O **Chelsea Brewing Company** é um amplo e animado *brew pub* situado no complexo de esportes de Chelsea Piers. Na região de Gramercy fica a **Heartland Brewery**, um disputado *brew pub* que conta com cinco tipos de cerveja – destaque para a excepcional India Pale Ale. Oferece "sabores" sazonais, como cervejas com gosto de frutas ou abóbora. O bar aconchegante do **The Room**, que fica no SoHo, conta com uma boa seleção de cervejas e vinhos.

Os bebedores de cerveja mais apaixonados costumam aprovar as 170 marcas belgas oferecidas no **Burp Castle**. Já os ingleses com saudades de casa não pensam em outro destino para saborear cervejas que o **Manchester Pub.** Acolhedor, oferece uma variedade de marcas inglesas difíceis de encontrar em Nova York.

No East Village funciona o agitado **d.b.a**. Aqui os clientes encontram catorze marcas de chope e 50 de uísque.

Um local frequentado por universitários é o barulhento **Brother Jimmy's BBQ**, que serve como aperitivo o churrasco ao estilo sulista.

No Brooklyn, a **Park Slope Ale House** é outra *brew pub* apreciada pelos jovens em busca de marcas caseiras e sazonais, além de animação.

GAYS E LÉSBICAS

A maioria dos bares de gays e lésbicas fica em Greenwich Village, Chelsea e no East Village, com alguns no Upper East e West Sides. Os bares para lésbicas se concentram em Greenwich Village e no East Village. Para saber da programação, consulte a publicação semanal gratuita *Next* (www.nextmagazine.com).

BARES DE HOTÉIS

Muito bem situado no centro de Manhattan, o **Algonquin Hotel** *(p. 145)* destacou-se por reunir famosos nomes da literatura nas décadas de 1920 e 1930. Tanto o Lobby Lounge quanto o Blue Bar são bons locais para um drinque antes do teatro ou do jantar.

O minimalista **Bar 44**, situado no saguão do Royalton Hotel é o endereço perfeito para beber algo e observar o movimento, sobretudo dos profissionais do teatro. Também no Theater District, o **Paramount Bar** tem paredes de vidro e costuma receber pessoas do mundo da moda e dos palcos. Em Upper Midtown fica o **Gilt Bar**, que oferece conforto em suas cadeiras de veludo vermelho.

O **Bull and Bear**, no hotel Waldorf-Astoria, remonta à época da Lei Seca e esbanja charme, conforto e uma sensação de história.

O elegante **King Cole Room**, no St. Regis Hotel, deve seu nome ao mural de Maxfield Parrish instalado atrás do balcão.

Relaxe com a música *downtempo* do **Grand Bar**, no Soho. Esta casa noturna da moda é uma ótima opção para quem quer ver e ser visto. Dos mesmos proprietários, o Tribeca Grand também atrai multidões a seu **Church Lounge**.

Com painéis de madeira escura e temas de inspiração marítima, o **Lobby Bar** do Maritime Hotel reúne um público animado e jovial. As principais atrações da casa são a lareira no inverno e a área ao ar livre no verão.

O **Hudson Bar** do Hudson Hotel, com piso de vidro e projeto de Ian Shrager, tem sempre seus frequentadores. Os bares **Rose** e **Jade**, situados no Schrager's Gramercy Park Hotel, ficam cheios de fashionistas bebendo na atmosfera "eclética-boêmia". Igualmente popular é o **Thom Bar** no 60 Thompson Hotel e o **Bookmarks**, no Library Hotel; ambos atraem clientes sofisticados. Para quem quer entrar no clima do seriado *Sex and the City*, a pedida é o **Whiskey Blue Bar**, em um dos sofisticados W Hotels.

AGENDA

LOWER MANHATTAN

Fraunces Tavern
54 Pearl St. **Mapa** 1 C4.
www.fraucestavern.com

Living Room Terrace
W Downtown,
123 Washington St.
Mapa 1 B3.

SOHO E TRIBECA

Church Lounge
Tribeca Grand, 2 6th Ave.
Mapa 4 D4.
www.tribecagrand.com

The Ear Inn
326 Spring St. **Mapa** 3 C4.
www.earinn.com

Fanelli's Café
94 Prince St. **Mapa** 4 E3.

The Grand Bar
SoHo Grand, 310
W Broadway. **Mapa** 4 E4.
www.sohogrand.com

The Odeon
145 W Broadway.
Mapa 1 B1. **www**.the
odeonrestaurant.com

Pravda
281 Lafayette St. **Mapa**
4 F3. **www**.pravdany.com

The Room
144 Sullivan St.
Mapa 4 D3.

Thom Bar
60 Thompson Hotel, 60
Thompson St. **Mapa** 4 D4.
www.60thompson.com

GREENWICH VILLAGE

Ajna Bar
25 Little W 12th St.
Mapa 3 B1.
www.Ajnabarnyc.com

Cielo
18 Little W 12th St.
Mapa 3 B1.
www.cieloclub.com

Peculier Pub
145 Bleecker St.
Mapa 4 D3.
www.peculierpub.com

White Horse Tavern
567 Hudson St.
Mapa 3 C1.

EAST VILLAGE E LOWER EAST SIDE

B-Bar
40 E 4th St. **Mapa** 4 F2.
www.bbarandgrill.com

Burp Castle
41 E 7th St.
Mapa 4 F2.
http://burpcastlenyc.
wordpress.com

d.b.a.
41 1st Ave. **Mapa** 5 A1.
www.drinkgoodstuff.com

McSorley's Old Ale House
15 E 7th St. **Mapa** 4 F2.
www.mcsorleys
newyork.com

Schiller's Liquor Bar
131 Rivington St.
Mapa 5 B3.

GRAMERCY

Heartland Brewery
35 Union Square W.
Mapa 9 A5.
www.heartland
brewery.com

Jade Bar
Gramercy Park Hotel,
2 Lexington Ave.
Mapa 9 A4.
www.gramercypark
hotel.com

Old Town Bar
45 E 18th St.
Mapa 8 F5.
www.oldtownbar.com

Pete's Tavern
129 E 18th St.
Mapa 9 A5.
www.petestavern.com

Rose Bar
Gramercy Park Hotel,
2 Lexington Ave.
Mapa 9 A4.
www.gramercypark
hotel.com

CHELSEA E GARMENT DISTRICT

Chelsea Brewing Company
Pier 59, 11th Ave.
Mapa 7 B5.
www.chelsea
brewingco.com

Lobby Lounge
Maritime Hotel,
363 W 16th St.
Mapa 8 D5.
www.themaritime
hotel.com

THEATER DISTRICT

Bar 44
Royalton Hotel, 44 W
44th St.
Mapa 12 F5.

Bryant Park Café
Bryant Park.
Mapa 8 F1.
www.bryantpark.org

Hudson Bar
Hudson Hotel, 356 W
58th St.
Mapa 12 D3.
www.hudsonhotel.com

Paramount Bar
Paramount Hotel, 235 W
46th St. **Mapa** 12 E5.

P. J. Carney's
906 7th Ave. **Mapa** 12 E3.
www.pjcarneys.com

Sardi's
234 W 44th St.
Mapa 12 F5.
www.sardis.com

LOWER MIDTOWN

230 Fifth
230 Fifth Ave. **Mapa** 8 F3.

Bookmarks
The Library Hotel, 299
Madison Ave. **Mapa** 9 A1.

The Campbell Apartment
Grand Central Terminal,
15 Vanderbilt Ave.
Mapa 9 A1.

UPPER MIDTOWN

Bull and Bear
Térreo, Waldorf-Astoria
Hotel, Lexington Ave com
E 49th St. **Mapa** 13 A5.
www.bullbearbar.com

Gilt Bar
New York Palace Hotel,
455 Madison Ave.
Mapa 13 A4.
www.giltnewyork.com

King Cole Room
St. Regis Hotel, 2 E 55th
St. **Mapa** 12 F5.

Manchester Pub
920 2nd Ave.
Mapa 13 B5.

P. J. Clarke's
915 3rd Ave.
Mapa 13 B4.

Stone Rose Lounge
10 Columbus Circle,
4th Floor.
Mapa 12 D3.
www.gerberbars.com

Tao Bar
42 E 58th St.
Mapa 13 A3.
www.taorestaurant.com

Top of the Tower
Beekman Tower,
3 Mitchell Place.
Mapa 13 C5.
www.thebeekman
hotel.com

Whiskey Blue Bar
541 Lexington Ave.
Mapa 13 A2.
www.gerberbars.com

UPPER EAST SIDE

21 Club
21 W 52nd St.
Mapa 12 F4.

Brother Jimmy's BBQ
1485 2nd Ave.
Mapa 17 B5.
www.brotherjimmys.com

Uptown Lounge
1576 Third Ave.
Mapa 17 B3.
http://uptownlounge
nyc.com

UPPER WEST SIDE

Rooftop Bar and Lounge
Empire Hotel, 44,
W 63rd St. **Mapa** 12 D2.
www.empirehotel
nyc.com

BROOKLYN

Park Slope Ale House
356 6th Ave com 5th St.

COMPRAS

Relógio da Tiffany

Quem visita Nova York sempre faz algumas compras. Considerada o templo do consumo, a cidade revela-se um paraíso para quem gosta de apreciar vitrines e encher sacolas – sem falar na imensa variedade de ofertas e nas liquidações sedutoras. As lojas oferecem tudo, de alta costura a livros infantis fora de catálogo e de eletrônicos recém-lançados a artigos alimentícios exóticos. Se o visitante está à procura de um barco, óculos especiais para leitura no escuro ou uma cama de designer para seu bichinho de estimação, veio para a cidade certa. Em Nova York não faltam alternativas para orçamentos que variam de US$ 5 a US$ 50 mil.

MELHORES COMPRAS

Nova York é o paraíso dos que procuram pechinchas, com grandes liquidações de itens domésticos a roupas de grife. Algumas das melhores lojas situam-se na Orchard Street e Grand Street, no Lower East Side, onde se podem achar marcas famosas com preços bem menores do que os de varejo. A maior oferta aqui é de roupas, além de acessórios para cozinha, sapatos, móveis e eletrônicos. Algumas lojas daqui fecham aos sábados, dia de descanso judaico, mas abrem aos domingos.

Loja Henri Bendel *(p. 319)*, no estilo anos 1920

Outra região indicada para quem quer moda sem gastar muito é o Garment District, entre a 6th e a 8th Avenues, da 30th à 40th Streets. A avenida principal – a 7th Avenue – foi apelidada de "Fashion Avenue" no começo dos anos 1970. Muitos estilistas e produtores montaram showrooms aqui, alguns abertos ao público. Vale prestar atenção para as liquidações de peças que ficam expostas (basta observar os cartazes espalhados nas ruas). O site www.topbutton.com oferece listas das liquidações. A melhor época para comprar é nas vésperas dos feriados em que se costuma dar presentes.

LIQUIDAÇÕES

Durante todo o ano, uma palavra que se vê por toda a cidade é *sale* (liquidação), e uma boa dica é sempre checar os artigos em oferta antes de fechar a conta. A temporada de liquidações geralmente vai de junho a julho e de 26 de dezembro até fevereiro (os jornais costumam dar mais informações). Mas atenção: no centro de Manhattan, na 5th Avenue, muitas lojas exibem placas de liquidações por *Lost Out Lease* (término de contrato de aluguel), o que às vezes é só para atrair clientes.

Também vale a pena ficar atento aos anúncios de *Sample Sales* (liquidação de peças do mostruário), quando famosos designers vendem peças criadas para apresentar as coleções aos lojistas. Essas vendas ocorrem em vários locais da cidade e em geral não são divulgadas, e por isso o melhor a fazer é prestar atenção nos cartazes fixados sobretudo na 5th Avenue e na Broadway.

Vestido de designer em liquidação

Entrada da Bulgari no Hotel Pierre *(p. 289)*

COMO PAGAR

A maioria das lojas aceita todos os cartões de crédito, mas podem exigir um limite mínimo de compras. Para pagar com traveller's cheques, é preciso identificação.Cheques pessoais em outra moeda não são aceitos, e algumas lojas só aceitam dinheiro – sobretudo nas liquidações.

HORÁRIOS

Em geral as lojas abrem das 10h às 18h, de segunda a sábado, mas muitas lojas de departamentos funcionam aos domingos e até as 21h em pelo menos dois dias da semana. O maior movimento ocorre na hora do almoço, aos sábados e nos feriados.

IMPOSTOS

O imposto municipal sobre as vendas (acrescido ao valor da etiqueta) é de 8,875%. Durante uma semana por ano, roupas e sapatos que custam até US$ 55 ficam isentos. Artigos despachados pela loja para a casa do comprador podem ter isenção (informe-se ao comprar).

EXCURSÕES DE COMPRAS

Quem não gosta de percorrer as lojas sem companhia pode aproveitar uma das muitas excursões de compras disponíveis em Nova York. Além das grandes lojas de departamentos, os "roteiros" incluem visitas a showroom de estilistas famosos, desfiles de moda e casas de leilão, mas algumas agências alteram o programa de acordo com a necessidade do cliente.

Vitrines da Bloomingdale's *(p. 181)*

LOJAS DE DEPARTAMENTOS E SHOPPING CENTERS

A maioria das grandes – e melhores – lojas de departamentos de Nova York estão localizadas na área central de Manhattan. Reserve tempo para explorá-las, pois são imensas. Tente evitar os finais de semana ou época de férias, períodos mais disputados. Os preços costumam ser altos, mas é possível conseguir boas pechinchas nas liquidações.

Lojas como Sacks Fifth Avenue, Bloomingdale's e Macy's têm excelentes e diversificados serviços para os clientes, inclusive um que faz as compras por você.

Um dos maiores shopping centers em Manhattan é o **Shops at Columbus Circle**, no Time Warner Center, com lojas como Williams-Sonoma, Coach e Hugo Boss. A **Century 21** é uma lendária loja de departamentos em Downtown, que vende roupas de estilistas famosos e presentes com descontos.

Uma linda vitrine com artigos domésticos

A **Barney's New York**, uma das favoritas entre as jovens profissionais, destaca-se pelas excelentes (mas caras) roupas de grife.

Luxuosa e seleta, a **Bergdorf Goodman** vende moda contemporânea criada por designers europeus, a preços elevados. Em frente funciona a loja masculina.

A **Bloomingdale's** *(p. 181)* é a grande estrela das lojas de departamentos, com vitrines tentadoras. Nova-iorquinos de todas as idades vêm até aqui em busca de novidades. A seção de alimentos, com uma loja de caviar, é uma atração. A loja abriga o restaurante Le Train Bleu, com vistas para a Queensboro Bridge, e tem uma filial na Broadway, que, apesar de menor, tem oferta similar.

Tudo que há na **Henri Bendel**, de joias art déco a sapatos artesanais, está exposto como se fosse uma obra de arte. A loja, dividida em seções que lembram butiques no estilo dos anos 1920, destaca-se pela variedade de itens da moda feminina.

A **Lord & Taylor** deve sua fama às peças clássicas e algo conservadoras dos vestuários masculino e feminino, em especial as assinadas por designers americanos. Para explorar tudo, reserve tempo e vá com bastante disposição.

A **Macy's**, autoproclamada a maior loja de departamentos do mundo *(pp. 134-5)*, tem dez andares que expõem de abridor de lata a antiguidades. Famosa pela elegância, a **Saks Fifth Avenue** é considerada uma das melhores da cidade. Com um atendimento peculiar, vende roupas de marca para adultos e crianças.

ENDEREÇOS

Barney's New York
660 Madison Ave. **Mapa** 13 A3.
Tel *(212) 826-8900.*

Bergdorf Goodman
754 5th Ave. **Mapa** 12 F3.
Tel *(212) 753-7300.*

Bloomingdale's
1000 3rd Ave. **Mapa** 13 A3.
Tel *(212) 705-2000.*
504 Broadway. **Mapa** 4 E4.
Tel *(212) 729-5900.*

Century 21
22 Cortland St. **Mapa** 1 C2.
Tel *(212) 227-9092.*

Convention Tours Unlimited
Tel *(212) 545-1160.*

Elegant Tightwad
Tel *(800) 808-4614.*

Guide Service of New York
Tel *(212) 408-3332.*

Henri Bendel
712 5th Ave. **Mapa** 12 F4.
Tel *(212) 247-1100.*

Lord & Taylor
424 5th Ave. **Mapa** 8 F1.
Tel *(212) 391-3344.*

Macy's
151 W 34th St. **Mapa** 8 E2.
Tel *(212) 695-4400.*

Saks Fifth Avenue
611 5th Ave. **Mapa** 12 F4.
Tel *(212) 753-4000.*

Shop Gotham
Tel *(866) 795-4200 ou (212) 209-3370 para ingressos de excursões.*

Shops at Columbus Circle
Time Warner Center. **Mapa** 12 D3.
Tel *(212) 823-6300.*

O Melhor de Nova York: Compras

Sapatos da Madison Avenue

Em uma cidade onde se pode literalmente ir às compras 24 horas por dia, o melhor planejamento é fazer como os nova--iorquinos – por região, já que cada uma tem especialidades próprias. Aqui estão os destaques das melhores áreas de compras – onde elas ficam e o que oferecem –, retirados das recomendações detalhadas nas pp. 315-25. Se o tempo for muito curto, vá só a uma das grandes lojas de departamentos *(p. 311)*. Se preferir olhar vitrines, caminhe pela 5th Avenue, sede das mais cintilantes lojas de Manhattan *(p. ao lado)*.

Greenwich Village e Meatpacking District
Em Village há produtos singulares, ecléticos e antiguidades, e os goumets apreciarão as lojas de especiarias. No Meatpacking District há lojas de alta moda (pp. 112-3).

SoHo
A área limitada pela 6th Avenue, Lafayette, Houston e Canal Streets é repleta de antiquários, lojas de artesanato e roupas de estilistas. É muito popular o hábito de passear pelas galerias após o brunch dos domingos. Atravesse a Broadway até NoLita para mais moda (pp. 104-5).

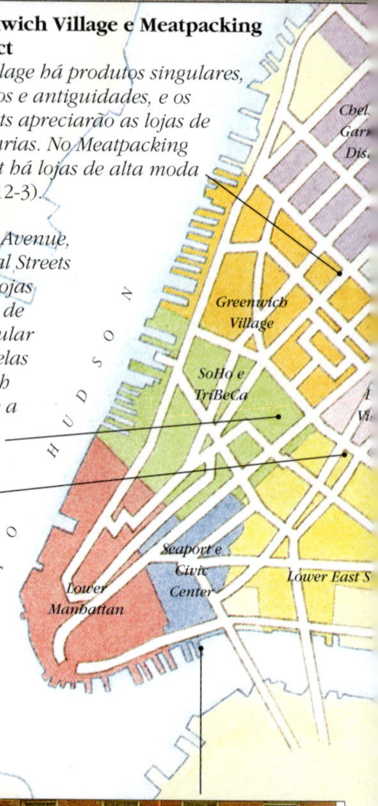

East Village e Lower East Side
Explore St. Mark para encontrar sapatos, roupas de moda e produtos étnicos (pp. 118-9). *Os preços estão subindo no Lower East Side* (pp. 94-5).

South Street Seaport
Este é o paraíso de quem gosta de artesanato, presentes, suvenires, livros e antiguidades, em geral com motivos náuticos (pp. 82-3).

Columbus e Amsterdam Avenues
São os pontos altos de Nova York para roupas e acessórios exclusivos e modernos, antiguidades, artigos esotéricos e presentes finos (pp. 212-3).

Madison e Lexington Avenues
Nesta área há clássicos em artes e antiguidades e roupas e sapatos de grife, além da loja do Whitney Museum (pp. 184-5).

East 57th e 59th St
Antiguidades e alta moda são encontradas na 57th Street – e não deixe de ir à Bloomingdale's (p. 181).

Herald Square e Garment District
Aqui fica a Macy's, centro de compras que ocupa toda uma quadra. A área em volta (especialmente a 7th Avenue) é o centro da venda de moda no atacado, com grandes descontos nas liquidações – algumas lojas só aceitam dinheiro (pp. 132-3).

LOJAS DA FIFTH AVENUE
(pp. 168-70)

Da Saks à Tiffany's
Grandes varejistas têm sua loja principal na 5th Avenue, famosa em todo o mundo.

Harry Winston
(p. 328)

Tipicamente Nova York

Nova York é uma cidade onde qualquer tipo de loja, mesmo as mais esdrúxulas, sempre atrai fregueses. Há dezenas de lojinhas minúsculas espalhadas pela cidade, especializadas em uma imensa gama de produtos, de borboletas e ossos a tradicionais tesouros tibetanos e folhas de trevo da Irlanda, ou seja, tudo o que se possa imaginar. Por isso mesmo é tão divertido fazer compras em Nova York.

LOJAS ESPECIALIZADAS

Lindas peças e tabuleiros de xadrez de bronze, ônix e estanho, e a chance de jogar uma partida, são encontrados na **Chess Shop**. A **Arthur Brown & Bros** tem todos os tipos de caneta em um grande estoque de modelos, incluindo Mont Blanc e Schaeffer. Para quem tem muita energia, a **Blades** vende e aluga patins e skates, com seus respectivos equipamentos de segurança.

Quem se interessar por botões diferentes ou incomuns deve fazer uma visita à **Tender Buttons**. De ágata, madeira ou artesanato de prata navajo – muitos deles transformados em brincos e abotoaduras –, sempre se acha o que se procura entre os milhões de botões do estoque da loja. A **Trash & Vaudeville** tem sido a fonte para acessórios e roupas punks e góticas por décadas, e é o quartel-general da moda de Astor Place.

Colecionadores inveterados de pesos de papel devem ir ao **Leo Kaplan Ltd**. A **Rita Ford's Music Boxes**, no estilo do século XIX, tem uma extensa e melodiosa seleção de caixas de música.

A **New York Firefighter's Friend** vende produtos ligados à profissão de bombeiro, como carros de brinquedo, jaquetas, distintivos, dálmatas de pelúcia (o dálmata é o mascote dos bombeiros) e várias camisetas diferentes. Uma delas tem a sigla FDNY (Fire Department New York) na frente e a frase "Mantenha distância de 200 pés" nas costas.

Uma loja que vai agradar aos mais românticos é a **Only Hearts**, onde tudo tem formato de coração: sabonetes, joias, travesseiros. Se você tem um lado artístico ou procura um presente para alguém que tenha, visite a **Pearl Paint**, que deve ter tudo o que você precisa, de pincéis a massa de modelar. A **Forbidden Planet** é uma megastore de ficção científica que oferece de tudo – de quadrinhos a modelos.

A colônia feita para George Washington e o sabonete oficial da Casa Branca durante o governo Eisenhower são apenas alguns dos artigos à venda na **Caswell-Massey Ltd**, a farmácia mais antiga da cidade.

Os fanáticos por guitarras vão querer conhecer a **Rudy's.** Além da chance de encontrar Eric Clapton ou Lou Reed – que mandam fazer suas guitarras nesta região –, aqui está a melhor e mais ampla seleção deste instrumento musical na cidade.

Os bibliófilos encontrarão boa variedade de presentes tanto na **New York Public Library Shop** *(p. 144)*, que vende suportes de livros no formato dos leões de pedra na sua entrada, quanto na **Morgan Library Shop** *(pp. 164-5)*, que tem marcadores de livros e papel de carta, entre outras coisas.

Logotipos e emblemas de universidades se destacam entre os acessórios em liquidação vendidos nas lojas **The Yale Club** e **The Princeton Club**.

A **Weisburg Religious Articles** tem uma das maiores seleções de artigos religiosos judaicos da cidade. **The Cathedral Shop**, montada na Cathedral of St. John the Divine, é uma feira de artesanato onde se podem adquirir bijuterias e outros artigos, religiosos ou não, feitos por artesãos locais.

PARA COLECIONADORES

A **Metropolitan Opera Shop**, no Lincoln Center, tem discos, libretos, binóculos minúsculos e outros presentes e cartões relacionados à ópera. Fãs de teatro encontram de tudo – de scripts e partituras vocais a CDs – na **One Shubert Alley**.

A **Carnegie Hall Shop** vende cartões, camisetas, jogos, pôsteres, bolsas e muito mais, tudo com temas musicais. Se quiser algo original e bem americano, não deixe de visitar **Lost City Arts** e **Urban Archaeology**, no SoHo. Nestas duas lojas pode-se desencavar toda espécie de relíquias do passado dos EUA, desde lancheiras da Barbie até peças de mobília restauradas, como banheiras antigas.

JOGOS, BRINQUEDOS E BOBAGENS

Quem procura presentes para crianças tem de passar na **F. A. O. Schwarz**. Trata-se de uma loja enorme cheia de carrinhos, enormes bichos de pelúcia e todos os tipos de brinquedos eletrônicos. No Natal, pode haver fila para entrar. Vale conferir a **Children's General Store**, uma das melhores lojas de brinquedos da cidade, com itens educativos e clássicos. Uma visita à **American Girl Place** pode divertir uma menina pequena o dia todo, com opções como café, estúdio de fotos e cabeleireiro.

A exótica **Myplasticheart** vende uma estonteante variedade de toy art e brinquedos colecionáveis de edição limitada. A **Red Caboose** é para os fãs de trenzinhos elétricos. Os três andares do moderno prédio de vidro da **Toys 'R' Us** na Broadway são a maior loja de brinquedos do mundo, com uma roda-gigante de 20m.

A **Dinosaur Hill**, localizada na Second Avenue, oferece bichinhos de pelúcia, brinquedos, móveis e lindas roupas de boneca – tudo artesanal e caro, mas vale a pena. Desde 1848, **Hammacher Schlemer** tem encorajado a compra de bugigangas que ninguém precisa. A peculiar **Kidrobot** no SoHo atrai crianças e marmanjos com seus itens de colecionador.

LOJAS DE MUSEUS

Alguns dos melhores suvenires de Nova York podem ser encontrados nas muitas lojas de museus. Além da seleção usual de livros, pôsteres e cartões, há belas reproduções das obras de arte expostas, inclusive peças de joalheria e escultura. O **Museum of Arts & Design** *(p. 149)* tem uma excelente seleção de artesanato norte-americano, e também trabalhos originais à venda. Além de pedras e minerais, bonecos realistas, em borracha, de dinossauros e outros animais, o **American Museum of Natural History** *(pp. 216-7)* tem diversos produtos reciclados e presentes de conscientização ecológica, como pôsteres, sacolas, camisetas com mensagens sobre o meio-ambiente e artesanato dos índios americanos. Também há uma loja infantil que vende conjuntos de conchas, ímãs e brinquedos, entre outras coisas.

A **Asia Society Bookstore and Gift Shop** *(p. 187)* disponibiliza uma notável seleção de artigos orientais: gravuras, pôsteres, livros de arte, brinquedos e joias, todos visando divulgar a cultura da Ásia. O **Cooper--Hewitt** *(p. 186)* vende artigos ligados à decoração de interiores. Uma das maiores coleções nova-iorquinas de objetos cerimoniais judaicos está na loja do **Jewish Museum** *(p. 186)*.

Quem procura reproduções de quadros famosos e outros suvenires requintados não pode deixar de visitar a loja de presentes do **Metropolitan Museum of Art** *(pp. 190-7)*. Também há muitos livros e uma seção só para crianças. O tradicional **American Folk Art Museum** *(p. 171)* tem objetos de artesanato rural americano, entre os quais brinquedos de madeira, colchas de retalho (quilts) e originais cata-ventos.

O **Museum of the City of New York** *(p. 199)* é especializado em retratos da Nova York antiga, assim como livros, gravuras e posteres. O **Museum of Modern Art/ MoMA Design Store** *(pp. 172-5)* tem uma elogiada seleção de artigos domésticos, brinquedos e peças de cozinha inspirados em designers como Frank Lloyd Wright e Le Corbusier.

Para ver uma seleção de artigos náuticos, como por exemplo mapas, miniaturas de navios e objetos feitos por marinheiros, procure o **South Street Seaport Museum Shops** *(pp. 82-5)*. A **Whitney Museum's Shop** *(pp. 200-1)* só tem artigos feitos nos EUA, de bijuterias a brinquedos de madeira.

O **Museum of Jewish Heritage** *(p. 77)* tem uma interessante loja de presentes, suvenires e material educativo sobre a vida judaica. A loja só é acessível a quem visita o museu.

O MELHOR DOS IMPORTADOS

Nova York é um grande caldeirão de grupos étnicos, nacionalidades e culturas. Muitas lojas típicas são especializadas em comidas ou produtos de um certo grupo.

A **Alaska on Madison** tem uma coleção de obras de arte esquimó, gravuras do noroeste e pingentes, bem como a **Alaska House** do SoHo. A requintada **Chinese Porcelain Company** vende móveis e obras de arte decorativa chinesa. A **Pearl River Mart** é já há 30 anos um endereço básico para encontrar artigos asiáticos, de curiosidades a chás, e a **Himalayan Crafts and Tours** tem pinturas e tapetes tibetanos. A **Sweet Life**, no Lower East Side, é uma pequena loja à moda antiga, com doces do mundo todo.

A **Things Japanese** tem lindos artigos de artesanato e livros raros. A loja ucraniana **Surma** vende ovos pintados à mão e roupa de cama, entre outras coisas. A **Common Ground** tem artesanato de índios norte-americanos, e a **Astro Gems** uma enorme coleção de joias e minérios da África e da Ásia. Perto de Chinatown há várias lojas vendendo de suvenires a artigos de couro por bons preços.

ENDEREÇOS

Alaska House
109 Mercer St. **Mapa** 4 E3.
Tel *(212) 431-1580.*

Alaska on Madison
937 Madison Ave. **Mapa** 17 A1.
Tel *(212) 879-1782.*

Astro Gems
185 Madison Ave. **Mapa** 9 A2.
Tel *(212) 889-9000.*

Chinese Porcelain Company
475 Park Ave. **Mapa** 13 A3.
Tel *(212) 838-7744.*

Common Ground
55 W 16th St. **Mapa** 8 F5.
Tel *(212) 989-4178.*

Himalayan Crafts and Tours
2007 Broadway. **Mapa** 11 C1.
Tel *(212) 787-8500.*

Pearl River Mart
477 Broadway. **Mapa** 4 E4.
Tel *(212) 431-4770.*

Sweet Life
63 Hester St. **Mapa** 5 B4.
Tel *(212) 598-0092.*

Surma
11 E 7th St. **Mapa** 4 F2.
Tel *(212) 477-0729.*

Things Japanese
127 E 60th St. **Mapa** 13 A3.
Tel *(212) 371-4661.*

AGENDA

LOJAS ESPECIALIZADAS

Arthur Brown & Bros.
2 W 46th St.
Mapa 12 F5.
Tel *(212) 575-5555.*

Blades
120 W 72nd St.
Mapa 12 D1.
Tel *(888) 552-5233.*
Tem duas lojas.

Caswell-Massey Ltd.
518 Lexington Ave.
Mapa 13 A5.
Tel *(212) 755-2254.*

The Cathedral Shop
Cathedral of St. John the Divine, 1047 Amsterdam Ave. **Mapa** 20 E4.
Tel *(212) 316-7540.*

Leo Kaplan Ltd.
114E 57th St.
Mapa 13 A3.
Tel *(212) 355-7212.*

Morgan Library Shop
Madison Ave com 36th St.
Mapa 9 A2.
Tel *(212) 685-0008.*

New York Firefighter's Friend
263 Lafayette St.
Mapa 4 F3.
Tel *(212) 226-3142.*

New York Public Library Shop
5th Ave com 42nd St.
Mapa 8 F1.
Tel *(212) 930-0869.*

Only Hearts
386 Columbus Ave.
Mapa 15 D5.
Tel *(212) 724-5608.*

Pearl Paint
308 Canal St.
Mapa 4 E5. ***Tel*** *(212) 431-7932.*

The Princeton Club
15 W 43rd St.
Mapa 8 F1. ***Tel*** *(212) 596-1200.*

Rita Ford's Music Boxes
19 E 65th St. **Mapa** 12 F2.
Tel *(212) 535-6717.*

Rudy's
169 W 48th St.
Mapa 12 E5.
Tel *(212) 391-1699.*

Tender Buttons
143 E 62nd St.
Mapa 13 A2.
Tel *(212) 758-7004.*

The Chess Shop
230 Thompson St.
Mapa 4 D3.
Tel *(212) 475-9580.*

Trash & Vaudeville
4 St. Mark's Pl.
Mapa 5 A4.
Tel *(212) 982-3590.*

Weisburg Religious Articles
45 Essex St. **Mapa** 5 B4.
Tel *(212) 674-1770.*

The Yale Club
50 Vanderbilt Ave.
Mapa 13 A5.
Tel *(212) 661-2070.*

ITENS DE COLEÇÃO

One Shubert Alley
1 Shubert Alley.
Mapa 12 E5.
Tel *(212) 944-4133.*

The Carnegie Hall Shop
881 7th Ave. **Mapa** 12 E3.
Tel *(212) 903-9610.*

Forbidden Planet
840 Broadway.**Mapa** 4 E1.
Tel *(212) 473-1576.*

Jerry Ohlinger's Movie Material Store
253 W 35th St.
Mapa 8 D2.
Tel *(212) 989-0869.*

Lost City Arts
18 Cooper Square.
Mapa 4 F2.
Tel *(212) 375-0500.*

Metropolitan Opera Shop
Metropolitan Opera House, Lincoln Center, 136 W 65th St. **Mapa** 11 C2.
Tel *(212) 580-4090.*

Urban Archaeology
143 Franklin St.
Mapa 4 D5.
Tel *(212) 431-4646.*

JOGOS E BRINQUEDOS

American Girl Place
609 Fifth Ave.
Mapa 12 F5.
Tel *(877) 247-5223.*

The Children's General Store
Lexington Concourse, Grand Central Station.
Mapa 9 A1.
Tel *(212) 682-0004.*

Dinosaur Hill
306 E 9th St, 2nd Ave.
Mapa 4 F1.
Tel *(212) 473-5850.*

F. A.O. Schwarz
767 5th Ave.
Mapa 12 F3.
Tel *(212) 644-9400.*

Hammacher Schlemmer
147 E 57th St.
Mapa 13 A3.
Tel *(212) 421-9000.*
Uma de duas filiais.

Kidrobot
126 Prince St.
Mapa 4 E3.
Tel *(212) 966-6688.*

Myplasticheart
210 Forsyth St.
Mapa 5 A3.
Tel *(646) 290-6866.*

Red Caboose
23 W 45th St.
Mapa 12 F5.
Tel *(212) 575-0155.*

Toys 'R' Us
1514 Broadway, Times Square.
Mapa 8 E2.
Tel *(646) 366-8800.*

LOJAS DE MUSEUS

Museum of Arts & Design
40 W 53rd St.
Mapa 12 F4.
Tel *(212) 956-3535.*

American Folk Art Museum
45 W 53rd St.
Mapa 12 F4.
Tel *(212) 265-1040.*

American Museum of Natural History
W 79th St com Central Park W. **Mapa** 16 D5.
Tel *(212) 769-5100.*

Asia Society Bookstore and Gift Shop
725 Park Ave.
Mapa 13 A1.
Tel *(212) 288-6400.*

Cooper-Hewitt
2 E 91st St.
Mapa 16 F2.
Tel *(212) 849-8400.*

Jewish Museum
1109 5th Ave.
Mapa 16 F2.
Tel *(212) 423-3200.*

Metropolitan Museum of Art
5th Ave com 82nd St.
Mapa 16 F4.
Tel *(212) 535-7710.*

Museum of the City of New York
5th Ave com 103rd St.
Mapa 21 C5.
Tel *(212) 534-1672.*

Museum of Jewish Heritage
18 1st Place, Battery Park City.
Mapa 1 B4.
Tel *(646) 437-4200.*

Museum of Modern Art/MoMA Design Store
44 W 53rd St.
Mapa 12 F4.
Tel *(212) 767-1050.*

South St. Seaport Museum Shops
12 Fulton St.
Mapa 2 D2.
Tel *(212) 748-8600.*

The Whitney Museum's Store Next Door
943 Madison Ave.
Mapa 13 A1.
Tel *(212) 570-3676.*

Roupas

Seja um par de jeans baratos ou o tipo de vestido de noite que Ivana Trump gosta de usar, em Nova York encontra-se de tudo. A cidade é o coração da moda nos EUA e importante centro de design e fabricação de roupas. Sua multiplicidade de lojas de roupas reflete os diferentes estilos e culturas encontrados na cidade. Para poupar tempo, é melhor visitar uma área de cada vez. Outra ideia é ir a uma boa loja de departamentos, onde se encontra ótima seleção de moda para todos os gostos.

ESTILISTAS AMERICANOS

Muitos estilistas americanos vendem suas criações em butiques nas grandes lojas de departamentos ou têm lojas exclusivas. Um dos mais famosos é Michael Kors, criador de um look sofisticado, mas confortável e clássico.

As roupas de Bill Blass, um dos mestres da moda americana, apresentam uma variedade de cores diferentes, estampas chamativas, formas inovadoras e muito bom humor – e a clientela já mostrou que gosta. As criações de Liz Claiborne são marcadas pela simplicidade elegante e casual e preços razoáveis. Há peças de todo tipo, de roupa para jogar tênis a moda prática para o trabalho.

Marc Jacobs, conhecido por suas roupas esportivas, tem sua própria marca e loja em Greenwich Village. James Galanos é um estilista exclusivo para os ricos e famosos, que cria peças únicas de *haute couture* a preços estratosféricos, e Betsey Johnson é a preferida das mulheres extrovertidas e magérrimas que gostam de frequentar festas malucas e usar roupas coladas ao corpo.

Nas duas últimas décadas, Donna Karan tornou-se um nome de forte apelo. Seus modelos simples mas com estilo e ótimo visual servem para todas as ocasiões, tanto para trabalhar como para ocasiões especiais. Calvin Klein é também um nome conhecidíssimo, presente em lingerie, jeans, óculos de sol, vestidos e casacos confortáveis, sensuais e de ótimo caimento. Ralph Lauren é célebre por sua moda aristocrática e cara, que agrada às pessoas chiques que vão às exclusivas e tradicionais universidades americanas. Joan Vass especializou-se em fazer malhas originais e coloridas, a preço acessível.

ROUPAS DE GRIFE A PREÇOS REDUZIDOS

Quem se interessar por roupas de grife com desconto deve procurar as lojas **Designer Resale**, **Encore** e **Michael's**. Entre os grandes estilistas figuram Oscar de la Renta, Ungaro e Armani. As lojas vendem peças perfeitas ou quase perfeitas, muitas das quais nunca foram usadas.

A loja de descontos **Century 21** vende roupas de estilistas europeus e americanos com descontos que chegam a incríveis 75% do preço normal.

A movimentada Union Square oferece inúmeras opções de compras, incluindo a **Nordstrom Rack**, o outlet da famosa marca Nordstrom.

A **Loehmann's** é o lugar certo se você quer roupas da moda com descontos incríveis.

MODA MASCULINA

Duas das mais conceituadas lojas de roupa masculina de Nova York são a **Brooks Brothers** e a **Paul Stuart**. A Brooks Brothers é hoje em dia uma instituição nova-iorquina, famosa por suas roupas tradicionais e conservadoras. Também vende uma linha feminina ultraconservadora. A Paul Stuart se orgulha de seu look muito britânico e oferece uma elegante seleção de peças cortadas com maestria.

Na **Bergdorf Goodman Men**, loja de departamentos de alta qualidade, encontram-se belíssimas camisas Turnbull & Asser e maravilhosos ternos de Gianfranco Ferré e Hugo Boss.

A **Barney's New York** tem uma das maiores seções de moda masculina dos Estados Unidos, com enorme variedade de roupas e acessórios.

A **Uniqlo**, descolada rede japonesa conhecida por suas roupas casuais modernas e de ótima qualidade, ostenta uma grande loja na Fifth Avenue. Vá à **Burberry Limited** para comprar os clássicos *trench-coats* britânicos e a tradicional roupa para o dia a dia.

A **J. Press** vende roupa clássica e conservadora, enquanto a **John Varvatos** é famosa pelos designs esportivos luxuosos, com detalhes magníficos. Entre as butiques que vendem moda de grife para homens, incluem-se a célebre **Beau Brummel**, com uma seleção de roupas europeias muito elegantes, e a **Thomas Pink**, muito procurada por celebridades por suas cores brilhantes e seus tecidos finos. Muitas lojas de moda masculina também têm seções femininas. A **Hickey-Freeman** na 5th Avenue dispõe de um amplo estoque de roupas masculinas tradicionais.

MODA INFANTIL

Além de uma oferta muito diversificada nas grandes lojas de departamentos, há várias lojas na cidade que vendem exclusivamente moda infantil. Vá à **Bonpoint** para encontrar o charme da moda infantil francesa. A **Bundle**, no SoHo, também tem lindos trajes.

A **Gapkids** e a **BabyGap**, muitas vezes uma seção dentro das lojas **Gap**, tem macacões e jardineiras confortáveis, calças e blusas de moletom, jaquetas jeans e leggings. A atriz Phoebe Cates abriu uma loja de roupas infantis badalada na Madison Avenue chamada **Blue Tree**. Na **Space Kiddets** há de tudo, de babadores e sapatinhos a roupa de caubói.

MODA FEMININA

A moda feminina em Nova York não é definidora de tendências, como em Paris. Mas é imbatível na promoção do que é chique e exclusivo, com destaque para as elegantes criações exclusivas. A maioria das lojas elegantes de Nova York fica em volta da 5th e Madison Avenues. Entre elas figuram as principais lojas de departamentos *(p. 311)*, onde pequenas butiques especiais expõem criações de costureiros americanos, como Donna Karan, Anne Klein, Bill Blass e Claude Montana. Os grandes nomes internacionais, como **Chanel** e **Valentino**, têm lojas exclusivas, da mesma forma que o importante costureiro americano **Michael Kors**. Entre as butiques de roupas prontas, a **Ann Taylor** é uma das opções preferidas das jovens profissionais ocupadas, que gostam de roupas elegantes e confortáveis. A **Banana Republic** atrai multidões na Fifth Avenue, com elegante vestuário informal e jeans assinados por estilistas da moda.

No coração dessa área fica a Trump Tower, prédio de mármore cor-de-rosa que abriga lojas exclusivas.

A Madison Avenue tem butiques de estilistas famosos, com tudo o que se possa precisar, entre elas **Givenchy**, que vende vestidos fantásticos a preços fenomenais; **Valentino**, com suas roupas italianas de corte clássico; e **Missoni**, famosa pelos suéteres de lãs suntuosas e desenhos coloridos. A **Yves St Laurent Rive Gauche** tem vestidos de noite e casacos exclusivos, blusas extravagantes e conjuntos de corte perfeito. A **Krizia** tem modelos da estilista Mariucca Mandella.

O look sofisticado também está representado pelos reis da moda italiana **Giorgio Armani** e **Gianni Versace**. A **Dolce & Gabbana** vende roupas italianas exclusivas e únicas. A **Gucci**, uma das lojas italianas mais antigas nos Estados Unidos, é para mulheres que têm dinheiro e gostam de se vestir bem.

No Upper West Side, muitas butiques competem pela atenção das compradoras, entre elas a **Betsey Johnson**, com suas criações originais e relativamente baratas. A **Calvin Klein** agora tem uma loja no East Side especializada em moda casual ultramoderna. A **French Connection** é conhecida pelas peças avulsas de bom preço, tanto de roupas casuais quanto de trabalho. A **Scoop** tornou-se a meca do vestido preto curto.

Greenwich Village e East Village são bons lugares para quem busca roupa seminova e dos anos 1950, com várias lojas interessantes e estoques sempre renovados, criados por estilistas em começo de carreira. Para roupas de bom caimento, que vão do casual ao clássico, tente a acessível **APC**.

A **Cheap Jack's** tem uma enorme seleção de jeans Levi's de segunda mão e centenas de jaquetas jeans e de couro.

A **Screaming Mimi's** é o lugar onde se podem encontrar as calças de veludo boca de sino e botinhas go-go com que sempre se sonhou. Mais convencional, a **The Gap** é uma rede que vende roupas confortáveis e informais para homens, mulheres e crianças a preços razoáveis.

O SoHo e Notto/NoLIta concorrem hoje em dia com a Madison Avenue em butiques de roupas caras, interessantes e bem avançadas. A divertida butique **Kirna Zabete**, por exemplo, tem uma gama de roupas e acessórios únicos. Você também vai encontrar a **Yohji Yamamoto** nesta área, entre outras lojas exclusivas. A **Comme des Garçons**, no Garment District, vende moda japonesa minimalista chique.

Cynthia Rowley é uma designer nova-iorquina de destaque, que vende roupas sedutoras para mulheres. A **What Comes Around Goes Around** é o lugar ideal para conseguir modelos antigos de jeans.

TABELA DE TAMANHOS

Roupas infantis								
Americano	2-3	4-5	6-7	8-9	10	12	14	16
Brasileiro	2	4	6	8	10	12	14	16+ (anos)
Calçados infantis								
Americano	7½	8½	9½	10½	11½	12½	13½	1½
Brasileiro	24-5	26-7	28	29	30	31	32	33
Vestidos, saias e casacos femininos								
Americano	4	6	8	10	12	14	16	18
Brasileiro	38	40	42	44	46	48	50	-
Blusas e malhas femininas								
Americano	6	8	10	12	14	16	18	
Brasileiro	38	40	42	44	46	48	50	
Calçados femininos								
Americano	6½	7½	8½	9	10			
Brasileiro	35	36	37	38	39			
Ternos masculinos								
Americano	34	36	38	40	42	44	46	48
Brasileiro	-	46	-	48	-	50	52	54
Camisas masculinas								
Americano	14	15	15½	16	16½	17	17½	18
Brasileiro	35	37	39	40	41	42	43	44
Calçados masculinos								
Americano	8	8½	9	10½	11½	12½	13	13½
Brasileiro	39	40	41	42	43	44	45	46

AGENDA

ROUPAS DE GRIFE A PREÇOS REDUZIDOS

Century 21 Department Store
22 Cortland St.
Mapa 1 C2.
Tel *(212) 227-9092.*

Designer Resale
324 E 81st St.
Mapa 17 B4.
Tel *(212) 734-3639.*

Encore
1132 Madison Ave.
Mapa 17 A4.
Tel *(212) 879-2850.*

Loehmann's
101 7th Ave.
Mapa 8 E1.
Tel *(212) 352-0856.*

Michael's
1041 Madison Ave.
Mapa 17 A5.
Tel *(212) 737-7273.*

Nordstrom Rack
60 E 14th St. **Mapa** 9 A5.
Tel *(212) 220-2080.*

MODA MASCULINA

Barney's New York
660 Madison Ave.
Mapa 13 A3.
Tel *(212) 826-8900.*

Beau Brummel
347 W Broadway.
Mapa 4 E3.
Tel *(212) 219-2666.*
Uma de várias filiais.

Bergdorf Goodman Men
754 5th Ave.
Mapa 12 F3.
Tel *(212) 753-7300.*

Brooks Brothers
346 Madison Ave.
Mapa 9 A1.
Tel *(212) 682-8800.*

Burberry Limited
9 E 57th St.
Mapa 12 F3.
Tel *(212) 757-3700.*

Hickey Freeman
543 Madison Ave.
Mapa 13 A4.
Tel *(212) 586-6481.*

J. Press
7 E 44th St. **Mapa** 12 F5.
Tel *(212) 687-7642.*

John Varvatos
122 Spring St.
Mapa 4 E4.
Tel *(212) 965-0700.*

Paul Stuart
350 Madison Ave.
Mapa 13 A5.
Tel *(212) 682-0320.*

Polo/Ralph Lauren
Madison Ave com 72nd St. **Mapa** 13 A1.
Tel *(212) 606-2100.*

Thomas Pink
520 Madison Ave.
Mapa 13 A4.
Tel *(212) 838-1928.*

Uniqlo
666 5th Ave.
Mapa 12 F4.
Tel *(877) 486-4756.*

MODA INFANTIL

Blue Tree
1283 Madison Ave.
Mapa 17 A2.
Tel *(212) 369-2583*

Bonpoint
1269 Madison Ave.
Mapa 17 A3.
Tel *(212) 722-7720.*

Bundle
128 Thompson St.
Mapa 4 D3.
Tel *(212) 982-9465.*

GapKids
60 W 34th St.
Mapa 8 F2.
Tel *(212) 760-1268.*
Uma de várias filiais.

Space Kiddets
26 E 22nd St. **Mapa** 8 F4.
Tel *(212) 420-9878.*

MODA FEMININA

Ann Taylor
645 Madison Ave.
Mapa 13 A3.
Tel *(212) 832-2010.*
Uma de várias filiais.

APC
131 Mercer St.
Mapa 4 E3.
Tel *(212) 966-9685.*

Banana Republic
626 5th Ave. **Mapa** 12 F4.
Tel *(212) 974-2350.*

Betsey Johnson
248 Columbus Ave.
Mapa 16 D4.
Tel *(212) 362-3364.*
Uma de várias filiais.

Calvin Klein
654 Madison Ave.
Mapa 13 A3.
Tel *(212) 292-9000.*

Chanel
15 E 57th St.
Mapa 12 F3.
Tel *(212) 355-5050.*

Cheap Jack's
841 Broadway.
Mapa 4 E1.
Tel *(212) 777-9564.*

Comme des Garçons
520 W 22nd St.
Mapa 8 F3.
Tel *(212) 604-9200.*

Cynthia Rowley
376 Bleecker St.
Mapa 3 C2.
Tel *(212) 242.3803.*

Dolce & Gabbana
434 W Broadway.
Mapa 4 E3.
Tel *(212) 965-8000.*

French Connection
700 Broadway.
Mapa 4 E2.
Tel *(212) 473-4486.*
Uma de várias filiais.

The Gap
250 W 57th St.
Mapa 12 D3.
Tel *(212) 315-2250.*
Uma de várias filiais.

Gianni Versace
647 5th Ave.
Mapa 12 F4.
Tel *(212) 317-0224.*

Giorgio Armani
760 Madison Ave.
Mapa 13 A2.
Tel *(212) 988-9191.*
717 5th Ave. **Mapa** 12 F3.
Tel *(212) 207-1902.*

Givenchy
710 Madison Ave.
Mapa 13 A1.
Tel *(212) 688-4005.*

Gucci
685 5th Ave.
Mapa 12 F4.
Tel *(212) 826-2600.*

Kirna Zabete
96 Greene St.
Mapa 4 E4.
Tel *(212) 941-9656.*

Michael Kors
790 Madison Ave.
Mapa 13 A2.
Tel *(212) 452-4685*

Missoni
1009 Madison Ave.
Mapa 13 A1.
Tel *(212) 517-9339.*

Saks Fifth Avenue
611 5th Ave.
Mapa 12 F4.
Tel *(212) 753-4000.*

Scoop
532 Broadway (próximo a Spring St).
Mapa 4 E4.
Tel *(212) 925-2886.*
Uma de duas filiais.

Screaming Mimi's
382 Lafayette St.
Mapa 4 F2.
Tel *(212) 677-6464.*

Valentino
747 Madison Ave.
Mapa 13 A2.
Tel *(212) 772-6969.*

What Comes Around Goes Around
351 W Broadway.
Mapa 4 E4.
Tel *(212) 343-9303.*

Yohji Yamamoto
103 Grand St. **Mapa** 4 E4.
Tel *(212) 966-9066.*

Yves St Laurent Rive Gauche
855 Madison Ave.
Mapa 13 A1.
Tel *(212) 517-7400.*

Acessórios

Além das lojas citadas a seguir, todas as grandes lojas de departamentos de Manhattan têm grandes seções de acessórios que vendem chapéus, luvas, bolsas, joias, relógios, lenços, sapatos e guarda-chuvas.

JOIAS

É na 5th Avenue, no centro de Manhattan, que ficam as mais deslumbrantes joalherias. Uma delas é a **Harry Winston**, organizada como um museu, com vitrinas de joias cobiçadas de todas as partes do mundo. A **Buccellati** é altamente conceituada por suas inovadoras criações italianas. A **Bulgari** tem uma coleção impressionante, cujos preços variam de centenas a mais de US$1 milhão.

Sediada em um *palazzo* no estilo renascentista, a loja **Cartier** é uma joia por si só, e vende suas lindíssimas peças a preços estratosféricos. A loja da **Tiffany & Co** são dez andares de reluzentes cristais, diamantes e joias esperando para serem embaladas numa das caixas azuis-celeste que são a marca registrada da loja.

A Diamond Row, uma área de um quarteirão na 47th Street (entre a 5th e a 6th Avenues), é repleta de joalherias cujas vitrinas exibem enormes fortunas em diamantes, ouro, pérolas e joias exóticas. Não deixe de ir conhecer a **Jewelry Exchange**, um conjunto de lojas onde 60 joalheiros vendem suas peças direto ao público. Aqui, pechinchar bastante faz parte do jogo – portanto, prepare-se.

CHAPÉUS

A mais antiga chapelaria é a **Worth & Worth**, que também tem a maior coleção de chapéus da cidade. Nela você encontra qualquer coisa: desde os modelos feitos para se usar em uma caçada até cartolas de seda e chapéus moles de aba grande. A **Suzanne Millinery** fabrica chapéus para estrelas e é muito frequentada por celebridades como Whoopi Goldberg e Ivana Trump.

A **Lids** tem dezenas de tipos de bonés, com logos de times de vários esportes ou o famoso "I – coração – NY".

Para encontrar uma ampla gama de chapéus fabulosos pare na **The Hat Shop**, que comercializa todos os estilos: do clássico ao moderno.

GUARDA-CHUVAS

No instante em que começa a chover em Nova York, centenas de camelôs vendendo guarda-chuvas parecem brotar do chão. Seus produtos certamente são os mais baratos da cidade, mas duram tanto quanto o temporal. Quem quiser guarda-chuva de boa qualidade deve procurar a grande seleção oferecida pela Briggs, de Londres, na **Worth & Worth**.

A **Barney's New York** tem uma grande variedade de guarda-chuvas ousados e também modelos mais comuns, em xadrez ou listrados. Na **Macy's** *(p. 319)* você sempre encontrará os comuns. A mundialmente famosa **Gucci** vende guarda-chuvas que combinam com suas gravatas. Guarda-chuvas inspirados no metrô podem ser encontrados na **The NY Transit Museum Store**.

BOLSAS E PASTAS

Duas vezes por ano, nas liquidações de janeiro e agosto, uma fila de pessoas aguarda na esquina da 48th Street com Madison Avenue a vez de entrar na **Crouch & Fitzgerald** para comprar bolsas, pastas e malas. Todas as marcas estão aqui: Judith Leiber, Ghurka, Louis Vuitton, Cooney & Bourke, além da linha da própria casa. Em outras partes da cidade há lojas exclusivas, como a **Bottega Veneta** e a **Prada**, onde as bolsas são expostas como preciosas obras de arte – com preços equivalentes. Os lugares mais jovens e modernos são a **Furla**, conhecida por seu design italiano, e a elegante **Il Bisonte**. As peças do designer Rafé Totengco podem ser econtradas na **TG-170**. A **The Coach Store** é conhecida pelas bolsas simples e clássicas, feitas de couro grosso e resistente.

No estilo da designer **Kate Spade** você encontra bolsas retangulares práticas, em uma incrível variedade de estampas e cores, que têm se tornado um clássico, adicionando um toque chique a qualquer produção feminina. **Jack Spade** tem uma linha masculina similar.

Para quem procura bolsas de grife a preço baixo, tente a lendária **Fine & Klein**. Pastas de todos os modelos possíveis – desde as finas como um envelope até as bojudas maletas de advogados – a preços módicos.

SAPATOS E BOTAS

As lojas de Manhattan são famosas pela abundância de modelos de sapatos e botas. Só por muito azar alguém não acha o sapato que procura, pelo preço que pode pagar. A maioria das grandes lojas de departamentos tem seções com sapatos de grife, além das marcas próprias de cada loja. A **Bloomingdale's** *(p. 179)* tem uma enorme e eficiente seção de calçados femininos e a **Brooks Brothers**, uma das melhores seleções de calçados masculinos tradicionais da cidade, com atendimento à altura da qualidade.

As mais exclusivas lojas de calçados para homens e mulheres ficam em Midtown. A **Ferragamo** vende modelos clássicos feitos em Florença. Vá à **Botticelli**, que conta com um grande número de sapatos de modelos diferentes. Para calçados com estilo a preços decentes, prefira a **Sigerson Morrison**, localizada em Little Italy.

Se a preferência for botas de caubói, a **Billy Martin's** tem muitos modelos feitos à mão – dos básicos, usados pelos vaqueiros de verdade, às botas de couro de jacaré de milhares de dólares. A **Billy Martin's** todo tipo de roupas e acessórios western, para você se vestir de caubói dos pés à cabeça. Quem procura belíssimas botas artesanais deve ir à **E. Vogel Custom Boots & Shoes.** Colecionadores de tênis devem parar na **Alife Rivington Club** que tem modelos difíceis de achar.

As novidades em calçado infantil estão na **East Side Kids**, que oferece a última moda no setor, enquanto a **Shoofly** tem calçados importados de todos os estilos.

A butique **Jimmy Choo** vende sapatos sexy de salto alto. Populares no setor chique de Nova York são os belos sapatos femininos, como os de salto alto da **Manolo Blahnik** ou os estilosos de **Christian Louboutin**. A marca espanhola mais popular, **Camper**, tem um andar no Soho com seus sapatos confortáveis, originais e coloridos para homens e mulheres.

Para calçados mais baratos vá na West 34th Street e na West Eight Street entre Fifth e Sixth Avenues, e na Orchard Street no Lower East Side. A loja **DSW**, no terceiro andar da 40 E 14th Street, vende sapatos e botas de marca por preços baixos. Eles também têm uma filial perto do Battery Park.

LINGERIE

Na **La Petite Coquette** há peças caras e importadas da Europa, sexy e elegantes.

Os preços são menores na **Victoria's Secret**, que está localizada na 57th Street ou no SoHo, e oferece lindíssimas peças íntimas, em seda, cetim e todo tipo de tecido. O setor de lingerie da **Henri Bendel** oferece uma suntuosa linha de lingerie, fina ou atrevida. A italiana **La Perla** destaca lingerie sedutora e roupa de baixo em tecidos sensuais, como tule, chiffon e cetim.

AGENDA

JOIAS

Buccellati
46 E 57th Ave. **Mapa** 12 F3.
Tel *(212) 308-2900.*

Bulgari
730 5th Ave. **Mapa** 12 F3.
Tel *(212) 315-9000.*

Cartier
653 5th Ave. **Mapa** 12 F4.
Tel *(212) 753-0111.*

Harry Winston
718 5th Ave. **Mapa** 12 F3.
Tel *(212) 245-2000.*

Jewelry Exchange
15 W 47th St. **Mapa** 12 F5.

Tiffany & Co
5th Ave.
Mapa 12 F3.
Tel *(212) 755-8000.*

CHAPÉUS

The Hat Shop
120 Thompson St. **Mapa** 4 D3. ***Tel*** *(212) 219-1446.*

Lids
243 W 42nd St. **Mapa** 8 E1.
Tel *(212) 575-1717.*

Suzanne Millinery
27 E 61 St. **Mapa** 13 A3.
Tel *(212) 593-3232.*

Worth & Worth
45 West 57th St. 6th floor, Suite Le02. **Mapa** 12 F3.
Tel *(212) 265-2887.*

GUARDA-CHUVAS

Barney's New York
P. 319.

Gucci
P. 327.

NY Transit Museum Store
Grand Central Terminal.
Mapa 9 A1.
Tel *(212) 878-0106.*

BOLSAS E PASTAS

Altman Luggage Company
135 Orchard St.
Mapa 5 A3.
Tel *(212) 254-7275.*

Il Bisonte
120 Sullivan St. **Mapa** 4 D4. ***Tel*** *(212) 966-8773.*

Bottega Veneta
635 Madison Ave. **Mapa** 13 A3. ***Tel*** *(212) 371-5511.*

The Coach Store
595 Madison Ave.
Mapa 13 A3.
Tel *(212) 754-0041.*

Crouch & Fitzgerald
400 Madison Ave. **Mapa** 13 A5. ***Tel*** *(212) 755-5888.*

Fine & Klein
119 Orchard St. **Mapa** 5 A3. ***Tel*** *(212) 674-6720.*

Furla
598 Madison Ave.
Mapa 13 A3.
Tel *(212) 755-8986.*
Uma de duas filiais.

Jack Spade
56 Greene St. **Mapa** 4 E4.
Tel *(212) 625-1820.*

Kate Spade
454 Broome St. **Mapa** 4 E4.
Tel *(212) 274-1991.*

Prada
49 E 57th St. **Mapa** 12 F3.
Tel *(212) 308-2332.*

TG-170
77 Ludlow St. **Mapa** 5 A3.
Tel *(212) 995-8660.*

SAPATOS E BOTAS

Alife Rivington Club
158 Rivington St. **Mapa** 5 B3. ***Tel*** *(212) 375-8128.*

Billy Martin's
220 E 60th St. **Mapa** 13 B3. ***Tel*** *(212) 861-3100.*

Botticelli
620 5th Ave. **Mapa** 12 F4.
Tel *(212) 582-6313.*

Bloomingdale's
P. 319.

Brooks Brothers
P. 327.

Camper
125 Prince St. **Mapa** 4 E3.
Tel *(212) 358-1842.*

Christian Louboutin
941 Madison Ave.
Mapa 17 A5.
Tel *(212) 396-1884.*

DSW
40 E 14th St. **Mapa** 9 A5.
Tel *(212) 674-2146.*

E. Vogel Custom Boots & Shoes
19 Howard St. **Mapa** 4 E5. ***Tel*** *(212) 925-2460.*

East Side Kids
1298 Madison Ave.
Mapa 17 A2.
Tel *(212) 360-5000.*

Ferragamo
655 5th Ave. **Mapa** 12 F3.
Tel *(212) 759-3822.*

Jimmy Choo
645 5th Ave. **Mapa** 12 F4.
Tel *(212) 593-0800.*

Manolo Blahnik
31 W 54th St. **Mapa** 12 F4.
Tel *(212) 582-3007.*

Shoofly
42 Hudson St. **Mapa** 1 B1.
Tel *(212) 406-3270.*

Sigerson Morrison
28 Prince St. **Mapa** 4 F3.
Tel *(212) 219-3893.*

LINGERIE

Henri Bendel
P. 319.

La Perla
93 Greene St. **Mapa** 4 E3.
Tel *(212) 219-0999.*

La Petite Coquette
51 University Place.
Mapa 4 E1.
Tel *(212) 473-2478.*

Victoria's Secret
34 E 57th St. **Mapa** 12 F3.
Tel *(212) 758-5592.*
591-593 Broadway.
Mapa 4 E3.
Tel *(212) 219-3643.*

Cosméticos, Manicures, Pedicures e Cabeleireiros

Em Nova York, o visitante pode comprar até cansar – e quando isso acontecer não será difícil encontrar um bom tratamento de recuperação (incluindo uma revigorante massagem nos pés). Aqui não faltam lojas de cosméticos, manicures e pedicures especializados e até disputados cabelereiros. A maioria desses estabelecimentos adota horários compatíveis com o ritmo nova-iorquino, com atendimento no mesmo dia, o que permite marcar uma hora entre as maratonas de lojas e vitrines. Depois de uma sessão (ou duas) de recuperação, é só voltar às compras.

COSMÉTICOS

A francesa **Sephora** é uma megastore de cosméticos que oferece uma infinidade de produtos de beleza, de cremes de limpeza a cosméticos e perfumes e, felizmente, sem pressão dos vendedores para que o visitante encha a sacola. Para essências e produtos naturais tente a **Erbe**, ("ervas" em italiano), um paraíso relaxante com produtos hipoalergênicos, todos feitos à base de ervas frescas e livres de óleos minerais, produtos animais, ceras, fragrâncias artificiais e corantes. O hidratante de geleia real e o creme esfoliante Pennywort fazem sucesso.

A badalada loja da **MAC Cosmetics** está sempre movimentada; seus pós faciais, em particular a linha Studio Fix, constituem um dos destaques da marca. Muitos consumidores não deixam de dar uma passada na **FACE Stockholm**, famosa pelos produtos faciais com base botânica a preços razoáveis, além dos batons e esmaltes de inúmeras cores. Inaugurada em 1851, a **Kiehl's** dedica-se à produção de cremes, hidratantes, tonificantes e máscaras com embalagens que também aproveitam elementos naturais.

Outra marca adepta da natureza, a **Fresh** oferece cremes perfumados para o corpo. A **Sabon** tem uma linha irresistivelmente diversa de cosméticos de luxo, todos feitos com ingredientes naturais. Aqui pode-se comprar sabão por peso, e eles ainda fazem pacotes de presente de graça.

Se o objeto de desejo forem os itens para maquiagem, o destino é a elegante **Make Up for Ever**, no SoHo, que impressiona pela variedade de bases líquidas e batons em forma de creme. Na simpática **Origins**, a escolha fica entre as muitas opções de loções com base vegetal, hidratantes antioxidantes e cremes para o corpo indicados até para uso em bebês. A inglesa Nicky Kinnaird abriu sua primeira outlet **Space.NK** nos EUA, no Soho. A loja também oferece tratamentos de beleza.

A maioria das lojas de departamentos de Nova York, como a **Bloomingdale's**, **Lord & Taylor**, **Saks Fifth Avenue**, **Barney's New York** e a **Macy's** também oferece generosas seções de produtos de beleza.

MANICURES E PEDICURES

Em Downtown, quem quiser ficar na moda sem gastar muito deve ir à **Galleria Nail Salon**, um dos destinos mais populares do East Village para serviços de spa baratos. Além de manicures e pedicures, lá é possível fazer depilação e encontrar linhas de maquiagem que não se encontra em qualquer lugar. Quem se deixa impressionar pela aparência um pouco séria da **Eve's** costuma se surpreender com o bom atendimento das manicures e pedicures que trabalham aqui.

A **Dashing Diva**, além do excelente serviço de manicure e de pedicure por cerca de US$ 10, oferece um atendimento especial para agradar os clientes: nas quintas e sextas-feiras servem cosmopolitans para as clientes.

Há quem afirme que a **Sweet Lily Natural Nail Spa & Boutique** é insuperável. Aqui as mãos são tratadas com óleos especiais, como o creme morno de lavanda, ou os cremes com essências cítricas e chás reservados para o tratamento das cutículas. Não são só os adultos que frequentam o estabelecimento: há manicures especializadas para atender meninas.

CABELEIREIROS

Quem visita Nova York e quer aproveitar para mudar o corte de cabelo (ou apenas acertar o penteado), pode escolher entre os muitos salões de cabeleireiros espalhados pela cidade.

Se a escolha for o **Arrojo Studio**, é provável que os profissionais da casa queiram atualizar o visual do cliente – que provavelmente sairá do estabelecimento com um visual tão ousado quanto o deles. Os coloristas do Arrojo são os melhores, e o salão oferece diversas opções de tingimento. Já as celebridades nova-iorquinas deixam os cuidados com os cabelos nas mãos de Frederic Fekkai ou de um de seus colaboradores no badalado **Frederic Fekkai Beaute de Provence**.

Oriunda da Vidal Sassoon, a estilista coreana Younghee Kim também oferece cortes ousados e tingimento dos cabelos, além de tratamentos e condicionamento térmico, a preços que começam em US$ 110. Kim atende no **Younghee Salon**, situado em TriBeCa. Oprah Winfrey e Madonna são apenas duas das muitas celebridades que frequentam o **Garren Salon**, localizado no elegante Sherry-Netherland Hotel. Instalado em um simpático *loft* que esbanja luz natural, o **Aveda Institute** oferece cortes, cores e massagens especiais. Clientes que quiserem fazer o corte de cabelo com um dos cabeleireiros em formação pagam menos. Os homens podem preferir o **La Boite a Coupe**, que conta com uma clientela que inclui profissionais da mídia e do mundo publicitário. Uma das atrações do La Boite é o cabeleireiro de origem franco-marroquina Laurent De Louya faz a cabeça dos clientes da casa desde 1972. Com um leve sotaque asiático, o sofisticado **Le Salon Chinois** não desaponta quem está em busca de um visual transformador. Outro destaque da casa são os excelentes tratamentos com massagens, aromaterapia e as várias técnicas de alisamento japonês. Um ambiente rústico com uma decoração animada e colorida (obras de artistas locais enfeitam as paredes de tijolos à vista) espera pelos clientes no **TwoDo Salon**.

O treinamento rigoroso dos profissionais que trabalham aqui é um dos diferenciais do **Vidal Sassoon**, um salão que ganha mais fama a cada dia. Entre os destaques da casa estão os cortes de cabelo e as tinturas, aprovadas pelos clientes fiéis. De origem britânica, o **Toni & Guy**, não decepciona quem procura um bom corte de cabelo. A unidade de Nova York também funciona como sede de treinamento dos profissionais, preparados para ousar nos cortes e penteados. Os clientes também elogiam as técnicas de tingimento e de alteração de cor de cabelos disponíveis aqui.

Outros salões nova-iorquinos que oferecem bons serviços são o **Antonio Prieto** e o **Bumble & Bumble**, além do refinado **John Masters Organics** e do seleto **Oscar Blandi**.

AGENDA

COSMÉTICOS

Erbe
196 Prince St.
Mapa 4 D3.
Tel *(212) 966-1445.*

FACE Stockholm
10 Columbus Circle.
Mapa 12 D3.
Tel *(212) 823-9415.*

110 Prince St, SoHo.
Mapa 4 E3.
Tel *(212) 966-9110.*

Fresh
57 Spring St com Lafayette St.
Mapa 4 F4.
Tel *(212) 925-0099.*
Uma de cinco filiais.

John Masters Organics
77 Sullivan St próximo a Broome St.
Mapa 4 D4.
Tel *(212) 343-9590.*

Kiehl's
109 3rd Ave.
Mapa 9 B5.
Tel *(212) 677-3171.*

MAC Cosmetics
113 Spring St.
Mapa 4 E4.
Tel *(212) 334-4641.*

Make Up for Ever
409 W Broadway com Spring St.
Mapa 4 E4.
Tel *(212) 941-9337.*

Origins
175 5th Ave com 23rd St.
Mapa 8 F4.
Tel *(212) 677-9100.*

Sabon
93 Spring St. **Mapa** 4 E4.
Tel *(212) 925-0742.*
Uma de três filiais.

Sephora
555 Broadway.
Mapa 4 E3.
Tel *(212) 625-1309.*
Mais sete filiais.

Space.NK
99 Greene St, próximo a Spring St. **Mapa** 4 E4.
Tel *(212) 941-9200.*

MANICURES E PEDICURES

Barney's New York
660 Madison Ave.
Mapa 13 A3.
Tel *(212) 826-8900.*

Bloomingdale's
1000 3rd Ave.
Mapa 13 B3.
Tel *(212) 705-2000.*

Bloomingdale's SoHo
504 Broadway.
Mapa 4 E4.
Tel *(212) 729-5900.*

Dashing Diva
41 E 8th St.
Mapa 4 E2.
Tel *(212) 673-9000.*

Eve
400 Bleecker St.
Mapa 3 C2.
Tel *(212) 807-8054.*

Galleria Nail Salon
520 E 11th St.
Mapa 5 B1.
Tel *(212) 387-8491.*

Lord & Taylor
424 5th Ave. **Mapa** 8 F1.
Tel *(212) 391-3344.*

Macy's
151 W 34th St.
Mapa 8 E2.
Tel *(212) 695-4400.*

Saks Fifth Avenue
611 5th Ave. **Mapa** 12 F4.
Tel *(212) 753-4000.*

Sweet Lily Natural Nail Spa & Boutique
222 W Broadway, entre N Moore & Franklin Sts.
Mapa 4 E5.
Tel *(212) 925-5441.*

CABELEIREIROS

Antonio Prieto
127 W 20th St.
Mapa 8 F5.
Tel *(212) 255-3741.*

Arrojo Studio
180 Varick St.
Mapa 4 D3.
Tel *(212) 242-7786.*

Aveda Institute
233 Spring. **Mapa** 4 D4.
Tel *(212) 807-1492.*

La Boite a Coupe
57 W 18th St, Suite 800.
Mapa 12 F4.
Tel *(212) 246-2097.*

Bumble & Bumble
415 13th St próximo a 9th Ave. **Mapa** 3 B1.
Tel *(212) 521-6500.*

Frederic Fekkai Beaute de Provence
712 5th Ave, 4º andar.
Mapa 12 F3.
Tel *(212) 753-9500.*

Garren Salon
781 5th Ave.
Mapa 12 F3.
Tel *(212) 841-9400.*

Oscar Blandi
545 Madison Ave.
Mapa 13 A4.
Tel *(212) 421-9800.*

Le Salon Chinois
44 W 55th St, 4th Floor. entre 5th & 6th aves.
Mapa 12 F4.
Tel *(212) 956-1200.*

Toni & Guy
673 Madison Ave, Suite 2 com 61st St.
Mapa 13 A3.
Tel *(212) 702-9771.*

TwoDo Salon
210 W 82nd St, entre Broadway e Amsterdam. **Mapa** 15 C4.
Tel *(212) 787-1277.*

Vidal Sassoon
32 W 18th St.
Mapa 8 F5.
Tel *(212) 229-2200.*

Younghee Salon
64 N Moore St.
Mapa 4 D5.
Tel *(212) 334-3770.*

Livros e Música

Como Nova York é a capital editorial dos EUA, não surpreende que tenha as melhores livrarias do país. Seu estilo varia: há desde enormes lojas lotadas de obras de interesse geral a centenas de livrarias especializadas em temas específicos, novos e antigos. Os amantes da música também encontram sons para todos os gostos e preços, inclusive gravações raras.

LIVRARIAS DE INTERESSE GERAL

O máximo entre as livrarias de Nova York é a **Barnes & Noble**, situada na 5th Avenue. É considerada a maior livraria do mundo e tem mais de 3 milhões de obras sobre todos os temas imagináveis. Do outro lado da rua há anexos, e a livraria também tem filiais.

A sede da famosa **Strand Book Store** de Nova York fica a poucos quarteirões, com nada menos de 2 milhões de cópias de livros novos e usados espalhados por vários andares de prateleiras lotadas. Há também uma grande sala de livros raros em primeira edição.

A **Westsider Bookshop**, tão completa quanto sua correspondente em disco, tem um abrangente estoque de livros usados e LPs country. A gigante **Powerhouse Arena** com frequência sedia eventos, de calmas leituras autorais a animadas festas de temas literários. A **Housing Works Bookstore Café** é uma adorável livraria-café que vende livros usados. A amigável **McNally Jackson** tem em seu estoque ficção clássica e contemporânea, e também tem um café.

A **Rizzoli** exibe uma grande seleção de livros de fotografia, música, artes e línguas estrangeiras, além de livros infantis e vídeos. A **Shakespeare & Co.** oferece imensa variedade de títulos e fica aberta até tarde.

LIVRARIAS ESPECIALIZADAS

Localizada no movimentado bairro de Williamsburg, no Brooklyn, a **Spoonbill & Sugartown Booksellers** tem uma variedade bem selecionada de livros sobre arte, design e arquitetura. A **Desert Island** atrai o pessoal alternativo e os artistas do Brooklyn com seus fanzines, gibis e outros títulos inusitados. A maior coleção de livros e publicações sobre teatro está na **Drama Book Shop**. Na **J Levine Judaica** você encontra livros e música. Livros raros, encadernações de couro e peças de antiquário são a razão de ser da **JN Bartfield Books**. A **Book Book** é a única livraria especializada em diários, cartas, biografias e autobiografias.

Livros de suspense e policiais são a especialidade da **Mysterious Bookshop**.

A **Forbidden Planet** vende livros e gibis novos e antigos de ficção científica. A **Midtown Comics** tem duas lojas com uma boa diversidade de quadrinhos a preços razoáveis, a maioria do final da década de 1980 até o presente. Colecionadores mais antigos vão preferir a **Jim Hanley's Universe**, na frente do Empire State Building. Os ítens de colecionador desta loja variam de preços razoáveis a absurdos que só mesmo Papai Noel pode comprar.

A **Bank Street Book Store** tem uma das melhores ofertas de livros novos para crianças. Eles também têm contadores de histórias e outros eventos para crianças. Visite a **Books of Wonder** para livros infantis e infantojuvenis raros.

A **The Complete Traveler** tem livros novos e antigos e guias de viagem sobre quase todos os lugares. A equipe da loja tem muito conhecimento e é mais do que prestativa.

A aclamada **Taschen**, editora de livros sobre arte e arquitetura, mantém uma linda loja no elegante SoHo. Livros de receitas constam do cardápio da **Kitchen Arts & Letters**, que tem edições esgotadas e livros originais. Os mais radicais devem ir à **Revolution Books** ou à **St Mark's Bookshop**; esta também tem uma boa seleção de literatura e livros de arte.

A **Idlewild** é uma livraria especializada em guias de turismo que organiza os títulos por destinos.

Brinquedos educativos que vem acompanhados de livros podem ser encontrados na espaçosa e iluminada **Scholastic Stores**, no andar de baixo da editora localizada no Soho.

DISCOS E CDS

A melhor loja de discos de Manhattan é a **Virgin**, que tem várias *megastores* em Manhattan. A **J&R Music World** é uma das melhores seleções de CDs.

Quem procura discos antigos deve ir à **West Sider Records.** Essa loja é uma arca do tesouro para colecionadores, com excelentes gravações de música erudita, jazz e ópera. A **House of Oldies** tem um bom estoque de discos raros e esgotados. A **Bleecker Bob's Golden Oldies** tem discos importados, de rock e punk a raridades do jazz.

A **Academy Records** é outra excelente escolha, com CDs, LPs e DVDs de segunda mão.

DJs e amantes do vinil encontram opções de *deep house*, *breakbeat* e *eletronica* na **Turntable Lab**, em Manhattan. No Brooklyn vá na **Earwax** ou na **Halcyon**. Os verdadeiros entusiastas da música devem se dirigir à **Other Music**, onde encontram de eletrônica a free jazz dos anos 1970, entre outras pérolas escondidas. A **Disc-O-Rama** tem alguns do CDs mais baratos da região.

PARTITURAS

A livraria da **Juilliard School**, uma das mais respeitadas escolas de música do mundo, vende partituras, livros e gravações. A **Frank Music Company** também tem enorme e diversificada seleção de composições eruditas. A **Charles Collins Publications** é especializada em partituras de jazz. Para partitura de música pop, vá à **Colony Music Center**, no Brill Building, na Broadway.

AGENDA

LIVROS DE INTERESSE GERAL

Barnes & Noble
33 E 17th St. **Mapa** 9 A5.
Tel *(212) 253-0810.*
Uma de várias filiais.

Housing Works Bookstore Café
126 Crosby Street.
Mapa 4 F3.
Tel *(212) 334-3324.*

McNally Jackson
52 Prince St.
Mapa 4 F3.
Tel *(212) 274-1160.*

Powerhouse Arena
37 Main St, Brooklyn.
Tel *(718) 222-1331.*

Rizzoli
31 W 57th St.
Mapa 12 F3.
Tel *(212) 759-2424.*

Shakespeare & Co.
716 Broadway.
Mapa 4 E2.
Tel *(212) 529-1330.*
Uma de várias filiais.

Strand Book Store
828 Broadway.
Mapa 4 E1.
Tel *(212) 473-1452.*

Westsider Bookshop
2246 Broadway.
Mapa 15 C4.
Tel *(212) 362-0706.*

LIVRARIAS ESPECIALIZADAS

Bank Street Book Store
610 W 112th St.
Mapa 21 A4.
Tel *(212) 678-1654.*

Book Book
266 Bleecker St.
Mapa 3 C2.
Tel *(212) 807-0180.*

Books of Wonder
18 W 18th St.
Mapa 8 E5.
Tel *(212) 989-3270.*

The Complete Traveler
199 Madison Ave.
Mapa 9 A2.
Tel *(212) 685-9007*

Desert Island
540 Metropolitan Ave, Brooklyn.
Tel *(718) 388-5087.*

Drama Book Shop
250 W 40th St.
Mapa 8 E1.
Tel *(212) 944-0595.*

Forbidden Planet
840 Broadway.
Mapa 4 E1.
Tel *(212) 473-1576.*

Idlewild
12 W 19th St.
Mapa 8 F5.
Tel *(212) 414-8888.*

J. Levine Judaica
5 W 30th St.
Mapa 8 F3.
Tel *(212) 695-6888.*

Jim Hanley's Universe
4 W 33rd St.
Mapa 8 F2.
Tel *(212) 268-7088.*

JN Bartfield Books
30 W 57th St.
Mapa 12 F3.
Tel *(212) 245-8890.*

Kitchen Arts & Letters
1435 Lexington Ave.
Mapa 17 A2.
Tel *(212) 876-5550.*

Midtown Comics
200 W 40th St.
Mapa 8 E1.
459 Lexington Ave.
Mapa 13 A5.
Tel *(212) 302-8192.*

Mysterious Bookshop
58 Warren St. **Mapa** 1 B1.
Tel *(212) 582-1011*

Revolution Books
146 W 26th St.
Mapa 8 E4.
Tel *(212) 691-3345.*

The Scholastic Store
577 Broadway.
Mapa 4 E4.
Tel *(212) 343-6166.*

Spoonbill & Sugartown Booksellers
218 Bedford Ave, Brooklyn.
Tel (718) 387-7322.

St. Mark's Bookshop
31 3rd Ave. **Mapa** 5 A2.
Tel *(212) 260-7853.*

Taschen Store
107 Greene St.
Mapa 4 E3.
Tel (212) 226-2212.

DISCOS E CDS

Academy Records
12 W 18th St.
Mapa 7 C5.
Tel *(212) 242-3000.*
Uma de várias filiais.

Bleecker Bob's Golden Oldies
118 W 3rd St.
Mapa 4 D2.
Tel *(212) 475-9677.*

Disc-O-Rama
186 W 4th St.
Mapa 4 D2.
Tel *(212) 206 8417.*

Earwax
218 Bedford Avenue, Brooklyn.
Tel *(718) 486-3771.*

Halcyon The Shop
57 Pearl St, na Water St, Dumbo, Brooklyn.
Mapa 2 F2.
Tel *(718) 260-WAXY.*

House of Oldies
35 Carmine St.
Mapa 4 D3.
Tel *(212) 243-0500.*

J&R Music World
23 Park Row.
Mapa 1 C2.
Tel *(800) 806-1115.*

Other Music
15 E 4th St.
Mapa 4 F2.
Tel *(212) 477-8150.*

Turntable Lab
120 E 7th St.
Mapa 4 F2.
Tel *(212) 477-8150.*

West Sider Records
233 W 72nd St.
Mapa 11 D1.
Tel *(212) 874-1588.*

PARTITURAS

Charles Colin Publications
315 W 53rd St.
Mapa 12 D4.
Tel *(212) 581-1480.*

Colony Music Center
1619 Broadway.
Mapa 12 E4.
Tel *(212) 265-2050.*

Frank Music Company
244 W 54th St.
Mapa 12 D4.
Tel *(212) 582-1999.*

The Juilliard Store
144 W 66th St.
Mapa 11 C2.
Tel *(212) 799-5000.*

Arte e Antiguidades

Qualquer pessoa que aprecie as artes pode passar muitas horas conhecendo e passeando pelas várias centenas de galerias de Nova York. Os apreciadores de antiguidades podem deleitar-se com as pechinchas nos vários mercados de pulgas e também com as belas peças europeias e americanas expostas nos vários e bons centros especializados. Fãs de peças relacionadas aos Estados Unidos e seu povo também encontram muita coisa para comprar. Consulte o *Art Now Gallery Guide*, um guia mensal gratuito disponível na maioria das galerias e livrarias, ou os jornais da cidade.

GALERIAS DE ARTE

Um dos maiores nomes entre as galerias é **Leo Castelli**, defensor ardoroso da pop art no início dos anos 1960 e que hoje destaca artistas novos. A **Mary Boone Gallery** firmou o nome de artistas neoexpressionistas como Julian Schnabel. Na **Pace Gallery** estão expostas grandes obras contemporâneas, a maioria de pintores-fotógrafos. A **Postmaster** apresenta shows de artistas emergentes. A **Marian Goodman Gallery** expõe arte de vanguarda europeia.

Em Chelsea, vale a pena visitar a **Mathew Marks Gallery** e a **Marienne Boesky Gallery**. **Paula Cooper** frequentemente tem apresentações controversas em seu lindo espaço.

A **Gagosian Gallery** exibe pinturas de mestres modernos, como Lichtenstein e Johns. Ela tem uma extensão no Upper East Side, onde você também encontra a **L&M Arts**, com uma boa seleção de obras de arte europeias e americanas. A **Hirschl & Adler Galleries**, em Midtown, é outra opção para ver ótimas exposições. A **Meulensteen** tem a arquitetura como foco, enquanto a **Lehmann Maupin Gallery** é o local para conhecer os trabalhos inovadores de artistas em ascensão. **Barbara Gladstone** também é muito importante na cena artística e a **Exit Art** é famosa por suas exposições multimídia. A arejada **Agora Gallery** exibe obras locais e internacionais, inclusive no estilo art nouveau.

ARTE FOLCLÓRICA AMERICANA

A **American Primitive Gallery** vende uma variedade de curiosidades, incluindo máscaras antigas e relíquias. Artigos similares são encontrados na **Laura Fisher Quilts**, que vende de *decoys* (patos artificiais usados para atrair caça) a *hooked rugs*.

ANTIGUIDADES

Nova York tem centenas de pequenas lojas vendendo desde dente de tigre entalhado a quadros de milhões de dólares, mas também abriga complexos como **The Manhattan Art & Antiques Center**, com vários revendedores sob o mesmo teto. Vale conhecer a **Showplace Antique and Design Center**, em Chelsea, com quatro andares repletos de antiguidades, mobília retrô e outros objetos.

MOBÍLIA AMERICANA

Para encontrar mobília dos séculos XVII, XVIII e XIX, vá ao **Bernard & S Dean Levy** ou à **Circa Antiques**. A **Judith & James Milne** vende mobília country antiga e uma belíssima coleção de quilts. A **Woodard & Greenstein American Antiques & Quilts** oferece uma seleção fantástica de peças *Shaker*.

Colecionadores de móveis art déco e art nouveau devem visitar a **Alan Moss**. A **Macklowe Gallery**, na Madison Avenue, vende fina mobília art nouveau. **Lillian Nassau** tem abajures Tiffany e muitas peças art déco e art nouveau.

Lojas retrô, como a **Adelaide**, vendem tesouros dos anos 1930 até 1960.

ANTIGUIDADES INTERNACIONAIS

Para antiguidades inglesas, vá à **Florian Papp** ou **Kentshire Galleries**. Há peças europeias na **Eileen Lane Antiques**, **Kurt Gluckselig Antiques**, **Linda Horn Antiques** e **Center44**. **La Belle Epoque** tem pôsteres antigos. Entre as lojas de antiguidades orientais estão **Doris Leslie Blau**, **E & J Frankel** e **Flying Cranes Antiques**.

MERCADOS DE PULGAS

Nova York tem vários mercados abertos todo o fim de semana. A maioria abre oficialmente às 9h ou 10h. E se você chegar cedo poderá desenterrar muitas peças da genuína cultura americana, como uma lancheira da boneca Barbie ou uma gravação do apresentador de TV Soupy Sales.

Colecionadores visitam o **Hell's Kitchen Flea Market**, aberto o ano todo nos fins de semana, em busca de antiguidades, artigos colecionáveis, roupas vintage, joias etc. No **Greenflea Market** há roupas e móveis novos e usados. Datas e horários desses mercados saem às sextas-feiras, no jornal *The New York Times* e no *The Village Voice*.

CASAS DE LEILÃO

As duas casas de leilão mais famosas de Manhattan são **Christie's** e **Sotheby's**, que vendem peças colecionáveis abrangendo de moedas, joias e vinhos antigos a obras de arte. A **Doyle New York** e a **Phillips de Pury & Co** também são nomes respeitados quando se trata de arte, joias e antiguidades finas. Os itens que serão vendidos ficam expostos alguns dias antes do leilão – veja no *The New York Times*. A respeitável **Swann Galleries** leiloa impressos, pôsteres, livros raros, autógrafos e fotografias.

AGENDA

GALERIAS DE ARTE

Agora Gallery
530 W 25th St. **Mapa** 7 C4. ***Tel*** *(212) 226-4151.*

Barbara Gladstone
515 W 24th St.
Mapa 7 C4.
Tel *(212) 206-9300.*

Exit Art
475 10th Ave.
Mapa 7 C2.
Tel *(212) 966-7745.*

Gagosian Gallery
555 W 24th St.
Mapa 7 C4.
Tel *(212) 741-1111.*
Uma de várias galerias.

Hirschl & Adler Galleries
730 5th Ave, 4º andar.
Mapa 12 F3.
Tel *(212) 535-8810.*

L&M Arts
45 E 78th St.
Mapa 17 A5.
Tel *(212) 861-0020.*

Lehmann Maupin Gallery
540 W 26th St.
Mapa 7 C4.
Tel *(212) 255-2923.*

Leo Castelli
18 E 77th St.
Mapa 17 A5.
Tel *(212) 249-4470.*

Marian Goodman Gallery
24 W 57th St.
Mapa 12 F3.
Tel *(212) 977-7160.*

Marianne Boesky Gallery
509 W 24th St.
Mapa 7 C4.
Tel *(212) 680-9889.*

Mary Boone Gallery
745 5th Ave.
Mapa 12 F3.
Tel *(212) 752-2929.*
Uma de duas galerias.

Mathew Marks Gallery
523 W 24th St.
Mapa 7 C4.
Tel *(212) 243-0200.*

Meulensteen
511 W 22nd St.
Mapa 7 C4.
Tel *(212) 633-6999.*

Pace Gallery
534 W 25th St.
Mapa 7 C4.
Tel *(212) 929-7000.*
Uma de várias galerias.

Paula Cooper
534 W 21st St.
Mapa 7 C4.
Tel *(212) 255-1105.*

Postmasters
459 W 19th St.
Mapa 7 C5.
Tel *(212) 727-3323.*

ARTE FOLCLÓRICA AMERICANA

American Primitive Gallery
49 E 78th St, Conjunto 2B.
Mapa 17 A5.
Tel *(212) 628-1530.*

Laura Fisher Quilts
Hayes Fine Arts Warehouse, 305 E 61st St.
Mapa 13 B3.
Tel *(212) 838-2596.*

CENTROS DE ANTIGUIDADES

The Manhattan Arts & Antiques Center
1050 2nd Ave.
Mapa 13 A3.
Tel *(212) 355-4400.*

The Showplace Antique and Design Center
40 W 25th St. **Mapa** 8 F4.
Tel *(212) 633-6063.*

MOBÍLIA AMERICANA

Adelaide
702 Greenwich St.
Mapa 3 C2.
Tel *(212) 627-0508.*

Alan Moss
436 Lafayette St.
Mapa 4 F2.
Tel *(212) 473-1310.*

Bernard & S. Dean Levy
24 E 84th St.
Mapa 16 F4.
Tel *(212) 628-7088.*

Circa Antiques
374 Atlantic Ave, Brooklyn.
Tel *(718) 596-1866.*

Judith & James Milne
506 E 74th St.
Mapa 17 C5.
Tel *(212) 472-0107.*
Apenas com hora marcada.

Lillian Nassau
220 E 57th St.
Mapa 13 B3.
Tel *(212) 759-6062.*

Macklowe Gallery
667 Madison Ave.
Mapa 13 A3.
Tel *(212) 644-6400.*

Woodard & Greenstein American Antiques
506 E 74th St.
Mapa 17 A5.
Tel *(212) 988-2906.*

ANTIGUIDADES INTERNACIONAIS

La Belle Epoque
115a Greenwich Ave.
Mapa 3 C1.
Tel *(212) 362-1770.*

Center44
222 E 44th St, 2º andar.
Mapa 13 B5.
Tel *(212) 450-7988.*

Doris Leslie Blau
306 E 61st St, 7º andar.
Mapa 13 B3.
Tel *(212) 586-5511.*
Apenas com hora marcada.

E. & J. Frankel
1040 Madison Ave.
Mapa 17 A5.
Tel *(212) 879-5733.*

Eileen Lane Antiques
236 E 60th St.
Mapa 13 B3.
Tel *(212) 475-2988.*

Florian Papp
962 Madison Ave.
Mapa 17 A5.
Tel *(212) 288-6770.*

Flying Cranes Antiques
1050 2nd Ave.
Mapa 13 B4.
Tel *(212) 223-4600.*

Kentshire Galleries
37 E 12th St. **Mapa** 4 E1.
Tel *(212) 673-6644.*

Kurt Gluckselig Antiques
200 E 58th St. **Mapa** 13 B3.
Tel *(212) 758-1805.*

Linda Horn Antiques
1327 Madison Ave.
Mapa 17 A2.
Tel *(212) 772-1122.*

MERCADOS DE PULGAS

Greenflea Market
Columbus Ave, entre 76th e 77th Sts.
Mapa 16 D5.
Tel *(212) 239-3025.*
Abre dom.

Hell's Kitchen Flea Market
39th St, entre 9th e 10th Aves.
Mapa 7 C1.
Tel *(212) 243-5343.*
Abre sáb e dom.

CASAS DE LEILÃO

Christie's
20 Rockefeller Plaza.
Mapa 12 F5.
Tel *(212) 636-2000.*

Doyle New York
175 E 87th St.
Mapa 17 A3.
Tel *(212) 427-2730.*

Phillips de Pury & Co.
450 W 15th St.
Mapa 7 C5.
Tel *(212) 940-1200.*

Sotheby's
1334 York Ave.
Mapa 13 C1.
Tel *(212) 606-7000.*

Swann Galleries
104 E 25th St. **Mapa** 9 A4.
Tel *(212) 254-4710.*

Lojas de Gourmet e Especialidades

A notável diversidade cultural e étnica de Nova York se reflete na comida, e por isso as lojas de alimentos oferecem um verdadeiro festival internacional. Também impressiona a abundante oferta de casas especializadas em itens como cafés e vinhos, para todos os gostos.

LOJAS DE GOURMET

Algumas das sofisticadas lojas de produtos alimentícios espalhadas pela cidade podem ser consideradas atrações turísticas. Outro "passeio" para os olhos e o paladar são as seções de alimentos das lojas de departamento, algumas do nível das casas especializadas.

Na Broadway, a **Dean & DeLuca**, uma delicatéssen chique, a comida recebe o tratamento de arte, inclusive os pratos preparados para viagem. A **Russ & Daughters**, na Houston Street, uma das lojas de gourmet mais antigas da cidade, atrai quem está em busca de ingredientes étnicos, e é bastante famosa por itens como peixe defumado, chocolates, *cream cheese* e bagel. Situada na Broome Street, a **Gourmet Garage** com ampla variedade de produtos frescos, destaca-se pelos itens orgânicos. Já na **Zabar's**, na Broadway, talvez a melhor loja de alimentos do mundo, os clientes disputam iguarias como salmão defumado, café, bagels, caviar e frutas secas.

A **William Poll**, na Lexington Avenue, oferece variedade de pratos prontos. Para escolher entre estantes repletas de *pâté de foie gras*, salmão defumado da Escócia e caviar a melhor opção é a **Caviarteria**.

A incrível variedade de produtos naturais e orgânicos e alimentos integrais faz a fama da **Whole Foods**. A filial em Columbus Circle é um dos maiores supermercados de Manhattan, com prateleiras lotadas de produtos livres de aditivos. Também há uma filial muito popular na Union Square. A **Fairway Market**, na Broadway vende artigos seletos, que variam de alimentos frescos a peixes defumados.

ESPECIALIDADES

Em Nova York não faltam docerias e padarias de dar água na boca, mas uma das mais famosas é a **Poseidon Greek Bakery**. A **Ess-a-Bagel** possui dois endereços e faz alguns dos melhores bagels da cidade. Os doces chineses são o destaque da **Fung Wong Bakery**, e para comprar *pretzels*, croissants e ótimas tortas vale visitar a **City Bakery**. A **Magnolia Bakery** é famosa pelos doces de decoração especial. Tem três endereços em Manhattan.

Os apreciadores de doces artesanais não podem deixar de provar os chocolates da **Li-Lac** e da **Mondel Chocolates**. Na **Economy Candy** é grande a oferta de frutas secas, mas a maravilha dos chocólatras é a **Teuscher Chocolates**, que vende trufas de champanha importadas da Suíça.

A **Myers of Keswick** importa produtos ingleses, mas quem prefere artigos mais exóticos deve procurar entre os muitos doces chineses e tailandeses à venda na **Kam Man Market**. O desorganizado **Eataly** tem artigos finos italianos; é possível comprar queijos e massas para levar ou comer em um dos espaços do complexo. Vá ao **Lobel's** (aberto desde 1840) para bons cortes de carne, e ao **Citarella** para frutos do mar. Encontre temperos e chás exóticos no **Sullivan Street Tea & Spice Co.**, em Greenwich Village, ou no **Kalustyan's**, loja com itens do Oriente Médio.

Apaixonados por queijos, azeitonas e frios vão adorar os balcões da **Murray's Cheese Shop**. Para muitos jornais essa é a melhor loja de queijos de Nova York, com mais de 250 tipos de todo o mundo. Os clientes podem provar os itens e contar com a orientação dos profissionais da casa. Esse verdadeiro piquenique fica ainda melhor com os pães e azeitonas vendidos aqui.

Europeus que visitam ou moram em Nova York matam a saudade de casa na loja **The Pickle Guys** que, além de conservas, vende pimentas, azeitonas, *sauerkraut*, sardinhas e tomates secos.

Para comprar frutas e verduras a preços razoáveis, vá a uma feira de produtores (convém chegar cedo). As mais disputadas são **79th Street Green Market, TriBeCa Greenmarket** e **Union Square.** Mais informações podem ser obtidas pelo telefone (212) 788-7476.

CAFÉS

Nova York também abriga diversas lojas especializadas em cafés, todas com uma seleção de dar água na boca. As mais prestigiadas são **Oren's Daily Roast** e **Porto Rico Importing Company**. **The Sensuous Bean** oferece soberba gama de cafés e chás gourmet, assim como a agradável **McNulty's Tea & Coffee Company**, uma das cafeterias mais antigas do país.

VINHOS

Desde 1820, a **Acker, Merrall & Condit** vende vinhos (e oferece uma ótima variedade). Para escolher bons vinhos e champanhes a preços reduzidos vá à **Garnet Wines & Liquors**, mas se o objetivo for comprar uísques a **Spring Street Wine Shop**, no coração do SoHo, é um local conveniente e com bom estoque de bons vinhos. A **Sherry-Lehmann** tem fama de ser a principal loja de vinhos de Nova York, mas a **Astor Wines & Spirits**, dona das maiores instalações da cidade, destaca-se pela ampla variedade de bebidas de alta qualidade. Todas as semanas, a loja anuncia um ranking com as dez melhores escolhas a menos de US$ 10, uma boa opção para achar ótimas ofertas. A **Union Square Wines and Spirits**, dona de uma variedade de vinhos chega a impressionar, faz degustações semanais.

AGENDA

LOJAS DE GOURMET

Caviarteria
502 Park Ave.
Mapa 13 A3.
Tel *(212) 759-7410.*

Dean & DeLuca
560 Broadway.
Mapa 4 E3.
Tel *(212) 226-6800.*
Tem várias filiais.

Fairway Market
2127 Broadway.
Mapa 15 C5.
Tel *(212) 595-1888.*
Tem várias filiais.

Gourmet Garage
453 Broome St.
Mapa 4 E4.
Tel *(212) 941-5850.*
Tem várias filiais.

Russ & Daughters
179 E Houston St.
Mapa 5 A3.
Tel *(212) 475-4880.*

Whole Foods
10 Columbus Circle.
Mapa 12 D3.
Tel *(212) 823-9600.*
Tem várias filiais.

William Poll
1051 Lexington Ave.
Mapa 17 A5.
Tel *(212) 288-0501.*

Zabar's
2245 Broadway.
Mapa 15 C4.
Tel *(212) 787-2000.*

ESPECIALIDADES

79th Street Green Market
Columbus Ave entre 78th e 81st Sts.
Mapa 16 D5.
Aberto dom.

Citarella
2135 Broadway.
Mapa 15 C5.
Tel *(212) 874-0383.*
Tem várias filiais.

City Bakery
3 W 18th St.
Mapa 8 F5.
Tel *(212) 366-1414.*

Eataly
200 5th Ave. **Mapa** 8 F4.
Tel *(646) 398-5100.*

Economy Candy
108 Rivington St.
Mapa 5 A3.
Tel *(212) 254-1531.*

Ess-a-Bagel
831 3rd Ave. **Mapa** 13 B4.
Tel *(212) 980-1010.*
359 1st Ave. **Mapa** 9 C4.
Tel *(212) 260-2252.*

Fung Wong Bakery
41 Mott St.
Mapa 4 F3.
Tel *(212) 267-4037.*

Kalustyan's
123 Lexington Ave.
Mapa 9 A3.
Tel *(212) 685-3451.*

Kam Man Market
200 Canal St.
Mapa 4 F5.
Tel *(212) 571-0330.*

Li-Lac
40 Eighth Ave.
Mapa 3 C1.
Tel *(212) 924-2280.*

Lobel's
1096 Madison Ave.
Mapa 17 A4.
Tel *(212) 737-1372.*

Magnolia Bakery
401 Bleecker St.
Mapa 3 C2.
Tel *(212) 462-2572.*
Tem várias filiais.

Mondel Chocolates
2913 Broadway.
Mapa 20 E3.
Tel *(212) 864-2111.*

Murray's Cheese Shop
257 Bleecker St.
Mapa 4 D2.
Tel *(212) 243-3289.*
Tem várias filiais.

Myers of Keswick
634 Hudson St.
Mapa 3 C2.
Tel *(212) 691-4194.*

The Pickle Guys
49 Essex St.
Mapa 5 B4.
Tel *(212) 656-9739.*

Poseidon Greek Bakery
629 9th Ave.
Mapa 12 D5.
Tel *(212) 757-6173.*

Sullivan Street Tea & Spice Co.
208 Sullivan St.
Mapa 4 D3.
Tel *(212) 387-8702.*

St. Mark's in-the-Bowery Greenmarket
E 10th St com 2nd Ave.
Mapa 4 F1.
Terças-feiras.

Teuscher Chocolates
25 E 61st St.
Mapa 12 F3.
Tel *(212) 751-8482.*
620 5th Ave.
Mapa 12 F4.
Tel *(212) 246-4416.*

TriBeCa Greenmarket
Greenwich St, entre Chambers e Duane Sts.
Mapa 1 B1.
Abre qua e sáb.

Union Square Greenmarket
E 17th St & Broadway.
Mapa 8 F5.
Seg, qua, sex e sábados.

CAFÉS

McNulty's Tea & Coffee Company
109 Christopher St.
Mapa 3 C2.
Tel *(212) 242-5351.*

Oren's Daily Roast
1144 Lexington Ave.
Mapa 17 A4.
Tel *(212) 472-6830.*
Tem várias filiais.

Porto Rico Importing Company
201 Bleecker St.
Mapa 3 C2.
Tel *(212) 477-5421.*
Tem várias filiais.

The Sensuous Bean
66 W 70th St.
Mapa 12 D1.
Tel *(212) 724-7725.*

VINHOS

Acker, Merrall & Condit
160 W 72nd St.
Mapa 11 C1.
Tel *(212) 787-1700.*

Astor Wines & Spirits
399 Lafayette St.
Mapa 4 F2.
Tel *(212) 674-7500.*

Garnet Wines & Liquors
929 Lexington Ave.
Mapa 13 A1.
Tel *(212) 772-3211.*

Sherry-Lehmann
505 Park Ave.
Mapa 13 A3.
Tel *(212) 838-7500.*

Spring Street Wine Shop
187 Spring St.
Mapa 4 D4.
Tel *(212) 219-0521.*

Union Square Wines and Spirits
140 4th Ave.
Mapa 4 F1.
Tel *(212) 675-8100.*

Eletrônicos e Artigos Domésticos

De televisores de tela plana e aparelhos de som de última geração a móveis assinados por designers, em Nova York é imensa a quantidade de lojas de eletrônicos e de artigos para o lar. Talvez os estabelecimentos que enfrentam concorrência mais acirrada sejam os que vendem eletrônicos, e por isso vale a pena comparar preços. É preciso tomar cuidado com as lojas instaladas nas ruas mais visitadas por turistas ou nas proximidades das atrações, como a 5th Avenue, na região do Empire State Building: muitas vendem artigos de baixa qualidade ou falsificações, e o comprador não consegue reaver o dinheiro depois de voltar para casa. Antes de comprar, verifique se a voltagem dos aparelhos e suas tomadas são compatíveis com o padrão brasileiro.

EQUIPAMENTOS ELETRÔNICOS

Quem quer comprar equipamentos de som de última geração deve visitar a **Sound by Singer**. Já a **J&R Music World** oferece itens a preços razoáveis, além da melhor seleção de CDs de jazz da cidade. A rede de origem dinamarquesa **Bang & Olufsen** impressiona com sua variedade de aparelhos de som de design minimalista.

A **Hammacher Schlemmer**, importante loja de Nova York desde 1848, vende de tudo e tem uma equipe prestativa. Aberta em 1959, a **Lyric Hi-Fi** tem público cativo, assim como a **Sony Style**, dona de respeitável estoque de artigos e acessórios eletrônicos. A cadeia de megalojas **Best Buy** oferece algumas ofertas excelentes de sistemas de som estéreo e equipamentos para o lazer doméstico, mas se o objeto de desejo for um componente ou equipamento de ponta, vale visitar a **Innovative Audio Video Showrooms**.

Os interessados em checar preços e condições de itens usados (e novos também) devem incursionar pela simpática **Stereo Exchange**.

FOTOGRAFIA

Na **B & H Photo**, fotógrafos amadores e profissionais encontram tudo de que precisam. A **Willoughby's** faz boas promoções de equipamentos fotográficos e acessórios. Na Broadway, a **Olden Camera** foge das novidades digitais: seu foco são os equipamentos fotográficos antigos. A **Foto Care**, em Chelsea, destaca-se pela variedade de câmeras e afins. A **Print Space Photo Lab** oferece vários serviços, entre eles locação digital e revelação de filmes em cores ou em preto e branco.

Na região do Flatiron Building, vale pesquisar as ofertas de câmeras digitais e acessórios (bem como o bom preço para a revelação de filmes e as ampliações). Quem realmente gosta de fotografia não pode deixar de conhecer a elegante **The Photo Village**.

COMPUTADORES

Há diversas lojas de produtos Apple em Manhattan, como a imensa **Apple Store SoHo** e a loja 24h em forma de cubo na Fifth Avenue. Os "macmaníacos" costumam invadir as lojas para testar os lançamentos da empresa e para participar de eventos destinados tanto a iniciantes quanto a especialistas nas engenhocas da marca da maçã.

Quem trouxe seu computador de casa para consertá-lo em Nova York deve procurar a **Little Laptop Shop**, onde um técnico poderá resolver seus problemas. A equipe trabalha com todas as marcas e modelos e dá dicas sobre novas tecnologias, trocas de arquivos entre aparelhos e até conselhos grátis. A **Tekserve** segue linha semelhante de trabalho, mas é especializada no universo Mac: além de fazer consertos, incrementa e/ou atualiza equipamentos defasados.

COZINHA

A oferta de itens para o lar é ampla e variada na maioria das lojas de departamentos de Nova York. Quem quer algo mais específico, pode tentar a **Broadway Panhandler**, na Eighth Street, um paraíso para os cozinheiros (com destaque para as assadeiras e os equipamentos de massa caseira).

Na **Bowery Restaurant Supply Co.** há grande variedade de itens básicos para cozinha a ótimos preços, e na **Williams-Sonoma** podem-se encontrar de utensílios para a cozinha a livros de culinária. A região do East Village, sobretudo nos arredores da Bowery Street, concentra lojas que fornecem produtos para restaurantes – os preços podem ser mais convidativos. O **Japanese Culinary Center** vende utensílios profissionais para a culinária japonesa, de cerâmicas e facas sofisticadas a equipamento para fazer soba e sushi.

MÓVEISE DECORAÇÃO

Marcas como **Baccarat**, **Lalique** e **Villeroy & Boch** fazem o fascínio de quem aprecia cristais, porcelanas e prataria. A **Orrefors Kosta Boda** tem lindas peças de vidro, de vasos a candelabros; a **Tiffany & Co.** é igualmente um lugar da moda. Também se pode comprar porcelanas e cristais na **Avventura** e na **Fishs Eddy**, esta ideal para quem procura itens mais utilitários e menos caros. Na **Ceramica**, o destaque é a oferta de cerâmicas italianas artesanais, enquanto na **La Terrine** e na **Mackenzie-Childs** vale pesquisar as peças pintadas à mão.

No SoHo, o ateliê do designer **Jonathan Adler** reúne lindas cerâmicas, com formas naturais e peculiares (vale conferir as coleções inspiradas em imagens humanas ou de animais).

Na Broadway, a **ABC Carpet & Home** desfruta de sólida reputação quando o assunto é decoração doméstica. Quem está interessado em preços baixos, porém, deve percorrer as lojas da Grand Street, no Lower East Side.

Móveis elegantes (de sofás de couro a exuberantes camas) não faltam na **Armani Casa**, de Giorgio Armani. Na Franklin Street, em TriBeCa, a **Dune** oferece móveis sofisticados, que levam a assinatura de grandes designers contemporâneos. A loja **Design Within Reach** é a fonte para clássicos eternos como Saarinen, Eames e Bertoia.

Apreciadores do visual retrô costumam aprovar os achados na **Restoration Hardware**, na Broadway, que oferece de móveis em estilo art déco a acessórios de bronze.

TÊXTEIS

Roupas de cama comuns podem ser compradas nas lojas de departamentos, mas quem procura lençóis de seda e artigos de luxo tem muitas opções na **D. Porthault** e na **Pratesi**. A **Italian Frette** vende toalhas volumosas, além de lençóis de puro algodão. Na **Bed, Bath & Beyond** é grande a variedade de roupas de cama, mesa e banho.

AGENDA

EQUIPAMENTOS ELETRÔNICOS

Bang & Olufsen
927 Broadway. **Mapa** 8 F4. ***Tel*** *(212) 388-9792.*

Best Buy
60 W 23rd St. **Mapa** 8 E4. ***Tel*** *(212) 366-1373.*

Hammacher Schlemmer
147 E 57th St. **Mapa** 13 A3. ***Tel*** *(212) 421-9000.*

Innovative Audio Video Showrooms
150 E 58th St. **Mapa** 13 A4. ***Tel*** *(212) 634-4444.*

J & R Music World
23 Park Row. **Mapa** 1 C2. ***Tel*** *(212) 238-9000.*

Lyric Hi-Fi
1221 Lexington Ave. **Mapa** 17 A4. ***Tel*** *(212) 439-1900.*

Sony Style
550 Madison Ave. **Mapa** 13 A4. ***Tel*** *(212) 833-8800.*

Sound by Singer
18 16th St. **Mapa** 8 F5. ***Tel*** *(212) 924-8600.*

Stereo Exchange
627 Broadway. **Mapa** 4 E3. ***Tel*** *(212) 505-1111.*

FOTOGRAFIA

Adorama
42 W 18th St. **Mapa** 8 F5. ***Tel*** *(212) 741-0466.*

B & H Photography
420 9th Ave. **Mapa** 8 D2. ***Tel*** *(212) 444-6615.*

Foto Care
41 W 22nd St. **Mapa** 8 E4. ***Tel*** *(212) 741-2990.*

Olden Camera
1263 Broadway, 4º andar. **Mapa** 8 F3. ***Tel*** *(212) 725-1234.*

The Photo Village
1133 Broadway, Suite 824. **Mapa** 8 F4. ***Tel*** *(212) 989-1252.*

Print Space Photo Lab
151 W 19th St, 8º andar. **Mapa** 8 E5. ***Tel*** *(212) 255-1919.*

Willoughby's
298 5th Ave. **Mapa** 8 F3. ***Tel*** *(212) 564-1600.*

COMPUTADORES

Apple Store 5th Ave
767 5th Ave. **Mapa** 12 F3. ***Tel*** *(212) 336-1440.*

Apple Store SoHo
103 Prince St. **Mapa** 4 E3. ***Tel*** *(212) 226-3126.*

The Little Laptop Shop
7 Clinton St. **Mapa** 5 B3. ***Tel*** *(212) 674-3111.*

Tekserve
119 W 23rd St. **Mapa** 8 E4. ***Tel*** *(212) 929-3645.*

COZINHA

Bowery Restaurant Supply Co.
2 Delancey St. **Mapa** 5 A4. ***Tel*** *(212) 254-9720.*

Broadway Panhandler
65 E 8th St. **Mapa** 4 E2. ***Tel*** *(212) 966-3434.*

Japanese Culinary Center
711 3rd Ave. **Mapa** 13 B5. ***Tel*** *(212) 661-3333.*

Williams-Sonoma
10 Columbus Circle. **Mapa** 12 D3. ***Tel*** *(212) 823-9750.* *Tem várias filiais.*

MÓVEIS E DECORAÇÃO

ABC Carpet & Home
888 Broadway. **Mapa** 8F5. ***Tel*** *(212) 473-3000.*

Armani Casa
979 3rd Ave, Conj. 1424. **Mapa** 13 B3. ***Tel*** *(212) 334-1271.*

Avventura
463 Amsterdam Ave. **Mapa** 15 C4. ***Tel*** *(212) 769-2510.*

Baccarat
625 Madison Ave. **Mapa** 13 A3. ***Tel*** *(212) 826-4100.*

Ceramica
59 Thompson St. **Mapa** 4 D4. ***Tel*** *(212) 941-1307.*

Design Within Reach
27 E 62nd St. **Mapa** 13 A2. ***Tel*** *(212) 888-4539.* *Tem várias filiais.*

Dune
156 Wooster St. **Mapa** 4 E3. ***Tel*** *(212) 925-6171.*

Fishs Eddy
889 Broadway. **Mapa** 8 F5. ***Tel*** *(212) 420-9020.*

Grand Street
Lower East Side. **Mapa** 4 E5.

Jonathan Adler
47 Greene St. **Mapa** 4 E4. ***Tel*** *(212) 941-8950.*

Lalique
609 Madison Ave. **Mapa** 13 A3. ***Tel*** *(212) 355-6550.*

Mackenzie-Childs
14 W 57th St. **Mapa** 12 F3. ***Tel*** *(212) 570-6050.*

Orrefors Kosta Boda
200 Lexington Ave. **Mapa** 9 A2. ***Tel*** *(212) 684-5455.*

Restoration Hardware
935 Broadway. **Mapa** 8 F4. ***Tel*** *(212) 260-9479.*

La Terrine
1024 Lexington Ave. **Mapa** 13 A1. ***Tel*** *(212) 988-3366.*

Tiffany & Co.
Ver p. 329.

Villeroy & Boch
41 Madison Ave. **Mapa** 9 A4. ***Tel*** *(212) 213-8149.*

TÊXTEIS

Bed, Bath & Beyond
620 Ave of the Americas. **Mapa** 8 F5. ***Tel*** *(212) 255-3550.*

Frette
799 Madison Ave. **Mapa** 13 A1. ***Tel*** *(212) 988-5221.*

D. Porthault
470 Park Ave. **Mapa** 13 A3. ***Tel*** *(212) 688-1660.*

Pratesi
829 Madison Ave. **Mapa** 13 A2. ***Tel*** *(212) 288-2315.*

DIVIRTA-SE EM NOVA YORK

Em Nova York, diversão não tem hora – todos os dias, o ano todo. Seja qual for o interesse do visitante, é certo que irá encontrar algo do seu gosto. O desafio está em aproveitar o máximo possível. Quem aprecia teatro pode escolher entre os sucessos da Broadway ou uma montagem experimental; os adeptos da música têm oportunidade tanto de apreciar uma ópera no Met como de assistir a uma boa banda de jazz em um clube do Village. Se o intuito for a dança, as alternativas são espetáculos de vanguarda apresentados em cafés ou uma noite de movimento em um dos muitos clubes. Além disso, não faltam cinemas na cidade. Mas talvez o maior programa seja apenas se maravilhar com o espetáculo que é a palpitante Nova York.

Apresentação do New York City Ballet

INFORMAÇÕES PRÁTICAS

Para saber o que acontece numa das cidades mais movimentadas do mundo, basta checar a programação divulgada nos jornais *The New York Times* e *Village Voice*,

Guichês de ingresso da TKTS

ou nas revistas *Time Out New York*, *New York* e *The New Yorker*. A programação é atualizada nos sites dessas revistas, como em www.nymag.com, por exemplo. Os hotéis costumam distribuir grátis exemplares da *Where*, revista semanal com mapas e as atrações em cartaz. Em geral, os funcionários do hotel sabem informar ou dispõem de folhetos elaborados para os turistas, e alguns até providenciam ingressos. Em alguns hotéis, um canal de TV informa o que acontece na cidade.

Na **NYC & Company** há painéis com informações (e alguns com venda de ingressos) das principais atrações da cidade. O **Broadway Inner Circle** fornece a programação e os preços dos espetáculos. Ao acessar o **Moviefone**, o visitante obtém dados sobre todos os filmes em cartaz, enquanto no **ClubFone** as informações são sobre a noite nova-iorquina.

INGRESSOS

Os ingressos mais concorridos podem esgotar semanas antes – é melhor reservar. Exceto aos domingos, as bilheterias abrem todos os dias, das 10h até uma hora antes do início da peça ou show. É possível reservar por telefone e pagar com cartão de crédito. As principais agências de reserva são a **Telecharge**, a **Ticket Central** e a **Ticketmaster**, que cobram uma pequena taxa. Agentes independentes também prestam o serviço: o mais indicado é o **Prestige Entertainment**. As taxas variam de acordo com a demanda. Na Broadway Ticket Center, no Times Square Information Center *(p. 371)*, vendem-se ingressos a preços cheios.

Banda de jazz em um aconchegante clube

DESCONTOS

É possível comprar ingressos para espetáculos (para o mesmo dia) da Broadway nos guichês da **TKTS**, instituição sem fins lucrativos criada em 1973. Os descontos variam de 25% a 50%, mas o preço inclui taxa de serviço. O pagamento deve ser feito em dinheiro ou em traveller's cheque.

Nos guichês da **TKTS** da Times Square (na Duffy Square, debaixo dos degraus vermelhos) há ingressos para sessões matinês das 10h às 14h às quartas-feiras e sábados, e das 11h às 15h aos domingos. Os ingressos para os espetáculos noturnos são oferecidos das 15h às 20h (desde 14h às ter). Os guichês na Front e na John Streets, que costumam ter menos fila, vendem ingressos noturnos das 11h às 18h diariam (até 16h aos dom; fechado aos dom no inverno). Todos os bilhetes para matinês e apresentações do domingo são vendidos na véspera. Há também um guichê da TKTS no centro do Brooklin.

O **Broadway Ticket Center**,na Times Square, oferece ingressos para o mesmo dia e antecipados, tanto para os shows da Broadway como para os espetáculos Off-Broadway. Eles também têm mapas de localização dos assentos e, às vezes, vídeos promocionais com trechos para ajudá-lo a escolher o show.

A **Ticketmaster** vende por telefone ingressos

Booth Theater, na Broadway *(p. 345)*

com direito a assistir diversos espetáculos em um dia, com descontos que vão dede 10% a 25% (além da pequena comissão). O **Hit Show Club** oferece *vouchers* para seus membros (associação gratuita) que podem ser trocados nas bilheterias por vales-desconto. Convém lembrar que, como se trata de lugares não vendidos até então, a localização pode não ser das melhores. Também é possível conseguir descontos para shows no **Best of Broadway.** O **StubHub!** é o maior revendedor online de ingressos para esportes, música e shows da Broadway.

CAMBISTAS

Comprar de cambistas implica o risco de levar ingressos com dias errados ou falsificações, sem falar no preço alto. A polícia inibe a atividade dos cambistas nas portas dos espetáculos esportivos ou apresentações disputadas.

INGRESSOS GRÁTIS

Ingressos gratuitos para shows de TV, espetáculos e eventos são oferecidos no **NYC & Co.** (New York Convention & Visitors Bureau), que funciona entre 8h30 e 18h, de segunda a sexta-feira, e das 9h às 17h nos finais de semana. Há anúncios de descontos nos jornais *The New York Times* e *Daily News*. Procure a seção "Cheap Thrills" do *Village Voice* para saber sobre recitais, leitura de poemas e filmes alternativos. Durante o Shakespeare Festival, no **Delacorte Theater**, no Central Park, há ingressos gratuitos – dois por pessoa –, distribuídos por ordem de chegada (esteja preparado para as filas).

Neons dos teatros no centro da Broadway

ACESSO A PORTADORES DE DEFICIÊNCIA

Os teatros da Broadway reservam espaço e ingressos reduzidos para portadores de deficiência: a **Ticketmaster** ou a **Telecharge** dão informações e fazem reservas. No circuito off-Broadway, convém ligar antes. Alguns teatros têm equipamento especial para espectadores deficientes auditivos. O **Tap** facilita o acesso aos teatros da Broadway.

ENDEREÇOS ÚTEIS

Best of Broadway
226 W 47th St. **Mapa** 12 E5.
Tel *(212) 398-8383, r. 214.*
www.bestofbroadway.com

Broadway Inner Circle
Tel *(212) 391-9621.*
www.broadwayinnercircle.com

Broadway Ticket Center
Times Square Information Center, 1560 Broadway.
Mapa 12 E5.

ClubFone
Tel *(212) 777-2582.*
www.clubfone.com

Delacorte Theater
Entrada pela 81st St com Central Park W. **Mapa** 16 E4.
Tel *(212) 539-8500.*
www.publictheater.org
Apenas no verão.

Hit Show Club
D5. ***Tel*** *(212) 581-4211.*
www.hitshowclub.com

Movie Tickets Online
www.movietickets.com
www.fandango.com
www.moviefone.com

NYC & Co.
810 7th Ave. **Mapa** 12 E4.
Tel *(212) 484-1222.*
www.nycgo.com

Prestige Entertainment
Tel *(203) 622-5151.*

StubHub!
Tel *(866) STUB-HUB.*
www.stubhub.com

Tap (Theatre Access Project)
Tel *(212) 221-1103 (Voz).*
www.tdf.org

Telecharge
Tel *(212) 239-6200, 1-800-432-7250.* **www**.telecharge.com

Ticket Central
Tel *(212) 279-4200.*
www.ticketcentral.org

Ticketmaster
Tel *(212) 307-4100, 1-800-755-4000.*
www.ticketmaster.com

TKTS
Tel *(212) 912-9770.*
Front & John Sts. **Mapa** 2 D2.
Duffy Square, Times Square.
47th St & Broadway.
Mapa 12E5.
www.tdf.org/tkts

O Melhor de Nova York: Diversões

Clube de jazz no Village

Nova York é uma das capitais mundiais do entretenimento. Os nomes mais famosos em qualquer setor artístico apresentam-se, e muitas vezes moram e trabalham na cidade. Eventos esportivos são uma grande atração. Shows de música, teatro e stand-up acontecem o ano inteiro. Quanto à vida noturna, Nova York realmente é a "cidade que nunca dorme". Alguns lugares e eventos se destacam como clássicos de seu gênero. A seleção destas páginas, tirada das recomendações nas pp. 344-63, indica o que não pode ser perdido. Em qualquer desses lugares, a sensação é de se participar de algo tão essencial à cidade quanto o Empire State Building ou a Brooklyn Bridge.

Madison Square Garden
Grandes eventos esportivos acontecem no "the Garden", como os jogos dos times locais de basquete, os New York Knicks, e hóquei, os Rangers, além do torneio de boxe Golden Gloves (p. 344).

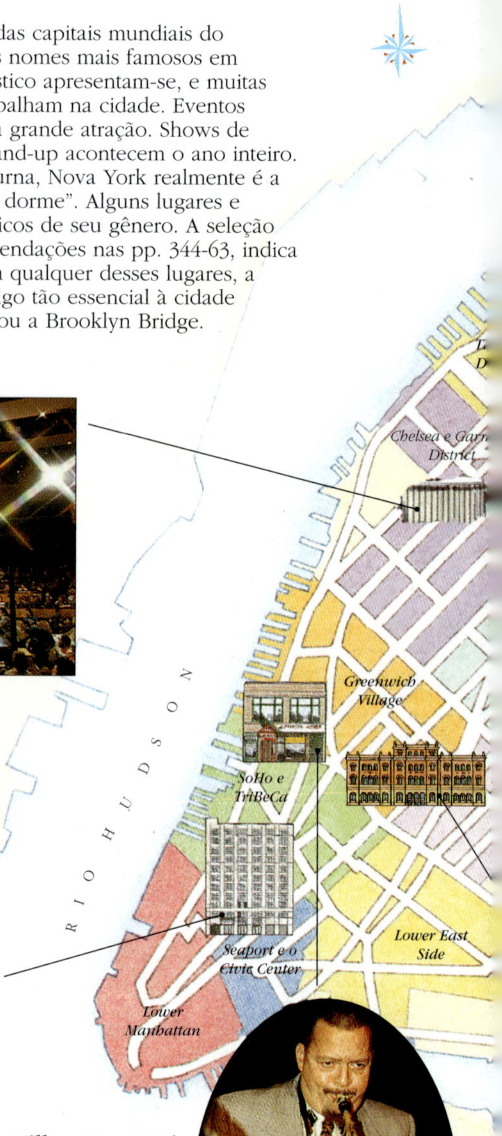

Film Forum
No mais elegante cinema de arte de Nova York, pode-se assistir aos mais recentes lançamentos estrangeiros ou de cineastas independentes dos EUA, ou ainda ver clássicos em uma das várias retrospectivas (p. 336).

Village Vanguard
Os clubes de Greenwich Village já foram palco de todos os grandes nomes do jazz. Os fãs podem conhecer estrelas de hoje e amanhã nos famosos Village Vanguard e Blue Note (p. 340).

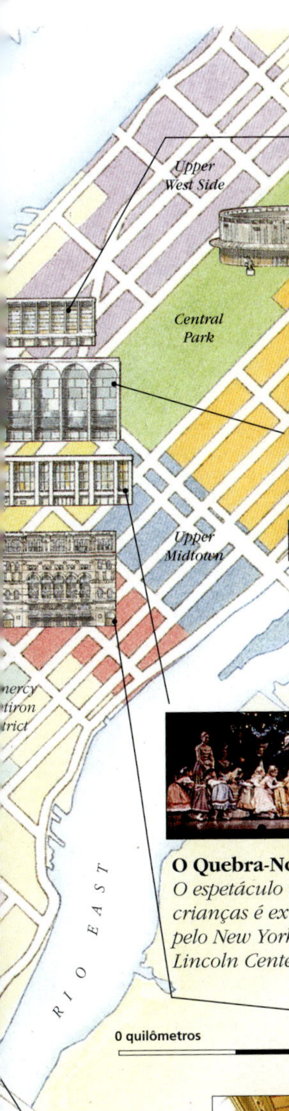

Ensaios da Filarmônica
O ensaio da orquestra nas manhãs de quarta e quinta-feira no Avery Fisher Hall é aberto ao público por uma fração do preço normal do ingresso (p. 338).

Metropolitan Opera House
Compre com antecedência os caros ingressos para o melhor da ópera mundial (p. 338)..

Shakespeare no Central Park
Se for a Nova York no verão, tente obter os disputados ingressos grátis para ver estrelas do teatro e do cinema encenar Shakespeare ao ar livre (p. 332).

O Quebra-Nozes
O espetáculo natalino para crianças é exibido todo ano pelo New York City Ballet no Lincoln Center (p. 334).

Public Theater
Desde 1954, produz teatro para Nova York. Seu Shakespeare Festival *se estende pelo ano todo e reflete o compromisso com os clássicos, mas novas peças também são encenadas aqui* (p. 118).

Carnegie Hall
Bem localizado no meio do Theater District, o Carnegie Hall é famoso no mundo todo por ser a vitrine do que há de melhor na música. A visita aos bastidores dá uma excelente visão da "casa que a música construiu" (p. 338).

Teatro e Dança

Nova York é famosa pelos musicais extravagantes e críticos ferozes. É um dos maiores centros mundiais de teatro e dança, encenando todo tipo de produção. Seja o brilho e o glamour de um megassucesso da Broadway ou um espetáculo puramente experimental, Nova York oferece o melhor.

BROADWAY

Há muito a Broadway é sinônimo do Theater District de Nova York, mas a maior parte dos "teatros da Broadway" está na verdade espalhada da 41st à 53rd Streets, entre a 6th e a 9th Avenues, com alguns outros em volta da recuperada Times Square. A maioria foi erguida entre 1910 e 1930, no auge do *vaudeville* e de shows como as famosas *Ziegfeld Follies*. O **Lyceum** *(p. 144)* é o mais velho teatro ainda em funcionamento (1903), o **American Airlines Theater**, sede permanente do Roundabout Theater Co., é um dos mais novos (1918), e, em 2008, o histórico **Biltmore Theater** foi renomeado Samuel Friedman Theater.

Muitos teatros da Broadway passaram por um declínio na década de 1980, mas estão se recuperando, usando grandes nomes para trazer de volta o público. É aqui que você encontrará as principais produções – peças, musicais e revivals com muita publicidade, estrelando grandes nomes de Hollywood e com bilheteria certa (é o que se espera). Os sucessos incluem importados como *Les Misérables*; peças originais de Nova York como Cats e *The Producers*; o favorito das crianças, *O rei Leão;* e grandes reprises, como *42nd Street*. Também há adaptações de filmes populares, como *Haispray*, e shows celebrando sucessos de grupos das décadas 1960 e 1970 como Abba.

OFF-BROADWAY E OFF-OFF-BROADWAY

Há cerca de vinte palcos off-Broadway e uns 300 off-off-Broadway, com peças que eventualmente podem chegar à Broadway. Os teatros off-Broadway têm de 100 a 499 lugares e os off-off-Broadway, menos de 100. Variam dos bem equipados aos improvisados em *lofts,* igrejas e até garagens. As peças off-Broadway ficaram populares nos anos 1950, como reação ao comercialismo da Broadway. Era também o lugar ideal para que produtores cautelosos lançassem trabalhos vistos como de vanguarda ou não adequados à Broadway, a custos muito mais baixos.

Nas últimas duas décadas, os teatros off-off-Broadway tornaram-se palco das obras mais experimentais, à medida que os produtores buscavam palcos ainda mais distantes.

Os teatros off-Broadway estão em toda Manhattan, do **Douglas Fairbanks Theater**, onde a irreverente *Forbidden Broadway* é apresentada, ao **Delacorte Theater**, ao ar livre, no Central Park. Alguns ficam até na tradicional região da Broadway, como o **Manhattan Theater Club**. Mais distantes estão a **Brooklyn Academy of Music (BAM)** *(p. 248)* e o **92nd Street Y**. Nestes locais sempre se encontram apresentações diferentes e animadas de novos talentos e produções avançadas.

Os primeiros trabalhos de dramaturgos como Sean O'Casey, Tennessee Williams, Eugene O'Neill, Jean Genet, Eugene Ionesco e David Mamet. *Happy Days* de Samuel Beckett, estreou em 1961 no **Cherry Lane Theatre**, um espaço que ainda apresenta peças de vanguarda.

Às vezes o palco menor, mais intimista, de um teatro off-Broadway combina melhor com uma produção do que uma grande sala, como provam antigos e eternos sucessos do tipo de *The Fantasticks e A ópera dos três vinténs*. É claro que há também grandes fracassos – mas o risco é parte integrante do show business.

TEATRO PERFORMÁTICO

Esta forma de arte de extrema vanguarda pode ser vista em vários teatros off e off-off-Broadway. Não dá para descrevê-los ou impor-lhes uma categoria precisa, mas vá preparado para o bizarro e o exótico. Os palcos mais frequentes para estes espetáculos são **La MaMa Experimental Theatre Club, P.S. 122, Here, Baruch Performing Arts Center, 92nd Street Y, Symphony Space** e **Public Theater** de Joseph Papp *(p. 120)*. Este último é talvez o teatro mais influente de Nova York. Foi fundado na década de 1950 pelo diretor Joseph Papp, já morto, que promovia excursões ao teatro para pessoas que nunca tinham vindo aqui.

O Public Theater criou sucessos como *Hair e A Chorus Line,* mas é mais famoso por seus espetáculos grátis de Shakespeare durante o verão, no Delacorte Theater, no Central Park *(p. 208)*. Encena várias peças ao mesmo tempo e às 18h do dia do espetáculo, ingressos mais baratos – Quiktix (limitados a dois por pessoa) – são vendidos no saguão do Public Theater.

ESCOLAS DE TEATRO

Nova York é o melhor lugar para aprender a ser ator. A mais famosa escola é o **The Actors' Studio**. O já falecido Lee Strasberg, defensor do método em que o ator busca identificação completa com o personagem, era seu guru. Entre os alunos estiveram Dustin Hoffman, Al Pacino e Marilyn Monroe. Produções "em andamento", tendo alunos como atores, são abertas ao público. Sandy Meisner também formou muitos atores, como Lee Remick, na **Neighborhood Playhouse School of Theater**, mas as peças não são abertas ao público. **A New Dramatists** foi fundada em 1949 para incentivar novos dramaturgos. Leituras de peças são abertas e gratuitas.

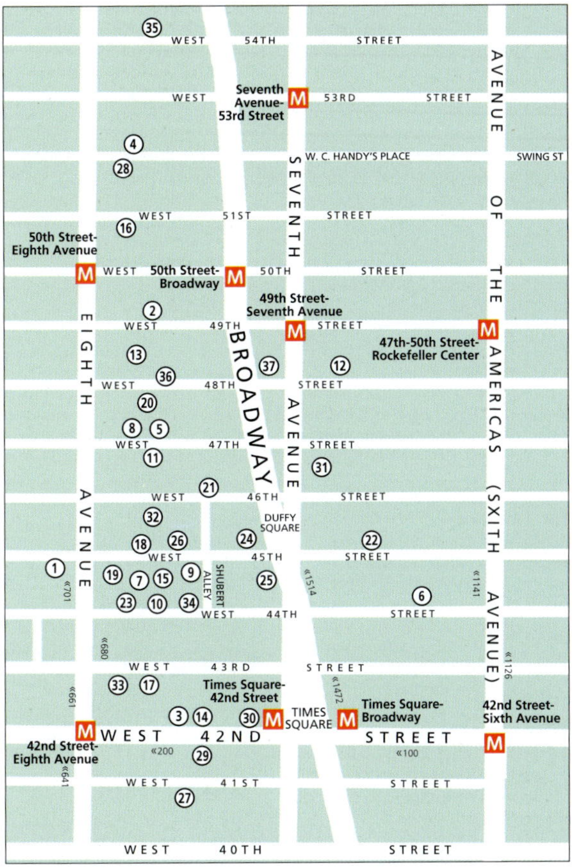

TEATROS DA BROADWAY

① **Al Hirschfield**
302 W. 45th St.
Tel *(212) 239-6200.*

② **Ambassador**
219 W. 49th St.
Tel *(212) 239-6200.*

③ **American Airlines Theater**
227 W. 42nd St.
Tel *(212) 719-1300.*

④ **August Wilson**
245 W. 52nd St.
Tel *(212) 239-6200.*

⑤ **Barrymore**
243 W. 47th St.
Tel *(212) 239-6200.*

⑥ **Belasco**
111 W. 44th St.
Tel *(212) 239-6200.*

⑦ **Bernard B Jacobs**
242 W. 45th St.
Tel *(212) 239-6200.*

⑧ **Biltmore**
(Samuel Friedman Theater)
W. 47th St.
261 W. 47th St.
Tel *(212) 239-6200.*

⑨ **Booth**
222 W. 45th St.
Tel *(212) 239-6200.*

⑩ **Broadhurst**
235 W. 44th St.
Tel *(212) 239-6200.*

⑪ **Brooks Atkinson**
256 W. 47th St.
Tel *(212) 307-4100.*

⑫ **Cort**
138 W. 48th St.
Tel *(212) 239-6200.*

⑬ **Eugene O'Neill**
230 W. 49th St.
Tel *(212) 239-6200.*

⑭ **Foxwoods**
213 W. 42nd St.
Tel *(212) 556 4750.*

⑮ **Gerald Schoenfeld**
236 W. 45th St.
Tel *(212) 239-6200.*

⑯ **Gershwin**
222 W. 51st St.
Tel *(212) 307-4100.*

⑰ **Helen Hayes**
240 W. 44th St.
Tel *(212) 239-6200.*

⑱ **Imperial**
249 W. 45th St.
Tel *(212) 239-6200.*

⑲ **John Golden**
252 W. 45th St.
Tel *(212) 239-6200.*

⑳ **Longacre**
220 W. 48th St.
Tel *(212) 239-6200.*

㉑ **Lunt-Fontanne**
205 W. 46th St.
Tel *(212) 307-4747.*

㉒ **Lyceum**
149 W. 45th St.
Tel *(212) 239-6200.*

㉓ **Majestic**
247 W. 44th St.
Tel *(212) 239-6200.*

㉔ **Marquis**
211 W. 45th St.
Tel *(212) 307-4100.*

㉕ **Minskoff**
200 W. 45th St.
Tel *(212) 307-4100.*

㉖ **Music Box**
239 W. 45th St.
Tel *(212) 239-6200.*

㉗ **Nederlander**
208 W. 41st St.
Tel *(212) 307-4100.*

㉘ **Neil Simon**
250 W. 52nd St.
Tel *(212) 307-4100.*

㉙ **New Amsterdam**
214 W. 42nd St.
Tel *(212) 307 4100.*

㉚ **New Victory**
209 W. 42nd St.
Tel *(212) 239-6200.*

㉛ **Palace**
1564 Broadway.
Tel *(212) 307-4100.*

㉜ **Richard Rodgers**
226 W. 46th St.
Tel *(212) 307-4100.*

㉝ **St. James**
246 W. 44th St.
Tel *(212) 239-6200.*

㉞ **Shubert**
225 W. 44th St.
Tel *(212) 239-6200.*

㉟ **Studio 54**
254 W. 54th St.
Tel *(212) 719 3100.*

㊱ **Walter Kerr**
219 W. 48th St.
Tel *(212) 239-6200.*

㊲ **Winter Garden**
1634 Broadway.
Tel *(212) 239-6200.*

Outros teatros, *p. 347.*

BALÉ

O núcleo central do mundo da dança é o Lincoln Center *(p. 214)*, onde o New York City Ballet se apresenta no **New York State Theater**. Esta companhia foi criada pelo coreógrafo George Balanchine *(p. 49)* e ainda é uma das melhores do mundo. Seu atual diretor, Peter Martins, foi bailarino de Balanchine e mantém sua preferência pela dança de conjunto, em lugar de "peças para estrelas". A temporada vai de novembro a fevereiro e do final de abril a início de junho. A escola de balé do **Juilliard Dance Theater** faz um workshop anual na primavera, bom lugar para ver futuras estrelas da dança.

O American Ballet Theater dança no **Metropolitan Opera House**, assim como muitas trupes estrangeiras, a exemplo dos balés Kirov, Bolshoi e Royal. Seu repertório inclui clássicos do século XIX, como *O lago dos cisnes*, e obras de coreógrafos modernos, como Twyla Tharp e Paul Taylor.

DANÇA CONTEMPORÂNEA

Nova York é o centro de muitos dos movimentos mais importantes na dança moderna. O **Dance Theater of Harlem** é famoso por suas produções modernas, étnicas e tradicionais. Outros paraísos da dança experimental são a **92nd Street Y** e o **Merce Cunningham Studio**, em Greenwich Village. O original **Dance Theater Workshop** apresenta dança moderna e espetáculos de várias partes do mundo. **The Kitchen, La MaMa, Symphony Space** e **PS 122** são casas de espetáculos multimídia que apresentam dança contemporânea, arte performática e música de vanguarda. A companhia do coreógrafo Mark Morris se apresenta no **Mark Morris Dance Center**, no Brooklyn. O City Center *(p. 148)* é um dos locais preferidos dos admiradores da dança e sediou o New York City Ballet e o American Ballet Theater, antes da construção do Lincoln Center. Além de apresentações do Joffrey Ballet, o City Center exibe espetáculos de todos os grandes artistas contemporâneos, incluindo o misto de moderno, jazz e blues de Alvin Ailey e os mestres da dança moderna Merce Cunningham e Paul Taylor. Evite o mezanino, de onde a visão não é boa. O local da cidade que apresenta maior número de espetáculos de dança é o **Joyce Theater**, onde se apresentam companhias renomadas, como a Feld Ballet, e também as novatas.

Todo ano, na primavera, o Festival of Black Dance na **Brooklyn Academy of Music (BAM)** *(p. 248)* abrange de dança étnica a hip-hop. No outono há o festival de música e dança Next Wave, de música e dança de vanguarda americana e internacional. No inverno, o local sedia o American Ballet Festival.

Em junho, a **New York University** *(p. 115)* tem o Summer Residency Festival, evento de verão com palestras-demonstrações, ensaios e apresentações, e o **Dancing in the Streets** organiza mostras de dança nas ruas da cidade também no verão.

Em todo o mês de agosto, o **Lincoln Center Out of Doors** tem uma programação de eventos de dança gratuitos na praça em frente, com grupos experimentais e étnicos, como o American Tap Dance Orchestra.

O **Duke Theater** apresenta diferentes companhias contemporâneas e participa de eventos como o New York Tap Festival.

Em diferentes épocas do ano, o **Radio City Music Hall** promove vários espetáculos instigantes com companhias do mundo inteiro. No Natal e Páscoa, os espetáculos são feitos pela trupe de dança Rockettes, famosos pela precisão.

Coreógrafos e companhias de dança apresentam recitais e obras ainda inacabadas ao público. Um dos melhores lugares para tais eventos é o **Joan Weill Center for Dance**, um dos maiores espaços de dança do país, criado pelo Alvin Ailey American Dance Theater para promover a expressão cultural dos negros. A **Hunter College Dance Company** apresenta trabalhos novos de seus alunos coreógrafos e o **Isadora Duncan Dance Foundation** recria danças originais de Isadora Duncan. O melhor lugar para ver trabalhos de coreógrafos contemporâneos é o **Juilliard Dance Theater**.

PREÇOS

Produções teatrais custam muito caro, e os preços dos ingressos refletem esse custo. Mesmo os ingressos para espetáculos off e off-off-Broadway já não são baratos. Mas ingressos para as pré-estreias são bem mais fáceis de conseguir, e é bom assistir a um espetáculo antes de ler as críticas para fazer uma avaliação própria.

Prepare-se para pagar a partir de US$ 80 para peças da Broadway, até US$ 100 para musicais e US$ 25-US$ 60 nas montagens off-Broadway. Os preços de espetáculos de dança variam entre US$ 20 e US$ 50 e até US$ 115 no caso do American Ballet Theater.

O **Music and Dance Booth** *(p. 329)*, em Bryant Park, vende ingresso para o mesmo dia pela metade do preço – vale a pena entrar na fila.

HORÁRIOS

A regra geral é a seguinte: fecham às segundas-feiras (exceto musicais) e têm matinês às quartas, sábados e, às vezes, domingos. Matinês geralmente começam às 14h e espetáculos noturnos às 20h. Confirme horários e datas, já que em geral não se devolve o dinheiro de ingressos de quem não consegue chegar a tempo.

VISITAS A BASTIDORES

Para quem se interessa pela mecânica e anedotas do teatro, a melhor opção é participar de um tour. A **92nd Street Y** tem palestras sobre teatro na visão de quem trabalha nele, com diretores e atores. O **Radio City Music Hall** também organiza visitas a bastidores.

AGENDA

OFF-BROADWAY

92nd Street Y
1395 Lexington Ave.
Mapa 17 A2.
Tel *(212) 415-5500.*

Baruch Performing Arts Center
55 Lexington Ave.
Mapa 9 A4.
Tel *(646) 312-4085.*

Brooklyn Academy of Music
30 Lafayette Ave, Brooklyn.
Tel *(718) 636-4100.*

Cherry Lane Theatre
38 Commerce St.
Mapa 3 C2.
Tel *(212) 239-6200.*

HERE Art Center
145 6th Ave.
Mapa 4 D4.
Tel *(212) 647-0202.*

Circle in the Square
1633 Broadway.
Mapa 12 E4.
Tel *(212) 307-0388.*

Delacorte Theater
Central Park. (81st St.)
Mapa 16 E4.
Tel *(212) 539-8750.*
Apenas no verão.

Douglas Fairbanks Theater
432 W 42nd St.
Mapa 7 C1.
Tel *(212) 239-6200.*

Lambs Theater
130 W 44th St.
Mapa 12 E5.
Tel *(212) 575-0300.*

Lucille Lortel Theater
121 Christopher St.
Mapa 3 C2.
Tel *(212) 924-2817.*

Manhattan Theater Club
311 W 43rd St.
Mapa 8 D1.
Tel *(212) 399-3000.*

New York Theater Workshop
79 E 4th St. **Mapa** 4 F2.
Tel *(212) 460-5475.*

Public Theater
425 Lafayette St.
Mapa 4 F2.
Tel *(212) 539-8500.*

Symphony Space
2537 Broadway.
Mapa 15 C2.
Tel *(212) 864-5400.*

Vivian Beaumont
Lincoln Center.
Mapa 11 C2.
Tel *(212) 362-7600.*

OFF-OFF-BROADWAY

Bouwerie Lane Theater
330 Bowery.
Mapa 4 F2.
Tel *(212) 677-0060.*

The Kitchen
512 W 19th St.
Mapa 7 C5.
Tel *(212) 255-5793.*

Performing Garage
33 Wooster St.
Mapa 4 E4.
Tel *(212) 966-3651.*

York Theater com St. Peter's Church
Citigroup Center, 619 Lexington Ave.
Mapa 13 A4.
Tel *(212) 935-5820.*

TEATRO PERFORMÁTICO

La MaMa Experimental Theatre Club
74a E 4th St.**Mapa** 4 F2.
Tel *(212) 475-7710.*

P.S. 122
150 First Ave.
Mapa 5 A1.
Tel *(212) 477-5288.*

Public Theater
Ver Off-Broadway.

ESCOLAS DE TEATRO

The Actors' Studio
432 W 44th St.
Mapa 11 B5.
Tel *(212) 757-0870.*

New Dramatists
424 W 44th.
Mapa 11 C5.
Tel *(212) 757-6960.*

DANÇA

92nd Street Y
Ver Off-Broadway.

Joan Weill Center for Dance
405 W 55th St.
Mapa 11 D4.
Tel *(212) 405-9000.*

Brooklyn Academy of Music
Ver Off-Broadway.

City Center
130 W 56th St.
Mapa 12 E4.
Tel *(212) 581-1212.*

Dance Theater of Harlem
466 W 152nd St.
Tel *(212) 690-2800.*

Dance Theater Workshop
219 W 19th St. **Mapa** 8 E5.
Tel *(212) 924-0077.*

Dancing in the Streets
55 6th Ave. (offices)
Tel *(212) 625-3505.*

Hunter College Dance Company
695 Park Ave.
Mapa 13 A1.
Tel *(212) 772-4490.*

Isadora Duncan Dance Foundation
141 W 26th St.
Mapa 20 D2.
Tel *(212) 691-5040.*

Joyce Theater
175 Eighth Ave com 19th St.
Mapa 8 D5.
Tel *(212) 242-0800.*

Juilliard Dance Theater
60 Lincoln Center Plaza, W 65th St.
Mapa 11 C2.
Tel *(212) 769-7406.*

SALAS DE ESPETÁCULOS

Duke Theater
229 W 42nd St.
Mapa 8 E1.
Tel *(646) 223-3000.*

The Kitchen
Ver Off-Off-Broadway.

La MaMa Experimental Theatre Club
Ver Teatro Performático.

Lincoln Center Out of Doors
Lincoln Center, Broadway com 64th St. **Mapa** 11 C2.
Tel *(212) 362-6000.*

Manhattan Center
311 W 34th St. **Mapa** 8 D2. ***Tel*** *(212) 279-7740.*

Mark Morris
3 Lafayette Ave. (Brooklyn)
Tel *(718) 255-8290.*

Merce Cunningham Studio
55 Bethune St. **Mapa** 3 B2.
Tel *(212) 255-8240.*

Metropolitan Opera House
Lincoln Center, Broadway com 65th St.
Mapa 11 C2.
Tel *(212) 362-6000.*

New York State Theater
Lincoln Center, Broadway com 65th St. **Mapa** 11 C2.
Tel *(212) 870-5570.*

New York University
Tisch School of the Arts (TSOA), 111 2nd Ave.
Mapa 4 F1.
Tel *(212) 998-1920.*

P.S. 122
Ver Teatro Performático.

Radio City Music Hall
50th St com Ave of the Americas. **Mapa** 12 F4.
Tel *(212) 307-7171.*

Symphony Space
Ver Off-Broadway.

VISITAS A BASTIDORES

92nd Street Y
Ver Off-Broadway.

Radio City Music Hall
Tel *(212) 307-7171.*

Guias de Eventos
www.playbill.com
www.newyorkcitytheater.com

Cinema

Nova York é o paraíso dos cinéfilos. Além dos lançamentos americanos, exibidos aqui meses antes de chegarem a outros países, os cinemas da cidade apresentam filmes clássicos e estrangeiros.

A cidade sempre foi um campo de provas para novas tendências do cinema e continua a ser um viveiro de talentos jovens e inovadores. Cineastas como Spike Lee, Martin Scorsese e Woody Allen nasceram e cresceram em Nova York, e a influência da cidade é visível em seus filmes. Eles e outros são vistos sempre filmando nas ruas de Nova York.

A maioria das redes de TV sediadas em Nova York oferece ingressos gratuitos para a gravação de seus programas. E muitos turistas podem se divertir assistindo do auditório ao *The Late Show with David Letterman*.

ESTREIAS

As críticas e a renda das bilheterias de Nova York são tão cruciais para o sucesso de um filme que a maioria estreia em cinemas de Manhattan. As estreias costumam ocorrer nas redes exibidoras City Cinemas, AMC Loews, United Artists e Cineplex Odeon, espalhadas pela cidade. Alguns cinemas têm informações gravadas por telefone sobre nome e duração dos filmes em exibição, horários e preços.

As sessões começam entre 10h e 11h e se repetem a cada duas ou três horas, até a meia-noite. É comum haver filas para sessões à noite e nos fins de semana dos filmes mais populares. Alguns cinemas aceitam reservas com cartão de crédito, cobrando uma taxa adicional de US$ 2 por ingresso. É mais fácil achar lugar nas matinês (antes das 16h). Idosos (acima de 60, 62 ou 65 anos, conforme o cinema) pagam menos.

CLASSIFICAÇÃO

Os filmes têm as seguintes classificações:

G Livre.

PG Aconselhável orientação dos pais. Contém cenas impróprias.

PG-13 Muita atenção dos pais. Contém cenas impróprias para menores de 13 anos.

R Restrito. Menores de 17 anos precisam estar acompanhados de pai, mãe ou adulto responsável.

NC-17 Proibido para menores de 17 anos.

NEW YORK FILM FESTIVAL

Para os cinéfilos, um dos pontos altos de cada ano é o New York Film Festival, que já está na terceira década. Organizado pela **Film Society of Lincoln Center**, o festival começa no fim de setembro e prossegue por duas semanas em vários cinemas do Lincoln Center. Filmes novos e importantes, americanos e estrangeiros, participam de um concurso que não tem prêmios, exceto o enorme prestígio de merecer uma menção. Muitos dos exibidos no festival entram em cartaz depois nos circuitos de arte de Nova York.

O TriBeCa Film Festival, em parte criado pelo diretor e ator Robert De Niro, surgiu em 2002 para celebrar Nova York como capital do cinema e ajudar na recuperação a longo prazo de Lower Manhattan. O festival exibe uma ampla gama de filmes, incluindo clássicos, documentários e estreias, e em geral é realizado no final de abril e começo de maio. O Docfest, Festival Internacional de Documentários de Nova York, apresenta cinco dias de filmes e vídeos documentários, seguidos por discussões com o diretor.

LOCAÇÕES

Vários locais em Nova York já apareceram em filmes. Eis alguns deles:

No **edifício Brill** (1141 Broadway), Burt Lancaster tinha sua cobertura em *A embriaguez do sucesso*.

A **ponte do Brooklyn** foi palco de *Mais e melhores blues*, de Spike Lee.

Brooklyn Heights e o **Metropolitan** estavam em *Feitiço da lua*.

O **Central Park** já esteve em inúmeros filmes, como *Love Story* e *Maratona da morte*.

O **edifício nº 55** de **Central Park West** era a casa de Sigourney Weaver em *Os caça-fantasmas*.

Chinatown foi destaque em *O ano do dragão*.

The Dakota era o edifício onde Mia Farrow morava em *O bebê de Rosemary*.

O **Empire State Building** continuou de pé após a luta final de *King Kong*. Aqui Cary Grant esperou em vão em *Tarde demais para esquecer*, e Meg Ryan enfim encontrou Tom Hanks em *Sintonia de amor*.

Grand Central Station foi onde Robert Walker se encontrou com Judy Garland em *O ponteiro da saudade* e palco da sequência de baile de *O pescador de ilusões*.

O **Harlem** foi cenário para os músicos e dançarinos do *Cotton Club*.

Na **Katz's Deli** houve a memorável cena do café de Meg Ryan e Billy Crystal em *Harry e Sally – feitos um para o outro*.

Little Italy apareceu em *O poderoso chefão 1 e 2*.

No **Madison Square Garden** ocorreu o clímax de *Sob o domínio do mal*.

O prédio da **ONU** apareceu em *Intriga internacional* e *A intérprete*.

Tiffany era a loja favorita de Audrey Hepburn em *Bonequinha de luxo*.

Washington Square Park era o lugar onde Robert Redford e Jane Fonda passeavam em *Descalços no parque*.

FILMES ESTRANGEIROS E CINEMAS DE ARTE

Para assistir aos últimos filmes estrangeiros e independentes, procure o **Angelika Film Center**, que tem seis salas e um café. Outros bons lugares são os elegantes **Rose Cinemas, Film Forum** e **Lincoln Plaza Cinema**. O **Plaza** tem uma intensa programação de filmes estrangeiros e de arte. A **Asia Society** exibe filmes asiáticos, indianos e chineses. O **French Institute** mostra filmes franceses com legendas em inglês toda quinta-feira. O **Quad Cinema** exibe uma ampla seleção de filmes estrangeiros com muitas raridades. O **Cinema Village** promove eventos especiais, como o Festival of Animation.

O **Walter Reade Theater** abriga a Film Society of the Lincoln Center, com retrospectivas de cinema internacional, assim como trabalhos contemporâneos. Todo ano acontece o Spanish Cinema Now Festival.

FILMES CLÁSSICOS E MUSEUS

O **Public Theater** e o **Whitney Museum of Modern Art** *(pp. 200-1)* mostram retrospectivas da obra de vários diretores e atores.

O **Museum of the Moving Image** *(p. 246)* mostra filmes antigos e tem expostos muitos objetos relacionados à indústria cinematográfica. O **Paley Center for Media** *(p. 171)* tem sessões regulares de filmes clássicos e nele também se pode ouvir ou assistir a antigos programas de rádio e televisão. Os fãs do cinema clássico, novo e experimental vão apreciar o tesouro dos **Anthology Film Archives**.

Reserve um dia inteiro para ver os *sky shows* no **Rose Center for Earth and Space** e o **American Museum of Natural History**.

Nas manhãs de verão pode-se assistir de graça a clássicos do cinema no Bryant Park. E sábado de manhã a **Film Society of Lincoln Center** promove sessões especiais para crianças.

PROGRAMAS DE TELEVISÃO

Vários programas de televisão são feitos em Nova York. É difícil conseguir lugar em programas de muita audiência, como o de David Letterman e Saturday Night Live, mas há ingressos disponíveis para muitos outros programas telefonando para redes como **NBC**, **ABC** e **CBS**. Outra fonte de ingressos gratuitos é o Time Square Visitors Information Bureau *(p. 368)*.

Nas manhãs dos dias úteis, perto do **Rockefeller Plaza**, na 5th Avenue, a produção dos programas às vezes distribui ingressos. Estas oportunidades são totalmente inesperadas. É uma questão de sorte – ou seja, estar no lugar certo, na hora certa.

A NBC organiza visitas aos estúdios para quem quer visitar os bastidores da televisão – das 8h30 às 17h30 seg-qui, das 8h30 às 18h30 sex-sáb e das 9h15 às 16h30 dom (a cada 15min).

COMO ESCOLHER

Para não se sentir perdido diante da enorme oferta de filmes, dê uma olhada nos roteiros da revista *New York*, no *The New York Times, Village Voice* e *The New Yorker*.

Nestes guias na internet você pode conferir horários de sessões e endereços:
www.moviefone.com
www.movietickets.com

AGENDA

ABC
Tel (212) 580-5176.
www.abc.com.

American Museum of Natural History
Central Park W com 79th St.
Mapa 16 D5.
Tel (212) 769-5100.

Angelika Film Center
18 W Houston St.
Mapa 4 E3.
Tel (212) 995-2000.

Anthology Film Archives
32 2nd Ave com 2nd St.
Mapa 5 C2.
Tel (212) 505-5181.

Asia Society
725 Park Ave. **Mapa** 13 A1.
Tel (212) 517-2742.

CBS
Tel (212) 247-6497.

Cinema Village
22 E 12th St. **Mapa** 4 F1.
Tel (212) 924-3363.

Docfest
Tel (212) 668-1100.
www.docfest.org

Film Forum
209 W Houston St.
Mapa 3 C3.
Tel (212) 727-8110.

French Institute
55 E 59th St. **Mapa** 12 F3.
Tel (212) 355-6160.

Lincoln Plaza Cinema
1886 Broadway.
Mapa 12 D2.
Tel (212) 757-2280.

Museum of Modern Art
11 W 53rd St. **Mapa** 12 F4.
Tel (212) 708-9480.

Museum of the Moving Image
35th Ave & 36th St.
Astoria, Queens.
Tel (718) 784-0077.

NBC
30 Rockefeller Plaza com 49th St
(antes das 9h).
Tel (212) 664-3056.
www.nbcstudiotour.com

The Paley Center for Media
25 W 52nd St. **Mapa** 12 F4.
Tel (212) 621-6600.

Public Theater
425 Lafayette St.
Mapa 4 F4.
Tel (212) 539-8500.

Quad Cinema
34 W 13th St.
Mapa 4 D1.
Tel (212) 255-8800.

Rockefeller Plaza
47th-50th St, 5th Ave.
Mapa 12 F5.

Rose Cinemas
Brooklyn Academy of Music (BAM), 30 Lafayette Ave, Brooklyn.
Tel (718) 636-4100.

TriBeCa Film Festival
Tel (212) 941-2400.
www.tribecafilmfestival.org

Walter Reade Theater
70 Lincoln Center Plaza.
Mapa 12 D2.
Tel (212) 875-5600.

Whitney Museum of American Art
945 Madison Ave.
Mapa 13 A1.
Tel 1-800-WHITNEY.

Música Erudita e Contemporânea

Os nova-iorquinos têm sede insaciável de música. Concertos dos músicos e cantores mais célebres do mundo podem ser vistos em famosas salas durante o ano todo. Artistas mais jovens e estrangeiros encontram plateias receptivas.

DETALHES PRÁTICOS

Saiba o que está em cartaz em Nova York lendo as programações no *The New York Times* e *Village Voice* e nas revistas *Time Out New York* e *The New Yorker*.

MÚSICA ERUDITA

A orquestra que ocupa o **Avery Fisher Hall**, no Lincoln Center *(p. 215)*, é a New York Philarmonic. No mesmo local realizam-se as séries anuais Mostly Mozart e Young People's Concerts (para jovens). O **Alice Tully Hall**, joia do Lincoln Center, sedia a Chamber Music Society.

Uma das mais importantes salas de concertos do mundo é o recém-restaurado **Carnegie Hall** *(p. 148)*. O Weill Recital Hall, subindo a escada, exibe apresentações de qualidade por ingressos módicos.

A **Brooklyn Academy of Music (BAM)** *(p. 248)* é sede da Brooklyn Philharmonic. Os apreciadores de música clássica, dança, ópera, jazz e *world music* devem ir ao **New Jersey Performance Arts Center**, em Newark.

No **Merkin Concert Hall** há apresentações de importantes solistas e conjuntos de câmara. O **Town Hall** tem excelente acústica. A sala de concertos Kaufmann, na **92nd Street Y**, também tem uma programação repleta de música e dança. Para recitais de música de câmara e contemporânea, tente a **Frick Collection** e o **Symphony Space**. Os dois últimos oferecem uma programação variada que abrange de música gospel a Gershwin, da erudita à étnica. O belo Grace Rainey Rogers Auditorium, no **Metropolitan Museum of Art**, recebe solistas e conjuntos de câmara; já o bem equipado **Florence Gould Hall**, na Alliance Française, apresenta um programa variado de música de câmara, peças para orquestra, concertos e até filmes franceses clássicos.

A **Juilliard School of Music** e o **Mannes College of Music** são tidos como excelentes. Seus alunos e professores dão muitos recitais com entrada franca, e ambos promovem concertos de orquestras, música de câmara e companhias de ópera. A **Manhattan School of Music** oferece uma programação que inclui mais de 400 eventos por ano, que vão da música erudita ao jazz.

Às 9h45 das quintas-feiras em que há concertos da New York Philarmonic, o espetáculo é ensaiado no **Avery Fisher Hall**, no Lincoln Center. Muitas vezes esses ensaios são abertos ao público, mediante um ingresso de baixo preço. É bom confirmar por telefone.

A **Kosciuszko Foundation** sedia a anual Chopin Competition. A **Corpus Christ Church** tem uma agenda cheia de concertos, e apresenta grupos como o Tallis Scholars.

MÚSICA NO RÁDIO

Nova York tem três estações de rádio que transmitem música clássica: a WQXR, 96.3, a National Public Radio station WNYC, 93.9 e a WKCR, 89.9.

ÓPERA

A ópera nova-iorquina é dominada pelo **Lincoln Center** *(p. 212)*, sede do New York City Opera, e pela **Metropolitan Opera House**, que tem companhia própria. O Met é a joia dos teatros líricos, com apresentações dos maiores astros internacionais. O New York City Opera é dinâmico e acessível. As apresentações vão de *Madame Butterfly* a *South Pacific*, com legendas acima do palco para ajudar a plateia a acompanhar a trama.

Apresentações de alta qualidade a preços mais baixos são feitas por cantores líricos de destaque no **Village Light Opera Group**, no **Amato Opera Theater**, no **Kaye Playhouse** do Hunter College, e pelos alunos do **Juilliard Opera Center**, no Lincoln Center.

MÚSICA CONTEMPORÂNEA

Nova York é um dos grandes centros mundiais da música contemporânea. Música exótica, étnica e experimental é apresentada em ótimas salas. A **Brooklyn Academy of Music (BAM)** é a ponta-de-lança da música de vanguarda. Todo ano, no outono, promove o festival "Next Wave" de música e dança.

Um festival anual de música moderna séria, chamado "Bang on a Can" (bata numa lata), é promovido no **Ethical Culture Society Hall**, com destaque para obras de Steve Reich, Pierre Boulez e John Cage. Experimentalistas como Davie Weinstein, com sua música "audiovisual acid test", que mistura toca-CDs, instrumentos amplificados, teclados e efeitos sonoros, apresentam-se no **Dance Theater Workshop**.

Outras salas de concerto ficam na **Asia Society** *(p. 187)*, com seu teatro excelente no qual tocam muitos artistas asiáticos, e na **St. Peter's Church**.

VISITAS A BASTIDORES

O **Lincoln Center e o Carnegie Hall** promovem visitas aos bastidores das salas de concerto.

MÚSICA RELIGIOSA

Existem poucas experiências mais comoventes que um concerto de Páscoa na imensa **Cathedral of St. John the Divine** *(pp. 226-7)*. Música natalina e de Páscoa também são apresentadas em muitos museus da cidade e em quase todos os espaços disponíveis, do saguão central da **Grand Central Station** *(pp. 156-7)* a entradas de bancos e hotéis. Para ouvir jazz em um belo ambiente moderno, visite a **St. Peter's Church**

(p. 177). A maioria desses concertos têm entrada franca, mas é de bom-tom fazer uma contribuição.

MÚSICA AO AR LIVRE

Durante o verão pode-se assistir a concertos grátis, ao ar livre, em **Bryant Park, Washington Square** e **Damrosch Park**, no Lincoln Center. A New York Philarmonic e a Metropolitan Opera fazem concertos anuais no Great Lawn (gramado) do Central Park e no Prospect Park, Brooklyn. Quando o tempo está bom, músicos de rua tocam no South Street Seaport, em frente ao **Metropolitan Museum of Art** *(pp. 190-97)* e em Washington Square.

MÚSICA GRATUITA

Apresentações gratuitas são realizadas no **The Cloisters** *(pp. 236-9)* e no **Whitney Museum** do Philip Morris Building *(p. 152)*. Nos domingos à tarde há recitais em Rumsey Playfield, em Naumberg Bandshell, no Central Park *(p. 206)* e no Summerstage. Ligue para **The Dairy** para mais informações. Você também encontrará música no **Federal Hall** *(p. 68)*.

No **Lincoln Center**, não perca os concertos oferecidos da **Juilliard School of Music**.

Outros locais bastante visitados são o **Greenwich House Music School** (onde os recitais de estudantes são gratuitos) e o **Winter Garden** no World Financial Center *(p. 69)*. Também há concertos e palestras com entrada franca na **St. Paul's Chapel**, na **Trinity Church** *(p. 68)* e na St. Thomas Church *(p. 171)*.

Guias na internet

www.nymag.com
www.nytoday.com
www.newyork.citysearch.com

AGENDA

92nd Street Y
1395 Lexington Ave.
Mapa 17 A2.
Tel *(212) 415-5500.*

Amato Opera Theater
319 Bowery com 2nd St.
Mapa 4 F2.
Tel *(212) 228-8200.*

Asia Society
725 Park Ave.
Mapa 13 A1.
Tel *(212) 517-2742.*

Brooklyn Academy of Music
30 Lafayette Ave, Brooklyn.
Tel *(718) 636-4100.*

Bryant Park
Mapa 8 F1.
Tel *(212) 768-4242.*

Carnegie Hall
881 7th Ave. **Mapa** 12 E3.
Tel *(212) 247-7800.*

Cathedral of St. John the Divine
1047 Amsterdam Ave & 112th St. **Mapa** 20 E4.
Tel *(212) 316-7540.*

The Cloisters
Fort Tryon Park.
Tel *(212) 923-3700.*

Corpus Christi Church
529 W 121st St.
Mapa 20 E2.
Tel *(212) 666-9350.*

The Dairy
Central Park com 65th St.
Mapa 12 F2.
Tel *(212) 794-6564.*

Dance Theater Workshop
Ver p. 347.

Ethical Culture Society Hall
2 W 64th St.
Mapa 12 D2.
Tel *(212) 874-5210.*

Federal Hall
26 Wall St.
Mapa 1 C3.
Tel *(212) 825-6888.*

Florence Gould Hall (at the Alliance Française)
55 E 59th St.
Mapa 13 A3.
Tel *(212) 355-6160.*

Frick Collection
1 E 70th St. **Mapa** 12 F1.
Tel *(212) 288-0700.*

Greenwich House Music School
46 Barrow St. **Mapa** 3 C2.
Tel *(212) 242-4770.*

Kaye Playhouse (Hunter College)
695 Park Ave. **Mapa** 13 A1.
Tel *(212) 772-4448.*

Kosciuszko Foundation
15 E 65th St. **Mapa** 12 F2
Tel *(212) 734-2130.*

Lincoln Center
155 W 65th St.
Mapa 11 C2.
Tel *(212) 546-2656.*
Tours de vários espaços no Lincoln Center podem ser agendados ligando:
Tel *(212) 875-5350.*

Alice Tully Hall
Tel *(212) 875-5050.*

Avery Fisher Hall
Tel *(212) 875-5030.*

Damrosch Park
Tel *(212) 875-5000.*

Juilliard Opera Center
Tel *(212) 769-7406.*

Juilliard School of Music
Tel *(212) 799-5000.*

Metropolitan Opera House
Tel *(212) 362-6000.*

Manhattan School of Music
120 Claremont Ave.
Mapa 20 E2.
Tel *(212) 749-2802.*

Mannes College of Music
150 W 85th St.
Mapa 15 D3.
Tel *(212) 580-0210.*

Merkin Hall
129 W 67th St.
Mapa 11 D2.
Tel *(212) 501-3330.*

Metropolitan Museum of Art
1000 5th Ave com 82nd St.
Mapa 16 F4.
Tel *(212) 535-7710.*

New Jersey Performance Arts Center
1 Center St, Newark, NJ.
Tel *1-888-466-5722.*

St. Paul's Chapel
Broadway com Fulton St.
Mapa 1 C2.
Tel *(212) 233-4164.*

St. Peter's Church
619 Lexington Ave.
Mapa 13 A4.
Tel *(212) 935-2200.*

Symphony Space
2537 Broadway.
Mapa 15 C2.
Tel *(212) 864-5400.*

Town Hall
123 W 43rd St.
Mapa 8 E1.
Tel *(212) 997-1003.*

Trinity Church
Broadway com Wall St.
Mapa 1 C3.
Tel *(212) 602-0800.*

Village Light Opera Group
Apresentações: Schimmel Center for the Arts, na Pace University, 3 Spruce St. **Mapa** 1 C2.
Tel *(212) 346-1715.*

Washington Square
Mapa 4 D2.

Whitney Museum
Philip Morris Building, 120 Park Ave com 42nd St.
Mapa 9 A1.
Tel *1-800-944-8639.*

Winter Garden
World Financial Center, West St.
Mapa 1 A2.
Tel *(212) 945-2600.*

Rock, Jazz e World Music

Nova York tem todas as formas de música imagináveis, de rock internacional em estádios aos sons do jazz Dixieland ou dos country blues dos anos 1960, sem falar em talentosos músicos de rua. O cenário musical da cidade muda constantemente, com gente nova chegando (e partindo) quase todo dia, portanto não dá para prever o que cada um vai encontrar.

LOCAIS E PREÇOS

Os clubes costumam cobrar couvert e às vezes há consumação mínima de um ou dois drinques (a US$ 7 ou mais). Os preços dos shows geralmente variam entre US$ 50 e US$ 150, nos lugares maiores. Em muitas das casas menores há lugares para sentar de um lado e para dançar de outro, a preços diferentes.

Bandas internacionais geralmente fazem shows em enormes palcos no **MetLife Stadium** ou no **Madison Square Garden** *(p. 135)*. É nestes lugares que se apresentam artistas como Elton John, Bruce Springsteen e Madonna. Os ingressos para shows desse tipo costumam acabar em pouco tempo. É bom comprar assim que são postos à venda ou se termina pagando bem mais, comprando de agências ou cambistas *(p. 341)*. No verão há grandes shows ao ar livre em Jones Beach *(p. 255)* e no **Central Park SummerStage**.

Outras bandas conhecidas se apresentam em locais menores, como o palácio art déco do **Radio City Music Hall**, o **Manhattan Center** (antigo Hammerstein Ballroom) e o **Beacon Theater**. Apresentando um elenco de shows impressionante está o **Nokia Theater**, em Times Square, conhecido por sua excelente acústica. Os melhores locais para música ao vivo ficam no Upper West Side.

Muitos roqueiros também se apresentam em bares de música ao vivo. Às vezes várias bandas tocam na mesma noite, no mesmo local. Acompanhe a programação no *The New York Times*, *Village Voice* ou *Time Out New York* ou ligue para o bar em questão.

ROCK

O rock assume formas variadas: gótico, tecno, industrial, psicodélico, funk pós-punk, indie e música alternativa. Quem prefere ver a banda de perto, em vez de em um telão, deve procurar lugares de ambiente mais aconchegante.

O **Knitting Factory Brooklyn** tem música atual enquanto o **Mercury Lounge** é um lugar da moda que apresenta bandas novas, candidatas à MTV. O **Irving Plaza** é um lugar onde se apresentam grupos de rock relativamente desconhecidos, além de receber às vezes alguns cantores famosos de country e de blues.

O **Bowery Ballroom** tira proveito de sua acústica de qualidade superior e da boa visão do palco, além de programar espetáculos bem conhecidos e bandas locais.

O **Arlene's Grocery**, uma mercearia reformada atrai uma multidão de fiéis clientes, graças a espetáculos que vão do rock ao country e shows de humor. O karaokê de rock ao vivo, nas noites de segunda-feira, também é popular. O **Joe's Pub** atrai os que apreciam a eclética lista de rock, jazz, hip-hop e lounge music. O **Le Poisson Rouge**, autointitulado um "cabaré de arte multimídia", é um dos melhores pontos em Greenwich Village para conhecer as novidades da música independente internacional, eleito favorito pelos descolados de Downtown.

JAZZ

O The Cotton Club e o Connie's Inn originais, que já foram caldeirões de jazz, não existem mais, nem os antigos bares clandestinos da West 52nd Street. No entanto, muitos artistas talentosos dão continuidade às tradições de lendas como Dave Brubeck, Les Paul, Duke Ellington, Count Basie e outras big bands. No Harlem, o estiloso mas informal **Lenox Lounge** apresenta jazz atual nos finais de semana.

Existem templos do jazz dos anos 1930 em Greenwich Village que sobrevivem até hoje. O mais importante é o **Village Vanguard**, onde lembranças reverenciadas do jazz se mantêm vivas, enquanto outras são criadas por grupos como os trios de McCoy Tiner e Branford Marsalis. Big bands se apresentam no **Blue Note** – o ingresso custa caro, mas vale. O **Smalls** traz jazz de vanguarda, com várias apresentações de bandas todas as noites.

O **Smoke**, com ambiente mais intimista, recebe músicos de diversas tendências.

O **Birdland** apresenta ex-pupilos de Charlie Mingus e músicos como Bud Shank.

O **Café Carlyle**, local conhecido no East Side por ter recebido o cantor e pianista Bobby Short no fim de sua vida, agora apresenta às vezes o cineasta e clarinetista Woody Allen tocando com Eddy Davis e a New Orleans Jazz Band. O **Jazz Standard**, com um amplo espaço apresenta performances de jazz na maioria das noites.

O sofisticado restaurante **Iridium** toca jazz progressivo. Quem estiver em Nova York em janeiro não pode deixar de ver o **NYC Winter Jazzfest**, evento anual em que ícones do jazz se apresentam em vários clubes de Manhattan. Ligue para se informar.

O **Jazz Lincoln Center** tem uma programação anual de eventos, incluindo concertos da renomada Lincoln Center Jazz Orchestra, sob a direção de Wynton Marsalis. A música varia dos sons nova-iorquinos de Duke Ellington ao jazz tradicional de Nova Orleans, de Johnny Dodds. O Jazz Lincoln Center agora tem sede própria, após se mudar para o primeiro centro de artes específico para jazz. Está no Time Warner Center, no Columbus Circle, um edifício com várias salas, erguido sobre o Central Park, com palcos dispostos entre paredes de vidro e um piso de dança sob a Lua e as estrelas *(p. 215)*. As noites de sexta no **Rose Center** são animadas, com bandas de rock ao vivo e DJs.

MÚSICA FOLK E COUNTRY

Música folk, rock e R&B (rhythm and blues) são tocados no famoso, mas hoje um pouco decadente, **Bitter End**, que já revelou James Taylor e Joni Mitchell e se especializa em talentos novos, assim como o **Kenny's Castaways**. Há boa música *folk* também no **Sidewalk Café**, que apresenta uma ampla gama de artistas emergentes.

BLUES, SOUL E WORLD MUSIC

Para ouvir world music, blues e soul, uma opção é o **Apollo Theater**, no Harlem *(p. 230)*. Por mais de 60 anos suas lendárias Wednesday Amateur Nights têm sido responsáveis pela "descoberta" de estrelas como James Brown e Dionne Warwick.

O **Cotton Club** não está mais no seu endereço original, mas oferece blues e jazz de primeira linha e um brunch de domingo regado a muito gospel, na rua principal do Harlem. O **B.B.King's Blues Club** tem frequentemente shows de lendas do jazz e gospel. Há comida no local, mas pode ser cara. Não perca as noites de mambo com Nestor Torres no **SOB's** (Sounds of Brazil), um clube de world music especializado em ritmos afro-latinos.

O bar **Terra Blues** se transforma em casa de concertos. Os artistas de blues que aparecem aqui vão dos autênticos instrumentistas acústicos de Chicago a apresentações modernas. No East Village, **The Stone** apresenta artistas mais experimentais. O multifuncional **5C Café** é centro comunitário, café e espaço de jazz experimental. Aqui o espectador faz uma viagem no tempo em um ambiente informal.

AGENDA

CASAS DE SHOWS

Beacon Theater
2124 Broadway.
Mapa 15 C5.
Tel *(212) 465-6500.*

Central Park SummerStage
Rumsey Playfield.
Mapa 12 F1.
Tel *(212) 360-2777.*

Madison Square Garden
7th Ave & 33rd St.
Mapa 8 E2.
Tel *(212) 465-6741.*

Manhattan Center
311 W 34th St.
Mapa 8 D2.
Tel *(212) 279-7740.*

MetLife Stadium
1 MetLife Stadium Dr, East Rutherford, NJ.
Tel *(201) 559-1515.*

Nokia Theatre
1515 Broadway
Mapa 12 E5.
Tel *(212) 930 1959.*

Radio City Music Hall
Ver p. 347.

ROCK

Arlene's Grocery
95 Stanton St. **Mapa** 5 A3.
Tel *(212) 995-1652.*

Bowery Ballroom
6 Delancey St. **Mapa** 4F3.
Tel *(212) 533-2111.*

Irving Plaza
17 Irving Pl. **Mapa** 9 A5.
Tel *(212) 777-6800.*

Joe's Pub
Public Theater, 425 Lafayette St. **Mapa** 4 F2.
Tel *(212) 539-8778.*

Knitting Factory Brooklyn
361 Metropolitan Ave.
Tel *(347) 529-6696.*

Le Poisson Rouge
158 Bleecker St. **Mapa** 4 D3. ***Tel*** *(212) 505-3473.*

Mercury Lounge
217 E Houston St.
Mapa 5 A3.
Tel *(212) 260-4700.*

JAZZ

Birdland
315 W 44th St. **Mapa** 12 D5.
Tel *(212) 581-3080.*

Blue Note
131 W 3rd St. **Mapa** 4 D2.
Tel *(212) 475-8592.*

Café Carlyle
95 E 76th St. **Mapa** 17 A5.
Tel *(212) 744-1600.*

Iridium
1650 Broadway. **Mapa** 12 D2. ***Tel*** *(212) 582-2121.*

Jazz at Lincoln Center
150 W 65th St. **Mapa** 11 C2. ***Tel*** *(212) 258-9800 ou 362-7600.*

Jazz Standard
116 E 27th St. **Mapa** 9 A3
Tel *(212) 576-2232.*

Lenox Lounge
288 Malcolm X Boulevard.
Mapa 21 B2.
Tel *(212) 427-0253.*

NYC Winter Jazzfest
www.winterjazzfest.com

Rose Center
79th St com CPW. **Mapa** 16 D5. ***Tel*** *(212) 769-5100.*

Smalls
183 W 10th St. **Mapa** 3 C2. ***Tel*** *(212) 252-5091.*

Smoke
2751 Broadway. **Mapa** 20 E5. ***Tel*** *(212) 864-6662.*

Village Vanguard
178 7th Ave S. **Mapa** 3 C1. ***Tel*** *(212) 255-4037.*

FOLK E COUNTRY

Bitter End
147 Bleecker St. **Mapa** 4 E3. ***Tel*** *(212) 673-7030.*

Kenny's Castaways
157 Bleecker St. **Mapa** 4 E3.
Tel *(212) 979-9762.*

Sidewalk Café
94 Ave A. **Mapa** 5 B2.
Tel *(212) 473-7373.*

BLUES, SOUL, E WORLD MUSIC

5C Café
68 Avenue C. **Mapa** 5 C2.
Tel *(212) 477-5993.*

Apollo Theater
253 W 125 St.
Mapa 19 A1.
Tel *(212) 531-5305.*

B.B. King's Blues Club
237 W 42nd St.
Mapa 8 E1.
Tel *(212) 997-4144.*

Cotton Club
656 W 125th St. **Mapa** 22 F2. ***Tel*** *(212) 663-7980.*

SOB's
204 Varick St. **Mapa** 4 D3.
Tel *(212) 243-4940.*

The Stone
Ave C, próximo à 2nd St.
Mapa 5 C2.
www.thestonenyc.com

Terra Blues
149 Bleecker St.
Mapa 4 E3.
Tel *(212) 777-7776.*

Boates, Danceterias e Locais de Gays e Lésbicas

A vida noturna e as boates de Nova York são merecidamente lendárias. Seja qual for sua preferência – uma discoteca, apresentação cômica ou melodias suaves de um Harry Connick, Jr. num piano-bar –, você se encantará com a escolha. Houve uma explosão de grandes discotecas na década de 1980, mas poucas sobreviveram à onda das superboates confortáveis e cheias de estilo.

QUANDO E ONDE

O melhor momento para frequentar as boates é durante a semana (também é muito mais barato). Leve bastante dinheiro e documento de identidade para provar que tem idade para beber (mais de 21 anos) – mas cuidado: as bebidas são bem caras.

As boates ou clubes da moda funcionam até as 4 horas ou mais tarde. O que está na moda muda o tempo todo, por isso vá à Tower Records, na Broadway, para pegar os últimos folhetos, verifique os detalhes das boates nas revistas *(p. 340)* e leia a *Village Voice*. Os locais mais interessantes costumam ser divulgados no boca a boca. A melhor opção é ir a um local como **Pacha** e esperar que alguém lhe diga aonde ir. É conhecido e ali são distribuídos convites para outras boates.

PARA DANÇAR

Os nova-iorquinos adoram música e dança. As pistas de dança disponíveis percorrem todos os estilos, e vão do popular **SOB's** para jungle, reggae, soul, jazz e salsa, até em locais enormes, do tamanho de quadras de basquete, como **Roseland**. Nesta, tem dança de salão às quintas-feiras e aos sábados, e é o salão de baile clássico da Broadway, revelando um vislumbre da antiga cultura dessa rua. Ali existe um enorme restaurante de 700 lugares, com um ótimo bar.

A lendária **Pacha**, de Ibiza, abriu uma boate de quatro andares no coração da Times Square. Aqui se apresentam os melhores DJs do mundo, em um sistema de som colossal. Este é o lugar certo para quem gosta de música dançante, pistas suadas e uma multidão animada. O **Marquee** é outro local classe A de Chelsea, com um aquário VIP no mezanino que atrai estrelas de Hollywood. Se você quiser entrar lá terá que trazer algumas modelos.

O **Greenhouse**, com tema botânico, tem interior espaçoso decorado com milhares de lampadazinhas coloridas. Também é ecologicamente correto e tem a certificação LEED- (Leadership in Energy and Environmental Design) para edifícios sustentáveis. Realiza eventos de moda e cinema, e é muito procurado. Outro local que está sempre lotado é o **Webster Hall**, um marco da noite de Nova York que toca em seus quatro andares R&B, pop, electro ou house, quando não abriga nenhum evento especial. Em contrapartida, a **Cielo** abraçou o século XXI. Esta casa elegante de alta classe tem como público-alvo os amantes da música eletrônica. Conta com um sistema de som superpotente que envolve os clientes que se acotovelam na pista de dança rebaixada. Os mais interessados em música e dança do que na decoração, devem ir ao **The Sullivan Room**, que apresenta o melhor da cena tecno e tira proveito de seu sistema de som de alta tecnologia e dos vários espaço para sentar. O **Santos Party House**, que é constituído basicamente de dois salões quadrados pintados de preto, atrai as pessoas que desejam se esbaldar. O músico Andrew W.K. é coproprietário da casa.

NIGHTCLUBS

Os nightclubs são lugares para se ver show. Agora, os shows da cidade são menos deslumbrantes do que nas décadas de 1940 e 50, mas ainda se orgulham da grande variedade de números. Paga-se couvert artístico, e alguns clubes exigem o consumo de pelo menos duas doses de bebida.

Marie's Crisis é um lendário piano-bar de Greenwich Village onde os clientes são convidados e encorajados a cantar clássicos de cabaré e de shows. O **Uncle Charlie's** também conta com um animado salão com piano, onde o público do Theater District, perto de lá, tem a chance de cantar suas próprias versões das melodias da Broadway. O **Joe's Pub**, no Public Theater, tem comida decente e uma maravilhosa gama de atrações musicais e espetáculos. O **Feinstein's at the Regency** é a síntese do cabaré clássico, onde você pode apreciar um pouco de tudo: dos sonoros shows de piano ao vivo aos tributos à Broadway e trios de jazz.

LOCAIS DE GAYS E LÉSBICAS

As últimas duas décadas viram a chegada de boates e restaurantes especialmente voltados para a clientela gay e lésbica. Entre os concorridos cabarés gays estão o popular **Duplex**, que apresenta um misto de comediantes, esquetes cômicos e cantores. Enfeitado o ano todo com luzes de Natal, o antigo **Pieces** esquenta muitas noites do ano com uma variedade de atrações, como shows de *dragqueens* e karaoquê.

Os nightclubs e bares bem na moda para homens incluem o elegante **Town House**, no centro, um piano--bar com restaurante. **Don't Tell Mama** é um bar gay antigo que apresenta boas revistas musicais e sátiras. O **Hiro Ballroom**, no Maritime Hotel, mais elitista, oferece um belo ambiente para uma noite de domingo. São dois andares de restaurante em estilo japonês, com bons lugares para os que gostam de ver e ser vistos. **Henrietta Hudson** e **Crazy Nanny's** atendem apenas mulheres, assim como o criativamente decorado **Clubby Hole**, um aconchegante bar de lésbicas com karaokê. As publicações *Village Voice*, *HX* e *Next* dispõem de uma boa lista do que está acontecendo nas comunidades gays, e *Gay Yellow Pages* cobre o panorama gay. Se quiser mais informações, ligue para **Gay and Lesbian Switchboard**.

A região de Chelsea, principalmente em volta da Eighth Avenue, é o coração da vida gay nova-iorquina. A área de Hell's Kitchen, entre as Eighth e 10th Avenues, também se agita com a noite gay. As *happy hours* de sexta-feira do **Barrage** são muito concorridas. O convidativo e elegante **G Lounge** serve coquetéis e cafés aromatizados, e é o local perfeito para um drinque antes das boates. O animado **Barracuda** apresenta shows de drags e atrai uma multidão de clientes regulares e novos, enquanto o **Gym** é para fãs de esportes. O **Stonewall Inn** famoso local das revoltas de Stonewall e berço do movimento gay moderno, acaba de passar por uma reforma multimilionária. O confortável **Posh** atrai uma simpática multidão para a concorrida happy hour, das 16h às 20h, e nenhuma visita a Nova York está completa sem uma ida ao barulhento e extravagante **Splash Nightclub**.

AGENDA

PARA DANÇAR

Cielo
18 Little West 12th St.
Mapa 3 B1.
Tel *(212) 645-5700.*

Greenhouse
150 Varick St.
Mapa 4 D4.
Tel *(212) 807-7000.*

Marquee
289 10th Ave.
Mapa 7 C4.
Tel *(646) 473-0202.*

The Plumm
246 W 14th St.
Mapa 3 C1.
Tel *(212) 675-1567.*

Pacha
618 W 46th St.
Mapa 12 E5.
Tel *(212) 209-7500.*

Roseland
239 W 52nd St.
Mapa 12 E4.
Tel *(212) 247-0200.*

Santos Party House
96 Lafayette St.
Mapa 4 F5.
Tel *(212) 714-4646.*

SOB's
204 Varick St.
Mapa 4 D3.
Tel *(212) 243-4940.*

Sullivan Room
218 Sullivan St.
Mapa 4 D2.
Tel *(212) 252-2151.*

Webster Hall
125 E 11th St.
Mapa 4 F1.
Tel *(212) 353-1600.*

NIGHTCLUBS

Feinstein's at the Regency
540 Park Ave.
Mapa 13 A3.
Tel *(212) 339-4095.*

Joe's Pub
425 Lafayette St.
Mapa 4 F2.
Tel *(212) 539-8777.*

Marie's Crisis
59 Grove St.
Mapa 3 C2.
Tel *(212) 243-9323.*

Uncle Charlie's
139 E 45th St.
Mapa 13 A5.
Tel *(212) 661-9097.*

LOCAIS DE GAYS E LÉSBICAS

Barracuda
275 W 22nd St.
Mapa 8 D4.
Tel *(212) 645-8613.*

Barrage
401 W 47th St.
Mapa 12 D5.
Tel *(212) 586-9390.*

The Cubby Hole
281 W 12th St.
Mapa 3 C1.
Tel *(212) 243-9041.*

Don't Tell Mama
343 W 46th St.
Mapa 12 D5.
Tel *(212) 757-0788.*

Duplex
61 Christopher St.
Mapa 3 C2.
Tel *(212) 255-5438.*

G Lounge
223 W 19th St.
Mapa 8 E5.
Tel *(212) 929-1085.*

Gay and Lesbian Switchboard
Tel *(212) 989-0999.*

Gym
167 Eighth Ave.
Mapa 8 D5.
Tel *(212) 337-2439.*

Henrietta Hudson
438 Hudson St. **Mapa** 3 C3. ***Tel*** *(212) 924-3347.*

Hiro Ballroom
The Maritime Hotel, 371 W 16th St.
Mapa 8 D5.
Tel *(212) 727-0212.*

Pieces
8 Christopher St. **Mapa** 4 D2. ***Tel*** *(212) 929-9291.*

Posh
405 W 51st St.
Mapa 11 C4.
Tel *(212) 957-2222.*

Splash
50 W 17th St. **Mapa** 8 F5.
Tel *(212) 691-0073*

Stonewall Inn
53 Christopher St.
Mapa 3 C2.
Tel *(212) 488-2705.*

Town House
236 E 58th St.
Mapa 13 B4.
Tel *(212) 754-4649.*

Comediantes, Cabarés e Eventos Literários

De Jack Benny e Rodney Dangerfield a Woody Allen e Jerry Seinfeld, Nova York tem quase tantos comediantes quanto piadas a respeito da cidade, incluindo gracejos como: sobre o crime – "Em Nova York, o crime está cada vez pior. Outro dia, a Estátua da Liberdade estava com as duas mãos para cima"; e sobre o trânsito – "Olhe sempre para os dois lados, no farol vermelho". Aqui, a comédia não poupa nada. Isso é bom, pois significa que, seja qual for a boate de comediantes em que você entrar, logo estará às gargalhadas. A cidade também é perfeita para a fantasia, a julgar pela quantidade de cabarés e salões. Uma experiência inesquecível em Nova York é ganhar uma serenata de um cantor, no escurinho de um piano-bar. E a cidade se orgulha do cenário literário, com excelentes leituras e conferências semanais.

COMÉDIA

Muitas das atuais boates de comediantes de Nova York tiveram origem nas antigas comédias de "improviso". Parte do encantamento dos comedy clubs da cidade vem do fato de que nunca se sabe quem estará ao microfone soltando o verbo. Qualquer um, de Dennis Miller e Roseanne Barr a Robin Williams, pode aparecer. Mas atenção: se não quiser ficar em evidência ou sofrer gozações, sente-se longe do palco. Diversos comedy clubs servem refeições, e nos mais concorridos é bom fazer reserva para garantir a entrada.

Na liderança dos clubes está o **Broadway Comedy Club**, no Theater District. Resultado da fusão dos clubes *Chicago City Limits* e *NY Improv*, é o maior da cidade e atrai grandes nomes todas as noites. O **Caroline's** também apresenta nomes conhecidos num ambiente elegante. O famoso bordão do comediante Roger Dangerfield, de olhos saltados, era: "Ninguém me respeita". Mas, a julgar pela fama duradoura de seu **Dangerfield's Comedy Club**, que atraía gente de todo o país, parece que ele era bastante respeitado. No **Upright Citizens Brigade Theatre** comediantes desbocados, no estilo de Chicago, improvisam em vários dias da semana. Muitas apresentações são gratuitas.

O **Gotham Comedy Club**, no Flatiron District, mostra diversos comediantes em cenário sofisticado. O **Comic Strip Live**, no East Side, recebeu comediantes de primeira, a exemplo de Eddie Murphy, e continua a lançar muitos comediantes novos. O **Comedy Cellar**, num subsolo de Greenwich Village, apresenta todas as noites uma série de comediantes novos e conhecidos. Também são bons: **Stand-Up NY**, **NY Comedy Club**, **Laugh Lounge NYC**, que apresenta dois shows por noite, além de servir drinques caros. O **Underground Lounge** e o **The Laugh Factory** também valem a pena.

CABARÉS E PIANOS-BARES

Os cabarés se tornaram uma instituição de Nova York. Locais aconchegantes, só para ouvir música, muitas vezes são chamados de "rooms" e ficam em hotéis. A maioria funciona de terça a sábado (em geral, com couvert artístico ou consumação mínima) e grande parte aceita cartões de crédito.

O **Triad** apresenta uma variedade de shows, de comédia stand-up e burlesco a cabaré moderno. Para um salão clássico de piano, com vista panorâmica de Manhattan, visite o **Top of the Tower**, no Beekman Tower Hotel. Entre todos, o campeão foi Bobby Short, que tocou piano durante 25 anos no Café Carlyle, no **Carlyle Hotel**. Woody Allen toca ali às segundas, com a New Orleans Jazz Band de Eddy Davis.

O Carlyle também conta com o **Bemelman's Bar**, com murais extravagantes; atrai multidões que gostam de cantores de primeira.

O animado cabaré **Don't Tell Mama** apresenta músicos emergentes e os já conhecidos, que tratam suas músicas com bom gosto.

O **Ars Nova**, em Hell's Kitchen, é um cabaré informal e diversificado, onde se pode ouvir melodias de shows e ver comédias experimentais, dispondo de atrações como Liza Minnelli e Tony Kushner.

Para o cabaré mais exclusivo da cidade, escolha o animado **Duplex**, o mais antigo de Nova York. Relaxe ao som do teclado do piano-bar no térreo, ou suba para ver os shows clássicos e insuperáveis, com números de um ato, e comédias ótimas. Uma plateia eclética, inclusive os funcionários talentosos, cantam no **Brandy's Piano Bar**. Para uma noite memorável de músicas e canções vá ao **Feinstein's at the Regency Hotel**, onde artistas de primeira se apresentam a uma plateia receptiva. O **Metropolitan Room's** é um espaço intimista que abriga uma grande variedade de shows, como apresentações de cabaré e de artistas internacionais de jazz.

EVENTOS LITERÁRIOS E POESIA PERFORMÁTICA

Como berço de alguns dos maiores escritores americanos, de Herman Melville a Henry James, e lar adotivo de inúmeros outros, Nova York há muito tempo tem sido a cidade dos escritores. A tradição literária é celebrada durante o ano todo, com leituras públicas de textos e palestras, que ocorrem em livrarias, bibliotecas, cafeterias e centros comunitários. Em geral, as leituras são gratuitas, mas sempre há fila para os nomes mais conhecidos. O **92nd Street Y** apresentou leituras dos maiores escritores que passaram por Nova York, a exemplo de muitos autores que ganharam os prêmios Nobel e Pulitzer. A maioria das livrarias da cidade realiza uma série de leituras semanais ou mensais, como a **Barnes & Noble** (as filiais da Fifth Avenue e Union Square costumam atrair autores famosos), a **Coliseum Books** e a **Borders**. A **Mid-Manhattan Library** também apresenta leituras. Assista a leituras animadas de dramaturgos na **Drama Book Shop**. Verifique a revista *The New Yorker*, disponível em livrarias e bancas, para ver a atual lista de leituras e palestras.

A poesia performática (poetry slam, às vezes denominada spoken word) consiste numa tarde de poemas, raps e narrativas de formato variável, em geral tumultuada e divertida, quase sempre imprevisível e nunca maçante. O **Nuyorican Poets Café**, em Alphabet City, muitas vezes citado como "pai" da spoken word em Nova York, oferece todas as noites um misto de poesia performática, leituras e apresentações.

Voluntários da Columbia e da CUNY, além de escritores, participam dos eventos literários do **KGB Bar**. O **Bowery Poetry Club**, fundado como espaço performático para spoken word em todas as suas variações, apresenta uma variedade eclética de apresentações, desde poesia até diversas artes performáticas.

O **Poetry Project**, na St. Mark's Church, apresenta leituras de poesia contemporânea, eventos e workshops.

AGENDA

COMÉDIA

Caroline's
1626 Broadaway.
Mapa 12 E5.
Tel *(212) 757-4100.*

Comedy Cellar
117 MacDougal St.
Mapa 4 D2.
Tel *(212) 254-3480.*

Comic Strip Live
1568 2nd Ave.
Mapa 17 B4.
Tel *(212) 861-9386.*

Dangerfield's
1118 1st Ave.
Mapa 13 C3.
Tel *(212) 593-1650.*

Gotham Comedy Club
208 W 23rd St.
Mapa 8 F4.
Tel *(212) 367-9000.*

The Laugh Factory
303 W 42 St. **Mapa** 8 D1.
Tel *(212) 586-7829.*

Laugh Lounge NYC
151 Essex St.
Mapa 5 B3.
Tel *(212) 614-2500.*

NY Comedy Club
241 E 24th St.
Mapa 9 B4.
Tel *(212) 696-5233.*

Broadway Comedy Club
318 W 53rd St.
Mapa 12 E4.
Tel *(212) 757-2323.*

Stand-up NY
236 W 78th St.
Mapa 15 C5.
Tel *(212) 595-0850.*

Underground Lounge
955 W End Ave.
Mapa 20 E5.
Tel *(212) 531-4759.*

Upright Citizens Brigade Theatre
307 W 26th St.
Mapa 8 D4.
Tel *(212) 366-9176.*

CABARÉS E PIANOS-BARES

Ars Nova
511 W 54th St.
Mapa 12 E4.
Tel *(212) 489-9800.*

Brandy's Piano Bar
235 E 84th St.
Mapa 17 B4.
Tel *(212) 650-1944.*

Carlyle Hotel
35 E 76th St.
Mapa 17 A5.
Tel *(212) 744-1600.*

Don't Tell Mama
343 W 46th St. **Mapa** 12 D5. ***Tel*** *(212) 757-0788.*

Duplex
61 Christopher St. **Mapa** 3 C2. ***Tel*** *(212) 255-5438.*

Feinstein's at the Regency Hotel
540 Park Ave.
Mapa 13 A3.
Tel *(212) 759-4100.*

Metropolitan Room
34 W 22nd St. **Mapa** 8 F4. ***Tel*** *(212) 206-0440.*

Top of the Tower
Beekman Tower Hotel, 3 Mitchell Pl.
Mapa 13 C5.
Tel *(212) 980-4796.*

Triad
158 W 72nd St, 2ºandar.
Mapa 11 C1.
Tel *(212) 362-2590.*

EVENTOS LITERÁRIOS E POESIA PERFORMÁTICA

92nd Street Y
1395 Lexington Ave.
Mapa 17 A2.
Tel *(212) 415-5729.*

Barnes & Noble
555 Fifth Ave.
Mapa 12 F5.
Tel *(212) 697-3048.*
33 E 17th St.
Mapa 9 A5.
Tel *(212) 253-0810.*

Bowery Poetry Club
308 Bowery.
Mapa 4 F3.
Tel *(212) 614-0505.*

Drama Book Shop
250 W 40th St.
Mapa 8 E1.
Tel *(212) 944-0595.*

KGB Bar
85 E 4th St.
Mapa 4 F2.
Tel *(212) 505-3360.*

Mid-Manhattan Library
455 Fifth Ave com 40th St.
Mapa 8 F1.
Tel *(212) 340-0833.*

Nuyorican Poets Café
236 E 3rd St.
Mapa 5 B2.
Tel *(212) 505-8183.*

Poetry Project
St. Mark's Church, 131 E 10th St.
Mapa 4 F1.
Tel *(212) 674-0910.*

Strand Bookstore
828 Broadway.
Mapa 4 E1.
Tel *(212) 473-1452.*

Fim de Noite em Nova York

Nova York é realmente a cidade que nunca dorme. Se você acordar no meio da noite com desejo de comer um pãozinho recém-saído do forno, de se divertir nas baladas ou de assistir ao nascer do sol no horizonte de Manhattan, sempre poderá realizar suas vontades.

BARES

Os bares mais simpáticos são os irlandeses. Nos barulhentos **O'Flanagan's** e o **Scruffy Duffy's** a pista de dança funciona até tarde, e ainda providenciam transporte para os fregueses. Tome um dry martini de madrugada no **Temple Bar**. Os melhores pianos-bares ficam nos hotéis: procure o **Café Carlyle** ou, para uma opção mais em conta, o **Bemelman's Bar**, ambos no **Carlyle Hotel**, ou o famoso **Feinstein's at Loews Regency** *(p. 357)*.

No **Joe's Pub** e **Blue Note** ouve-se jazz americano de primeira até as 4h da manhã. Nos fins de semana o **Cornelia Street Café** é um reduto animado que promove leituras. **Nuyorican Poets** tem poesia, teatro e música latina. Se você estiver em Midtown, vá ao **Rudy's** para uma noitada eclética com cachorro-quente grátis na compra de um drinque.

SESSÃO DA MEIA-NOITE

Sessões à meia-noite e frequentadores jovens podem ser encontrados no Angelika Film Center e Film Forum *(pp. 349)*. Os novos cinemas com múltiplas salas exibem filmes à meia-noite nos fins de semana.

LOJAS

A Shakespeare & Company Booksellers, na Broadway, e a St. Mark's Bookshop ficam abertas até tarde. A **Apple Store** na Fifth Ave fica aberta 24 horas e vale uma visita a qualquer hora do dia. Nas noites, DJs animam a loja, enquanto durante o dia mais de 300 especialistas em Mac estão disponíveis para treinamentos e consultas. No Soho, a **H&M** vende roupa barata até 21h de segunda a sábado e até 20h no domingo. Entre as lojas de roupas do Village que ficam abertas até tarde figura a **Trash and Vaudeville** (até 20h seg-qui, 20h30 sex, 21h sáb). A **Macy's** na Herald Square fica aberta diariamente até as 21h30. As farmácias **Duane Reade**, **CVS** e a **Rite Aid Pharmacy** são 24 horas.

MERCEARIAS E COMIDA PARA LEVAR

Algumas lojas de comida para levar abrem 24 horas por dia, entre elas as várias filiais do empório **Gristedes** e o **West Side Supermarket**. Diversas quitandas de coreanos funcionam a noite toda. **Food Emporium** é uma cadeia de supermercados abertos até meia-noite. Lojas de bebidas abrem até as 22h e muitas entregam em casa. Para comprar bagels, vá à **Ess-a-Bagel**, **Bagels On The Square** e **Jumbo Bagels and Bialys**. Muitas pizzarias e restaurantes chineses ficam abertos até tarde.

JANTAR

Os modernos frequentam o **Balthazar**, o **Florent** e o **Les Halles**, onde encontram boa seleção de comida francesa. Os mais jovens também vão ao **Coffee Shop** para tomar cerveja e comer comida brasileira, tarde da noite. O **Carnegie Deli** faz sanduíches deliciosos. O **Caffè Reggio**, em Greenwich Village, é desde 1927 uma das opções favoritas para se tomar café, chá e bolos tarde da noite. Outras boas opções incluem **Blue Ribbon** e **Odeon.** O **The Dead Poet** oferece autêntico ambiente do Upper West Side, com jukebox e bar animado. No centro, os baladeiros se aglomeram no **Bereket Turkish Kebab House** para comer excelentes *kebabs*, ou no **Moonstruck Diner** em Chelsea. Ambos ficam abertos 24 horas todos os dias.

ESPORTES

É possível jogar sinuca até 4h no **Slate Billiards**. No boliche **Bowlmore Lanes** pode-se pedir cerveja e hambúrguer tarde da noite, junto com estudantes da New York University. O **Lucky Strike Lanes and Lounge**, com drinques, boliche e música em um ambiente retrô também é muito procurado. O **24-7 Fitness** Club funciona 24 horas.

SERVIÇOS

Em Manhattan, a **Midnight Express Cleaners** pega roupas até a meia-noite e as traz de volta, limpinhas, no dia seguinte. Mas não atende os grandes hotéis. Às quintas-feiras, o cabeleireiro **George Michael of Madison Avenue/ Madora Inc** fica aberto até as 21h – e também atende em casa. O spa coreano **Juvenex** fornece massagens e sauna a qualquer hora do dia ou da noite. Se você ficar trancado para fora de casa, procure o **Mr Locks Inc**. Você também pode comprar selos a qualquer hora no General Post Office, aberto 24 horas. O mercado de luxo **Dean & DeLuca** Kip's Bay fecha 22h.

PASSEIOS E VISTAS

Um dos melhores passeios a pé em Nova York é pelas margens do rio Hudson no **Battery Park City** do World Financial Center, aberto (e seguro) dia e noite. Os píeres 16 e 17 no South Street Seaport atraem quem gosta de fazer caminhadas durante a noite toda – o **Harbour Lights**, no Píer 17, fica aberto quase sempre até 2h, garantindo drinques para reerguer o ânimo. Outra opção é ver as luzes da cidade se acenderem num passeio na área do porto, promovido pela **Circle Line**.

Em Riverview Terrace, em Sutton Place, assiste-se ao sol nascer sobre o rio East, Roosevelt Island e Queens em ambiente tranquilo. Tem-se uma vista sensacional de Manhattan no **River Café** (lado oeste) e no restaurante **Chart House** (lado leste).

Faça um passeio no **Staten Island Ferry** *(p. 76)* para ver a Estátua da Liberdade ao raiar do dia ou atravesse a ponte do Brooklyn *(pp. 86-9)* de táxi para assistir ao sol nascer. Suba último andar do **Beekman Tower Hotel** e aprecie o East Side até 1h. Mas a vista mais fantástica ainda é a do **Empire State Building** *(pp. 136-7)*, que fica aberto até 2h. O **Top of the Rock** *(p. 144)* fica aberto até meia-noite. O **Living Room Terrace** , no W Downtown, oferece vistas panorâmicas dos prédios do centro.

O **Château Stables** oferece passeios de carruagem e a **Liberty Helicopters** promove voos ao entardecer. Quem procura algo um pouco diferente deve ir à **New York Food Tours',** que oferece passeios multiculturais pelos bares de Nova York. Se mesmo assim você não conseguir dormir, dê um giro no Upper West Side e coma hot dogs no famoso **Gray's Papaya**.

AGENDA

BARES

Blue Note
p. 353.

Carlyle Hotel
p. 357.

Cornelia Street Café
29 Cornelia St. **Mapa** 4 D2. **Tel** *(212) 989-9318.*

Joe's Pub
p. 353.

Nuyorican Poets Café
236 E 3rd St. **Mapa** 5 A2. **Tel** *(212) 505-8183.*

O'Flanagan's
1215 1st Ave. **Mapa** 13 C2. **Tel** *(212) 439-0660.*

Rudy's
627 9th Ave. **Mapa** 12 D5. **Tel** *(646) 707-0890.*

Scruffy Duffy's
743 8th Ave. **Mapa** 12 D5. **Tel** *(212) 245-9126.*

Temple Bar
332 Lafayette St. **Mapa** 4 F4. **Tel** *(212) 925-4242.*

LOJAS

Apple Store
767 5th Ave. **Mapa** 12 F3. **Tel** *(212) 336-1440.*

CVS Pharmacy
158 Bleecker St. **Mapa** 4 D3. **Tel** *(212) 982-3133.*

Duane Reade Drugstores
224 W 57th (Broadway). **Mapa** 12 D3. **Tel** *(212) 541-9708.*
1279 3rd Ave com E 74th St. **Mapa** 17 B5. **Tel** *(212) 744-2668.*

H&M
558 Broadway. **Mapa** 4 E4. **Tel** *(212) 343-2722.*

Macy's
p. 134.

RiteAid Pharmacy
p. 373.

Trash e Vaudeville
p. 324.

MERCEARIAS E COMIDA PARA LEVAR

Bagels On The Square
7 Carmine St. **Mapa** 4 D3. **Tel** *(212) 691-3041.*

Ess-a-Bagel
831 3rd Ave. **Mapa** 113 B4. **Tel** *(212) 980-1010.*
359 1st Ave. **Mapa** 9 C4. **Tel** *(212) 260-2252.*

Gristedes Food Emporium
Procure nas Páginas Amarelas, nas listas telefônicas de endereços.

Jumbo Bagels e Bialys
1070 2nd Ave. **Mapa** 13 B3. **Tel** *(212) 355-6185.*

West Side Market
2171 Broadway. **Mapa** 15 C5. **Tel** *(212) 595-2536.*

JANTAR

Balthazar
80 Spring St. **Mapa** 4 E4. **Tel** *(212) 965-1414.*

Bereket Turkish Kebab House
187 E Houston St. **Mapa** 5 A3. **Tel** *(212) 475-7700.*

Blue Ribbon
p. 300

Caffè Reggio
119 MacDougal St. **Mapa** 4 D2. **Tel** *(212) 475-9557.*

Carnegie Deli
p. 314.

Coffee Shop
p. 314.

The Dead Poet
450 Amsterdam Ave. **Mapa** 15 C4. **Tel** *(212) 595-5670.*

Gray's Papaya
Broadway com 72nd St. **Mapa** 11 C1. **Tel** *(212) 260-3532.*

Les Halles
p. 314.

Moonstruck Diner
400 W 23rd St. **Mapa** 7 C4. **Tel** *(212) 752-1711.*

Odeon
p. 298.

ESPORTES

24-7 Fitness Club
47 W 14th St. **Mapa** 4 D1. **Tel** *(212) 206-1504.*

Bowlmor Lanes
110 University Pl. **Mapa** 4 E1. **Tel** *(212) 255-8188.*

Lucky Strike Lanes and Lounge
624-660 W 42nd St. **Mapa** 7 B1. **Tel** *(646) 829-0170.*

Slate Billiards
p. 361.

SERVIÇOS

Dean & DeLuca
576 2nd Ave. **Mapa** 9 B3. **Tel** *(212) 696-1369.* *Há várias filiais.*

General Post Office
p. 135.

George Michael of MadisonAvenue/ Madora
422 Madison Ave. **Mapa** 13 A5. **Tel** *(212) 752-1177.*

Juvenex Spa
25 W 32nd St, 5th Floor. **Mapa** 8 F3. **Tel** *(646) 733-1330.*

Midnight Express Cleaners
Tel *(718) 392-9200.*

Mr Locks Inc
Tel *(866) 675-6257.*

PASSEIOS E VISTAS

Battery Park City
West St. **Mapa** 1 A3.

Beekman Tower Hotel
1st Ave 49th St. **Mapa** 13 C5. **Tel** *(212) 355-7300.*

Chart House
Lincoln Harbor, Píer D-T, Weehawken, NJ. **Tel** *(201) 348-6628.*

Château Stables
608 W 48th St. **Mapa** 15 B3. **Tel** *(212) 246-0520.*

Circle Line
W 42nd St. **Mapa** 15 B3. **Tel** *(212) 563-3200.*

Harbour Lights
89 South St Seaport. Pier 17. **Mapa** 2 D2. **Tel** *(212) 227-2800.*

Liberty Helicopters
Tel *(212) 487-4777.*

Living Room Terrace
W Downtown, 123 Washington St. **Mapa** 1 B3. **Tel** *(646) 826-8600.*

New York Food Tours
Tel *(347) 559-0111.*

River Café
p. 311.

Staten Island Ferry
p. 76.

Top of the Rock
p. 144.

Esportes

Muitos nova-iorquinos são torcedores fanáticos de esportes, e você encontrará grande variedade de eventos esportivos, para observar e participar, durante o ano todo. A cidade se orgulha de possuir dois times de beisebol, dois times de hóquei, um time de basquete e dois times de futebol americano, todos profissionais. O Madison Square Garden recebe grande variedade de esportes, a exemplo de basquete, hóquei, boxe e atletismo. Os fãs de tênis podem ir ao US Open todos os anos em agosto e setembro, no Queens, e quem gosta de atletismo lota os Millrose Games, onde competem os grandes corredores e outros atletas.

BILHETES

A maneira mais fácil de conseguir bilhetes é pela **Live Nation** ou pela **Ticketmaster**. Para os grandes jogos, talvez você precise de um agente ou de um revendedor na internet, como o **StubHub!**, opção muito mais segura do que procurar os cambistas. Também é possível comprar os ingressos nas bilheterias dos estádios, embora esses bilhetes acabem logo. Fique de olho nas ofertas de bilhetes doados por semanários, distribuídos em toda a cidade.

FUTEBOL AMERICANO

Os dois times profissionais de futebol americano são o New York Giants e o New York Jets. Ambos jogam do outro lado do rio, no **MetLife Stadium**, em Nova Jersey, que vai sediar o Super Bowl de 2014, na primeira vez em que a grande final será realizada na região de Nova York. Os bilhetes para os Giants, time com diversas vitórias nos campeonatos da NFL e do Super Bowl, são muito difíceis de obter, mas pode haver ingressos para os Jets, considerados por muita gente como eternos lanternas, mas com torcedores fiéis. A última vez que o time venceu um campeonato foi em 1969.

BEISEBOL

Para captar a essência dessa instituição americana, os fãs de beisebol devem ver os famosos New York Yankees, que jogam no **Yankee Stadium**. As proezas desse time lendário incluem a conquista da maioria dos títulos das World Series e o orgulho de ter contado com jogadores célebres, como Joe DiMaggio e Jackie Robinson. O New York Mets, outro time importante, joga no **Citi Field**, no Queens. É inesquecível assistir a um jogo do "passatempo preferido dos americanos" num dia de verão. Se você puder, procure assistir a um jogo entre os Yankees e seus arquirrivais, os Boston Red Sox. A temporada de beisebol vai de abril a outubro.

BASQUETE

A temporada da NBA vai de novembro a junho. Os New York Knicks jogam em casa no **Madison Square Garden**. Lembre-se de que os bilhetes são caros e difíceis de obter, por isso reserve bem antes, pela Ticketmaster ou por um revendedor online. O Brooklyn Nets é o único grande time do bairro, que joga no reluzente **Barclays Center**. Os sempre populares Harlem Globetrotters também jogam no Garden.

BOXE

As partidas de boxe profissional costumam ser vistas mais pela TV da Paramount do que ao vivo no Madison Square Garden. Em meados de abril, também no Garden, realiza-se o Daily News Golden Gloves, o torneio de boxe amador mais antigo dos EUA, no qual competem boxeadores dos cinco distritos de Nova York. Entre os vencedores do Golden Globe do passado, muitos dos quais se tornaram campeões mundiais, estavam Sugar Ray Robinson e Floyd Patterson.

CORRIDAS DE CAVALOS

As corridas talvez não sejam atividades tão pródigas quanto eram, mas as que têm apostas altas atraem muita gente da sociedade – chapéus, vestidos de verão etc. – junto com pessoas que estão ali para se divertir e apostar no cavalo da sorte. As corridas de trote, em que os cavalos puxam pequenas carruagens, ocorrem o ano todo na **Yonkers Raceway**. Corridas em raias são realizadas diariamente, menos às terças, de outubro a maio, na **Aqueduct Race Track**, no Queens, e de maio a outubro na **Belmont Park Race Track**, em Long Island.

HÓQUEI NO GELO

A animação toma conta dos New York Rangers quando eles competem no Madison Square Garden. Outros dois grandes times da Liga Nacional de Hóquei têm sede na área metropolitana: o New York Islanders joga em Long Island, no **Nassau Coliseum**, e o New Jersey Devils joga no moderno **Prudential Center**, em Newark. A temporada de hóquei vai de outubro a junho, dependendo da duração dos playoffs.

PATINAÇÃO NO GELO

Há três bons lugares para patinar ao ar livre. Um é o **Rockefeller Plaza Rink**, que fica lindo no Natal. Os outros ficam no Central Park: **Wollman Memorial Rink** e **Lasker Ice Rink**. Para locais cobertos, tente o Sky Rink, em **Chelsea Piers**.

MARATONA

Para ser um dos 45 mil que participam da New York Marathon, é preciso se inscrever com seis meses de antecedência. A corrida é no primeiro domingo de novembro. Informações: tel (212) 423-2249.

TÊNIS

O principal torneio de tênis de Nova York é o US Open, disputado em agosto, no **National Tennis Center**. Se você quer jogar em vez de assistir, procure na lista telefônica a seção "Tennis Courts: Public and Private". Nas quadras particulares você vai pagar entre US$ 50 e US$ 70 a hora. Nas quadras públicas, precisará de uma permissão de US$ 50, disponível no **NY City Parks & Recreation Department**. Também vai precisar de identidade e do cupom de reserva.

ATLETISMO

Os Millrose Games, que atraem importantes atletas do mundo todo, são realizados, normalmente, no início de fevereiro, no **Madison Square Garden**. Competições como a corrida de 100m, o salto com vara e o salto em altura são muito concorridas. Os campeonatos da Amateur Athletic Union (AAU), nos quais competem renomados atletas universitários, ocorrem no fim de fevereiro, em Garden. Chelsea Piers também dispõe de um complexo de atletismo.

SPORTS BARS

Nova York está cheia de sports bars, imperdíveis, com telões, bandeiras esportivas e alegres patronos, bebedores de cerveja. Para ter uma ideia da vida esportiva americana, entre num sports bar em dia de jogo importante, e logo estará gritando, enturmado com os frequentadores. Vá ao **Mickey Mantle's**, que tem um placar gigante. O **Village Pourhouse**, no East Village, tem várias TVs para assistir os jogos de qualquer ponto do bar. O **Bounce**, no Upper East Side, é um barulhento bar de esportes que serve drinques especiais a semana toda. O **Bar None** e o **Lunasa Bar** são concorridos, e, para futebol, vá ao **Nevada Smith's**, no East Village, com uma vibração contagiante, graças aos frequentadores simpáticos movidos a Guinness.

OUTRAS ATIVIDADES

No Central Park pode-se alugar barco a remo na **Loeb Boathouse** ou jogar xadrez – pegue as peças em The Dairy *(p. 208)*.

Alugue patins na **Blades** e faça uma aula grátis no Central Park. Existe boliche em **Chelsea Piers** e em algumas outras pistas pela cidade. O **Slate Billiards** e outros bares oferecem mesas de bilhar e discos de dardos.

AGENDA

Aqueduct Race Track
Ozone Park, Queens.
Tel *(718) 641-4700.*

Bar None
98 3rd Ave.
Mapa 4 F1.
Tel *(212) 777-6663.*

Barclays Center
620 Atlantic Ave, Brooklyn.
Tel *(212) 359-6387.*

Belmont Park Race Track
Hempstead Turnpike, Long Island.
Tel *(718) 641-4700.*

Blades
156 W 72nd St.
Mapa 12 D1.
Tel *(212) 787-3911.*

Bounce
1403 Second Ave.
Mapa 13 B1.
Tel *(212) 535-2183.*

Chelsea Piers Sports & Entertainment Complex
Piers 59-62 com 23rd St e 11th Ave (Hudson River).
Mapa 7 B4-5.
Tel *(212) 336-6000.*
www.chelseapiers.com

Citi Field
126th St com Roosevelt Ave, Flushing, Queens.
Tel *(718) 507-8499.*

Lasker Ice Rink
Central Park Drive East com 108th St.
Mapa 21 B4.
Tel *(212) 534-7639.*

Loeb Boathouse
Central Park.
Mapa 16 F5.
Tel *(212) 517-2233.*

Lunasa Bar
126 1st Ave.
Mapa 5 A2.
Tel *(212) 228-8580.*

Madison Square Garden
7th Ave com 33rd St.
Mapa 8 E2.
Tel *(212) 465-6741.*
www.thegarden.com

Manhattan Plaza Racquet Club
450 W 43rd St.
Mapa 7 C1.
Tel *(212) 594-0554.*

MetLife Stadium
1 MetLife Stadium Dr, East Rutherford, NJ.
Tel *(201) 559-1515.*
www.metlifestadium.com
Tel *(516) 560-8200.*
www.newyorkjets.com

Mickey Mantle's
42 Central Park South.
Mapa 12 E3.
Tel *(212) 688-7777.*

Nassau Coliseum
1255 Hempstead Turnpike.
Tel *(516) 794-9303.*
www.nassaucoliseum.com

National Tennis Center
Flushing Meadow Park, Queens.
Tel *(718) 595-2420.*
www.usta.com

Nevada Smith's
74 3rd Ave.
Mapa 4 F1.
Tel *(212) 982-2591.*

NY City Parks & Recreation Department
Arsenal Building, 64th St e 5th Ave.
Mapa 12 F2.
Tel *(212) 408-0100.*
www.nycgovparks.org

Plaza Rink
1 Rockefeller Plaza, 5th Ave.
Mapa 12 F5.
Tel *(212) 332-7654.*

Prudential Center
25 Lafayette St, Newark.
Tel *(973) 757-6000.*
www.prucenter.com

Slate Billiards
54 W 21st St.
Mapa 8 E4.
Tel *(212) 989-0096.*

StubHub!
www.stubhub.com

Ticketmaster
Tel *(212) 307-4100.*
www.ticketmaster.com

Village Pourhouse
64 3rd Ave. **Mapa** 4 F1.
Tel *(212) 979-2337*

Wollman Memorial Rink
Central Park, 5th Ave com 59th St.
Mapa 12 F2.
Tel *(212) 439-6900.*

Yankee Stadium
161st e 164th Sts, The Bronx.
Tel *(718) 293-4300.*

Yonkers Raceway
Yonkers, Westchester County.
Tel *(914) 968-4200.*

Preparo Físico e Bem-Estar

Nova York pode ser abominada pelo concreto, pelas multidões e pela cacofonia, mas a selva urbana é uma bênção para os fãs de esportes e de preparo físico. Existem diversas possibilidades, desde ciclismo à beira-rio ensolarada e jogging à sombra da silhueta dos prédios de Manhattan no Central Park Reservoir até a escalada de uma parede de alpinismo em uma das caras academias da cidade, passando por uma massagem num belo spa, com banho de pétalas de rosas, ou pelo encontro com seu eu interior em posição de lótus, numa aula de ioga.

CICLISMO

É só ficar preso no trânsito do centro para dar aquela vontade de pedalar numa rua livre. Embora Manhattan seja uma das ilhas mais populosas do mundo, oferece uma surpreendente rede de trilhas para bicicletas, com 120km. Pelas últimas estimativas, Manhattan se orgulhava de ter mais de 110 mil ciclistas todos os dias. Um dos locais mais agradáveis para pedalar é o Central Park nos fins de semana, quando os carros não entram. Podem-se alugar bicicletas no **Central Park Bike Rentals**, em Columbus Circle. Se você gosta de sentir a brisa do rio, pedale na ciclovia bem conservada ao longo da West Side Highway, que corre paralela ao rio Hudson, ou vá até as trilhas de Riverside Park. Nos fins de semana de verão, as ciclovias podem ficar muito congestionadas, mas se você for cedo ou bem tarde, ou nos meses de inverno, andará praticamente sozinho.

O pessoal simpático da **Bicycle Habitat**, na Lafayette Street, aluga bicicletas e dá dicas sobre como pedalar por toda Nova York.

FITNESS CENTERS, ACADEMIAS E HEALTH CLUBS

Em Nova York, malhação uma vez por semana se tornou obrigatória, mesmo para os workaholics. As academias e os health clubs surgiram por toda a cidade para atender à demanda, e o trabalho com o corpo é contínuo: dia e noite. Há muitas opções – livre-se da agressividade com um saco de pancada, aumente a capacidade cardíaca nos equipamentos apropriados.

A maioria dos hotéis importantes dispõe de fitness centers. Diversas academias e muitos health clubs só aceitam sócios, mas, agora, um número cada vez maior de academias oferece programações diárias. Experimente o **Chelsea Piers Sports & Entertainment Complex**, nos Piers 59-62, perto do rio Hudson; qualquer pessoa encontra o que fazer neste complexo enorme. No **May Center for Health, Fitness, and Sport at the 92nd Street Y** há estúdios para exercícios, treinamento para levantar peso, quadras para jogos com raquete, salão de boxe e pistas internas. Uma programação diária começa em torno de US$ 35. Com sua academia bem conservada, junto com propostas de dieta e programas de exercícios individuais, a **Casa Spa & Fitness at the Regency Hotel**, na Park Avenue, cumpre o que promete: "seu oásis de saúde e forma física longe de casa".

Pode-se fazer uma série de atividades nas academias da **YMCA** (uma no West Side e outra na 47th Street). O equipamento ultramoderno, diversas quadras para várias modalidades esportivas, piscinas, estúdios de aeróbica, pistas de corrida e caminhada, ajudam você a se entusiasmar para começar a malhar. A instituição também tem programas para a terceira idade, adequados a seu físico.

GOLFE

Exercite-se no golfe no **Randalls Island Golf Center**, em Randalls Island, no **Chelsea Golf Club**, ou jogue minigolfe no **Wollman Memorial Rink**, no Central Park. A cidade dispõe de diversos campos em seus distritos, a exemplo do **Pelham Bay Park** no Bronx, e do **Silver Lake**, em Staten Island.

JOGGING

Alguns parques são seguros para os corredores; outros, não – peça informações na recepção do hotel. Nenhum é seguro à noite ou antes de amanhecer. O trajeto mais bonito e concorrido é o da represa do Central Park.

O **NY Road Runners**, na 89th Street, tem competições semanais de corrida, assim como o **Chelsea Piers Sports & Entertainment Complex**.

PILATES

Se quer perder os "pneus" na cintura, trabalhe os músculos abdominais e os do tórax e perca gordura, numa aula de pilates. A filosofia desse método se baseia no princípio de que o centro do corpo é a "casa de força" para as partes periféricas do corpo. Desafie seus músculos numa aula na **Grasshopper Pilates**, na Franklin Street, dada por um dançarino treinado profissionalmente, num *loft* de TriBeCa. O **Power Pilates** oferece aulas de reforço por toda a cidade.

IOGA

É mais fácil se conectar com seu eu espiritual quando isso ocorre num local como o **Exhale Mind Body Spa**, na Madison Avenue, com pé-direito alto e piso de madeira. "Journey into the Core", "Ride the Vinyasa Wave" e "Dance into Trance", numa variedade de sessões de ioga, são o antídoto natural para a loucura da cidade. E, se acha que ioga não é um exercício, então não experimentou o poder de uma sessão que trabalha os abdominais. A **Fluid Fitness,** na Sixth Avenue, oferece uma introdução ao treinamento do *gyrotonic*, um exercício que segue os princípios da ioga enquanto utiliza movimentos fluidos e não lineares.

SPAS

Dê-se ao luxo de ir a um dos spas de Nova York e sairá revitalizado, pronto para enfrentar a selva urbana de novo. Quase todos oferecem pacotes com diversos tratamentos a um preço mais baixo. Os casais podem fazer massagem juntos. O aroma inebriante do incenso que saúda você na entrada fragrante e na penumbra do **Clay**, é só uma pista da massagem que o espera. No descontraído **Oasis Day Spa**, na Park Avenue, escolha uma de seis massagens de aromaterapia (US$ 100), com fragrâncias que reanimam, revigoram, equilibram, despertam a paixão, acalmam ou aliviam. O especial para homens conta com fricções com sal do mar Morto, massagem facial ou muscular com algas (US$ 100 por uma hora). Para uma sensação paradisíaca, ao estilo de Bali, interne-se no **Acqua Beauty Bar**, na 14th Street, e aproveite a purificação botânica para a face (US$ 115), pedicure de orquídeas (US$ 45), ou o ritual de beleza indonésio (US$ 170), no qual sua pele é friccionada com arroz moído misturado a óleos aromáticos. Entre no **Bliss**, na 57th Street, e descobrirá que tudo pode melhorar com aplicações de cenoura e gergelim no corpo (US$ 195) ou no rosto (US$ 195). Conclua com um pedicure de chocolate, acompanhado de uma xícara de cacau cremoso.

Celebridades como Antonio Banderas e Kate Moss são fiéis ao **Mario Badescu**, na 52nd Street, cujas massagens faciais e corporais, que incluem fricções com frutas frescas pelo corpo, com framboesas e morangos, são tão famosas quanto os produtos de beleza.

NATAÇÃO

Diversos hotéis de Manhattan têm piscinas de livre acesso para os hóspedes. Pode-se também comprar um passe de um dia para usar a piscina do hotel e suas instalações – no Le Parker Meridien *(p. 286)*, por exemplo. Ou então, nade e surfe no Surfside 3 Maritime Center, em **Chelsea Piers**. Para o passeio de um dia, vá ao Jones Beach State Park *(p. 255)*, ao longo da linha costeira de Long Island.

ESPORTES DE SALÃO

O **Chelsea Piers** tem de tudo: rinques de patinação, basquete, paredes para alpinismo, fitness centers, golfe, ginásios para ginástica, medicina esportiva, spa e, lógico, piscinas. Este complexo enorme, que se estende por quatro píeres antigos do West Side, é aberto a todos.

Além de dispor de fitness centers, instalações de academia e esportes de salão, a **YMCA** também oferece exercícios, aulas de equilíbrio e flexibilidade, organiza excursões de um dia, tem eventos especiais, e cria oportunidades esportivas e de voluntariado. Se você quiser um dia de aventuras com seus filhos, com preparo físico no programa ou para queimar calorias, então o clube vale uma visita.

AGENDA

Acqua Beauty Bar
7 E 14th St.
Mapa 8 F5.
Tel *(212) 620-4329.*

Bicycle Habitat
244 Lafayette St.
Mapa 4 F3.
Tel *(212) 431-3315.*

Bliss
19 E 57th St. **Mapa** 12 F3.
Tel *(212) 219-8970.*
Uma de diversas filiais.

Casa Spa & Fitness at the Regency Hotel
540 Park Ave.
Mapa 13 A3.
Tel *(212) 223-9280.*

Central Park Bike Rental
348 W 57th St
Mapa 12 D3.
Tel *(212) 664-9600.*

Chelsea Piers Sports & Entertainment Complex
Piers 59-62 com 23rd St & 11th Ave (Hudson River).
Mapa 7 B4-5.
Tel *(212) 336-6000.*
www.chelseapiers.com

Clay
25 W 14th St.
Mapa 4 D1.
Tel *(212) 206-9200.*

Exhale Mind Body Spa
980 Madison Ave.
Mapa 17 A5.
Tel *(212) 561-6400.*

Fluid Fitness
1026 6th Ave.
Mapa 8 E1.
Tel *(212) 278-8330.*

Grasshopper Pilates
515 Broadway
Mapa 4 E4.
Tel *(212) 431-5225.*

Mario Badescu
320 E 52nd St.
Mapa 13 B4.
Tel *(800) 223-3728*

May Center for Health, Fitness, and Sport at the 92nd Street Y
1395 Lexington Ave.
Mapa 17 A2.
Tel *(212) 415-5729.*

NY Road Runners
9 E 89th St.
Mapa 17 A3.
Tel *(212) 860-4455.*

Oasis Day Spa
1 Park Ave.
Mapa 9 A2.
Tel *(212) 254-7722.*
Uma de duas filiais.

Pelham Bay Park
The Bronx,
870 Shore Rd.
Tel *(718) 885-1461.*

Power Pilates
49 W 23rd St,
10º andar.
Mapa 8 F4.
Tel *(212) 627-5852.*

Randalls Island Golf Center
Randalls Island.
Mapa 22 F2.
Tel *(212) 427-5689.*

YMCA West Side
1395 Lexington Ave.
Mapa 17 A2.
Tel *(212) 415-5500.*

Silver Lake
915 Victory Blvd.
Staten Island.
Tel *(718) 447-5686*

Wollman Memorial Rink
Central Park, 5th Ave com 59th St. **Mapa** 12 F2.
Tel *(212) 439-6900.*

YMCA 47th St
224 E 47th St.
Mapa 13 B5.
Tel *(212) 756-9600.*

NOVA YORK PARA CRIANÇAS

Os jovens visitantes vão sentir o entusiasmo que está no ar em Nova York. Há inúmeras atrações para todas as idades, muitas planejadas especialmente para crianças. Mais de dez companhias de teatro, dois zoológicos e criativos museus atendem aos pequenos, juntamente com eventos especiais em museus e parques. A chance de visitar um estúdio de TV é tentadora e o Big Apple Circus, o circo da cidade, é sempre uma alegria. São tantas atrações que é impossível ver tudo de uma vez. Por isso, as crianças não se chateiam e, melhor ainda, não é preciso gastar nenhuma fortuna.

Jovem visitante faz de Manhattan seu parque de diversões

DETALHES PRÁTICOS

Nova York recebe bem as famílias. Muitos hotéis acomodam crianças no quarto dos pais sem cobrar nada e fornecem berços, se necessário. A maioria dos museus cobra meia-entrada ou menos de crianças – em alguns, é gratuito. Quem mede menos de 1,12m não paga para andar de metrô e ônibus, se estiver acompanhado de um adulto. Vá entre 9h e 16h para evitar os horários de movimento.

É fácil comprar fraldas descartáveis e remédios – a Rite Aid Pharmacy *(p. 373)* fica aberta 24 horas por dia. Menos fácil é achar um lugar para trocar fraldas de bebês nos toaletes públicos, mas ninguém liga se usar uma mesa ou balcão. Muitos hotéis têm babás e é confiável chamar a **Baby Sitters' Guild** ou **Pinch Sitters**.

Para saber das atividades em andamento para crianças, peça um exemplar gratuito do calendário de eventos distribuído pelo New York Convention and Visitors Bureau *(p. 368)*. Programações semanais são publicadas na revista *Time Out New York*.

AVENTURAS EM NOVA YORK

A cidade parece um parque de diversões gigante para as crianças. Quem quiser, pode levantar âncoras no clássico passeio de barco da **Circle Line** em volta de Manhattan, ou no veleiro **Pioneer** *(veja p. 84)*. Pode-se alugar um barco movido a pás que sai da marina da E, 23rd St.; ou ainda pegar de graça o Staten Island Ferry *(p. 76)*. O bondinho de Roosevelt Island *(p. 181)* oferece uma bela chance de ver o rio East do alto. O Central Park *(pp. 204-9)* é uma fonte de passeios, do charme antigo dos carrosséis à emoção de andar a cavalo ou charrete.

Patinando com Papai Noel no Rockefeller Center

As crianças mais ativas podem se juntar aos patinadores que circulam pelo parque, longe do trânsito, nos fins de semana.

Refrescando-se em uma fonte no Central Park

MUSEUS

Muitos museus de Nova York são atraentes para todas as idades, mas alguns foram projetados para crianças. No topo da lista estão o Children's Museum of Art *(p. 107)* – onde elas podem pintar e esculpir – e o Children's Museum of Manhattan *(p. 219)* em que, num universo multimídia, elas podem produzir seus próprios vídeos e noticiários. Mais longe fica o **Staten Island Children's Museum**, que tem um formigueiro gigante que se pode escalar, e o Brooklyn Children's Museum *(p. 247)*. Intrepid Sea-Air--Space Museum *(p. 149)* é um porta--aviões que exibe o avião-espião mais veloz do mundo. Por fim, veja dinossauros no American Museum of Natural History *(pp. 216-7)*.

PROGRAMAS AO AR LIVRE

No verão, o Central Park é a terra das maravilhas das crianças, com rinques de patinação, lagos para barquinhos, ciclovias e minigolfe. Há muitas diversões gratuitas, como os passeios liderados pelos guardas aos sábados, as corridas de barquinhos a vela e leitura de histórias infantis.

O zoológico do Central Wildlife Center e o menor Tisch Children's Zoo são muito visitados. Crianças de todas as idades vão se encantar com o Bronx Zoo *(pp. 244-5)*.

Coney Island *(p. 249)* fica apenas a algumas estações de metrô de distância. O inverno traz patinação no Rockefeller Center *(p. 144)* e no Central Park, num rinque enfeitado pela visão dos arranha-céus.

PROGRAMAS ENTRE QUATRO PAREDES

O teatro infantil em Nova York tem qualidade e variedade iguais às do teatro adulto. As companhias favoritas são **Theaterworks, USA e PaperBag Players**, com espetáculos sempre lotados – veja a programação e compre ingressos cedo. O **Swedish Marionette Theater**, no Central Park, tem shows de terça a sexta, às 10h30 e 12h, e nos sábados até as 13h.

A apresentação do New York City Ballet da suíte *O quebra-nozes* no Natal, no Lincoln Center *(p. 212)*, começa quando o **Big Apple Circus** arma seu picadeiro. Também os Ringling Brothers e Barnum & Bailey Circus estão em ação no Madison Square Garden *(p. 135)* na primavera.

Para gastar energia, as opções vão da patinação ao boliche e minigolfe, basta ir ao **Chelsea Piers**. No Sony Wonder Technology Lab., as crianças podem criar jogos, filmes e música de graça.

Relógio em destaque na loja de brinquedos F. A. O. Schwarz

COMPRA DE BRINQUEDOS

Ninguém reclama de ir às compras se o destino for a **F. A. O. Schwarz**, ou **Toy' R'Us**. Para mais informações sobre outras lojas de brinquedos veja páginas 322-4. Os pequenos são bem-vindos nas sessões de narração de histórias em livrarias como a **Books of Wonder**.

COMER FORA

A casa **Ottomanelli's Café**, de hambúrgueres e massas, é uma das preferidas das crianças – até os adultos acham difícil comer todo o seu enorme hambúrguer. O animado **Hard Rock Café** é outro favorito, e a maioria das crianças aprecia a comida em Chinatown e Little Italy. Visite a **Chinatown Ice Cream Factory** para provar sorvetes com sabores diferentes e maravilhosos. Para um lanche rápido, fatias de pizzas, *pretzels* e cachorros-quentes vendidos nas barraquinhas de rua. O colorido **S'Mac**, cuja especialidade é o cremoso macarrão com queijo, também faz sucesso.

Narração de histórias em South Street Seaport

AGENDA

BABÁS

Baby Sitters' Guild
Tel *(212) 682-0227.*

Pinch Sitters
Tel *(212) 260-6005.*

AVENTURAS

Circle Line
Pier 83, W 42nd St. **Mapa** 7 A1.
Tel *(212) 563-3200.*

MUSEUS

Staten Island Children's Museum
1000 Richmond Terr, Staten Is.
Tel *(718) 273-2060.*

AO AR LIVRE

Big Apple Circus
Tel *(212) 268-2500.*

Chelsea Piers
Tel *(212) 336-6800.*

Paper Bag Players
185 East Broadway. **Mapa** 5 B5.
Tel *(212) 353-2332.*

Sony Wonder Technology Lab
550 Madison Ave. **Mapa** 13 A3.
Tel *(212) 833-8100.*

Swedish Cottage Marionette Theater
Tel *(212) 988-9093.*

Theaterworks USA
151 W 26th St. **Mapa** 8 E4.
Tel *(800) 497-5007.*

COMPRAS

Books of Wonder
18 W 18th St. **Mapa** 8 C5.
Tel *(212) 989-3270.*

F.A.O. Schwarz
767 5th Ave. **Mapa** 12 F3.***Tel*** *(212) 644-9400.*

Toys 'R' Us
p. 324.

COMER FORA

Chinatown Ice Cream Factory
65 Bayard St. **Mapa** 4 F5.
Tel *(212) 608-4170.*

Hard Rock Café
1501 Broadway. **Mapa** 8 E1.
Tel *(212) 343-3355.*

Ottomanelli's Café
1626 York Ave. **Mapa** 17 C3.
Tel *(212) 772-7722.*

S'Mac
345 E 12th St. **Mapa** 5 A1.
Tel *(212) 358-7912.*

Kodak
menu
review
share
Kodak EasyShare LS743
share the Moments
DENIS LEARY
RESCUE ME
Season Premiere June 21
Tuesdays 10pm FX
SUNDAY, JUNE 5 AT 9PM
DIGITALLY ENHANCED PERFORMANCE.
maxell
MARQUIS
LA CAGE
STOMP
Avenue
TAXI FARE
N.Y.C. TAXI

MANUAL DE SOBREVIVÊNCIA

INFORMAÇÕES ÚTEIS

Nova York é uma das cidades mais fantásticas e agitadas de todo o mundo. O ritmo acelerado de Manhattan pode assustar no início, mas há muitos serviços para ajudar turistas, e você perceberá que a cidade é segura e fácil de explorar. As ruas de Midtown são retas e simples de circular. Os ônibus e trens são bem confiáveis e baratos *(pp. 388-91)*. Há muitos caixas automáticos *(p. 374)*, além de ser fácil trocar dinheiro nos bancos e hotéis. A imensa variedade de preços encontrada nos diversos hotéis *(pp. 280-91)*, restaurantes *(pp. 296-311)* e locais de entretenimento *(pp. 340-65)* da cidade permite que se aproveite o passeio sem extrapolar o orçamento.

NYC & Company nycgo.com

Logo do escritório oficial de turismo

Patinadores no Central Park

QUANDO VIAJAR

Setembro e outubro são os meses mais agradáveis em Nova York: oferecem dias quentes e noites frescas, e os parques estão cobertos de folhas coloridas. O final da primavera também atrai turistas, pois a cidade fica mais vazia e há maior umidade. O verão pode ser muito quente, mas oferece atrações como concertos ao ar livre, peças e eventos esportivos para ocupar os visitantes. O Natal na cidade é lindo, mas as ruas ficam muito lotadas. Ao sair, sempre leve um casaco e esteja preparado para mudanças de temperatura.

PASSAPORTES E VISTOS

Todo visitante que chega aos Estados Unidos precisa apresentar um passaporte válido por pelo menos seis meses após a data da viagem. Cidadãos da Austrália, Nova Zelândia e mais 32 países, incluindo a maioria dos países da União Europeia, não precisam de visto se forem permanecer por 90 dias ou menos.

Os canadenses precisam mostrar o passaporte ao chegar de avião, e o passaporte ou a carteira de motorista que comprove a cidadania ao entrar por terra ou por mar.

Brasileiros precisam de visto para entrar nos Estados Unidos; por isso, providencie o seu com bastante antecedência. É preciso fazer uma entrevista no consulado, que pode levar meses para ser agendada. Para requerer um visto, o turista tem de demonstrar que possui laços fortes com o Brasil, caso contrário o visto pode ser negado. Um formulário disponível na internet deve ser preenchido também.

Consulte o site www.visto-eua.com.br para informações sobre visto e agendamento da entrevista.

ALFÂNDEGA

A alfândega americana autoriza a entrada no país, por pessoa, de 200 cigarros, 100 charutos, ou 2kg de tabaco; no máximo um litro de bebida alcoólica e presentes no valor máximo de US$ 100. É proibido entrar no país com certos tipos de comida, como frutas frescas e legumes. Doces, chocolates e queijo curado são exceções, assim como enlatados (desde que não contenham carnes e derivados), se levados para uso pessoal.

Ao chegar aos aeroportos de Nova York, siga os avisos e filas na direção de "other than American passports" (passaportes não americanos) até os guichês do serviço de imigração, onde o documento é inspecionado e carimbado. Depois de retirar a bagagem das esteiras, um funcionário irá examinar a declaração alfandegária (que geralmente você recebe e preenche ainda no avião).

INFORMAÇÃO TURÍSTICA

Dicas sobre qualquer aspecto da vida em Nova York estão disponíveis no New York Convention & Visitors Bureau, conhecido como **NYC & Co.** O serviço 24 horas por telefone *(p. 371)* ajuda quando os es-

Escritório de informação turística

◁ Táxis na Times Square

critórios estiverem fechados. A cidade tem outro telefone gratuito, **311**, e serviço de internet, que informam sobre o governo e dão assistência em casos que não forem de emergência. O serviço também é 24 horas, e há traduções para vários idiomas, inclusive português.

FUMO E ETIQUETA

É ilegal fumar em qualquer área ou construção pública em Nova York, inclusive em restaurantes, e os americanos levam essa lei muito a sério.

Para embarcar num ônibus, os nova-iorquinos formam uma fila e não empurram para entrar. Os passageiros do metrô não são tão educados nos horários de pico, mas dão passagem para quem vai descer. Desligue o celular nos teatros, cinemas ou museus. Roupa esporte costuma ser aceita em muitos locais de Nova York, mas alguns estabelecimentos exigem traje formal, por isso, pergunte na hora em que for fazer a reserva.

PREÇOS DE INGRESSOS

Nova York pode ser cara para o visitante, mas em geral você consegue encontrar um jeito de evitar os preços altos. O preço dos museus varia de US$ 12 a US$ 20. No entanto, algumas galerias, como o Metropolitan Museum, chamam o ingresso de "sugestão de doação", e o visitante deve decidir se paga ou não. Nas noites de sexta-feira (sábados no Guggenheim), o Museum of Modern Art, o Whitney Museum e o Folk Art Museum ficam abertos até tarde e são gratuitos ou têm uma política de "pague quanto quiser". O Jewish Museum é gratuito aos sábados, enquanto o Brooklyn Museum oferece arte e entretenimento gratuitos no primeiro sábado do mês (17h-23h). O **New York Pass** e o **CityPass** *(p. 370)* garantem descontos nos ingressos de mais de 50 atrações.

HORÁRIOS

O horário comercial geralmente vai das 9h às 17h, sem fechar para almoço. Muitas lojas do centro da cidade ficam abertas até 19h para atender àqueles que trabalham o dia todo, e costumam fechar mais tarde ainda nas quintas-feiras, às 20h30 ou 21h. Há também lojas que abrem do meio-dia às 18h aos domingos.

Os bancos funcionam das 9h às 18h, de segunda a sexta; alguns também abrem aos sábados das 9h às 15h. Os caixas eletrônicos (ATMs) estão disponíveis 24 horas para retiradas com cartão de crédito ou débito *(p. 374)*.

O New York Pass e o CityPASS

Os museus fecham em dias diferentes, alguns abrem à noite, mas a maioria fecha às segundas-feiras. O Museum of Modern Art fecha às terças-feiras, enquanto o Guggenheim, às quintas. Telefone antes da visita, ou consulte o site do museu, para planejar a sua programação.

O horário de pico em Nova York vai das 8h às 10h e das 16h30 às 18h30, de segunda a sexta-feira. Durante esse período, todo tipo de transporte público estará lotado, e as calçadas ficarão cheias de gente.

BANHEIROS

Não há banheiros públicos em Nova York. Centros de informação turística, lojas de departamento, grandes livrarias, como a Barnes & Noble, e as cadeias de restaurantes maiores como Starbucks e McDonald's possuem banheiros gratuitos, assim como a maioria dos hotéis. Há banheiros também nas estações de trem e ônibus, mas não é a melhor opção.

Entrada do Guggenheim Museum *(pp. 188-9)*

TAXAS E GORJETAS

O imposto sobre vendas em Nova York é de 8,875%, adicionado a qualquer tipo de compra (inclusive comida), exceto para roupas abaixo de US$ 100. As gorjetas são parte integrante da vida na cidade: para motoristas de táxi, 10% a 15%; para serviço de quarto no hotel, 10% (quando não estiver incluído na conta); nos guarda-volumes, US$ 1; arrumadeiras de hotel, US$ 1 ou US$ 2 por dia, depois do primeiro dia; carregadores em hotel, US$ 1 por mala; cabeleireiros, 15% a 20%, e barbeiros, 10% a 20%. Garçons recebem de 15% a 20% da conta, sem imposto.

Muitas lojas ficam abertas até tarde para atender as pessoas que trabalham

Ônibus com rampa de acesso para facilitar a entrada de idosos

PORTADORES DE DEFICIÊNCIA

Todos os ônibus da cidade possuem rampa para facilitar o acesso. O metrô, contudo, pode ser um desafio para deficientes físicos, pois a maioria das estações só tem acesso por escadarias. Apenas as estações mais movimentadas, como a Grand Central e a Penn e o terminal de ônibus Port Authority, possuem elevadores. Uma lista das estações com facilidades de acesso está disponível no site da Metropolitan Transit Authority (www.mta.info).

Muitos hotéis, restaurantes e atrações turísticas são equipados para visitantes com deficiências, mas é bom checar antes. Pergunte se os banheiros também têm acesso.

Alguns museus oferecem visitas para deficientes auditivos, visuais e outros, e todos os teatros da Broadway têm equipamento para deficientes auditivos. O *Official Accessibility Guide*, disponível no **Mayor's Office for People with Disabilities**, é uma boa fonte de informação, assim como o *Access for All*, publicado pelo **Hospital Audiences**.

TERCEIRA IDADE

Os idosos são bem-vindos a Nova York, e agraciados com muitas ofertas. Pagam meia passagem em todos os metrôs e ônibus e têm descontos em museus, cinemas, teatros e atrações turísticas. Os ônibus abaixam o degrau de entrada para facilitar o embarque de pessoas de mais idade.

GAYS E LÉSBICAS

Nova York tem uma vasta população de gays e lésbicas. A Gay Pride Week, em junho, chama a atenção dos simpatizantes do mundo todo para a grande parada. O desfile anual de Halloween que ocorre em Greenwich Village tem muitos seguidores gays. O **Lesbian, Gay, Bisexual & Transgender Community Center** oferece informações gerais sobre os eventos. A Christopher Street, em Greenwich Village, é a terra natal gay de Nova York, e a Eighth Avenue, ao redor de Chelsea, é hoje o centro gay, com o Hell's Kitchen e o East Village se tornando cada vez mais populares. O Park Slope no Brooklyn é o ponto de encontro da comunidade lésbica. **Next** (www.nextmagazine.com) é uma publicação gratuita encontrada nessas regiões. A mensal **GO Magazine** (www.gomag.com) cobre o cenário lésbico; *Time Out New York* e o site da revista *New York* (www.nymag.com) traz os eventos mais importantes.

Placa do Lesbian, Gay, Bisexual & Transgender Community Center

ESTUDANTES

Muitos museus e teatros de Nova York têm descontos para estudantes. Mas, para recebê-los, é preciso carregar o tempo todo algum documento que comprove essa condição. A **International Student Identity Card (ISIC)** – carteira internacional de estudantes – fornece as credenciais necessárias para comprar, por um preço bem baixo, um Student ID Card no **STA Travel**, que conta com dois escritórios na cidade. Peça também um exemplar do *ISIC Student Handbook*, um livreto que traz a lista de lugares e serviços nos EUA que oferecem descontos aos estudantes, inclusive acomodações, museus, passeios, teatros, atrações, clubes noturnos e restaurantes. Em geral é dificílimo obter permissão para trabalhar nos EUA, mas os estudantes são exceção em situações especiais de intercâmbio ou como estagiários.

A idade mínima para beber em Nova York é 21 anos, e em alguns lugares você terá de comprová-la.

Carteira Internacional de Estudante

VIAGEM ECONÔMICA

Há diversas maneiras de aproveitar o melhor de Nova York sem gastar muito. As cabines TKTS *(p. 341)*, perto da Times Square, oferecem ingressos de meia-entrada para espetáculos da Broadway, e as refeições de preço fixo para antes do teatro salvam o jantar. O David Rubenstein Atrium, do outro lado do Lincoln Center *(p. 214)*, oferece descontos em ingressos para o mesmo dia, além do concerto gratuito no próprio Atrium nas quintas-feiras, às 20h30.

Os ensaios da New York Philharmonic podem ser assistidos por apenas US$ 16, e a Juilliard School *(p. 214)* também tem concertos gratuitos. No verão, peças de Shakespeare e concertos da Philharmonic e da Metropolitan Opera acontecem gratuitamente no Central Park. Muitos programas de TV têm entrada gratuita se você pegar o ingresso com antecedência. O **New York Pass**, apesar de não ser barato, vale a pena para quem pretende visitar muitas atrações turísticas. O **New York CityPASS** dá acesso a seis pontos turísticos imperdíveis na cidade.

FUSO HORÁRIO

Nova York está 2h atrás do horário oficial de Brasília. Os EUA também adotam um sistema de fusos horários para economizar energia. Assim, durante o verão americano Nova York fica só com 1h a menos em relação a Brasília; durante o inverno (quando é horário de verão no Brasil), chega a ficar com 3h a menos.

APARELHOS ELÉTRICOS

A voltagem padrão em todo o país é de 110-120 volts (corrente alternada). Aparelhos de outras voltagens só funcionam com conversor e talvez você precise de um adaptador para as tomadas americanas, de duas pontas chatas.

A maioria dos hotéis oferece secadores de cabelo instalados na parede. Alguns têm tomadas que aceitam barbeadores elétricos de 110 e de 220 volts, mas só barbeadores, nada mais – nem rádios. É perigoso tentar conectar qualquer aparelho mais potente.

Alguns hotéis oferecem equipamento para fazer café nos quartos; mas a maioria tem rádios e relógios, e entradas para iPod. Se quiser passar roupa, peça um ferro emprestado para a camareira.

TABELA DE CONVERSÃO

Os nomes das medidas são mantidos em inglês para facilitar sua identificação nos EUA.

De imperial para métrico
1 inch = 2,5 centímetros
1 foot = 30 centímetros
1 mile = 1,6 quilômetro
1 ounce = 28 gramas
1 pound = 454 gramas
1 pint = 0,47 litro
1 gallon = 3,8 litro

De métrico para imperial
1 milímetro = 0.04 inch
1 centímetro = 0.4 inch
1 metro = 3 feet 3 inches
1 quilômetro = 0.6 mile
1 grama = 0.04 ounce

TURISMO SUSTENTÁVEL

As questões "verdes" estão cada vez mais em voga em Nova York. Lixeiras recicláveis, com separações para papel ou plástico, estão presentes. Muitos hotéis incentivam os hóspedes em questões ecológicas, e os aconselham a não utilizar uma toalha de banho por dia. Há sacolas de pano à venda em quase todas as lojas de departamento e supermercados para substituir as de plástico. Os mercados oferecem comida orgânica, e os muitos Greenmarkets da cidade têm produtos cultivados e produzidos no local. O **Greenmarket at Union Square** (seg, qua, sex e sáb) é um dos melhores.

Produtos locais frescos à venda em um mercado da cidade

Contribua com a "onda verde" frequentando um dos restaurantes que oferecem comida cultivada no local. **5 Points** e **Gramercy Tavern** são dois restaurantes populares que têm o selo **Slow Food NYC**.

AGENDA

EMBAIXADAS E CONSULADOS

Consulado-Geral do Brasil em Nova York
1185 Av. of the Americas. 1º andar, Nova York, NY. 10036-2601
Tel *(917) 777-7777.*
www.brazilny.org

Embaixada dos Estados Unidos no Brasil
SES, Av. das Nações, qd 801, lote 03. Brasília, DF.
Tel *(61) 3312-7000.*
www.embaixadaamericana.org.br

Consulado dos EUA em São Paulo
Rua Henri Dunant, 500, Chácara Santo Antônio, São Paulo, SP.
Tel *(11) 5186-7000.*
www.consuladoamericanosp.org.br

INFORMAÇÃO TURÍSTICA

311
Tel *311.*
www.nyc.gov/311

NYC & Co.
810 Seventh Ave. **Mapa** 12 E4. ***Tel*** *(212) 484-1222.* **www**.nycgo.com

New York CityPass
www.citypass.com/city/ny

New York Pass
www.newyorkpass.com

Times Square Information Center
1560 Broadway.
Mapa 12 E5.
www.timessquarenyc.org

PORTADORES DE DEFICIÊNCIA

Hospital Audiences
Tel *(212) 575-7676.* **www**.hospitalaudiences.org

Mayor's Office for People with Disabilities
Tel *(212) 788-2830.*
www.nyc.gov/mopd

GAYS E LÉSBICAS

Lesbian, Gay, Bisexual & Transgender Community Center
208 West 13th St. **Mapa** 3 C1. ***Tel*** *(212) 620-7310.*
www.gaycenter.org

VIAGEM ECONÔMICA

www.nycgo.com/free
www.nyc.gov/nyculture

ESTUDANTES

International Student Identity Card (ISIC)
www.isic.org

STA Travel
30 Third Avenue.
Mapa 4 F1.
Tel *(212) 473-6100.*
Também: 2871 Broadway.
Mapa 20 E4.
Tel *(212) 865-2700.*
www.statravel.com

TURISMO SUSTENTÁVEL

5 Points
31 Great Jones St. **Mapa** 4 F2. ***Tel*** *(212) 253-5700.*
www.fivepointsrestaurant.com

Gramercy Tavern
42 East 20th St. **Mapa** 9 A5. ***Tel*** *(212) 477-6777.*
www.gramercytaven.com

Greenmarket at Union Square
Union Square. **Mapa** 9 A5. **www**.cenyc.org

Slow Food NYC
www.slowfoodnyc.org

Segurança Pessoal e Saúde

Emblema da polícia

Nova York é uma das grandes cidades mais seguras dos Estados Unidos. Há um bom nível de segurança no centro, nos meios de transporte e nos aeroportos, e a polícia local está sempre presente por toda a Manhattan. Como em qualquer grande metrópole, há lugares onde nenhum turista deve se arriscar à noite sozinho, como parques e ruas desertas – mas quem mantiver a calma e seguir regras básicas desfrutará de uma visita à cidade de Nova York sem maiores problemas.

Polícia de Nova York em patrulha pelas ruas da cidade

POLÍCIA

A polícia de Nova York promove patrulhamento a pé, a cavalo, de bicicleta e de carro. Concentra-se em áreas específicas e horários críticos – por exemplo, na região dos teatros durante os espetáculos. Também há patrulhas que fiscalizam o metrô e os ônibus, e isso tem contribuído para uma redução significativa do número de ocorrências.

ACHADOS E PERDIDOS

Não há serviço de achados e perdidos que cubra toda a cidade, mas a Metropolitan Transit Authority (MTA) *(p. 391)* possui um departamento de achados e perdidos em ônibus e no metrô, e a Taxi Commission *(p. 387)* ajuda passageiros que perderam alguma coisa nos táxis. Os setores de achados e perdidos das estações Grand Central e Penn são bem gerenciados, com equipe prestativa. Se você não souber a quem se dirigir, ligue para 311 e peça orientação.

Em caso de perda ou roubo, declare todos os itens faltantes à polícia ou à **Crime Victims Hot Line** e fique com uma cópia do boletim para apresentar à seguradora. Mantenha um registro dos números de série e recibos de equipamentos de valor, como prova de posse.

Se o seu passaporte for roubado, avise o consulado imediatamente *(p. 371)*. Se tiver cartões de crédito perdidos ou roubados, notifique as centrais dos cartões o mais rápido possível para que eles sejam bloqueados. A American Express *(p. 375)* tem escritórios pela cidade onde se pode emitir um novo cartão; outras empresas também fazem a reposição. Se quiser andar com vários cartões, carregue-os em lugares diferentes.

REGRAS BÁSICAS DE SEGURANÇA

Manhattan é um local tranquilo para frequentar, mas os batedores de carteira estão por toda parte, como em qualquer cidade grande. Fique alerta e ande com destino certo. Evite contato visual e confronto com pessoas que não inspiram confiança. Se lhe pedirem dinheiro, seja cauteloso e não inicie conversas.

Não circule por ruas desertas tarde da noite, mesmo que não haja perigo aparente. Áreas como o Lower East Side, Chinatown ou o centro a oeste da Broadway ficam cheias na hora do jantar, mas bem desertas depois das 22h. O distrito financeiro fica deserto fora do horário comercial, e algumas ruas de TriBeCa e do SoHo são perigosas à noite. O metrô fica cheio até as 23h, mas não é aconselhável usá-lo depois desse horário. Se não puder andar de táxi, saia em grupos e siga pelas ruas principais.

Os parques não são recomendáveis depois do anoitecer, a menos que haja um concerto ou outro evento. Se for praticar jogging, peça ao concierge do hotel um mapa dos percursos seguros e siga seus conselhos. Tenha cuidado com batedores de carteira quando estiver no meio de uma multidão. Ao andar pelas ruas, mantenha a carteira em lugar seguro – nunca no bolso de trás da calça – e tenha sempre à mão o bilhete do metrô ou do ônibus e moedas para telefonemas. É melhor não precisar tirar a carteira ou abrir a bolsa quando estiver em uma fila. Nunca pare na rua para contar dinheiro e tenha cuidado

O turista deve estar atento ao andar pelas ruas da cidade

Carro de polícia

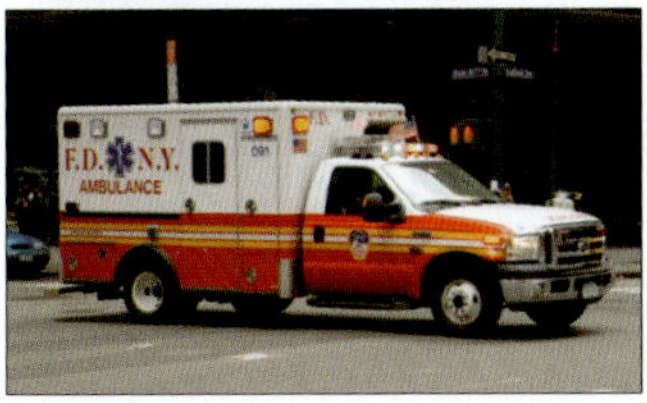

Ambulância

Bombeiro

com estranhos rondando o caixa eletrônico. Carregue a bolsa com o fecho encostado ao corpo e a alça cruzada no peito.

Deixe joias e objetos de valor no cofre do hotel e não permita que ninguém, exceto funcionários de hotéis e aeroportos, carregue sua bagagem ou suas sacolas. Antes de sair do hotel, guarde os objetos de valor – como máquinas fotográficas – em uma mala trancada a chave ou coloque-os dentro do cofre.

EMERGÊNCIAS

Se já tiver plano de saúde no Brasil, verifique se ele é válido no exterior. Mesmo assim, para evitar aborrecimentos é importante fazer um seguro de viagem que inclua assistência médica e hospitalar.

No caso de uma emergência médica, procure imediatamente um pronto-socorro. Ligue para **411** e peça à telefonista o número do hospital mais próximo. Se precisar de uma ambulância, ligue para **911** e peça uma. A menos que esteja com pouco dinheiro, procure evitar os lotados hospitais municipais, que constam nas Blue Pages (Páginas Azuis). Prefira um dos particulares das Yellow Pages *(veja a Agenda)*.

Se a situação não for urgente, peça no hotel que chamem um médico ou dentista para atendimento no quarto ou que lhe indiquem alguém. Ou procure você mesmo ligando para os serviços especializados **NY Hotel Urgent Medical Services** ou **NYU Dental Care**. O Beth Israel Medical Center tem uma excelente clínica, **DOCS**. Para mais informações, entre em contato com o **Travelers' Aid**, uma organização que presta assistência a viajantes. Lembre-se de que o preço dos remédios receitados pode ser bem maior do que no Brasil.

HOSPITAIS E FARMÁCIAS

Se precisar ir ao médico ou a um hospital, prepare-se para uma experiência cara – este serviço é um dos melhores do país, e o custo, proporcional. E, mesmo tendo seguro de viagem, você primeiro terá de pagar para depois pedir reembolso quando voltar ao Brasil. Os hospitais aceitam a maioria dos cartões de crédito; médicos e dentistas em geral são pagos em dinheiro. Há muitas farmácias 24 horas na cidade, mas leve um bom estoque dos medicamentos que toma regularmente e daqueles que possa precisar, pois muitos deles, vendidos livremente no Brasil, só são comprados com receita médica nos EUA.

Farmácia 24 horas, uma das muitas na cidade

SEGURO DE VIAGEM

É bastante recomendável fazer um seguro de viagem, sobretudo porque o custo dos serviços médicos é alto. Existem diversos tipos de cobertura, e os preços variam de acordo com a duração da viagem e o número de pessoas.

Os itens mais importantes a serem cobertos são atendimento médico e dentário, cancelamento de viagem, perda de bagagem e documentos e incapacitação ou morte acidental. Muitas apólices cobrem todos os itens.

AGENDA

POLÍCIA

Serviços de emergência
Tel *911 (ou 0).*

Crime Victims Hot Line
Tel *(212) 577-7777.*

EMERGÊNCIA

DOCS
55 E 34th St. **Mapa** 8 F2.
Tel *(212) 252-6000.*
Um dos três locais.

NY Hotel Urgent Medical Services
Tel *(212) 737-1212.*

NYU Dental Care
345 E 24th St/First Ave.
Mapa 9 B4. ***Tel*** *(212) 998-9800, (212) 998-9828 (fins de semana e depois das 21h).*

Travelers' Aid
JFK Airport, Terminal 410.
Tel *(718) 656-4870.*

HOSPITAIS E FARMÁCIAS

Duane Reade
4 Times Square, perto Broadway.
Mapa 8 E1. ***Tel*** *(646) 366-8047.*

Midtown Hospital Emergency Rooms
11th St and Seventh Ave.
Mapa 3 C1. ***Tel*** *(212) 604-7998.*

NYU Medical Center
560 First Avenue/33rd Street.
Mapa 9 C3. ***Tel*** *(212) 263-5550.*

Rite Aid
50th St/Eighth Ave. **Mapa** 12 D4.
Tel *(212) 247-8384.*

St. Luke's Roosevelt
58th St e Ninth Ave. **Mapa** 12 D3.
Tel *(212) 523-6800.*

Bancos e Moedas

Nova York é o centro bancário dos Estados Unidos, com inúmeros bancos locais, regionais e nacionais, além de filiais dos principais bancos internacionais. Entre estes estão Banco do Brasil, Itaú e Bradesco, que proporcionam facilidades para turistas brasileiros. Há casas de câmbio nos aeroportos, nas principais estações de trem e em vários locais espalhados pela cidade, mas as melhores taxas de câmbio são as oferecidas pelas agências bancárias.

BANCOS

Os bancos de Nova York abrem nos dia úteis das 9h às 18h. Mas há alguns que abrem mais cedo ou fecham mais tarde, para atender clientes fora do horário comercial, e muitos agora ficam abertos aos sábados, das 9h às 15h. Há funcionários dentro do banco para ajudar os clientes, ou você pode utilizar o caixa eletrônico (ATM). Na maioria dos bancos pode-se trocar traveler's cheques.

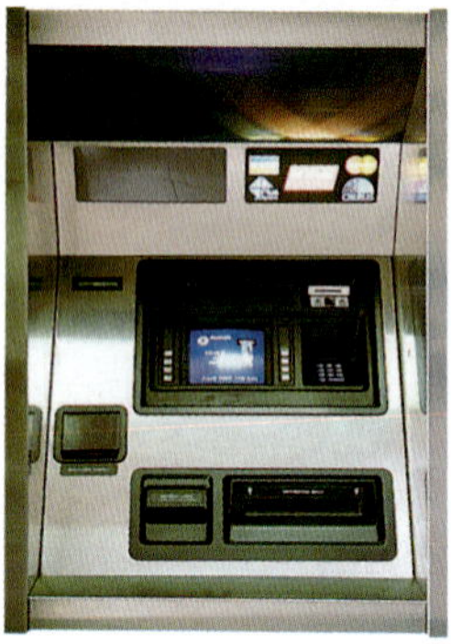

Caixa automático ATM

CAIXA AUTOMÁTICO

Os caixas automáticos (*automated teller machines* ou ATMs) são encontrados na entrada de quase todos os bancos e permitem que se retire dinheiro a qualquer hora do dia ou da noite, geralmente em notas de US$ 20. Alguns bancos têm caixas automáticos que aceitam retiradas com cartões de crédito brasileiros.

Antes de viajar, informe-se em seu banco quais os sistemas que aceitam cartões brasileiros, bem como as taxas cobradas pela transação. De um modo geral, a maioria dos caixas automáticos trabalha com Visa e MasterCard. Uma das vantagens destas retiradas é a manipulação rápida e segura do dinheiro a taxas de atacado, iguais às usadas entre bancos para transações de milhões de dólares.

Um conselho importante: fique bastante atento ao utilizar um caixa eletrônico, pois os assaltos têm aumentado nos últimos tempos. Não deixe ninguém ver quando for digitar sua senha e, sempre que possível, utilize as máquinas que ficam localizadas dentro dos bancos. Tenha cuidado ao retirar o cartão da máquina.

CARTÃO DE CRÉDITO E TRAVELER'S CHEQUES

MasterCard, **American Express**, **Visa** e **Diners Club** são amplamente aceitos em todo o território dos Estados Unidos, independentemente da empresa ou do banco que os tenha emitido. Estes cartões também são usados para saques nos caixas automáticos. Antes de viajar, entre em contato com a administradora de seu cartão de crédito e avise que vai viajar e para onde, caso contrário seu cartão poderá ser bloqueado assim que você começar a utilizá-lo no exterior. As taxas podem ser mais altas ao usar um cartão de crédito – informe-se em seu banco antes de partir.

É comum pagar quase tudo no país com cartão de crédito, tanto nas lojas quanto on-line. Despesas grandes como excursões e aluguéis de carro devem ser sempre pagas com cartão. O uso do cartão pode evitar que você precise carregar consigo grandes somas de dinheiro.

Cartões da American Express

Os traveler's cheques, ou cheques de viagem, em especial os da American Express e **Thomas Cook** são aceitos, sem nenhuma taxa, na maioria das lojas de departamento, lojas, hotéis e restaurantes de Nova York. Mas traveler's cheques em outras moedas não são tão bem recebidos. Em alguns hotéis maiores é possível trocar os traveler's cheques, mas o mais comum é ter de ir a um banco. As taxas de câmbio são publicadas diariamente no *The New York Times* e no *Wall Street Journal*, e expostas nos vidros dos bancos. Cheques da American Express são descontados sem pagamento de taxa nos escritórios da própria empresa.

Entre as várias casas de câmbio bem estabelecidas estão **Travelex Currency Services Inc.** e American Express. Todas as casas de câmbio estão listadas nas Páginas Amarelas (Yellow Pages) sob o título "Foreign Money Brokers." Quando você utiliza os serviços de uma dessas casas terá de pagar uma taxa, que varia bastante de um lugar para outro. Há também cobrança de comissão.

A rede bancária **Chase** possui mais de 400 locais onde você pode trocar o dinheiro. Há diversos serviços de desconto de cheques em Manhattan, entre eles o **TD Bank**; muitos deles ficam abertos aos sábados e até as 20h durante a semana. Tanto o Chase quanto o TD Bank estão listados nas Páginas Amarelas.

TRANSFERÊNCIAS

Numa emergência, alguém pode fazer uma transferência para você pelo **MoneyGram** ou pelo **Western Union**, mas as taxas são bem altas.

Moedas

As moedas americanas são de 1, 5, 10, 25 e 50 cents de dólar. A moeda dourada de US$ 1 também está em circulação, assim como uma de 25 cents, com uma cena histórica numa face. As moedas de um dólar, contudo, não são populares e você vai recebê-las principalmente de troco em máquinas de venda automáticas. Cada moeda tem um nome popular: a de 25 cents é chamada de quarter, *a de 10 cents de* dime, *a de 5 cents de* nickel *e a de 1 cent de* penny.

1 cent (um penny)

5 cents (um nickel)

10 cents (um dime)

25 cents (um quarter)

1 dólar (US$ 1)

Cédulas

A unidade da moeda americana é o dólar – cada dólar tem 100 cents. As cédulas são de US$ 1, US$ 5, US$ 10, US$ 20, US$ 50 e US$ 100, todas em cor verde. As novas notas de dólar têm vários recursos de segurança e incluem nova gama de cores e tintas mais modernas.

1 dólar (US$ 1)

5 dólares (US$ 5)

10 dólares (US$ 10)

20 dólares (US$ 20)

50 dólares (US$ 50)

100 dólares (US$ 100)

AGENDA

CARTÕES DE CRÉDITO E TRAVELER'S CHEQUES

American Express
Tel (212) 758-6510.
www.americanexpress.com

Chase
www.chase.com

Diners Club
www.dinersclubus.com

MasterCard
Tel (800) 424-7787 (ATM).
www.mastercard.com

TD Bank
www.tdbank.com

Thomas Cook
www.thomascook.com/money

Travelex Currency Services Inc.
Tel (212) 265-6063.
www.travelex.com

Visa
Tel (800) 843-7587.
www.visa.com

TRANSFERÊNCIAS

MoneyGram
www.moneygram.com

Western Union
www.westernunion.com

Comunicação e Mídia

Telefone público

A ampla utilização de telefones celulares e da internet mudaram o cenário da comunicação em todo o mundo, e isso não é exceção em Nova York. Apesar de ainda haver alguns telefones públicos em saguões de hotéis, eles desapareceram das ruas da cidade. Os visitantes poderão verificar que Nova York é bem suprida de lojas de telefones celulares, cibercafés e acessos públicos para computadores e internet sem fio. A grande variedade de jornais e revistas locais permite que o turista se mantenha informado sobre as notícias do mundo, assim como as novidades em entretenimento e alimentação. A New York 1, no Channel 1, é uma maneira rápida de ficar por dentro das últimas notícias e do boletim do tempo.

É possível utilizar um laptop na New York Public Library

TELEFONE CELULAR

Se você quiser utilizar seu próprio aparelho celular em Nova York, precisa antes verificar se ele é compatível com o sistema americano e ainda ativar o sistema de roaming internacional, mas as tarifas podem ficar muito caras. Consulte a sua operadora para mais informações. Lembre-se de que você terá de pagar pelas ligações feitas e também pelas recebidas. Mas há algumas operadoras que oferecem pacotes de ligações mais econômicos.

Se for passar mais tempo em Nova York, vale a pena comprar um cartão SIM para taxas mais em conta. A **Cellhire** oferece aluguel de aparelhos por US$ 19 por semana, com taxas locais de 20 cents por minuto e 49 cents para o exterior.

TELEFONES PÚBLICOS

Se você conseguir encontrar um telefone público, verá que o modelo é padrão. Poucos aceitam cartão de crédito, mas você pode comprar cartões pré-pagos em bancas de jornais para ligações de longa distância, de US$ 5, US$ 10 e US$ 25. Esses cartões são mais econômicos que as tarifas normais. A maioria dos telefones opera com moedas de 5, 10 e 25 cents. Em alguns lugares o serviço é operado por empresas independentes – mais caras e menos confiáveis. A lei exige que cada telefone público tenha informações sobre taxas, números gratuitos e instruções sobre como fazer a chamada. Procure o logo ou o nome da Verizon para ter certeza de que as ligações daquele aparelho para qualquer número local custam taxas-padrão. Em todos os bairros de Nova York, a taxa-padrão, que custa por volta de 25 cents, dá direito a 3 minutos em ligações. Taxas para ligações internacionais feitas de um telefone fixo podem variar.

COMO DISCAR O NÚMERO CORRETO

• Cinco prefixos (códigos de área) são usados em Nova York: 212, 646, 917 para Manhattan; as outras áreas usam 718 e 347. Os prefixos 800, 888, 866 e 877 indicam que a ligação é gratuita.

• Para ligar para qualquer número em Manhattan, disque sempre 1.

• Chamadas para o Brasil, com telefonista em português, podem ser realizadas pelo BrasilDireto, da Embratel (www.embratel.com.br). A vantagem é que você paga as ligações no Brasil.

• Para informações internacionais, disque 00. Se precisar de ajuda, chame a telefonista no 01.

INTERNET

Há várias maneiras de se conectar à internet em Nova York. O **Times Square Information Center** oferece acesso grátis, assim como a **New York Public Library** em seu prédio principal e em todas as 85 filiais. Quase todos os hotéis oferecem instalações para computadores, mas em alguns hotéis executivos pode ser caro. A maioria dos hotéis tem internet sem fio, embora seja preciso pagar para usar (nas áreas públicas, no entanto, em geral é gratuita). Os locais do **FedEx Office Center** alugam computadores por 30 cents por minuto. O preço é melhor nos cibercafés. Alguns, como o **Netzone Internet Café**, ficam abertos até tarde da noite, e outros, como o **Cyber Café**, dão ênfase aos lanches e cafés que oferecem. Cobram cerca de US$ 6 por 30 minutos. O **Village Copir** aluga computadores e oferece serviços de impressão e design. Há internet sem fio gratuita nas bibliotecas, lojas Barnes & Noble e nos parques e praças perto da 59th Street, como o Bryant Park e a Union Square. Cafés como o Starbucks têm internet sem fio por 10 cents o minuto.

Logo do correio

SERVIÇOS POSTAIS

O correio central **General Post Office** fica aberto 24 horas por dia. É possível comprar selos aqui, nas agências ou em máquinas instaladas em farmácias e bancas de jornais. As cartas também podem ser postadas em seu hotel (que em geral também vende selos); nas caixas que ficam nos saguões das agências de correio; e nas caixas que ficam nas ruas. Estas são pintadas de azul ou de vermelho, azul e branco. A correspondência em geral não é recolhida aos domingos. As agências de correio estão identificadas nos mapas do Guia de Ruas *(pp. 394-5)*.

Todas as cartas são postadas em primeira classe. O correio tem também vários serviços de entrega: *Express Mail*, para entregas no dia seguinte; *Global Express Guaranteed*, entregas internacionais em 1-3 dias; e *Express Mail International*, que envia em 3-4 dias. Serviços como **FedEx**, **UPS** ou **DHL** podem ser solicitados no hotel. Há também serviços online.

JORNAIS E REVISTAS

Nova York tem um dos maiores jornais diários, o *The New York Times*, e dois tabloides coloridos, o *The Daily News* e o *New York Post*. Dois tabloides matutinos gratuitos estão disponíveis também: *AM New York* e *Metro*. Ambos são úteis para informações sobre eventos e um resumo sobre as notícias do dia. As melhores listas de entretenimento estão nas edições de sexta e sábado do *The New York Times* e em revistas semanais como *New York* e *The New Yorker*. O *Village Voice*, um jornal gratuito semanal, também apresenta informações sobre os eventos e é muito popular entre os jovens.

O semanal gratuito *Where*, distribuído nos hotéis, relaciona os principais museus, horários, localização e exposições. O *Art Now/New York Gallery Guide*, também gratuito, é distribuído em galerias de arte mensalmente –traz as exposições do momento.

Você pode comprar jornais estrangeiros na **Around the World**, na **Hotalings**, na **Barnes & Noble**, nos aeroportos e em alguns hotéis.

TELEVISÃO E RÁDIO

A programação diária dos canais de TV pode ser encontrada nos jornais locais. A edição de domingo do *The Daily News* tem uma seção que mostra a programação da semana seguinte. Há muitos canais de TV em Nova York. As principais redes incluem a CBS no canal 2, a NBC no canal 4, a ABC no canal 7 e a WNYW (Fox) no canal 5. A PBS oferece programas culturais e educacionais no canal 13. A TV a cabo oferece de tudo – do Arts & Entertainment (canal 46) a esportes no ESPN (canal 28) e programas populares.

As estações de rádio AM incluem a WCBS News (880AM), WINS News (1010AM) e WFAN Sports (660AM). Entre as estações FM há a WWFS – contemporânea (102.7FM), WBGO – jazz (88.3FM) e WQXR – música clássica (105.9FM).

Express Mail

Priority Mail

Caixa padrão

AGENDA

TELEFONES ÚTEIS

Directory Inquiries
Tel 411 ou 10-10-9000.
www.superpages.com
www.yellowpages.com

TELEFONES CELULARES

Cellhire
45 Broadway, 20º andar
Mapa 1 C3. *Tel (888) 950-9391.*
www.cellhire.com

INTERNET

Cyber Café
250 W 49th St. **Mapa** 11 B5.
Tel (212) 333-4109.

FedEx Office Center
www.fedex.com

Library for the Performing Arts
40 Lincoln Center Plaza. **Mapa** 11 C2. *Tel (212) 870-1630.*

Netzone Internet Café
28 W 32nd St, 5º andar
Mapa 8 F3.

New York Public Library
5th Avenue e 42nd Street.
Mapa 8 F1. *Tel (212) 939-0653.*

Times Square Information Center
1560 Broadway. **Mapa** 12 E5.
www.timessquarenyc.org

The Village Copier
20 E 13th St. **Mapa** 4 F1.

SERVIÇOS POSTAIS

DHL
Tel (800) 782-7892.

FedEx
Tel (800) 225-5345.

General Post Office
421 Eighth Ave. **Mapa** 8 D2.
Tel (800) ASK-USPS ou (800) 222-1811. Priority e Express Mail: *Tel (800) 463-3339.* **www**.usps.com

UPS
Tel (800) 742-5877.

JORNAIS E REVISTAS

Around the World
28 W 40th St. **Mapa** 18 F1.
148 W 37th St. **Mapa** 8 E2.

Barnes & Noble
1972 Broadway com a 68th Street. **Mapa** 11 C1.

Hotalings
630 W 52nd St. **Mapa** 11 B4.

COMO CHEGAR A NOVA YORK

Voo da Delta Airlines chegando a Nova York

Muitas empresas aéreas internacionais têm voos diretos para Nova York. A cidade também é muito bem servida por voos fretados e linhas domésticas. A guerra de preços entre as companhias reduziu as tarifas e os voos internos são hoje em dia uma alternativa viável aos trens e ônibus. Reserve com boa antecedência para garantir um voo ainda mais confortável. Várias empresas de cruzeiros também atuam no porto da cidade. A rede ferroviária dos Estados Unidos não é tão extensa quanto a europeia, mas a Amtrak, empresa nacional, oferece trens de longa distância confortáveis que servem Nova York. Os ônibus interestaduais e de longa distância são uma maneira mais econômica de viajar e geralmente possuem ar-condicionado e toaletes. Para mais informações sobre como chegar a Nova York, veja o mapa nas páginas 382-3.

Táxis enfileirados no aeroporto LaGuardia

VIAGENS AÉREAS

Pode-se voar direto para Nova York da maior parte das principais cidades do mundo. O tempo de voo de São Paulo e Rio de Janeiro é de cerca de oito horas, se a viagem for direta, e aumenta se o voo partir de uma cidade e fizer escala na outra.

Entre as principais companhias aéreas que voam do Brasil para Nova York estão a **TAM**, **American Airlines**, **Lan Airlines**, **Continental**, **United Airlines** e **Copa**. Todos os voos internacionais pousam nos aeroportos JFK e Newark.

Lembre-se de reservar um bom tempo para permanecer no aeroporto, tanto na chegada quanto na partida, e também para os controles rigorosos de passaporte e de segurança que existem no país.

BILHETES E PASSAGENS

As chamadas passagens APEX (Advance Purchase Excursion), ou ponto a ponto, são as mais em conta para pacotes turísticos. Elas têm de ser compradas com no mínimo 14 dias de antecedência e só valem para estadas de 7 a 30 dias. Há empresas que oferecem tarifas mais baixas, dependendo da época do ano. As companhias menores que oferecem voos dentro dos Estados Unidos – como **Southwest Airlines**, **JetBlue** e **AirTran** – em geral possuem tarifas mais econômicas que as das grandes empresas.

Talvez seja mais econômico fazer a reserva online. Sites como www.decolar.com, www.voecomdesconto.com e www.viajanet.com.br, entre outros, possibilitam pesquisar e comparar o preço de várias companhias aéreas e podem buscar pacotes de voo e hotel, que oferecem preços mais vantajosos do que se forem reservados separadamente.

AO DESEMBARCAR

Ao visitar os Estados Unidos, esteja preparado para precauções de segurança maiores do que em qualquer outro lugar. Reserve bastante tempo para o check-in – pergunte ao seu agente de viagens com quanto tempo de antecedência deve chegar ao aeroporto. Ele também pode dar informações sobre as restrições na bagagem de mão.

Ainda na aeronave, você receberá um formulário I-94 para preencher antes de desembarcar. Nele há perguntas simples como seu nome, data de nascimento, nacionalidade, número do passaporte e endereço. Apresente este formulário junto com o passaporte para o oficial alfandegário que irá examinar seus documentos (pegue a fila que indica "non-US passports"). O oficial pode fazer perguntas sobre o motivo da sua visita e quanto tempo pretende ficar. Será tirada sua impressão digital e você será fotografado. Há duas cópias do I-94; uma ficará com você e deverá ser devolvida na hora da partida.

AirTrain a caminho do JFK

AEROPORTO JOHN F. KENNEDY (JFK)

Por ano, mais de 40 milhões de passageiros passam pelo principal aeroporto da cidade de Nova York, o JFK. Ele serve mais de cem companhias aéreas em nove terminais e é a principal entrada da cidade para voos internacionais. O JFK fica 24km a sudeste de Manhattan, no distrito de Queens, a cerca de 45-60 minutos do centro da cidade. Mas o trânsito na região é sempre intenso, e a viagem pode demorar mais tempo.

Algumas companhias, como

Aviões no aeroporto Newark

a American Airlines, a British Airways, a Continental, a Delta e a United Airlines, possuem seus próprios terminais de embarque e desembarque, que dividem com alguns parceiros. O Terminal 4 é o principal para desembarque de mais de 50 companhias internacionais, e o Terminal 1 serve companhias estrangeiras de cargas como a Air China, a Air France, a Alitalia e a Japan Airlines.

Há casas de câmbio e caixas eletrônicos em todos os terminais, além de um balcão de informações. As empresas de aluguel de carros oferecem telefones de cortesia.

Os táxis amarelos ficam enfileirados fora dos terminais. A corrida até Manhattan custa US$ 45, mais taxas. O ônibus do New York Airport Service vai até Grand Central, Penn Station e Port Authority e custa US$ 13. O Express Shuttle Service (US$ 14) passa por vários hotéis do centro da cidade. Vans do **SuperShuttle** podem ser alugadas para trajetos específicos por US$ 23 para o primeiro passageiro e US$ 10 para os demais. Reserve com antecedência a volta ao aeroporto. A Air-Link tem um serviço semelhante por US$ 19. Viagens de ida e volta são mais baratas.

O AirTrain JFK conecta-se ao trem A em Howard Beach, e com os trens E, J e Z e a Long Island Rail Road (para a Penn Station) em Jamaica. O AirTrain custa US$ 5 e o metrô, US$ 2,25.

O **Helicopter Flight Services** oferece uma viagem de 10 minutos de helicóptero por US$ 850 para a 34th Street.

AEROPORTO NEWARK LIBERTY (EWR)

Newark, o segundo maior aeroporto internacional de Nova York, fica 26km a sudoeste de Manhattan, em Nova Jersey.

A maioria dos voos internacionais chega ao Terminal B. Carrinhos de bagagem são alugados perto das esteiras, na área de retirada de bagagem. Há casas de câmbio e caixas eletrônicos no terminal, mas não há guarda-volumes.

O balcão do Ground Transportation Services oferece transporte privado. As empresas de aluguel de carros e limusines fornecem telefones gratuitos. Algumas disponibilizam o transporte até os escritórios de aluguel.

Como no JFK, há pontos de táxis do lado de fora da maioria das áreas de chegada, e funcionários uniformizados ajudam a chamá-los. A viagem até Manhattan leva de 40 a 60 minutos e custa por volta de US$ 50, mais taxas.

Os ônibus **Olympia Airport Express** para Manhattan param no Port Authority Bus Terminal, na 42nd Street perto da 5th Avenue, e na Grand Central Station. A viagem leva o mesmo tempo que de táxi, mas a passagem custa apenas US$ 15. Viagens de ida e volta são mais baratas.

O **AirTrain Newark** leva cerca de 10 minutos para conectar-se aos trens NJ Transit e Amtrak, que levam por volta de 25 minutos para chegar a Penn Station. No total, a viagem custa cerca de US$ 12 no NJ Transit, ou US$ 32 no Amtrak.

Na chegada, é possível reservar hotel pelos telefones de cortesia disponíveis nos terminais, que entram em contato direto com hotéis de Manhattan. Funcionários poderão ajudá-lo na melhor opção.

AEROPORTO LAGUARDIA (LGA)

LaGuardia é um aeroporto movimentado que recebe voos domésticos de todas os lugares dos Estados Unidos. Fica 13km a leste de Manhattan, no norte de Long Island, no Queens. A viagem para Manhattan dura cerca de 30 minutos.

Ao chegar, é possível alugar carrinhos de bagagem baratos na área de retirada de bagagem. Sky-caps, funcionários responsáveis pelo setor, poderão ajudá-lo. A bagagem também pode ser guardada nos guichês Tele-Trip no terminal de embarque. Uma casa de câmbio e caixas eletrônicos ficam no terminal Central. Um serviço de ônibus gratuitos liga os terminais e os estacionamentos, das 5h às 2h.

Ônibus e táxis para a cidade e os subúrbios partem da frente dos terminais. Utilize somente os táxis amarelos, pois os outros não têm seguro e você irá pagar bem mais caro pela corrida. O taxímetro começa em US$ 2,50 e aumenta US$ 0,40 a cada 300m. Uma passagem simples de ônibus custa US$ 2,25. O preço dos pedágios mais uma sobretaxa de US$ 1 (das 16h às 20h) nos dias de semana, e uma taxa de 50 cents à noite (das 20h às 6h), serão acrescentados ao valor da corrida que aparecerá no taxímetro.

Terminal no aeroporto LaGuardia

Transatlântico chega a Manhattan

VIAGEM POR MAR

Estar num cruzeiro que passa pela Estátua da Liberdade rumo ao porto de Nova York é uma experiência emocionante. A cidade possui três píers que recebem cruzeiros de várias partes do mundo, vindos, sobretudo, do Caribe, das Bermudas, do Canadá e da Europa.

O principal terminal da cidade, **New York Cruise Terminal**, na 12th Avenue entre as ruas 46th e 54th, serve as linhas Carnival, Silversea, Holland America, MSC e NCL. Há táxis disponíveis na entrada de veículos, pela 5th Street e a 12th Avenue. Os ônibus M57 e M31 oferecem acesso fácil e barato para o centro da cidade. Se preferir, faça uma caminhada de 15-20 minutos até o coração de Manhattan.

O **Brooklyn Cruise Terminal**, inaugurado em 2006 em Red Hook, recebe as linhas Cunard e Princess Cruise e é ponto de partida do *QM2*, que faz o percurso entre Nova York e Southampton várias vezes ao ano. Com ele você também pode ir até a Austrália ou a Nova Zelândia. Os táxis no terminal o levam para Manhattan ou até estações de metrô.

Os cruzeiros da Royal Caribbean e da Celebrity usam o **Cape Liberty Cruise Port** em Bayonne, no lado de Nova Jersey do porto de Nova York. Fica a 11km de Nova York e a 15 minutos do aeroporto Newark. A estação Hudson-Bergen Light Rail, na 34th Street, faz conexão para os trens PATH, New Jersey Transit at Hoboken e ferryboats para Nova York. Informe-se no site www.njtransit.com.

Os passageiros que chegam de navio à cidade de Nova York recebem o mesmo formulário I-94 dos passageiros que chegam de avião e têm de passar pelos mesmos procedimentos. Mais detalhes na página 378.

VIAGEM DE ÔNIBUS DE LONGA DISTÂNCIA

Todos os ônibus de longa distância chegam à cidade no **Port Authority Bus Terminal**, na Eighth Avenue, entre as ruas 40th e 42nd. O local tem fácil acesso ao centro da cidade e é possível chegar a pé a vários hotéis da região. Na saída da Eighth Avenue você encontra um ponto de táxi; no subsolo do terminal há uma estação de metrô por onde passam as linhas A e C; e um longo túnel leva até a estação Times Square e outras conexões de metrô. O circular M42 para na esquina da Eighth Avenue com a 42nd Street, e há outras linhas na Eighth Avenue. Ônibus do Port Authority saem para os três aeroportos, mas há também as linhas de fretados lotadas que vão para Nova Jersey. Com mais de 6 mil ônibus chegando e partindo diariamente, o ambiente pode ficar frenético no horário de pico.

Conhecer os Estados Unidos de ônibus pode ser uma opção econômica. A **Greyhound Lines** oferece um Discovery Pass que custa US$ 246 para sete dias (US$ 346 para 15 dias). Não é preciso reservar antes. Os ônibus são confortáveis e possuem ar-condicionado, assentos reclináveis com espaço para as pernas e banheiros. Os ônibus **NeOn**, da Greyhound – com trajetos de Nova York para Filadélfia (2h), Washington D.C. (4h), Boston (4h30), Toronto (11h30), Montreal (8h30) e outras cidades – são equipados com internet sem fio gratuita e entradas para aparelhos, como iPods.

A Greyhound possui um guichê de passagens no Port Authority Bus Terminal, mas é mais barato comprar por telefone ou online. Os bilhetes APEX dão desconto de 25% no preço das passagens compradas com 14 dias de antecedência, e 10% (ou mais) para as compradas 7 dias antes. Grupos podem conseguir 50% de desconto e pessoas da terceira idade, estudantes e militares possuem descontos especiais.

VIAGEM DE TREM

A **Amtrak**, empresa ferroviária dos Estados Unidos, conecta Nova York ao resto do país e ao Canadá. Os trens Amtrak param na **Penn Station** *(p. 392)*. Linhas da Metro-North, do norte do Estado e de Connecticut chegam no Grand Central Terminal *(p. 392)*.

A Amtrak tem seus guichês próprios na Penn Station, para venda de passagens, além de salas de espera separadas para todo tipo de passageiro. Você pode comprar as passagens com antecedência, por telefone ou online, e depois retirá-las na estação, nos guichês ou em máquinas

Hall de entrada imponente do Grand Central Terminal

automáticas. Se retirar no guichê, será necessário apresentar documento de identidade.

Há ponto de táxis em frente à estação, e ônibus de diversos itinerários passam na Seventh Avenue e na Eighth. As linhas Lexington e Broadway também servem a Penn Station.

Os trens Amtrak são muito confortáveis, com amplo espaço para as pernas e serviço de bordo, além de jantar nas viagens mais longas. As viagens de longa distância oferecem vagões-leito, alguns com chuveiro e banheiros no próprio compartimento.

O USA Rail Pass da Amtrak permite oito viagens por 15 dias e custa US$ 429; crianças pagam meia. A linha mais frequentada da Amtrak é a Northeast Corridor entre Boston, Nova York, Filadélfia e Washington, DC. Muitos desses trens não têm lugar marcado. Os trens de alta velocidade Acela Express oferecem assentos de primeira classe, com acessibilidade para laptops.

VIAGEM DE CARRO

Por ser uma ilha, o acesso a Manhattan é feito por uma ponte ou túnel. A entrada

Pistas de acesso à George Washington Bridge

pelo sul é por Nova Jersey, via Holland Tunnel para o Financial District, ou do Lincoln Tunnel para o centro da cidade. Uma chegada mais pitoresca faz-se pela George Washington Bridge, que desembarca na 178th Street em direção ao norte da cidade.

A Robert Kennedy Bridge (conhecida antes como Triborough Bridge) tem saída para dois bairros que fazem a conexão com Manhattan. A ponte do Queens, a leste da cidade, é utilizada por quem chega dos aeroportos JFK e LaGuardia. A segunda saída, do Bronx, alcança Manhattan pelo norte. As duas pontes se transformam em uma e se tem uma fantástica vista da cidade.

Quem vem do Queens pode escapar do pedágio se pegar a 59th Street Bridge. O Queens também tem conexão com Manhattan pelo Midtown Tunnel, que desemboca na Long Island Expressway.

A mais famosa entrada de Nova York é a Brooklyn Bridge, com vistas excepcionais dos arranha-céus do Financial District. O Brooklyn também está conectado à cidade pelo túnel Brooklyn Battery.

PEDÁGIOS DE PONTES E TÚNEIS

Quase todas as vias de acesso para Nova York cobram pedágios. Os dos túneis para Long Island e Brooklyn custam US$ 6,50 cada trecho, assim como os da Robert Kennedy Bridge. O Lincoln Tunnel, o Holland Tunnel e a George Washington Bridge, entre Nova York e Nova Jersey, são gratuitos para quem deixa a cidade, mas custam US$ 8 para quem chega. Os pedágios devem ser pagos em dinheiro. Evite as pistas E-Z Pass, que servem apenas para aqueles que possuem sistema pré-pago.

AGENDA

EMPRESAS AÉREAS

Serviços de Informação nos Aeroportos
Tel *JFK: (718) 244-4444.*
EWR: (973) 961-6000.
LGA: (718) 533-3400.
www.panynj.gov/airports

AirTran
Tel *(800) 247-8726.*
www.airtran.com

American Airlines
www.aa.com.br

Continental
www.flycontinental.com

Copa Airlines
www.copaair.com

Helicopter Flight Services
Tel *(212) 355-0801.*
www.heliny.com

JetBlue
Tel *(800) 538-2583.*
www.jetblue.com

Lan Airlines
www.lan.com

Olympia Airport Express
Tel *877-863-9275.*
www.coachusa.com

Southwest Airlines
Tel *(800) 435-9792.*
www.southwest.com

SuperShuttle
Tel *(212) 209-7000.*
www.supershuttle.com

TAM
Tel *4002-5700 (capitais).*
Tel *0800 570-5700 (demais localidades)*
www.tam.com.br

United Airlines
Tel *(800) 241-6522.*
www.united.com

Virgin Atlantic
Tel *(800) 862-8621.*
www.virgin-atlantic.com

VIAGEM POR MAR

Brooklyn Cruise Terminal
Pier 12, Building 112, Bowne Street, Red Hook.
Tel *(718) 246-2794.*
www.nycruise.com

Cape Liberty Cruise Port
14 Port Terminal Blvd, Bayonne.
Tel *(201) 823-3737.*
www.cruiseliberty.com

New York Cruise Terminal
Pier 90, 711 12th Avenue.
Mapa 11 B4.
Tel *(212) 246-5450.*
www.nycruise.com

ÔNIBUS DE LONGA DISTÂNCIA

Greyhound Lines
Tel *(800) 231-2222.*
www.greyhound.com

NeOn
www.neonbus.com

Port Authority Bus Terminal
Eighth Ave e W 40th St.
Mapa 8 D1.
Tel *(212) 564-8484.*
www.panynj.gov

VIAGEM DE TREM

Amtrak
Tel *(800) 872-7245.*
www.amtrak.com

Penn Station
Eighth Ave e 31st St.
Mapa 8 E3.
www.amtrak.com

Como Chegar a Nova York

O mapa mostra as ligações entre os três principais aeroportos de Nova York e o centro de Manhattan. Também mostra as conexões ferroviárias que ligam Nova York ao resto dos Estados Unidos e ao Canadá. Informações sobre transportes, inclusive a duração de viagens em metrô, ônibus municipal, ônibus de longa distância e helicóptero, estão nas caixas laterais. O porto de desembarque de navios de passageiros, que no passado foi o ponto de chegada de imigrantes, fica na 55th Street. O Port Authority Bus Terminal, no West Side, oferece transporte por toda a cidade.

Terminal de navios

TERMINAL DE NAVIOS

Piers 88-92 para alguns cruzeiros. Cunard e Princess utilizam o Brooklyn Cruise Terminal.

LEGENDA

- Aeroporto *pp. 378-9*
- Porto *p. 380*
- Ferrovia *pp. 380-1*
- Ônibus *p. 380*
- Conexões de helicóptero *p. 379*
- New York Airport Service e Super Shuttle *pp. 378-9*
- Helicópteros *p. 379*
- Long Island Rail Road *pp. 392-3*
- Ônibus da New Jersey Transit *p. 379*
- Olympia Airport Express *p. 379*
- AirTrain *p. 379*
- Linha A do metrô *p. 389*

TERMINAL PORT AUTHORITY

Chegada e partida de ônibus interurbanos; conexão de aeroporto.

PENN STATION

*Trens de longa distância servem os EUA e o **Canadá**; trens de subúrbio para **Long Island** e **New Jersey**; AirTrain Newark para **Aeroporto Newark**. Amtrak, Long Island Rail Road e Nova Jersey Transit.*

M A, C, E, 1, 2, 3.

Os ônibus Super Shuttle levam os passageiros a qualquer ponto entre Battery Park e 227th St.

NEWARK

Olympia Airport Express
*4h-1h, a cada 15-30 min para **Penn Station, Grand Central** e **Port Authority**.*

***New Jersey Transit** cada 15-20 min para **Port Authority**.*

***New Jersey Transit** ou **Amtrak** para **Penn Station** 5h-24h, cada 5-20 min seg-sex; cada 50 min sáb e dom.*

A Port Authority de Nova York e Nova Jersey, que opera os aeroportos JFK, Newark e LaGuardia, investiu no AirTrain, conexão de trem que liga o JFK e o Newark ao metrô de Nova York.

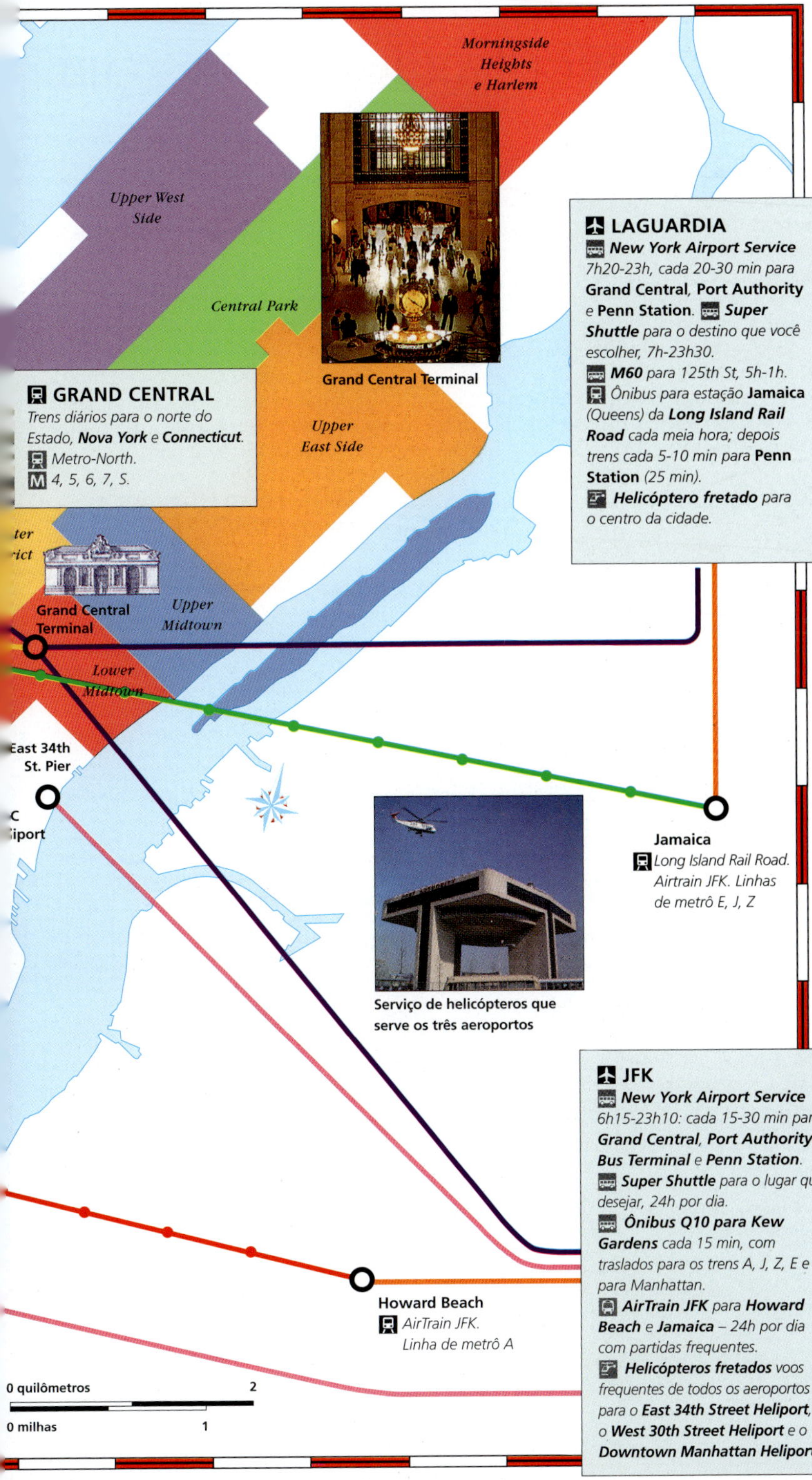

Grand Central Terminal

GRAND CENTRAL

Trens diários para o norte do Estado, ***Nova York*** *e* ***Connecticut****.*

Metro-North.

4, 5, 6, 7, S.

LAGUARDIA

New York Airport Service *7h20-23h, cada 20-30 min para* **Grand Central**, **Port Authority** e **Penn Station**. ***Super Shuttle*** *para o destino que você escolher, 7h-23h30.*

M60 *para 125th St, 5h-1h.*

Ônibus para estação **Jamaica** *(Queens) da* ***Long Island Rail Road*** *cada meia hora; depois trens cada 5-10 min para* **Penn Station** *(25 min).*

Helicóptero fretado *para o centro da cidade.*

Jamaica

Long Island Rail Road. Airtrain JFK. Linhas de metrô E, J, Z

Serviço de helicópteros que serve os três aeroportos

Howard Beach

AirTrain JFK. Linha de metrô A

JFK

New York Airport Service *6h15-23h10: cada 15-30 min para* ***Grand Central****,* ***Port Authority Bus Terminal*** *e* ***Penn Station****.*

Super Shuttle *para o lugar que desejar, 24h por dia.*

Ônibus Q10 para Kew Gardens *cada 15 min, com traslados para os trens A, J, Z, E e F para Manhattan.*

AirTrain JFK *para* ***Howard Beach*** *e* ***Jamaica*** *– 24h por dia com partidas frequentes.*

Helicópteros fretados *voos frequentes de todos os aeroportos para o* ***East 34th Street Heliport****, o* ***West 30th Street Heliport*** *e o* ***Downtown Manhattan Heliport****.*

COMO CIRCULAR EM NOVA YORK

Com quase 10 mil quilômetros de ruas, conhecer Nova York a pé é difícil. Mas a cidade é dividida em bairros bem definidos, interligados por metrô e ônibus, que são tranquilos de percorrer, tanto a pé quanto em transporte público. O centro de Manhattan, por exemplo, onde ficam as principais atrações, tem 25 quarteirões, da rua 34th à rua 59th. Caso se canse, você pode pegar um ônibus que desce a Fifth Avenue ou outro que sobe a Sixth.

Placas na esquina de uma rua

O modo mais rápido de circular pela cidade é de metrô. O serviço é frequente, barato e confiável, com diversas estações na área de Manhattan. O serviço de ônibus municipal também é eficiente e barato, mas bastante lento. Há passes diários e ilimitados, válidos para qualquer tipo de transporte público – a maneira mais econômica de visitar a cidade. Táxis são o melhor meio de transporte, mas podem ser caros em horário de pico.

SUSTENTABILIDADE

Nova York tem se esforçado bastante para oferecer aos turistas uma cidade mais sustentável. Nos anos 1990, a cidade foi pioneira em lançar um programa para veículos de combustível alternativo, para diminuir a emissão de poluentes e transformando sua frota de ônibus em uma das menos poluentes do mundo. Foi a primeira cidade dos EUA a substituir os ônibus a diesel por um combustível mais limpo e instalar filtros nos ônibus, reduzindo a poluição em 95%. A MTA possui cerca de 2 mil ônibus elétricos em operação. Muitas ciclovias surgiram por toda a cidade para aqueles com coragem de andar de bicicleta no meio do tráfego intenso.

Ciclista no Central Park

Quando é necessário sair da cidade, o sistema ferroviário dos EUA é limitado, mas Nova York possui as melhores conexões, em especial os trens da Amtrak East Coast Metroliner e Acela *(pp. 381 e 393)*.

COMO ENTENDER AS AVENIDAS E RUAS

As avenidas de Manhattan correm em geral no sentido norte-sul – os nova-iorquinos dizem "uptown" e "downtown". As ruas (exceto nas regiões mais antigas) seguem o sentido leste-oeste. A Fifth Avenue é usada para separar o leste (East) do oeste (West).

A maior parte das ruas do centro é de mão única. O tráfego corre para leste nas ruas de números pares e para oeste nas de números ímpares. As avenidas também tendem a ser de mão única. A First, a Third (acima da 23rd Street), a Madison, a Avenue of the Americas (Sixth), a Eighth e a Tenth correm para

COMO ACHAR ENDEREÇOS

Existe uma fórmula simples para localizar qualquer endereço em avenida de Manhattan: risque o último dígito do número do prédio, divida o restante por 2 e some ou subtraia o número-chave fornecido ao lado para descobrir a rua mais próxima. Por exemplo: no caso do nº 826 da Lexington Avenue, risque o 6, divida 82 por 2, o que dá 41, e some 22 (número-chave). Isso quer dizer que o cruzamento mais próximo é com a 63rd Street.

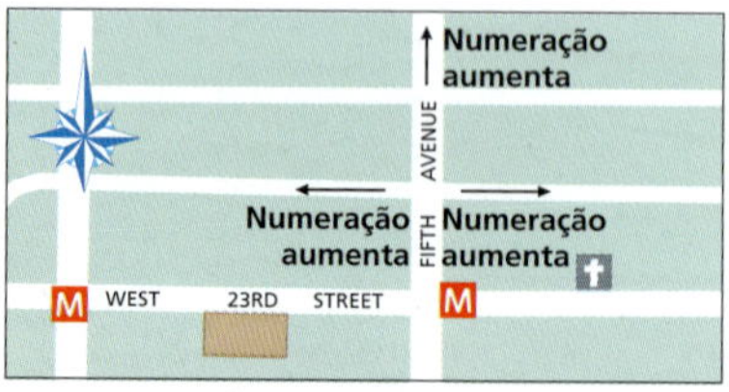

Endereços em avenidas	Número-chave
1st Ave	*+3*
2nd Ave	*+3*
3rd Ave	*+10*
4th Ave	*+8*
5th Ave, até 200	*+13*
5th Ave, até 400	*+16*
5th Ave, até 600	*+18*
5th Ave, até 775	*+20*
5th Ave 775-1286, não dividir por 2	*-18*
5th Ave, até 1500	*+45*
5th Ave, até 2000	*+24*
(6th) Ave of the Americas	*-12*
7th Ave abaixo da 110th St	*+12*
7th Ave acima da 110th St	*+20*
8th Ave	*+10*

Endereços em avenidas	Número-chave
9th Ave	*+13*
10th Ave	*+14*
Amsterdam Ave	*+60*
Audubon Ave	*+165*
Broadway acima da 23rd St	*-30*
Central Park W, dividir o nº todo por 10	*+60*
Columbus Ave	*+60*
Convent Ave	*+127z*
Lenox Ave	*+110*
Lexington Ave	*+22*
Madison Ave	*+26*
Park Ave	*+35*
Park Ave South	*+8*
Riverside Drive, dividir o nº todo por 10	*+72*
St Nicholas Ave	*+110*
West End Ave	*+60*

Caminhando em Chelsea

o norte; a Second, a Lexington, a Fifth, a Seventh e a Ninth e a Broadway abaixo da 59th Street correm para o sul. O trânsito tem duas mão nas avenidas York, Park, 11th, e 12th e Broadway acima da 60th Street.

Os quarteirões são mais retangulares do que quadrados, por isso as quadras no sentido das ruas são mais longas que no sentido das avenidas. Para calcular distâncias, as vinte quadras norte-sul têm cerca de 1,6km; para percorrer a mesma distância é só cruzar de 5 a 8 ruas no sentido leste-oeste.

Algumas ruas são conhecidas por mais de um nome. Por exemplo, a Avenue of the Americas também é chamada de Sixth Avenue; a Park Avenue é conhecida como Park Avenue South depois da 34th Street e Fourth Avenue depois da 14th Street.

PROGRAME O PASSEIO

Os ônibus e metrôs estão sempre cheios nos horários de pico: 8h-10h e 16h30-18h30, de segunda a sexta. Nesses horários é melhor enfrentar a multidão a pé do que tentar tomar ônibus, táxi ou metrô. Nas outras horas do dia e nos feriados *(p. 53)*, o tráfego fica bem melhor e chega-se rapidamente ao destino.

Há exceções, é claro. Durante a visita do presidente ou de outras celebridades políticas, o aumento da segurança pode causar congestionamentos. A área ao redor da Seventh Avenue, ao sul da 42nd Street, é muito movimentada de dia por causa dos caminhões e caminhonetes que servem as confecções da região.

A Fifth Avenue deve ser evitada em dias de desfile, que em geral acontecem na primavera e no outono. Nesses dias, e durante a Maratona de Nova York, fica difícil cruzar a cidade, pois o serviço de ônibus é interrompido. Se algum desses eventos está programado para acontecer durante sua ida, planeje visitar outras regiões da cidade. O tráfego do metrô não fica afetado, mas os trens estarão mais lotados.

DIRIGIR EM NOVA YORK

O trânsito congestionado, a falta de estacionamentos e o preço alto do aluguel de carro fazem com que dirigir em Nova York seja uma experiência desagradável. É obrigatório usar cinto de segurança e o limite de velocidade é de 30 milhas por hora (48km/h). Muitas ruas têm mão única e há um sinal em cada esquina. Ao contrário do resto do Estado, você nunca pode virar à direita no sinal vermelho, a menos que haja uma placa permitindo isso.

Para alugar um carro é preciso ter mais de 25 anos, uma carteira internacional de motorista, passaporte e um cartão de crédito.

SEGURO DO CARRO

A menos que sua própria apólice de seguro cubra tudo, é aconselhável fazer seguro contra perdas e danos e contra terceiros, pois os processos por responsabilidade civil são muito caros. Em geral a locadora de veículos providencia para você uma cobertura de seguro bastante completa.

ESTACIONAMENTO

Estacionar em Manhattan é difícil e caro. Você pode utilizar um estacionamento ou verificar se o pacote do seu hotel inclui o pernoite do carro, mas as duas opções são caras.

As ruas mais movimentadas do centro não permitem estacionamento. Outras possuem parquímetros para estacionamento de curta duração (20-60 minutos). Ruas e meio-fio pintados de amarelo indicam que é proibido estacionar.

"Alternate-side" é a prática na maior parte das ruas laterais. O carro pode ficar parado lá noite e dia, mas tem de mudar de lado antes das 8h do dia seguinte. Para mais informações, ligue 311.

Aluguel de carro

MULTAS

Quem recebe multa de estacionamento tem sete dias para pagar ou apelar. Se tiver qualquer dúvida sobre a multa, ligue para o **Parking Violations Bureau**. Se não achar o seu carro no local que estacionou, ligue para 311 para ver se não foi guinchado. O **Traffic Department Tow Pound** funciona 24 horas por dia, de segunda a sábado. A multa para recuperar o carro é de US$ 185 do reboque, US$ 70 da execução e mais US$ 10-15 por dia de ocupação. Aceitam-se traveler's cheques e dinheiro. Se o carro for alugado, é preciso avisar a locadora, e só o motorista autorizado pode retirar o veículo.

Trânsito na Times Square à noite

Táxis em um cruzamento no SoHo

TÁXIS

Há mais de 12 mil táxis em Nova York, facilmente identificados pela cor amarela, pelo símbolo na porta e pelo sinal na capota. Um táxi leva até quatro passageiros e a tarifa inclui todos que embarcam. Todos os táxis têm taxímetro e muitos podem emitir recibo impresso. Você pode pegar um táxi em qualquer lugar das ruas, mas há poucos pontos fixos. Os melhores lugares para pegar um táxi são nas estações Penn e Grand Central. A luz acesa na capota do carro indica que ele está livre. Se estiver ocupado, a luz apaga, e se não estiver trabalhando aparece o sinal "off duty."

Os táxis licenciados passam por inspeções periódicas e têm seguro contra acidentes e perdas. Os não licenciados ou "gypsy" (errantes) não oferecem isso e não são recomendados – sem taxímetro, eles cobram o que quiserem.

Assim que o taxista aceita um passageiro, o taxímetro começa a marcar US$ 2,50. A tarifa aumenta 40 cents a cada 267m ou a cada 60 segundos de espera. Há uma taxa adicional de 50 cents entre 20h e 6h, e uma taxa de US$ 1 das 16h às 20h nos fins de semana. Costuma-se dar gorjeta de 15%. Cada vez mais os taxistas aceitam cartões de crédito.

Certifique-se de que seu motorista entendeu perfeitamente aonde deve ir, antes de começar a corrida. Se você tiver um mapa, marque o local que deseja ir. A lei exige que o motorista leve o passageiro a qualquer canto da cidade. Ele só deve perguntar para onde vai depois que o passageiro se acomodar. E deve atender aos seus pedidos de não fumar, não falar ao celular, abrir ou fechar as janelas, e pegar ou largar passageiros conforme suas instruções. Todo táxi amarelo exibe a foto do motorista e seu número de registro ao lado do taxímetro. Se o taxista for grosseiro com você, tentar cobrar a mais do que indica o taxímetro ou não atender pedidos, tome nota de seu número e notifique a **Taxi & Limousine Commission**.

Os radiotáxis oferecem uma opção mais cara e podem ser alugados por US$ 40 a hora com o tempo mínimo de duas horas.

ANDAR A PÉ

Todos os cruzamentos têm placas com os nomes das vias, claramente indicados, e semáforos. Como no Brasil, os semáforos acendem luz vermelha (parar) e verde (seguir) para os veículos. Para os pedestres aparecem as palavras "Walk" (siga) e "Don't Walk" (pare). Não se recomenda atravessar enquanto é mostrado o sinal "Don't Walk", nem atravessar no meio da quadra, o que os nova-iorquinos chamam de "jay-walking".

Também como no Brasil, os veículos se mantêm à direita e não há indicação nas ruas para que os pedestres saibam o sentido do trânsito, por isso, é sempre mais seguro olhar para os dois lados antes de atravessar. Fique atento a carros, caminhões e táxis virando as esquinas no momento em que você iniciar a travessia.

O centro possui muitos parques e praças para o visitante descansar. Na região da Broadway você pode fazer uma parada e apreciar a vista da Times Square das escadas da TKTS. Há ruas para pedestres com cadeiras. Perto do Lincoln Center também há lugares para sentar *(p. 370)*.

Placas no centro

FERRYBOAT

A **Circle Line** tem várias linhas de ferryboat por dia para a Estátua da Liberdade e a Ellis Island que saem do Battery Park, ao sul de Manhattan. O serviço 24 horas do **Staten Island Ferry** também sai do Battery Park, atravessa o canal e oferece belas vistas de Manhattan, da Estátua da Liberdade, da Ellis Island, das pontes e da Governors Island. A volta completa é a melhor pechincha de Nova York – é de graça.

TÁXIS AQUÁTICOS

Além de ser um serviço de transporte de trabalhadores, o **New York Water Taxi** também oferece vários passeios, entre eles um que para em atrações nos fins de semana (meados abr-meados out). O percurso atravessa o New York Harbor, entre as ruas West 44th e East 34th, com paradas no Chelsea Pier, World Financial Center, Battery Park, South Street Seaport, Brooklyn e Long Island City. No verão há um serviço para duas praias artificiais em Long Island City e Governors Island.

Táxi aquático cruza o New York Harbor

PASSEIOS GUIADOS

Seja qual for a maneira escolhida para conhecer Nova York – com a ajuda de um guia experiente, um fotógrafo, por meio de uma caminhada ou um excitante passeio de helicóptero, barco ou carruagem puxada a cavalo –, os passeios guiados podem economizar muito tempo e esforço. Os passeios a pé permitem que você conheça mais profundamente regiões específicas e a história e arquitetura da cidade, que talvez passassem despercebidas se você estivesse sozinho. A **Municipal Art Society** é famosa pelos passeios que abordam as artes. Visitas fascinantes aos bastidores vão à New York Public Library, à Metropolitan Opera e ao Radio City Music Hall. Os ônibus turísticos também são boa opção, e você pode descer quando quiser *(p. 391)*.

BICICLETA

Para tentar diminuir os congestionamentos, a cidade tem incentivado bastante o uso de bicicletas com novas ciclovias, que cobrem mais de 145km em Manhattan. É preciso coragem para andar de bicicleta no meio do trânsito intenso das ruas do centro, mas as trilhas ao longo do East River e do lado oeste da cidade são agradáveis e populares, bem como as pistas do Central Park, onde os carros são proibidos nos fins de semana. Visite www.nycbikemaps.com para mapas. A Columbus Circle e a Loeb Boathouse, no Central Park, alugam bicicletas *(p. 362)*.

AGENDA

ALUGUEL DE CARRO

Avis
www.avis.com.br

Budget
Tel *(800) 527-0700.*
www.drivebudget.com

Hertz
www.hertz.com.br

National
Tel *(800) CAR RENT.*
www.nationalcar.com

ESTACIONAMENTO

Alternate Side
Tel *311.*

Parking Violations e Guincho
Tel *311.*

Parking Violations Bureau
Tel *(718) 802-3636.*

Polícia
Tel *911.*

Traffic Department Tow Pound
Pier 76, W 38th St e 12th Ave. **Mapa** 7 B1.
Tel *311.*

TÁXIS

Taxi & Limousine Commission
Tel *311.*

Achados e perdidos em táxis
Tel *311.*

Transportation Department
Tel *311.*

FERRYBOAT

Circle Line
www.circleline.com

Staten Island Ferry
www.siferry.com

TÁXIS AQUÁTICOS

New York Water Taxi
Tel *(212) 742-1969.*
www.nywatertaxi.com

PASSEIOS GUIADOS

Bicycle Tours: Bite of the Apple Tours
203 W 58th St. **Mapa** 12 D3. **Tel** *(212) 541-8759.*

Passeios de Barco: Circle Line Sightseeing Yachts
Pier 83, W 42nd St. **Mapa** 7 A1. **Tel** *(212) 563-3200.*
www.circleline42.com

Spirit of New York
W 23rd e Eighth Ave. **Mapa** 8 D4. **Tel** *(866) 211-3805.* www.spiritofnewyork.com

World Yacht, Inc.
Pier 81, W 41st St. **Mapa** 7 A1. **Tel** *(212) 630-8100.*

Building Tours: Grand Central Terminal
E 42nd St na Park Ave. **Mapa** 13 A5. **Tel** *(212) 883-2420.* www.grandcentralterminal.com

Heritage Trails
Federal Hall, 26 Wall St. **Mapa** 1 C3.
www.nps.gov/feha/

Metropolitan Opera Tours
Lincoln Center. **Mapa** 11 C2. **Tel** *(212) 769-7020.*
www.metoperafamily.org

NBC Studio Tour
30 Rockefeller Plaza. **Mapa** 12 F5. **Tel** *(212) 664-7174.* www.nbcstudiotour.com

New York Public Library
Fifth Ave e 42nd St. **Mapa** 8 F1.
Tel *(917) 275-6975.*
www.nypl.org

Radio City Music Hall Stage Door Tours
Sixth Ave. **Mapa** 12 F4.
Tel *(212) 247-4777.*
www.radiocity.com/tours

Walkin' Broadway
1619 Broadway. **Mapa** 12 E5. **Tel** *(212) 997-5004.*

Ônibus Turístico: Gray Line of New York
42nd St e Eighth Ave. **Mapa** 8 D1.
Tel *(212) 397-2620.*

Carrruagens
59th St na Fifth Ave e pelo Central Park S. **Mapa** 12 F3.

Helicópteros: Liberty
W 30th St e 12th Ave, South Ferry. **Mapa** 7 B3.
Tel *(212) 967-6464.*

Passeios a pé: Adventures on a Shoestring
300 W 53rd St. **Mapa** 12 E4. **Tel** *(212) 265-2663.*

Big Apple Greeters
1 Centre St, Suite 2035. **Mapa** 4 F4.
Tel *(212) 669-8159.*

Big Onion Walking Tours
76 13th St, Brooklyn.
Tel *(212) 439-1090.*
http://bigonion.com

Eldridge Street Synagogue
12 Eldridge St. **Mapa** 5 A5.
Tel *(212) 227-8780.*

Harlem Spirituals, Inc.
690 Eighth Ave. **Mapa** 8 D1. **Tel** *(212) 391-0900.*

Lower East Side Tenement Museum
108 Orchard St. **Mapa** 5 A4. **Tel** *(212) 431-0233.*
www.tenement.org

Municipal Art Society
457 Madison Ave. **Mapa** 13 A4.
Tel *(212) 980-1297.*
www.mas.org

Wall Street Walks
Tel *(212) 209-3379.*
www.wallstreetwalks.com

BICICLETA

Central Park Bike Rental
203 West 58th St. **Mapa** 12 E3.
Tel *(212) 541-8759.*
www.centralparkbiketour.com

Como Usar o Metrô

New York City Subway

Logo do metrô de Nova York

O metrô é a maneira mais rápida e confiável de circular por Nova York. O vasto sistema se estende por 375km e tem 468 estações. A maior parte das linhas opera 24 horas por dia, o ano todo. Nos últimos anos, o metrô passou por reformas que trouxeram ar-condicionado, boa iluminação, mais segurança e (desde que fora do horário de pico) mais conforto. Desde os anos 1980, parte do valor arrecadado para os fundos de obras do metrô tem sido empregada no projeto "Arte em Trânsito", com excelentes resultados. Não deixe de ver mosaicos, esculturas e arte que decoram muitas estações.

Passageiros deixando a estação do metrô South Ferry

TARIFAS DO METRÔ

Para poder entrar no metrô deve-se adquirir um MetroCard. Com ele a tarifa é de US$ 2,25 por viagem, mais barata que a de US$ 2,50 do bilhete unitário. Outra opção de desconto é o 7-day ou Unlimited Ride MetroCard (US$ 29), que permite fazer viagens ilimitadas por 7 dias. Se você comprar o Pay-Per-Ride MetroCard (pague por trajeto) e colocar US$ 10 ou mais, terá 7% de desconto. Os MetroCards, que também valem para o ônibus *(pp. 390-1)*, são vendidos em bancas, farmácias e outros locais ao redor da cidade, assim como em todas as estações do metrô. As máquinas aceitam dinheiro e cartões de débito e crédito. Os bilhetes permitem baldeação com metrô e ônibus, desde que feita dentro de duas horas.

METRÔ DE NOVA YORK

Para entrar no metrô, insira seu MetroCard nas aberturas da catraca; não é necessário apresentar o cartão na saída. Esteja sempre atento para o fato de que há dois tipos de trem. Trens locais param em todas as estações; trens expressos param menos. As linhas expressas possuem letras ou números diferentes dos metrôs locais; os dois tipos de paradas estão bem definidos em todos os mapas do metrô.

ESTAÇÕES DO METRÔ

Muitas entradas de metrô em Nova York têm esferas luminosas na cor verde, indicando que há venda de bilhetes 24 horas por dia, e vermelha, para avisar que a entrada é restrita. Em outras há um aviso com o nome da estação e os números ou letras das linhas que passam por lá. O metrô funciona 24 horas por dia, mas algumas linhas têm horários limitados. O serviço básico vai das 6h à meia-noite. Os períodos mais congestionados são os horários de pico no meio da semana (6h-8h30 e 16h30-18h30); se puder, evite-os. Se não for possível, tente pegar o

COMO LER O MAPA DO METRÔ

Cada linha é identificada no mapa do metrô *(ver a contracapa)* pela cor, pelos nomes das estações em cada extremidade e por uma letra ou número. O mapa identifica as paradas locais e expressas e os pontos de conexão. As letras e os números embaixo dos nomes das estações mostram quais linhas servem aquela estação. Uma letra ou número em cor mais escura quer dizer que os trens param na estação entre 6h e meia-noite; letras em cor mais clara significam que o serviço só funciona meio período; a letra ou número em um quadrado mostra a última parada daquela linha. Trens expressos são indicados por um círculo branco. Os mapas pregados em todas as estações incluem um guia detalhado que explica os trens e os horários de cada linha. Os nova-iorquinos referem-se às linhas pela letra, não pela cor.

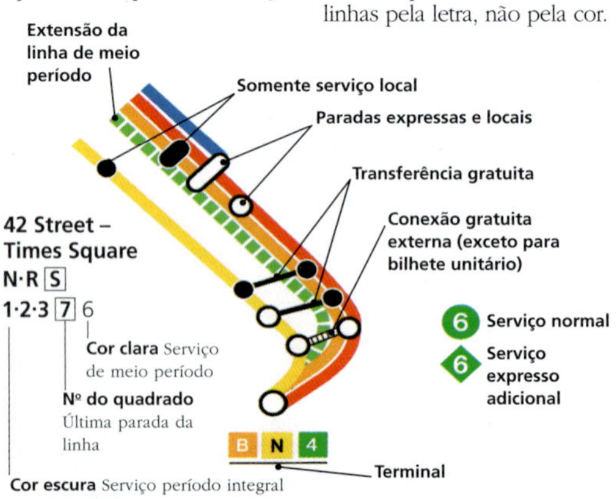

UMA VIAGEM DE METRÔ

Os metrôs percorrem a cidade no sentido norte-sul; os trens N, R, E, F, V e W correm no sentido leste-oeste para o Queens.

2 Compre um MetroCard num guichê da estação do metrô ou numa máquina. Estas aceitam a maioria dos cartões de crédito e débito e cédulas de até US$ 50 (não aceitam pennies). Você também pode recarregar seu MetroCard nestas máquinas.

1 Há um mapa do metrô no verso da contracapa deste guia. Também há mapas em grande escala pregados em lugar de destaque em todas as estações. Eles estão também disponíveis em www.mta.info e nas estações.

3 Use o MetroCard para passar para a plataforma.

4 Siga as placas para o trem que deseja. Por segurança, fique à vista da bilheteria enquanto espera; à noite, use as *"off-hours waiting areas"*, amarelas, para horários de pouco movimento.

5 Cada trem mostra seu número ou letra na cor apropriada e o nome das estações inicial e final.

6 Em todas as plataformas há um mapa das linhas, e em todos os trens há um mapa do sistema de metrô, perto das portas. Trens mais novos têm mapas eletrônicos que dão indicações luminosas. As paradas são anunciadas por alto-falante e também se pode ler o nome da estação em cada plataforma. As portas são operadas pelo condutor.

7 Ao descer do trem, procure as placas de saída (Exit). Se precisar mudar de trem, siga as placas para a plataforma de conexão.

primeiro ou último vagão, que são um pouco mais vazios.

Apesar de o metrô em geral ser bastante seguro, faça suas viagens durante o dia ou até as 22h, quando há muita gente ao redor. Use o bom senso, fique na "Off--Hours Waiting Area", da plataforma. Evite viajar tarde da noite, mas se precisar prefira os vagões centrais. Numa emergência, procure o agente da estação ou algum membro da tripulação do trem, tanto no primeiro vagão como no meio da composição.

LINHAS DO METRÔ

Os trens do metrô cruzam a cidade de norte a sul, na Lexington Avenue, Sixth Avenue, Seventh Avenue/Broadway e Eighth Avenue. A linha 7 percorre o sentido oeste-leste em direção ao Queens, enquanto os trens E, F, M, N, Q e R viajam de norte a sul até Midtown, onde desviam para o leste. Uma linha de ida e volta conecta Grand Central-42nd Street a Times Square-42nd Street. Em geral as linhas seguem a direção das avenidas, mas algumas estações, como a Times Square, a Union Square e a Columbus Circle, são pontos onde se cruzam diversas linhas.

Cada linha tem sua própria cor, enquanto os itinerários de cada linha são identificados por letras e números. Por exemplo, a linha Lexington Avenue é verde e o nº 6 é um trem local; já os nºs 4 e 5 são expressos. A linha da Eighth Avenue é azul e o trem A é expresso, enquanto o C e o E são trens locais. A primeira e a última parada estão indicadas nas estações e dentro dos trens e há mapas com informações e também nas estações. Nos guichês pode-se conseguir um mapa de bolso gratuito.

Há linhas muito úteis para os turistas. A Lexington Line é a única que serve o East Side e seus museus. O trem nº 6 para perto do Guggenheim, do Metropolitan Museum of Art e da Frick Collection. A linha vermelha nº 1 Broadway/ Seventh Avenue do West Side o leva ao Lincoln Center, ao MoMA, à Times Square, a Greenwich Village, ao SoHo, ao Financial District e ao South Ferry, onde se pode pegar um ferryboat para a Estátua da Liberdade.

Trem nº 6 na estação Brooklyn Bridge-City Hall

Lembre-se de que obras nas linhas no fim de semana podem alterar os horários, por isso, confirme os dados no guichê para não prejudicar o seu passeio.

AGENDA

MetroCard Customer Service
Tel *(212) 638-7622.*

MTA Automated Travel Planner
http://tripplanner.mta.info

Informação do metrô
Tel *(718) 330-1234.*
www.mta.info

Como Andar de Ônibus

Viajar de ônibus é uma opção interessante para conhecer as atrações de Nova York. Os 4 mil ônibus azuis e brancos têm mais de 200 linhas em cinco bairros. Muitas funcionam 24 horas por dia. Os ônibus são modernos, limpos, têm ar-condicionado e economizam energia. Costumam ser seguros e raramente estão lotados, exceto nas horas de pico. É proibido comer e fumar em todos os ônibus públicos, e a entrada de animais domésticos, com exceção de cães de guia, não é permitida.

BILHETES

Você pode pagar o ônibus com o MetroCard *(p. 388)* ou com o valor exato do dinheiro, US$ 2,25. Os motoristas de ônibus não podem dar troco e as caixas automáticas não aceitam notas de dólar, moedas de 50 cents ou pennies. Você pode comprar o MetroCard nos guichês do metrô ou nas máquinas espalhadas pela cidade.

Se precisar tomar mais de um ônibus até seu destino, poderá fazer uma conexão grátis. Se pagar o ônibus com um MetroCard, automaticamente não será cobrado nada no próximo que pegar. Se pagar com dinheiro, peça ao motorista o bilhete de conexão, que vale por duas horas.

Há tarifas reduzidas para idosos e deficientes. Todos os ônibus têm um mecanismo que abaixa os degraus, o que ajuda os idosos a embarcar *(p. 370)*. Têm também rampa para cadeira de rodas, pela frente ou pela traseira, dependendo do tipo de ônibus.

PONTOS DE ÔNIBUS

Os ônibus só param nos pontos. Fazem um percurso norte-sul pelas principais avenidas e param a cada dois ou três quarteirões. Os ônibus que cruzam a cidade circulam de leste a oeste e param em todas as quadras, com exceção da Park Avenue (algumas linhas não passam por lá). Muitas linhas operam 24 horas por dia.

Os pontos dos ônibus são indicados por placas vermelhas, brancas e azuis e meio-fio amarelo. A maioria tem abrigos; os abrigos mais novos possuem assentos e informações sobre os itinerários. Um mapa das linhas e dos horários está afixado em cada ponto. Os ônibus utilizam letras para indicar os bairros pelos quais passam: M para Manhattan, B para o Brooklyn, Bx para o Bronx e Q para o Queens. Em geral, várias linhas passam pelo mesmo ponto, por isso, verifique nos mapas o que melhor serve para você e pegue o ônibus com aquele número no letreiro da frente do veículo.

Alguns ônibus têm a indicação "Limited" (Limitado), piscando junto ao número frontal ou num cartaz na janela da frente. Eles são mais rápidos que os outros pois fazem menos paradas. Informe-se antes se eles param perto do seu destino. Pode-se conseguir um mapa gratuito da cidade dentro do próprio ônibus – peça ao motorista.

O ônibus M86 atravessando o Central Park

Ponto de ônibus em Manhattan

COMO PEGAR ÔNIBUS

Os ônibus passam a cada 3 a 5 minutos na parte da manhã e nos horários de pico do fim da tarde, e a cada 7 a 15 minutos do meio-dia às 16h30 e das 19h às 22h. Os congestionamentos e as condições do tempo podem causar atrasos. Nos fins de semana e feriados a frequência diminui.

Entre no ônibus pela porta da frente. Confirme com o motorista se ele vai na direção que você deseja. A maioria dos motorista é prestativa, e basta pedir que eles avisarão quando estiver na hora de descer. Insira o MetroCard na caixa seletora ou deposite as moedas no lugar correto. Então, procure um lugar para se sentar.

A maneira usual de solicitar uma parada é apertar a fita vertical amarela entre as janelas. Alguns ônibus novos possuem um botão de parada no meio do veículo. Isso ilumina o aviso de "Stop Requested" (pedido de parada) na frente do motorista. Se o ônibus estiver cheio, fique perto da saída ao se aproximar do seu ponto.

Desça pela porta dupla traseira. O motorista libera a porta assim que o ônibus para, e uma luz verde aparecerá sobre ela. Você tem então de empurrar a faixa amarela sobre a porta, e a porta abrirá automaticamente; Ela ficará aberta o tempo necessário até que todos desçam. Se a faixa não funcionar direito, apenas empurre a porta e ajude a segurá-la para que os passageiros atrás de você também possam descer.

ÔNIBUS NOTURNO

A maioria das linhas funciona 24 horas por dia – confirme nos mapas dos pontos de ônibus. Depois das 22h, muitos ônibus só passam de 20 em 20 minutos. Da meia-noite às 6h, prepare-se para esperar de 30 a 60 minutos por um deles.

ÔNIBUS TURÍSTICO

Uma das formas mais interessantes de conhecer a cidade são os ônibus de turismo, que permitem que você desça nas atrações, fique quanto tempo quiser e depois pegue o próximo que passar. A Gray Line *(p. 387)* oferece passeios em ônibus de dois andares. Os trajetos incluem Downtown Loop, Uptown Loop, Brooklyn Loop e passeios noturnos (deste não se pode descer no caminho). Compre um passe de 48 ou 72 horas e você terá oportunidade de conhecer boa parte de Nova York. Durante o passeio, você pode ouvir informações sobre as atrações, em várias línguas, alugando um fone de ouvido.

PROJETO DE VIAGEM

O site da MTA oferece um serviço interessante chamado "Trip Planner" (Projeto de Viagem), que mostra o mapa e a direção, de ônibus ou metrô, entre dois pontos de Nova York, quaisquer que sejam eles. Digite seu ponto de partida e aonde deseja chegar, tempo de viagem, meio de transporte, quanto quer andar e você terá na tela todos os dados sobre o percurso. Visite http://travel.mtanyct.info para acessar o projeto de viagem; o site www.hopstop.com oferece serviço semelhante.

AGENDA

Achados e Perdidos:
Tel *(212) 712-4500.*

MTA
Tel *(718) 330-1234.*
www.mta.info

Mapas
Disponíveis no MTA/NYCT, Customer Service Center, 3 Stone Street, Lower Manhattan.
Mapa 1 C4.

TURISMO DE ÔNIBUS

Em vez de pagar mais caro por um ônibus turístico, pegue um ônibus municipal e veja Nova York ao lado dos nova--iorquinos. Uma das linhas mais recomendadas para isso é a M2, que desce a Fifth Avenue ao longo do Central Park, com paradas perto do Guggenheim e do Metropolitan. Ela volta ao norte pela Madison Avenue (via Empire State Building e Rockefeller Center), no mesmo percurso da M5, que continua para o sul até o SoHo e Greenwich Village. Da Broad Street, pegue a linha M15 para o norte para visitar a Brooklyn Bridge e a sede da ONU, e as linhas M7 ou M20 pela Eighth Avenue para ir à Times Square e ao Madison Square Garden.

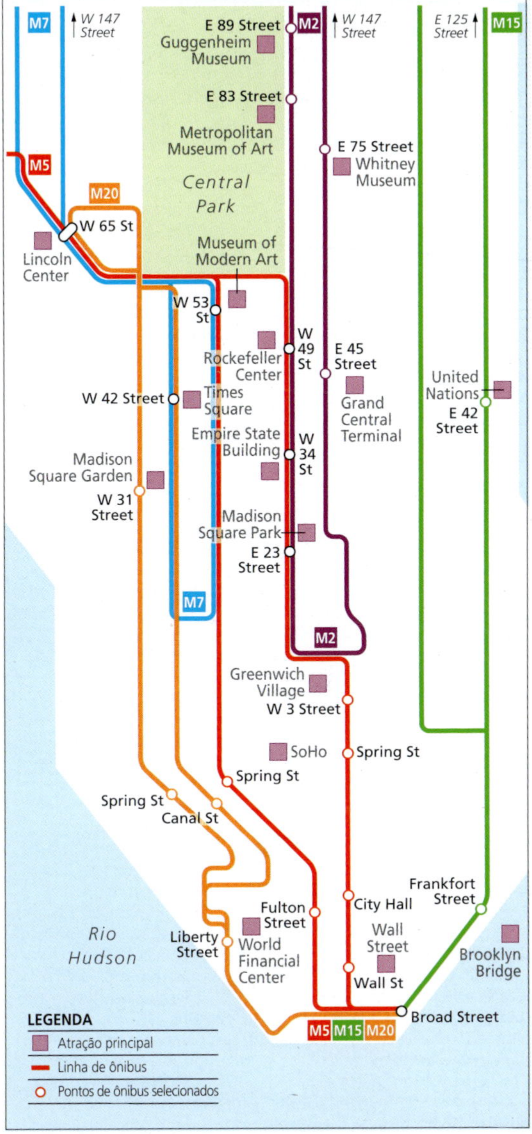

Como Viajar de Trem

Para diminuir um pouco o ritmo e admirar belas paisagens, não deixe de fazer um passeio de um dia entre Nova York e seus subúrbios. O transporte público é excelente e há muitas maneiras fáceis e confortáveis de viajar para esses destinos *(pp. 232-55)*.

Passageiros desembarcando na Penn Station

ESTAÇÕES DE TREM

Nova York tem duas grandes estações ferroviárias que recebem trens de curta e de longa distância.

O Grand Central Terminal *(pp. 156-7)*, na Park Avenue com a 42nd Street, é o principal terminal dos trens da **Metro-North Railroad** (linhas Hudson, New Haven e Harlem), que vão para o norte e o leste do Estado de Nova York e também servem Connecticut e Westchester, e os municípios de Dutchess e Putnam *(pp. 380-1)*. Do Grand Central pode-se ir de trem a lugares como o Bronx Zoo *(pp. 244-5)*, o New York Botanical Garden, a propriedade do ex-presidente Franklin Roosevelt, Hyde Park, e outras mansões e cidades voltadas para o Hudson River.

Os trens 4, 5 e 6 da linha Lexington e o 7 da linha Flushing chegam até a estação do metrô situada no subsolo da Grand Central. Há um trem de conexão entre a Grand Central e a Times Square. Muitas linhas de ônibus também param no terminal, e há táxis na frente da estação na 42nd Street ou do outro lado, na entrada da Vanderbilt Avenue na 43rd Street.

A Penn Station, entre a Seventh e a Eighth Avenues e da 31st à 33rd Streets, é um terminal moderno reconstruído em 1963 abaixo do complexo Madison Square Garden *(p. 135)*. Os trens da **Long Island Rail Road** (LIRR) e da **New Jersey Transit**, além dos da **Amtrak** do Canadá e de outras partes dos EUA, desembarcam nessa estação. Não há carrinhos de bagagem, mas carregadores de quepe vermelho oferecem seus serviços.

Há táxis e ônibus no nível da rua. As linhas de metrô A, C e E correm no lado da estação que vai para a Eighth Avenue; as linhas da Broadway 1, 2 e 3, correm no lado da Seventh Avenue.

LINHAS FERROVIÁRIAS

A linha Metro-North para o norte do estado e Connecticut parte da Grand Central Station. Esses trens em geral transportam os trabalhadores, mas podem ser úteis para visitar New Haven, Hartford, Connecticut ou destinos mais distantes ao longo do Hudson River.

Logo da Long Island Rail Road

As linhas Long Island Rail Road e New Jersey Transit partem da Penn Station e podem levá-lo a Nova Jersey ou aos resorts de Long Island, assim como aos cassinos de Atlantic City, Nova Jersey.

Os trens **PATH** são muito utilizados como meio de transporte do trabalho para casa pelos nova-iorquinos. Eles operam sem interrupção entre a New Jersey e a Penn Stations. Da Penn Station eles param na Christopher Street; no World Trade Center; Ninth, 14th, 23rd e 33rd Streets e Avenue of the Americas.

BILHETES E PASSAGENS

As passagens de trem são para viagens de ida; o bilhete de ida e volta custa o dobro. As tarifas para os horários de pico são para trens que chegam a Nova York, durante a semana entre 6h e 10h ou que partem entre 16 e 20h. Para todos os demais horários, o bilhete é mais barato.

A Long Island Rail Road oferece muitos pacotes para um dia de viagem, com desconto nas tarifas e itinerários para Hamptons, vinhedos, atrações históricas e para os jogos do time de beisebol New York Mets.

Os vagões do Metro-North e do LIRR são todos de uma classe só e não têm lugar marcado, ao contrário dos Amtrak. O condutor pedirá para ver sua passagem assim que o trem deixar a estação.

Trem da Long Island Rail Road

RESERVA DE PASSAGEM

As bilheterias nas estações aceitam tanto cartão de crédito ou débito quanto dinheiro. Se as filas estiverem grandes, você pode comprar nas máquinas automáticas, que aceitam cartão de crédito. Também é possível comprar pela internet. Há descontos para quem comprar com antecedência. Lembre-se de que dentro do trem os bilhetes custarão mais caro.

Universidade de Yale, em New Haven, Connecticut

VIAGEM DE TREM DE UM DIA

Há lindos lugares fora dos limites de Nova York que, se houver tempo, vale a pena visitar de trem. Veja a seguir uma lista de atrações recomendadas. Para mais detalhes, telefone para o NYC & Co. *(p. 371)*.

Stony Brook é uma tranquila cidadezinha de North Shore e entrada do distrito histórico Three Villages. A viagem leva duas horas da Penn Station em um trem da LIRR.

Os bares, clubes e butiques chiques de Hamptons ficam a menos de 3 horas de Nova York. Pegue um trem da LIRR na Penn Station.

Westbury House, réplica de 1906 de uma mansão de Charles II com jardins ingleses, está a 40 minutos de Manhattan. Pegue um trem da LIRR da Penn Station para Old Westbury.

Em Tarrytown estão Kykuit (a mansão Rockefeller), a casa "Sunnyside" e a mansão de Jay Gould, "Lyndhurst". Pegue o trem Metro-North da Grand Central Station, depois um táxi. A viagem leva de 40 a 50 minutos.

Hyde Park fica a duas horas de Manhattan; lá você pode visitar a propriedade de Franklin D. Roosevelt e a mansão Vanderbilt. Pegue o trem Metro-North da Grand Central para Poughkeepsie, depois um ônibus.

Cold Spring fica à beira do Hudson. A viagem pitoresca pelas margens do rio leva 70 minutos da Grand Central na linha Metro-North Hudson.

New Haven, Connecticut, é sede da famosa Universidade de Yale. A viagem dura 1h45, também em trem Metro-North saindo da Grand Central.

VIAGEM DE ÔNIBUS DE UM DIA

Pode-se chegar de ônibus a muitos destinos atraentes, do Port Authority Bus Terminal *(p. 381)* na Eighth Avenue. **Short Line Bus** oferece pacotes de um dia para a US Military Academy, em West Point, para a casa de Franklin Roosevelt, em Hyde Park, e para o Storm King Art Center. Fazer compras no Woodbury Common Outlet Center faz parte do pacote. As tarifas incluem a passagem de ônibus e todos os ingressos.

Os ônibus **New Jersey Transit** levam para os cassinos de Atlantic City e também param no litoral de Jersey. **Trans-Bridge Lines** têm serviços para lugares charmosos como Lambertville, New Jersey e New Hope, Pensilvânia.

Há várias linhas de ônibus com tarifas baratas para Filadélfia, cidade histórica com muitas atrações que fica a 160km de Nova York. Entre os mais confortáveis estão **Megabus** e **Bolt Bus**. Para quem tiver tempo de ir mais longe, essas empresas também levam a Boston e a Washington, DC.

Passagens de ônibus estão à venda no principal saguão da Port Authority. As companhias de longa distância Greyhound *(p. 381)*, **Peter Pan** e **Adirondacks** e as linhas Short Line, Trans-Bridge e New Jersey Transit possuem seus próprios guichês. Nenhuma dessas linhas vende passagens com antecedência.

VIAGEM DE UM DIA DE ÔNIBUS E METRÔ

Também vale a pena conhecer os bairros mais afastados de Nova York servidos pelo sistema de ônibus e metrô. Pegue o trem D para visitar as praias de Coney Island *(p. 249)* e o Aquário de Nova York, ou pegue o ônibus M4 até o ponto final e visite The Cloisters *(pp. 236-9)*, logo acima do rio Hudson.

O fascinante subúrbio étnico de Nova York pode ser acessado de metrô. Na Grand Central Station, pegue o trem 7 para a 74th Street em Jackson Heights, onde você encontrará um pouco da Índia. Perto, na 37th Avenue, fica a comunidade latino-americana. Se permanecer no trem 7 até o final da linha, pode explorar Chinatown, que compete com a de Manhattan, assim como o enorme bairro coreano.

Do Brooklyn, o trem D leva aos russos de Brighton Beach, e pegando o trem G você irá conhecer um pouco da Polônia, em Greenpoint. Pegue o trem N para conhecer um pouco da Grécia e do Egito em Astoria, ou o M para visitar a maior comunidade de judeus ortodoxos, em Borough Park.

AGENDA

INFORMAÇÃO DE TREM

Amtrak
Tel *(800) USA-RAIL ou (800) 872-7245.* **www**.amtrak.com

Long Island Rail Road (LIRR)
Tel *(718) 217-LIRR.*
www.mta.info

Metro-North Railroad
Tel *(212) 532-4900.*
www.mta.info

New Jersey Transit
Tel *(973) 275-5555.*
www.njtransit.com

PATH
Tel *(800) 234-7284.*
www.panynj.com

INFORMAÇÃO DE ÔNIBUS

Adirondacks
Tel *(518) 846-8016.*
http://visitadirondacks.com

Bolt Bus
Tel *(877) 265-8287.*
www.boltbus.com

Megabus
Tel *(877) 462-6342.*
www.megabus.com

Peter Pan
Tel *(800) 343-9999.*
www.peterpanbus.com

Short Line Bus
Tel *(201) 529-3666.*
www.coachusa.com/shortline

Trans-Bridge Lines
Tel *(610) 868-6001.*
www.transbridgelines.com

GUIA DE RUAS

As remissões a mapas que acompanham todas as atrações turísticas, hotéis, restaurantes, bares, lojas e diversões descritos neste guia se referem aos mapas desta seção (*ver* Como Usar os Mapas de Referência, *ao lado*). Estes mapas cobrem toda Manhattan. Nas páginas seguintes encontra-se um índice completo com nomes de ruas e os locais de interesse indicados nos mapas. O mapa *(abaixo)* mostra as áreas cobertas pelo *Guia de Ruas* dentro dos vários distritos. Inclui todas as áreas de interesse turístico de Manhattan (indicadas por código de cores) e todos os locais de maior concentração de hotéis, restaurantes, bares, lojas e diversões mais importantes.

Passeando em South Street Seaport

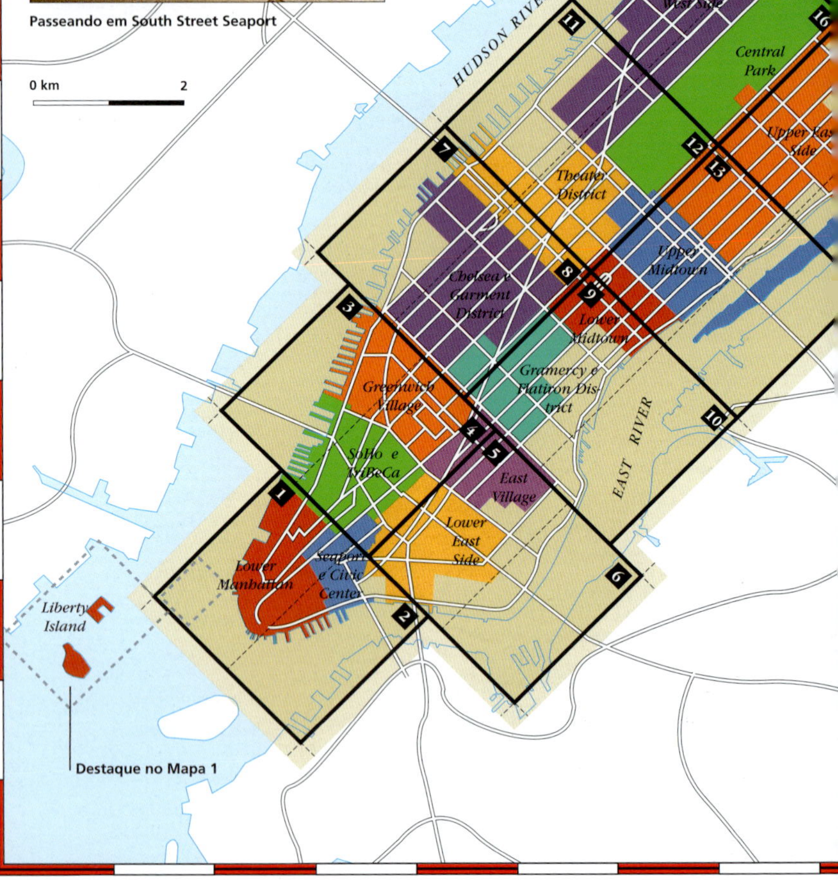

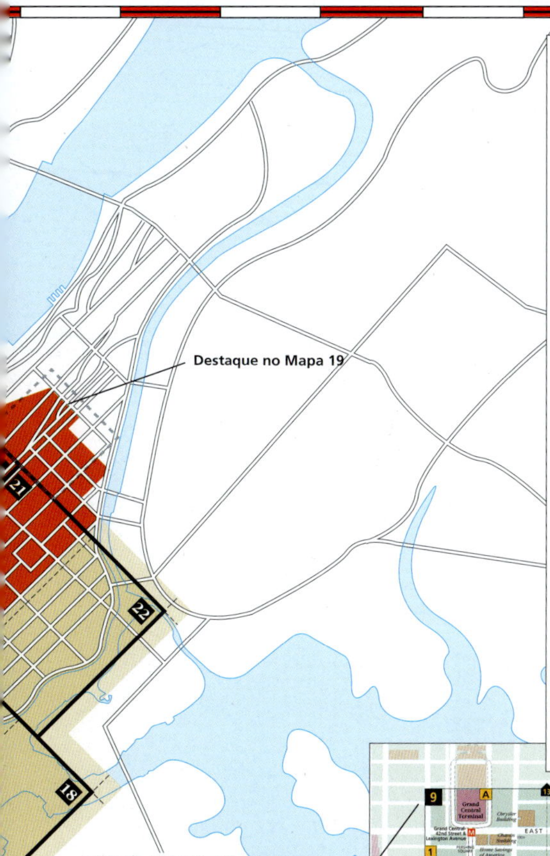

LEGENDA

- Atração importante
- Outras atrações
- Prédio de estação
- Estação de metrô
- Heliporto
- Terminal de balsa
- Terminal de ônibus
- Estacionamento
- Informação turística
- Hospital com pronto-socorro
- Delegacia de polícia
- Igreja
- Sinagoga
- Correio
- Ferrovia
- Rua para pedestres

ESCALA DOS MAPAS

0 m 200 **1:11.500**

COMO USAR OS MAPAS DE REFERÊNCIA

O primeiro número indica o mapa dentro do Guia de Ruas.

Theodore Roosevelt Birthplace ❼

28 E 20th St. **Mapa** 9 A5. ***Tel*** *260-1616.* 14th St-Union Sq. *9h-17h qua-dom (últ adm: 16h30)* *feriados* ***Palestras, concertos, filmes, vídeo.*** **www**.nps.gov/thrb

Números e letras situam o ponto na página; números cruzam o mapa de cima a baixo; letras, de lado a lado.

Continua no mapa 5 do ***Guia de Ruas***

Índice do Guia de Ruas

F

N

O

P

Cada nome de lugar é seguido pelo nome do bairro (menos em Manhattan) e por sua referência no Guia de Ruas

1
A
B
C
4
1
2
3
4
5
PIER 25
PIER 21
PIER A
Manhattan Community College
HARRISON ST
INDEPENDENCE PLAZA
WASHINGTON MARKET PARK
JAY STREET
STAPLE ST
DUANE ST
DUANE PARK
HUDSON STREET
BROADWAY
THOMAS
STREET
DUANE
STREET
WORTH STREET
LAFAYETTE STREET
CENTRE STREET
PARK ROW
PACE PLAZA
ANDREW PLAZA
READE
STREET
READE
WEST STREET
GREENWICH STREET
CHAMBERS STREET
Chambers St-A-C
Chambers St 1-2-3
Chambers St J-Z
Surrogate's Court/Hall of Records
CHAMBERS STREET
Municipal Building
Old NY County Courthouse
City Hall
Brooklyn Bridge-City Hall 4-5-6
CITY HALL PARK
WARREN STREET
RIVER TERRACE
PARK PLACE
MURRAY ST
MURRAY
NORTH END AVENUE
LOWER
Park Place 2-3
City Hall R
Woolworth Building
Pace University
FRANKFORT ST
SPRUCE ST
Irving Trust Operation Center
BARCLAY STREET
Federal Office
US Post Office
ST PETER'S ST
BEEKMAN STREET
THEATRE ALLEY
VESEY STREET
World Trade Center E
World Financial Center
One World Trade Center
National September 11 Memorial and Museum
St Paul's Chapel
ANN STREET
Fulton St A-C-4-5
Fulton St J-M-Z
2-3 Fulton St
FULTON STREET
AT&T Building
DEY STREET
Cortlandt Street R
CORTLANDT ST
NASSAU
DUTCH ST
JOHN STREET
NORTH COVE YACHT HARBOR
Merrill Lynch Liberty Plaza
Tribute World Trade Center Visitor Center
MAIDEN LANE
LIBERTY PL
Federal Reserve Bank
LIBERTY STREET
PLATT
LEGION SQUARE
Battery Park City
WESTSIDE HIGHWAY 9A (WEST ST)
Chamber of Commerce
THAMES ST
American Stock Exchange
CEDAR STREET
WASHINGTON
Chase Manhattan Bank
WILLIAM STREET
ALBANY STREET
CARLISLE STREET
4-5 Wall St
Trinity Church
Federal Hall
PINE
J-Z Broad St
Wall Street 2-3
WALL
Rector St 1-R
RECTOR STREET
NY Stock Exchange
EXCHANGE PLACE
HANOVER STREET
SOUTH END AVENUE
RECTOR PLACE
Bank of New York
Rio Hudson
LIBERTY PLAZA
EXCHANGE ALLEY
NEW STREET
BROAD
WEST THAMES STREET
J P WARD STREET
EDGAR STREET
TRINITY PLACE
HANOVER SQUARE
COENTIES ALLEY
SOUTH WILLIAM STREET
MILL LANE
THIRD PLACE
Cunard Building
BEAVER STREET
MARKETFIELD STREET
PEARL STREET
South Cove
SECOND PLACE
MORRIS STREET
WESTERN UNION INTERNATIONAL PLAZA
Downtown Athletic Club
Bowling Green
Bowling Green 1
STONE STREET
Fraunces Tavern
SOUTH GARDENS
FIRST PLACE
WHITEHALL
US Custom House
BRIDGE
Museum of Jewish Heritage
Skyscraper Museum
BATTERY PLACE
STATE ST
Battery Plaza
MOORE ST
WATER STREET
BATTERY PARK
Whitehall St R
Castle Clinton National Monument
Shrine of Elizabeth Ann Seton
PETER MINUIT PLAZA
FERRYBOATS PARA AS ILHAS LIBERTY E ELLIS
The East Coast War Memorial
South Ferry 1
Ellis Island
US Coast Guard
Staten Island Ferry
FERRYBOATS PARA STATEN ISLAND E WEEHAWKEN
Brooklyn - Battery Tunnel
Liberty Island
Estátua da Liberdade

D
E
F
5
2
PIER 35
Park Row
St James Place
Oliver Street
Henry Street
Catherine Street
Monroe Street
Market Street
Knickerbocker Village
Cherry Street
Water Street
Market Slip
South Street
South Street Viaduct
Catherine Slip
Manhattan Bridge
1
US Court House
Pearl Street
Police Head-quarters
James St
Madison
Avenue of the Finest
Rose St
Manhattan
R. F. Wagner Sr Place
East
Rio
Southbridge Towers
Dover Street
Ponte do Brooklyn
Gold Street
Peck Slip
Front Street
Dock Street
Water Street
Ryders Alley
Cliff Street
Beekman Street
South Street Seaport
Fulton Street
John Street
Everitt St
Old Fulton Street
PIER 18
Schermerhorn Row
PIER 17
Doughty Street
Vine Street
Fletcher
Maiden Lane
PIER 16
PIER 1
Furman Street
Columbia Heights
Middagh Street
Cranberry St
3
PIER 15
PIER 14
Orange Street
PIER 13
Governeur Street
Pineapple St
Brooklyn – Queens Expressway 278
PIER 11
Wall St Ferry Pier
FERRYBOATS PARA FULTON LANDING
-BAY RIDGE E ROCKAWAY
-NEWPORT
-PORT LIBERTE
JERSEY CITY
PIER 2
Clark Street
Old Slip
PIER 9
Jeanelle Park
Vietnam Veterans' Plaza
New York Plaza
Downtown Manhattan Heliport
PIER 6
PIER 3
4
PIER 4
Battery Maritime Building
South Ferry
FERRYBOATS PARA GOVERNORS ISLAND
PIER 5
PIER 6

3
A
B
C
1
2
3
4
5
West 14th Street
14th St A·C·E·L
14th St 1·2·3
The Meatpacking District
The High Line
Jackson Square
Greenwich Avenue
Seventh Avenue South
Eighth Avenue
Hudson Street
Greenwich Street
West Street
Mulry Square
McCarthy Square
Abingdon Square
Christopher St Sheridan Sq 1
Sheridan Square
Fire Boat Station
Grove Court
Isaacs-Hendrick House
75 1/2 Bedford Street
St Luke's Place
Hudson Park
Children's Museum of the Arts
Canal Street
Holland Tunnel
Rio Hudson
Manhattan Community College
Pier 56
Pier 54
Pier 53
Pier 52
Pier 51
Pier 50
Pier 49
Pier 48
Pier 46
Pier 45
Pier 42
Pier 40
Pier 34
Pier 32
Pier 29
Pier 28
Pier 27
Pier 26

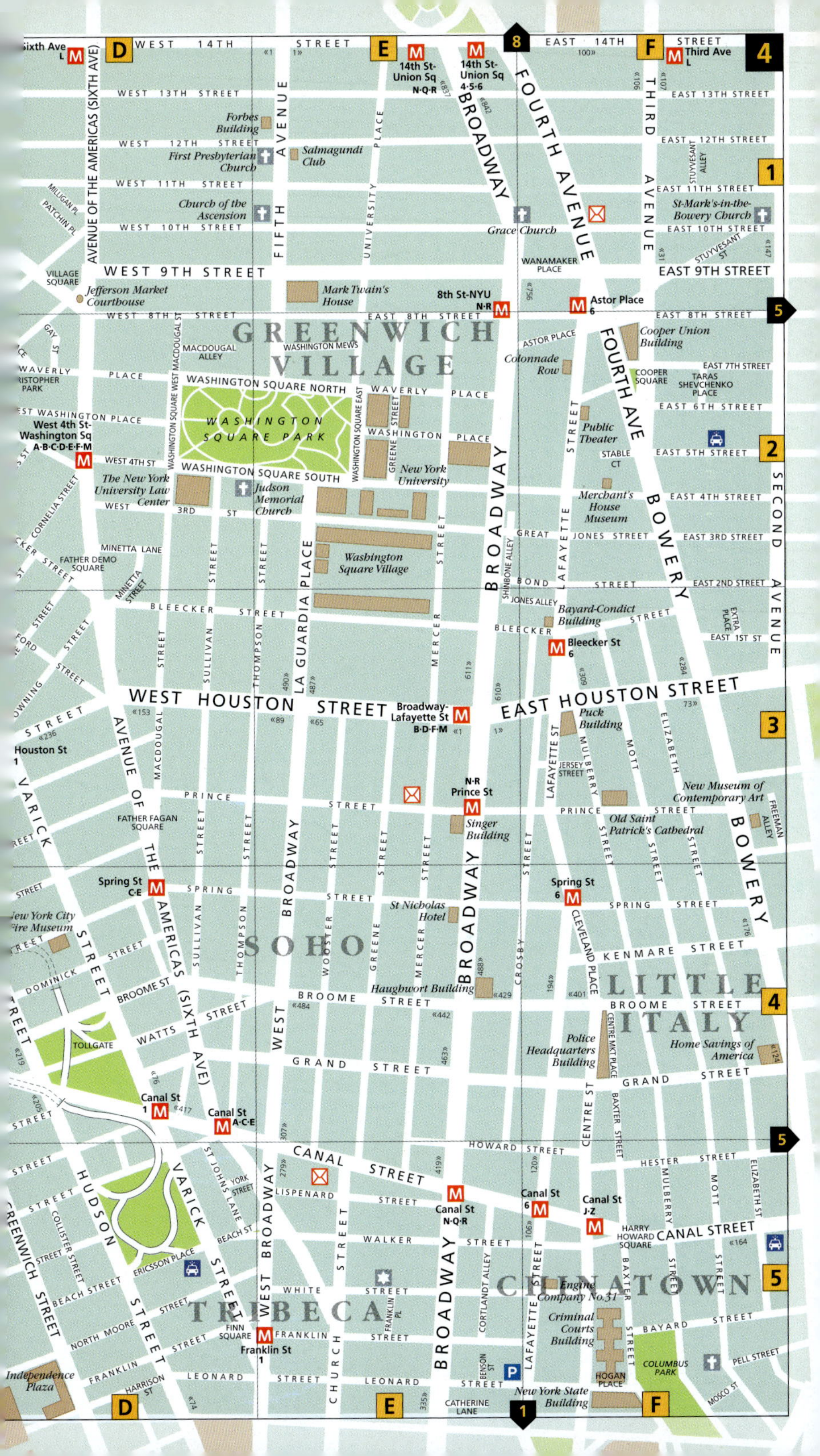

D
E
F
4
8
1
2
3
4
5
West 14th Street
East 14th Street
Sixth Ave L
14th St-Union Sq N·Q·R
14th St-Union Sq 4·5·6
Third Ave L
Avenue of the Americas (Sixth Ave)
West 13th Street
East 13th Street
Forbes Building
West 12th Street
East 12th Street
First Presbyterian Church
Salmagundi Club
Fifth Avenue
University Place
Broadway
Fourth Avenue
Third Avenue
Stuyvesant Alley
West 11th Street
East 11th Street
Milligan Pl
Patchin Pl
Church of the Ascension
St-Mark's-in-the-Bowery Church
West 10th Street
East 10th Street
Grace Church
Stuyvesant St
Village Square
West 9th Street
Wanamaker Place
East 9th Street
Jefferson Market Courthouse
Mark Twain's House
8th St-NYU N·R
Astor Place 6
West 8th Street
East 8th Street
Greenwich Village
Gay St
Macdougal Alley
Washington Mews
Astor Place
Cooper Union Building
Colonnade Row
Waverly Place
Christopher Park
Washington Square North
East 7th Street
Cooper Square
Taras Shevchenko Place
West Washington Place
Washington Square Park
Washington Square West
Washington Square East
Greene Street
Washington Place
East 6th Street
West 4th St-Washington Sq A·B·C·D·E·F·M
Public Theater
Fourth Ave
West 4th St
Washington Square South
Stable Ct
East 5th Street
Second Avenue
The New York University Law Center
Judson Memorial Church
New York University
Cornelia Street
West 3rd St
Merchant's House Museum
East 4th Street
Bowery
Great Jones Street
East 3rd Street
Minetta Lane
Father Demo Square
Washington Square Village
Shinbone Alley
Bond Street
East 2nd Street
Minetta Street
Jones Alley
Bleecker Street
Bayard-Condict Building
Lafayette Street
Extra Place
East 1st St
Bleecker St 6
Sullivan Street
Thompson Street
La Guardia Place
Mercer Street
Broadway-Lafayette St B·D·F·M
West Houston Street
East Houston Street
Houston St 1
Puck Building
Varick Street
Macdougal
Mulberry Street
Mott
Elizabeth Street
Jersey Street
Lafayette St
New Museum of Contemporary Art
Freeman Alley
Prince Street
N·R Prince St
Singer Building
Old Saint Patrick's Cathedral
Father Fagan Square
Spring St C·E
Spring Street
Spring St 6
St Nicholas Hotel
Cleveland Place
West Broadway
Crosby
Wooster Street
New York City Fire Museum
SoHo
Kenmare Street
Dominick Street
Broome Street
Haughwort Building
Little Italy
Watts Street
Centre Mkt Place
Police Headquarters Building
Home Savings of America
Tollgate
Grand Street
Canal St 1
Canal St A·C·E
Centre St
Baxter Street
Howard Street
Hester Street
Canal Street
St Johns Lane
York Street
Lispenard Street
Canal St N·Q·R
Canal St 6
Canal St J·Z
Harry Howard Square
Hudson Street
Beach St
Walker Street
Collister Street
Greenwich Street
Ericsson Place
Church Street
Cortlandt Alley
Chinatown
White Street
Franklin Pl
Engine Company No.31
Tribeca
Criminal Courts Building
Bayard Street
North Moore Street
Finn Square
Franklin Street
Franklin St 1
Benson St
Hogan Place
Columbus Park
Pell Street
Independence Plaza
Harrison St
Leonard Street
Catherine Lane
New York State Building
Mosco St

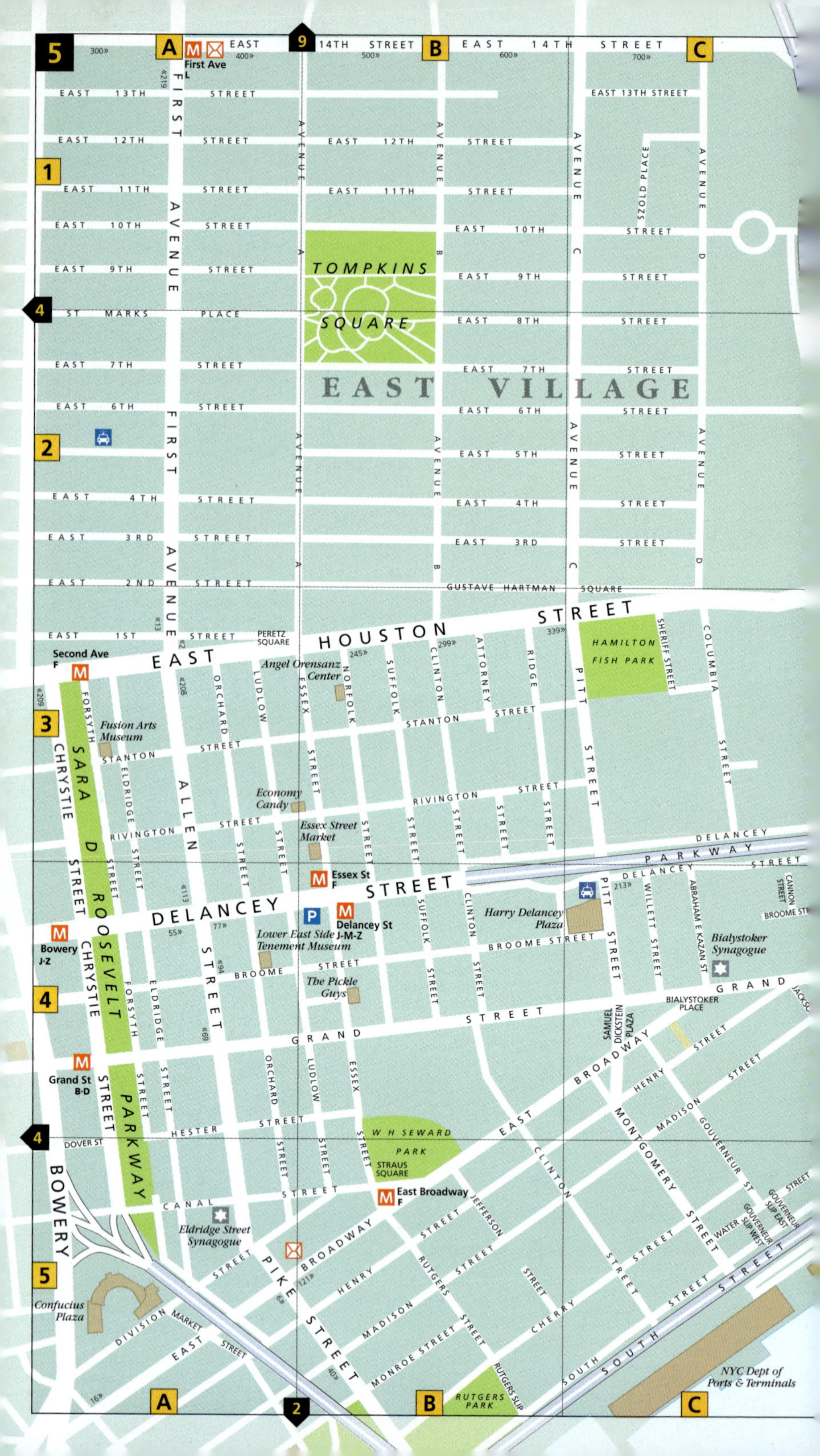

5
A
B
C
1
2
3
4
5
EAST 14TH STREET
First Ave L
EAST 13TH STREET
EAST 12TH STREET
EAST 11TH STREET
EAST 10TH STREET
EAST 9TH STREET
ST MARKS PLACE
EAST 8TH STREET
EAST 7TH STREET
EAST 6TH STREET
EAST 5TH STREET
EAST 4TH STREET
EAST 3RD STREET
EAST 2ND STREET
EAST 1ST STREET
FIRST AVENUE
AVENUE A
AVENUE B
AVENUE C
AVENUE D
SZOLD PLACE
TOMPKINS SQUARE
EAST VILLAGE
GUSTAVE HARTMAN SQUARE
PERETZ SQUARE
EAST HOUSTON STREET
HAMILTON FISH PARK
Second Ave F
Angel Orensanz Center
Fusion Arts Museum
Economy Candy
Essex Street Market
Essex St F
Delancey St J-M-Z
Lower East Side Tenement Museum
The Pickle Guys
Harry Delancey Plaza
Bialystoker Synagogue
BIALYSTOKER PLACE
Bowery J-Z
Grand St B-D
SARA D ROOSEVELT PARKWAY
CHRYSTIE STREET
FORSYTH STREET
ELDRIDGE STREET
ALLEN STREET
ORCHARD STREET
LUDLOW STREET
ESSEX STREET
NORFOLK STREET
SUFFOLK STREET
CLINTON STREET
ATTORNEY STREET
RIDGE STREET
PITT STREET
SHERIFF STREET
COLUMBIA STREET
STANTON STREET
RIVINGTON STREET
DELANCEY STREET
DELANCEY PARKWAY
BROOME STREET
GRAND STREET
HESTER STREET
CANAL STREET
DOVER ST
BOWERY
WILLETT STREET
ABRAHAM E KAZAN ST
CANNON STREET
SAMUEL DICKSTEIN PLAZA
EAST BROADWAY
HENRY STREET
MADISON STREET
MONTGOMERY STREET
GOUVERNEUR ST
GOUVERNEUR SLIP EAST
GOUVERNEUR SLIP WEST
WATER STREET
W H SEWARD PARK
STRAUS SQUARE
East Broadway F
JEFFERSON STREET
RUTGERS STREET
Eldridge Street Synagogue
PIKE STREET
Confucius Plaza
DIVISION STREET
MARKET STREET
EAST BROADWAY
MONROE STREET
CHERRY STREET
SOUTH STREET
RUTGERS PARK
RUTGERS SLIP
NYC Dept of Ports & Terminals

D
E
F
6
1
2
3
4
5
Rio
East
WILLIAMSBURG
NORTH 9TH STREET
NORTH 8TH STREET
NORTH 7TH STREET
NORTH 6TH STREET
NORTH 5TH STREET
NORTH 4TH STREET
NORTH 3RD STREET
METROPOLITAN AVENUE
NORTH 1ST STREET
GRAND STREET
SOUTH 1ST STREET
SOUTH 2ND STREET
SOUTH 3RD STREET
SOUTH 4TH STREET
SOUTH 5TH STREET
SOUTH 6TH STREET
SOUTH 8TH STREET
SOUTH 9TH ST
SOUTH 11TH ST
KENT AVENUE
WYTHE AVENUE
BERRY STREET
RIVER STREET
DUNHAM PLACE
BROADWAY
DIVISION AVENUE
«215
375»
Williamsburg Bridge
Wallabout Channel
US Naval Reserve Center
Wallabout Bay
EAST RIVER PARK
Athletic Field
FRANKLIN D ROOSEVELT DRIVE
MANGIN STREET
CHERRY STREET
CORLEARS HOOK PARK
Corlears Hook
Fireboat Station
VIADUCT
PIER 44

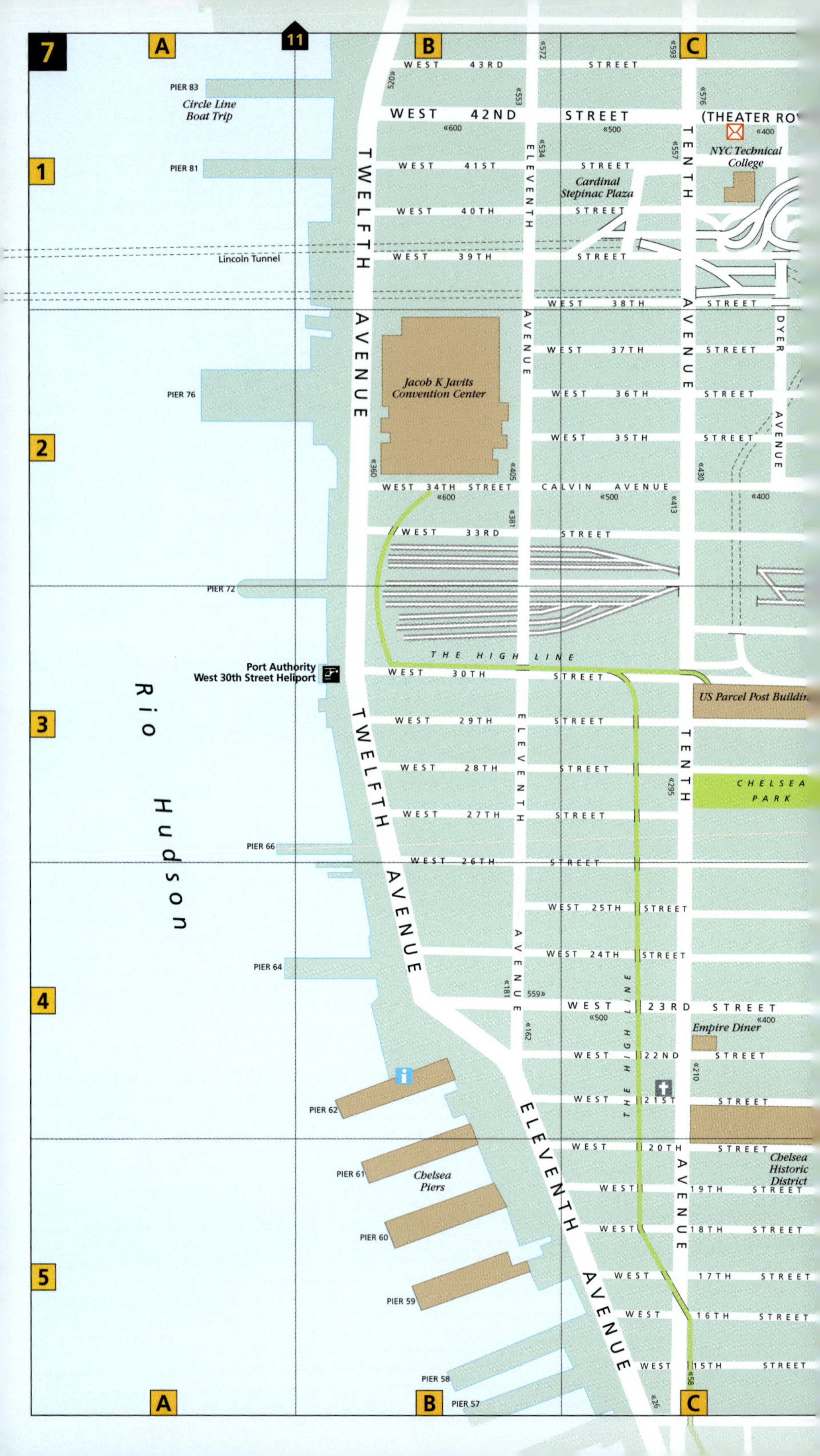
7
11
Circle Line Boat Trip
Lincoln Tunnel
Jacob K Javits Convention Center
Cardinal Stepinac Plaza
NYC Technical College
(THEATER ROW
THE HIGH LINE
Port Authority West 30th Street Heliport
US Parcel Post Building
CHELSEA PARK
Empire Diner
Chelsea Historic District
Chelsea Piers
Rio Hudson
TWELFTH AVENUE
ELEVENTH AVENUE
TENTH AVENUE
DYER AVENUE
CALVIN AVENUE
WEST 43RD STREET
WEST 42ND STREET
WEST 41ST STREET
WEST 40TH STREET
WEST 39TH STREET
WEST 38TH STREET
WEST 37TH STREET
WEST 36TH STREET
WEST 35TH STREET
WEST 34TH STREET
WEST 33RD STREET
WEST 30TH STREET
WEST 29TH STREET
WEST 28TH STREET
WEST 27TH STREET
WEST 26TH STREET
WEST 25TH STREET
WEST 24TH STREET
WEST 23RD STREET
WEST 22ND STREET
WEST 21ST STREET
WEST 20TH STREET
WEST 19TH STREET
WEST 18TH STREET
WEST 17TH STREET
WEST 16TH STREET
WEST 15TH STREET
PIER 83
PIER 81
PIER 76
PIER 72
PIER 66
PIER 64
PIER 62
PIER 61
PIER 60
PIER 59
PIER 58
PIER 57

8
D
E
F
12
Paramount Building
International Center of Photography
Times Sq-42nd St 1·2·3
Times Sq-42nd St 7·N·Q·R·S
TIMES SQUARE
42nd St-Port Auth. Bus Terminal A·C·E
Group Health Insurance Building
Fifth Ave 7
42nd St-Bryant Park B·D·F·M
WEST 42ND STREET
EAST 42ND ST
New Amsterdam Theater
Port Authority Bus Terminal
BRYANT PARK
New York Public Library
WEST 41ST STREET
EAST 41ST STREET
WEST 40TH STREET
EAST 40TH STREET
American Standard Building
WEST 39TH STREET
EAST 39TH ST
WEST 38TH STREET
EAST 38TH ST
WEST 37TH STREET
EAST 37TH ST
WEST 36TH STREET
EAST 36TH ST
WEST 35TH STREET
EAST 35TH ST
Macy's
34th St-Herald Sq B·D·F·M·N·Q·R
HERALD SQUARE
WEST 34TH STREET
EAST 34TH ST
34th St-Penn Station 1·2·3
34th St-Penn Station A·C·E
Empire State Building
WEST 33RD STREET
EAST 33RD ST
General Post Office
Madison Square Garden Center
Pennsylvania Station
Pennsylvania Plaza
GREELEY SQUARE
WEST 32ND STREET
EAST 32ND ST
WEST 31ST STREET
EAST 31ST ST
St John the Baptist Church
WEST 30TH STREET
EAST 30TH ST
Marble Collegiate Reformed Church
Little Church Around the Corner
WEST 29TH STREET
28th St 1
28th St N·R
WEST 28TH STREET
EAST 28TH ST
WEST 27TH STREET
EAST 27TH ST
WEST 26TH STREET
MADISON SQUARE PLAZA
WORTH SQUARE
WEST 25TH STREET
Worth Monument
MADISON SQUARE PARK
WEST 24TH STREET
23rd St N·R
23rd St C·E
WEST 23RD STREET
23rd St 1
23rd St F·M
EAST 23RD ST
Chelsea Hotel
Flatiron Building
WEST 22ND STREET
EAST 22ND ST
CHELSEA
WEST 21ST STREET
EAST 21ST ST
General Theological Seminary
Hugh O'Neill Dry Goods Store
WEST 20TH STREET
WEST 19TH STREET
EAST 19TH ST
WEST 18TH STREET
18th St 1
EAST 18TH ST
WEST 17TH STREET
EAST 17TH ST
WEST 16TH STREET
EAST 16TH STREET
14th St F·M
Port Authority Building
WEST 15TH STREET
EAST 15TH STREET
14th St-Eighth Ave A·C·E·L
Sixth Ave B·D·F·L·M
14th St-Union Sq N·Q·R
NINTH AVENUE
EIGHTH AVENUE
SEVENTH AVENUE (FASHION AVENUE)
BROADWAY
AVENUE OF THE AMERICAS (SIXTH AVENUE)
FIFTH AVENUE
1
2
3
4
5
9

9
Grand Central Terminal
Grand Central-42nd Street 4·5·6·7·S
Chrysler Building
Chanin Building
Home Savings of America
News Building
Tudor City
United Nations Headquarters
Morgan Library & Museum
Church of the Incarnation Episcopal
St Vartans Park
34th Street Heliport
33rd Street 6
Kips Bay Plaza
New York University Medical Center
28th Street 6
Bellevue Hospital
New York Life Insurance Company
Appellate Division of the Supreme Court of the State of New York
Metropolitan Life Insurance Company
23rd Street 6
GRAMERCY PARK
Gramercy Park Hotel
Theodore Roosevelt Birthplace
Police Academy Museum
National Arts Club
Players
Cabrini Medical Center
Block Beautiful
Beth Israel Medical Center
Stuyvesant Square
Union Square
14th Street-Union Square 4·5·6
Con Edison Headquarters
Park Avenue
Park Avenue South
Lexington Avenue
Third Avenue
Second Avenue
First Avenue
Madison Avenue
Franklin D Roosevelt Drive
Irving Place
Peter Cooper Road
Asser Levy Place

10
D
E
F
14
6
1
2
3
4
5
Belmont Island
Queens - Midtown Tunnel 495
Pulaski Bridge
Vernon Boulevard-Jackson Avenue
7
Long Island City Station
5TH STREET
VERNON BLVD
JACKSON AVENUE
50TH AVENUE
51ST AVENUE
BORDEN AVENUE
2ND (FRONT) STREET
54TH (FLUSHING) AVENUE
55TH AVENUE
56TH AVENUE
Newton Creek
MANHATTAN AVENUE
BOX STREET
COMMERCIAL STREET
CLAY STREET
DUPONT STREET
FRANKLIN STREET
EAGLE STREET
FREEMAN STREET
WEST STREET
GREEN STREET
HURON STREET
INDIA STREET
JAVA STREET
KENT STREET
GREENPOINT AVENUE
Rio East
Manhattan Marina
PIER 70
PIER 69
PIER 68
PIER 67
FRANKLIN D ROOSEVELT DRIVE (EAST RIVER DRIVE)
AVENUE C
EAST 16TH STREET
EAST 15TH STREET

11
A
B
C
15
7
1
2
3
4
5
VERDI SQUARE
72nd Street 1·2·3
The Dorilton
SHERMAN SQUARE
WEST 72ND STREET
WEST 71ST STREET
WEST 70TH STREET
UPPER WEST SIDE
BROADWAY
FREEDOM PLACE
HENRY HUDSON PARKWAY
MILLER HIGHWAY
WEST END AVENUE
AMSTERDAM AVENUE
WEST 66TH STREET
WEST 65TH STREET
WEST 64TH STREET
The Juilliard School
Lincoln Center
Metropolitan Opera House
DAMROSCH PARK
Guggenheim Bandshell
WEST 61ST STREET
Fordham University
WEST 60TH STREET
WEST 59TH STREET
Roosevelt Hospital Center
WEST 58TH STREET
WEST 57TH STREET
WEST 56TH STREET
WEST 55TH STREET
WEST 54TH STREET
WEST 53RD STREET
WEST 52ND STREET
WEST 51ST STREET
WEST 50TH STREET
WEST 49TH STREET
WEST 48TH STREET
WEST 47TH STREET
WEST 46TH STREET
WEST 45TH STREET
WEST 44TH STREET
ELEVENTH AVENUE
TENTH AVENUE
TWELFTH AVENUE
DE WITT CLINTON PARK
Rio Hudson
CONRAIL PIERS (ABANDONADOS)
PIER 99
PIER 98
PIER 97
PIER 96
PIER 95
PIER 94
PIER 92
N.Y.C. Passenger Ship Terminal (Port Authority)
PIER 90
PIER 88
PIER 86
Intrepid Sea-Air-Space Museum
PIER 84

12
16
13
8
D
E
F
1
2
3
4
5
CENTRAL PARK
MIDTOWN
SHEEP MEADOW
CHERRY HILL
STRAWBERRY FIELDS
EAST GREEN
HECKSCHER PLAYGROUND
BIRD SANCTUARY
The Pond
Bethesda Fountain and Terrace
Bandshell
Children's Zoo
Central Park Zoo
The Dairy
Wollman Rink
WEST DRIVE
EAST DRIVE
65TH ST TRANSVERSE ROAD
CENTRAL PARK SOUTH (OLMSTED WAY)
The Dakota
72nd Street B·C
Majestic Apartments
Hotel des Artistes
66th Street-Lincoln Center 1
Museum of American Folk Art
Avery Fisher Hall
Lincoln Plaza
New York State Theater
Century Apartments
St Paul the Apostle Church
Time Warner Center
COLUMBUS CIRCLE
59th Street-Columbus Circle 1·A·B·C·D
Museum of Arts & Design
Alwyn Court Apartments
57th Street N·Q·R
Carnegie Hall
57th St F
City Center of Music and Dance
MONY Tower
Seventh Avenue-B·D·E
50th Street C·E
50th Street 1
49th Street N·R·W
47th-50th St-Rockefeller Center B·D·F·M
DUFFY SQUARE
Lyceum Theater
Shubert Theater
SHUBERT ALLEY
Algonquin Hotel
New York Yacht Club
Fred F French Building
Diamond Row
Rockefeller Center
ROCKEFELLER PLAZA
Radio City Music Hall
Saint Patrick's Cathedral
Paley Center for Media
Fifth Ave-53rd St E·M
St Thomas' Church
The Museum of Modern Art
American Folk Art Museum
IBM Building
Trump Tower
Plaza Hotel
GRAND ARMY PLAZA
Fifth Avenue-59th St N·Q·R
DORIS C FREEDMAN PLAZA
Temple Emanu-El
Frick Collection
COLUMBUS AVENUE
CENTRAL PARK WEST
NINTH AVENUE
EIGHTH AVENUE
BROADWAY
SEVENTH AVENUE
AVENUE OF THE AMERICAS (SIXTH AVENUE)
FIFTH AVENUE
WEST 71ST STREET
WEST 70TH STREET
WEST 69TH STREET
WEST 68TH STREET
WEST 67TH STREET
WEST 63RD STREET
WEST 62ND ST
WEST 58TH STREET
WEST 57TH STREET
WEST 55TH STREET
WEST 54TH STREET
WEST 53RD STREET
W. C. HANDY'S PLACE
SWING STREET
WEST 51ST STREET
WEST 50TH STREET
WEST 49TH STREET
WEST 48TH STREET
WEST 47TH STREET
WEST 46TH STREET
WEST 45TH STREET
WEST 44TH STREET
EAST 72ND ST
EAST 71ST ST
EAST 70TH STREET
EAST 69TH ST
EAST 68TH ST
EAST 67TH ST
EAST 66TH ST
EAST 65TH ST
EAST 64TH STREET
EAST 63RD ST
EAST 62ND ST
EAST 61ST ST
EAST 60TH ST
EAST 59TH ST
EAST 58TH ST
EAST 57TH ST
EAST 55TH ST
EAST 54TH ST
EAST 52ND ST
EAST 50TH STREET
EAST 49TH ST
EAST 48TH ST
EAST 47TH STREET
EAST 46TH ST
EAST 45TH ST
EAST 44TH ST

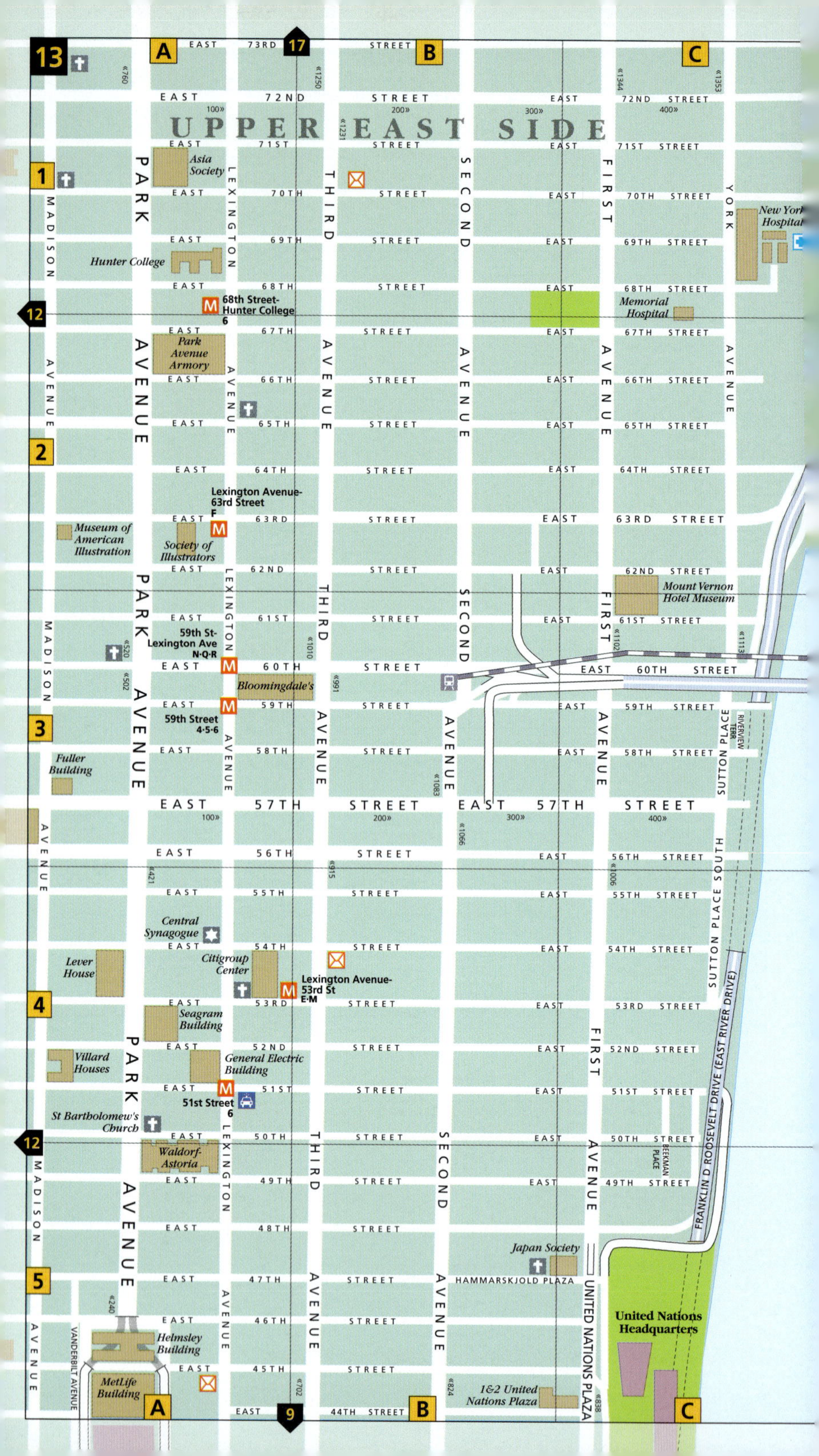

13
UPPER EAST SIDE
Asia Society
Hunter College
68th Street-Hunter College 6
Park Avenue Armory
New York Hospital
Memorial Hospital
Lexington Avenue-63rd Street F
Museum of American Illustration
Society of Illustrators
Mount Vernon Hotel Museum
59th St-Lexington Ave N·Q·R
Bloomingdale's
59th Street 4·5·6
Fuller Building
Central Synagogue
Lever House
Citigroup Center
Lexington Avenue-53rd St E·M
Seagram Building
Villard Houses
General Electric Building
51st Street 6
St Bartholomew's Church
Waldorf-Astoria
Japan Society
Helmsley Building
MetLife Building
1&2 United Nations Plaza
United Nations Headquarters
HAMMARSKJOLD PLAZA
UNITED NATIONS PLAZA
FRANKLIN D ROOSEVELT DRIVE (EAST RIVER DRIVE)
SUTTON PLACE
SUTTON PLACE SOUTH
RIVERVIEW TERR
BEEKMAN PLACE
VANDERBILT AVENUE
MADISON AVENUE
PARK AVENUE
LEXINGTON AVENUE
THIRD AVENUE
SECOND AVENUE
FIRST AVENUE
YORK AVENUE
EAST 73RD STREET
EAST 72ND STREET
EAST 71ST STREET
EAST 70TH STREET
EAST 69TH STREET
EAST 68TH STREET
EAST 67TH STREET
EAST 66TH STREET
EAST 65TH STREET
EAST 64TH STREET
EAST 63RD STREET
EAST 62ND STREET
EAST 61ST STREET
EAST 60TH STREET
EAST 59TH STREET
EAST 58TH STREET
EAST 57TH STREET
EAST 56TH STREET
EAST 55TH STREET
EAST 54TH STREET
EAST 53RD STREET
EAST 52ND STREET
EAST 51ST STREET
EAST 50TH STREET
EAST 49TH STREET
EAST 48TH STREET
EAST 47TH STREET
EAST 46TH STREET
EAST 45TH STREET
EAST 44TH STREET

14
D
E
F
18
10
1
2
3
4
5
BLACKWELL PARK
Roosevelt Island Bridge
FRANKLIN D ROOSEVELT DRIVE (EAST RIVER DRIVE)
West Channel
East Channel
MAIN STREET
Roosevelt Island
F
M
ROOSEVELT ISLAND
AERIAL TRAMWAY
Queensboro Bridge
WEST ROAD
EAST ROAD
LONG ISLAND CITY
QUEENS COUNTY
36TH AVENUE
37TH AVENUE
38TH AVENUE
40TH AVENUE
41ST AVENUE
41ST ROAD
VERNON BOULEVARD
9TH STREET
10TH STREET
11TH STREET
12TH STREET
13TH STREET
21ST STREET
QUEENSBRIDGE PARK
«4002
QUEENS PLAZA NORTH
QUEENS PLAZA SOUTH
43RD AVENUE
43RD ROAD
«4302
44TH AVENUE
44TH ROAD
44th Drive
E·M
44TH DRIVE
45TH AVENUE
45TH ROAD
46TH AVENUE
46TH ROAD
47TH AVENUE
47TH ROAD
48TH AVENUE
5TH STREET
JACKSON AVENUE

A
B
C
20
11
1
2
3
4
5
Rio Hudson
Henry Hudson Parkway 9A
Riverside Park
Riverside Drive East
Riverside Drive West
Riverside Drive
Joan of Arc Park
Boat Basin
West 102nd St
West 101st Street
West 100th Street
West 99th Street
West 98th Street
West 97th Street
West 96th Street
West 95th Street
West 94th Street
West 93rd Street
West 92nd Street
West 91st Street
West 90th Street
West 89th Street
West 88th Street
West 87th Street
West 86th Street
West 85th Street
Edgar Allan Poe Street
West 83rd Street
West 82nd Street
West 81st Street
West 80th Street
West 79th Street
West 78th Street
West 77th Street
West 76th Street
West 75th St
West 74th St
West End Avenue
Broadway
Amsterdam Avenue
Pomander Walk
96th Street 1·2·3
86th Street 1
79th Street 1
Jewish Center
Children's Museum of Manhattan
Ansonia Hotel
«838
«2654
«300
«721
«734
«2538
«721
«140
«353
«540
«2361
«540
«300
«282
«525
«2342
«1768
«521
«316
«272
«380
«2201
«380
«174
«22
«2121
«281
«279

16
D
E
F
21
17
12
1
2
3
4
5
The Pool
NORTH MEADOW
BALL FIELD
EAST MEADOW
WEST DRIVE
EAST DRIVE
97TH STREET TRANSVERSE ROAD
CENTRAL PARK
Reservoir
SOUTH MEADOW TENNIS COURTS
86TH STREET TRANSVERSE ROAD
THE GREAT LAWN
79TH STREET TRANSVERSE ROAD
THE RAMBLE
The Lake
Bow Bridge
Boathouse
Conservatory Water
Alice in Wonderland
Delacorte Theater
Belvedere Lake
Belvedere Castle
SHAKESPEARE GARDEN
Metropolitan Museum of Art
American Museum of Natural History
Rose Center for Earth and Space
New-York Historical Society
San Remo Apartments
Eldorado Apartments
(HENRY J BROWNE BOULEVARD)
96th Street B·C
86th Street B·C
81st Street-Museum of Natural History B·C
COLUMBUS AVENUE
CENTRAL PARK WEST
FIFTH AVENUE (MUSEUM MILE)
WEST 101ST ST
WEST 100TH STREET
WEST 97TH STREET
WEST 96TH STREET
WEST 95TH STREET
WEST 94TH STREET
WEST 93RD STREET
WEST 92ND STREET
WEST 91ST STREET
WEST 89TH STREET
WEST 88TH STREET
WEST 87TH STREET
WEST 86TH STREET
WEST 85TH STREET
WEST 84TH STREET
WEST 83RD STREET
WEST 82ND STREET
WEST 81ST STREET
WEST 77TH STREET
WEST 76TH STREET
WEST 75TH STREET
WEST 74TH STREET
EAST 101ST ST
Mount Sinai Medical Center
EAST 98TH ST
St Nicholas Russian Orthodox Cathedral
EAST 97TH ST
EAST 96TH ST
EAST 95TH ST
EAST 94TH ST
EAST 93RD ST
Jewish Museum
EAST 92ND ST
Cooper-Hewitt Museum
EAST 90TH ST
National Academy Museum
Solomon R Guggenheim Museum
EAST 88TH ST
EAST 87TH ST
EAST 86TH ST
Neue Gallerie
EAST 85TH ST
EAST 84TH ST
EAST 83RD ST
EAST 82ND ST
EAST 81ST ST
EAST 80TH ST
EAST 79TH ST
EAST 78TH ST
EAST 77TH ST
EAST 76TH ST
EAST 75TH ST
EAST 74TH ST

17
A
B
C
22
16
13
1
2
3
4
5
MADISON AVENUE
PARK AVENUE
LEXINGTON AVENUE
THIRD AVENUE
SECOND AVENUE
FIRST AVENUE
YORK AVENUE
FRANKLIN D ROOSEVELT DRIVE (EAST RIVER DRIVE)
CHEROKEE PL.
EAST 101ST STREET
EAST 100TH STREET
EAST 99TH STREET
EAST 98TH STREET
EAST 97TH STREET
EAST 96TH STREET
EAST 95TH STREET
EAST 94TH STREET
EAST 93RD STREET
EAST 92ND STREET
EAST 91ST STREET
EAST 90TH STREET
EAST 89TH STREET
EAST 88TH STREET
EAST 87TH STREET
EAST 86TH STREET
EAST 85TH STREET
EAST 84TH STREET
EAST 83RD STREET
EAST 82ND STREET
EAST 81ST STREET
EAST 80TH STREET
EAST 79TH STREET
EAST 78TH STREET
EAST 77TH STREET
EAST 76TH STREET
EAST 75TH STREET
EAST 74TH STREET
96th Street
6
86th Street
4·5·6
77th Street
6
Church of the Holy Trinity
Lennox Hill Hospital
Whitney Museum of American Art
100»
200»
300»
400»
500»
«1800
«1708
«1695
«1530
«1511
«1491
«1374
«1271
«1236
«1221
«1044
«1021
«903
«878
«785
«1934
«1855
«1841
«1652
«1637
«1513
«1496
«1361
«1633
«1610
«1498
«1477
«1370

D
E
F
1
2
3
4
5
Robert F. Kennedy Bridge
Rio East
Hell Gate
Rio Harlem
SHORE BOULEVARD
ASTORIA PK SOUTH
Pot Cove
MILL ROCK PARK
14TH STREET
12TH STREET
9TH STREET
26TH AVENUE
2ND STREET
3RD STREET
4TH STREET
8TH STREET
1ST STREET
27TH AVENUE
28TH AVENUE
ASTORIA BOULEVARD
MAIN AVENUE
30TH AVENUE
WELLING STREET
VERNON BOULEVARD
30TH ROAD
30TH DRIVE
12TH STREET
31ST AVENUE
Hallets Cove
3101»
EAST END AVENUE
Gracie Mansion
CARL SCHURZ PARK
GRACIE SQ
GRACIE TERRACE
FRANKLIN D ROOSEVELT DRIVE (EAST RIVER DRIVE)
LIGHTHOUSE PARK
ROOSEVELT ISLAND
West Channel
East Channel
MAIN STREET
31ST DRIVE
BROADWAY
33RD AVENUE
33RD ROAD
13TH STREET
9TH STREET
10TH STREET
11TH STREET
12TH STREET
34TH AVENUE
3402»
VERNON BOULEVARD
RAINEY PARK
JOHN JAY PARK
BLACKWELL PARK
35TH AVENUE
14

19
A
B
C
1
2
3
4
5
21
West 145th Street
West 144th Street
West 143rd St
West 142nd Street
West 141st Street
West 140th St
West 139th St
West 138th St
West 137th Street
West 136th St
West 135th Street
West 134th Street
West 133rd Street
West 132nd Street
West 131st Street
Amsterdam Avenue
Convent Avenue
Hamilton Place
Hamilton Terrace
Edgecombe Avenue
Bradhurst Avenue
Saint Nicholas Avenue
St Nicholas Terrace
Frederick Douglass Boulevard (Eighth Avenue)
Adam Clayton Powell, Jr Boulevard (Seventh Avenue)
Lenox Avenue
Jackie Robinson Park
St Nicholas Park
145th Street 3
135th Street B·C
135th Street 2·3
Aunt Len's Doll and Toy Museum
Hamilton Grange National Monument
Hamilton Heights
City College of the University of NY
St Nicholas Historic District
Abyssinian Baptist Church
Schomburg Center for Research in Black Culture
Harlem YMCA
Rio Hudson

20
D
E
F
21
15
1
2
3
4
5
WEST 130TH STREET
CONVENT HILL
ST CLAIR PLACE
TWELFTH AVE
WEST 125TH STREET (MARTIN LUTHER KING, JR BOULEVARD)
125th Street 1
OLD BROADWAY
WEST 126TH STREET
WEST 129TH STREET
WEST 128TH STREET
WEST 127TH STREET
WEST 126TH ST
CONVENT AVENUE
ST NICHOLAS TERRACE
ST NICHOLAS AVENUE
TIEMANN PLACE
RIVERSIDE DRIVE EAST
RIVERSIDE DRIVE WEST
CLAREMONT AVENUE
BROADWAY
AMSTERDAM AVENUE
HENRY HUDSON PARKWAY 9A
1·A·B·C·D
ROOSEVELT SQUARE
WEST 125TH ST
125th Street A·B·C·D
HANCOCK PLACE
HANCOCK SQUARE
LA SALLE STREET
Grant's Tomb
WEST 123RD STREET
Jewish Theological Seminary
WEST 122ND STREET
Riverside Church
WEST 121ST STREET
Teachers' College, Columbia University
WEST 120TH STREET
REINHOLD NIEBUHR PLACE
W 119TH ST
RIVERSIDE DRIVE
RIVERSIDE PARK
MORNINGSIDE PARK
MORNINGSIDE DRIVE
MORNINGSIDE AVENUE
MANHATTAN AVENUE
WEST 119TH STREET
WEST 118TH STREET
WEST 117TH STREET
Pedestrian Bridge
St Paul's Chapel
Low Library
Columbia University
A H Sulzberger Plaza
WEST 116TH ST
116th Street-Columbia University 1
WEST 115TH ST
WEST 115TH STREET
Butler Library
WEST 114TH STREET
St Luke's Hospital Center
WEST 113TH STREET
WEST 112TH STREET
Cathedral of St John the Divine
WEST 111TH STREET
CATHEDRAL PARKWAY
110th Street-Cathedral Parkway 1
WEST 109TH STREET
WEST 108TH STREET
WEST 107TH STREET
COLUMBUS AVENUE
WEST 106TH STREET (DUKE ELLINGTON BOULEVARD)
STRAUS PARK
WEST END AVENUE
WEST 105TH STREET
WEST 104TH STREET
WEST 103RD STREET
103rd Street 1

21
A
B
C
1
2
3
4
5
20
16
FREDERICK DOUGLASS AVENUE (EIGHTH AVENUE)
ADAM CLAYTON POWELL, JR BOULEVARD (SEVENTH AVENUE)
ADAM CLAYTON POWELL, JR BOULEVARD
MALCOLM X BOULEVARD (LENOX AVENUE)
FIFTH AVENUE
MADISON AVENUE
PARK AVENUE
MOUNT MORRIS PARK WEST
ST NICHOLAS AVENUE
WEST 130TH STREET
WEST 129TH STREET
WEST 128TH STREET
WEST 127TH STREET
WEST 126TH STREET
WEST 124TH STREET
WEST 123RD STREET
WEST 122ND STREET
WEST 121ST STREET
WEST 120TH STREET
WEST 119TH STREET
WEST 118TH STREET
WEST 117TH STREET
WEST 116TH STREET
WEST 115TH STREET
WEST 114TH STREET
WEST 113TH STREET
WEST 112TH STREET
WEST 111TH STREET
EAST 130TH STREET
EAST 129TH STREET
EAST 128TH STREET
EAST 125TH STREET
EAST 124TH STREET
EAST 123RD STREET
EAST 122ND STREET
EAST 121ST STREET
EAST 120TH STREET
EAST 119TH STREET
EAST 118TH STREET
EAST 117TH STREET
EAST 116TH STREET
EAST 115TH STREET
EAST 112TH STREET
EAST 111TH STREET
EAST 110TH STREET
EAST 109TH STREET
EAST 108TH STREET
EAST 107TH ST
EAST 106TH STREET
EAST 105TH ST
EAST 104TH STREET
EAST 103RD STREET
CENTRAL PARK NORTH
CENTRAL PARK WEST
LANGSTON HUGHES PLACE
Sylvia's
Apollo Theater
AFRICAN SQUARE
125th Street 2·3
Studio Museum of Harlem
Mount Morris Historic District
MARCUS GARVEY PARK
North General Hospital
116th Street B·C
116th Street 2·3
PHILLIP RANDOLPH SQUARE
FREDERICK DOUGLASS CIRCLE
FRAWLEY CIRCLE
110th Street-Cathedral Parkway B·C
Central Park North-110th Street 2·3
Dana Discovery Center
Harlem Meer
Lasker Rink and Pool
CENTRAL PARK
THE GREAT HILL
WEST DRIVE
EAST DRIVE
The Loch
Conservatory Garden
Museo del Barrio
Museum of the City of New York
103rd Street B·C
«398
«2116
«1914
«2089
«200
«2090
«100
«278
«1
«2000
1»
«2021
«1921
«1416
«1636
«1399
«1617
«2
«1510
«1489
«1209
«419

D
E
F
1
2
3
4
5
Rio
Harlem
Willis Avenue Bridge
Robert F. Kennedy Bridge
RANDALL'S ISLAND PARK
EAST 127TH STREET
EAST 126TH STREET
(MARTIN LUTHER KING, JR BOULEVARD)
THIRD AVENUE
SECOND AVENUE
FIRST AVENUE
LOUIS GUVILLIER PARK
FRANKLIN D ROOSEVELT DRIVE (EAST RIVER DRIVE)
PALADINO AVENUE
RONALD E MCNAIR PLACE
SYLVAN PL
EAST 120TH STREET
EAST 119TH STREET
EAST 118TH STREET
EAST 117TH STREET
PLEASANT AVENUE
(LUIS MUÑOZ MARIN BOULEVARD)
EAST 115TH STREET
EAST 114TH STREET
EAST 113TH STREET
JEFFERSON PARK
EAST 112TH STREET
EAST 111TH STREET
EAST 110TH STREET
10th Street
EAST 109TH STREET
EAST 108TH STREET
Benjamin Franklin Plaza
EAST 107TH STREET
RECREATION PIER
Rio Harlem
LEXINGTON AVENUE
EAST 106TH STREET
EAST 105TH STREET
EAST 104TH STREET
EAST 103RD STREET
103rd Street
Foot Bridge
17

Índice Geral

E

F

I

J

K

N

O

P

Q

R

S

Y

Z

Agradecimentos

A **PubliFolha** agradece a Lúcia Alves de Aragão, coordenadora de cursos da União Cultural Brasil - Estados Unidos, pela transcrição da pronúncia das palavras em inglês publicada na seção *Frases* deste guia.

DORLING KINDERSLEY agradece às pessoas que colaboraram na preparação deste livro.

Principal Colaboradora
Eleanor Berman mora em Nova York e é autora de vários guias de turismo. Seu livro *Away for the Weekend: New York* é um dos mais vendidos do gênero desde 1982. Também são de sua autoria *Away for the Weekend, Travelling on Your Own* e *Reflections of Washington, DC.*

Outros Colaboradores
Michelle Menendez, Lucy O'Brien, Heidi Rosenau, Elyse Topalian, Sally Williams.

DORLING KINDERSLEY gostaria de agradecer aos seguintes editores e pesquisadores da Websters International Publishers: Sandy Carr, Matthew Barrell, Sara Harper, Miriam Lloyd, Ava-Lee Tanner, Celia Woolfrey.

Fotografia Adicional
Rebecca Carman, Rachel Feierman, Andrew Holigan, Edward Hueber, Eliot Kaufman, Karen Kent, Dave King, Norman McGrath, Howard Millard, Angus Oborn, Ian O'Leary, Rough Guides/Nelson Hancock, Susannah Sayler, Paul Solomon, Chuck Spang, Chris Stevens, Peter Wilson.

Ilustrações Adicionais
Steve Gyapay, Arshad Khan, Kevin Jones, Dinwiddie MacLaren, Janos Marffy, Chris D. Orr, Nick Shewring, John Woodcock.

Cartografia
Maps Uma Bhattacharya, Andrew Heritage, Suresh Kumar, James Mills-Hicks, Chez Picthall, John Plumer (Dorling Kindersley Cartography), Kunal Singh. Advanced Illustration (Cheshire), Contour Publishing (Derby), Europmap Ltd (Berkshire). Mapa do Guia de Ruas: ERA-Maptec Ltd (Dublin) adaptados com permissão do mapeamento original do Shobunsha (Japão).

Pesquisa Cartográfica
Roger Bullen, Tony Chambers, Ruth Duxbury, Ailsa Heritage, Jayne Parsons, Laura Porter, Donna Rispoli, Joan Russell, Jill Tinsley, Andrew Thompson.

Projeto e Assistência Editorial
Douglas Amrine, Stephen Knowlden, Geoff Manders, Georgina Matthews, Peter Luff, David Lamb, Anne-Marie Bulat, Hilary Stephens, Susan Mennell, Sarah Moule, Andy Wilkinson, Keith Addison, Emma Anacootee, Lydia Baillie, Eleanor Berman, Vandana Bhagra, Jon Paul Buchmeyer, Ron Boudreau, Linda Cabasin, Rebecca Carman, Michelle Clark, Sherry Collins, Carey Combe, Diana Craig, Maggie Crowley, Guy Dimond, Nicola Erdpresser, Rhiannon Furbear, Fay Franklin, Tom Fraser, Anna Freiberger, Jo Gardner, Camilla Gersh, Alex Gray, Eric Grossman, Michelle Haimoff, Marcus Hardy, Sasha Heseltine, Rose Hudson, Pippa Hurst, Kim Inglis, Jaqueline Jackson, Stuart James, Claire Jones, Priya Kukadia, Mathew Kurien, Maite Lantaron, Shahid Mahmood, Nicola Malone, Susan Millership, Jane Middleton, Todd Obolsky, Catherine Palmi, Helen Partington, Pollyanna Poulter, Leigh Priest, Pamposh Raina, Nicki Rawson, Alice Reese, Marisa Renzullo, Amir Reuveni, Ellen Root, Liz Rowe, Sands Publishing Solutions, Anaïs Scott, Shailesh Sharma, Meredith Smith, AnneLise Sorensen, Anna Streiffert, Clare Sullivan, Andrew Szudek, Alka Thakur, Shawn Thomas, Conrad Van Dyk, Ros Walford, Lucilla Watson, Ed Wright.

Assistentes Especiais
Beyer Blinder Belle, John Beatty do Cotton Club, Peter Casey da New York Public Library, Nicky Clifford, Linda Corcoran do Bronx Zoo, Audrey Manley da Morgan Library, Jane Fischer, Deborah Gaines doe New York Convention and Visitors Bureau, Dawn Geigerich do Queens Museum of Art, Peggy Harrington de St. John the Divine, Pamela Herrick da Van Cortlandt House, Marguerite Lavin do Museum of the City of New York, Robert Makla do Friends of Central Park, Gary Miller do New York Stock Exchange, Laura Mogil do American Museum of Natural History, Fred Olsson da Shubert Organization, Dominique Palermo do Police Academy Museum, Royal Canadian Pancake House, Lydia Ruth and Laura I. Fries do Empire State Building, David Schwartz do American Museum of the Moving Image, Joy Sienkiewicz do South Street Seaport Museum, Barbara Orlando do Metropolitan Transit Authority, funcionários do Lower East Side Tenement Museum, Msgr. Anthony Dalla Valla de St. Patrick's Cathedral.

Assistentes de Pesquisa
Christa Griffin, Bogdan Kaczorowski, Steve McClure, Sabra Moore, Jeff Mulligan, Marc Svensson, Vicky Weiner, Steven Weinstein.

Referência Fotográfica
Duncan Petersen Publishers Ltd.

Permissão de Fotografias
DORLING KINDERSLEY gostaria de agradecer a gentil permissão para fotografar os seguintes estabelecimentos: American Craft Museum, American Museum of Natural History, Aunt Len's Doll and Toy Museum, Balducci's, Home Savings of America, Brooklyn Children's Museum, The Cloisters, Columbia University, Eldridge Street Project, Federal Hall, Rockefeller Group, Trump Tower.

Créditos das Fotos
a - acima; b - embaixo; c - centro; e - esquerda; d - direita; a - alto; f - distante.

Todo esforço foi feito para identificar os proprietários dos direitos de publicação e lamentamos qualquer omissão inadvertida.Teremos prazer em acrescentar as emendas necessárias em futuras edições.

Obras de arte foram reproduzidas com permissão dos seguintes detentores de copyright: © ADAGP, Paris e DACS, Londres 2011: 67ce (*Quatro Árvores*, abril 1971-julho 1972, de Jean Dubuffet), 107ce, 162ad (doado pelo governo da Noruega, 1952), 172be, 188ce, 189cda, 189cdb; © ARS, NY e DACS, Londres 2011:185cd, 201cdb; Jose de Creeft ©DACS, Londres/VAGA, Nova York 2011: 53ce, 207ce; © DACS, Londres 2011: 161cd, 163ac; Charging Bull © Arturo Di Modica 1998 73ae; © Sucession Picasso/DACS, Londres 2011: 36ad, 115ac, 173cb, 174cd, 188be, 189be, 192ce; DK IMAGES: Judith Miller/Wallis & Wallis, Sussex 58bd; © Reino da Espanha, Gaia - Salvador Dali Foundation, DACS, Londres 2011: 174ce; © Marisol Escobar/DACS, Londres/VAGA, Nova York 2011: 55bc; © Jasper Johns/DACS, Londres/VAGA, Nova York 2011: 201ca; © Roy Lichtenstein/DACS, Londres 2011: 175ae, 200ceb; com permissão de E Jan Nadelman: 201bd; com permissão de Norman Rockwell Family Trust © 1961 the Norman Rockwell Family Trust: 163bd; © The Andy Warhol Foundation for the Visual Arts, Inc/ARS, Nova York e DACS, Londres 2011: 200cea; © The Whitney Museum of American Art: 37bd, 200be.

Os editores agradecem aos seguintes museus, empresas e bibliotecas pela permissão de reprodução de fotografias:
AGENCE FRANCE PRESSE: Doug Kanter 33ad; ALAMY IMAGES: AA World Travel Library 139c; Ambient Images Inc./Joseph A. Rosen 171c; Sandra Baker 370ae; Peter Cavanagh 373cea; Comstock Images 295c; Wendy Connett 96cd; Eye Ubiquitous/Jon Hicks 130c; Kevin Foy 73ae; Jeff Greenberg 268cea; Blaine Harrington III 379ae; Bob Jones 111b; Richard Levine 381ac; Yadid Levy 366-7; Ian Marlow 373ce; Ellen McKnight 378ce; PCL 295ae; Pictures Colour Library 108; Alex Segre 294cea; Lana Sundman 373ae; tbkmedia.de 340bc; Hugh Threlfall 372cea; ALGONQUIN HOTEL, N.Y: 280be; AMERICAN MUSEUM-HAYDEN PLANETARIUM, NY: D. Finnin 218a; AMERICAN MUSEUM OF THE MOVING IMAGE: Carson Collection © Bruce Polin 247a; AMERICAN MUSEUM OF NATURAL HISTORY, NY: 39be, 216ca; D. Finnin 216be; Angel Orensanz Center: Laszlo Regas 101ce; Aquarius, UK: 171ad; Ashmolean Museum, Oxford: 17ac; THE ASIA SOCIETY, NY: 187ce; ATTACHÉ COMMUNICATIONS: 392cdb; AVERY FISHER HALL: © N McGrath 1976 351ad. AVIS BUDGET GROUP: 385cdb; © THE GEORGE BALANCHINE TRUST: *Apollo*, coreografia de George Balanchine, foto de P Kolnik 5ac; *Concerto de Violino de Stravinsky*, coreografia de George Balanchine, oto de P Kolnik 340ac; *Suíte Quebra-Nozes*, de George Balanchine, SM, foto de P Kolnik 343cb; BETTMANN ARCHIVE, NY: 18bce, 19cda, 19cd, 19be, 20ce, 22cbd, 22be, 22-23, 25bd, 27cda, 28cea, 28cda, 28cdb, 32cea, 33ae, 43ae, 45cbe, 49c, 54-55b, 71ae, 74cea, 79cdb, 79bd, 111be, 177cea, 185bd, 209a, 212ce, 225cd, 231a, 241ad, 267ad; Bettmann Newsphotos/ Reuters: 33ad; Bettmann/ UPI: 29cda, 29bc, 30bcd, 31bd, 32cda, 32be, 32bd, 46ce, 48ce, 49be, 72c, 78ce, 153c, 163c, 266bd, 267cd; BLOOMINGDALE'S: 29cbd; © Roy Export Company Establishment 173ad; THE BRITISH LIBRARY, Londres: 16; BROOKLYN HISTORICAL SOCIETY: (detalhe) 89ae; THE BROOKLYN MUSEUM: 38be, 39c, 250c, 250cda, 250be, 251a, 251cda, 251c, 251be, 251b, 252a, 252bd, 253cd, 253be; Lewis Wick Hine, *Subindo à Terra Prometida*, 1908 - 36ceb; J Kerr 250c, 252be; P Warchol: 251cd; The Cantor Collection

253ce; Adam Husted 250a; BROWN BROTHERS: 67bd, 71be, 82cda, 90a, 106bd. CAMERA PRESS: 30cbd, 30be, 33cb, 127cd; R Open 48ad; T Spencer 32cb; THE CARLYLE HOTEL, NY: 281ad; CARNEGIE HALL: © H. Grossman 343bd; J ALLAN CASH: 33be; CATHEDRAL OF ST. JOHN THE DIVINE: Greg Wyatt 1985, 227ae; CBS ENTERTAINMENT/ DESILU TOO: "Vacation from Marriage" 171bd; CHELSEA PIERS: Fred George 33be; CHILDREN'S MUSEUM OF THE ARTS: 107ce; CityPASS 369c; COLORIFIC!: Colorific/ Black Star: 79cda; T Cowell 223cd; R Fraser 74a; D Moore 31be; T Spiegel 15cd, 364ad; CORBIS: Bettmann 137ce, 273ca, 383c; Jacques M. Chenet 272ae; Randy Duchaine 99ce; Kevin Fleming 271ae; Bob Krist 10cda; Todd Gipstein 75a; David Lehman: 138be; Gail Mooney 207b, 269ad, 271bd; Bill Ross 12a; Michael Setboun 268ad; Steven E. Sutton 51b; Bo Zaunders 376ce; Mike Zens 262-3. CULVER PICTURES, INC: (inset) 9, 19cdb, 20cbe, 21be, 23ae, 23bd, 26ae, 26ce, 29cb, 29be, 48bd, 49ad, 74be, 75cda, 75cb, 76ae, 78cdb, 83c, 121be, 124ac, 127be, 137cd, 147c, 149ce, 229a, 229bc, 229cd, 261cdb. DAILY EAGLE: (detail) 89ce; DAILY NEWS: 370ae, 370ad. ESTO: P Aaron 342be; DELTA AIRLINES INC. CORPORTAE COMMUNICATIONS EMEA: 378ac; DOLLAR THRIFTY AUTOMOTIVE GROUP, Inc.: 385cda; MARY EVANS PICTURE LIBRARY: 24bd, 87bd, 106be;

CHRIS FAIRCLOUGH COLOUR LIBRARY: 385bce; THE FORBES MAGAZINE COLLECTION, NY: 114ae; FOUR SEASONS HOTEL: Peter Vitale 281cd; FRAUNCES TAVERN MUSEUM, NY: Da exposição "Come All You Gallant Heroes" The World of the Revolutionary Soldier December 4, 1991 to August 14, 1992: 22cea; Copyright THE FRICK COLLECTION, NY: 37be (*S. Francisco No Deserto*, de Giovanni Bellini), 202ad, 202ce, 202b, 202ad, 203ac, 203cd, 203bc, 203bd. GARRARD THE CROWN JEWELLERS: 145c; GETTY IMAGES: AFP/ Stan Honda 392cea; Mitchell Funk 341cb; Michael Grimm 386ae; GREENMARKET FARMERS MARKET: 371ad; THE SOLOMON R GUGGENHEIM MUSEUM, NY: foto de D Heald 188ae, 188be, 188bc, 188bd, 189a, 189cda, 189cdb, 189be; ROBERT HARDING PICTURE LIBRARY: 378ac; HARPERS NEW MONTHLY MAGAZINE: 87ae; HARPERS WEEKLY: 367c; MILTON HEBALD: *Próspero e Miranda* 205a, *Romeu e Julieta* 343cd. THE IMAGE BANK: guarda frontal be, 89bd; M Melford 393ae; P Miller 383ad; A Satterwhite 75bd. THE JEWISH MUSEUM, NY: 184ad, 186c; THE KOBAL COLLECTION: 213ac; LEBRECHT MUSIC: Toby Wales 149a; THE LEISURE PASS GROUP: 369cea; THE LESBIAN, GAY, BISEXUAL & TRANSGENDER COMMUNITY CENTER: 370c; FRANK LESLIE'S ILLUSTRATED NEWSPAPER: 86bd, 87ad, 275c; LIBRARY OF CONGRESS: 20bc, 23cea, 27be, 27bd; LIFE MAGAZINE © TIME WARNER INC/KATZ/A FEININGER: 8-9; Georg John Lober: *Hans Christian Andersen*, 1956, 206bd; LEONARDO MEDIA LTD: 276bd, 276ce, 277cdb, 277ae; THE LOWELL HOTEL, NY: 281ce; MARY ANN LYNCH: 318bc, 372ce.

MADISON SQUARE GARDEN: 134d, 342cd; MAGNUM PHOTOS: © H Cartier-Bresson 175c; Erwitt 35cd; G Peres 14bd, 92; JACQUES MARCHAIS CENTER OF TIBETAN ART: 254bc; MASTERFILE UK: Gail Mooney 33bd; METRONORTH COMMUTER RAILROAD: F English 156ad, 156cea; THE METROPOLITAN MUSEUM OF ART, NY: 35be (*Jovem com Jarra de Água*, de Johannes Vermeer), 37cdb (*Hipopótamo*, faiança, Egito, 12ª dinastia), 182ac, 190cea, 190ceb, 190bc, 190bd, 191ae, 191cd, 191be, (foto Al Mozell) 191bd, 192ad, 192c, 192be, 192bd, 193ae, 193ad, 194ae, 194ad, 194b, (detail) 195ae, 195ad, 195b, 196a, 196ce, 196cd, 196b, 197ae, 197cd, 197be, 236ad, 236ce, 236cd, 236b, 237ca, 237cd, 237be, 237bd, 238ae, 238ad, 239ad, 239c, 239b; METROPOLITAN TRANSIT AUTHORITY: 388ae, 392be; MTA/Patrick Cashin 388ce, todas 389, 390ad, 390be; COLLECTION OF THE MORGAN LIBRARY, NY: 36cd (*Branca de Castela e Rei Luís IX da França, autor ditando a escrita*, Bíblia revisada, c1230), 164bd, *A Canção* de Los David A. Loggie (presente de Mrs Landon K Thorne) 164ea, *Bíblia Latina* David A. Loggie 164eb, 165ae, 165c, 165be, 165bd; Morris-Jumel Mansion, Inc NY: 19ae; A Rosario 23cdb; THE MUSEUM OF THE CITY OF NEW YORK: 17b, 18cda, 18-19, 19ad, 20ca, 21cdb (foto J Parnell), 22ae, 22cbe, 24ae (atribuído a Samuel Lovett Waldo), 24cea, 24ceb, 25cd, 25cdb, 25bc, 26cb, 27ae, 27cdb, 27cb, 28be, 29ad, 30ae, 30cd, 31ac, 31c, 32ad, 37ad (tigela de prata), 87cd (Talfour); THE MUSEUM OF MODERN ART, NY: 172c, 172be, 173ac, 173cda, 173cdb, 173cb, 173be, 174ce, 174cd, 175ae, 175b; *O Banhista*, c. 1885, Paul Cézanne 174bc; Lillie P. Bliss Collection 173cda; Cisitalia "202" GT car 167ac; © 2004 Photo Elizabeth Felicella, architectural rendering Kohn Pedersen Fox Associates, digital composite Robert Bowen 172ae; ©2005 Timothy Hursley 168cd, 172ad; *A Cabra* de Pablo Picasso, 1950, 36a. NATIONAL BASEBALL LIBRARY, COOPERSTOWN, NY: 4ad, 25be, 30ce; NATIONAL CAR RENTAL: 385cd; NATIONAL MUSEUM OF THE AMERICAN INDIAN/ SMITHSONIAN INSTITUTION: 18c; NATIONAL PARK SERVICE: Ellis Island Immigration Museum 78ca, 78bd; Statue of Liberty National Monument 75be; THE NEW MUSEUM OF CONTEMPORARY ART, NY: 107ce; NEW YORK BOTANIC GARDEN: Tori Butt 242b, 243a/ ce/b; Jason Green 242cd; Muriel Weinerman 243b; NEW YORK CITY FIRE DEPARTMENT: 359bd; NEW YORK CITY TRANSIT AUTHORITY: 390bc; Phil Bartley 391ac, 391ca, 391ce; THE NEW YORKER MAGAZINE INC: Desenho da capa de Rea Irvin, © 1925, 1953, Todos os direitos reservados, 30bce; THE NEW YORK PALACE, NY: 27ad; NEW YORK POST: 370ae; NEW YORK PUBLIC LIBRARY: Special Collection Office, Schomburg Center for Research in Black Culture 30ca, 31cea; Stokes Collection 23ad; NEW YORK STATE DEPARTMENT OF MOTOR VEHICLES: 386b; NEW YORK STOCK EXCHANGE: 71da; THE NEW YORK TIMES: 370ae; NPA: © CNES 1993 12b; NYC & COMPANY: 368bd, 368ac; Julienne Schaer, 2009 372bd; Stefano Giovannini 369bd; THE PENINSULA, NY: 279bc; PERFORMING ARTS LIBRARY: Clive Barda 212be; The Pickle Guys: Alan Kaufman 100be; PHOTOLIBRARY: Renaud Visage 166; PLAZA HOTEL, NY: 280ad; POPPERFOTO: 31cda, 31cd, 262cea; THE PORT AUTHORITY OF NEW YORK & NEW JERSEY: 379bd;

ACERVO DO QUEENS MUSEUM OF ART: comprado com recursos do George and Mollie Wolfe World's Fair Fund 31cbd; suvenir, compra 32cbd; RENSSELAER POLYTECHNIC INSTITUTE: 86-87, 87be; REX FEATURES LTD: Sipa-Press 52ad, 52bd; cortesia do Rockefeller Center © THE ROCKEFELLER GROUP, Inc: 31cbe. LUIS SANGUINO: *Os Imigrantes*, 1973, 258b; THE ST. REGIS, NY: 278c; Scientific American: 18 maio de 1878 86ad; 9 novembro de 1878 edition 88be; THE SHERMAN GROUP/NEW YORK WATER TAXI: 386bd; SKIDMORE, OWINGS & MERRILL LLP, Chicago: 54cd; SKYSCRAPER MUSEUM: Robert Polidori 55ae; 72bd; 268be; THE SOCIETY OF ILLUSTRATORS: 198ae; SOUTH STREET SEAPORT MUSEUM: R.B. Merkel 83be, 84be; FRANK SPOONER PICTURES: Gamma 160ce; Liaison/Gamma/ Anderson guarda frontal ceb, 160ae, 161cea; Liaison/Levy/Halebian: 44ad, 47c; STA TRAVEL GROUP: 370bd; THEATER DEVELOPMENT FUND: David LeShay 340ce; TURNER ENTERTAINMENT COMPANY: 137bd, 185bd. NAÇÕES UNIDAS, NY: 161cda, 162ad, 162bc, 163ac, 163cea, 163bd; UNITED NATIONS PHOTO: 160ad; com permissão UN PLAZA HYATT HOTEL, NY: 281be. © JACK VARTOOGIAN, NY: 61bc, 158a. JUDITH WELLER: *The Garment Worker* 130t; LUCIA WILSON CONSULTANCY: Ivar Mjell 2-3, 15bd; COLLECTION OF THE WHITNEY MUSEUM OF AMERICAN ART, NY: 200cea, 200ceb, 201a, 201ca, 201cdb (comprado com recursos levantados em campanha em maio 1982. Metade da verba foi doada pelo Robert Wood Johnson Jr. Charitable Trust. Outras doações importantes vieram de The Lauder Foundation; Robert Lehman Foundation, Inc.; Howard e Jean Lipman Foundation, Inc; um doador anônimo; The TM Evans Foundation, Inc.; MacAndrews & Forbes Group Incorporated; DeWitt Wallace Fund, Inc; Martin & Agnes Gruss; Anne Phillips; Mr e Mrs Laurance S. Rockefeller; Simon Foundation, Inc.; Marylou Whitney; Bankers Trust Company; Mr e Mrs Kenneth N. Dayton; Joel e Anne Ehrenkranz; Irvin e Kenneth Feld; Flora Whitney Miller. Mais de 500 pessoas de 26 Estados e do exterior contribuíram), 199be, 199bd (doações de Mr e Mrs Arthur G. Altschul Purchase Fund, Joan e Lester Avnet Purchase Fund, Edgar William e Bernice Chrysler Garbisch Purchase Fund, Mrs Robert C. Graham Purchase Fund, em honra de John I.H. Baur, Mrs Percy Uris Purchase Fund e Henry Schnakenberg Purchase Fund, em honra de Juliana Force); WHEELER PICTURES: 78a; WILDLIFE CONSERVATION SOCIETY BRONX ZOO: Dennis DeMello 244be; Julie Maher 244ad, 244ce, 245bd, 245be; Robert Wright: 41a, 138b, 140 (as quatro), 141ae/bd, 154bd, 155ae/r, 285ad, 356ce, 357c; YU YU YANG: *Sem nome*, 1973, 57bd.

CAPA

Frente – GETTY IMAGES: Photographer's Choice/Brian Lawrence. **4ª Capa** – ALAMY IMAGES: Patrick Batchelder cea; Russell Kord ceb; DORLING KINDERSLEY: Robert Wright ae; GETTY IMAGES: Photographer's Choice/Rich LaSalle be. **Lombada** – GETTY IMAGES: Photographer's Choice/Brian Lawrence a. **Mapa** – GETTY IMAGES: Photographer's Choice/ Brian Lawrence.

Guarda Frontal – ALAMY IMAGES: Eye Ubiquitous/Jon Hicks ae; Pictures Colour Library fae; MAGNUM PHOTOS: G. Per be; PHOTOLIBRARY: Renaud Visage ad.

Frases

Na terceira coluna, você encontra a transcrição mais aproximada em português da pronúncia das palavras em inglês. No entanto, na língua inglesa há sons inexistentes em português, como o "th", que é transcrito aqui de duas maneiras diferentes: como "d", na palavra "this", ou como "f", na palavra "thank you". A pronúncia correta é feita, nos dois casos, com a língua entre os dentes frontais. O "h" de " help" é transcrito pelas letras "rr", enquanto o "rr" de "sorry" aparece na terceira coluna como "r", com um som próximo ao do "r" seguido de consoante pronunciado em algumas regiões do interior de São Paulo.

Em Emergências

Socorro	**Help**	rrélp
Pare	**Stop**	stóp
Chame um médico	**Call a doctor**	koladóktor
Chame uma ambulância	**Call an ambulance**	kolanémbiulens
Chame a polícia	**Call the police**	kol dê pôlís
Chame os bombeiros	**Call the fire department**	kol dê fáier dépártment
Onde fica o telefone mais próximo?	**Where is the nearest telephone?**	ueriz dê nírest télefoun?
Onde fica o hospital mais próximo?	**Where is the nearest hospital?**	ueriz dê nírest rróspital?

Comunicação Essencial

Sim	**Yes**	iés
Não	**No**	nôu
Por favor	**Please**	plíz
Obrigado	**Thank you**	fênkiu
Desculpe	**Sorry**	sóri
Com licença	**Excuse me**	ekskíuzmi
Oi	**Hello**	rrêlou
Adeus	**Goodbye**	gudbái
Manhã	**Morning**	mórnin
Tarde	**Afternoon**	afternún
Noite	**Evening**	ívinin
Noite (tarde)	**Night**	náit
Ontem	**Yesterday**	iéstêrdei
Hoje	**Today**	túdei
Amanhã	**Tomorrow**	tumórou
Aqui	**Here**	rríêr
Lá	**There**	dér
O quê?	**What?**	úat
Quando?	**When?**	úen
Por quê?	**Why?**	úai
Onde?	**Where?**	uér

Frases Úteis

Como vai?	**How are you?**	rrauáriu
Muito bem, obrigado.	**Very well, thank you**	véri uél, fénkiu
Muito prazer em conhecer você	**Pleased to meet you**	plízd tu mítiu
Até logo	**See you soon**	síu sún
Está bem/bom	**That's fine**	déts fáin
Onde está/estão?	**Where is/ where are...?**	uéríz uérár
Quantos metros/ quilômetros são até...?	**How far is it to...**	rrau farízit tu
Como se vai para...?	**Which way to...?**	úitch uei tu
Você fala português?	**Do you speak portuguese?**	du iu spík pôrtiguíz?
Você fala espanhol?	**Do you speak spanish?**	du iu spík spênish?
Não entendo	**I don't understand**	ai dount anderzténd
Pode falar mais devagar, por favor?	**Could you speak more slowly, please?**	kúdiu spík môr slôulí plíz?
Sinto muito	**I'm sorry**	áim ssóri

Palavras Úteis

grande	**big**	bêg
pequeno	**small**	smól
quente	**hot**	rrót
frio	**cold**	kôuld
bom	**good**	gûd
ruim	**bad**	béd
suficiente	**enough**	ináf
bem	**well**	uél
aberto	**open**	ôupen
fechado	**closed**	klôuzd
esquerda	**left**	léft
direita	**right**	ráit
direto	**straight (on)**	strêit (ón)
perto	**near**	nîer
longe	**far**	fár
em cima	**up**	áp
abaixo	**down**	dáun
cedo	**early**	êrlí
tarde	**late**	lêit
entrada	**entrance**	êntranss
saída	**exit**	égzêt
banheiros	**toilets**	tóilétz
mais	**more**	môr
menos	**less**	léss

Nas Compras

Quanto custa isto?	**How much does this cost?**	rrau mátch daz dês kóst?
Eu gostaria	**I would like**	ai uôd laik
Vocês tem...?	**Do you have...?**	du iu rrév...?
Estou só olhando, ...obrigado	**I'm just looking, ...thank you**	aim djast lûkin,... fênkiu
Vocês aceitam cartões de crédito?	**Do you take credit cards?**	du iu têik krédit kardz?
A que horas vocês abrem?	**What time do you open?**	uotáim du iu ôupén?
A que horas vocês fecham?	**What time do you close?**	uotáim du iu klôuz?
este	**this one**	dêss uán
aquele	**that one**	dét uán
caro	**expensive**	ekspénssîv
barato	**cheap**	tchíp
tamanho (roupas e sapatos)	**size**	ssáiz
amarelo	**yellow**	iélou
azul	**blue**	blú
branco	**white**	uáit
verde	**green**	grín
preto	**black**	blék
vermelho	**red**	réd
açougue	**butcher's**	bôtcherz
agência de viagens	**travel agency**	trévl êidjenssí
agência do correio	**post office**	pôustófiss
antiquário	**antique shop**	entík shóp
banco	**bank**	bénk
cabeleireiro	**hairdresser's**	rrer drésserz
farmácia	**chemist's**	kémists
jornaleiro	**newsagent's**	niúzêidjentz
livraria	**bookshop**	bôkshop
loja de calçados	**shoe shop**	shú shóp
loja de alimentos	**grocer's**	grôusserz
mercado, feira	**market**	márket
padaria	**bakery**	bêikeri
peixaria	**fishmonger's**	fêshmônguerz
quitanda	**greengrocer's**	grín grôusserz
supermercado	**supermarket**	supermárket

Atrações Turísticas

biblioteca	**library**	láibreri
catedral	**cathedral**	kafídral
galeria de arte	**art gallery**	art guélerí
igreja	**church**	tchêrtch
jardim	**garden**	gárden
museu	**museum**	miuzíam
estação de trem	**railway station**	reiluei stêishan
fechado por causa do feriado	**closed for holiday**	klôuzd for rrólidei
informação turística	**tourist information**	tôrist infôrmêishan
prefeitura	**townhall**	táunról
ponto de ônibus	**bus stop**	bástop

No Hotel

Vocês têm quarto disponível?	**Do you have a vacant room?**	du iu rrev â vêikant rum?
quarto para dois	**double room**	dábô rúm
com cama de casal	**with double bed**	uêf dábô bed
quarto com duas camas	**twin room**	tuên rúm

quarto de solteiro/ individual	**single room**	cêngol rúm
quarto com banheiro	**room with a bath**	rúm uêf â bef
chuveiro	**shower**	sháuer
porteiro	**porter**	pórter
chave	**key**	kí
Eu tenho uma reserva	**I have a reservation**	ai rrev â rezêrvêishan

No Restaurante

Tem uma mesa para...?	**Have you got a table for...?**	rréviu gat a teibôu for..?
Quero reservar uma mesa	**I want to reserve a table**	ai uant tu rîzérv â teibôu
A conta, por favor	**The bill, please**	dê bêll, plíz
Sou vegetariano/a	**I'm vegetarian**	áim vedjetérian
mal passado	**rare**	rér
ao ponto	**medium**	mídium
bem passado	**well done**	uél dán
almoço	**lunch**	lântch
café	**coffee**	kófi
café da manhã	**breakfast**	brékfest
carta de vinhos	**winelist**	uáin lêst
colher	**spoon**	spún
copo	**glass**	gláss
entrada	**starter**	stárter
faca	**knife**	náif
garçom	**waiter**	uêíter
garçonete	**waitress**	uêítress
garfo	**fork**	fórk
garrafa	**bottle**	bátlôu
jantar	**dinner**	dêner
menu	**menu**	mêniu
menu de preço fixo	**fixed-price menu**	fêkst-praiss mêniu
prato do dia	**dish of the day**	dêsh ov dê dêi
prato principal	**main course**	mêin kórs

Interpretando o Cardápio

apple	ápôl	maçã
baked	bêik	ao forno
banana	banána	banana
beef	bíf	carne de boi
beer	bíêr	cerveja
bread	bréd	pão
butter	bátâr	manteiga
cake	kêik	bolo
cheese	tchíz	queijo
chicken	tchêken	frango
chocolate	tcháklat	chocolate
cold meat	kôuld mít	os frios
dessert	dêzért	sobremesa
dry	drái	seco
egg	êg	ovo
fish	fêsh	peixe
fried	fráid	frito
fruit	frút	a fruta
garlic	gárlek	alho
ham	rrém	presunto
icecream	áiss krím	sorvete
lamb	lêm	cordeiro
lemon	léman	limão
lemonade	lémanêid	limonada
lobster	lóbster	lagosta
meat	mít	carne
milk	mêlk	leite
mineral water	míneral uáter	água mineral
nuts	nâts	nozes
oil	óil	azeite
olives	ólêvz	azeitonas
onion	ânian	cebola
orange	órandj	laranja
pepper	péper	pimenta
pie	pái	torta
pork	pórk	porco
potatoes	ptêitôuz	batatas
prawns	prónz	camarões
red wine	red úain	vinho tinto
rice	ráiss	arroz
roast	rôust	assado
rosé wine	rouzê úain	vinho rosé
salt	sólt	sal
sauce	sóss	molho
sausages	sósêdj	linguiças
seafood	sífud	frutos do mar
sirloin steak	sêrloin stêik	filé-mignon
soup	súp	sopa
still/sparkling	stíl/spárklin	sem gás/com gás
sugar	shûgar	açúcar
vegetable stew	védjetabôu stú	cozido de legumes
tea	tí	chá
toasts	tôusts	torradas
vinegar	vênagar	vinagre
white wine	úait úain	vinho branco

Números

0	**zero**	zírou
1	**one**	uán
2	**two**	tú
3	**three**	frí
4	**four**	fór
5	**five**	faiv
6	**six**	sêks
7	**seven**	sévên
8	**eight**	êit
9	**nine**	nain
10	**ten**	tên
11	**eleven**	ilévên
12	**twelve**	tuélv
13	**thirteen**	fêrtín
14	**fourteen**	fortín
15	**fifteen**	fêftín
16	**sixteen**	sêkstín
17	**seventeen**	seventín
18	**eighteen**	êitín
19	**nineteen**	naintín
20	**twenty**	tuentí
21	**twenty-one**	tuentí uán
22	**twenty-two**	tuentí tú
30	**thirty**	fêrtí
31	**thirty-one**	fêrti uán
40	**fourty**	fórti
50	**fifty**	fêfti
60	**sixty**	sêksti
70	**seventy**	séventi
80	**eithty**	êiti
90	**ninety**	náinti
100	**one hundred**	uán rrándrêd
200	**two hundred**	tu rrándrêd
500	**five hundred**	faiv rrándrêd
1.000*	**one thousand**	uán fáuzand
1.001	**one thousand one**	uán fáuzand úan

Tempo

um minuto	**one minute**	uán mênat
uma hora	**one hour**	uán áuar
meia hora	**half an hour**	rráfen áuar
segunda-feira	**Monday**	mândei
terça-feira	**Tuesday**	túzdei
quarta-feira	**Wednesday**	uênizdêi
quinta-feira	**Thursday**	fêrzdêi
sexta-feira	**Friday**	fráidêi
sábado	**Saturday**	satêrdêi
domingo	**Sunday**	sândêi

* Os países de língua inglesa adotam a grafia 1,000 para o numeral 1.000 (mil) e 1.50 para 1,50 (um e cinquenta), exatamente o oposto da convenção brasileira.

GUIA VISUAL FOLHA DE S.PAULO

TÍTULOS PUBLICADOS

Guias Visuais

Os guias que mostram o que os outros só contam

África do Sul • Alemanha • Amsterdã • Argentina • Austrália • Áustria • Barcelona e Catalunha Berlim • Brasil • Califórnia • Canadá • Caribe • Chile e Ilha de Páscoa • China • Costa Rica Croácia • Cuba • Egito • Espanha • Estados Unidos • Estônia, Letônia e Lituânia • Europa Flórida • França • Holanda • Ilhas Gregas e Atenas • Índia • Inglaterra, Escócia e País de Gales Irlanda • Istambul • Itália • Japão • Jerusalém e a Terra Santa • Las Vegas • Londres • Madri México • Moscou • Nova York • Nova Zelândia • Paris • Peru • Portugal, Madeira e Açores Praga • Roma • São Francisco e Norte da Califórnia • Suíça • Turquia Vietnã e Angkor Wat • Walt Disney World® Resort & Orlando

Guias Visuais de Bolso

Guia e mapa – A cidade na palma da mão

Amsterdã • Barcelona • Berlim • Boston • Bruxelas, Bruges, Antuérpia e Gent • Edimburgo Las Vegas • Lisboa • Londres • Madri • Melbourne • Milão • Nova York • Paris • Praga • Roma São Francisco • São Petersburgo • Sevilha • Sydney • Toronto • Vancouver • Veneza

Guias de Conversação para Viagens

Manual prático para você se comunicar

Alemão • Árabe • Chinês • Espanhol • Europa • Francês • Grego • Holandês Inglês • Italiano • Japonês • Portuguese • Russo • Tailandês • Tcheco • Turco

Guias de Conversação Ilustrado

Essencial para a comunicação – Livro e CD

Alemão • Chinês • Espanhol • Francês • Inglês • Italiano

Acompanhe os próximos lançamentos no site da Publifolha
www.publifolha.com.br

Metrô de Manhattan

COMO USAR ESTE MAPA

O serviço da Transit Authority funciona 24 horas por dia. Uma letra ou número em **negrito** indica que aquele trem funciona ininterruptamente e sempre para naquela estação entre 6h e meia-noite. Uma letra ou número em tipo normal indica que o trem não opera 24 horas por dia ou que às vezes não para naquela estação. Para mais informações, ligue para 718 330-1234 ou consulte o site: www.mta.info

Cada atração turística deste livro lista a estação mais próxima. Para saber mais sobre o metrô de Nova York, veja as págs. 390-1.

ESTAÇÕES COM ACESSO A CADEIRA DE RODAS *(veja abaixo)*

Para obter mais informações sobre o acesso a cadeiras de rodas, telefone para (718) 596-8585 (6h-21h diariam). Para informações sobre acesso a elevadores e escadas rolantes, ligue para (800) 734-6772 (24 horas).

	Linhas	Estações
MANHATTAN	A C E L	14 St/8 Av
	L N Q R	14 St/Union Sq
	B D F M N Q R	34 St/Herald Sq
	1 2 3	34 St/Penn Station
	A C E	34 St/Penn Station
	A C E	42 St/8 Av (Port Authority)
	B D F M	47-50 Sts/Rockefeller Ctr
	N Q R	49 St *somente para o Norte*
	C E	50 St/8 Av *somente para o Sul*
	6	51 St
	A B C D 1	59 St-Columbus Circle
	1	66 St-Lincoln Center
	1 2 3	72 St
	1 2 3	96 St
	A B C D	125 St
	4 5 6	125 St
	2 3	135 St
	A C	168 St
	A	175 St
	4 5	Bowling Green
	4 5 6	Brooklyn Bridge/City Hall
	6	Canal St
	1 2 3	Chambers St
		Cortlandt St *(elevador fora de operação por causa da construção de longo prazo)*
	4 5 6 7	Grand Central-42 St